Kanu Kompass

Brandenburg Berlin

Thomas Kettler Verlag

Impressum

2. aktual. & erweit. Auflage September 2021

Von-Hutten-Str. 15
D-22761 Hamburg
Tel. +49 (40) 39 10 99 10
www.thomas-kettler-verlag.de
www.kanubuch.de

Text & Fotos: Michael Hennemann
Titelfoto: *Auf der Großen Malche bei Tegel*, Hennemann, Kettler, Schmidt [M]
Lektorat & Textergänzung: Thomas Kettler
Layout, Satz & Konzept: Carola Hillmann
Karten & Stadtpläne: StepMap, David Schwinn, Carola Hillmann
Illustrationen: Carola Hillmann
Illustrationen Kanufahrschule: Ann-Sophie Ränger, Carola Hillmann
Kanufahrschule: Michael Hennemann, Falk Bruder
Druck & Gesamtherstellung: The art of printing / KOPA

Weitere Bildnachweise (o. = oben, m. = mitte, u. = unten)
Thomas Kettler (Seite 3, 11, 55 o. + u., 76 u., 77, 78, 79, 83, 88 u., 89 o. + u.,91 o., 94, 95 o., 133 o. + u., 134 o., 136 o. + u., 139, 141 o. + u., 142 u., 144 u., 145 o. + u., 148 u., 149 o. + u., 150 o. + u., 154 o. + u., 159 u., 160 u., 164 u., 167 o., 168 m., 173 o.,178 m., 184, 186 u., 187, 188, 191, 193 u., 194, 211, 252 m., 255, 264 o., 266, 270); *Albatros Outdoor Natur und Aktivreisen* (Seite 23); *Jens Klatt* (Seite 157); *Pia Kettler* (Seite 88 o., 158); *Julia Schmidt* (Seite168 o. + 188 o.); *Weinbau Dr. Lindicke* (Seite 160 o.); *Susann Laboga* (Seite 178 u.); *Ziegeleipark Mildenberg/Julia Nimke* (Seite 90 o. + u.); *Ziegeleipark Mildenberg/Susanne Wernicke* (Seite 95 u.); *Bootsverleih Richter/Martin Richter* (Seite 12 o.); *Kanuliebe* (Seite 12 u., 201 o. + u.); *visitBerlin/Dagmar Schwelle* (Seite 198 o.); *visitBerlin/Torsten Seidel* (Seite 198 u.); *Kai Heimberg/Restaurant Freischwimmer* (Seite 200); *Zenner Berlin/Janek Grahmann* (Seite 202); *visitBerlin/ Wolfgang Scholvien* (Seite 208); *Marko Manthey/Badebar Erkner* (Seite 214 u.); *SpreeArche* (Seite 216 u.); *Huckleberrys® Tour* (Seite 223 o., 231); *Museumspark Rüdersdorf/Marc Vorwerk* (Seite 225 o.); *Ines Arnemann/ arnedesign.de* (Seite 230); *SpreeweltenBad* (Seite 263 o., 264 u.); *TMB-Fotoarchiv/Steffen Lehmann* (Seite 276); *Tourismusverband Spreewald e.V.* (Seite 277, 285 u., 293, 305 u.); *Spreewald- Touristinformation Lübbenau e.V: / Silvano Procopius* (Seite 285 o.) */Janice Mersiovsky* (Seite 286 o., 287 o.) */Manuel Frauendorf* (Seite 286 m., 287 u.) */Mandy Gahl* (Seite 286 u.)

Bildnachweise Wikimedia Commons (o. = oben, m. = mitte, u. = unten)
Seite 51: *Danny Ina*; Seite 52: *Dirk Kobow*; Seite 70: *Dieter Eikenberg*; Seite 76 o.: *Ralf Roletschek*; Seite 90 m.: *Engeser*; Seite 104: *Saxo*; Seite 105: *Ralf Roletschek / Roletschek.at*; Seite 108 u., 251 u: *Daniela Kloth geb. Ziebell*; Seite 112: *Rheckert*; Seite 113: *Steffen Göthling*; Seite 115: *PatLografie*; Seite 123: *Willi Wallroth*; Seite 165: *Ra Boe/Wikipedia*; Seite 167 u., 283 u.: *Lienhard Schulz*; 178 o.: *Raimond Spekking & Superbass*; Seite 186 o.: *Times*; Seite 193 o.: *Avda/www. avda-foto.de*; Seite 199: *Atel301*; Seite 216 o.: *Erstbesinns*; Seite 252 u., 279 u., 281 o.: *J.-H. Janßen*; Seite 265: *CPiegert*; Seite 278 o.: *Bernard Landgraf*; Seite 253, 260, 278 u.: 280 u., 283 o., 299, Rückumschlag Bild 3: *Peter Becker (@Bomenius)*; Seite 282 o.: *Hoang Minh Thao Mai*; Seite 282 u., 284: *Derzno*; Seite 283 m.: *http://swiatowid.photography/hedera.baltica*.

Die Deutsche Nationalbibliothek verzeichnet diese Publikation in der Deutschen Nationalbibliografie; detaillierte bibliografische Daten sind im Internet über *http://dnb.d-nb.de* abrufbar.

ISBN 978-3-934014-90-9

Kanu Kompass

Brandenburg & Berlin

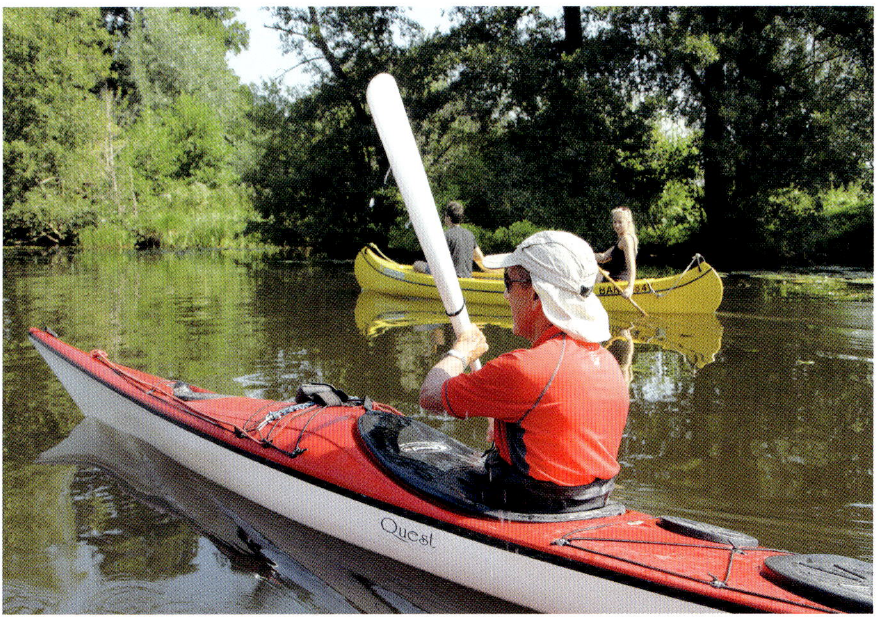

Thomas Kettler Verlag

Alles rund ums Paddeln

Natur- & Kulturhistorisches

Wichtiges zum Schluss

Spreewald aktiv

Radtouren & Wanderungen im Spreewald

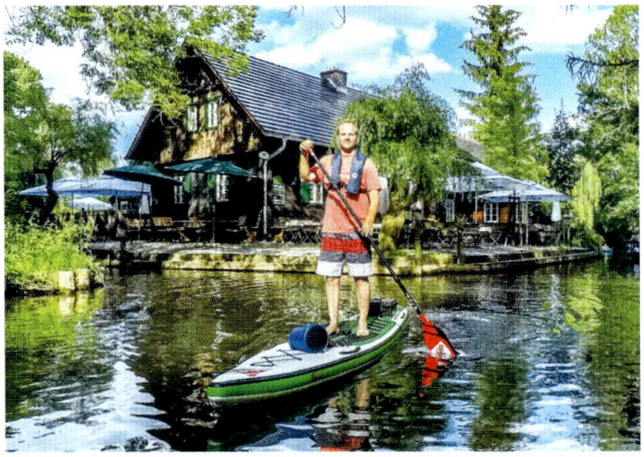

Die Kanutouren in Brandenburg & Berlin

Stadtrundgänge

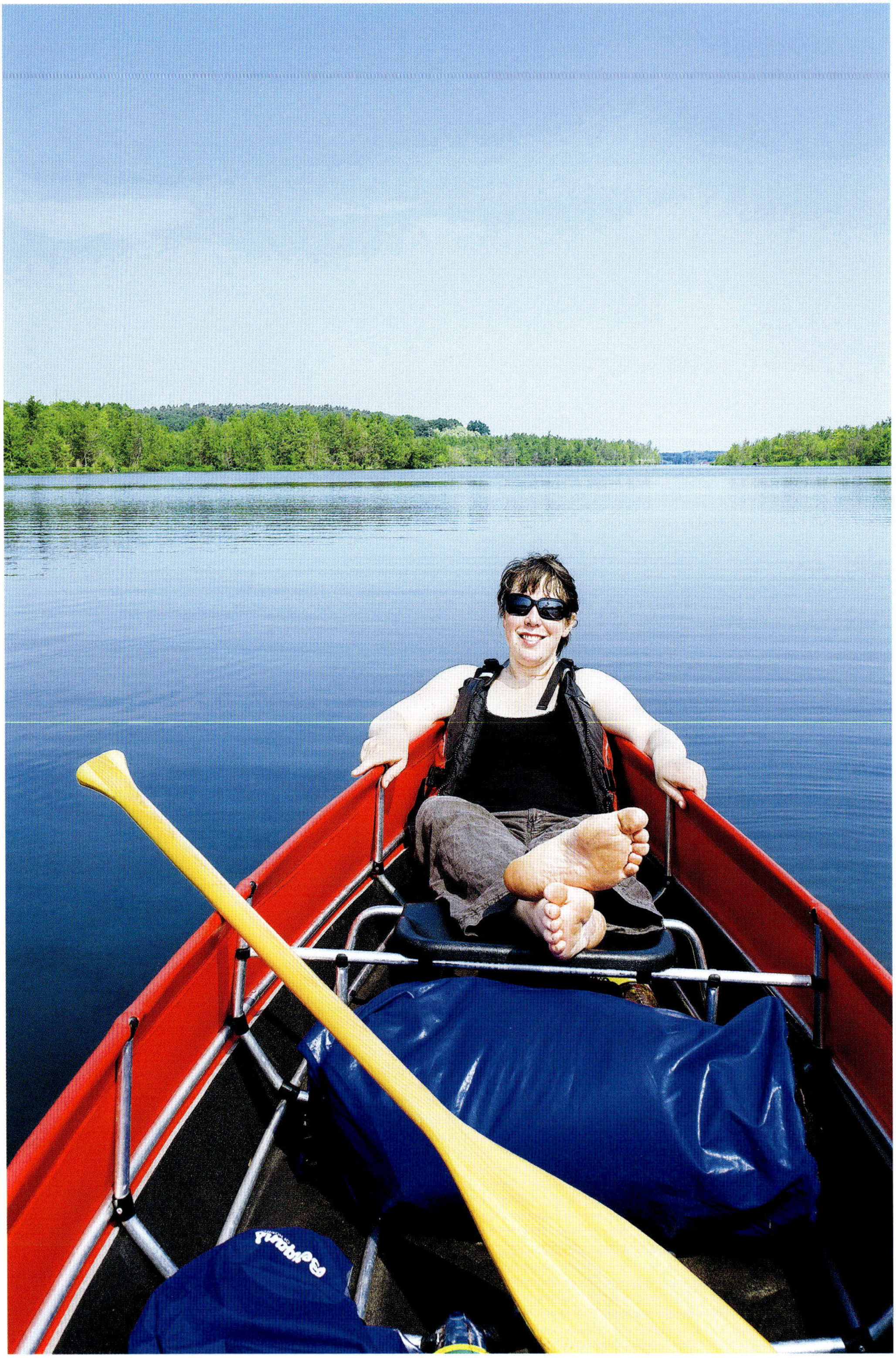

Vorweg

Von den einsamen Seen der Uckermark an der Grenze zu Mecklenburg-Vorpommern bis zu den bekannten Spreewaldfließen im Süden hat Brandenburg dem Paddler einiges zu bieten. Und als wäre das noch nicht genug, wartet mitten im gewässerreichsten Bundesland noch die Metropole Berlin – wohl nirgendwo sonst in Deutschland liegen unberührte Natur, dörfliche Idylle und Weltstadtflair so eng beieinander.

Seit jeher sind die natürlichen Wasserstraßen Oder, Spree, Havel und Elbe wichtige Verkehrswege und wurden daher im Verlauf der Geschichte durch Kanäle verbunden. Heute werden von den vorhanden Bundeswasserstraßen etwa die Hälfte noch für die Güterschifffahrt genutzt, sodass mehr als genug ruhige Strecken für Wasserwanderer übrigbleiben. Mancherorts, wie z.B. auf dem historischen Finowkanal, bleiben Freizeitkapitäne ganz unter sich.

Die vielfältigen Wasserwege vom stillen See, über schmale Flüsse bis hin zum mächtigen Oderstrom in Verbindung mit der intakten Natur und den allgegenwärtigen Spuren der preußischen Könige, machen Brandenburg zum Kanuland par excellence.

Es gibt viele gute Gründe für einen Urlaub auf eigenem Kiel. Fernab vom Massentourismus bietet sich so die einzigartige Gelegenheit Natur, Menschen und Landschaft aus einer völlig neuen Perspektive intensiv zu erleben. Schon nach wenigen Paddelschlägen ist der Alltag vergessen und Sie können rundum entspannen.

Für die Zusammenstellung der Touren in diesem Handbuch zum Kanuwandern habe ich sowohl die Infrastruktur für Kanusportler als auch den landschaftlichen Reiz und die kulturellen Sehenswürdigkeiten entlang der Flüsse berücksichtigt und daraus die aus meiner Sicht lohnenswertesten Kanutouren auf den Bächen, Flüssen und Seen in Brandenburg und Berlin ausgewählt, und zwar so, dass für jeden Geschmack und jeden Anspruch etwas dabei ist.

Entlang der beschriebenen Touren finden Sie eine Vielzahl von Kanuvermietern, die Ihnen den Einstieg ins Wasserwandern erleichtern. Neben dem Kanu und der grundlegenden Ausrüstung, wie z.B. wasserdichte Tonnen oder wasserdichte Säcke, gibt es hier auch fundiertes Know-How zu den örtlichen Gewässern und eine Einführung in die richtige Paddeltechnik. Aufgrund steigender Beliebtheit empfiehlt es sich, vor allem in den Sommermonaten, rechtzeitig zu buchen. Die Adressen finden Sie im Info-Teil der jeweiligen Tour.

Alle Informationen wurden mit großer Sorgfalt zusammengestellt und auf Aktualität überprüft. Dennoch – die Angaben in jedem Reiseführer sind irgendwann überholt, denn jedes Hochwasser verändert den Flusslauf. Seien Sie daher wachsam und verlassen Sie sich nicht blind auf die Angaben in den Tourenbeschreibungen.

Abschließend ein letzter Tipp: Planen Sie bei einer längeren Kanutour unbedingt Ruhetage mit ein, z. B. um einfach mal Wäsche zu waschen, ausgiebig Zeit für ein interessantes Museum zu haben oder um einen Schlechtwettertag im Zelt abwarten zu können.

Ob Tagestour, Wochenendfahrt oder ausgedehnter Kanuurlaub, viele erinnerungswürdige Momente und eine schöne Zeit unterwegs,

wünscht Michael Hennemann

Dieses Buch wurde großteils in den **Corona-Sommern** 2020 und 2021 aktualisiert.

Vieles hat sich in dieser Zeit verändert und wir wissen leider nicht, ob alle erwähnten touristischen Anbieter diese schwierige Zeit überstehen werden.

Alle Infos und Öffnungszeiten wurden gewissenhaft recherchiert, trotzdem empfehlen wir, vor der Tour die für Sie wichtigsten Infos nochmal zu überprüfen.

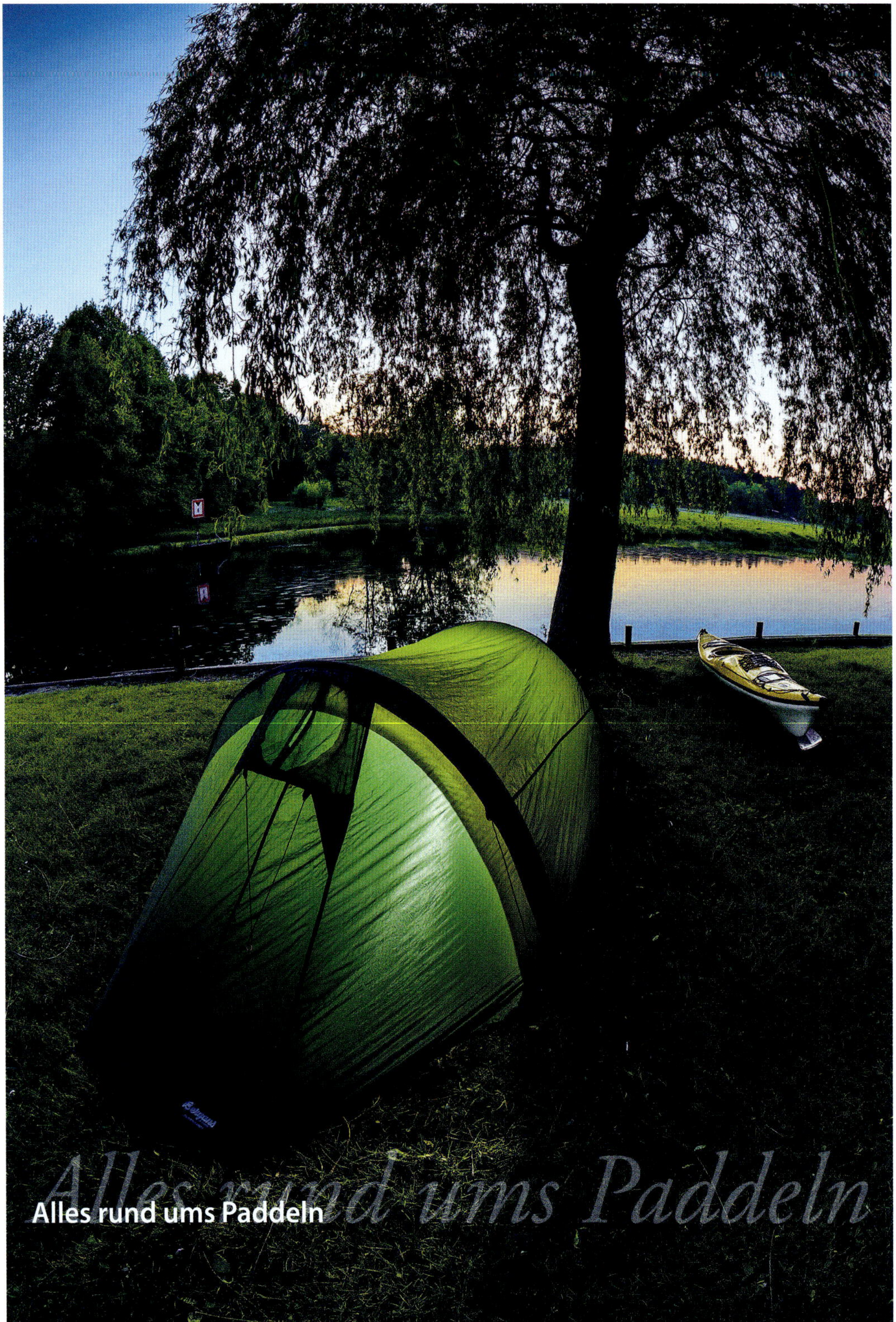

Alles rund ums Paddeln

Kanu, Kajak oder Canadier?

Wenn Sie in diesem Buch das Wort **Kanu** lesen, so ist das hier stets der Oberbegriff, mit dem beide Bootsformen **Canadier** und **Kajak** gemeint sind.

Canadier, die klassischen „Indianderboote", sind oben offen und werden mit einem Stechpaddel gefahren. Sie bieten ein riesiges Platzangebot und sind die erste Wahl für Familien. Es passen große Mengen Gepäck/Ausrüstung rein und Kinder, auch die noch nicht selber paddeln, können gut mitgenommen werden und haben etwas Bewegungsspielraum.

Canadier sind gut geeignet für nicht zu große Seen, Wanderflüsse und leichtes Wildwasser. Die Nachteile liegen in der höheren Anfälligkeit gegen Seitenwind und bei längeren Portagen werden bei einem schweren Canadier die Arme schnell lahm.

Eine Sonderform stellen **Falt-Canadier** dar. Diese Boote bestehen aus einem zusammensteckbaren (Aluminium-) Gestänge und einer robusten Haut. Mit etwas Übung geht der Auf- und Abbau eines Falt-Canadiers schnell von der Hand. Sie können für das gleiche Tourenspektrum eingesetzt werden wie feste Canadier, lassen sich durch das kompakte Packmaß im unaufgebauten Zustand aber leichter transportieren (z.B. auch mit der Bahn) und nehmen in der Garage oder auf dem Dachboden wenig Platz weg.

Für mittelschweres Wildwasser konzipiert sind **Schlauch-Canadier.** Diese sehr kurzen und wendigen Boote sind relativ langsam und laufen nur mäßig geradeaus, sodass sie für längere Touren auf Wanderflüssen nur bedingt geeignet sind.

Kajaks sind schmal und oben geschlossen. Sie haben eine oder mehrere Sitz- & Gepäckluken und werden mit einem Doppelpaddel vorwärts bewegt – ideal für Einzelpaddler bzw. Familien mit älteren Kindern. Gefertigt werden die Boote aus unterschiedlichsten Materialien. Besonders robust, unkompliziert und pflegeleicht sind Kunststoffboote aus Polyethylen (PE). Kajaks gibt es auch als **Faltboote**, die in Verbindung mit einer Steueranlage gut auf großen Seen, Wanderflüssen und bedingt im leichten Wildwasser gepaddelt werden können.

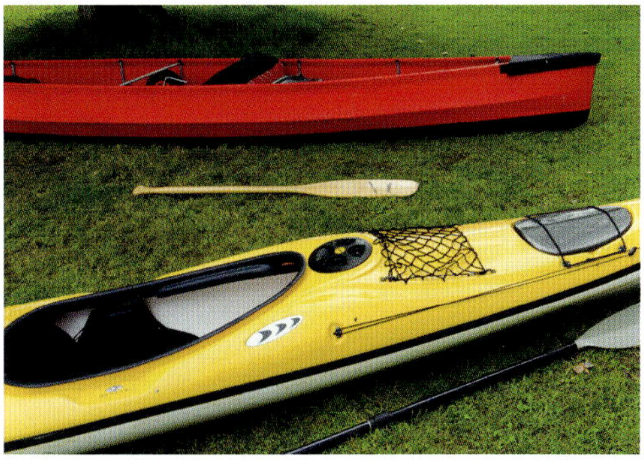

Kanu kaufen

Für jene, die regelmäßig mit dem Kanu auf dem Wasser sein wollen, kann sich der Kauf eines Kanus lohnen. Hat man sich dazu entschlossen, stellen sich verschiedene Fragen:

- *Welche Gewässer möchte ich vorwiegend befahren?*
- *Fahre ich alleine oder zu zweit, mit Kindern, mit der ganzen Familie?*
- *Mache ich nur kleine Tagestouren oder gar mehrwöchige Gepäckfahrten?*
- *Wie transportiere ich mein Kanu?*
- *Wo lagere ich es?*

Zwischen folgenden „Einsatzgebieten" unterscheidet man:

Kajak (Wildwasser, Wanderflüsse, Seen) oder ***Falt-Kajak*** mit Steuervorrichtung (große Seen, Wanderflüsse, Küstenfahrten), ohne Steuervorrichtung auch leichtes Wildwasser.

Canadier (Seen, Wanderflüsse, leichtes Wildwasser – erste Wahl für Familientouren).

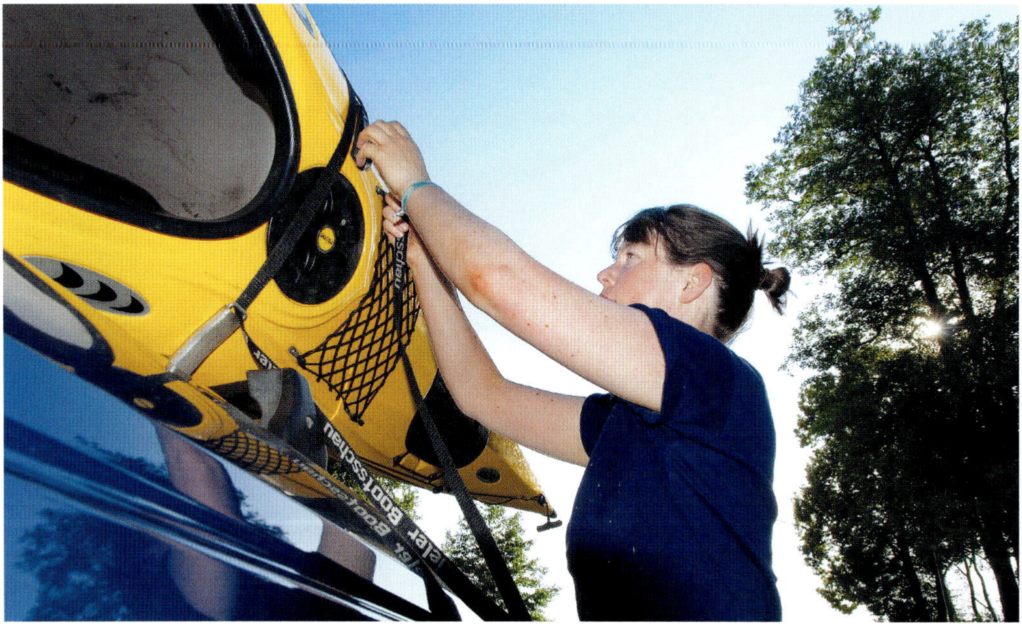

Schlauch-Canadier (Wildwasser, wenig windanfällige Seen und Flüsse, Expeditionstouren).

Falt-Canadier (Seen, Wanderflüsse, leichtes Wildwasser, Expeditionstouren).

Boote ausprobieren: Um sich für einen Bootstyp bzw. Kanu zu entscheiden, sollte man ein sogenanntes **„Testival"** besuchen, das von großen Fachhändlern meist an einem Wochenende zum Auftakt der Saison veranstaltet wird. Dort kann man vor einer Kaufentscheidung in Ruhe verschiedene Boote testen.

Kanutransport auf dem Pkw

Wenn Sie mit dem eigenen Boot auf Tour gehen und nicht auf den Service eines Kanuvermieters zurückgreifen, ist als erstes die Frage zu klären, wie Sie das Boot mit dem Auto zum Wasser transportieren.

Während ein PE-Kajak nahezu unbeschadet über einen Stein im Fluss schrammt, kann der falsche Transport leicht (bleibende) Schäden verursachen. PE-Boote sind zwar robust, aber nicht unkaputtbar. Wenn Sie Ihr Kanu auf die ungepolsterten Dachgepäckträger legen, es getreu dem Motto „Viel hilft viel!" ordentlich festzurren und es anschließend an einem sonnigen Tag auf dem Dachgepäckträger umherfahren, sind Beulen im Rumpf die unweigerliche Folge.

Um das zu vermeiden, sollten Sie die Dachgepäckträger so weit wie möglich voneinander entfernt anbringen, die Träger dort, wo das Boot aufliegt, mit Schaumstoff (Rohrisolierung) polstern und das Boot auf dem Kopf, also mit dem Kiel nach oben transportieren.

Noch besser geeignet sind spezielle **Kanutransportbügel**, die auf die Dachgepäckträger montiert werden. Ein empfehlenswerter Anbieter ist z.B. die Firma „Zölzer".

Ovalbügel oder senkrechte Stützen sind für den Transport von Einerkajaks, flache, konkave Träger für den von Zweierkajaks oder Canadier gedacht. Mit diesen Trägern sind die Boote schnell und sicher auf dem Dach verstaut. Um Benzin zu sparen, sollten Sie die Sitzluken von Kajaks mit einem Lukendeckel verschließen.

Beim Dachtransport nicht vergessen: In den meisten Fällen ragt das Boot nach hinten mehr als 1 Meter über die Rückstrahler des Fahrzeugs hinaus und muss (§22 der Straßenverkehrsordnung) mit einer roten Fahne gekennzeichnet werden (gibt es im Baumarkt).

Zurück zum Auto nach der Tour

Viele Kanutouren verlaufen auf Flüssen oder sind keine Rundtouren. Somit sind Start- und Endpunkt nicht identisch. Jeder Paddler kennt daher die quälende Frage: Wie komme ich zurück zur Einsetzstelle und zu meinem Auto?

Bei Paddlergruppen beliebt ist das Umsetzen mit zwei Autos. Die Boote werden an der Einsetzstelle abgeladen und anschließend fahren zwei Autos zum Endpunkt. Dort wird ein Auto geparkt und man fährt gemeinsam im zweiten Auto zum Einstieg zurück. Diese Variante ist zwar relativ komfortabel, allerdings sind zwei Auto erforderlich und es gibt ökologisch bessere Alternativen.

Allen voran bieten sich natürlich öffentliche Verkehrsmittel an. Besonders problemlos funktioniert das, wenn sowohl am Start- als auch am Endpunkt ein Bahnhof in der Nähe ist oder die Tour durch die Stadt führt.

Schwieriger wird es in abgelegeneren Regionen, in denen man auf die meist nur selten verkehrenden Busse angewiesen ist. Vorab ist ein wenig Planung erforderlich. Hinweise zum ÖPNV finden Sie in den Touren-Infos zu jeder Tour.

Bei kurzen Tagestouren lässt sich die Rückkehr zum Startpunkt auch gut mit dem Fahrrad (das vorab am Ziel deponiert wurde) realisieren, am schönsten natürlich, wenn ein Radweg oder eine wenig befahrene Straße den Flusslauf begleitet.

Faltrad

Wer mit dem Canadier unterwegs ist und auch an Land mobil sein möchte (z.B. „Zurück zum Pkw"), sollte in Erwägung ziehen, ein Faltrad mitzunehmen. Durch optimierte Falt-Scharniere wird aus dem Fahrrad innerhalb weniger Sekunden ein kleines, handliches Paket, das sich leicht im Boot verstauen lässt.

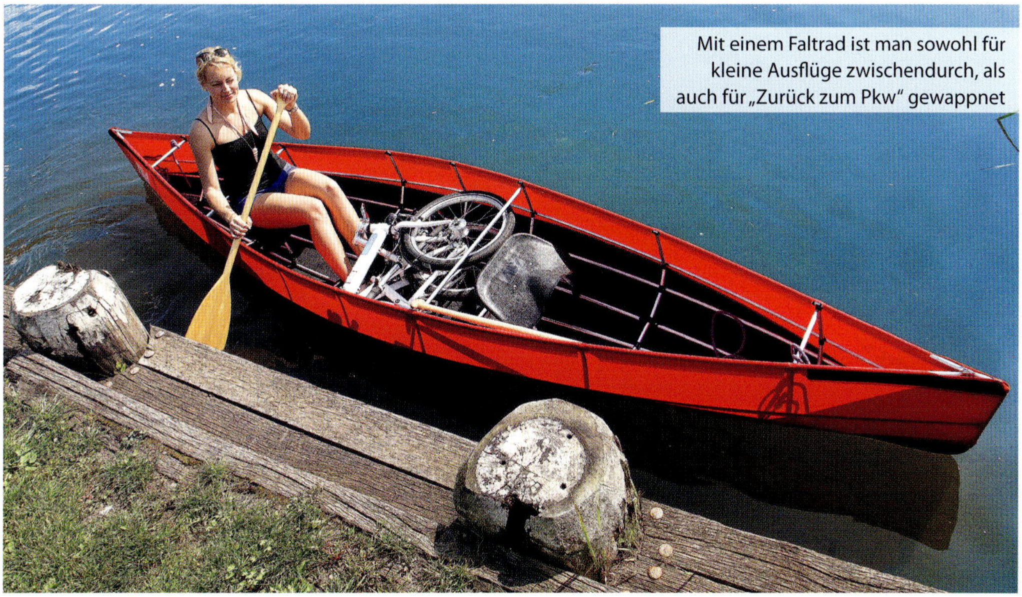

Mit einem Faltrad ist man sowohl für kleine Ausflüge zwischendurch, als auch für „Zurück zum Pkw" gewappnet

Kanus mieten

Um die Faszination des Kanuwanderns kennenzulernen, brauchen Sie nicht zwangsläufig ein eigenes Boot. Entlang der vorgestellten Touren finden Sie in der Regel (mindestens) einen **Kanuvermieter** oder **-veranstalter**.

Die **Preise für ein Mietboot** variieren je nach Gewässer, Wochentag und Saison. Als Richtwert können Sie sich für die Hauptsaison oder am Wochenende an folgenden Tagespreisen orientieren: Canadier für zwei Personen gibt es ab 30 €, Einer-Wanderkajak etwa für 35 €. Bei längerer **Mietdauer** gibt es oft deutliche Rabatte. An beliebten Paddelgewässern werden in der Hauptsaison oft die Boote knapp, sodass es sich empfiehlt rechtzeitig zu **reservieren**.

Canadier bekommen Sie bei fast allen Vermietern. Wollen Sie lieber ein **Kajak** mieten, sollten Sie auf jeden Fall vorab Kontakt zum Kanuvermieter aufnehmen, denn nicht alle Anbieter haben Kajaks im Programm.

Neben den Booten erhalten Sie die nötige **Ausrüstung**, wie z.B. wasserdichte Gepäcktonnen und Schwimmwesten sowie eine **Einweisung** in die richtige Paddeltechnik und wichtige Tipps zum jeweiligen Gewässer.

Viele Vermieter bieten einen **Abholservice** vom Endpunkt der Tour an, was Sie vor allem in den weniger besiedelten Regionen vom oft recht mühsamen „Zurück zum Pkw" befreit.

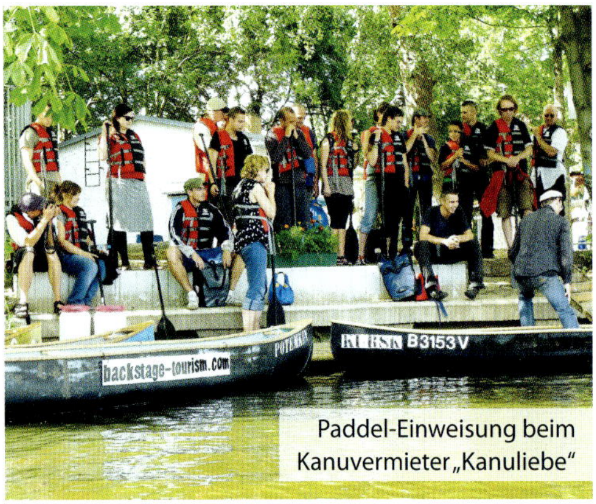

Paddel-Einweisung beim Kanuvermieter „Kanuliebe"

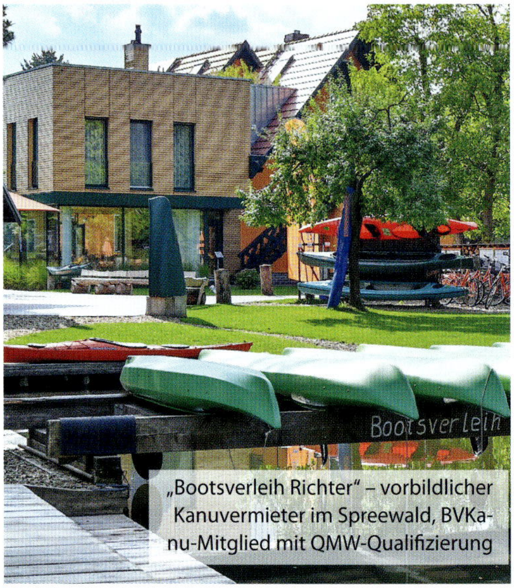

„Bootsverleih Richter" – vorbildlicher Kanuvermieter im Spreewald, BVKanu-Mitglied mit QMW-Qualifizierung

Idealerweise ist bei der Wahl eines Kanuvermieters / Veranstalters darauf zu achten, dass er Mitglied im **Bundesverband Kanu e.V.** (**BVKanu**, www.bvkanu.de) ist. Die Mitglieder garantieren Qualität und qualifizierte Mitarbeiter, Sicherheit, fachkundige Einweisung sowie Einsatz für den Naturschutz im Kanutourismus. Zusätzlich haben viele BVKanu-Mitglieder das **Qualitätssiegel QMW Kanu** für besonders gute Qualität und Sicherheit.

Deutscher Kanu Verband (DKV)

Kanufahren zeichnet sich zwar durch Individualität aus, aber nicht immer fühlt man sich alleine auf dem Wasser wohl. Die Mitgliedschaft im **Deutschen Kanu-Verband e.V.** (**DKV**, www.kanu.de), auch als nicht vereinsgebundenes Einzelmitglied, bietet neben der Teilnahme an gemeinsamen Fahrten, dem Austausch persönlicher Erfahrungen zu Booten und Ausrüstung, auch den Vorteil der preisgünstigen Übernachtung in den DKV-Stationen.

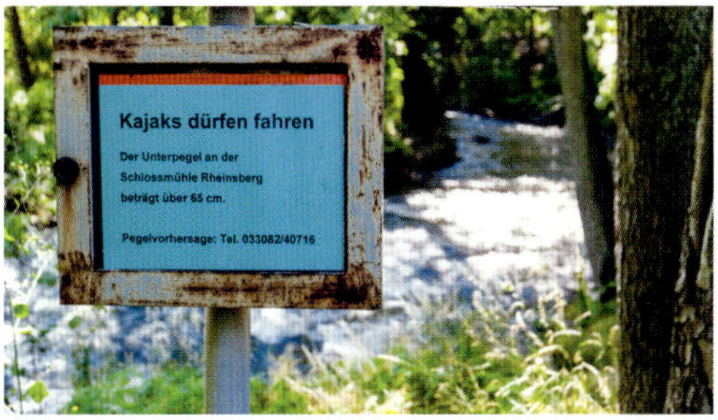

Gewässersperrungen

Gewässersperrungen & aktuelle Meldungen finden Sie auf der Webseite des **Deutschen Kanu-Verbands** unter: www.kanu.de >Service >Downloads >Freizeitsport >Befahrungsregelungen Deutschland aktuell (PDF).

Kennzeichnungspflicht des Bootes

Kanus sind auf Binnenschifffahrtsstraßen zwar von der Führung eines amtlichen Kennzeichens befreit, müssen aber dennoch gekennzeichnet sein, um Ärger oder gar eine Geldbuße zu vermeiden.

1. Bootsname auf beiden Außenseiten in gut lesbaren, mindestens 10 cm hohen lateinischen Schriftzeichen/Buchstaben. Alternativ Name der Organisation / Verein, der es angehört, oder deren gebräuchliche Abkürzung, mit einer Nummer dahinter.

Die Schriftzeichen müssen in heller Farbe auf dunklem Grund oder in dunkler Farbe auf hellem Grund angebracht sein.

2. Name und Anschrift des Eigentümers an gut sichtbarer Stelle innen / außen am Boot.

Schifffahrtsstraßen

Einige der vorgestellten Kanutouren verlaufen zum Teil auf Wasserstraßen, auf denen auch **Motorboote** oder sogar große **Frachtschiffe** unterwegs sind. Als Grundregel gilt in diesem Fall immer: **Halten Sie sich möglichst weit rechts und paddeln Sie vorrausschauend.**

Weitere Infos zu den **Regelungen auf Schifffahrtsstraßen** gibt die Broschüre ***„Sicherheit auf dem Wasser.*** *Wichtige Regeln und Tipps für Wassersportler“*, herausgegeben vom Ministerium für Verkehr und digitale Infrastruktur: www.bmvi.de >Service >Publikationen (Download, Blätterkatalog oder bestellbar).

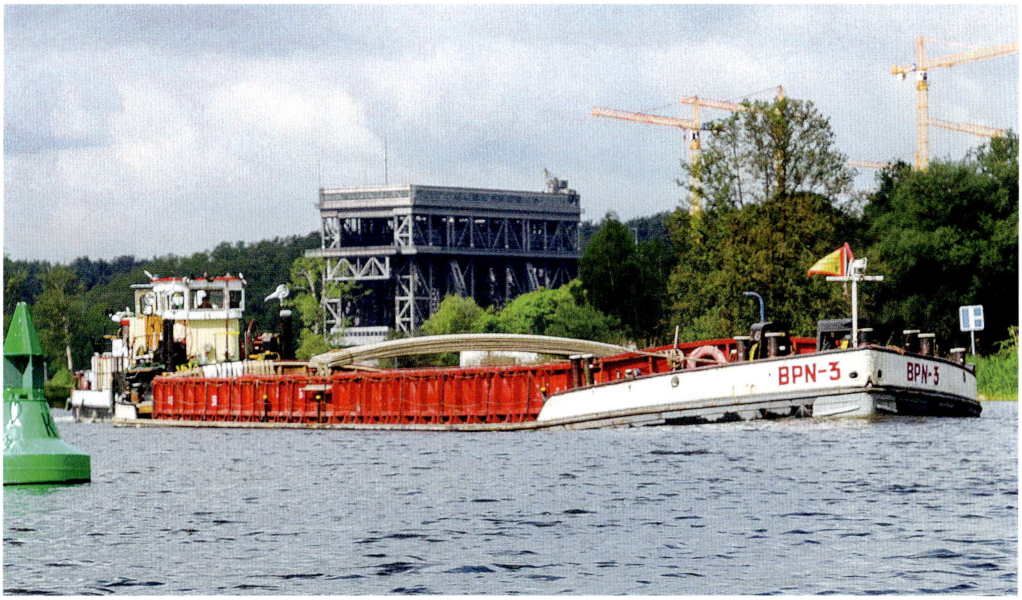

i

Schleusen & Umtragungen

Aufregend ist das Erlebnis, zum ersten Mal in eine **Schleusenkammer** einzufahren. Es ist schon ein wenig komisch, eingekeilt zwischen großen Pötten auf die Schleusung zu warten.

Aber natürlich wird man vom **Schleusenmeister** an die Schleusenwand gewiesen – möglichst nicht ans vordere Schleusentor, denn da geht es manchmal ganz schön wild zu, wenn das Wasser einströmt.

An einer in der Schleusenwand verankerten Eisenleiter kann man sich während der Schleusung festhalten – aber bitte niemals das Boot daran festbinden!

Manche Schleusung muss man in **Selbstbedienung (SB-Schleuse)** durchführen. Hilfreiche Erklärungen findet man vor Ort.

Wenn der Schleusenmeister seine wohlverdiente Mittagspause hält oder die Schleuse geschlossen hat, trifft man zuweilen auf

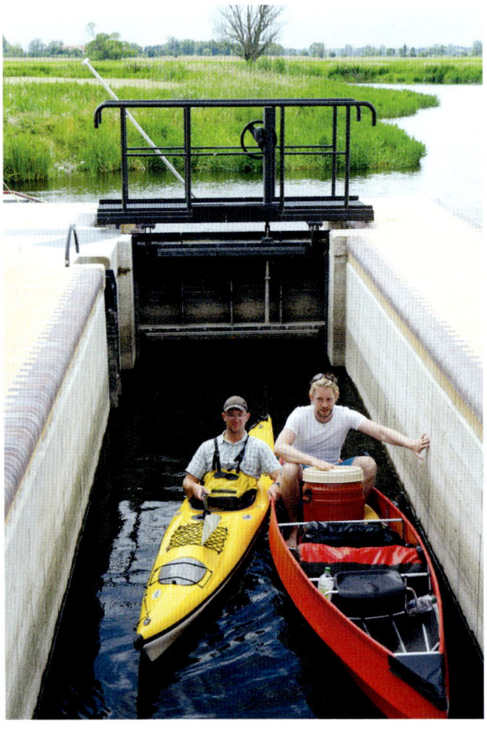

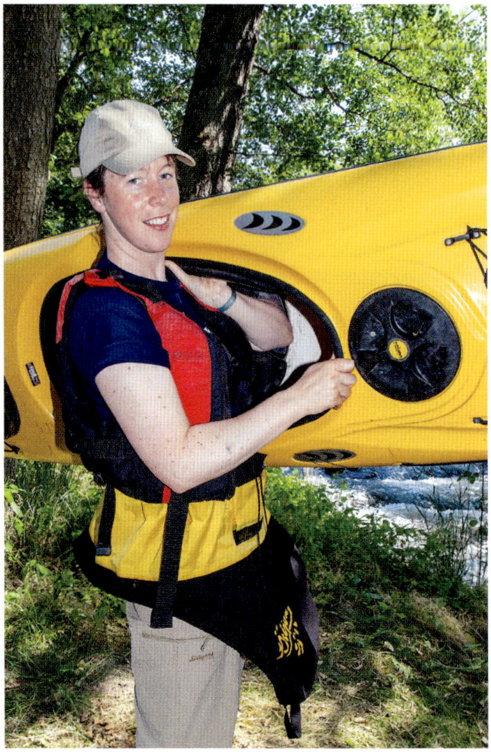

Bootsschleppen neben den Schleuse. Dabei handelt es sich meist um eine Lore oder Eisenkarre, deren Schienen entlang der Schleusenkammer auf der einen Seite aus dem Wasser und der anderen Seite wieder ins Wasser hinein führen. Sie machen das „Umtragen" des Kanus im wahrsten Sinne des Wortes zum Vergnügen.

Wehre, die in den verschiedensten Bauformen auf praktisch jedem Fluss anzutreffen sind, stellen wegen des starken Rücksogs mit die größte Gefahr dar.

Auf naturnahen, weniger häufig befahrenen Kleinflüssen, müssen Sie außerdem stets mit **umgestürzten Bäumen** rechnen, die eine natürliche Barriere bilden.

Ob nun Wehr oder Treibholzverhau: bitte das **Hindernis vorher** genau (am besten vom Ufer aus) **anschauen** und im Zweifel lieber auf dem Landweg umtragen.

Paddelausrüstung

Wichtigstes Accessoire zusätzlich zum Boot ist das **Paddel**.

Die optimale Länge für ein **Doppelpaddel** bei einem Wanderkajak liegt etwa zwischen 220 und 240 cm. Das **Stechpaddel** für einen Canadier sollte bis ca. Schulterhöhe reichen. Kinderpaddel dürfen ruhig etwas länger sein, damit sich die Kleinen nicht zu weit aus dem Boot lehnen müssen, wenn sie das Paddelblatt ins Wasser tauchen.

Tipp: Paddel- oder einfache Radhandschuhe schützen empfindliche Hände vor Blasen.

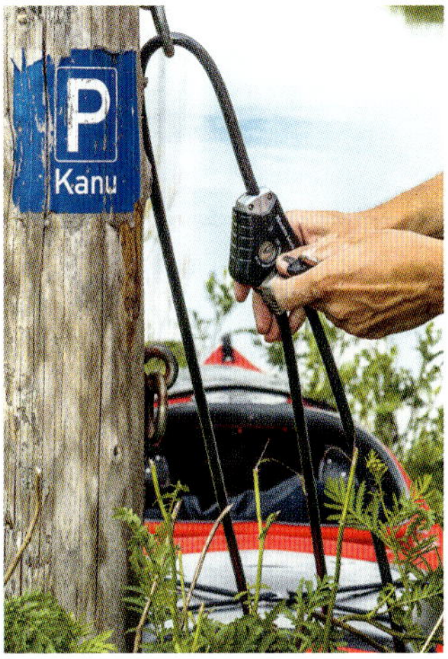

Für die Sicherheit unerlässlich sind **Rettungs-** und **Schwimmwesten**. Während Erwachsene und Jugendliche mit einer auf das Körpergewicht angepassten **Schwimmweste** gut bedient sind, sind für Kinder und Nichtschwimmer spezielle **Rettungswesten** unerlässlich, die mit einem Kragen den Kopf, selbst bei einer Ohnmacht, über Wasser halten.

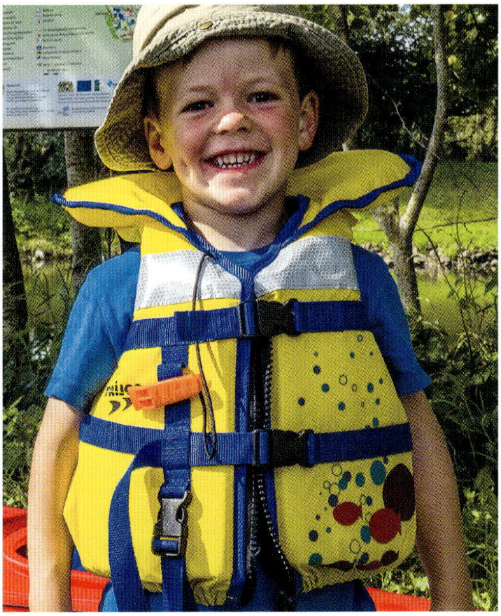

Nicht unbedingt lebenswichtig, aber bei längeren Portagen an Wehren oder für den Weg vom Ufer zum Zeltplatz äußerst hilfreich, ist ein **Bootswagen**. Ein guter Bootswagen ist der optimale Kompromiss aus kleinem Packmaß, sodass er gut im oder am Boot verstaut werden kann, bei gleichzeitig großer (Luft-) Bereifung. Während ein kleiner Wagen mit Kinderwagenrädchen für den asphaltierten Weg vom Bootshaus zum Steg taugt, wird der mit Baumwurzeln überzogene Waldweg damit schnell zur Tortur.

Mit einer **Leine** können Sie das Boot bei einer Pause am Steg festbinden und es an flachen Stellen treideln. Besonders praktisch: Sie haben immer eine Wäscheleine dabei, um nasse Paddelklamotten trocknen zu können.

Eine Kette mit **Schloss / Spiralschloss** zum Sichern des Kanus am Ufer bei Besichtigungen oder festen Unterkünften hat sich bewährt.

Ein **Schwamm** oder eine Schöpfkelle helfen, das Cockpit des Bootes trockenzulegen, denn ansonsten laufen Sie Gefahr, ständig im Nassen zu sitzen, weil das Wasser auch ohne Kenterung oder starken Regen immer einen Weg ins Boot findet.

Ausrüstungstipp: Immer mit an Bord auf meinen Touren ist eine Rolle **wasserfestes Klebeband („Duck Tape")**, mit der sich so ziemlich jeder Defekt an Boot oder Ausrüstung (zumindest provisorisch) reparieren lässt. Außerdem ein **Mehrzwecktaschenmesser** oder **Multitool** mit Schraubenzieher und Kombizange und ein **Reparatur-Set** für das Kanu.

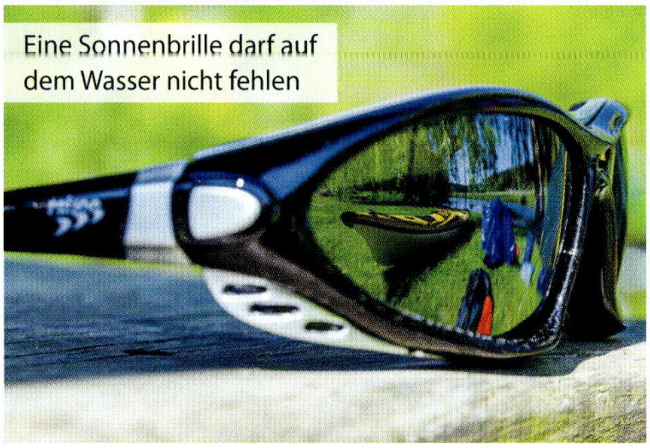
Eine Sonnenbrille darf auf dem Wasser nicht fehlen

Zur **Orientierung** auf dem Fluss nicht zwingend erforderlich, aber ein tolles „Spielzeug" für unterwegs, ist ein kleiner **GPS-Empfänger**. Dank Satellitennavigation können Sie am Ende der Tagesetappe nicht nur die zurückgelegte Strecke, Geschwindigkeit und weitere Statistiken ansehen, sondern später zu Hause die Tour auf der Karte am Computer noch einmal metergenau nachverfolgen.

Abgerundet wird die Ausrüstungspalette durch ein **Erste-Hilfe-Set**, das in einem kleinen, separaten Packsack leicht erreichbar (z.B. hinter dem Sitz) untergebracht wird. Zur Minimalausstattung gehören **Heftpflaster, Dreiecktuch, Mullbinden, Kompressen** und **Desinfektionslösung**.

Für den Landgang eignet sich ein (wasserdichter) **Tagesrucksack**.

Kleidung

Sie brauchen sich für Ihre Kanutouren keine teure High-Tech-Kleidung zuzulegen. Fürs erste reicht bequeme **(Sport-) Bekleidung**, ergänzt um **Badehose**, **Sonnenhut** und **-brille** sowie eine funktionelle **Regenjacke & -hose** und in der kühleren Jahreszeit eine warme **Mütze** und ggf. **Handschuhe**.

TIPP: Mit einem **Regenhut** statt Kapuze kann man Mitpaddler/andere Wassersportler besser hören und den Kopf leichter drehen.

Wenn Sie Gefallen am Paddeln gefunden haben und öfter unterwegs sind, lohnt es sich für Kajakfahrer, die Regenjacke durch eine

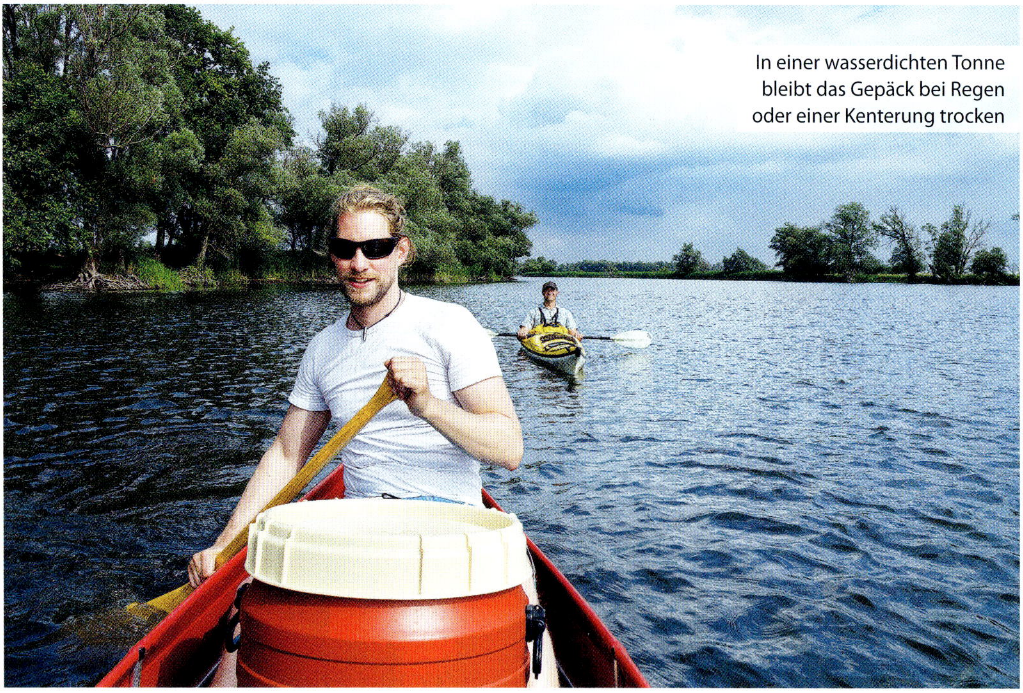
In einer wasserdichten Tonne bleibt das Gepäck bei Regen oder einer Kenterung trocken

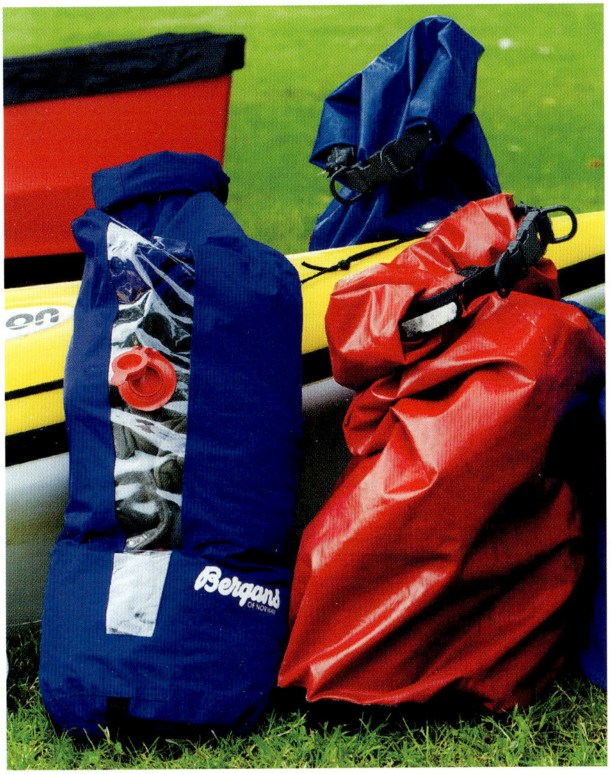

spezielle **Paddeljacke** mit wasserdichten Bündchen zu ersetzen, damit Ihnen nicht bei jedem Paddelschlag mit dem Doppelpaddel Wasser in die Ärmel läuft. Neoprenbündchen sind zwar nicht hundertprozentig wasserdicht, aber viel angenehmer zu tragen als Latexmanschetten.

Unter der Jacke können Sie je nach Witterungsverhältnissen ein dünnes **Fleece** oder **Funktionsunterwäsche** tragen. Generell sollte man nach dem „Zwiebelprinzip" verfahren und mehrere leichte Kleidungsstücke übereinanderziehen.

Moderne **Trekkinghosen** und **Funktionskleidung** aus Kunstfaser-/Baumwollmischgewebe trocknen deutlich schneller als herkömmliche Bekleidung aus reiner Baumwolle (z. B. Jeans). Ein entscheidender Vorteil nicht nur wenn es regnet, sondern auch wenn Sie beim Paddeln ins Schwitzen kommen.

Im Kanu sind leichte **Turn- oder Segelschuhe** ideal; für kleine und große Ausflüge haben wir immer **Wanderschuhe** dabei.

Wasserdichtes Gepäck

Die Ausrüstung und Kleidung findet Platz in **wasserdichten Packsäcken** und **Weithals-Tonnen** (für Canadierfahrer). **Spanngurte** sind praktisch zum Festmachen der Säcke und Tonnen.

Neben einer wasserdichten, durchsichtigen **Kartentasche** für die Wasserwanderkarte, die sicher auf dem Bootsdeck festgebunden wird, benötigen Sie mindestens zwei große **Packsäcke** für Bekleidung und Schlafsack mit Campingausrüstung. Zusätzlich 1-2 kleinere Verpackungen für Geldbeutel, Schlüssel, Fotoapparat/Handy oder Kleinkram, den man griffbereit haben möchte – hier haben sich auch die kleinen **Weithals-Tonnen** bewährt.

Wasserwanderkarte

Für alle Touren in diesem Buch empfohlen:
TourenAtlas TA 5 Berlin-Brandenburg mit Spreewald und Berliner Mauerweg,
Wassersportkarten 1:75.000 und 1:25.000,
Jübermann Verlag.

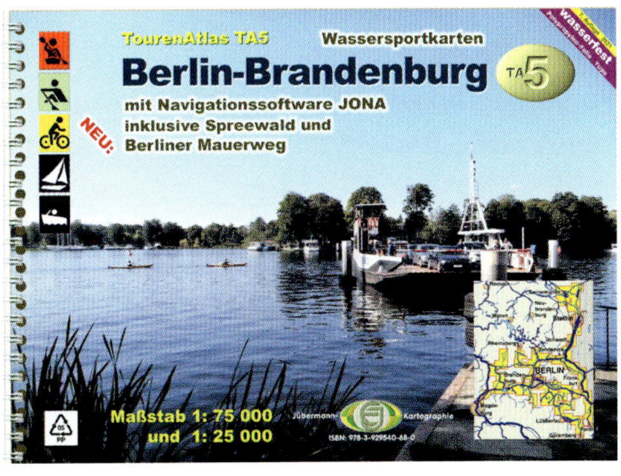

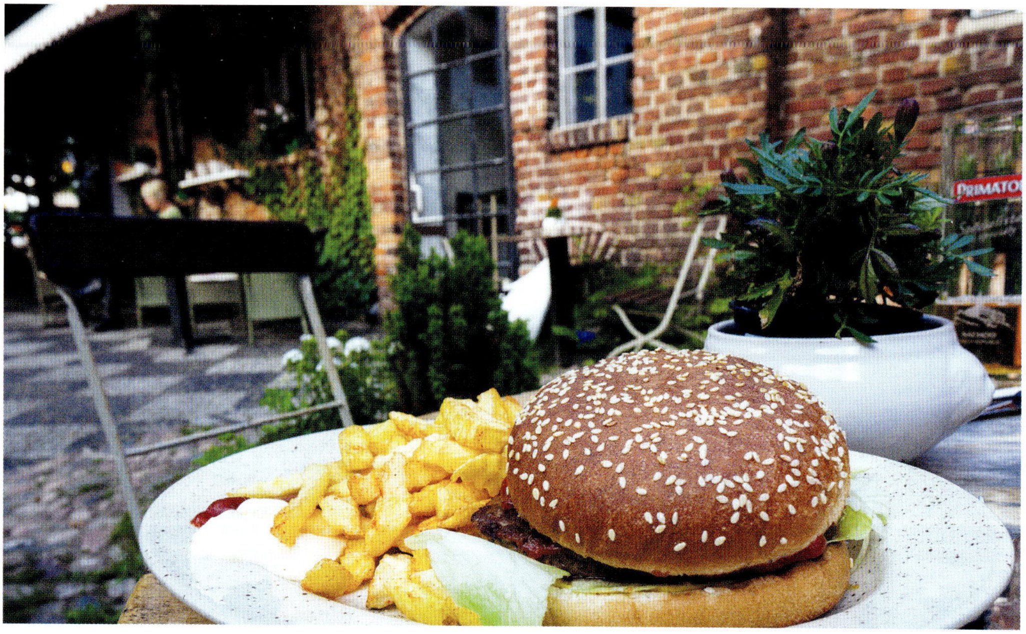

Übernachten

Wo vorhanden, sind bei den Touren **Pensionen**, **Hotels** und **Landgasthöfe** für die Übernachtung in Wassernähe angegeben, so dass Sie nicht auf ein Bett verzichten müssen und bequem ohne großes Gepäck auf Tour gehen können. Meistens findet man aber alternativ auch **Zelt-** oder **Wasserwanderrastplätze (WWR)** sowie **Bootshäuser** der Wassersportvereine fast immer direkt am Wasser.

Wildes Zelten ist wegen der hohen Besiedlungsdichte in Deutschland seit jeher problematisch und in Naturschutzgebieten streng verboten. Dennoch – Brandenburg ist eines der wenigen Bundesländer, in denen das **Zeltaufstellen abseits offizieller Campingplätze für Fuß-, Rad-, Reit- & Wasserwanderer** ausdrücklich erlaubt ist (für eine Nacht!), solange privatrechtlich nichts dagegen spricht und keine Schutzvorschriften verletzt werden (Landesnaturschutzgesetz § 44 (4), Betreten der freien Landschaft). Empfehlungen zum Wildzelten suchen Sie im Infoteil der Tourenbeschreibungen aber vergeblich.

WWR & Gelbe Welle

Das teils an **Marinas, Sportboothäfen** oder **Wasserwanderrastplätzen (WWR)** anzutreffende Symbol **„Gelbe Welle"** ist ein deutschlandweit einheitliches Info-System für wassertouristische Angebote und dient dem besseren Erkennen von Anlegestellen. Es signalisiert Wassersportlern, dass sie willkommen sind. Auf den Piktogrammen kann man schon vom Wasser aus erkennen, welche Serviceangebote (z. B. WC, Verpflegung, Zeltmöglichkeit, usw.) es vor Ort gibt und wie weit es bis zur nächsten Anlegestelle ist.

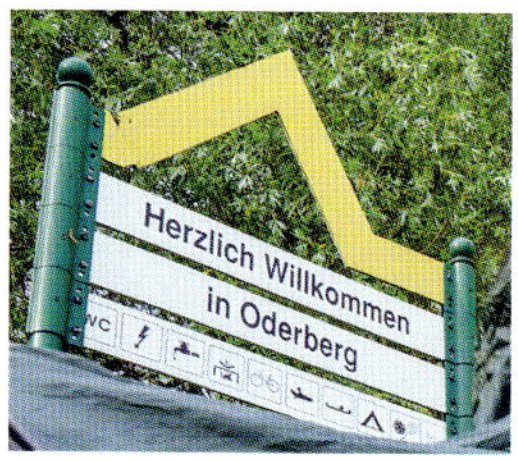

Campingausrüstung

Für mich gehört es aber mit zu den schönsten und eindrucksvollsten Erlebnissen, am Ende des Paddeltages das Zelt direkt neben dem Fluss aufzubauen und unter freiem Himmel zu schlafen.

Wollen Sie draußen übernachten, benötigen Sie natürlich eine Campingausrüstung. Zur Grundausstattung gehören **Zelt, Isomatte** und **Schlafsack**.

Eine **Taschen-** oder besser noch eine **Stirnlampe** leistet wertvolle Dienste, wenn eine Tagesetappe länger als geplant ausgefällt, und Sie im Dunklen das Zelt aufbauen und kochen müssen.

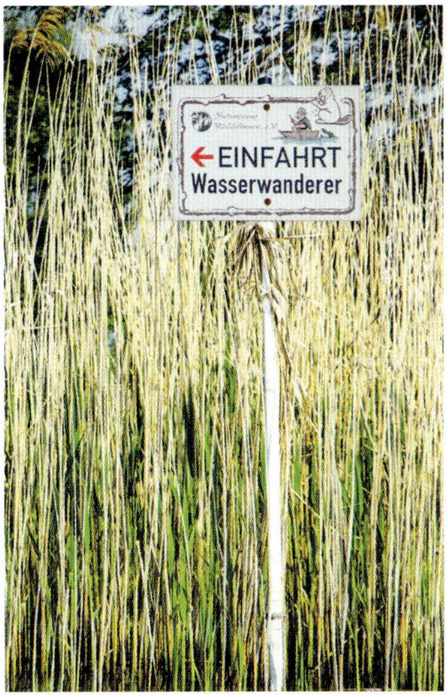

Als **Zelttyp** kommen grundsätzlich Kuppel- oder Tunnelzelte in Frage und beide leisten für eine Kanutour in Deutschland gute Dienste. Der Hauptunterschied:

Ein **Kuppelzelt** ist freistehend, d.h. Sie benötigen zum Aufstellen nicht zwangsläufig Heringe. Da allerdings auf keinem der Zeltplätze entlang der vorgestellten Touren harter Steinboden anzutreffen ist, lassen sich auch **Tunnelzelte** gut mit Leinen und Heringen abspannen.

Der Vorteil des Tunnelzelts: Es ist schnell aufgebaut, meistens werden Innen- und Außenzelt zusammen aufgebaut, sodass das Innenzelt selbst beim Aufbau im strömenden Regen trocken bleibt.

Praktisch finden wir beim Zelt eine (oder gar zwei) ausreichend große **Absis** fürs Gepäck oder um darin zu sitzen, wenn es mal regnet.

Draußen kochen

Eine Zeltübernachtung ist erst komplett, wenn beim Sonnenuntergang vor dem Zelt der Campingkocher dampft. In Internetforen oder beim Trapperplausch am Lagerfeuer entsteht schnell ein fast fanatischer Glaubenskrieg bei der Frage nach dem richtigen **Kochertyp**.

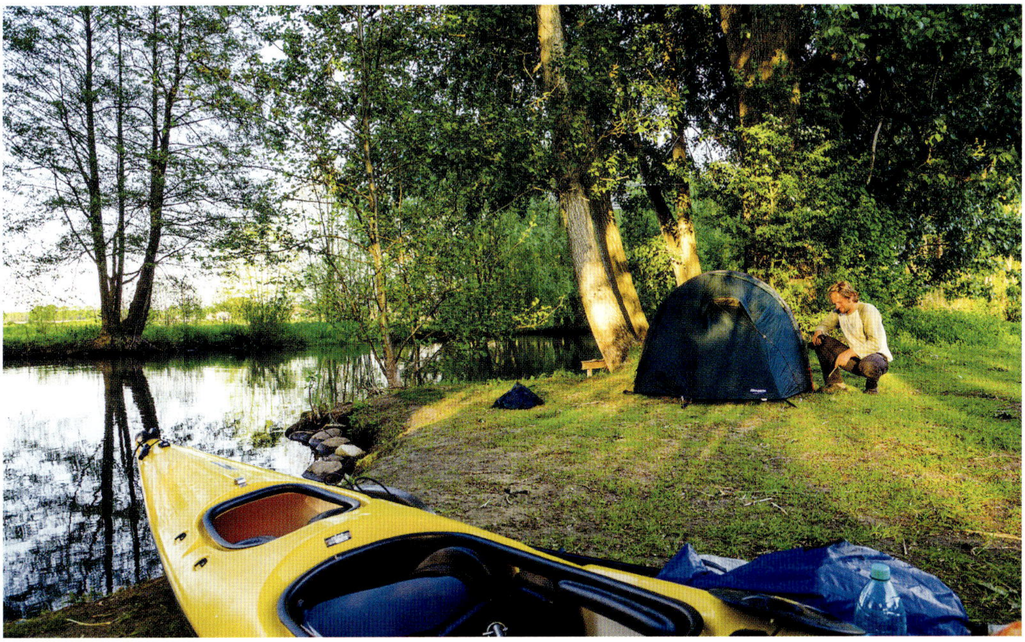

Zusammengefasst die Vor- und Nachteile der einzelnen Kochermodelle:

- ***Benzinkocher.*** Hoher Heizwert, Benzin ist überall zu bekommen und billig. Nachteil: wartungsintensiv, nicht immer leicht zu bedienen.
- ***Petroleumkocher.*** Hoher Heizwert, jedoch starke Geruchsbelästigung, die, anders als bei Benzin, nicht „verfliegt".
- ***Spirituskocher.*** Leicht und einfach zu handhaben. Relativ geringer Heizwert, d. h. Sie müssen bei längeren Touren eine größere Menge Spiritus mitführen.
- ***Gaskocher.*** Nicht so hoher Heizwert, jedoch sauberes Verbrennen. Teure Kartuschen.
- ***Multifuel-Kocher.*** Guter Heizwert. Mit fast jedem Flüssigbrennstoff zu betreiben (mit den jeweiligen Vor- und Nachteilen des verwendeten Brennstoffs) und sehr leicht.

Ich bin seit vielen Jahren ein echter Fan der Trangia-Spiritus-Kocher. Diese Sturmkocher sind einfach, zuverlässig und praktisch. Das System besteht aus einem kompletten, platzsparenden **Set** aus **Kocher, Windschutz, Töpfen** und **Pfanne**. Seit ein paar Jahren betreibe ich den Kocher nicht mehr mit dem Spiritusbrenner, sondern mit einem Gaseinsatz. In Verbindung mit einem Adapter können so Schraub- und Steckkartuschen verwendet werden, die praktisch weltweit zu beschaffen sind. Der große Vorteil im Vergleich zum originalen Spirituseinsatz: die Flammengröße lässt sich stufenlos regulieren und zusammen mit einer beschichteten Non-Stick-Pfanne gelingen auch draußen Pfannkuchen oder Pizza.

Wir haben außerdem immer eine **Espressokanne** für den leckeren Morgenkaffee dabei. Weiterhin **Teller, Schüsseln (Müsli), Besteck, Thermoskanne & -becher, kleines Schälmesser, Schneidebrettchen, evtl. Alufolie, Geschirrtuch, Spülmittel** und eine kleine **Faltschüssel** für den Abwasch.

Da nicht überall frisches Wasser vorhanden ist, haben wir immer einen **faltbaren Wassersack** (mindestens 5 Liter, optimalerweise für „geschmacksneutrales Wasser" z. B. von Sea to Summit) mit Trinkwasser an Board.

Weitere praktische Ausrüstungsgegenstände *(siehe auch Checkliste Seite 24)* sind Taschenmesser, Klappspaten, Toilettenpapier, Waschzeug, Insektenschutz, Erste-Hilfe-Set, wasserdicht verpacktes Handy, Taschenlampe, Fernglas, Schreibutensilien.

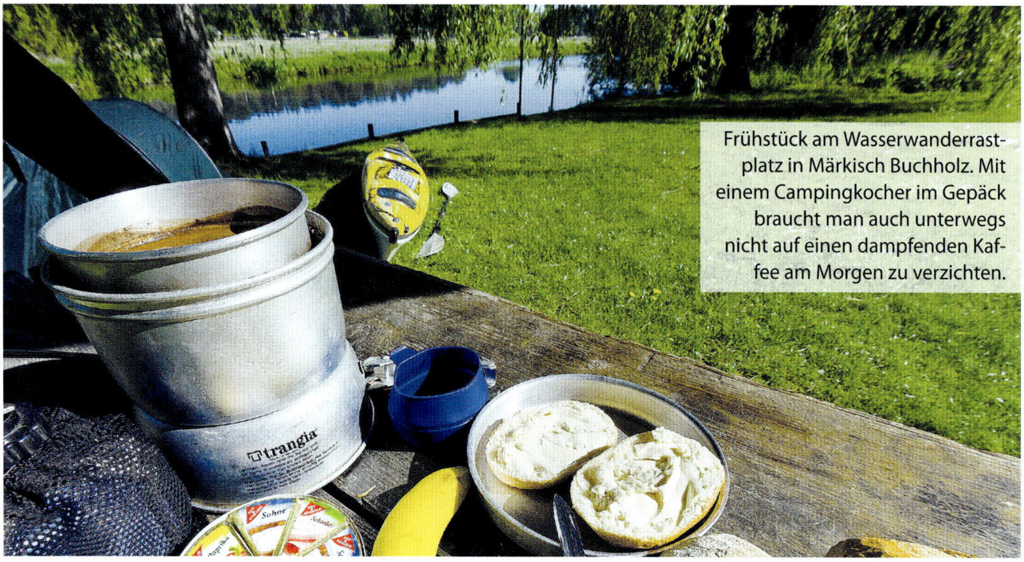

Frühstück am Wasserwanderrastplatz in Märkisch Buchholz. Mit einem Campingkocher im Gepäck braucht man auch unterwegs nicht auf einen dampfenden Kaffee am Morgen zu verzichten.

Tipps zur Sicherheit

Beachten Sie beim Paddeln folgende grundlegende Regeln, damit Sicherheit und Spaß im Vordergrund stehen:

- *Tragen Sie **immer** eine auf das Körpergewicht abgestimmte **Schwimmweste** und achten Sie darauf, dass auch Ihre Mitpaddler dies tun (Kinder ohnmachtssichere **Rettungswesten**).*
- *Jeder, der ein Kanu besteigt, muss schwimmen können.*
- ***Machen Sie einen** weiten **Bogen um in den Fluss ragende Bäume**, um bei einer Kenterung nicht zwischen Boot und Baum eingeklemmt zu werden.*
- ***Weichen Sie Motorbooten aus** und behalten Sie im Hinterkopf, dass oft Freizeitskipper unterwegs sind, die ihr Boot nicht immer souverän zu steuern vermögen.*
- *Wechseln Sie an **Wasserskistrecken** besser die Uferseite. Es kann nervig sein, auf die von allen Seiten anschwappenden Wellen reagieren zu müssen. Wasserski ist nur an den dafür gekennzeichneten Stellen in der Zeit von 9-12 und 15-18 Uhr gestattet.*
- *Paddeln Sie nur **alleine**, wenn Sie Ihr Kanu gut beherrschen. Hinterlassen Sie stets eine Nachricht, wohin und bis wann Sie unterwegs sein wollen.*
- *Auf der anderen Seite sollten Sie darauf achten, dass eine **Paddelgruppe** nicht zu groß wird.*

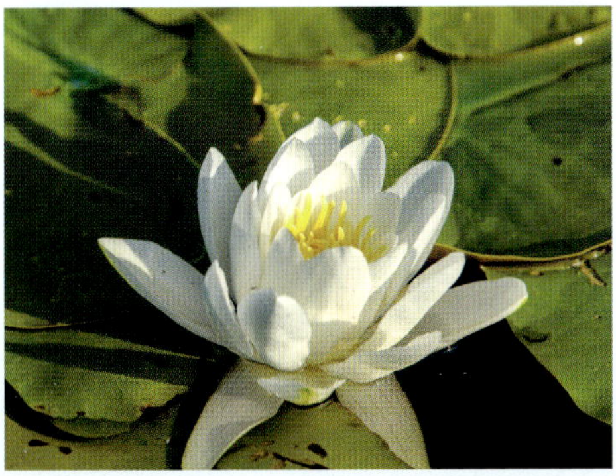

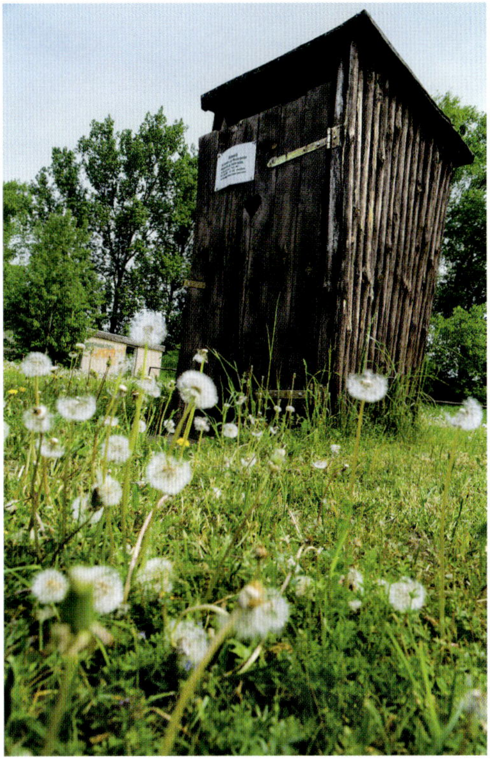

- ***Stromschnellen, Wehre** u.ä. müssen vor der Befahrung besichtigt werden, **Umtragen** ist keine Schande.*
- *Bei **Gewitter** gilt: runter vom Wasser.*
- *Nutzen Sie für den Tourenstart nur **offizielle Einstiegsstellen**. Rutschen Sie nie mit dem Boot vom Ufer ins Wasser. So schonen Sie Pflanzen sowie Nest- und Brutplätze.*
- *Halten Sie, besonders in der **Brut- und Aufzuchtszeit** (April-Juli), ausreichend Abstand zu Vögeln.*
- ***Achten Sie** auf **Angler**, **Jäger** und andere **führsportler**. Verhalten Sie sich ruhig und zerstören Sie keine Angelleinen.*
- *Nicht **alkoholisiert** ins Kanu steigen.*
- *Ein regelmäßig aufgefrischter **Erste-Hilfe-Kurs** sollte selbstverständlich sein, um nicht nur anderen, sondern auch sich selbst helfen zu können.*

Verhalten und Natur

Ein Anschwellen der Besucherzahlen hat dazu geführt, dass immer mehr Streckensperrungen ausgesprochen werden. Hierfür tragen neben den Anglern und Motorbootfahrern sicherlich auch jene Kanuten Verantwortung, die sich nicht immer vorbildlich verhalten.

Daher sollte man sich an einige wenige Regeln halten, um auch noch den nach uns Paddelnden dieses Naturidyll zu erhalten:

- *Starten und Beenden Sie eine Kanutour nur an den ausgewiesenen Ein- und Ausstiegsstellen und rasten Sie nur an den dafür vorgesehenen Plätzen, um unnötige Beschädigungen der Ufer zu vermeiden.*
- *Wollen Sie ein eigenes Kanu auf dem Gelände eines Bootsvermieters oder Campingplatzes zu Wasser lassen, so gehört es zum guten Ton, vorher um Erlaubnis zu bitten.*
- *Paddeln Sie dort, wo der Wasserstand am tiefsten ist. Meiden Sie Schilfgürtel und Kiesbänke und halten Sie immer ausreichenden Abstand von Flachwasserzonen – es sind wichtige Lebensräume für Wasservögel und Laichgebiete für Fische.*

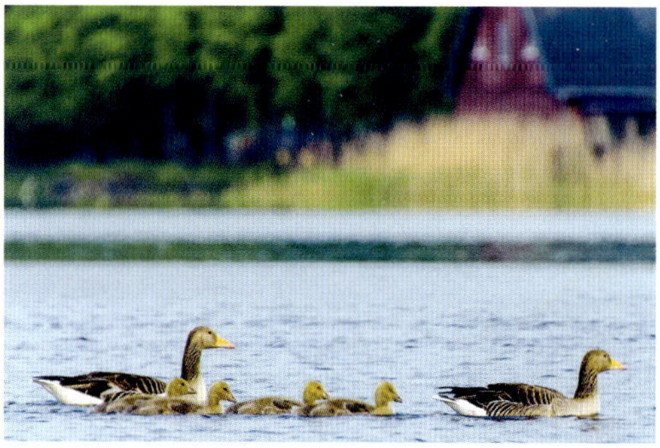

- *Flache Gewässer nicht befahren, da es durch häufige Grundberührungen zur Beeinträchtigung von Fischlaich, Wasserinsekten und Muscheln kommt (Faustregel: Mindestwassertiefe 30 cm).*
- *Besonders bei Flussoberläufen / Kleinflüssen, oft noch naturnah und für Paddler besonders attraktiv, ist ausreichender Wasserstand relevant. Diese Kleinode sind sehr sensibel und stark gefährdet und erfordern besondere Aufmerksamkeit / naturbewusstes Paddeln.*

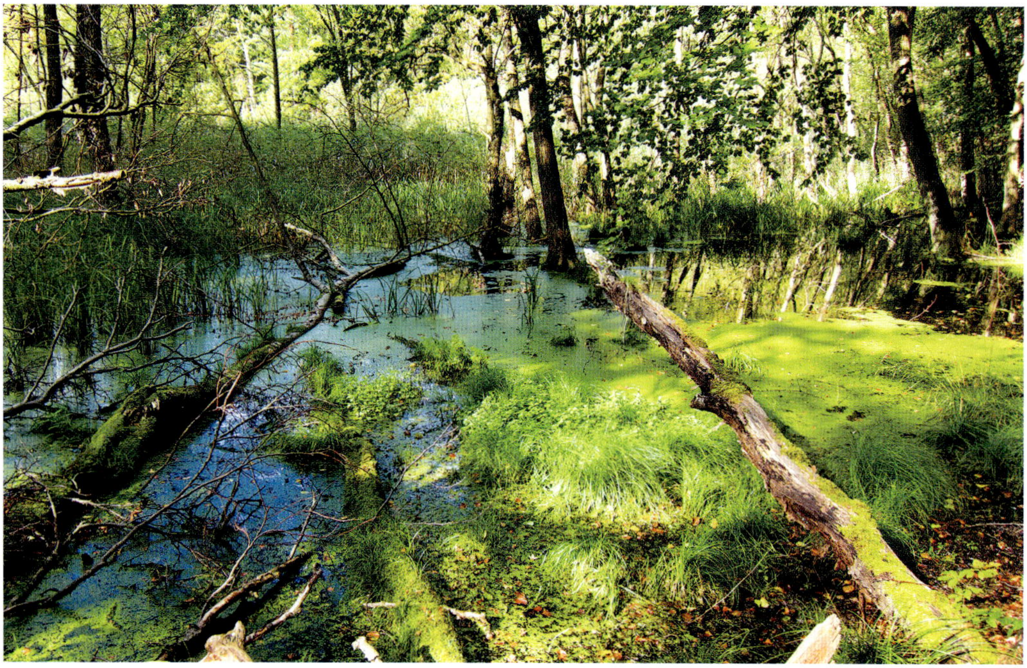

i

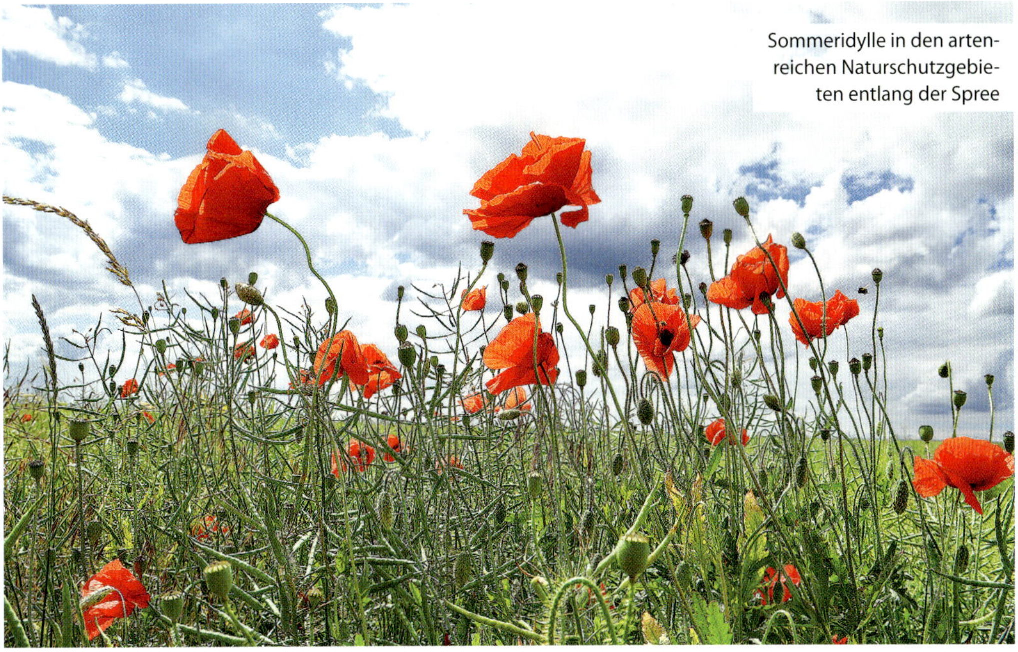

Sommeridylle in den artenreichen Naturschutzgebieten entlang der Spree

- *Zu Vogelansammlungen Abstand halten, keine Wasservögel vor sich „hertreiben".*
- *Exkremente müssen mit einem Klappspaten vergraben werden.*
- *Bitte auf offenes Feuer im Wald verzichten! Bei hoher Waldbrandstufe ist es auch an den dafür freigegebenen Feuerstellen verboten.*
- *Alle Abfälle wieder mitnehmen und nicht im Wald vergraben.*
- *Nicht lärmend durch den Wald paddeln.*

Wenn Sie sich an die Punkte halten und beim Paddeln den natürlichen Respekt vor der Natur walten lassen, sind die ersten Schritte für ein **naturverträgliches Paddeln** getan. Leider reicht die Bemühung des Einzelnen für einen weitreichenden und nachhaltigen Schutz der Fließgewässer nicht aus. Wer schon Kanuerfahrung gesammelt hat wird wissen, dass nur noch wenige Flüsse naturbelassen oder naturnah durch die Landschaft fließen dürfen.

Zusammen mit dem **Naturschutzbund** versucht der **Deutsche Kanuverband (DKV)** die wenigen noch verbliebenen naturnahen Flüsse zu erhalten und sie vor einer „Übernutzung" zu bewahren. Um dieses Ziel zu verwirklichen, versucht man eine Vielzahl von Steuerungsinstrumenten einzusetzen. **Freiwillige Selbstbeschränkungen** und **verbindliche Befahrensregelungen** werden erlassen, um Vollsperrungen zu verhindern.

Zum Beispiel indem die Befahrung zu sensiblen Zeiten, wie der Brut- und Laichzeit, oder von besonders gefährdeten Bereichen, z.B. der Oberläufe von Flüssen, unterlassen wird.

Das Ganze funktioniert natürlich nur, wenn **alle Wassersportler mitmachen** und sich an die Regeln halten: in Ihrem eigenen Interesse, in dem der Natur und dem der nachfolgenden Paddlergenerationen!

In den Tourenbeschreibungen im Buch sind die **Befahrensregelungen für das jeweilige Gewässer** aufgeführt. **Aktuelle Änderungen/Sperrungen** finden sie auf der Homepage des DKV: www.kanu.de (siehe auch „Wichtige Adressen & Links für Paddler" Seite 309).

Checklisten

Lebensmittel

- ☐ Kartoffeln
- ☐ Zwiebeln / Knoblauch
- ☐ Kräuter / Gemüse
- ☐ Obst *(vorzugsweise Äpfel)*
- ☐ Nudeln
- ☐ Reis
- ☐ Kartoffelpüree
- ☐ Mehl
- ☐ Salz
- ☐ Zucker
- ☐ Backpulver/Trockenhefe
- ☐ Gewürze
- ☐ Eier
- ☐ Speck
- ☐ Ketchup
- ☐ Tomatenkonzentrat
- ☐ Parmesankäse in Beuteln
- ☐ Gemüsebrühe
- ☐ Instantsuppen
- ☐ Olivenöl
- ☐ Essig
- ☐ frisches Brot
- ☐ Knäckebrot
- ☐ Margarine
- ☐ Salami
- ☐ Hartkäse
- ☐ Marmelade
- ☐ Honig
- ☐ Kaffee / Tee
- ☐ Milchpulver
- ☐ Puddingpulver
- ☐ Kakao
- ☐ Müsli
- ☐ Nüsse / Trockenfrüchte
- ☐ Kekse / Schokolade
- ☐ Müsliriegel
- ☐ ____________________
- ☐ ____________________
- ☐ ____________________
- ☐ ____________________

Kleidung & Körperpflege

- ☐ lange Hosen
- ☐ Fleecehose
- ☐ kurze Hose
- ☐ T-Shirts
- ☐ einmal Klamotten stadtfein
- ☐ Pullover aus Fleece 100
- ☐ Pullover aus Fleece 200
- ☐ Unterwäsche
- ☐ lange Sportunterwäsche
- ☐ Socken
- ☐ Fleecesocken
- ☐ Regenjacke, Regenhut
- ☐ Regenhose
- ☐ Sonnenbrille mit Band
- ☐ Kopfbedeckung (Sonne)
- ☐ Badesachen, Badeschuhe
- ☐ Outdoor-Handtuch
- ☐ Waschbeutel *(Shampoo, Seife, Fettcreme/Hautcreme, Zahnbürste/-pasta, Haarbürste, Sonnencreme, Spiegel, Rasierzeug/Tampons/Binden)*
- ☐ Wanderschuhe
- ☐ leichte Sport-/Leinenschuhe
- ☐ evtl. Neoprenschuhe
- ☐ evtl. Neoprenhandschuhe
- ☐ evtl. Fleecemütze
- ☐ evtl. Halstuch/Schal
- ☐ Reisewaschmittel
- ☐ ____________________
- ☐ ____________________
- ☐ ____________________
- ☐ ____________________

Küche

- ☐ Kocher, Brennerersatzteile
- ☐ Brennstoff für Kocher
- ☐ Anzünder
- ☐ Streichhölzer / Feuerzeug
- ☐ Kochtopfset mit Deckel
- ☐ Grillrost
- ☐ Espressokanne / Wasserkessel
- ☐ Wassersack für Wasservorrat
- ☐ Thermoskanne & Trinkflasche
- ☐ Thermobecher / Tassen
- ☐ Teller (tief / flach) & Besteck
- ☐ Kochlöffel, Sparschäler
- ☐ große Schere
- ☐ kleines scharfes Messer
- ☐ kleines Holzbrett
- ☐ evtl. Alufolie
- ☐ Faltschüssel
- ☐ Spülmittel
- ☐ Topfreiniger/Spülschwamm
- ☐ evtl. Stahlschwamm
- ☐ Geschirrtuch
- ☐ ____________________
- ☐ ____________________
- ☐ ____________________
- ☐ ____________________

Werkzeug & Zubehör

- ☐ Reparatur-Set für Kanu
- ☐ Duck Tape-Klebeband
- ☐ Seam-Grip-Kleber
- ☐ Reparatur-Sets Kanu & Zelt
- ☐ Ersatz-Blitzverschlüsse
- ☐ Holzleim
- ☐ Tool *(mit Schraubenzieher und Kombizange)*
- ☐ Gummihammer (Ally)
- ☐ Taschen- / Einhandmesser
- ☐ evtl. Schleifstein
- ☐ Klappsäge
- ☐ Klappspaten
- ☐ Arbeitshandschuhe
- ☐ Schraubhaken
- ☐ Karabinerhaken
- ☐ Spanngurte
- ☐ Spiralschloss
- ☐ Taschenlampe/Stirnlampe
- ☐ Batterien oder Akkus
- ☐ Ladegerät für Akkus
- ☐ ____________________

- ☐ Kerzen
- ☐ Plastiktüten
- ☐ Plastiknetz / Kartoffelnetz
- ☐ Toilettenpapier
- ☐ Papiertaschentücher
- ☐ Schnüre / Seile
- ☐ Wäscheklammern
- ☐ Gummis, Draht
- ☐ Nähzeug
- ☐ ____________
- ☐ ____________
- ☐ ____________
- ☐ ____________
- ☐ ____________

Erste-Hilfe-Set

- ☐ Wundpflaster, Blasenpflaster
- ☐ Mullbinden
- ☐ sterile Wundauflagen
- ☐ elastische Binden
- ☐ Dreieckstücher
- ☐ Verbandspäckchen
- ☐ kl. Brandwundenverbandtuch
- ☐ Leukoplast
- ☐ Desinfektionsmittel / Antiseptikum
- ☐ Wundsalbe
- ☐ Kopfschmerztabletten
- ☐ Schmerztabletten
- ☐ Salbe für Sportverletzungen
- ☐ Brandsalbe
- ☐ Erkältungsmittel
- ☐ Antihistamingel
- ☐ Antihistamintropfen
- ☐ Mücken- & Insektenabwehr
- ☐ Zeckenzange
- ☐ Pinzette
- ☐ Augensalbe
- ☐ ____________
- ☐ ____________
- ☐ ____________
- ☐ ____________

Freizeit & Kinder

- ☐ Bücher
- ☐ Vorlesebuch
- ☐ Bestimmungsbücher
- ☐ Malzeug, -block
- ☐ Schreibstifte, Anspitzer
- ☐ evtl. Edding wasserfest
- ☐ Blumenpresse
- ☐ Lupe / Becherlupe
- ☐ kleines Brett-Steckspiel
- ☐ Schnorchel, Tauchermaske
- ☐ Frisbee, Ball
- ☐ Angelrute
- ☐ Angelköder
- ☐ Klappkescher
- ☐ evtl. Hängematte
- ☐ evtl. Moskitonetz
- ☐ Fotokamera (evtl. Stativ)
- ☐ Speicherkarten
- ☐ Fotobatterien, Objektive
- ☐ ____________
- ☐ ____________

Unterwegs

- ☐ Topografische Karten
- ☐ wasserdichte Kartentasche
- ☐ Kompass, Bootskompass
- ☐ evtl. GPS - Gerät
- ☐ Reiseführer
- ☐ Handy
- ☐ Ladegerät für´s Handy
- ☐ Autoladegerät für´s Handy
- ☐ Powerbank / Solar Powerbank
- ☐ Uhr / Wecker
- ☐ Fernglas
- ☐ Tagesrucksack / Hip-Pack
- ☐ evtl. Trekkingstöcke
- ☐ ____________
- ☐ ____________
- ☐ ____________
- ☐ ____________

Wichtige Dokumente

- ☐ Krankenkassenkarte
- ☐ Personalausweis, Pass
- ☐ Führerschein, Fahrzeugschein
- ☐ Campingkarte (Rabatt)
- ☐ DKV-Ausweis
- ☐ Bahncard, evtl. Bahnticket
- ☐ Bargeld, EC-Karte, Kreditkarte
- ☐ Schlüssel
- ☐ Adressbuch
- ☐ ____________

Kanu & Ausrüstung

- ☐ Kanu
- ☐ Paddel, Reservepaddel
- ☐ Spritzdecke, Persenning
- ☐ Schwimmweste
- ☐ Kanuwagen, Luftpumpe
- ☐ Leinen, Ersatzleine
- ☐ Spanngurte *(lange & kurze)*
- ☐ Sitzunterlage, Kniepolster
- ☐ Paddeljacke, Trockenanzug
- ☐ evtl. Paddelhandschuhe
- ☐ Schwamm zum Entwässern
- ☐ Wasserdichte Säcke
- ☐ Wasserdichte Tonne
- ☐ Wasserd. Tasche f. Kleinkram

Campingausrüstung

- ☐ Zelt, Zeltstangen & -heringe
- ☐ Sand- und Stahlheringe
- ☐ Zeltunterlage, Zeltlampe
- ☐ Therm-a-Rest-Matte, Isomatte
- ☐ Schlafsack
- ☐ Fleece- / Baumwollinlett
- ☐ Kopfkissen & -bezug / Kopfkissen-Fleecehülle zum Befüllen
- ☐ Faltsitz, Campingsitz
- ☐ Tarp *(Regen-/Sonnenschutz)* mit Leinen & evtl. Karabiner
- ☐ ____________

„Kleine Kajak- & Canadier-Fahrschule"

Kajak-Fahrschule

Allgemeines

In der Regel sind die beiden Blätter eines Doppelpaddels gegeneinander verdreht. Beim üblichen rechtsgedrehten Paddel umfasst die rechte Hand den Schaft so, dass das rechte Paddelblatt senkrecht ins Wasser eingetaucht werden kann. Die linke Hand umfasst den Paddelschaft nur locker und nach jedem Paddelschlag wird das Paddel mit der rechten Hand so gedreht, dass das aktive Blatt senkrecht ins Wasser gesetzt werden kann (beim linksgedrehten Paddel gelten die Hinweise entsprechend seitenvertauscht). Stellen Sie die Fußstützen des Kajaks so ein, dass Sie bequem sitzen und gleichzeitig einen guten Bootskontakt mit den Oberschenkeln haben. Bei Kajaks mit Fußsteuerung den Abstand der Pedale so wählen, dass Sie mit angewickelten Beinen im Boot sitzen und genügend Spielraum nach vorne haben, um das Pedal durchzutreten und das Steuer bewegen zu können.

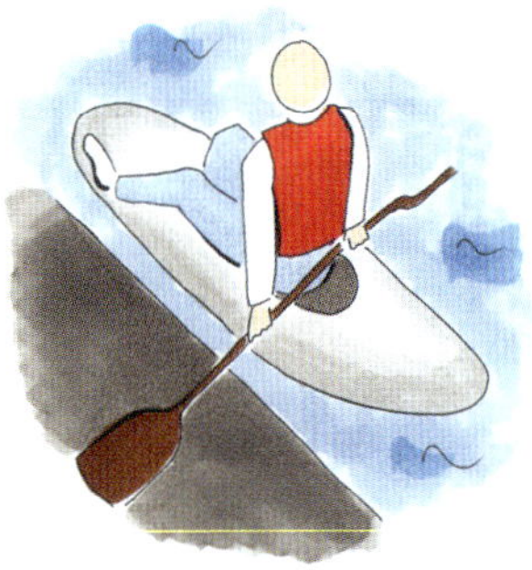

Einsteigen

Kanu parallel zum Ufer ausrichten, bei starker Strömung mit dem Bug (= Bootsspitze) gegen die Strömungsrichtung. Zum Einsteigen das Boot mit der sogenannten „Paddelbrücke" stabilisieren: Paddel im rechten Winkel zum Boot über Süllrand (= Bootsrand) und Ufer oder Steg legen; mit einer Hand Süllrand und Paddel fassen und mit der anderen Hand das Paddel aufs Ufer drücken. Zum Einsteigen das Gewicht über das Paddel verlagern und mit dem bootsseitigen Fuß zuerst einsteigen. Anschließend möglichst rasch hinsetzen, d. h. im Kajak gleich auf den Sitz rutschen, um einen tiefen Schwerpunkt zu erzielen und die Stabilität des Kanus zu erhöhen.

Spritzdecke

Spritzdecke zunächst hinter dem Körper um den Süllrand legen und von hinten nach vorne schließen; abschließend vorne über den Süllrand ziehen. Dabei unbedingt darauf achten, dass die Lasche vorne herausguckt, um die Spritzdecke im Falle einer Kenterung schnell öffnen zu können.

Paddelhaltung

Das Paddel in beide Hände nehmen und auf den Kopf legen. Die optimale Griffweite ist erreicht, wenn der Winkel zwischen Ober- und Unterarm ein wenig kleiner als 90 Grad ist.

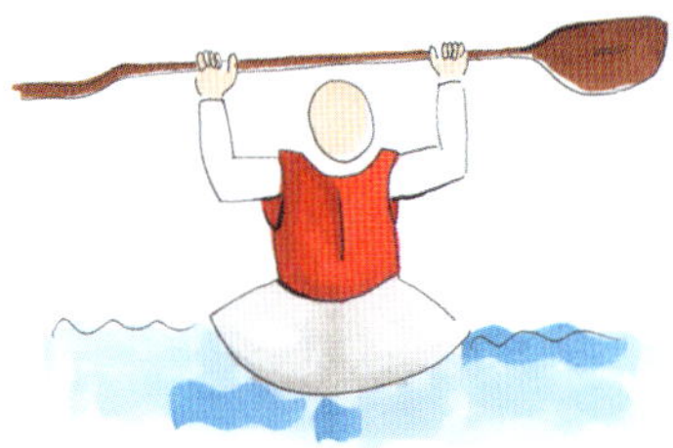

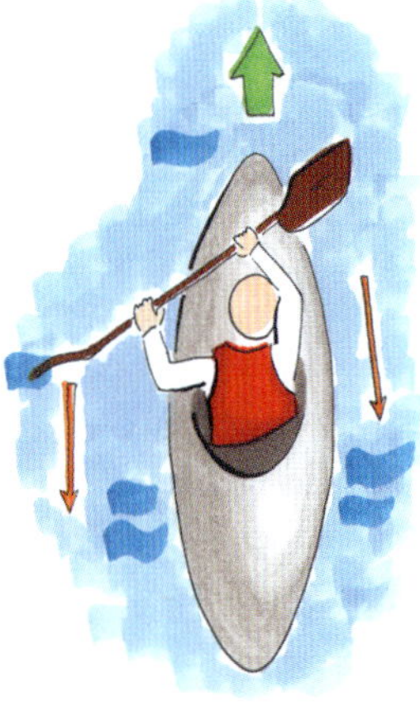

Grund- und Treibschlag

Mit leicht nach vorne gebeugtem Oberkörper Paddel vorne, dicht neben der Bootswand, einsetzen. Die „Zughand" zieht das Paddel parallel am Boot entlang nach hinten, während die „Druckhand" das sich in der Luft befindliche Blatt nach vorne drückt. Die Bewegung nicht allein mit den Unterarmen ausführen, sondern zur Unterstützung bei gestrecktem Arm den Oberkörper mitdrehen. Ist das aktive Paddelblatt knapp hinter der Sitzposition, den Zug stoppen und die Seite wechseln.

Kajak-Fahrschule

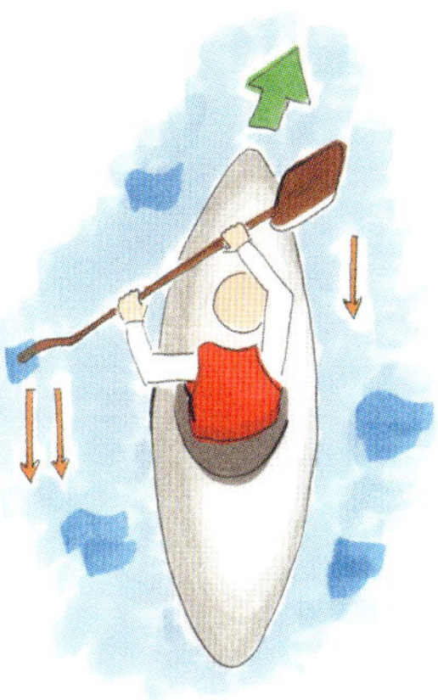

Steuern

Wird der Paddelschlag auf der linken Seite stärker ausgeführt, dreht der Bug nach rechts – und umgekehrt. So können Sie das Boot – ganz ohne eventuell vorhandene Fußsteueranlage – auf Kurs halten. Sind starke Kursänderungen erforderlich, erreichen Sie diese mit dem Bogenschlag. Beim Ab- und Anlegen mit Kajaks, die über eine Steueranlage verfügen, unbedingt daran denken, das Steuer rechtzeitig einzuklappen, um es nicht zu verbiegen.

Ziehschlag

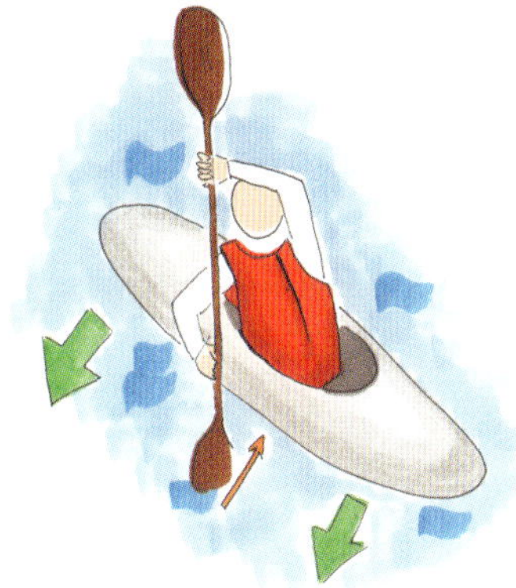

Steuerschlag, um das Boot seitlich zu versetzen; dazu das Paddelblatt möglichst weit entfernt senkrecht zur Längsachse und parallel zum Boot ins Wasser tauchen und nicht zu dicht, an die Bootswand heranziehen und nach oben aus dem Wasser nehmen. Dabei darauf achten, dass das Paddelblatt nicht unter den Bootskörper gezogen wird, da dies zum Kentern führen kann.

Bogenschlag

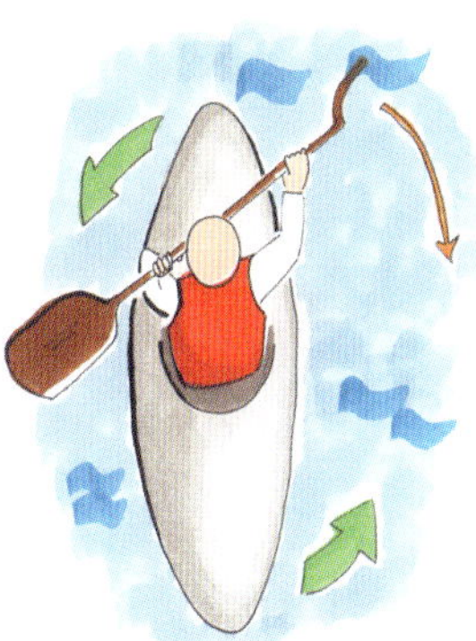

vorwärts

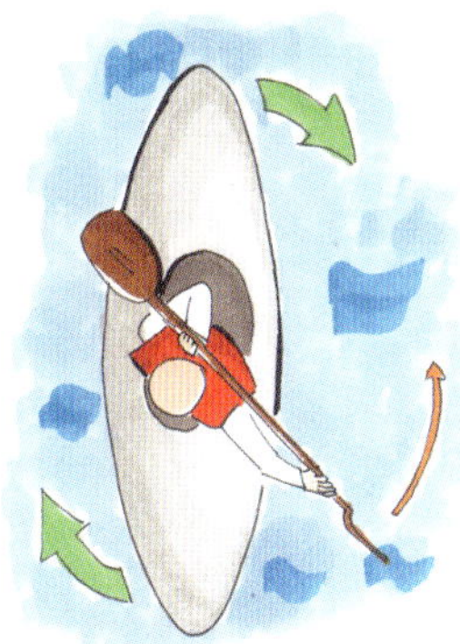

rückwärts

Steuerschlag, um das Boot zu drehen: vorwärts ausgeführt, dreht er das Boot weg von der Schlagseite. Dazu das Paddel möglichst weit vorne und dicht am Boot eintauchen und das Paddelblatt flach unter der Wasseroberfläche in einem weiten Halbkreis um das Boot bis nahe ans Heck führen. Je größer der Radius, desto stärker die Steuerwirkung. Um das Kanu abzubremsen und gleichzeitig eine Kurskorrektur zur Paddelseite hin durchzuführen, können Sie den Bogenschlag rückwärts ausführen.

Paddelstütze

Stabilisierungsschlag, bei dem das Paddel als Ausleger genutzt wird, um das Kentern zu verhindern; dazu einfach das Paddel auf der Seite, zu der das Boot zu kippen droht, soweit wie möglich nach außen flach auf das Wasser drücken.

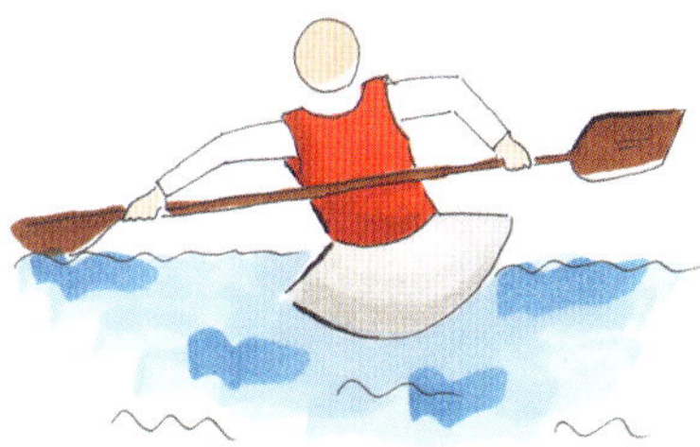

Schlagrichtung des Paddlers → *Bewegungsrichtung des Kanus* →

Canadier-Fahrschule

Allgemeines

Auf dem hinteren Sitz nimmt in der Regel der erfahrenere oder kräftigere Paddler Platz. Er gibt im Flachwasser die grobe Richtung vor, der Vordermann versucht ihn zu unterstützen. Der Vordermann gibt die Schlagzahl vor; achten Sie darauf, einen möglichst gleichmäßigen Schlagrhythmus einzuhalten, um ein „Aus-dem-Ruder-laufen" zu vermeiden. Je nach Ausdauer kann ein gelegentlicher Wechsel der Paddelseiten stattfinden, der von beiden nach Absprache gleichzeitig durchgeführt wird. Der Vordermann hat stets die Aufgabe auf Hindernisse, die direkt vor dem Canadier auftauchen, aufmerksam zu machen.

Einsteigen

Kanu parallel zum Ufer ausrichten, bei starker Strömung mit dem Bug (= Bootsspitze) gegen die Strömungsrichtung. Zum Einsteigen das Boot mit der sogenannten „Paddelbrücke" stabilisieren: Paddel im rechten Winkel zum Boot über Süllrand (=Bootsrand) und Ufer oder Steg legen; mit einer Hand Süllrand und Paddel fassen und mit der anderen Hand das Paddel aufs Ufer drücken. Zum Einsteigen das Gewicht über das Paddel verlagern und mit dem bootsseitigen Fuß zuerst einsteigen. Anschließend möglichst rasch hinsetzen oder beim Canadier auch möglich, eventuell hinknien, um einen tiefen Schwerpunkt zu erzielen und die Stabilität des Kanus zu erhöhen.

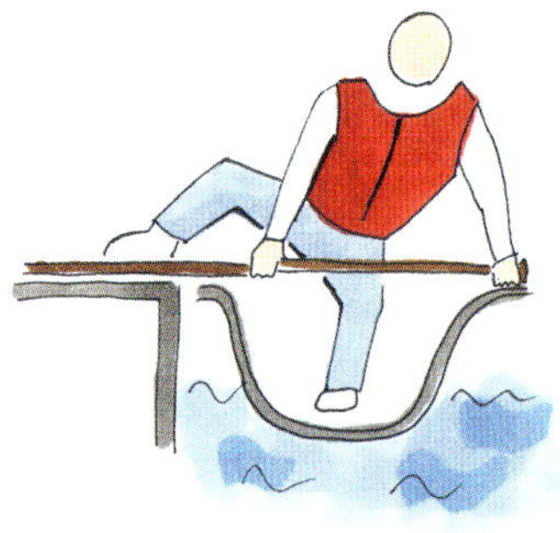

Aussteigen

Wie Einsteigen, nur in umgekehrter Reihenfolge.

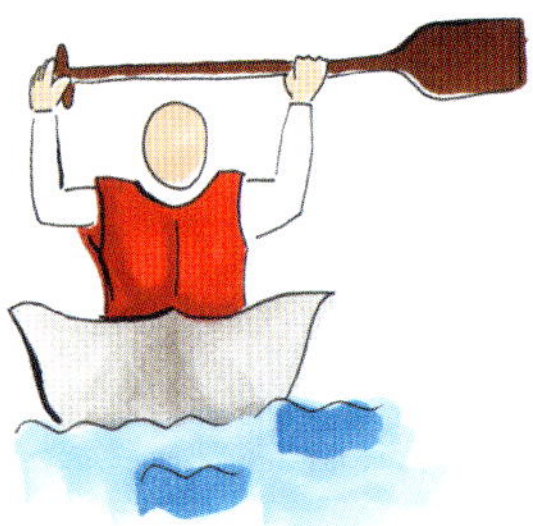

Paddelhaltung

Eine Hand fasst den Paddelknauf, hierbei wird der Griff von oben wie beim Spaten umfasst. Die andere Hand umgreift den Paddelschaft, so dass Ober- und Unterarm einen Winkel von 90 Grad bilden.

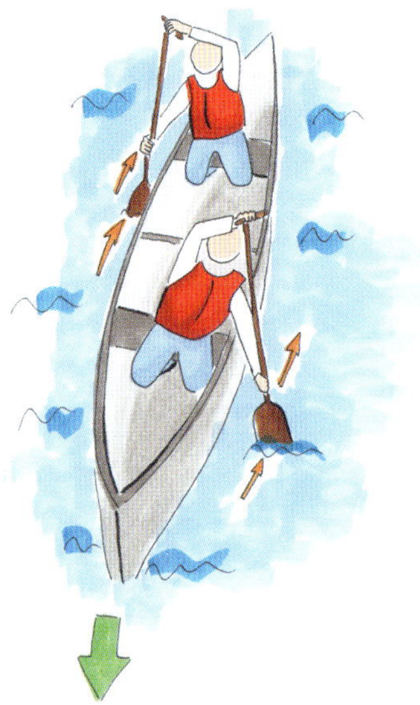

Grund- und Treibschlag

Das ganze Paddelblatt wird senkrecht ins Wasser getaucht und parallel zum Boot (in Bootslängsachse) bis etwa auf Körperhöhe durchs Wasser gezogen. Dabei wird mit dem unteren Arm gezogen, während der obere Arm drückt; gleichzeitig wird der Oberkörper etwas nach vorne geneigt und mitgedreht. Stimmen Vorder- und Hintermann ihren Grundschlag aufeinander ab, bewegt sich der Canadier kursstabil geradeaus. Paddelt nur einer, bewegt sich das Kanu der paddelabgewandten Seite zu.

Schlagrichtung des Paddlers → *Bewegungsrichtung des Kanus* →

Canadier-Fahrschule

Steuern oder J-Schlag (nur Hintermann)

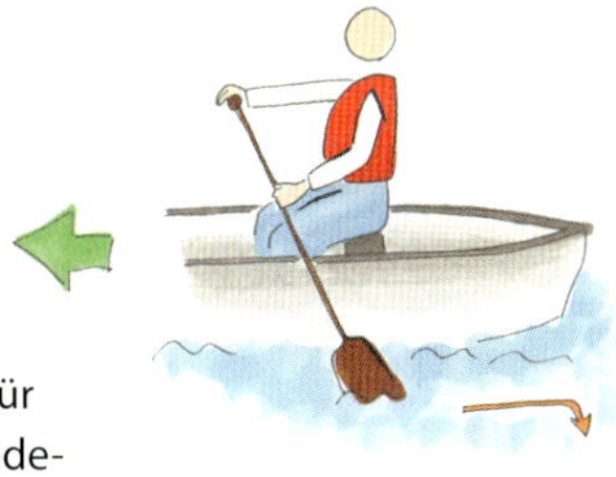

Dabei wird das Paddel zuerst wie beim Grundschlag geführt, am Körper vorbei in einer Bogenbewegung mit der wasserverdrängenden Paddelseite vom Boot weggedrückt. Dabei zeigt der Daumen der Hand am Paddelknauf nach unten und der Handrücken nach außen. Der Vordermann kann weiterhin den Grundschlag ausführen oder die Drehbewegung mit einem Bogenschlag verstärken. Der J-Schlag ist besonders vorteilhaft für Solo-Canadier, da er das „Aus-dem-Ruder-laufen" bei der normalen Geradeausfahrt verhindert.

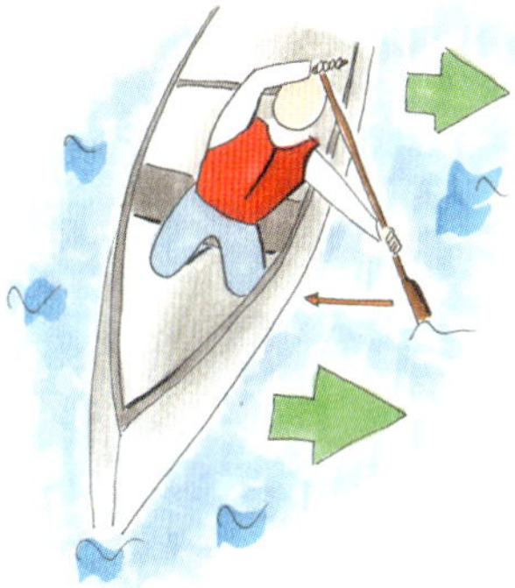

Ziehschlag

Steuerschlag, um das Boot seitlich zu versetzen; dazu das Paddelblatt möglichst weit entfernt senkrecht zur Längsachse und parallel zum Boot ins Wasser tauchen und, nicht zu dicht, an die Bootswand heranziehen und nach oben aus dem Wasser nehmen. Dabei darauf achten, dass das Paddelblatt nicht unter den Bootskörper gezogen wird, da dies zum Kentern führen kann.

Bogenschlag

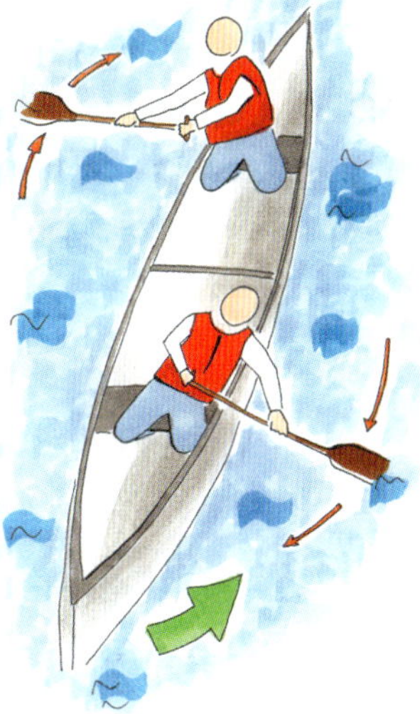

Steuerschlag, um das Boot zu drehen. Um einen Zweierkanadier auf der Stelle zu drehen, führt der Vordermann den Bogenschlag vorwärts und der Hintermann den Bogenschlag rückwärts aus (oder umgekehrt, aber immer gegenläufig). Vorne vorwärts: das Paddel möglichst weit vorne und dicht am Boot eintauchen und das Paddelblatt flach unter der Wasseroberfläche in einem Viertelskreis bis auf Körperhöhe führen. Hinten rückwärts: Beginn nahe am Heck des Bootes und das Paddelblatt von hinten nach vorne im Viertelskreis bis auf Körperhöhe führen. Dies dreht das Boot weg von der Paddelseite des Vordermanns. Zum Drehen zur anderen Seite werden die Schläge genau gegenläufig durchgeführt: vorne rückwärts, hinten vorwärts. Jeweils gilt, je größer der Radius, desto stärker die Steuerwirkung.

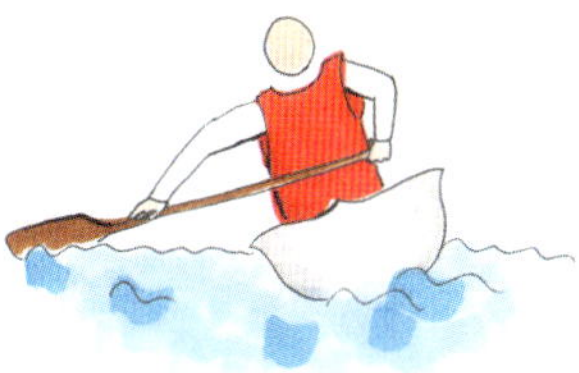

Paddelstütze

Stabilisierungsschlag, bei dem das Paddel als Ausleger genutzt wird, um das Kentern zu verhindern; dazu einfach das Paddel auf der Seite, zu der das Boot zu kippen droht, soweit wie möglich nach außen flach auf das Wasser drücken.

Kajak & Canadier: Die beschriebenen Paddelschläge für Kajak und Canadier können und sollen miteinander kombiniert werden. Einige Beispiele haben wir gegeben. Zur korrekten Ausführung wird das Paddel im Prinzip nicht durch das Wasser „gezogen", sondern soll annähernd stationär bleiben und das Kanu über das Wasser bewegt werden. Hierbei wird eine optimale Kraftausbeute angestrebt. Bei einem sehr gut ausgeführten Paddelschlag gibt es keine Verwirbelungen und kaum Wellen am Paddelblatt.

Text: Michael Hennemann, Lektorat: Falk Bruder

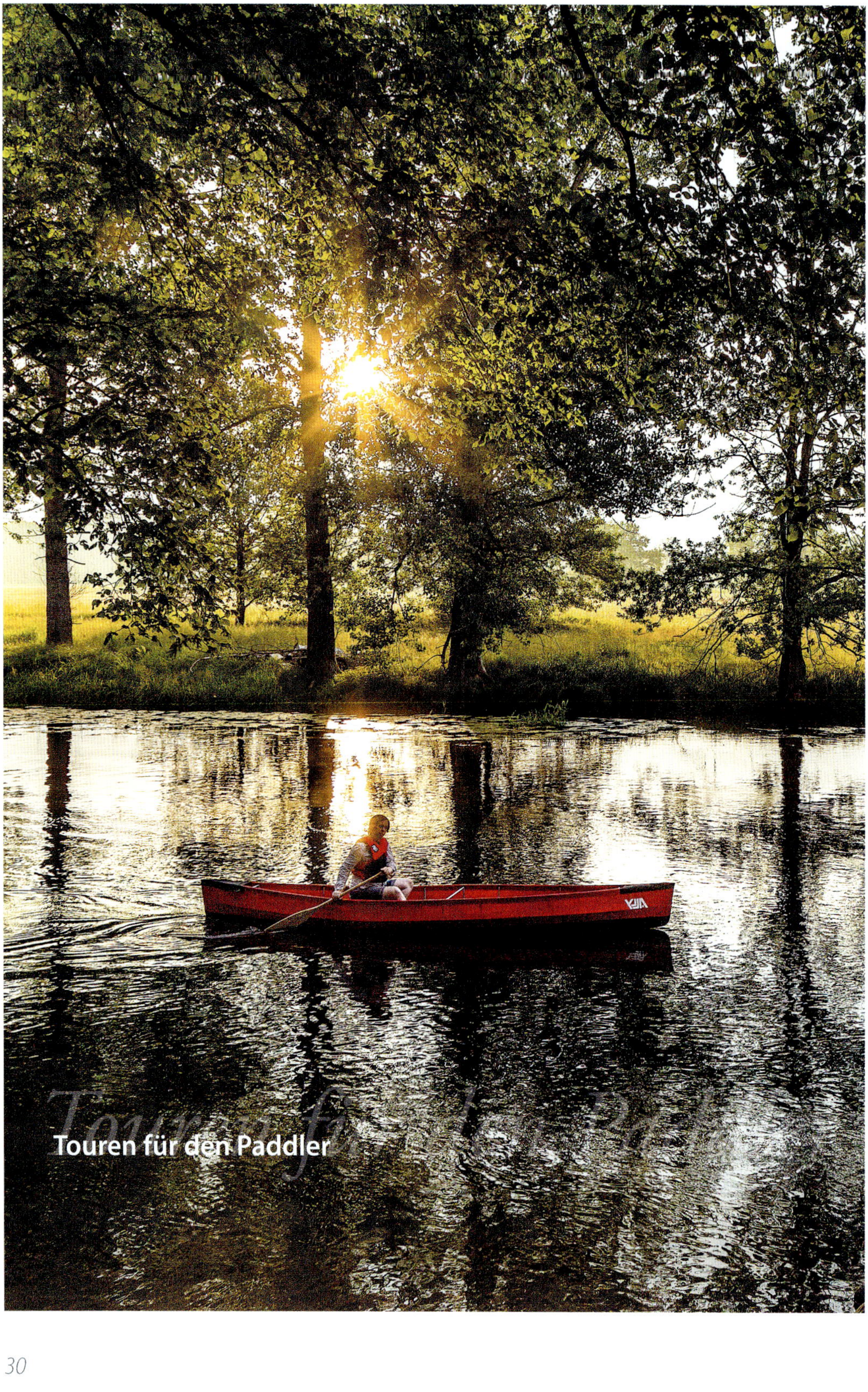

Touren für den Paddler

Tourenübersicht

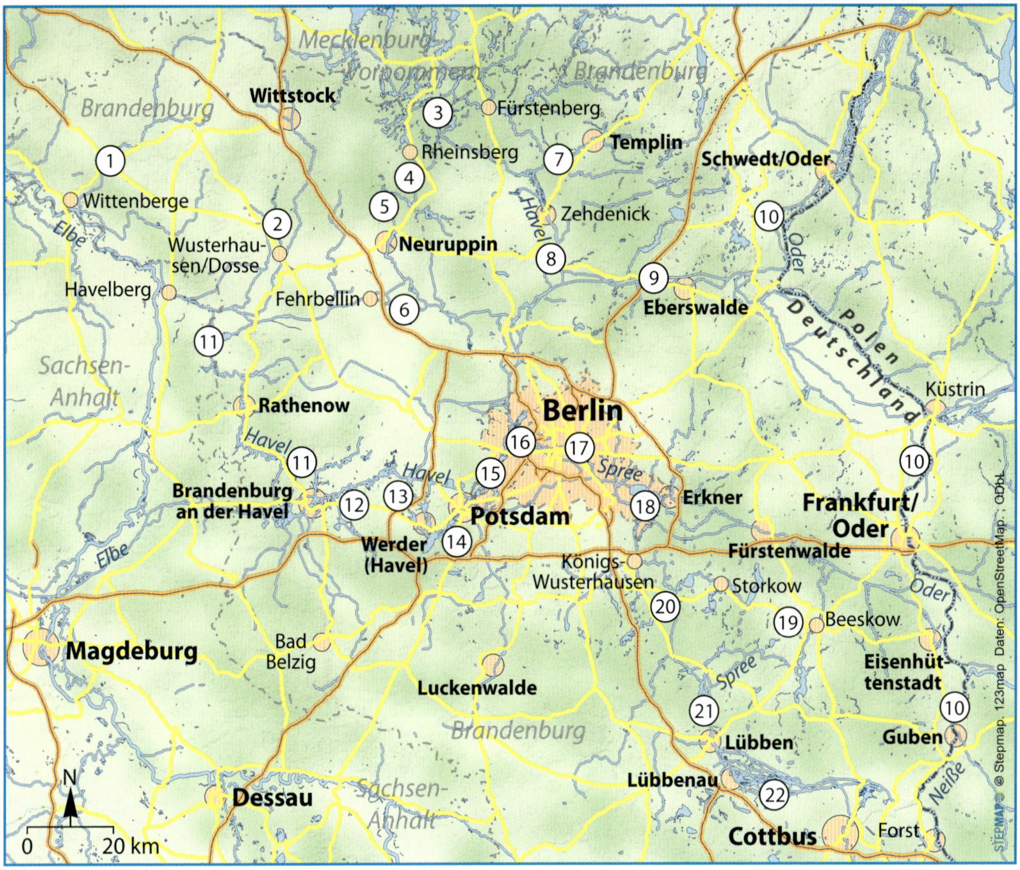

Zu den Touren und Handhabung des Buches

Unsere **Tourenbeschreibungen** sollen Ihnen als Grundlage für Ihre individuelle Reiseplanung dienen. Sie sind keine starren Vorgaben, die stur nachgepaddelt werden müssen. Ich habe im Infoteil so viele **Übernachtungsmöglichkeiten in Wassernähe** angeben wie möglich, abweichende Etappeneinteilungen sind somit jederzeit machbar. Sie finden Hinweise auf die unterschiedlichsten Kategorien, so können Sie mit wenig Gepäck von Hotel zu Hotel paddeln oder am Ende des Paddeltages das Zelt direkt am Ufer aufschlagen.

Die **Piktogramme (Sternchen)** zu ***„Aktivitäten, Natur, Kultur, Baden, Hindernisse"*** im Info-Teil jeder Tour sollen helfen, die Tour auf einen Blick gemäß Ihrer Vorlieben und Interessen einzuschätzen. Wir haben Sternchen von 0 (wenig) bis 4 (viel) vergeben.

Die **Länge der vorgeschlagenen Tagesetappen** variiert zum Teil stark. Während auf Flüssen mit flotter Strömung, wie z.B. der Oder, Etappen von bis zu 45 km Länge kein Problem darstellen, sind bei langsamen Flüssen wie der Havel oder bei Seentouren, wie der Fahrt über die Havelseen, 15 - 25 Kilometer am Tag ausreichend. Wer die Tour als gemütliche Urlaubstour mit viel Zeit für Sightseeing konzipiert, wird natürlich deutlich kürzere Etappen zurücklegen als der sportliche Paddler, der auf möglichst viele Tourenkilometer aus ist.

Start-/Endpunkt: Die Touren beginnen und enden in Orten mit – sofern vorhanden – guter **Verkehrsanbindung**, so dass Sie nach der Tour schnell und problemlos zurück zum Start/Auto kommen. Wenn Sie Boote bei einem örtlichen **Kanuvermieter** mieten, können auch andere Anfangs- und Zielorte gewählt/abgesprochen werden, da sich die Vermieter um den Rücktransport kümmern und Sie nicht auf den ÖPNV angewiesen sind.

Die **Tourenkarten** mit Symbolem zu Wehren, Übernachtungs- und Einkehrmöglichkeiten-zu Kanuvermietern sowie Sehenswürdigkeiten entlang der Strecke dienen lediglich der Übersicht und Planung. Sie sind kein Ersatz für topografische Karten.

Bundeswasserstraßen: Es gilt die ***Binnenschifffahrtsstraßen-Ordnung*** (www.elwis.de) sowie die ***Binnenschifffahrtszeichen*** (siehe Seite 319). ***Motorschifffahrt*** hat immer ***Vorfahrt***. Die Orientierung ist durch ***Kilometerschilder*** am Ufer vereinfacht *(schwarze Zahl auf weißem Grund = volle Kilometer, schwarzes Kreuz auf weißem Grund = halber Kilometer).*

Kanus/Boote müssen mit einem Bootsnamen auf beiden Außenseiten gut lesbar ***gekennzeichnet*** sein. Siehe dazu auch Seite 13.

Übernachtungspreise bis ca. 70,- € für ein DZ bezeichnen wir als günstig, als normal bis 100,- €. Um sich seines Bettes sicher zu sein, ist es oft notwendig, **vorab** zu **reservieren**. Dies gilt zum Teil auch für die Gelände der **Wassersportvereine**, wo sich meist auch eine Telefonnummer angeschlagen findet.

Achten Sie bei der Planung von längeren Touren auf **Ruhetage**. Sie können für vielfältige Aktivitäten genutzt werden – im ganzen Land warten zahllose Museen, Schlösser, Herren- und Gutshäuser in Wassernähe auf Besucher. Besonders der in diesem Buch vorgestellte **Spreewald** bietet auch eine Fülle von Möglichkeiten.

Öffnungszeiten sind so dargestellt: (Di-So 10-17), was heißen soll, dass Dienstag bis Sonntag von 10 Uhr bis 17 Uhr geöffnet ist.

Bei **Umtragestellen** kann ein **Kanuwagen** hilfreich, manchmal unentbehrlich sein. Die Angaben zur Entfernungen der Umtragungen sind Näherungswerte.

Die Stepenitz

Auf Brandenburgs sauberstem Fluss durch die Prignitz

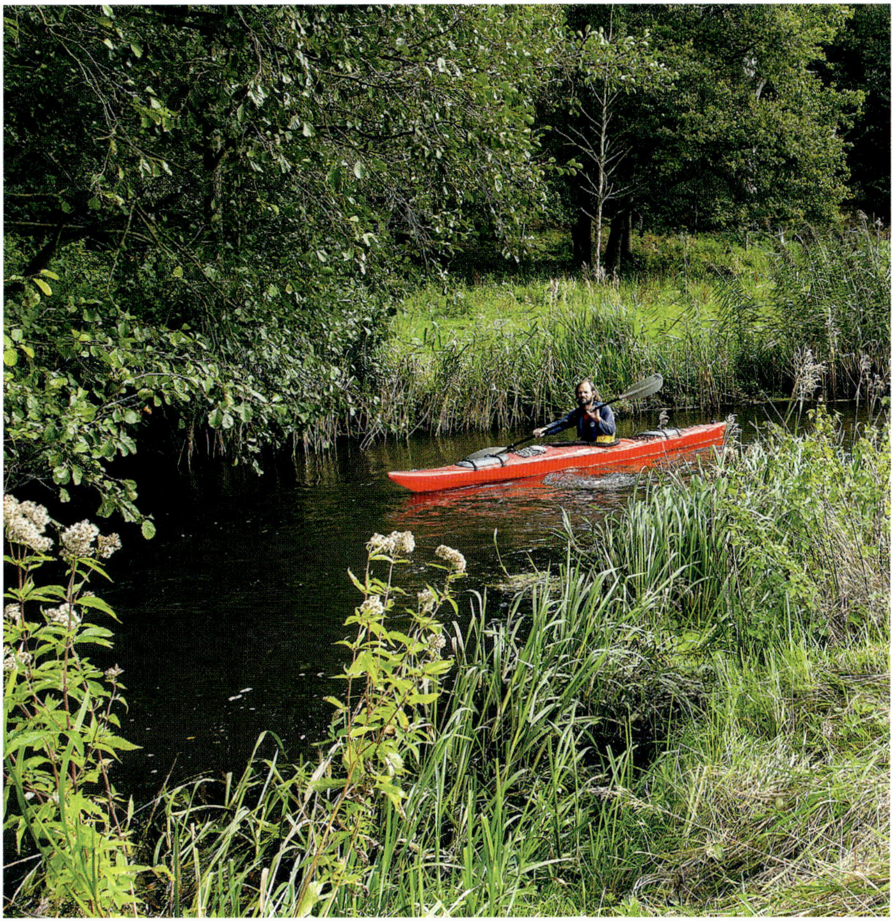

Tour 1

Infos Tour 1 – Stepenitz

38 km

Aktivitäten	Natur	Kultur	Baden	Hindernisse
★★★★	★★★	★★★	★★	★★★

Charakter der Tour

Die Stepenitz ist ein knapp 90 Kilometer langer Nebenfluss der Elbe, der sich im Oberlauf romantisch und mit gemütlicher Strömung durch weitläufige Wiesen und Weidenflächen windet. Vom Start am Barockschloss Wolfshagen bis zum Wehr Neue Mühle vor den Stadttoren Perlebergs, fließt sie durch ein Naturschutzgebiet, das Heimat für seltene Tier- und Pflanzenarten bietet. Dieser Abschnitt ist problemlos und hindernisfrei zu befahren und es gibt einige einfache Rastplätze. In der zweiten Hälfte ist der Flusslauf stärker begradigt und mehrere Wehre und Stufen zwingen zu Portagen, bevor die Tour bei Wittenberge am Sportboothafen an der Mündung in die Elbe ihr Ende findet.

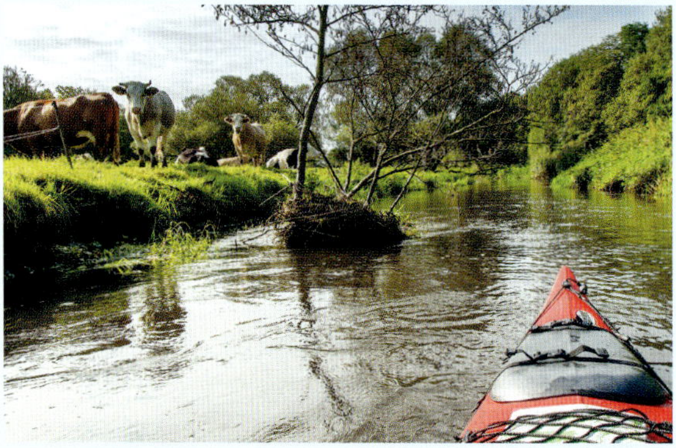

Befahrungsregelung

Der Abschnitt zwischen Wolfshagen und Neue Mühle darf nur vom 16.6.-31.10. befahren werden. Außer an gekennzeichneten Stellen besteht ein Uferbetretungsverbot. Es darf nur flussabwärts mit der Strömung gepaddelt werden und die Bootsgröße darf nicht über Vierer-Canadier hinausgehen. Außerdem ist ein Mindestpegel in Wolfshagen von 50 cm vorgeschrieben (Abfrage unter Tel. (038789) 605 34).

Länge & Dauer der Tour 38 km, 2 Tage

6 Umtragestellen (Wehre) Wehr Neue Mühle, 3 Wehre im Stadtgebiet von Perleberg, 1 Wehr in Weisen, 1 Wehr in Wittenberge. Die Umtragestellen zwischen Perleberg und Wittenberge sind zum Teil sehr urwüchsig und nicht ganz einfach zu meistern, für die längere Portage am Wehr Neue Mühle ist ein ***Bootswagen*** hilfreich.

Anreise A 24 Berlin – Hamburg bis Ausfahrt 19 (Pritzwalk), auf der B 189 über Heiligengrabe und Pritzwalk etwa 26 km bis Groß Pankow, dort rechts auf den Wolfshagener Damm nach Wolfshagen.

Einsetzstelle In **Wolfshagen** am linken Ufer hinter der Straßenbrücke gegenüber vom Schloss (Putlitzer Straße 16).

Aussetzstelle Sportboothafen an der Mündung in die Elbe in **Wittenberge** (Elbstr. 65).

Zurück zum Pkw Von Wittenberge mit der Bahn nach Groß Pankow, weiter mit dem Bus 920 nach Wolfshagen *(Rufbus! tgl. 7-18 Uhr, Anmeldung bis 90 Min. vor Abfahrt unter Tel. (03876) 789 940)*. Gesamtfahrzeit 0:43 h, Fahrplan: www.vbb-fahrinfo.de

Etappenvorschlag

1. Tag Wolfshagen – Neue Mühle (19 km)
2. Tag Neue Mühle – Wittenberge (19 km)

Tipps für Tagestouren

1. Wolfshagen – Kreuzburg (ca. 2 Std.)
2. Wolfshagen – Klein Linde (ca. 3 Std.)
3. Wolfshagen – Lübzow (ca. 4 Std.) oder bis Perleberg (ca. 5-6 Std.)
4. Von Perleberg bis Wittenberge (ca. 19 km)

Karten & Literatur-Tipps

Radkarte Prignitz, 1:75.000, Esterbauer-Verlag.
„Die Prignitz entdecken", Natur und Kultur einer Region, Elisabeth v. Falkenhausen, Bäßler Verlag.

Übernachtung in Wassernähe

16928 Wolfshagen
Hotel & Restaurant am Schloss
Pankower Weg 9a
Tel. (038789) 900 54
www.hotelrestaurantamschloss.de

19348 Perleberg
Neue Mühle
(WoMo-Stellplatz, Zelten, Fahrradvermietung für Gäste, Restaurant Mi-So)
Neue Mühle 3
Tel. (03876) 30 10 10
www.caravanhafen.de

Hotel Deutscher Kaiser
Bäckerstraße 18
Tel. (03876) 79140
www.hoteldeutscherkaiser.de

19322 Wittenberge
Pension & Café Zum Goldenen Anker
(Bootsunterbringung 50 m entfernt in einer Garage möglich)
Elbstr. 11, Tel. 0162-195 79 49
www.pensionanker.com

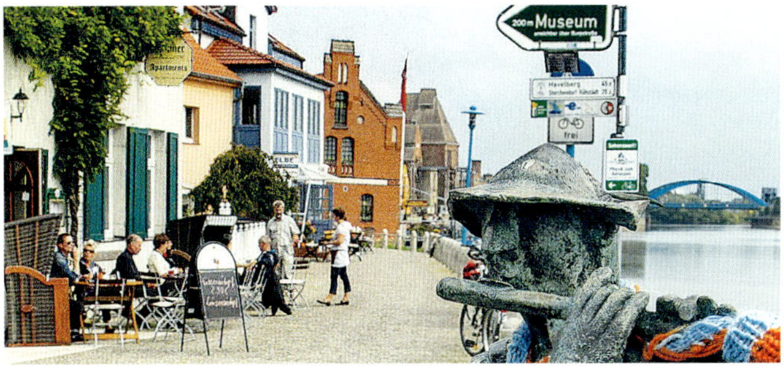

Kanuvermieter

19348 Wolfshagen
Bootshandel & Kanuvermietung
Pankower Weg 12
Tel. 0171-46 75 54
Tel. (038789) 90 38 07 *(geplant)*
www.stepenitz-tour.de *(geplant)*

19322 Wittenberge
Freizeit Park Wittenberge (nur geführte Touren ab 10 Personen)
Bad Wilsnacker Str. 52
Tel. (03877) 56 79 94 45
www.freizeit-park-wittenberge.de

19322 Cumlosen
Landgasthof Schmidt
(Kanu- & SUP-Vermietung)
Lenzener Straße 25
Tel. (038794) 302 14
www.landgasthof-cumlosen.de

19348 Perleberg
Neue Mühle
Neue Mühle 3
Tel. (03876) 30 10 10
www.caravanhafen.de

Weitere Aktivitäten

Paddeln
Auf der ***Elbe*** von **Havelberg** nach **Dömitz** (ca. 85 km).

Radfahren (www.dieprignitz.de >Radlerparadies)

Treffpunkt Adebar *Bad Wilsnack – Abbendorf – Gnevsdorf – Rühstädt – Groß Lüben – Bad Wilsnack* (26,5 km).

Perleberg-Tour Majestätisches an der Stepenitz (42 km).

Grenzlandtour – 52 km durch die ***Flusslandschaft Elbe*** *Wittenberge – Cumlosen – Lütkenwisch – Schnackenburg – Stresow – Wanzer – Pollitz – Wahrenberg – Wittenberge.*

Gänsetour – auf den Spuren der Edlen Herren Gans zu Putlitz entlang der Stepenitz von Wittenberge bis Meyenburg (73 km).

Radrouten Historische Stadtkerne, Route 2 + 3.

Die ***Tour Brandenburg*** (über 1.100 km, längster Radfernweg Deutschlands), davon 165 km in der Prignitz.

Elberadweg (über 1.000 km) davon 90 km in der Prignitz, www.elberadweg.de), ***Bischofstour*** (108 km), ***Elbe-Müritz-Rundweg*** (414 km).

Fahrradvermieter (auch E-Bikes) in **Wittenberge:**
Fahrrad Raugsch, Tel. (03877) 957 48 26.
Fahrradfachhandel Schukat, Tel. (03877) 611 53.

Wandern

3 Wanderwege zwischen 5 bis 10 km führen durch das ***Stepenitztal*** (z. B. durch den ***Auwald Wolfshagen*** zum bronzezeitlichen ***Königsgrab Seddin*** (8 km). Start- und Endpunkt **Schloss Wolfshagen**.

Grüne Route in **Wittenberge**, 10 km Wanderweg durch den Grüngürtel der Stadt.

Rundwanderweg um das ***Rambower Moor*** (Mär & Mitte Sep bis Nov Schlafplatz der Kraniche), 11,5 km.

Auf dem 130 km langen ***Pilgerweg „Mittelalterlicher Jakobsweg"*** von **Berlin** nach **Bad Wilsnack**.

Karthane-Rundweg mit Infotafeln von **Bad Wilsnack** entlang der ***Karthane*** mit reizvollen Ausblicken in die abwechslungsreiche Niederungslandschaft & Elbtalauen (*Rühstädt – Bälow – Groß Lüben, 23 km*).

Angeln bei der Neuen Mühle in **Perleberg**, Angelteiche bei der **Plattenburg** *(Apr-Okt Mi-So)*.

Sonstiges

Besichtigung der Plattenburg (6 km östlich von Bad Wilsnack), älteste noch erhaltene Wasserburg Norddeutschlands (www.burgkeller-plattenburg.de).

„Prignitz Sommer" - Regionale Kunst- & Kulturfesttage in der gesamten Region (www.prignitzsommer.de).

38 km

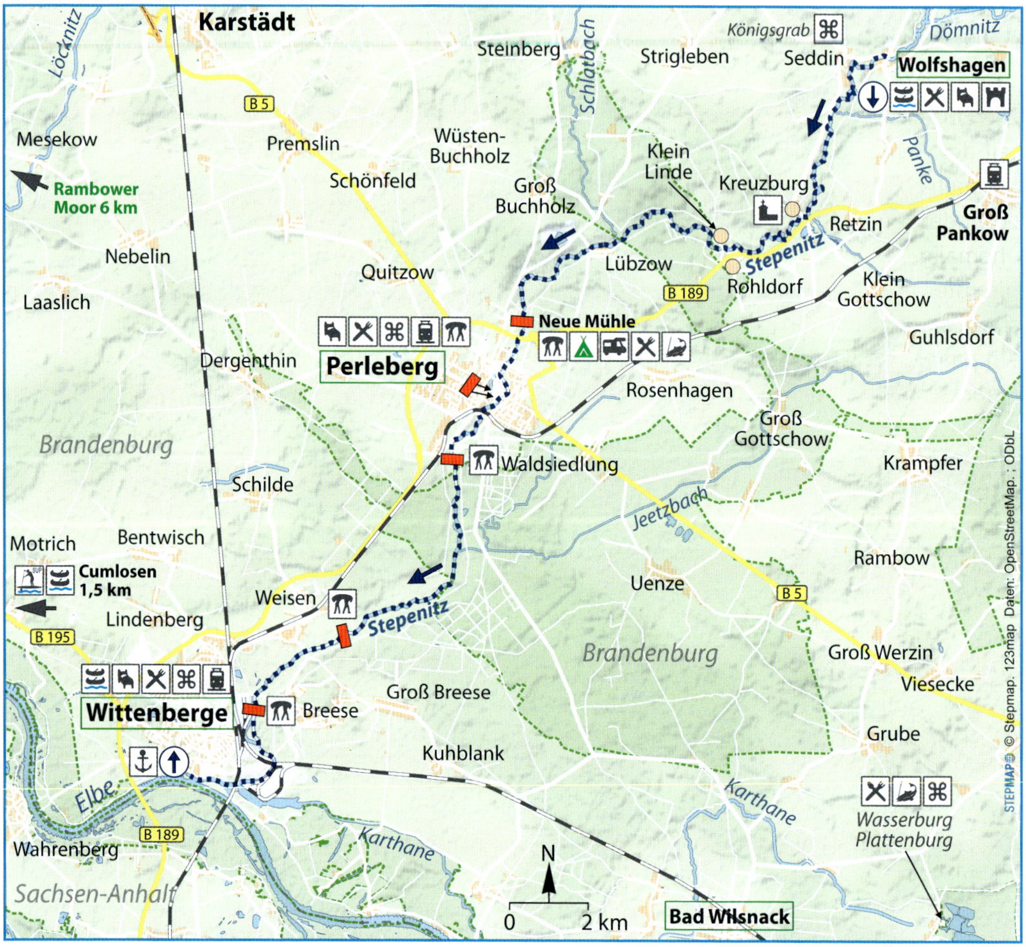

Sehenswürdigkeiten

Wolfshagen Barockschloss mit Museum (*Mi-So 11-17*, www.schlossmuseum-wolfshagen.com) und Porzellanausstellung „Landadel und Porzellan", Königsgrab Seddin.

Kreuzburg Fachwerk-Saalkirche von 1688 mit freistehendem Glockenturm.

Perleberg Ehemalige Hansestadt mit historischem Stadtkern, Marktplatz mit Roland, St. Jacobikirche, Rathaus und Museum auf einer Stepenitzinsel, Tierpark Perleberg (www.tierparkperleberg.de).

Wittenberge / Elbe Größte Stadt der Prignitz, historischer Stadtkern mit Steintor (13. Jh.), Gründerzeit- und Jugendstilviertel, Rathaus (1914), Industriedenkmal „Alte Ölmühle", Stadtkirche, Museum „Alte Burg", Singer-Uhrenturm, Elbpromenade, Badewelt Wittenberge (Sport- & Spaßbad, Sauna, www.badewelt-wittenberge.de).

Bad Wilsnack Kurstadt mit Wallfahrtskirche St. Nikolai (Wunderblutkirche), Gradierwerk mit Thermalsole-Heilwasser, Kristalltherme (www.kristalltherme-bad-wilsnack.de).

Rühstädt 6 km südöstl. von Wittenberge) ***Storchendorf*** mit ***Besucherzentrum Biosphärenreservat*** Flusslandschaft Elbe & NABU Weißstorchausstellung (www.elbe-brandenburg-biosphaerenreservat.de).

Meyenburg (27 km nordöstl. von Wolfshagen) ***Modemuseum*** im Schloss (www.modemuseum-schloss-meyenburg.de).

Auskunft & Tourist-Infos

Perleberg Tourismusverband Prignitz, Großer Markt 4, Tel. (03876) 30 74 19 20 www.dieprignitz.de

Neuruppin Tourismusverband Ruppiner Seenland, Fischbänkenstr. 8, Tel. (03391) 65 96 30, www.ruppiner-reiseland.de

Die Stepenitz

Die Einsetzstelle in **Wolfshagen**, einem Ortsteil der Gemeinde **Groß Pankow** etwa acht Kilometer westlich von Pritzwalk, ist leicht zu finden. An der Brücke vor der Ruine der ehemaligen Wassermühle führt ein Stichweg hinunter ans Ufer. Nachdem ich das Kajak startklar gemacht habe, stelle ich das Auto ein paar Meter weiter am Parkplatz vor dem *Barockschloss Wolfshagen* ab.

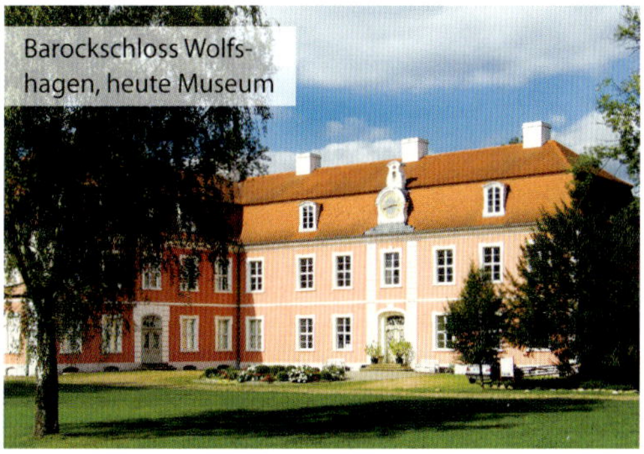

Barockschloss Wolfshagen, heute Museum

Das Schloss geht zurück auf eine Wasserburg, die das Adelsgeschlecht der „Edlen Herrn" Gans zu Putlitz im 12. Jahrhundert erbauen ließ. Gewölbereste davon lassen sich heute noch im Westflügel des Schlosses erkennen. Gegen Ende des 16. Jahrhunderts wurde die Burg zu einem Renaissanceschloss ausgebaut, das aber im Dreißigjährigen Krieg verfiel. Im 18. Jahrhundert ließ Albrecht Gottlob Gans Edler Herr zu Putlitz auf den Fundamenten eine spätbarocke Zweiflügelanlage errichten. In der Mitte des 19. Jahrhunderts legte Lenné an beiden Stepenitzufern einen Landschaftspark an, 1911 wurde die Fassade des Schlosses im neubarocken Stil umgestaltet. Nachdem die Familie mit Ende des Zweiten Weltkrieges zum Verlassen des Schlosses gezwungen wurde, nutzte man das Gebäude von 1952 bis 1998 als Schule. Heute unterhält der Förderverein Schlossmuseum Wolfshagen das im Schloss untergebrachte Museum, das alte Einrichtungs- und Gebrauchsgegenstände sowie das Taufbecken und weitere Teile der vor dem Abriss der alten Schlosskirche geretteten Originalausstattung zeigt. Das Obergeschoss präsentiert eine bedeutende Porzellansammlung aus über vier Jahrhunderten. An die langjährige Nutzung als Schulgebäude erinnert ein im Keller eingerichtetes Klassenzimmer.

Mit dem im Kajak verstauten Gepäck für eine Zweitagestour lege ich ab. Ein Tunnel aus dichten Weiden hüllt mich zunächst ein, ehe ich in eine offene Wiesenlandschaft hinausfahre. Die schmale Stepenitz gewährt einen weiten Blick in die Ferne, da sich ihr Bett nicht tief in die Landschaft eingeschnitten hat. Strohballen trocknen in der Sonne, ein leichter Windhauch verströmt den Duft von sommerlicher Feldarbeit und lässt das Schilf am Ufer rascheln.

In **Seddin** heißt es aufgepasst und die Augen nach rechts gerichtet, um den Ausstieg nicht zu verpassen. Er ist nicht gekennzeichnet, liegt aber am rechten Ufer unmittelbar neben dem Fahrradweg. Von hier führt ein gut einen Kilometer langer Fußweg zu dem fast 3.000 Jahre alten, bronzezeitlichen *Hügelgrab. Die 1899 entdeckte Grabkammer, bekannt als „Königsgrab von Seddin", ist eines der reichsten spätbronzezeitlichen Gräber Europas und hebt sich mit beeindruckenden 64 Metern Durchmesser von anderen Grabhügeln Norddeutschlands ab. Kopien der 1899 gefunden Grabbeigaben sind im Schlossmuseum Wolfshagen zu sehen, die Originale zeigt das Märkische Museum in Berlin.* Mäandernd fließt die Stepenitz **Kreuzburg** entgegen, wo man vor der Brücke am linken Ufer gut anlegen kann, um dem nahegelegenen Dorfplatz mit der hübschen *Fachwerksaalkirche* einen Besuch abzustatten. *Hans Albrecht zu Putlitz ließ die schlichte Kirche mit dem Walmdach und dem separaten Glockenturm nach Zerstörungen des Dreißigjährigen*

38 km

Krieges neu aufbauen. Nahezu alle kulturhistorischen Stätten entlang der Tour sind mit der Familie Putlitz verbunden. Der Ort ist ein Runddorf, besonders typisch für die Westprignitz.

Zurück auf dem Wasser, sorgt die Bundesstraße am linken Ufer für etwas Unruhe und Schilf am Ufer verdeckt den Blick. Hinter der Ortschaft **Klein Linde**, mit seiner 1736 erbauten *Kapelle*, wird es wieder ruhiger und die Landschaft offener. **Lübzow** wartet mit zwei Besonderheiten auf: Seiner Dorfkirche, mit einer Länge von rund zehn Metern die *kleinste Kirche der Prignitz* und dem am Rastplatz hinter der Brücke auf Schildern mahnenden Zeigefinger: „Ordnung! Disziplin! Sauberkeit!".

Nun geht es am *Landschaftsschutzgebiet „Osergebiet"* und am *„Weinberg bei Perleberg"* vorbei. *Der Name des mit 83 Metern Höhe bewaldeten Berges stammt aus der Mitte des 16. Jahrhunderts als an seinem Südhang noch Weinanbau betrieben wurde.*

Die Strömung scheint jetzt fast völlig einzuschlafen. Warum, wird mir klar, als ich auf das ***Wehr „Neue Mühle"*** zufahre. Am Schott vor dem Rückhaltebecken lege ich an und bugsiere das Kajak mit dem Bootswagen über Damm und Wehr bis zu dem großen *Caravanplatz* hinter der *Gaststätte*. Hier darf ich auch, wenn noch Platz ist, mein Zelt aufschlagen. Wer noch weiter paddeln will, findet den Einstieg am Rastplatz links hinter dem Wehr.

Die „Neue Mühle", heute beliebtes Ausflugsziel, Restaurant, Café und Caravanstellplatz, wurde erstmals 1303 als Wassermühle erwähnt und liegt idyllisch auf einer kleinen Insel zwischen zwei Stepenitzarmen, vier Kilometer nördlich des Altstadtkerns von Perleberg. Neben den legendären Torten stehen auf der Speisekarte regionale Köstlichkeiten wie Spargel oder Knieperkohl. Letzteres ist ein typisches Wintergericht der Prignitz. Es besteht aus den drei Kohlsorten Weißkohl, Markstangenkohl und

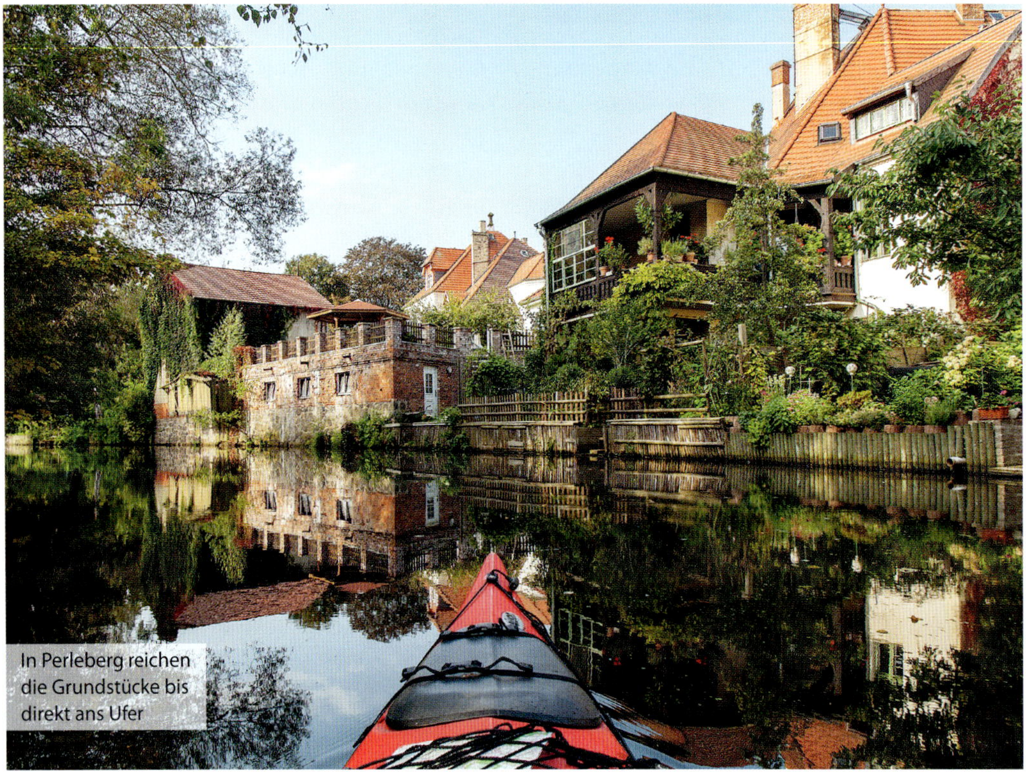

In Perleberg reichen die Grundstücke bis direkt ans Ufer

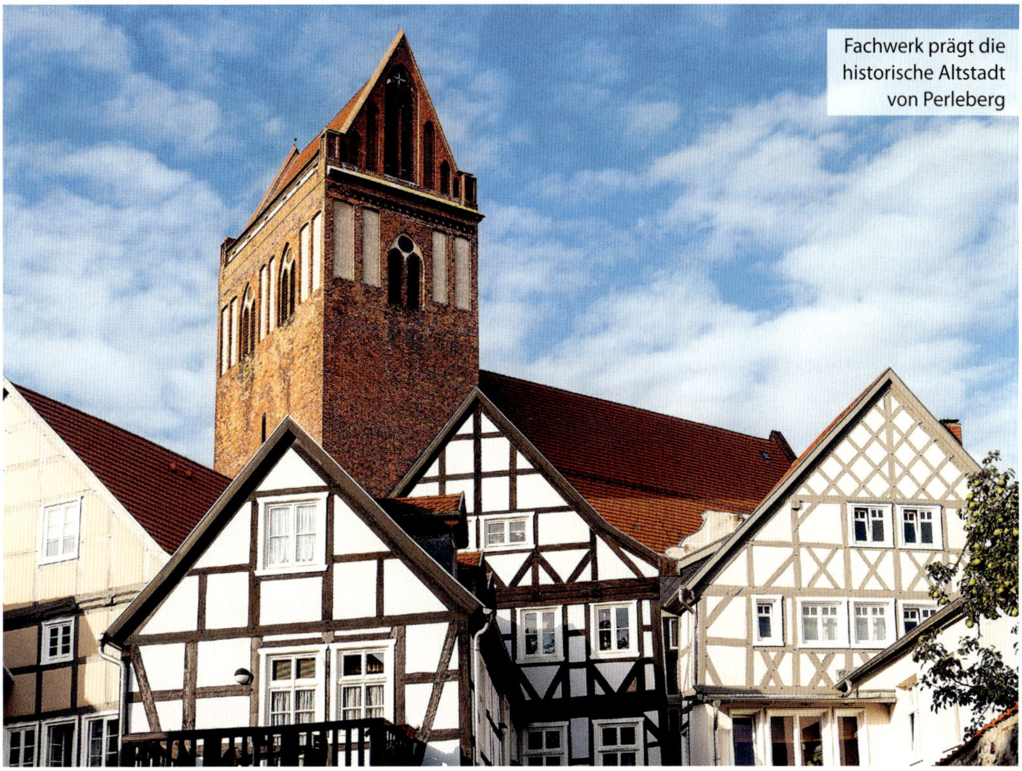

Fachwerk prägt die historische Altstadt von Perleberg

Grünkohl, die nach dem ersten Frost geerntet und leicht angekocht werden. Anschließend wir das Kohlgemisch mit Salz, Weinreben und Kirschzweigen gewürzt in Fässern eingestampft, wo es fest verschlossen und dann für mindestens sechs Wochen gären muss.

Unmittelbar am *Radwanderweg „Gänsetour“* sowie am *„Elbe-Müritz-Radwanderweg“* gelegen, bietet sich die „Neue Mühle“ auch als idealer Ausgangspunkt für Radtouren durch die Prignitz an. Für Gäste werden dafür Mietfahrräder angeboten.

Am nächsten Morgen trägt mich die sanfte Strömung vorbei an Schrebergärten. Bald kündigt der Kirchturm der St. Jakobikirche die hübsche *Altstadt* von **Perleberg** an, die mitten auf einer Insel in der Stepenitz liegt.

Archäologische Funde deuten auf eine Besiedlung der Stepenitzinsel schon vor 3.000 Jahren hin. Die eigentliche Stadtgeschichte beginnt 1239, als Perleberg das Salzwedeler Stadtrecht erhielt. Aufgrund des damals noch schiffbaren Flusses bestand ein kostengünstiger Anschluss an die Elbe und nach dem Hansebeitritt 1358 entwickelte sich die Stadt zum wichtigsten wirtschaftlichen und politischen Zentrum der Prignitz. Im 15. Jahrhundert zählte Perleberg sogar zu den reichsten Städten in der Mark Brandenburg.

Inmitten der zum Teil erhaltenen Stadtmauern künden sehenswerte Bürgerhäuser, das Rathaus und die St. Jacobikirche vom einstigen Wohlstand. Der Roland auf dem Marktplatz bezeugt stolz die einstigen Stadt-, Markt-, Stapel- und Handelsrechte.

Da, wo der Flusslauf sich gabelt, führt der rechte Stepenitzarm in die *Altstadt* von **Perleberg**. Um einen Blick auf die malerischen Rückfronten und die liebevollen Gärten zu werfen, fährt man zu einem Abstecher hier hinein, muss dann aber wieder umkehren, da der Wasserarm eine Sackgasse ist.

Zurück auf dem linken Stepenitzarm endet meine Fahrt bald vor einem ***Wehr***. Stärken für die lange Portage kann man sich direkt nebenan im schönen Biergarten auf der Uferterrasse des *Hotels Deutscher Kaiser*.

Links setzt man aus, um das Kanu etwa 500 Meter über Hagenpromenade, Graben- und Beguinenstraße zu einer Wiese am Zusammenfluss beider Wasser-Arme umzutragen.

Bedauernd kehre ich dem charmanten Städtchen den Rücken. Gleich auf den ersten Metern halte ich mich rechts, da im linken Flussbereich Fischlaichplätze liegen. Die Landschaft öffnet sich und an der **Waldsiedlung** am südlichen Ortsrand wartet schon ein weiteres ***Wehr***. Der Ausstieg ist zwar mit einem Schild markiert, der Einstieg direkt hinter dem Pegelhaus gestaltet sich aber aufgrund des steilen Ufers und dem Schilfbewuchs als gar nicht so einfach.

Nun fließt die Stepenitz wieder ruhig und einsam dahin. Mehrere harmlose, niedrige Stufen sollen die Fließgeschwindigkeit des nun begradigten und eingedeichten Flusslaufes herabsetzen. Die ***Wehre*** in **Weisen** und am nördlichen Stadtrand von **Wittenberge** (wo hinter dem rechten Ufer schon der Bahnhof zu sehen ist) sind die weiteren Stationen des Tages, dann erhebt sich am Horizont der *Singer-Uhrenturm* am Wasserturm des ehemaligen Nähmaschinenwerkes – größte freistehende Turmuhr auf dem europäischen Festland. *Den Grundstein für die Nähmaschinenproduktion legte 1903 die Singer Manufacturing Company aus New York und in der Fabrik wurden bis 1945 Singer-Nähmaschinen hergestellt. In der DDR wurde die Nähmaschinen-Fertigung in Wittenberge erfolgreich fortgesetzt. Bis zur Schließung des Werks wurden mehr als 7,5 Mio. Veritas-Nähmaschinen produziert.*

Die Ufer links und rechts werden noch einmal grün, dann wartet hinter der kombinierten Eisenbahn- und Straßenbrücke eine ***etwas größere Stufe.*** Der Flusslauf wird breiter und zahlreiche schnatternde Enten scheinen sich hier wohlzufühlen. *Fabrikhallen entlang des Ufers erinnern an die einstige Bedeutung des Industriestandorts* **Wittenberge**, *der mit dem Bau des Elbhafens und dem Anschluss an die Eisenbahnlinie Berlin – Hamburg seinen Höhepunkt fand. Nach der Wiedervereinigung wurden die meisten Industriebetriebe geschlossen. Dem Wegfall der Arbeitsplätze folgte die Abwanderung der Bevölkerung und ein Ende ist leider nicht abzusehen.*

Vor der blauen Stahlbogenbrücke mündet von links kommend die ***Karthane*** und hinter der Brücke fahre ich auch schon in das Hafenbecken ein. Entlang der Kaimauer geht es in Richtung ***Elbe***. Am Sportboothafen mit der Slipanlage, unterhalb des großen Parkplatzes, finde ich einen guten Endpunkt meiner abwechslungsreichen Stepenitztour. Von hier sind es rund 20 Fußminuten zum Bahnhof.

Noch Zeit genug für einen Kaffee oder ein Glas Wein im *„Anker Café"* in der Sonne sitzend mit phänomenalem Blick auf die Elbe die Tour ausklingen zu lassen. (Das Restaurant im historischen Kranhaus von 1884 mit schwebender Terrasse über dem Fluss gibt es leider nicht mehr). Eine weitere gute Adresse für den stilvollen Tourenausklang oder gar Übernachtung ist die *„Alte Ölmühle"* an der Hafenpromenade. Das ehemalige Fabrikgelände mit Brauhaus, Hotel, Strandbar und Spa lockt mit einer einmaligen Dachterrasse in 15 Metern Höhe auf dem ehemaligen Tauchturm.

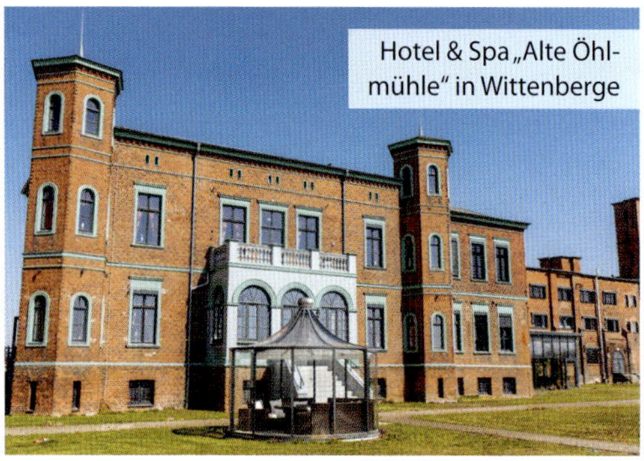

Hotel & Spa „Alte Öhlmühle" in Wittenberge

Kyritzer Untersee

Auf den Spuren der letzten Eiszeit

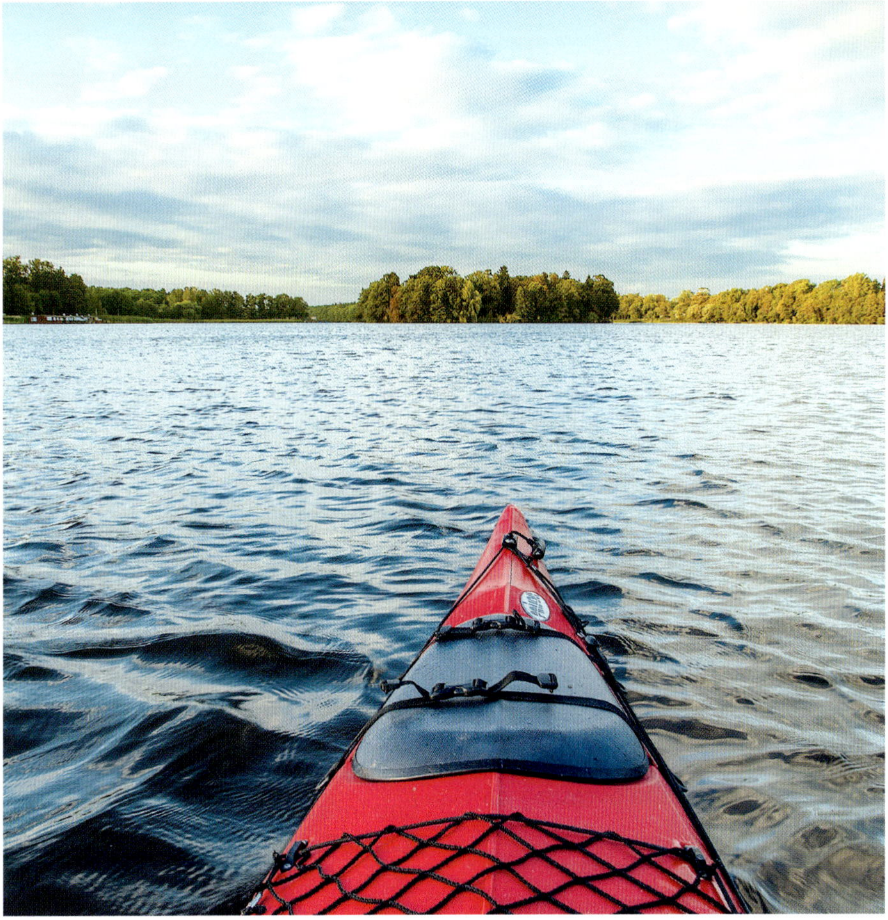

Tour 2

16 km

Infos Tour 2 – Kyritzer Untersee

Aktivitäten	Natur	Kultur	Baden	Hindernisse
★★☆☆	★★★★	★★☆☆	★★★★	☆☆☆☆

Charakter der Tour

Die Kyritzer Seenkette und ihre Umgebung wurden von der letzten Eiszeit geprägt, als die Gletscher der Weichseleiszeit vor 20.000 Jahren abtauten. Besonders lohnend ist eine Rundfahrt um den Kyritzer Untersee, der aus Bantikower- und Klempowsee besteht. Er ist für Motorboote gesperrt und fügt sich in eine stille Mischwaldlandschaft ein. Der Schilfbewuchs entlang der Ufer lässt den See besonders urwüchsig erscheinen, es gibt aber auch zahlreiche flache Uferstellen, die zu einer Rast und einem Bad im See einladen.

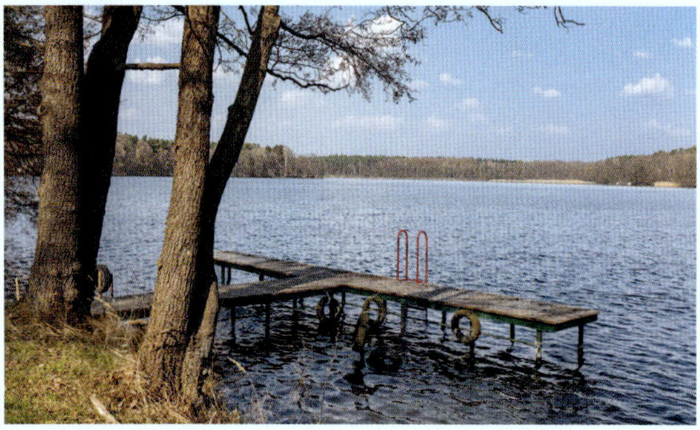

Länge & Dauer der Tour 16 km, Tagestour

Umtragestellen keine

Anreise A24 Berlin – Hamburg bis Ausfahrt 21 (Herzsprung), weiter über Stolpe zum Untersee nach Bantikow (Ostufer) oder Kyritz (Westufer).

Ein- & Aussetzstelle Für Camper der *Knattercamping* in **Bantikow** (Wusterhausener Straße 14).

Alternativ gute Ein- & Aussetzstelle am *Strandbad* in **Kyritz** (Seestr. 120), Parkplatz gebührenpflichtig.

Karten & Literatur-Tipps

Rad- & Wanderkarte *Rhinow, Kyritz, Wusterhausen & Umgebung*, , 1:50.000, Barthel Verlag.

„Kyritz: Stadtbild unter der Zeitlupe“, Bäßler Verlag.

Broschüre *„Die Prignitz“ (Die Mark Brandenburg)*, Verlag für Regional- und Zeitgeschichte.

Übernachtung in Wassernähe

16866 Kyritz
Hotel Waldschlösschen
Seestr. 110, Tel. (033971) 307 80
www.waldschloesschen-kyritz.de

16866 Kyritz, OT Stolpe (am Obersee)
Gutshaus Stolpe
Stolpe 9, Tel. (033971) 451 94
www.pension-gutshausstolpe.de

16868 Wusterhausen
Campingplatz
(Zelt, FeWo, Bungalow)
Seestraße 42
Tel. (033979) 142 74
www.camping-wusterhausen.de

16868 Bantikow
Knattercamping
(Camping + FeWo)
Wusterhausener Straße 14
Tel. (033979) 143 61
www.knattercamping.de

Hotel am Untersee
(Rad- & SUP-Vermietung für Gäste)
Dorfstraße 48
Tel. (033979) 145 90
www.hotel-am-untersee.de

Villa Meehr
(Rad- & SUP-Vermietung für Gäste)
Dorfstraße 24
Tel. (033979) 517540
www.villa-meehr.de

Kanuvermieter

16868 Bantikow
Knattercamping
siehe Übernachtung

16866 Kyritz
Strandbad Kyritz
Seestr. 120
Tel. (033971) 722 62
www.strandbad-kyritz.de

Geführte Touren

Natur- & Landschaftsführer Andree Kienast (Tages- / Mehrtagestouren mit dem Kanu, Sternenwanderungen, Tel. 01520-609 69 41 oder (03397) 616 99 68

Weitere Aktivitäten

Paddeln

Eine Kanutour auf dem ***Obersee*** ist stark vom Wasserstand abhängig und bei Niedrigwasser nicht zu empfehlen.

Kanutour auf der ***Dosse*** von Wittstock bis zur Mündung in die Elbe (zahlreiche Wehre).

Radfahren

Rund um Unter- und Obersee auf ufernahem Weg (ca. 31 km).

Radtour ***Kyritz - Wilhelmsgrille - Rehfeld - Berlitt - Granzow - Gumtow - Demerthin - Gantikow - Rüdow - Kyritz*** (ca. 39 km).

Radtour ***Kyritz - Heiligengrabe - Kyritz*** (ca. 60 km).

Kleeblatt-Städtetour über ***Kyritz, Neustadt, Wusterhausen*** und wieder zurück (ca. 37 km).

Fahrradvermietung in **Bantikow:** *Knattercamping* und *Hotel am Untersee (auch E-Bikes).*

Wandern Rund um den ***Obersee*** (ca. 20 km).

Seerundweg um den ***Untersee*** (etwa 19 km).

Sonstiges

Rundflüge & Ballonfahrten, Verkehrslandeplatz Kyritz, Flugplatz 8, 16866 Kyritz (OT Heinrichsfelde), Tel. (033971) 522 37, www.edbk.de

Dampferrundfahrten ab Kyritz oder Wusterhausen www.seerundfahrt-kyritz-wusterhausen.de

Ausflüge

- zum kleinen Ort **Kampehl** (4 km südl. Wusterhausen), ***Mumie Ritter Kahlbutz,*** Dtl. wichtigste Mumie im Anbau der gotischen Feldsteinkirche (www.kalebuz.de).
- zum ***Landgestüt* Neustadt/Dosse** (Kutschenmuseum, Gestütmuseum, www.neustaedter-gestuete.de);
- zur ***Filmtierschule Harsch*** in **Sieversdorf-Hohenofen** (www.filmtierschule-harsch.de).
- zum ***Schloss Ganz*** (Ausbau zum Kulturort, häufig Filmkulisse) im Kyritzer OT **Ganz** (www.ganzkultur.de).
- zu ***Regina's Kräutergarten*** (Mai-Okt) in **Lellichow**.
- nach **Bork** (www.bork-am-see.de), ***Brandenburgs älteste erhaltene Landschule*** (Schulmuseum, anmelden!), einer der ***ältesten Friedhöfe der Region***.
- zum ***Aussichtsturm Blumenthal (1,- €)***, Deutschlands dritthöchster Holzaussichtsturm, bei **Heiligengrabe**.

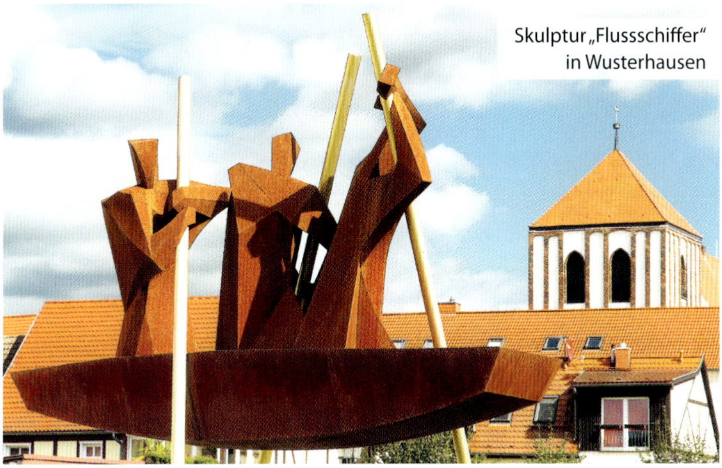

Skulptur „Flussschiffer" in Wusterhausen

Sehenswürdigkeiten

Kyritz Historischer Stadtkern mit Fachwerkhäusern, Marktplatz mit Bassewitzbrunnen *(Wochenmarkt Freitag Vormittag)*, Eichhorstsches Haus von 1663 im Fachwerkstil, Rathaus von 1879 im Tudorstil, St. Marienkirche (Beginn 18. Jh., Westgiebel 1850 von August Stüler; mit der größten romantischen Orgel des 19. Jh. in Brandenburg), z.T. erhaltene Stadtmauer, ehemaliges Franziskanerkloster mit Klostergarten – heute Kleinkunstbühne (www.knattermimen.de), Heimatstube, Friedenseiche von 1814 in Erinnerung an die Völkerschlacht bei Leipzig.

Wusterhausen/Dosse Historischer Stadtkern, Marktensemble, spätgotische Hallenkirche St. Peter und Paul mit mittelalterlichen Wandmalereien, Wegemuseum.

Auskunft & Tourist-Infos

Kultur- & Tourismusbüro Kyritz, Maxim-Gorki-Str. 32, Tel. (033971) 523 31, www.dosse-seen-land.de

Tourist-Info Wusterhausen Am Markt 3 (im Barockhaus), Tel. (033979) 877 60, www.wegemuseum.de

Kyritzer Untersee

16 km

Der *Knattercamping* in **Bantikow** liegt idyllisch im Wald direkt am See und eignet sich hervorragend als Ausgangspunkt zur Erkundung der ***Kyritzer Seenkette***.

Was es mit dem merkwürdigen Knatter-Namen auf sich hat, möchte ich von der netten Dame an der kleinen Rezeption wissen. *„In Kyritz gab es die Vierradenmühle, die Hahnenwinkelmühle, die Rüdower Mühle, die Stolper*

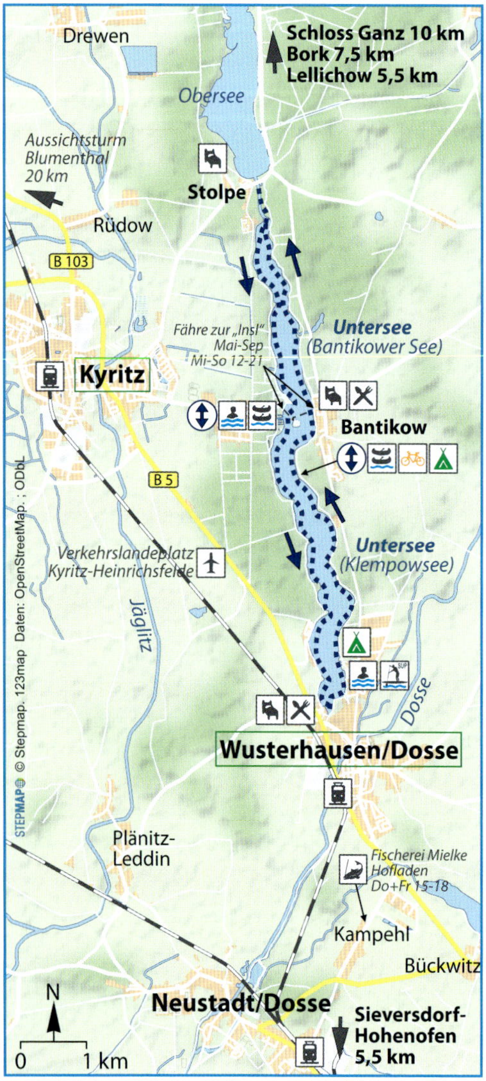

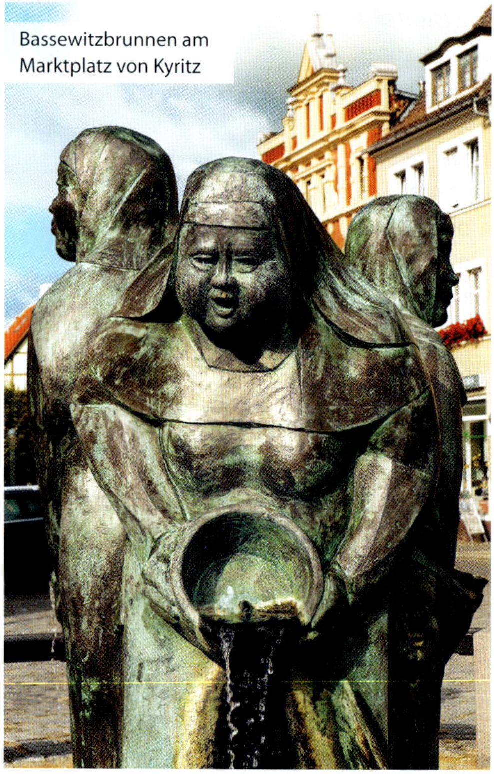

Bassewitzbrunnen am Marktplatz von Kyritz

Mühle und die Walkmühle am Königsfließ", lautet die Antwort. „Als Kyritz um 1900 bei den Berlinern als Ausflugsziel immer beliebter wurde, war das Geklapper der hölzernen Mühlenräder wohl nicht zu überhören und hat der Stadt von spottlustigen Kyritzbesuchern den Zusatz „an der Knatter" eingebracht.

Heute wissen die Kyritzer den Beinamen werbewirksam zu vermarkten. Wer nach Kyritz reist, wird am Ortseingang mit dem Schild „Willkommen in Kyritz an der Knatter" empfangen, es gibt die Theatergruppe „Kyritzer Knattermimen" und sogar einen Kräuterlikör namens „Knatterwasser".

Am Morgen trage ich mein Kajak das Steilufer hinunter und starte meine Rundfahrt in nördliche Richtung. Linker Hand lädt auf der kleinen Insel (auch ***Unterseeinsel***), die nur per

Kanu oder mit der Fähre von Bantikow und Kyritz aus zu erreichen ist, der lauschige Biergarten oder die gemütliche Gaststube der *Gaststätte „Insl"* mit regionaler und frischer Küche zum Wohlfühlen ein. *Einst soll auf ihr eine slawische Burg gestanden haben, später dann wohnten und arbeiteten hier Fischer. Erst Ende der 1890er Jahre wurde eine Gaststätte errichtet.* Alte Bäume findet man auf der rund eineinhalb Hektar großen, kreisrunden Insel, einzelne werden, ganz wie im botanischen Garten, mit beschrifteten Schildern erläutert.

Auch das kleine Dorf **Bantikow** am Ostufer des ***Untersees (dieser Teil wird auch Bantikower See genannt),*** gegenüber von Kyritz, hat sich zu einem beliebten Urlaubsort entwickelt und so grüßen vom Ufer erst die *„Villa Meehr"* und wenig später das *„Hotel am Untersee".*

Danach wird es einsam am Ufer und auf dem See. Kein Windhauch regt sich und die Wasseroberfläche breitet sich spiegelglatt vor mir aus. Entspannt paddle ich etwa vier Kilometer gen Norden, begleitet von goldgelbem Schilf und weiten Seerosenfeldern. Etwa 40 Gehölzarten haben sich rund um den See ihren Platz in der Natur gesichert und überdies ist er Heimat von 16 Fisch- sowie sechs Wasservogelarten.

Im nördlichsten Zipfel des Sees entdecke ich den idyllischen ***Waldkanal***, der nach knapp einem Kilometer in **Stolpe** unterhalb der Staumauer zwischen Ober- und Untersee endet. Der 900 Meter lange Damm staut seit 1979 den ***Obersee*** als Dossespeicher auf. Das Wasser wird vor allem für die Bewässerung in der Landwirtschaft verwendet.

An der Wendestelle der Fahrgastschifffahrt kehre ich um und paddle, zurück auf dem ***Untersee***, nun am Westufer in Richtung Kyritz. Zwischendurch laden immer wieder einsame Buchten zum Baden und Pausieren ein.

Gegenüber der bereits bekannten *Insel-Gaststätte „Insl"* lege ich am Strandbad **Kyritz** an. Von hier sind es knapp vier Kilometer zu Fuß ins historische Stadtzentrum. Mit dem etwa stündlich verkehrenden Bus dauert die Fahrt ins Zentrum rund 20 Minuten.

Das heute gut 10.000 Einwohner zählende Städtchen entstand einst als Siedlung neben einer Burg und erhielt 1237 das Stadtrecht. Als Hansestadt brachte es Kyritz im Mittelalter zu bescheidenem Wohlstand und das Kyritzer Bier „Mord und Totschlag" wurde auch in Hamburg und Lübeck gerne getrunken.

16 km

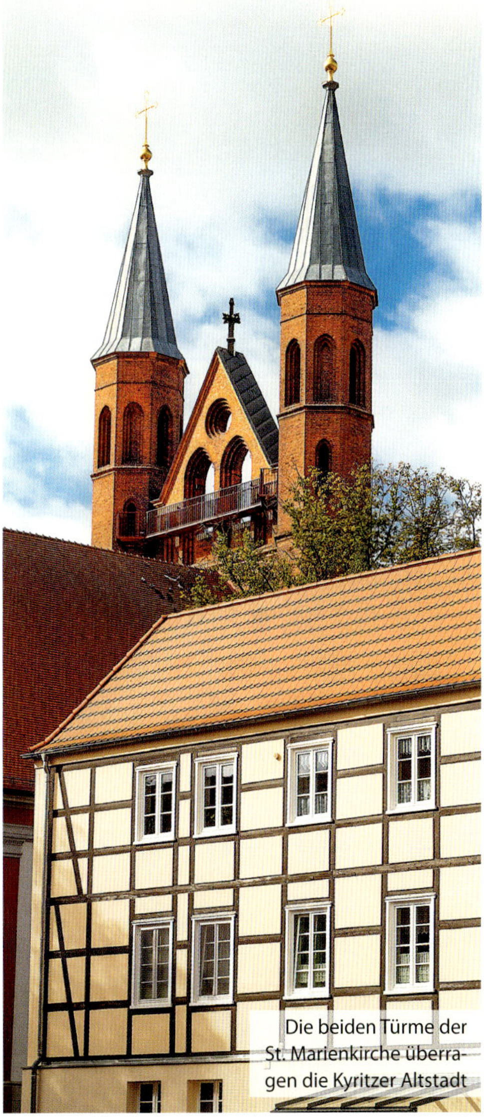

Die beiden Türme der St. Marienkirche überragen die Kyritzer Altstadt

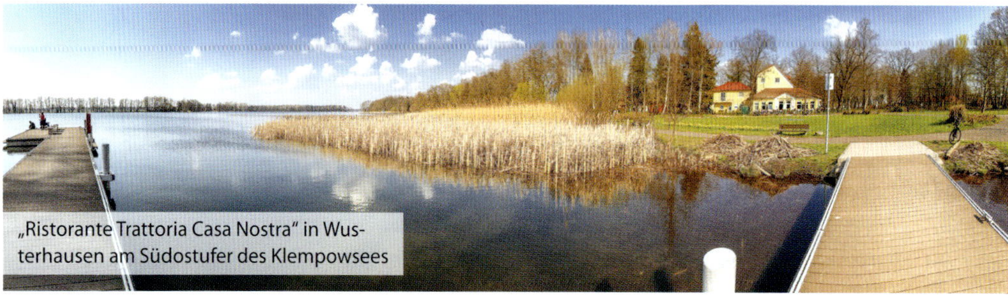

„Ristorante Trattoria Casa Nostra" in Wusterhausen am Südostufer des Klempowsees

16 km

Mit dem Niedergang der Hanse entwickelte sich Kyritz dann zu einer Ackerbürgerstadt. Die vielen Fachwerkhäuser verleihen dem Städtchen seinen ganz besonderen Charme. Mittelpunkt ist der langgestreckte Marktplatz, der aufwändig und stilgerecht saniert wurde, mit dem beeindruckenden, kastellartigen Klinker-Rathaus von 1879 und der 1814 gepflanzten Friedenseiche. Südlich des Marktplatzes erhebt sich die Pfarrkirche St. Marien, eine spätgotische, dreischiffige Hallenkirche aus Backstein.

Vom *Strandbad* aus steuere ich das Kanu am *Schiffsanleger* für die Fahrgastschiffe vorbei, die einzigen auf der ***Kyritzer Seenkette*** erlaubten Motorboote, und dann entlang einer Reihe von malerischen Bootshäuser gen Süden.

Nach weiteren vier Kilometern ist die Südspitze des ***Untersees (dieser Teil wird Klempowsee genannt)*** erreicht. Die Terrassen der *Gaststätten „Seeidylle"* und *„Bootshaus"* mit ihrem herrlichen Blick auf den ***Klempowsee*** laden zu einer Rast ein.

Von hier ist es nur ein kurzer, etwa ein Kilometer langer Spaziergang ins historische Stadtzentrum von **Wusterhausen** *mit seinen schönen Fachwerkhäusern, dem sehenswerten Rathaus und der mächtigen dreischiffigen gotischen Hallenkirche St. Peter und Paul, mit deren Bau man schon 1250 begann. Das Wegemuseum (auch Tourist-Info) im Herbst'schen Haus, einem stattlichen barocken Bürgerhaus, widmet sich mit 700 Exponaten dem Phänomen historischer Wege und ihrer Bedeutung für Stadt und Region. Den Wohlstand verdankt die kleine Stadt, heute zählt Wusterhausen noch 3.000 Einwohner, dem Salzhandel, der im späten Mittelalter über Dosse, Havel und Elbe bis nach Hamburg reichte. Das Ende dieser Blütezeit besiegelte das kurfürstliche Verbot der Salzeinfuhr.*

Zurück im Boot passiere ich zunächst die beiden hübschen, reetgedeckten Bootshäuser am Ostufer des ***Klempowsees***, dann das *Strandbad (SUP-Vermietung)* und ein paar weitere Bootshäuser und schließlich den *Campingplatz* von **Wusterhausen**.

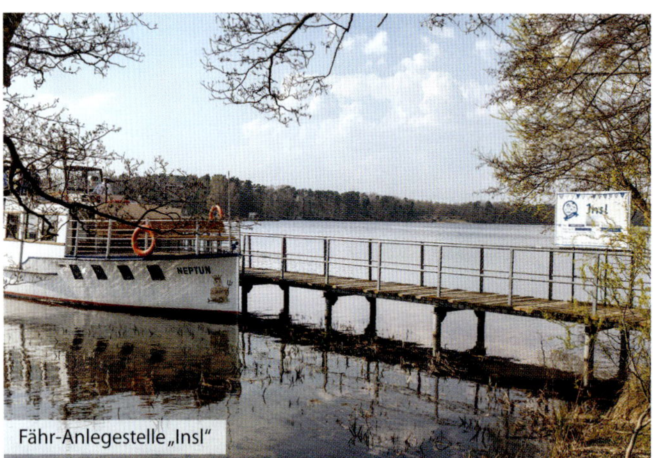

Fähr-Anlegestelle „Insl"

Nun ist es nicht mehr weit bis zum Sandstrand unterhalb des *Knattercamping* in **Bantikow**, dem Startpunkt meiner Runde. Den Sonnenuntergang genieße ich auf der Terrasse des 500 Meter entfernten *„Hotel am Untersee"* bei einem Glas Wein.

Großer Stechlinsee

*„Da lag er vor uns, der buchtenreiche See,
geheimnisvoll...nur grün und blau und Sonne."
(Theodor Fontane)*

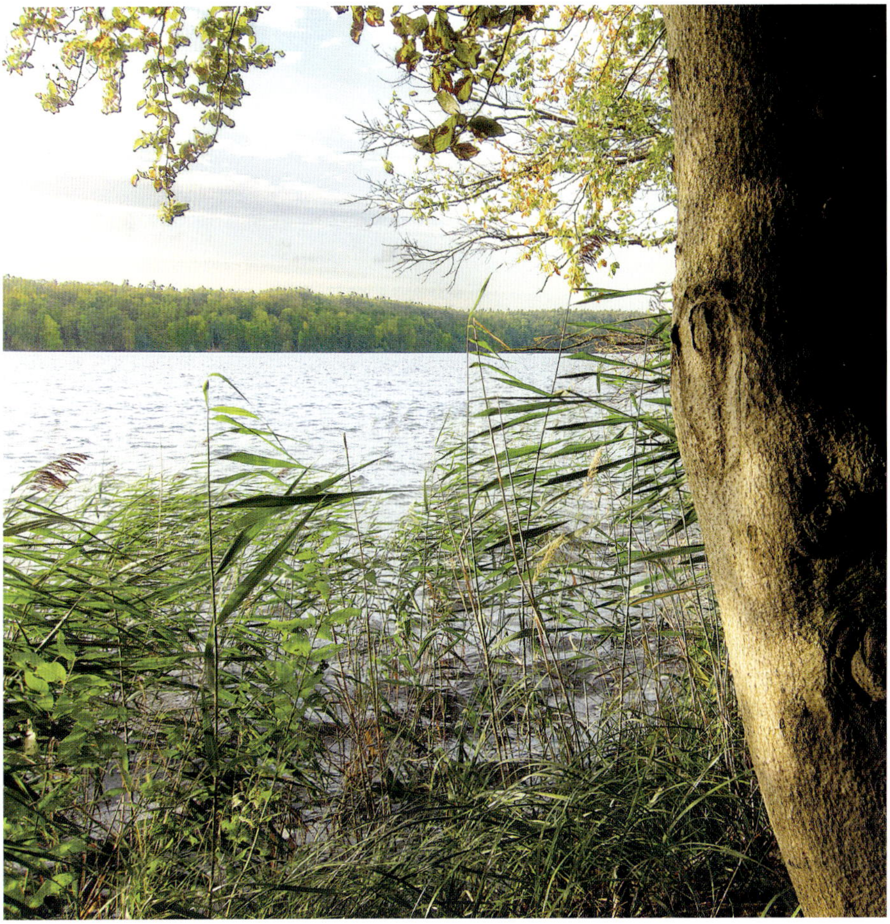

Tour 3

13 km

Infos Tour 3 – Großer Stechlinsee

Aktivitäten	Natur	Kultur	Baden	Hindernisse
★★★☆	★★★★	★☆☆☆	★★★★	☆☆☆☆

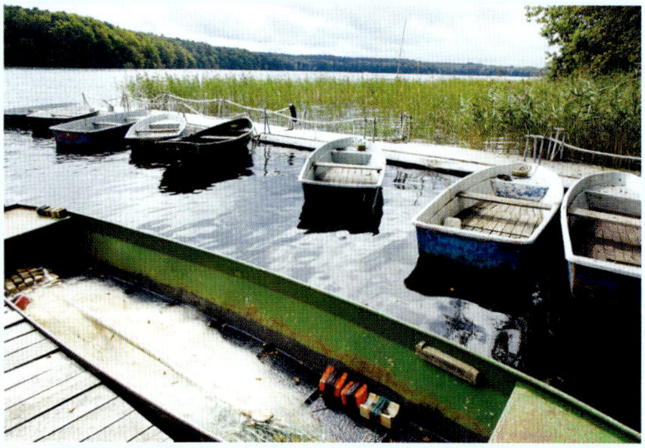

Charakter der Tour

Bei dieser Tagesrundfahrt auf dem größten Klarwassersee Norddeutschlands steht eindeutig das Naturerlebnis im Vordergrund. Der See ist an der tiefsten Stelle fast 70 Meter tief und im Durchschnitt kann man etwa zehn Meter tief gucken. Der von Buchen- und Eichenwäldern, Mooren und Bruchwäldern umringte See hat sich praktisch bis heute so erhalten, wie ihn Theodor Fontane 1897 in seinem Roman „Der Stechlin" beschrieben hat.

Befahrungsregelung

Der Stechlinsee steht seit 1938 unter Naturschutz und darf nur mit registrierten Booten befahren werden, die man beim Bootsverleih in Neuglobsow mieten kann (zur Verfügung stehen Ruderboote/Canadier/Kajaks/SUP). Für die Befahrung mit Privatbooten ist der Erwerb einer Registriermarke (6,- €)vorgeschrieben, die man bei der Tourist-Info im Glasmacherhaus in Neuglobsow erhält. Bis Sonnenuntergang muss man den See wieder verlassen haben. Sowohl mit Miet- wie auch mit registrierten eigenen Booten darf man nur auf dem Stechlinsee paddeln, der Polzowkanal ist ausgeschlossen.

Länge & Dauer der Tour ca. 13 km, Tagestour

Umtragestellen keine

Anreise A 10 bis Abfahrt 24 (Birkenwerder), weiter auf der B 96 über Oranienburg nach Gransee, dort über Menz nach Neuglobsow (16775 Stechlin).

Ein- & Aussetzstelle Bootsverleih **Neuglobsow**.

Zurück zum Pkw entfällt, da Rundtour.

Karten & Literatur-Tipps

Rad-, Wander- & Paddelkarte Rheinsberger Seen, Großer Stechlin, 1:35.000, Verlag Grünes Herz.

Rad-, Wander- & Paddelkarte Rheinsberg - Stechlin, Nr. 24, 1:50.000, Klemmer-Verlag.

Theodor Fontane *„Der Stechlin"*, Aufbau Verlag.

Faszination Stechlin, edition q im be.bra verlag.

Zeitschrift *„Quer durch den blauen Norden Brandenburgs 2021"*, terra press Verlag.

Übernachtung in Wassernähe

Neuglobsow (16775 Stechlin)
Fischerei Stechlinsee (FeWo)
Am Hirschberg 4
Anfrage bitte per E-Mail
www.fischerei-stechlinsee.de

Pension Fontanehaus
Fontanestraße 1
Tel. (033082) 64 90
www.fontanehaus.com

Luisenhof
Stechlinseestraße 8
Tel. (033082) 703 86
www.luisenhof-stechlin.de

Atlantis Tauchbasis Stechlin
(Zimmer & Campingmöglichkeit)
Fischerweg 2
Tel. (033082) 704 53
www.tauchbasis-stechlinsee.de

Kanu- & SUP-Vermieter

Neuglobsow (16775 Stechlin)
Bootsverleih Stechlin
(auch Vermietung von Strandkörben & Fahrrädern, SUP-Kurse, geführte SUP-Tour So 12 Uhr nach Anmeldung (Tel. 0152-57 58 53 66)
Zur Alten Fischerhütte 1 a
Tel. (033082) 77 99 82
www.bootsverleih-stechlin.de

Weitere Aktivitäten

Paddeln
Nördlich des Stechlin vom ***Ellbogensee*** (NaturCamping am Ellbogensee) Richtung Westen über die ***Strelitzer Seen*** oder östlich nach Fürstenberg und weiter über die ***Havel*** Richtung Berlin.

Wandern Auf schönem ***Uferweg um den Stechlin***, schmale Waldpfade, z.T. mit vielen Baumwurzeln (17 km, auch mit geländetauglichem Rad möglich).

Auf dem ***Ruppiner-Land-Rundwanderweg***, der Neuglobsow mit Rheinsberg im Westen und Fürstenberg/Havel im Nordosten verbindet.

THEOsWEG – 32 km auf den Spuren von Fontane von Meseberg nach Neuglobsow, www.theosweg.de

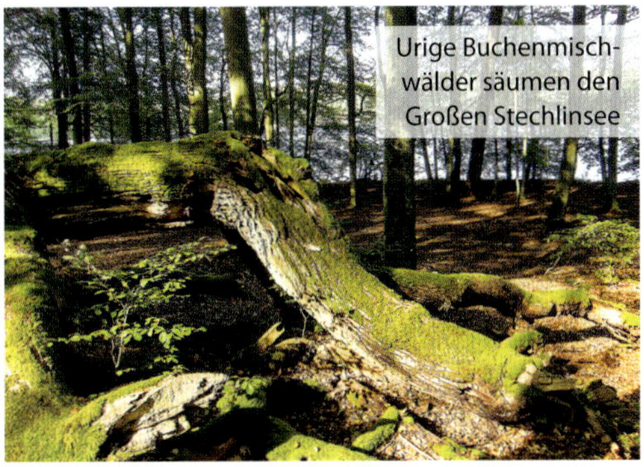

Urige Buchenmischwälder säumen den Großen Stechlinsee

Radfahren
Ausgeschilderte Radwege von Neuglobsow nach Fürstenberg/Havel, Rheinsberg, Lindow oder Gransee.

Internationaler, 650 km langer ***Fernradweg Berlin – Kopenhagen***, die Brandenburg-Etappe hat 151 km.

Königin-Luise-Route von Hohenzieritz bei Neustrelitz (Mecklenburg-Vorpommern) nach Berlin (ca. 220 km).

Fahrradvermietung in **Neuglobsow**: *Stechlin Rad*, Tel. 0172-715 40 87, www.fahrradverleih-stechlin.de

Fallschirmspringen Tandemsprung und Kurse in **Gransee**, Tel. (030) 24 53 40 30, www.gojump.de

Angeln & Angelscheine Fischerei Stechlinsee in **Neuglobsow**, Fischerweg 3, Tel. (033082) 704 22, www.fischerei-stechlinsee.de

Tauchen Tauchbasis Stechlin (siehe Übernachtung).

Kinder ***Tierpark Kunsterspring*** im reizvollen Tal der Kunster zwischen **Neuruppin** und Rheinsberg. Über 90 verschiedene, meist heimische Arten in naturbelassenen Anlagen (z.B. Wolfs-, Fischotter- oder Waschbärengehege, www.tierpark-kunsterspring.de).

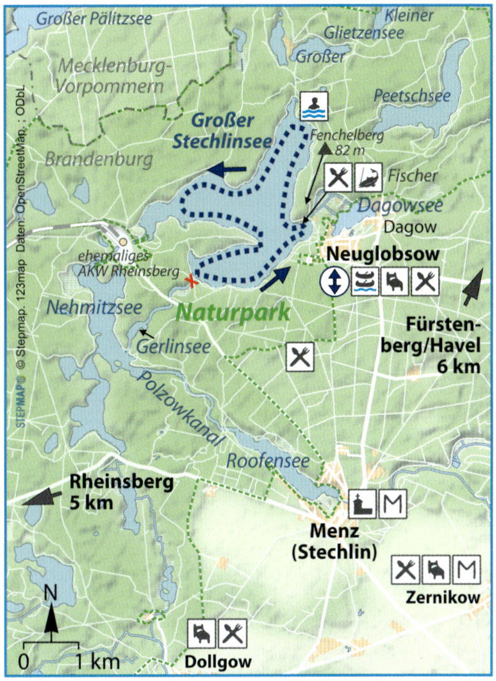

Sehenswürdigkeiten

Neuglobsow Glasmuseum und Tourist-Info im ehemal. Glasmacherhaus (Mi-So 10-15, www.stechlin.de). *Einkehr-Tipps:* „Café Glasklar" mit kleinem Bio-Regionalladen (tgl. 8.30-18, www.cafeglasklar.de), „Fischerei Stechlinsee" (Mo & Di Ruhetag, außer an Feiertagen, www.fischerei-stechlinsee.de).

Menz (Stechlin) Alte Feldsteinkirche (17. Jh.), „NaturParkHaus" (Info-Zentrum Stechlin-Ruppiner Land, Kirchstr. 4, Tel. (033082) 512 10, *Mai-Sep Mo-Fr 10-17, Sa+So 11-17, Okt-Apr tgl. 11-16*, Eintritt ca. 5 €, www.naturparkhaus.de).

Zernikow Sehenswerte Gutsanlage und Dorf (4 km östlich von Menz), Ritterfest, Maulbeerfest, Ausstellung „Vom Maulbeerbaum zur Seide – Seidenbau in Brandenburg", Hainbuchengang im Rokkokogarten, Ferienunterkünfte, *Mai-Sep Creperie Bric á Brac* im ehemaligen Schafstall (www.gut-zernikow.de).

Dollgow Kirche (1767) mit Barockaltar und einer der ältesten Glocken Brandenburgs von 1490, „sagenhafte" Gallas-Linde erinnert an den 30-jährigen Krieg, Einkehr: Seelig's Gast- & Logierhaus sowie Sührings Gasthof.

Tourist-Info *Neuglobsow* im Glasmacherhaus, Stechlinseestr. 21, Tel. (033082) 702 02, www.stechlin.de

Großer Stechlinsee

13 km

Sand und Holz waren die Grundstoffe, die zur Glasproduktion benötigt wurden und beides gab es in **Neuglobsow** *im Überfluss. Den Grundstein für den Ort, der bis in die zweite Hälfte des 19. Jahrhunderts im Zeichen der Glasproduktion stand, legte Louise Pirl rund 100 Jahre zuvor, als sie den Wald südlich des* **Dagowsees** *roden ließ, um Platz für eine Glashütte samt Siedlung für die Glasmacher zu schaffen. An einen Erholungsort, wie sich das Dörfchen inzwischen nennen darf, war da noch lange nicht zu denken. Nach 1779 entstanden die heute noch zahlreichen langgezogenen, einstöckigen Fachwerkhäuser für die Glashüttenarbeiter mit ihren hübschen Inschriftbändern am Giebel und in den folgenden Jahren wurden vor allem Bier- und Schnapsflaschen hergestellt. Die für die Neuglobsower Glaswaren typische grüne Färbung entstand durch Spuren von Eisenoxid im Sand, den man für die Produktion verwendete.* Mehr über die Geschichte der Glasproduktion und die historische Technik in der „grünen Hütte" erfährt man im Glasmuseum, das in einem der noch erhaltenen Glashäuser untergebracht ist.

Falls es mal kein Kanu mehr zu mieten gibt: Auf dem Großen Stechlin lohnt auch das Rückwärtsrudern

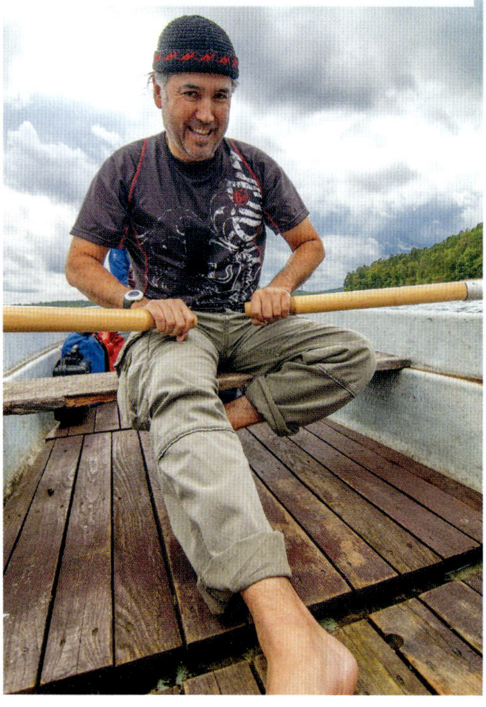

1873, knapp 20 Jahre vor dem Ende der Glashütte, reiste Theodor Fontane zum ersten Mal an den **Stechlinsee.** *Teile seines „Stechlin"-Romans soll er in dem ehemaligen Glasmacher-Fachwerkhaus in der Stechlinseestraße geschrieben haben, in dem heute das* **Restaurant „Fontanehaus"** *(empfehlenswerte Fischgerichte z.B. Maräne Mai-Okt) untergebracht ist. Angeregt durch Fontanes Reisebeschreibungen entdeckten Ende des 19. Jahrhunderts immer mehr naturliebende Berliner die Idylle des Stechlin. Zu Beginn der touristischen Entwicklung gab es nur einfache Unterkünfte, später zog es auch gutsituierte Bürger nach Neuglobsow und es entstanden die Villen, die noch heute das Bild des kleinen Ortes prägen.*

Schon früh erkannte man die Bedeutung der einzigartigen Natur rund um den Stechlinsee und bereits 1938 wurden der See und die nähere Umgebung als Naturschutzgebiet ausgewiesen. Heute haben hier Fisch- und Seeadler, Rohrdommel, Schwarzstorch und Kranich, Sumpfschildkröte und Fischotter einen wichtigen Lebensraum gefunden.

Der strenge Naturschutz wirkt sich auch auf die Möglichkeiten zu einer Bootstour auf dem Stechlin aus – Fontane dürfte es damals um einiges leichter gehabt haben, ein Boot zu finden. Glücklicherweise hat sich die Befahrungssituation in den letzten Jahren etwas entspannt. Der einst von der Gemeinde Stechlin betriebene Bootsverleih wird mittlerweile in privater Regie geführt, was zu einer deutlichen Serviceverbesserung geführt hat.

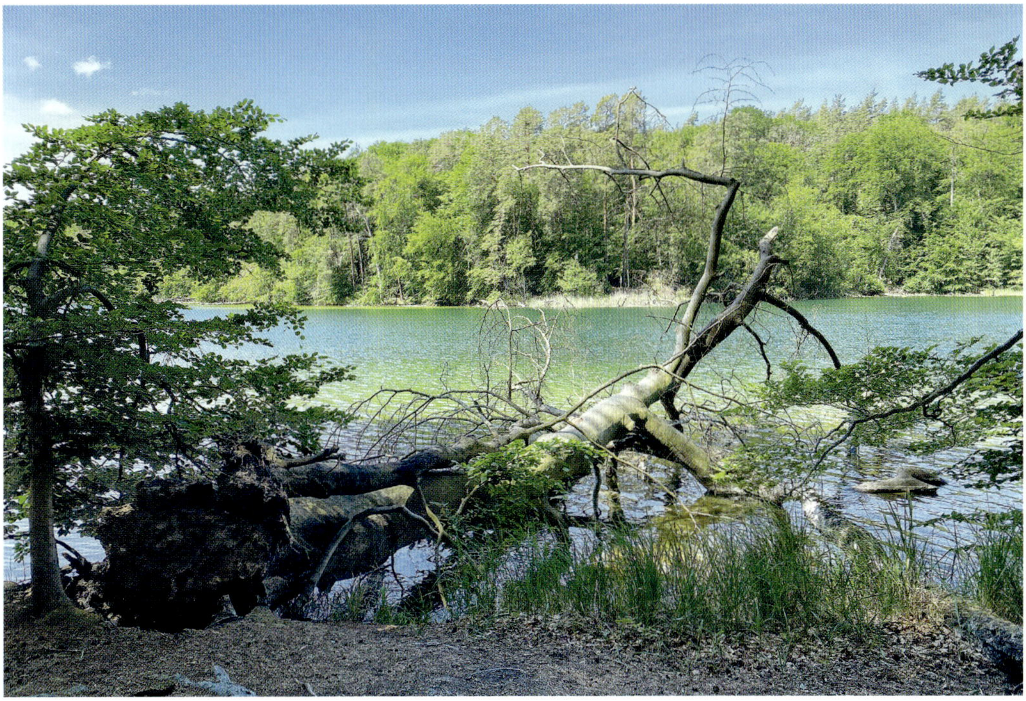

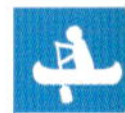

Inzwischen ist sogar die Befahrung mit eigenen Booten möglich, für die man allerdings zunächst eine Registriermarke in der Tourist-Info erwerben muss.

Still liegt der See vor uns und im klaren Wasser beobachten wir gebannt das Fischgewimmel rund um den Bootsrumpf. Immerhin kann der glasklare See, dessen Name sich vom slawischen „steklo – glasklar" ableitet, mit Superlativen aufwarten: dem Wasser, das Trinkwasserqualität hat, und dem Nachweis der „Fontane-Maräne", einer im Jahre 2000 entdeckten eigenen Fischart.

Etwa 97 Millionen Kubikmeter Wasser verteilen sich auf eine Fläche von rund vier Quadratkilometern. An einigen Stellen fällt der Grund unmittelbar hinter der Uferlinie steil ab. Eichen, Buchen und Birken umgeben die Ufer und stehen Kopf im spiegelglatten Wasser. Manche Bäume haben sich zu weit vorgewagt und ragen weit in den See hinein.

Hinter den Stegen des *Fischer Böttcher* steuere ich in die nördliche Bucht gegenüber der in den See ragenden Halbinsel. Rechts von uns erhebt sich der ***Fenchelberg***, mit 82 Meter die höchste Endmoräne am Stechlin. Für den Abend nehme ich mir einen „Gipfel"-Spaziergang vor – von dort oben muss sich ein traumhafter Blick auf den See bieten.

Irgendwo am Ufer muss hier auch die „Blutbuche" stehen, Zeugin einer schrecklichen Tragödie, die sich 1903 am Stechlin zugetragen haben soll: *Auf dem Spaziergang einer Hochzeitsgesellschaft folgte ein junger Förster den Spaziergängern. Die Braut war die Tochter des Oberförsters, in die der junge Förster verliebt war. Aus Eifersucht schoß er auf das Mädchen, das wenig später starb, und tötete sich dann selbst. Einer der Männer, die am Tatort auf das Eintreffen der Polizei wartete, schnitt den Tathergang in die Rinde einer Buche.*

Wir umrunden die Bucht gegen den Uhrzeigersinn und passieren dabei im Norden die *Badestelle Sonnenbucht*. Danach fahren wir auch die westliche Bucht aus und finden schließlich an der Spitze der Halbinsel eine

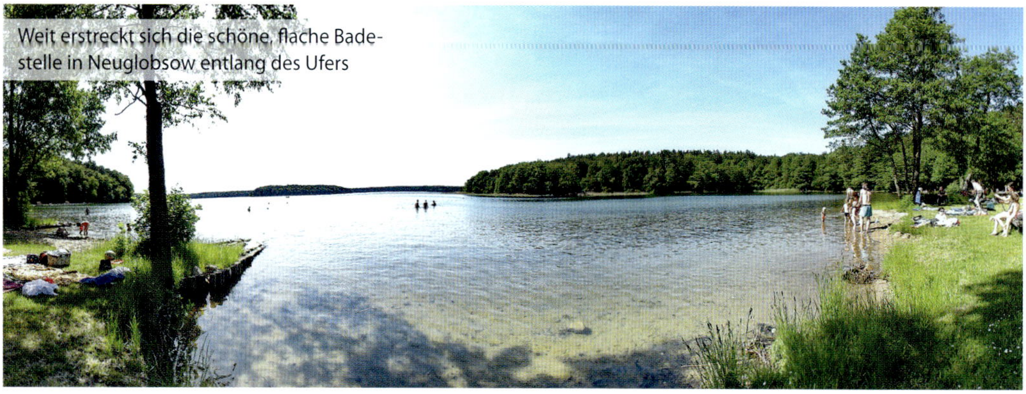

Weit erstreckt sich die schöne, flache Badestelle in Neuglobsow entlang des Ufers

13 km

flache, freie Uferstelle zum Anlegen und Pausieren. Viele Enten und einige Haubentaucher tummeln sich auf dem zartgrün bis tiefblau schimmernden Wasser. Von irgendwoher trompetet ein Kranich und in der Ferne hebt ein Schwan mit lautem Platschen von der Wasseroberfläche ab.

In dieser Idylle fällt es schwer, uns die Geschichte vom roten Hahn vorzustellen, der einer Sage zufolge aus den rauschenden Wellen des Sees emporgestiegen ist, wo der Fischer Minak an einer dem Hahn nicht genehmen Stelle gefischt haben soll. Mit gewaltigen Flügelschlägen habe der Hahn das Wasser gepeitscht und den wie betäubten Fischer mit lautem Krähen in die Tiefe des Sees hinabgezogen. Der Rote Hahn ist bis heute das Wahrzeichen des Ortes Neuglobsow.

Wir paddeln am Ufer nun wieder in westliche Richtung und sehen schon von weitem die Holzbrücke über den ***Polzowkanal***. *Der Kanal wurde zwischen 1745 und 1750 für die Holzflößerei angelegt und verbindet den Stechlinsee über Nehmitz- und Roofensee mit der Havel.* Leider ist eine Befahrung des Kanals aus Naturschutzgründen untersagt. Ein Eisvogel schießt an uns vorbei und verschwindet in dem schmalen, idyllischen Kanal. Nur wenige hundert Meter im Kanal befindet sich die Zufahrtstraße zum ehemaligen, lange stillgelegten *AKW Rheinsberg*. *Naturschutzgebiet Stechlin hin oder her, wurde das Kernkraftwerk 1966 in der DDR als erstes seiner Art in Betrieb genommen und lieferte 24 Jahre lang Strom, bis es 1990 kurz vor der Wiedervereinigung aufgrund massiver Sicherheitsbedenken abgeschaltet wurde. Anschließend musste man fünf Jahre warten, bis die radioaktiven Brennstäbe ausreichend abgeklungen waren, um mit dem Abriss zu beginnen. 2001 wurden die Brennstäbe per Castorbehälter ins Zwischenlager Nord beim Kernkraftwerk Lubmin abtransportiert, im Oktober 2007 folgte der riesige Reaktordruckbehälter. Endgültig abgerissen werden können die Hauptgebäude aber frühestens 2069 nach einer 50-jährigen Verwahrzeit.*

Wir machen uns auf den Rückweg am Südufer des Stechlinsees in östliche Richtung. Vorbei am langen, flachen *Neuglobsower Badestrand* steuern wir zum Steg des *Fischers (Imbiss Mi-So)*, wo wir an einem der urigen Holztische im Garten Platz nehmen und uns den fangfrischen Fisch schmecken lassen. Dabei können wir Fischer Böttcher, dessen Familie die Fischerei in Neuglobsow seit 1948 betreibt, bei der Arbeit und dem Fischräuchern zuschauen und den Blick noch einmal über den See schweifen lassen.

Eine Tour auf dem Stechlin ist vielleicht aufwendiger als anderswo, aber die Mühe wert – das allerdings wird Fontane nicht gemeint haben, als er, heute politisch nicht mehr ganz korrekt, schrieb *„Der Stechlin hat Launen und man muss ihn ausstudieren wie eine Frau."*

Rheinsberger Rhin

Mit flotter Strömung durch den Märchenwald

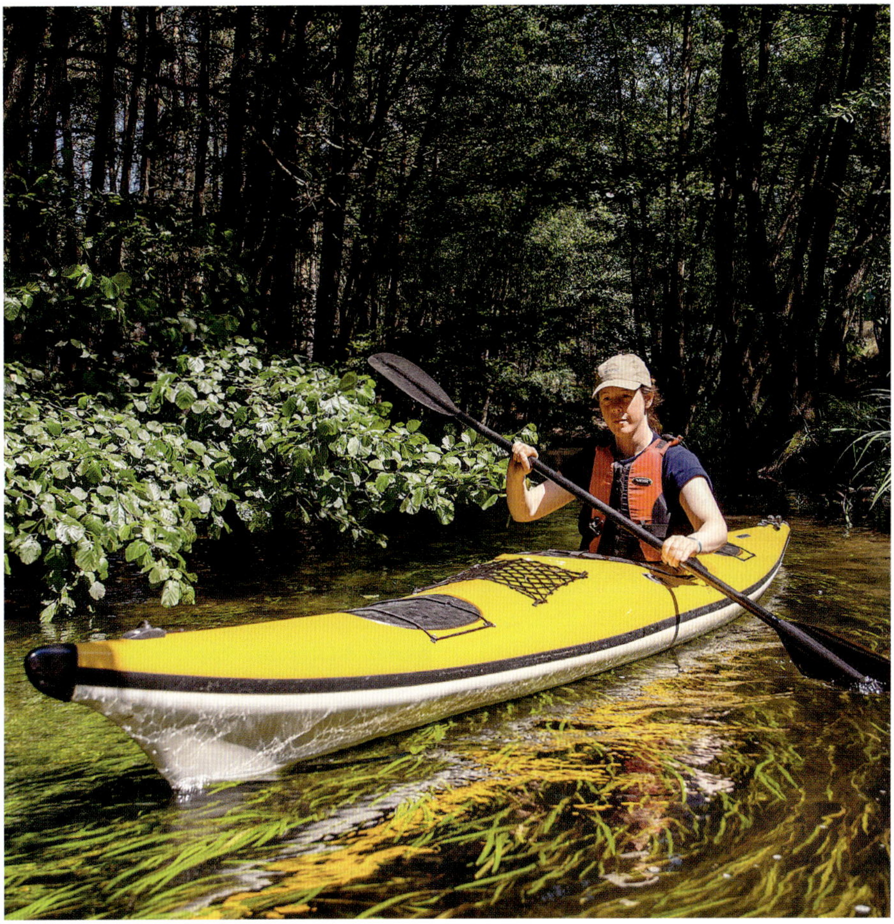

Tour 4

Infos Tour 4 – Rheinsberger Rhin

Aktivitäten	Natur	Kultur	Baden	Hindernisse
★★★	★★★	★★★		★★

16 km

Charakter der Tour

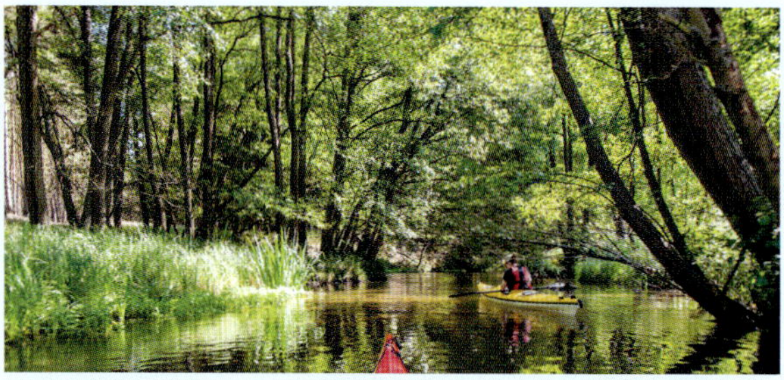

Herrliche, kurzweilige Kleinflusstour in ursprünglicher Flusslandschaft. Bis Zippelsförde ist der Rheinsberger Rhin ein abwechslungsreiches, schmales, sehr naturnahes Fließgewässer und führt die meiste Zeit mit flotter Strömung durch urwüchsigen Wald. Dieser Abschnitt nimmt auf der Rangliste meiner persönlichen Lieblingstouren einen der vordersten Plätze ein. Damit dieses Kleinod auch in Zukunft noch mit Kajaks befahrbar bleibt, sollte sich jeder Paddler unbedingt an die strengen Befahrensregelungen halten.

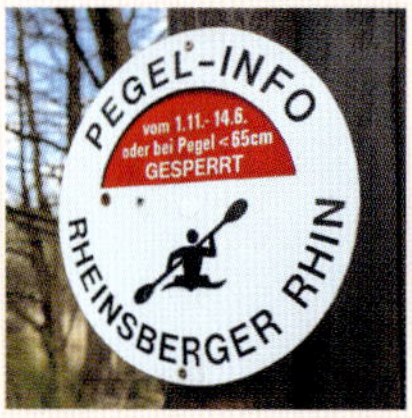

Befahrungsregelung

Die Befahrung des Rheinsberger Rhins zwischen Rheinsberg und Zippelsförde ist zwischen Anfang November und Mitte Juni verboten.
Im Sommer darf die Strecke mit ***1er und 2er Kajaks ohne Steueranlage*** zwischen 9 und 19 Uhr gepaddelt werden, wenn der ***Wasserstand*** am Wehr Rheinsberger Obermühle ***über 65 cm*** liegt (Pegel-Tel. (033082) 407 16). ***Stechpaddel und Canadier*** sowie eine ***Befahrung gegen die Strömung*** sind ***ganzjährig verboten. Ein- und Ausstieg*** ist nur an den gekennzeichneten Stellen gestattet.

Länge & Dauer der Tour 16 km, Tagestour

1 Umtragestelle Kurze Portage an der Rohrbrücke in Rheinshagen.

Anreise A 24 Berlin–Hamburg bis Ausfahrt 22 (Neuruppin), weiter auf B 167 und über Neuruppin nach Rheinsberg.

Einsetzstelle Uferwiese hinter dem Bahnhof in **Rheinsberg** (Damaschkeweg).
Wer ein Boot bei *Rheinsberger Adventure Tours* (Parkstr. 1) in **Rheinsberg** mietet, setzt dort ein.

Aussetzstelle Vor dem Wehr in **Zippelsförde** am linken Ufer.

Zurück zum Pkw Bei gebuchten Touren übernimmt der Vermieter den Transport.
Ansonsten zweites Auto oder Fahrrad am Endpunkt vorab deponieren. Schöner Radweg, markiert als Ruppiner Seen-Kultur-Radweg, durch Kiefernforst zurück nach Rheinsberg.

Karten & Literatur-Tipps

Rad-, Wander- und Paddelkarte: Rheinsberg - Stechlin, Nr. 24, 1:50.000, Klemmer-Verlag.

KANU KOMPAKT „Mecklenburgische Kleinseen 2", Kanutourenführer mit topograf. Wasserwanderkarte und Reiseführer, Thomas Kettler Verlag.

„Seenland Ruppin". Ein Wegbegleiter. Für Wanderer, Radler, Kanuten und Naturliebhaber, terra press.

Zeitschrift *„Quer durch den blauen Norden Brandenburgs 2021",* terra press.

Landschafts- & Reiseführer *„Rheinsberg und Ruppiner Schweiz": Von Zechlin bis Neuruppin, Jo Lüdemann,* grünes herz.

Kurt Tucholsky „Rheinsberg – ein Bilderbuch für Verliebte", fabula Verlag oder Diogenes Verlag.

„Wanderungen durch die Mark Brandenburg", Theodor Fontane, diverse Verlage.

Kriminalromane *„Der Fall Fontane"* sowie *„Max und Moritz - Was wirklich geschah ", Johannes Wilkes,* beide Gmeiner Verlag.

Übernachtung in Wassernähe

16831 Rheinsberg
Maritim Hafenhotel
(Hotel, Ferienhäuser)
Hafendorfstraße 1
Tel. (033931) 80 00
www.hafendorf-rheinsberg.de

Ruderverein Rheinsberg 1910
(Zelten & 1 Bungalow, Anmeldung erforderlich!)
Ufersteig 1, Tel. (033931) 390 21
& 0176-239 101 07
www.rv-rheinsberg.de

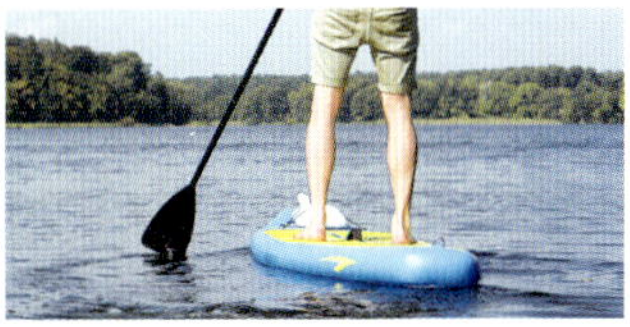

16831 Rheinsberg-Warenthin
„Gast- & Logierhaus Am Rheinsberger See"
Seestr. 7, Tel. (033931) 21 31
www.warenthin.de

16831 Rheinsb.-Untermühle
BergerTours
(Bett, Zelt, Bauwagen)
Am Hellsee 2
Tel. (033931) 20 42
www.bergertours.de

16831 Prebelow
(10 km nördl. von Rheinsberg)
DJH Jugendherberge Prebelow
(Zimmer, Zeltplatz, Campingfass)
Prebelow 2, Tel. (033921) 702 22
www.jugendherberge.de

Kanu- & SUP-Vermietung und Touren-Veranstalter

16831 Rheinsberg
R.A.T. Rheinsberger Adventure Tours
(Kanu-, Fahrrad- & Naturparktouren)
Parkstraße 1 (an der Obermühle)
& 0172-604 83 75
& 0151-40 32 85 61 (nur Sommer)
www.rheinsberg-kanu.de

Kanuvermieter

16831 Rheinsberg-Untermühle
BergerTours KanuTouristik
Am Hellsee 2, Tel. (033931) 20 42
www.bergertours.de

16831 Rheinsberg-Warenthin
Kanuverleih Rheinsberg
Seestr. 6, Tel. (033931) 21 31
www.kanuverleih-rheinsberg.de

16 km

Weitere Aktivitäten

Paddeln
Über die ***Rheinsberger Gewässer*** in die ***Strelitzer Gewässer***.
Von **Zippelsförde** weiter nach **Lindow** oder **Neuruppin** (siehe Tour 5).

Radfahren
Mehrtagestouren auf den ***Fernradwegen Tour Brandenburg*** oder ***Berlin – Kopenhagen***.
Tagestour meist auf asphaltierten Radwegen. *Rheinsberg – Zechow – Rheinshagen – Zippelsförde (Fischimbiss) – Molchow – Zermützel (Sa+So 13-18 Gartencafé) – Braunsberg – Rheinsberg* (37 km).
Fontane.Rad-Route, Etappe 2: *Gransee – Gut Zernikow, Neuglobsow – Menz – Rheinsberg* (43 km, Gesamtroute Fontane.Rad-Route 300 km).

Fahrradvermietung in **Rheinsberg:**
Gasthof Endler (auch E-Bikes), Mühlenstr. 14, Tel. (033931) 20 79, www.gasthof-endler.de
Fahrradverleih (auch E-Bikes), Lange Str. 14, Tel. 0172-656 88 52, www.zechlinerhuette.info
und in **Zechlinerhütte:**
Ferieninsel Tietzowsee (auch E-Bikes und Fahrradanhänger), Tel. (033921) 702 28, www.tietzowsee.de
Fahrradverleih (auch E-Bikes), Neustrelitzer Str. 33, Tel. 0172-656 88 52, www.zechlinerhuette.info

Wandern
Poetensteig durch den ***Schlosspark*** (ca. 3 km).

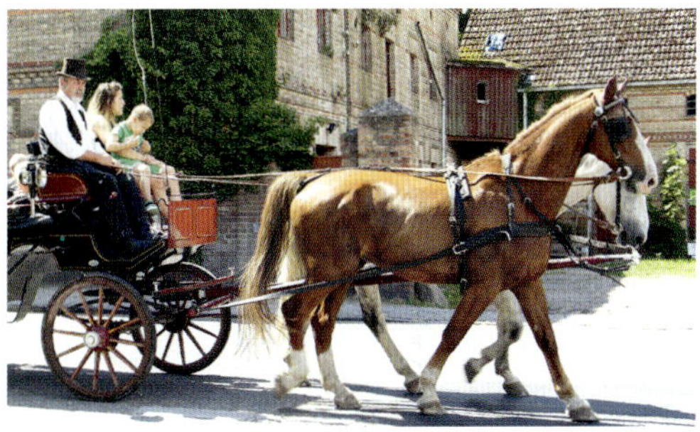

Von Rheinsberg ***auf die Krähenberge*** & zurück (6 km).
Von Rheinsberg ***am Rhin entlang zur Untermühle*** (hin + zurück 6-7 km), weiter den ***Waldsteig entlang der Döllnitz zum Großen Tietzensee*** (hin + zurück 20 km).

Konzerte in der Musikakademie im ***Schlosstheater Rheinsberg***, www.schlosstheater-rheinsberg.de

Seenrundfahrten mit den Fahrgastschiffen der Reederei Halbeck, Tel. (033931) 386 19, www.schifffahrt-rheinsberg.de

Kutsch- / Kremserfahrten durch die Landschaft von Flecken Zechlin & Rheinsberg, www.kutschenkarsten.de

Ausflug in die ***Fontanestadt Neuruppin*** (25 km südlich von Rheinsberg).

Angeln, Fischverkauf & Imbiss Angelpark in **Zippelsförde,** Fischzucht Zippelsförde, tgl. 7-16, Tel. (033933) 708 20, www.fz-zippelsfoerde.de

Sehenswürdigkeiten

Rheinsberg Schloss mit Kavalierhaus, Museum *(Di-So 10-17.30,* www.spsg.de) und Schlosspark, Stadtanlage (1740) nach Plänen von Knobelsdorffs, Theater, Kurt-Tucholsky-Literaturmuseum *(Di-Fr 11-17.30, Sa+So 10-17.30,* www.tucholsky-museum.de), St. Laurentiuskirche (1570), Keramikmuseum *(Jul-Aug Mo+Mi-Sa 10-18, So 12-16, Feb-Jun+Sep-Dez Mi-Fr 12-17, Sa 10-17,* www.museum-rheinsberg.de), Eisenbahnmuseum *(Di 14-18).*

Zechlinerhütte (6 km nördlich von Rheinsberg) Alfred-Wegener-Museum (*Do-So 10-16,* Tel. (033931) 390 07, www.alfred-wegener-museum.de).

Krangen Schinkelkirche von 1837 (www.schinkelkirche-krangen.de).

Auskunft & Tourist-Infos

Tourist-Info Rheinsberg Mühlenstraße 15 A, Tel. (033931) 349 40, www.rheinsberg.de

Tourismusverband Ruppiner Seenland Tel. (03391) 65 96 30, www.ruppiner-seenland.de

16 km

Rheinsberger Rhin

Der ***Rhin*** legt von seiner Quelle bei Wallitz bis zu seiner Mündung in die Havel eine Strecke von 105 Kilometern zurück. Als ***Rheinsberger Rhin*** wird der Abschnitt südlich von Rheinsberg bezeichnet. Hier sucht sich der Rhin als Waldfluss in einer engen Schmelzwasserrinne seinen Weg bis Zippelsförde.

Rheinsberg *liegt am Rande der südlichen Mecklenburgischen Seenplatte im Ruppiner Land im Nordwesten von Brandenburg und*

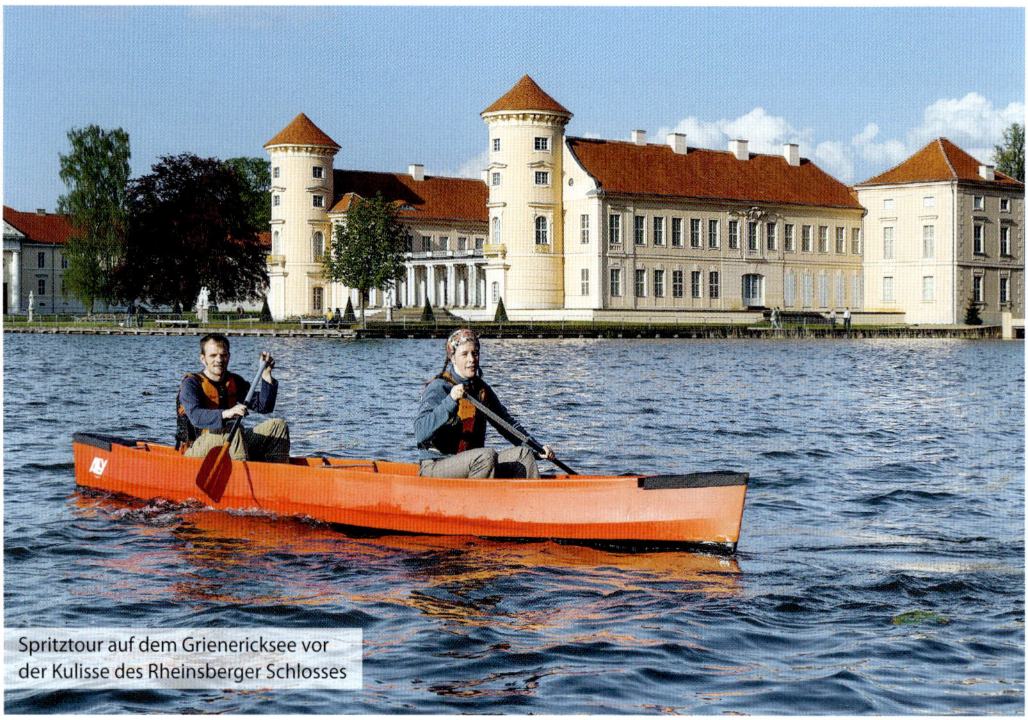

Spritztour auf dem Grienericksee vor der Kulisse des Rheinsberger Schlosses

wurde von den üblichen Plagen des Mittelalters wie Dreißigjährigem Krieg und Pest gebeutelt. Aufwärts ging es, als der Soldatenkönig Friedrich Wilhelm I. Rheinsberg für seinen Sohn Friedrich kaufte und damit die verschlafene Ackerbürgerstadt sich zu einer barocken Residenz mauserte. Sein heutiges Aussehen erhielt Rheinsberg nach einem verheerenden Brand im Jahre 1740, denn anschließend entstand die Stadt nach Plänen von Knobelsdorff mit großzügigen, preußisch geraden Straßenzügen auf dem Reißbrett völlig neu.

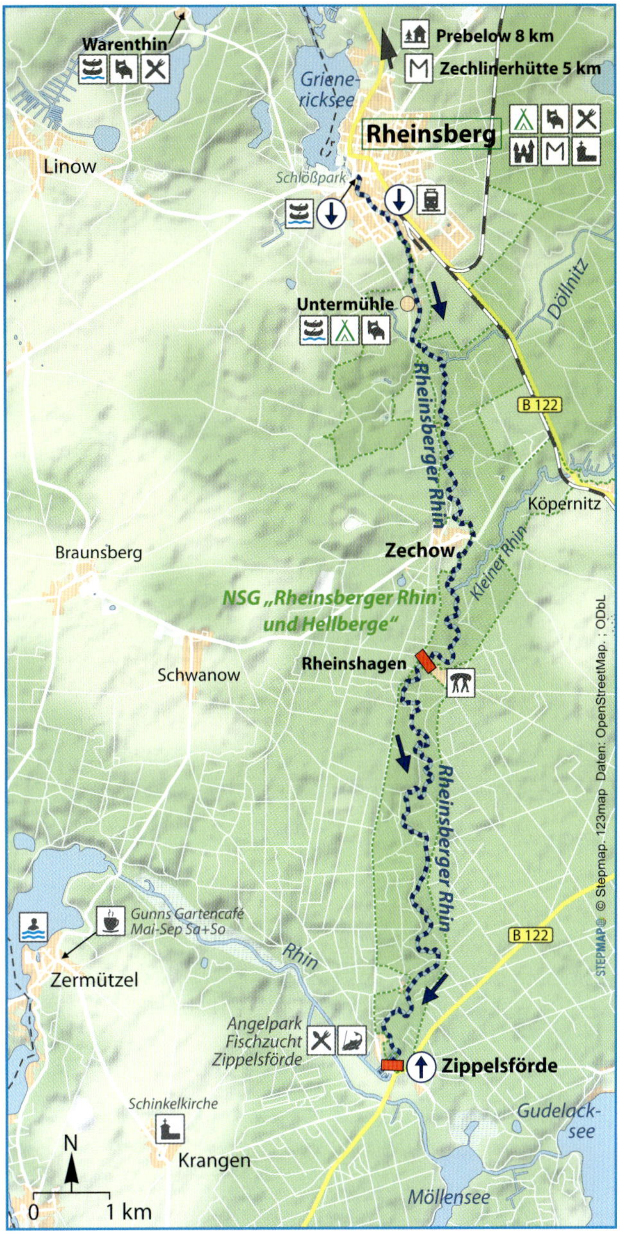

Die Bandansage des ***Pegeltelefons*** gibt grünes Licht für eine Befahrung und wir finden die beste Einstiegsstelle in Rheinsberg hinter dem Bahnhof, wo ein schmaler Feldweg zu einer Wiese am Rhinufer hinunter führt, an der wir die Boote beladen. Das Auto parken wir im Ort.

Schnell trägt uns die flotte Strömung vorbei an einigen Vorgärten des südlichen Rheinsbergs. Hinter einem kleinen ***Brückenschwall*** liegt rechts das Gelände von *„Berger-Tours"*, wo man im Zelt, im Tipi, im Bauwagen oder im Bett übernachten kann.

Bald wird es ganz still und wir tauchen in dichten Schwarzerlenwald ein. Mit großem Spaß steuern wir die Kajaks durch die engen Kehren – ein bisschen Fahrtechnik ist schon gefragt, will man nirgendwo am Ufer „anecken". Einzelne Lücken in dem ansonsten dichten Blätterdach tupfen spotartige Lichtinseln auf den Untergrund. Der Adlerfarn beginnt im Gegenlicht zu leuchten und blau schillernde Libellen schwirren über die Wasseroberfläche. Für eine kurze Strecke begleitet uns sogar eine seltene Gebirgsstelze – ein sicheres Indiz für intakte Natur. Das Wasser ist meist nicht sehr tief und wir können bis zum Grund schauen.

Verstärkt durch das Wasser aus der ***Döllnitz*** erreicht der Rheinsberger Rhin das kleine Dorf **Zechow**, der erste Ort nach der Stadtgrenze von Rheinsberg. Der am rechten Ufer

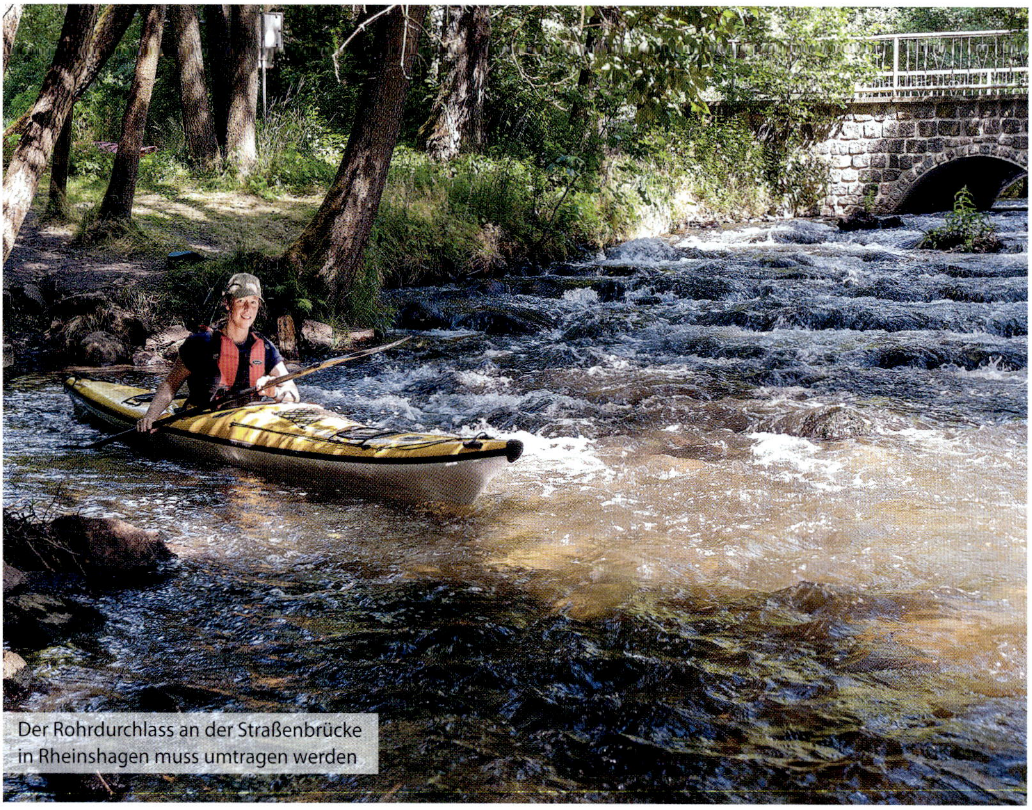

Der Rohrdurchlass an der Straßenbrücke in Rheinshagen muss umtragen werden

16 km

gelegene ***Rastplatz*** bietet sich mit überdachter Holzsitzgruppe und Trockentoilette für einen Stopp an.

Hinter der Straßenbrücke in **Rheinshagen** lauert eine verblockte Stelle, so dass wir vor dem ***Rohrdurchlass*** an der Brücke rechts anlanden und ***umtragen***. Da etwa die Hälfte der Strecke bewältigt ist, ist diese Stelle auch ideal geeignet für ein Picknick.

Nach der Pause geht es ohne weitere Hindernisse durch einen wildromantischen Mischwald. Oft hat der ***Rhin*** die knorrigen Baumwurzeln freigespült und wir fühlen uns fast wie in einem urigen Märchenwald. Fast zu schnell ist **Zippelsförde** erreicht, wo wir noch vor dem ***Wehr*** am linken Ufer anlegen, bei der *Fischzucht Zippelsförde (7-16 Uhr Räucher- & Frischfisch, Kaviar, Imbiss)*, um unsere abwechslungsreiche Tagestour zu beenden. Mit den zuvor hier deponierten Fahrrädern geht es zurück nach **Rheinsberg.** Es steht natürlich noch der Schlossrundgang auf der To-Do-Liste ganz oben. *Architekt Knobelsdorff „übte" hier für Sanssouci und stattete Schloss und Parkanlage schon mit all den Stilelementen aus, die er in Potsdam zur Vollendung brachte. Der weitläufige Park war ursprünglich als spätbarocke Anlage angelegt, wurde aber später in einen englischen Landschaftsgarten umgewandelt. Im Spiegelsaal beeindrucken die schönen Deckengemälde, im Rittersaal sowie dem Marmor- und Muschelsaal der vergoldete Stuck an Decken und Wänden. Im Erdgeschoss erinnert ein Denkmal an Kurt Tucholsky, der die Stadt in seinem „Bilderbuch für Verliebte" literarisch verewigte. Das Kurt Tucholsky Literaturmuseum im Schloss zeigt wechselnde Ausstellungen und jedes Jahr darf ein Stadtschreiber, ganz im Sinne Tucholskys, das Leben in Rheinsberg aufzeichnen.*

Ruppiner Gewässer

Auf Fontanes Spuren durch die Ruppiner Schweiz

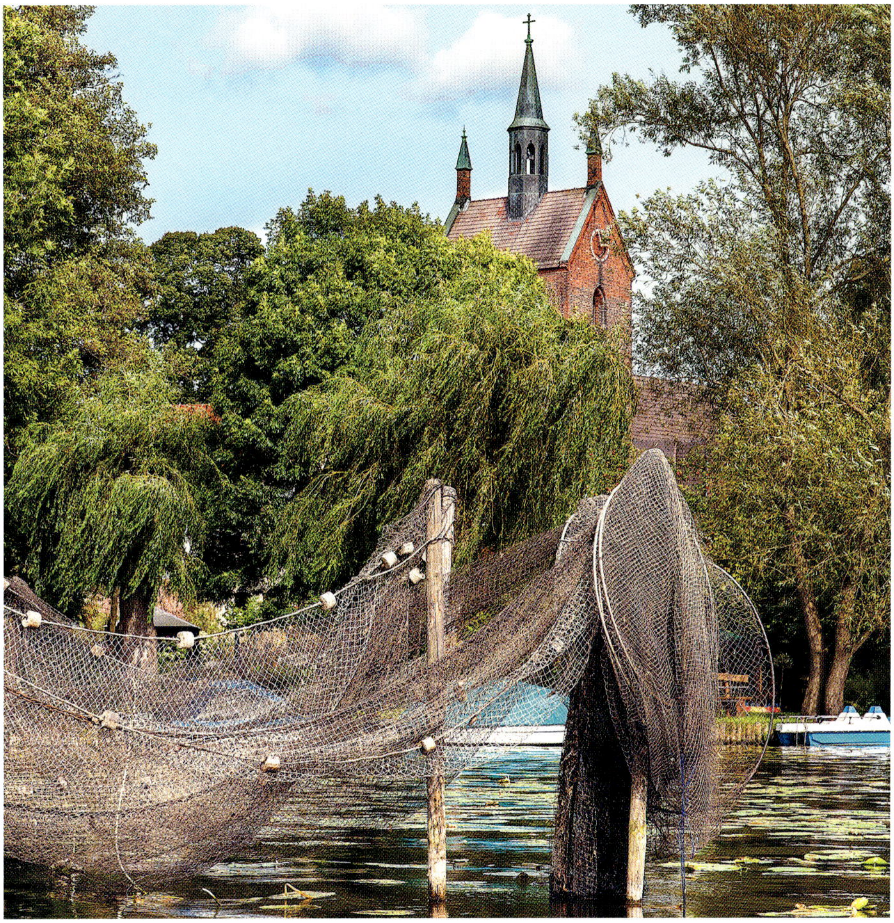

Tour 5

Infos Tour 5 – Ruppiner Gewässer

Aktivitäten	Natur	Kultur	Baden	Hindernisse
★★★	★★★★	★★★	★★★	

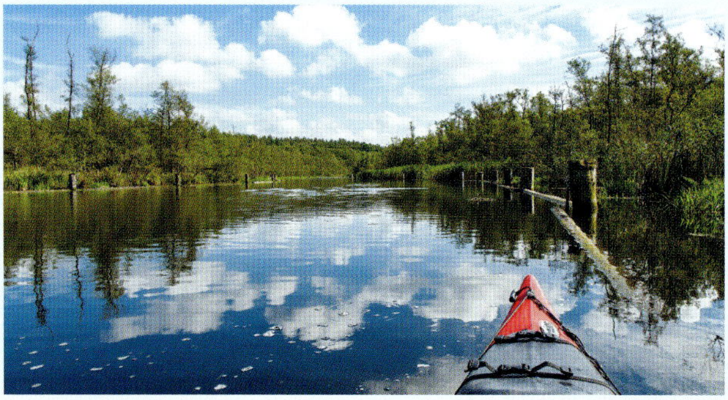

Charakter der Tour

Diese ruhige Kanuwanderung durch die idyllische Landschaft der Ruppiner Schweiz beginnt in dem kleinen Örtchen Lindow und führt anschließend abwechselnd über klare, nicht zu große Seen und stille Flussläufe über Neuruppin bis nach Altfriesack am Südufer des 15 Kilometer langen Ruppiner Sees. Industrie hat sich hier im äußersten Nordwesten von Brandenburg nie angesiedelt. Die Wasserqualität ist hervorragend und die Ufer sind grün. Auf den Seen geht es ruhig zu und Motorboote sind kaum unterwegs. Ob die verwunschene Klosterruine in Lindow, die Geburtsstadt des Dichters Theodor Fontane Neuruppin oder das Brandenburg-Preußen-Museum in Wustrau - auch die kulturellen Sehenswürdigkeiten kommen auf dieser Tour nicht zu kurz.

37 km

Länge & Dauer der Tour 37 km, 2 Tage

Umtragestellen keine **1 Schleuse** in Alt Ruppin, Apr-Sep: Mo-Do 8-12 & 14-17, Fr-So 8-12 & 14-19, jeweils zur vollen Stunde, Tel. (03391) 71 14.

Anreise A 24 Berlin – Hamburg bis Ausfahrt 22 (Neuruppin), weiter auf B 167 Richtung Rheinsberg über Neuruppin und Alt Ruppin nach Wulkow, dort links ab nach Lindow.

Einsetzstelle
Am Campingplatz in **Lindow** (Am Gudelacksee 3).

Aussetzstelle Vor der Schleuse in **Altfriesack**.

Zurück zum Pkw Mit Bus & Bahn von Altfriesack über Neuruppin nach Lindow. Allerdings recht zeitaufwändig. Fahrzeit je nach Verbindung 1-2 h. Aktuelle Fahrpläne unter www.vbb-fahrinfo.de

Etappenvorschlag
1. Tag Lindow – Alt Ruppin (21 km)
2. Tag Alt Ruppin – Altfriesack (16 km)

Tipps für Tagestouren
1. Lindow – Neuruppin (25 km)
2. Neuruppin – Altfriesack (12 km)

Karten & Literatur-Tipps

KOMPASS Wanderkarte mit Radrouten ***„Rheinsberger Seengebiet, Ruppiner Seenland“***, 1:50.000

„Seenland Ruppin. Ein Wegbegleiter“, *Wandertouren, Stadtrundgänge, Naturerlebnisse, Kulturtipps*, terra press Verlag.

Zeitschrift ***„Quer durch den blauen Norden Brandenburgs 2021“***, terra press Verlag.

Theodor Fontane ***„Wanderungen durch die Mark Brandenburg, Band 1: Die Grafschaft Ruppin“***, atb.

Kanu- & SUP-Vermieter

16835 Lindow
Yachthafen Lindow / Jetbay
(kein Boot-Transport)
Am Gudelacksee 2, Tel. (033933) 723 60 oder 0151-535 985 05, www.jetbay.de

16827 Alt Ruppin
Rhinpaddel (auch Fahrräder)
Friedrich-Engels-Str. 8
Tel. (03391) 77 12 12 od. 0171-172 08 73, www.rhinpaddel.de

Altfriesack (16818 Fehrbellin)
KanuCamp Altfriesack
Triftweg 3 *(auch Kurse, Touren)*
Tel. (033925) 901 63
www.altfriesack.de

Übernachtung in Wassernähe

16835 Lindow (Mark)
Campingplatz Weißer Sand
Am Gudelacksee 3
Tel. (033933) 795 30
und 0177-979 39 69
www.campingplatz-lindow.jimdofree.com

Gasthaus am Gudelacksee
Am Gudelacksee 2a
Tel. (033933) 723 30
www.gasthaus-gudelacksee.de

Tornowsee, 16818 Gühlen-Glienicke
Hotel & Restaurant Boltenmühle
Boltenmühle 1 (Tornowsee)
Tel (033929) 705 00
www.boltenmuehle.de

Tornowsee, Stendenitz
Campingplatz Am Forsthaus Rottstielfließ, Tel. (033929) 706 44
www.camping-rheinsberg-neuruppin.de

16827 Zermützel
Kremserhof Zermützel
Schlafen im Zirkus- und Schäferwagen, leider nicht direkt am Wasser
Dorfstr. 4, Tel. (03391) 757 67
www.kremserhof.com

16827 Stendenitz
Waldschenke Stendenitz
(FeWo + Bauwagen)
Stendenitz 13, Tel. (03391) 77 51 19
waldschenke-stendenitz.de

Zermützelsee, Stendenitz
Natur-Campingplatz Rehwinkel
Tel. (033929) 706 44

und Campingplatz Stendenitz
Tel. (03391) 71 38
www.camping-rheinsberg-neuruppin.de

16827 Alt Ruppin
Hotel/Restaurant „Am Alten Rhin"
Friedrich-Engels-Str. 12
Tel. (03391) 76 50
www.hotel-am-alten-rhin.de

16816 Neuruppin
„Altes Kasino" Hotel am See
An der Seepromenade 11/12

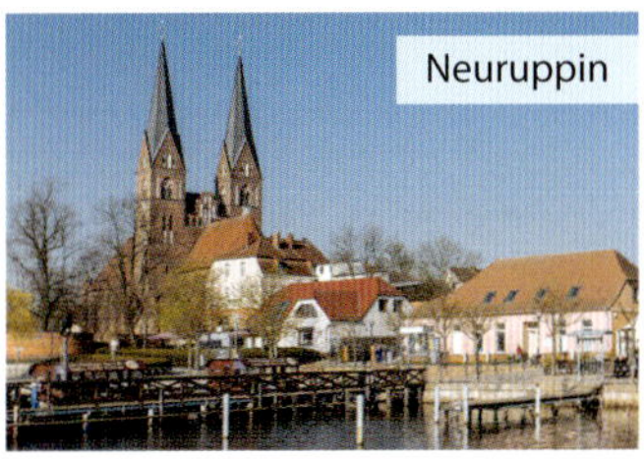

Neuruppin

Tel. (03391) 30 59
www.hotel-altes-kasino.de

Hotel Waldfrieden
Lindenallee 48, Tel. (03391) 37 93
www.waldfrieden-neuruppin.de

Kanuverein Neuruppin
Regattastraße 15
www.kanuverein-neuruppin.de

16818 Wustrau
Ferienhof am Ruppiner See
Hohes Ende 15
Tel. (033925) 90 01 39
www.cafe-constance.de

THEODORS Boutique Hotel
Am Bollwerk 1, Tel. (033925) 88 03
www.theodors.de

200 m vom Wasser / Badestelle:
Camping am Ruppiner See
Hohes Ende 6, Tel. (033925) 289 71
www.camping-am-ruppiner-see.de

und Campingpl. Zum Roten Milan
Hohes Ende 3, Tel. (033925) 702 10
www.camping-wustrau.de

16818 Altfriesack
KanuCamp & WWR (auch Hütten ab 2 Nächte), Tel. (033925) 901 63
www.altfriesack.de

37 km

Weitere Aktivitäten

Radfahren

Radtour auf dem ***Löwenberger-Land-Radweg*** von Lindow nach Friedrichsthal (ca. 38 km).

Radtour durch idyllische Landschaft und entlang historischer Spuren ***um den Ruppiner See*** (26 km).

Fontane.Rad-Route, Tagestour 3: *Neuruppin – Wustrau – Karwe – Gnewikow – Wuthenow – Alt Ruppin* (32 km).

Fahrradvermieter in **Alt Ruppin:**
Rhinpaddel (auch E-Bikes), Friedrich-Engels-Str. 8, Tel. (03391) 77 12 12 & 0171-172 08 73, www.rhinpaddel.de

Wandern

Bei Lindow ***rund um den Wutzsee.***

Entlang des Ruppiner Sees von Karwe nach Neuruppin.

Mehrtagestouren auf dem ***66-Seen-Wanderweg*** durch die Regionalparks rund um Berlin.

Ruppiner-Land-Rundwanderweg (ca. 250 km, 13 Tagesetappen zwischen 15 und 30 km).

Seenrundfahrten mit den Fahrgastschiffen der Schifffahrt Neuruppin, www.schifffahrt-neuruppin.de

Wellness ***Fontane-Therme*** in **Neuruppin** (www.resort-mark-brandenburg.de/fontane-therme).

Kinder ***Tierpark Kunsterspring*** im reizvollen Tal der Kunster 11 km nördlich von **Neuruppin**. Über 90 verschiedene, meist heimische Arten in naturbelassenen Anlagen, www.tierpark-kunsterspring.de).

Kunst & Kultur

Besuch der ***Lindower Sommermusiken*** (Juni-August) in der Stadtkirche **Lindow** (www.kulturfeste.de).

Seefestival (Juli) – Aufführungen auf der ***Seebühne*** **Wustrau** (www.seefestival.com).

Floßtouren/Floßvermieter in **Neuruppin:** www.tomsawyertours.de und www.natura-hausfloss.de

Floßverleih TreibGuT in **Molchow** (OT v. Neuruppin), www.flossverleih-treibgut.de

Sehenswürdigkeiten

Lindow Steinruine altes Klosters (1230), Steinplastik „Schöne Nonne" im Wutzsee, barocke Stadtkirche (1751-1755).

Stendenitz Waldmuseum *(Mi-So, 10-17)*, Waldschenke (www.waldschenke-stendenitz.de).

Alt Ruppin Gotische St. Nikolai-Kirche (14. Jh.).

Neuruppin Kirchplatz mit klassizistischer St. Marienkirche (1806, Kulturkirche mit Veranstaltungen), Klosterkirche St. Trinitatis (1836-1841 nach Schinkel restauriert, Wahrzeichen), Schinkeldenkmal (1883), Siechenhauskapelle St. Lazarus mit UpHus (1694, ältestes Fachwerkhaus der Stadt), fast vollständig erhaltene Stadtmauer, Fontane-Geburtshaus mit Löwen-Apotheke, Museum Neuruppin (Stadtgeschichte, www.museum-neuruppin.de), Tempelgarten mit Apollo-Tempel, Handwerksmuseum mit alten Schlosser-, Weber- und Tischlermaschinen (www.museumshof-neuruppin.de), Uferpromenade mit Edelstahlskulptur „Parzival am See", Altes Gymnasium (1790), Friedrich-Wilhelm-Denkmal (1829), Fontane-Denkmal (1907), 700-jährige Wichmann-Linde, *Vegane Einkehrmöglichkeit: Café & Restaurant Wildwuchs (Di-Sa 11-17,* Wichmannstr. 23, www.wildwuchs-vegan.de).

Wustrau Brandenburg-Preußen Museum (Exponate zur 500-jährigen Geschichte Brandenburgs/Preußens, www.brandenburg-preussen-museum.de), Zietenschloss (1747-1750), spätgotische Feldsteindorfkirche, Heimatmuseum in der ehemaligen Dorfschule von 1833, Uferpromenade Bollwerk mit Bootshafen und Edelstahlskulptur „Die Seeschlacht", Eiskeller, Constance-Haus (*empfehlenswerte Einkehr im Café Constance, Do-So 12-18,* Hohes Ende 4, Tel. (033925) 706 76, www.cafe-constance.de), schöne Badestelle.

37 km

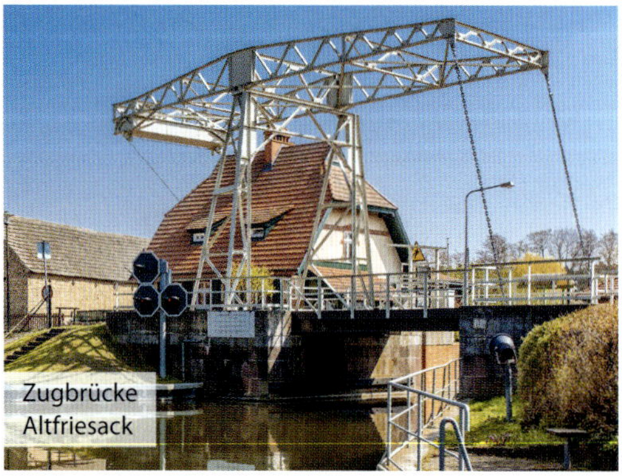

Zugbrücke Altfriesack

Altfriesack Altes Fischerdorf mit Schleuse, Zugbrücke, alljährliches Brückenfest, Fischerei *(Angeln und Fischimbiss).*

Tourist-Info Neuruppin Karl-Marx-Str. 1 (Rheinsberger Tor), Tel. (03391) 454 60, www.tourismus-neuruppin.de

Auskunft *Tourismusverband Ruppiner Seenland* Tel. (03391) 65 96 30, www.ruppiner-seenland.de

Ruppiner Gewässer

Am Horizont hat die Sonne keine Eile im ***Gudelacksee*** zu verschwinden. Ich sitze auf dem Steg des gemütlichen *Campingplatzes „Weißer Sand"* in **Lindow** und blättere in Theodor Fontanes „Wanderungen durch die Mark Brandenburg". Über den kleinen Ort auf einer Landbrücke zwischen dem flächenmäßig kleinen, aber sehr tiefen ***Wutzsee*** im Osten und dem größeren ***Gudelacksee*** im Westen gelegen, schreibt er: *„Lindow ist so reizend wie sein Name. Zwischen drei Seen wächst es auf und alte Linden nehmen es unter ihren Schatten".*

Der dritte See im Bunde ist der ***Vielitzsee***, über einen Kanal mit dem Gudelacksee verbunden. Obwohl seit Fontane über 100 Jahre vergangen sind, hat der inzwischen „staatlich anerkannte Erholungsort" mit rund 3.300 Einwohnern nichts von seinem Charme eingebüßt und ist noch immer eine Reise wert. *Besonders sehenswert in dem kleinen Städtchen mit frühklassizistischem Stadtkern sind die alte, von efeuumrankte Klosterruine Lindow am Ufer des Wutzsees sowie die schlichte Barockkirche mit ihrer wertvollen Sauerorgel von 1900.*

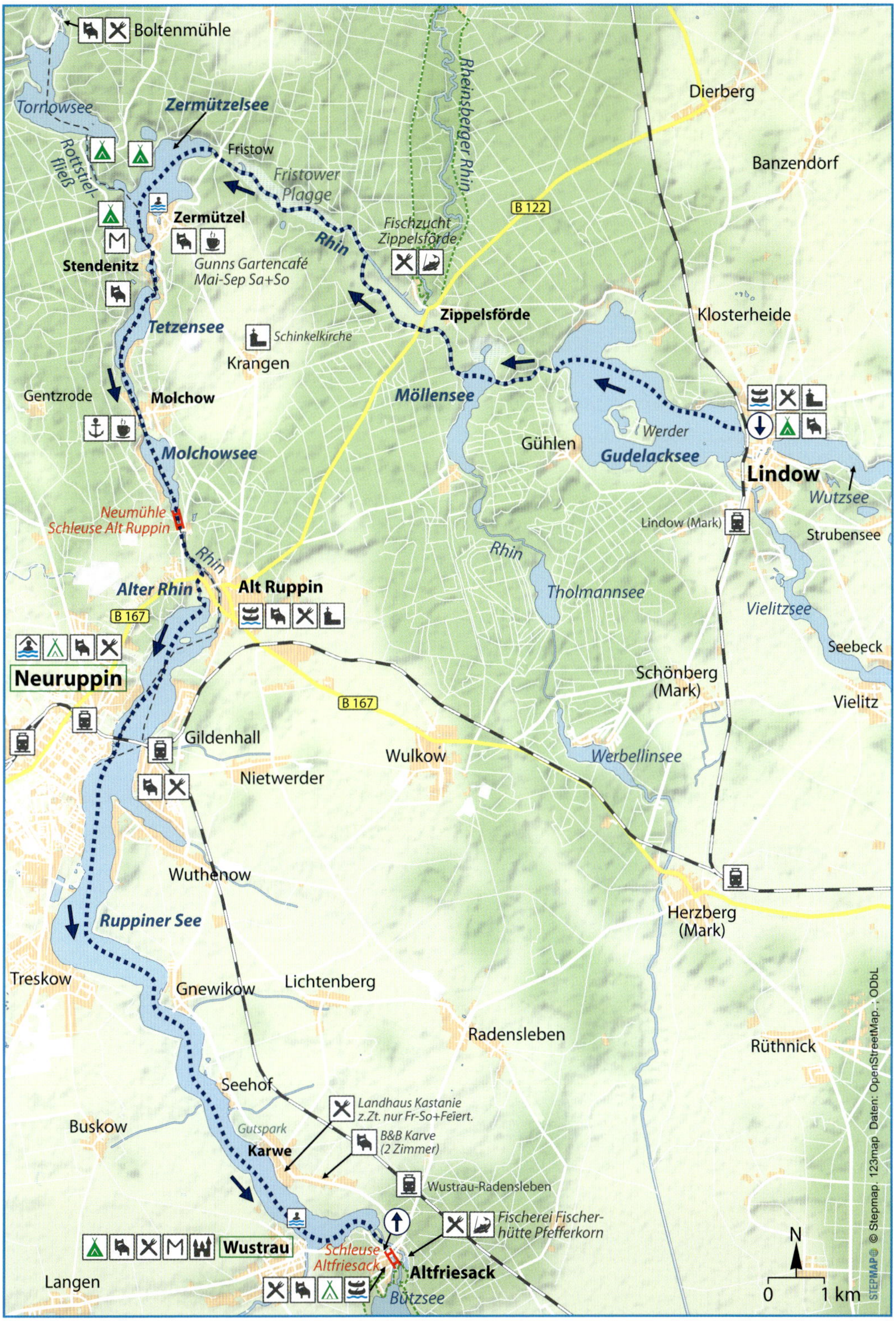
Boltenmühle
Tornowsee
Zermützelsee
Rottstielfließ
Fristow
Fristower Plagge
Rheinsberger Rhin
Dierberg
Banzendorf
B 122
Zermützel
Stendenitz
Gunns Gartencafé
Mai-Sep Sa+So
Rhin
Fischzucht Zippelsförde
Zippelsförde
Klosterheide
Tetzensee
Schinkelkirche
Krangen
Gentzrode
Molchow
Möllensee
Werder
Gühlen
Gudelacksee
Lindow
Wutzsee
Molchowsee
Neumühle
Schleuse Alt Ruppin
Lindow (Mark)
Strubensee
Rhin
Rhin
Alter Rhin
Alt Ruppin
Tholmannsee
B 167
Vielitzsee
Neuruppin
Seebeck
Schönberg (Mark)
B 167
Vielitz
Gildenhall
Wulkow
Werbellinsee
Nietwerder
Wuthenow
Ruppiner See
Herzberg (Mark)
Treskow
Gnewikow
Lichtenberg
Radensleben
Rüthnick
Seehof
Landhaus Kastanie
z.Zt. nur Fr-So+Feiert.
Buskow
Gutspark
B&B Karve
(2 Zimmer)
Karwe
Wustrau-Radensleben
Fischerei Fischerhütte Pfefferkorn
Wustrau
Schleuse Altfriesack
Altfriesack
N
Langen
Bützsee
0
1 km
STEPMAP © Stepmap, 123map Daten: OpenStreetMap, ODbL

37 km

Am Morgen starte ich vom Steg des Campingplatzes in nordwestliche Richtung, halbrechts an der großen ***Insel Werder*** vorbei, die mitten im ***Gudelacksee*** liegt. Am rechten Ufer warten fein herausgeputzte Bootshäuser auf den nächsten Wochenendbesuch ihrer Besitzer. Ein Kormoran startet mit lautem Platschen in diesen milden Spätsommertag, ein vorbeituckerndes Motorboot zeichnet langgezogene Wellen auf die Wasseroberfläche und ein grünes Ruderboot auf dem ein Angler sein Glück versucht, glänzt vor dem Schilf in der Morgensonne.

37 km

Die Fahrtroute über den ***Gudelacksee*** ist durch eine Metallraute auf einer Landzunge im nordwestlichen Teil des Sees gut gekennzeichnet und schon von Weitem zu erkennen. In der Bucht dahinter versteckt sich der Abfluss aus dem See weit links hinter einer Lücke im Schilf.

Weiß leuchtende Birkenstämme spiegeln sich auf dem Kanal und nach gut einem Kilometer durchquere ich den nördlichen Abschnitt des ***Möllensees*** entlang eines breiten Seerosengürtels. Am gegenüberliegenden Ufer geht es auf dem ***Rhin*** weiter und an der Straßenbrücke, etwa sieben Kilometer nach dem Start in Lindow, ist **Zippelsförde** erreicht.

Der ***Rhin*** windet sich in diesem Abschnitt durch die sogenannte *Fristower Plagge*, eine herrliche Auenlandschaft, in der sich auch Fischreiher und Seerosen wohlfühlen. An den Ufern stehen im Abstand von einigen Metern breite Pfähle, die mit Schwimmbalken verbunden sind, um die Pflanzen dahinter vor dem Wellenschlag der Motorboote zu schützen. An Sommer-Wochenenden wird es hier sicherlich lebhaft zugehen, an einem September-Dienstag habe ich die grüne Idylle fast für mich allein. Nur ein Ausflugsdampfer aus Neuruppin kommt mir unterwegs entgegen und an der Einfahrt in den ***Zermützelsee*** winke ich den Besatzungen zweier Ruderboote zu, die rasch an mir vorüberziehen.

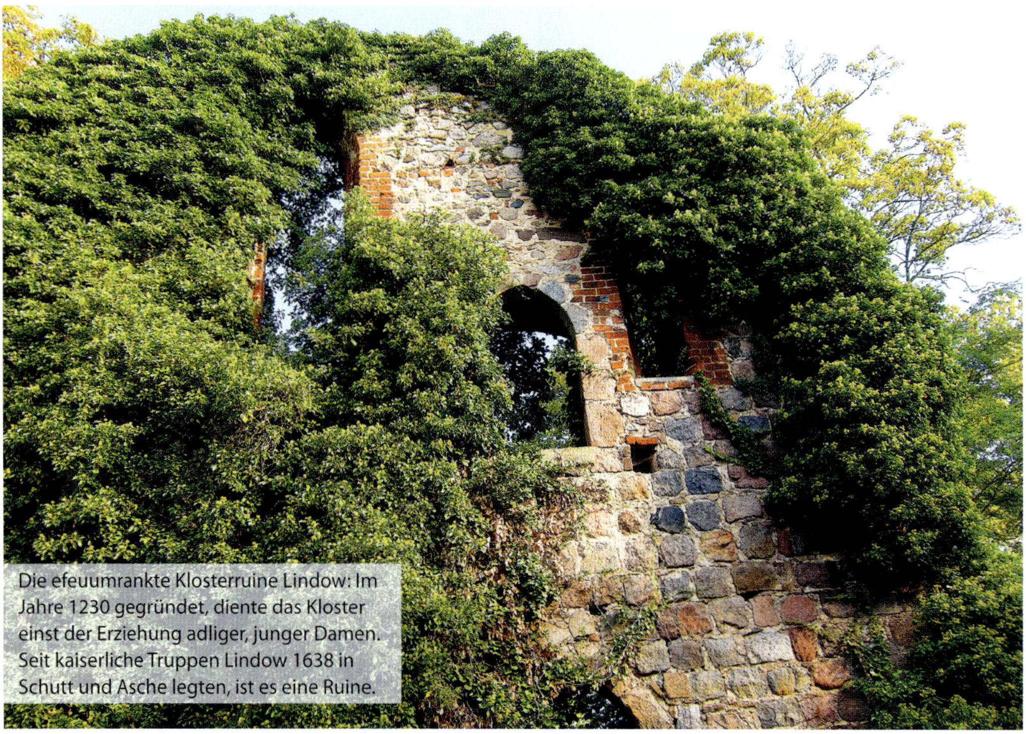

Die efeuumrankte Klosterruine Lindow: Im Jahre 1230 gegründet, diente das Kloster einst der Erziehung adliger, junger Damen. Seit kaiserliche Truppen Lindow 1638 in Schutt und Asche legten, ist es eine Ruine.

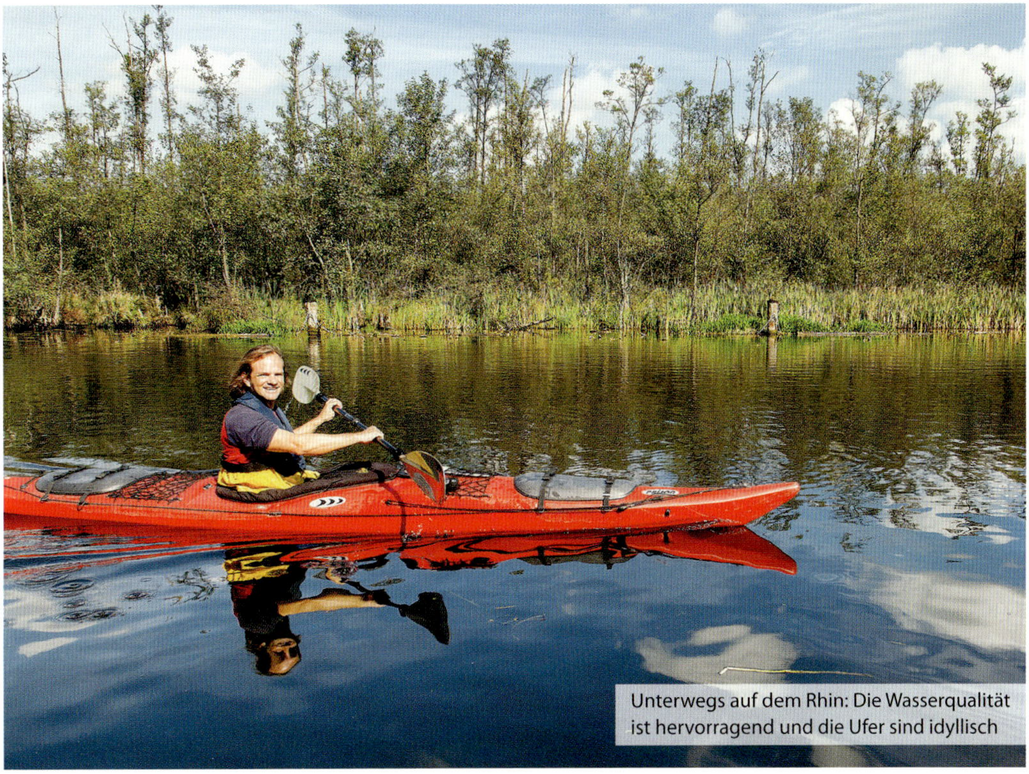

Unterwegs auf dem Rhin: Die Wasserqualität ist hervorragend und die Ufer sind idyllisch

Am rechten Ufer glänzen die Wohnwagen und Vorzelte des ersten Campingplatzes in der Sonne, etwas weiter südlich zweigt rechts das ***Rottstielfließ*** ab. Ein Schild mit durchgestrichener Schiffsschraube zeigt an, dass die Einfahrt für Motorboote hier verboten ist. Mit dem Kanu wäre nach gut einem Kilometer durch eine Sumpf- und Waldlandschaft der ***Tornowsee*** erreicht, der wegen seines klaren Wassers besonders bei Tauchern beliebt ist. In seiner südlichen Bucht liegt der *Campingplatz Rottstielfließ* und am nördlichen Ende des Sees lädt das *Hotel-Restaurant Boltenmühle*, ein beliebtes Ausflugslokal in einem schönen Fachwerkhaus, zur Rast bei rustikaler märkischer Küche ein.

Richtung Neuruppin geht es jedoch auf dem etwa sechs Meter tiefen ***Zermützelsee*** weiter gen Süden. Am linken Ufer in **Zermützel** kann man am Wochenende zu hausgemachten Kuchen und Torten in *Gunns Gartencafé* (*Mai-Sep Sa+So 13-18, www.gunns-kuchen.de*) einkehren. Gegenüber am Westufer dümpeln am Forsthaus **Stendenitz** ein paar Motorboote am Steg. Es gibt einen *Campingplatz*, das *Gasthaus Waldschenke* und vor allem das traditionsreiche *Waldmuseum*, das älteste seiner Art im Land Brandenburg. *Zwei Ausstellungsräume in einem urigen Blockhaus widmen sich ganz dem Lebensraum Wald und seiner Tierwelt sowie der Forstwirtschaft und dem altem Handwerk des Flößens.*

Am südlichen Ende des Sees bringt mich eine Seeenge in den ***Tetzensee*** und Neuruppin kommt langsam näher. Die Dichte an Wochenendhäusern nimmt, vor allem am Ostufer, merklich zu, auf dem Westufer dagegen erstreckt sich dichter Erlenbruch. Unter der schmalen Holzbrücke von **Molchow** hindurch gelange ich in den ***Molchowsee***. Vor der Brücke lädt eine idyllische Bank zu einer Rast ein, gleich dahinter liegen die Flöße des

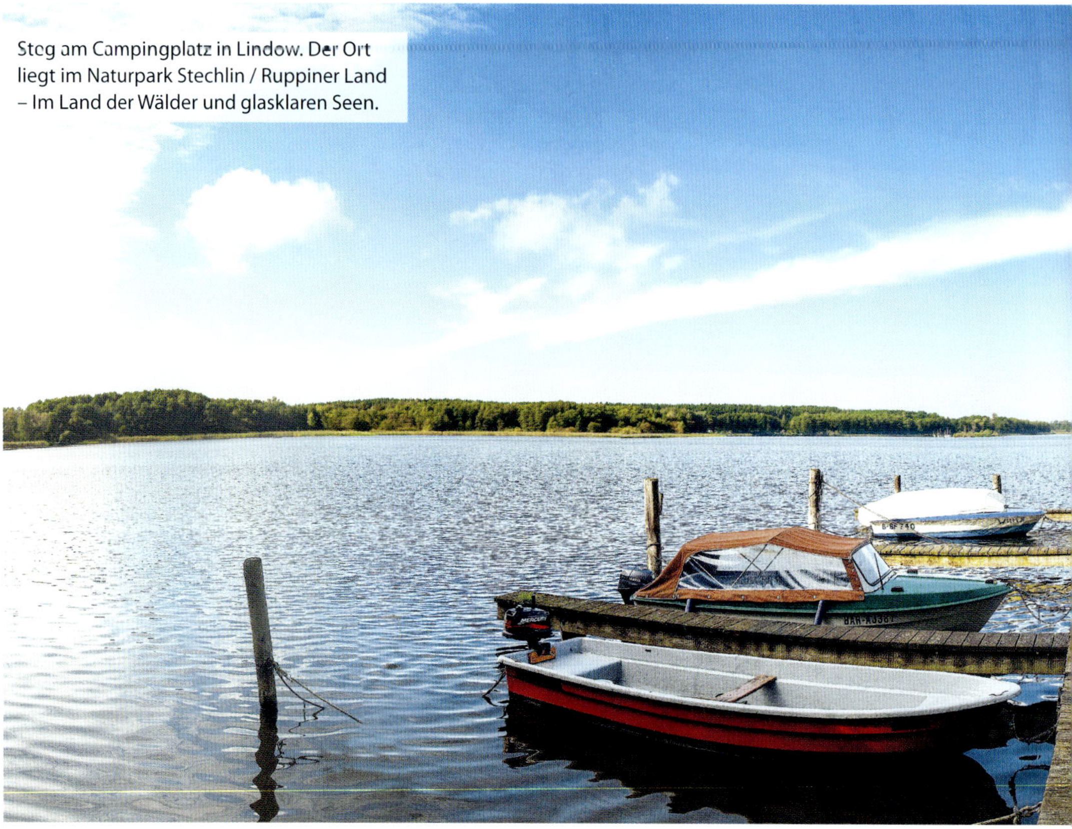

Steg am Campingplatz in Lindow. Der Ort liegt im Naturpark Stechlin / Ruppiner Land – Im Land der Wälder und glasklaren Seen.

37 km

Floßvermieters „TreibGut" vor Anker. Im kleinen Sportboothafen gegenüber, wo das *River Café* leckeren Kuchen und Eis anbietet, dürfen Kanuten für eine Nacht das Zelt aufschlagen. Mitten im Runddorf **Molchow** steht auf dem Dorfplatz ein Glockenturm aus dem Jahre 1692 von dem Fontane schreibt: *„Aus der Mitte des Platzes wächst ein Turm auf, unheimlich und grotesk, als habe ihn ein Schilderhaus mit einer alten Windmühle gezeugt. Von beiden etwas."*

Am Ende des Sees erwartet mich die ***Schleuse Alt Ruppin*** *(Schleusenzeiten Apr-Sep Mo-Do 8-12 & 14-17 sowie Fr-So 8-12 & 14-19, sonst 9-11 & 14-16, Dez-Mitte Mär außer Betrieb)*. Offiziell wird jeweils zur vollen Stunde geschleust, aber obwohl dies erst in 30 Minuten der Fall wäre, brauche ich nicht zu warten, denn die freundliche Schleusenwärterin öffnet sofort die Tore.

Knapp einen Kilometer weiter biege ich nach rechts in den ***Alten Rhin*** ab, der nur etwa drei Meter breit ist. Hinter der Straßenbrücke liegt auf dem linken Ufer die Wasserwanderstation vom *Kanuvermieter Rhinpaddel (auch Fahrräder)* mit einer guten Zeltmöglichkeit, um die erste Etappe zu beenden. Ein paar Meter weiter bietet das *Hotel-Restaurant „Am Alten Rhin"* mit seiner ruhigen Hofterrasse das ideale Ambiente um den Tag gemütlich ausklingen zu lassen.

Am nächsten Tag bringt mich der ***Alte Rhin*** in den nördlichen Ausläufer des ***Ruppiner Sees***. Hinter den Fischernetzen, die zum Trocknen über Pfähle gehängt sind, erhebt sich am linken Ufer die romanische St. Nikolaikirche aus dem 12. Jahrhundert.

Der ***Ruppiner See*** ist nicht besonders breit, aber über 14 km lang. Doch zuerst einmal

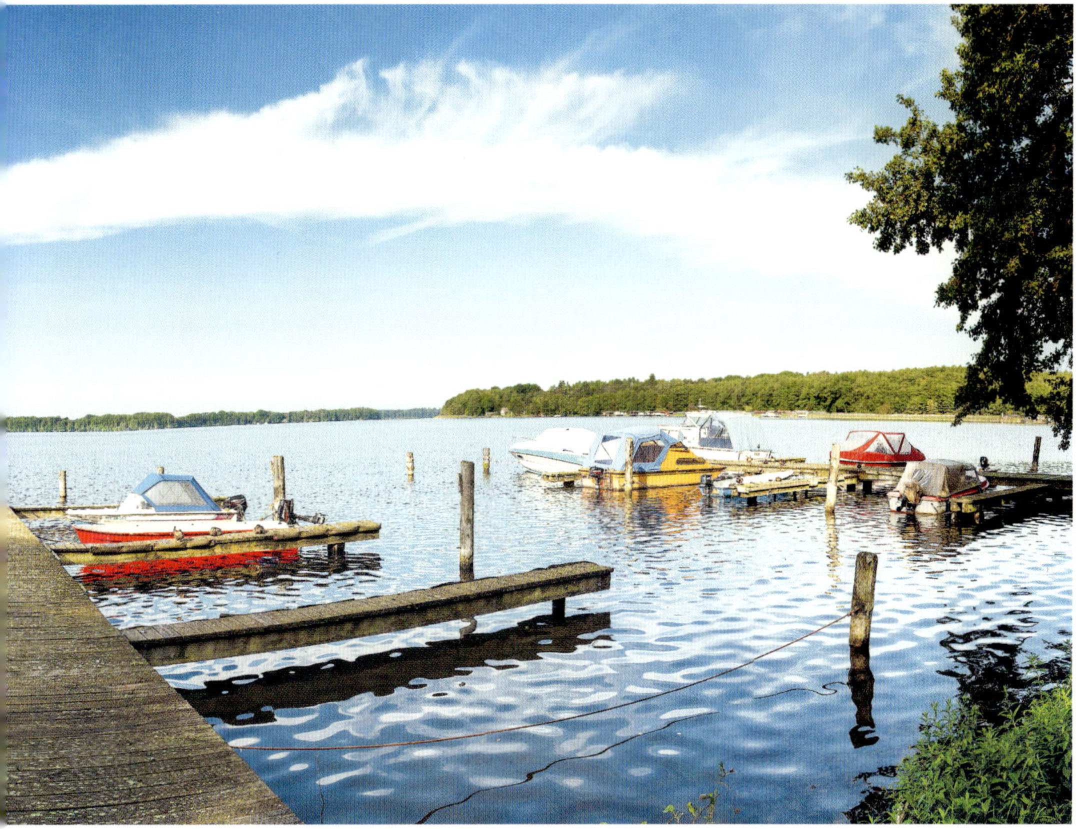

wird er nach etwa zweieinhalb Kilometern in **Neuruppin** von einem künstlich aufgeschütteten Eisenbahn- und Straßendamm geteilt. Die Durchfahrt unter der Seedammbrücke finde ich ganz am rechten Ufer, hinter dem *Hotel-Restaurant „Seeperle“.* Anschließend erstreckt sich die Seepromenade samt der mittelalterlichen Stadtmauer entlang des rechten Ufers. Der Steg der Fontane-Therme neben dem *„4-Sterne-Seehotel Fontane“* weckt spontan Lust auf einen Saunabesuch, den ich aber auf später verschiebe.

Auch auf den Bänken oder in einem der zahlreichen Cafés entlang des Seeufers lässt es sich trefflich ausspannen. Überragt wird das „Bollwerk“, wie die Neuruppiner die Promenade noch heute nennen, *von der 17 Meter hohen Stahlskulptur „Parzival am See“, die 1998 anläßlich des 100. Todestages von Theodor Fontane enthüllt wurde. Noch höher ragt die Klosterkirche St. Trinitatis in den Himmel. Sie ist das älteste Bauwerk Neuruppins und stammt aus dem 13. Jahrhundert als Wichmann von Arnstein hier das erste Dominikanerkloster der Mark gründete.*

Nun ziehen diverse Wassersportvereine am Ufer vorüber. Davor dümpeln Motorboote und die Masten der Segelboote schaukeln lustig im Wind. Der stark gewundene und schmale ***Ruppiner See*** wird trotz seiner Länge nie langweilig, immer gibt es etwas am Ufer zu beobachten.

Gut drei Kilometer hinter der Seedammbrücke knickt der Ruppiner See nach Süd-Osten ab. Das rechte Ufer ist nun weitgehend unbebaut, linker Hand ziehen sich die Bootshäuser der Dörfer **Gnewikow**, **Seehof** und **Karve** *(Gutspark)* am Ufer entlang.

Das gegenüberliegende **Wustrau** kann mit Recht als Kleinod bezeichnet werden. *Das Schloss Wustrau, in dem heute eine Tagungsstätte der Deutschen Richterakademie untergebracht ist, war ehemals Sitz der Familie von Zieten. Hans-Joachim von Zieten, Sohn eines verarmten Gutsbesitzers, erlangte bei Schlachten im Raum des heutigen Mittel- und Süddeutschlands, Tschechiens und Österreichs als Husarenführer einige Anerkennung, weshalb ihn Friedrich der Große zum Husarengeneral ernannte. Nach seinem Tod wurde er neben der hübschen Dorfkirche beigesetzt. Sein Sohn legte mit seiner Sammelleidenschaft von Exponaten der Heimatgeschichte, den Grundstock für das sehenswerte Heimatmuseum.*

37 km

Nun steuere ich die Bootsspitze links vom Obelisken, der 1790 zur Erinnerung an den Durchstich zwischen ***Ruppiner See*** und ***Bützsee*** aufgestellt wurde, vorbei in den südöstlichen Ausläufer des Ruppiner Sees. An dessen Ende empfangen mich die ersten Vorgärten des Fischerdorfs **Altfriesack**, wo ich meine Zweitagestour durch die ***Ruppiner Schweiz*** rechts von der ***Schleuse Altfriesack*** beende. Von hier ist es nun ein kurzer, etwa 500 Meter langer Landtransport durch den Ort bis zum *KanuCamp Altfriesack*, wo man sein Zelt im Garten aufstellen kann. Der *Gasthof „Alte Fischerhütte"* (auch 2 Zimmer), der auch herrliche Wildgerichte im Angebot hat, ist sicherlich ein passender Abschluss der Tour.

Theodor Fontane

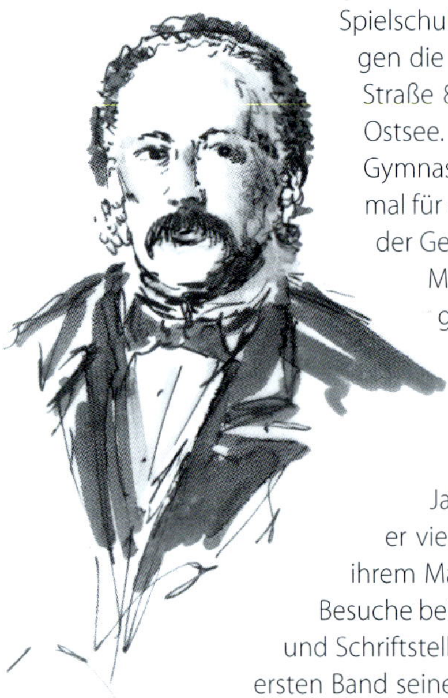

Theodor Fontane wurde am 30. Dezember 1819 in Neuruppin geboren. Als Spielschulden seinen Vater, den Apotheker Louis Henry Fontane, dazu zwingen die Löwen-Apotheke in der Friedrich-Wilhelm-Straße (heute Karl-Marx-Straße 84) zu verkaufen, zieht die Familie 1827 nach Swinemünde an die Ostsee. Für den Besuch des Friedrich-Wilhelm-Gymnasiums (heute Altes Gymnasium) kehrt Theodor Fontane zu Beginn der 1830er Jahre nocheinmal für eineinhalb Jahre nach Neuruppin zurück, bevor er als 13-Jähriger an der Gewerbeschule in Berlin eine Ausbildung zum Apotheker antritt.

Mit 20 Jahren veröffentlicht Fontane seine erste Novelle. Nach längerer Krankheit zieht er 1841 zu seinen Eltern die inzwischen im Oderbruch leben und steigt 1845 mit in die von seinem Vater geführte Apotheke ein. Als seine Eltern sich trennen, hängt er 1849 das Apothekerdasein an den Nagel und arbeitet fortan als freier Schriftsteller, Korrespondent der „Dresdner Zeitung" und Lektor. Im Jahre 1850 heiratet er seine Verlobte Emilie Rouanet-Kummer, mit der er vier Kinder hat. Fontanes Mutter Emilie zieht nach der Trennung von ihrem Mann 1854 zusammen mit Tochter Elise zurück nach Neuruppin. Die Besuche bei Mutter und Schwester verbindet der inzwischen als freier Journalist und Schriftsteller tätige Theodor Fontane mit umfangreichen Recherchen für den ersten Band seiner „Wanderungen durch die Mark Brandenburg", der 1861 erscheint. Bis 1882 folgen drei weitere Bände

Die Gewährung einer von ihm angestrebten „Poetenpension" wird ihm von König Friedrich Wilhelm IV. wegen „fragwürdiger" politischer Gesinnung verweigert. Nach einer Ausbildung zum Englischlehrer eröffnet er eine Schülerpension, gibt Privatunterricht und lebt in den folgenden Jahren längere Zeit in England. In den letzten drei Jahren vor seinem Tod am 20. September 1898 entstehen die Romane „Effi Briest", „Die Poggenpuhls" und „Der Stechlin".

Rundtour durchs Rhinluch

Zu Besuch bei Kranich, Sumpfschildkröte und Fischotter

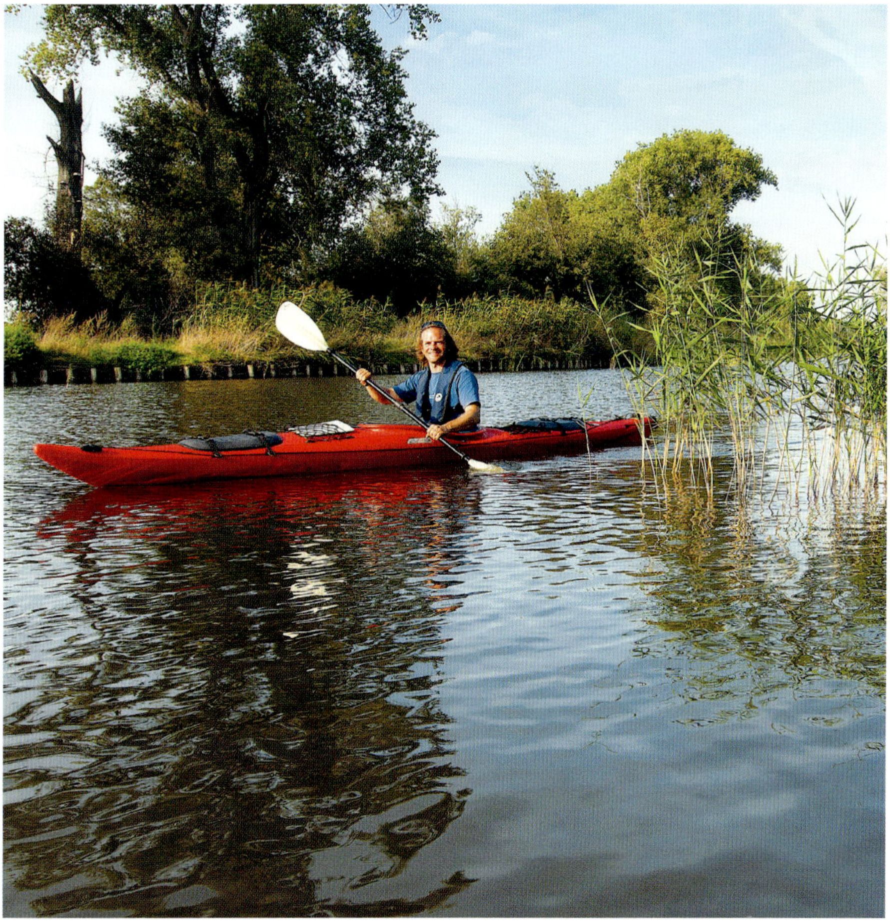

Tour 6

Infos Tour 6 – Rundtour durchs Rhinluch

Aktivitäten	Natur	Kultur	Baden	Hindernisse
★★★	★★★	★★	★★★	★

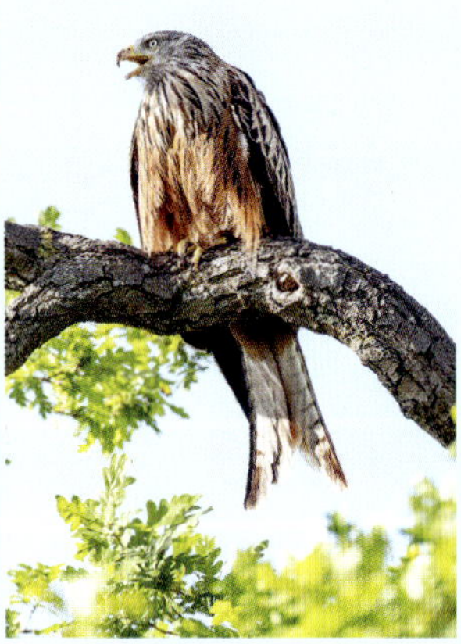

Charakter der Tour

Den ersten Bestandteil seines Namens verdankt das Rhinluch dem Fluss, der sich durch eine Niedermoorlandschaft schlängelt. Als „Luch" werden in Brandenburg Feuchtgebiete bezeichnet, in denen das Wasser einst mehr stand als floss, bevor moderne Entwässerungssysteme angelegt wurden. Die Region ist der größte binnenländische Kranichrastplatz Europas, insbesondere im Herbst erwartet den Paddler ein einmaliges Naturspektakel, wenn hier Tausende Kraniche und Wildgänse einen Zwischenstopp auf ihrer langen Reise einlegen.

Die Rundtour führt durch eine einmalige, in weiten Teilen menschenleere Naturlandschaft und bietet daher gute Möglichkeiten um seltene Tiere wie Fischotter oder Seeadler oder Rotmilan (Foto) zu Gesicht zu bekommen.

29 km

Länge & Dauer der Tour ca. 29 km
sportliche Tagestour, besser gemütlich in 2 Tagen

1 Umtragestelle Mühle in Wustrau (300 m)
2 Schleusen Hakenberg und Altfriesack
Bootswagen bei Übernachtung in Linum hilfreich

Anreise A24 Berlin – Hamburg bis Ausfahrt 23 (Neuruppin-Süd), dann über die Landstraßen L16 und L164 nach Wustrau-Altfriesack.
Bahnhof Wustrau-Radensleben ist 1 km entfernt.

Ein- & Aussetzstelle Schleuse **Altfriesack**

Etappenvorschlag
1. Tag Altfriesack – Linum (14 km)
2. Tag Linum – Altfriesack (15 km)

Tipps für Tagestouren
1. Von Wustrau eine Runde über den Ruppiner See bis Neuruppin und zurück (21 km)
2. Von Altfriesack nach Kremmen & zurück (28 km)
3. Storchentour von Linum nach Kremmen (17 km)

Karten & Literatur-Tipps

Wanderkarte mit Radrouten ***„Rheinsberger Seengebiet, Ruppiner Seenland"***, 1:50.000, KOMPASS Verlag.

„Seenland Ruppin". *Ein Wegbegleiter. Für Wanderer, Radler, Kanuten und Naturliebhaber,* terra press.

„Altweibersommer: Theodor Fontanes erster Fall", *Frank Goyke,* be.bra verlag.

„Wanderungen durch die Mark Brandenburg", Wustrau und Karwe, *Theodor Fontane.*

Sehenswürdigkeiten

Wustrau Brandenburg-Preußen Museum (Exponate zur 500-jährigen Geschichte Brandenburgs/Preußens, www.brandenburg-preussen-museum.de), Zietenschloss (1747-1750), spätgotische Feldsteindorfkirche, Heimatmuseum in der ehemaligen Dorfschule von 1833, Uferpromenade Bollwerk mit Bootshafen und Edelstahlskulptur „Die Seeschlacht", Eiskeller, Constance-Haus (*empfehlenswerte Einkehr im Café Constance, Do-So 12-18,* Hohes Ende 4, Tel. (033925) 706 76, www.cafe-constance.de), schöne Badestelle.

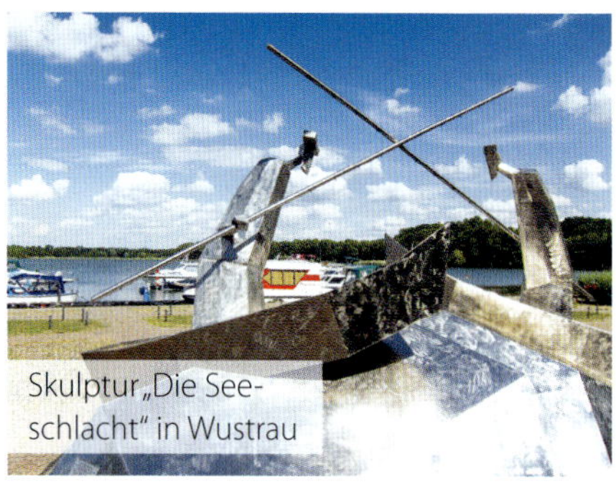

Skulptur „Die Seeschlacht" in Wustrau

Altfriesack Altes Fischerdorf mit Schleuse, Zugbrücke, alljährliches Brückenfest, Fischerei *(Angeln und Fischimbiss)*.

Übernachtung in Wassernähe

16818 Wustrau
Ferienhof am Ruppiner See
Hohes Ende 15
Tel. (033925) 90 01 39
www.cafe-constance.de

THEODORS Boutique Hotel
Am Bollwerk 1
Tel. (033925) 88 03
www.theodors.de

200 m vom Wasser / Badestelle:
Camping am Ruppiner See
Hohes Ende 6
Tel. (033925) 289 71
www.camping-am-ruppiner-see.de

und Camping Zum Roten Milan
Hohes Ende 3
Tel. (033925) 702 10
www.camping-wustrau.de

16818 Altfriesack
KanuCamp & WWR
(auch Hütten ab 2 Nächte)
Tel. (033925) 901 63
www.altfriesack.de

16833 Tarmow
Biwakplatz Kanuidylle Tarmow
(ab 2022 geplant)
Tel. (033232) 364 29
Am Badesee 1
www.kanuidylle-tarmow.de

16833 Linum
Hafen Teichland (Zeltmöglichkeit noch unklar), neuer Besitzer

Landpension Adebar
(nicht am Wasser, 1 km im Ort)
Nauener Str. 25
Tel. (033922) 902 87
www.landpension-adebar.de

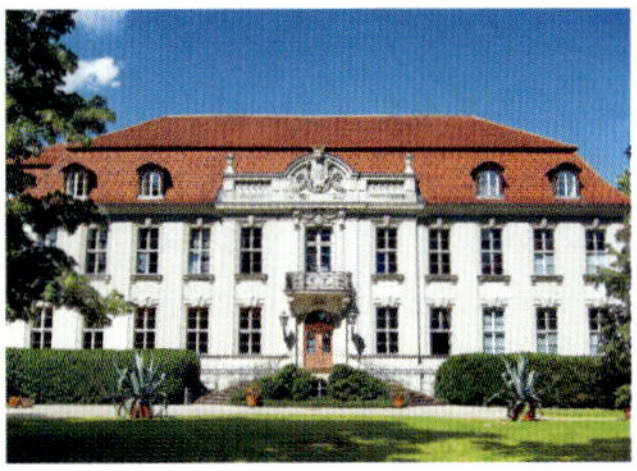

Das Zietenschloss in Wustrau beherbergt heute die Deutsche Richterakademie

Kanu- & SUP-Vermieter

16818 Altfriesack
KanuCamp (auch SUP, Kurse, Touren)
Triftweg 3, Tel. (033925) 901 63
www.altfriesack.de

Gasthof „Alte Fischerhütte"
Zur Zugbrücke 7, Tel. (033925) 706 04
www.fischerhuette-altfriesack.de

Ruppiner Supverleih in Altfriesack
www.ruppiner-supverleih.de

16833 Fehrbellin
Pension Café Oase (auch Fahrräder)
Promenade 41, Tel. (033932) 600 15
www.pension-fehrbellin.de

16833 Tarmow
Kanuidylle Tarmow (ab 2022)
Am Badesee 1, Tel. (033232) 364 29
www.kanuidylle-tarmow.de

Infos zur Rhinluch-Runde
www.rhinluch-runde.de

29 km

Weitere Aktivitäten

Paddeln Vom ***Bützrhin*** über ***Kremmener Rhin*** und ***Ruppiner Kanal*** Anbindung an die Havel in Oranienburg.

Radfahren
Tagestour auf dem ***Rhinluch-Radweg*** von Henningsdorf nach Neuruppin (ca. 57 km).

Fontane.Rad-Route, Tagestour 4: *Wustrau – Protzen – Walchow – Fehrbellin – Hakenberg – Linum (Abstecher) – Wustrau* (47 km).

Mehrtagestour auf dem ***Ruppiner Seen-Kultur-Radweg*** (Rundtour, 209 km).

Kein Fahrradvermieter vor Ort. Das *Theodors Boutique Hotel* in **Wustrau** sowie die *Landpension Adebar* in **Linum** vermieten Fahrräder an Gäste.

Angeln Angelteich bei der *Fischerei Fischerhütte Pfefferkorn* in **Altfriesack**.

Angelkarten *Online-Angelkartenshop*, Landesanglerverband Brandenburg, https://shop.lavb.de

Naturschutzzentrum „Storchenschmiede" Info-Zentrum mit Café & NABU-Station in **Linum** (*Mi-Do 10-16, Fr-So 10-18*, Nauener Str. 54, berlin.nabu.de/projekte/linum und www.storchenschmiede.org).

Besuch der einstigen Ackerbürgerstadt **Kremmen** mit historischem Stadtkern, Kirche St. Nikolai (um 1200 mit barocker Ausstattung), sehenswertes Scheunenviertel mit noch 40 erhaltenen Scheunen.

Fallschirmspringen, Rundflüge, Ballonfahrten am Flugplatz **Fehrbellin** (z.B. Tandemsprung bei ***Take Off***, Tel. (033932) 722 38, www.funjump.de).

Bootsfahrt Teichland Linum mit dem Elektroboot, Tel. 0162-199 63 48, www.linumerwassertouren.de

Tourist-Infos

Wustrau im Museum, Eichenallee 7 A, Tel. (033925) 707 98, www.brandenburg-preussen-museum.de

Fehrbellin i.d. in der Stadtbücherei, Johann-Sebastian-Bach-Str. 7 C, Tel. (033932) 702 55, www.fehrbellin.de

Neuruppin Karl-Marx-Str. 1 (Rheinsberger Tor), Tel. (03391) 454 60, www.tourismus-neuruppin.de

Auskunft *Tourismusverband Ruppiner Seenland* Tel. (03391) 65 96 30, www.ruppiner-seenland.de

Rundtour durchs Rhinluch

29 km

Das einstige Fischerdorf **Wustrau**, erstmals 1421 in einer Urkunde erwähnt, liegt auf einer Landenge zwischen ***Ruppiner See*** und dem sich südlich anschließenden ***Bützsee***.

„Ob Du die Tour besser im oder gegen den Uhrzeigersinn fährst, hängt in erster Linie vom Wind ab", erklärt mir Frank Kuchenbecker vom *KanuCamp* **Altfriesack**. „Bei Nordwestwind beginnt man die Tour am besten auf dem Bützsee. Heute ist es aber völlig windstill, daher solltest Du über den Ruppiner See starten. So fährst Du auf dem Wustrauer Rhin mit der Strömung."

Schnell ist das Kajak auf dem Bootswagen verstaut und das Gespann bis zum nördlichen Schleusentor geschoben. Die ***Schleuse Altfriesack*** steht zusammen mit Schleusenhaus und Klappbrücke unter Denkmalschutz. *Ursprünglich spannte sich hier 1787 eine hölzerne Klappbrücke nach holländischem Vorbild über den Rhinkanal. Sie wurde 1927 durch eine Stahlkonstruktion ersetzt, die 1994 vollständig erneuert wurde.*

Der Kanal entlässt mich am Südende des ***Ruppiner Sees.*** Hinter dem Obelisken am linken Ufer lenke ich die Bootsspitze auf **Wustrau** zu und peile die kleine Bucht links von den Häusern an, wo der Steg vor der Holzbrücke einen bequemen Ausstieg bietet, um das Mühlenwehr kurz zu umtragen.

Am Einstieg bei den Häusern, etwa 200 Meter hinter der Mühle, gibt es eine Sitzgruppe. Von hier sind es nur wenige Schritte in den historischen Ortskern mit *Schloss* und *Dorfkirche*. Ein Besuch des *Brandenburg-Preußen-Museums* in dem die 500-jährige Geschichte Brandenburg-Preußens unter den Hohenzollern dargestellt wird, ist lohnenswert. Im *Café Constance* (Do-So 12-18), nahe der *Badestelle*, sitzt man bei gutem Essen oder leckerem Ku-

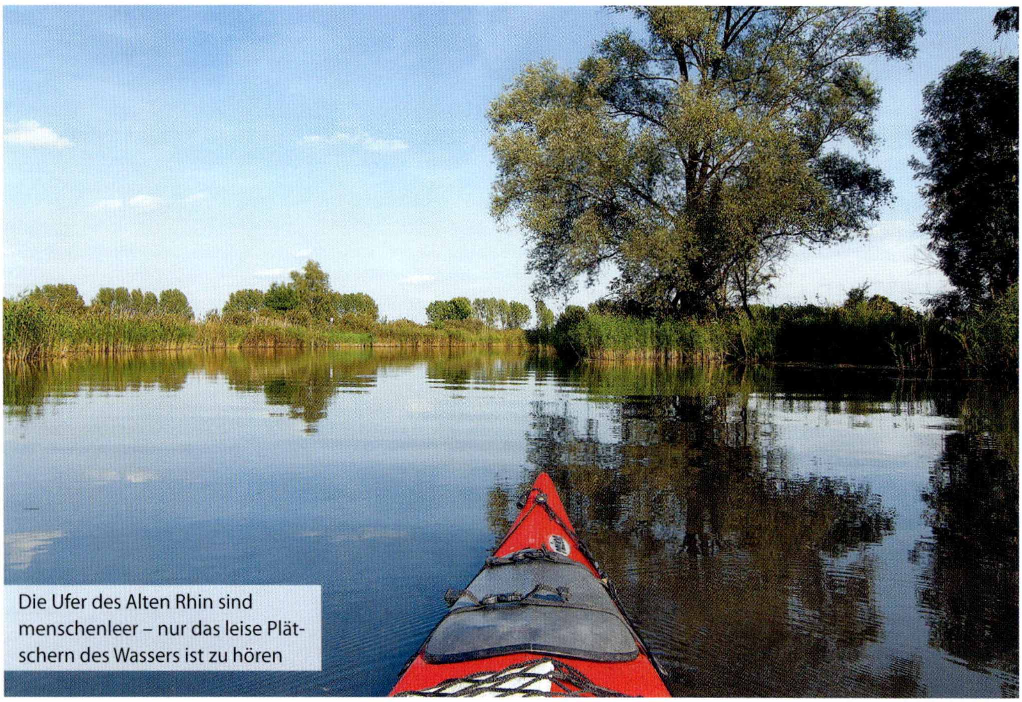

Die Ufer des Alten Rhin sind menschenleer – nur das leise Plätschern des Wassers ist zu hören

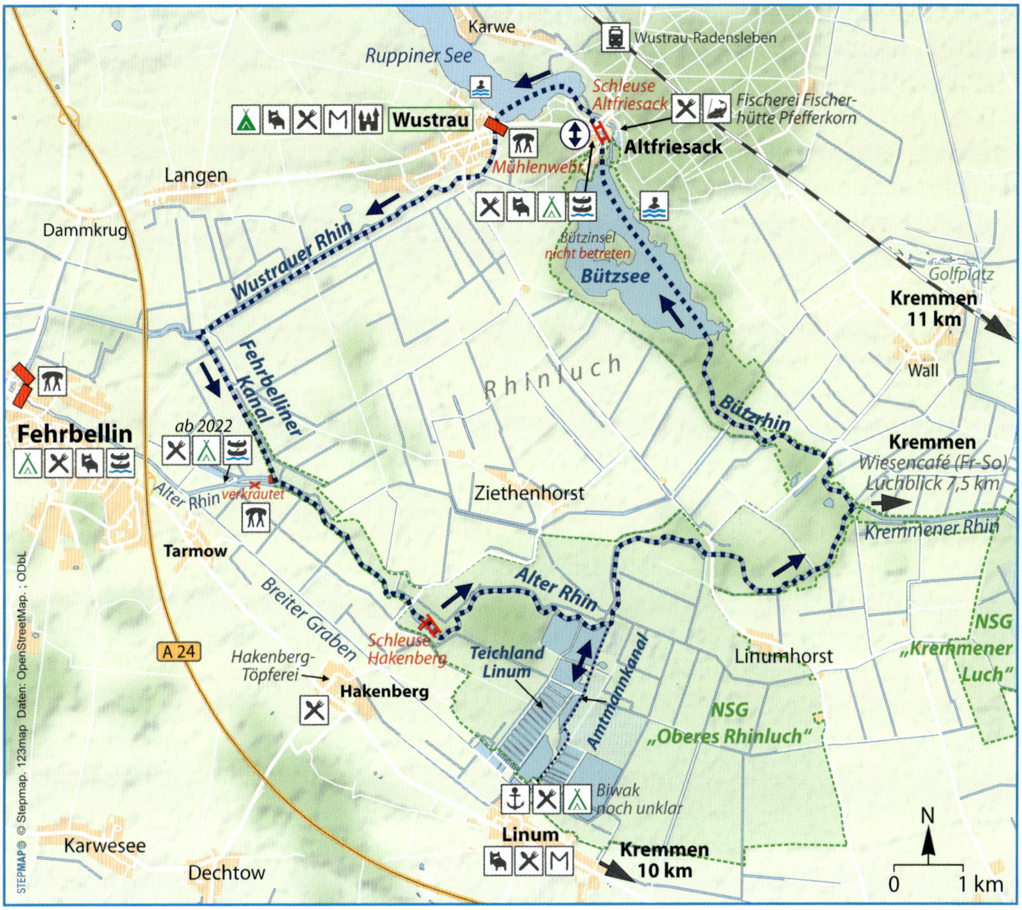

29 km

chen lauschig im Garten unter Bäumen oder gemütlich in den historischen Räumen.

Der etwa 10-15 Meter breite ***Wustrauer Rhin*** führt zunächst an schönen Häusern vorbei, deren Gärten bis zum Wasser reichen. Im weiteren Verlauf werden die Bäume entlang der Ufer von Schilf abgelöst, hinter dem sich in einigem Abstand eine wie mit dem Lineal ausgerichtete Pappelreihe erstreckt. Die Strömung ist ganz sanft und stellenweise ist das Wasser leicht verkrautet, lässt sich aber immer gut befahren.

Mit jeder Brücke, die ich hinter mir lasse, wird das Summen der nahen Autobahn lauter und nach etwa sechs Kilometern auf dem ***Wustrauer Rhin*** böte sich die Möglichkeit geradeaus nach Fehrbellin zu paddeln (2 Wehre sind zu umtragen). Ich biege aber nach links in den ***Fehrbelliner Kanal***, der mich nach gut zwei Kilometern in den ***Alten Rhin*** entlässt.

Weit und breit ist kein Haus zu sehen, durch eine urwüchsige, sumpfige Gegend erreiche ich die ***Schleuse Hakenberg*** *(umtragen möglich)*. Die Klingel am Ufer brauche ich gar nicht zu betätigen, denn der Wachhund hat mich schon lange zuvor durch lautes Bellen angekündigt. Ich werde bereits von der Schleusenwärterin erwartet und brauche nur noch in die Schleusenkammer einzufahren. Wer die zwei Kilometer ins Dörfchen **Hakenberg** reinläuft, findet dort die hoch aufragende *Siegessäule*, die an die siegreiche Schlacht von 1675 gegen die Schweden erinnert und weite Blicke über das Rhinluch bietet, sowie *Mazzola's*

Pizzeria (Pension) und die *Hakenburg-Töpferei (Mi Fr 10 15, Sa 10 14, oder nach Anmeldung, Tel. (033922) 902 61, www.hakenberg-toepferei.de).*

Hinter der Schleuse wird der ***Rhin*** wieder zu einem sich idyllisch dahinwindenden schilfbestandenen Flüsschen. Nach etwa drei Kilometern besteht die Möglichkeit nach rechts über den ***Amtmannkanal*** zum knapp drei Kilometer entfernten *Hafen Teichland Linum* und Storchendorf **Linum** zu paddeln.

Dieser Abstecher bietet eine gute Möglichkeit, die Tour auf zwei gemütliche Paddeltage auszudehnen. Bei Druck dieses Buches war noch unklar, ob man im Hafen (*kleiner Hofladen*) wieder zelten darf und ob die *Gaststätte „Zur Fischerhütte"* wiederbelebt wird. Es bietet sich jedoch die Möglichkeit zu Fuß und, falls man das Kanu nicht am Hafen liegen lassen darf, mit Boot und Kanuwagen 1 km nach **Linum** reinzulaufen zur gemütlichen *Landpension Adebar* im restauriertem Vierseitenhof *(Unterstellmöglichkeit für Boote, Fahrrad-Vermietung an Gäste)*, die Freitag bis Sonntag im *Café* auch Kaffee und Kuchen anbieten.

29 km

Wahrzeichen des Dorfes ist die gotische Backsteinkirche, leicht erhöht gelegen, überragt sie die Häuser. Die Turmspitze trägt eine von König Friedrich I. gestiftete Krone, der sich hier häufig zur Birkhuhnjagd aufhielt. Es gibt noch zwei *Hofläden*, einer mit *Mostkelterei*, einen *Fischverkauf*, die *Gaststätte „Storchenklause"* mit *Pension* sowie das *NABU-Naturschutzzentrum* in der *„Storchenschmiede"*. Hier erfährt man alles Wissenswerte über Meister Adebar und die bis zu 60.000 Kraniche, die Jahr für Jahr im Frühjahr und Herbst hier ihre Energiereserven für ihren Weiterflug zu den Überwinterungsgebieten in Südeuropa oder Afrika und den Brutgebieten in Skandinavien auftanken. Ein kleines *Bio-Café* befindet sich im Aufbau.

Die Linumer Teichlandschaft entstand aus einem Torfabbaugebiet, denn noch vor 200 Jahren wurde im Linumer Moor Torf gestochen und zusammen mit den für den Häuserbau benötigten Ziegelsteinen per Kahn nach Berlin geschippert. Linumer Torf war bei den Berlinern für seinen hohen Brennwert beliebt. Eine Führung *(www.entdeckungshungrig.de & www.storchenschmiede.org)* oder eine Fahrt mit *Amtmannschiffer* Herrn Warmt im Elektroboot durch das ***Linumer Teichland*** ist zu empfehlen. Sie bekommen Infos über die Geschichte des Storchendorfes, die Natur des Rhinluches, den Amtmannkanal und das Teichland sowie dem schwarzen Gold (Torf) und dem flüssigen Gold (Honig). Entlang der Wege für Besucher an den Linumer Teichen finden Sie auch Beobachtungstürme.

Zurück zur Hauptstrecke, wendet sich nach dem Abzweig des ***Amtmannkanals*** der ***Alte Rhin*** Richtung Norden und bringt mich auf den ***Bützrhin***, wo ich dem Wegweiser Richtung Neuruppin/Lindow nach links folge. Auch die Ufer des Bützrhin sind menschenleer und nach knapp einem Kilometer bietet die Wallbrücke eine gute Möglichkeit zu einer letzten Rast. Der ***Bützrhin*** schlängelt sich in weiten Kurven gen Nordwesten und bald ist der ***Bützsee*** erreicht. Der 220 Hektar große nährstoffreiche See ist einer der letzten typischen Flachwasserseen des ***Oberen Rhinluchs***. Er ist so flach, dass die Fahrrinne für Motorboote mit roten und grünen Pfählen markiert ist.

Schon spät, folge ich der Fahrrinne, die mich auf dem direkten Weg über den See bringt. Ich paddle rechts an der Insel vorbei, die nicht betreten werden darf und finde dann am Ende der Bucht im äußersten Nordostzipfel des Bützsees den Verbindungskanal zum ***Ruppiner See***. Hier, südlich von **Altfriesack**, *lagen mehrere slawische Siedlungen. Beim Wiederdurchstoßen des Rhins im Jahre 1852 fand man eine 1,58 Meter hohe Götterfigur aus Eichenholz, den sogenannten „Altfriesacker Götzen". Dieser stellt offenbar einen Fruchtbarkeitsgott dar.* Links vor der Schleuse Altfriesack markiert ein Surfbrett den Rastplatz und Ausstieg, um zurück zum *KanuCamp* zu gelangen.

Templiner & Lychener Gewässer

Rundfahrt durch den Naturpark Uckermärkische Seen

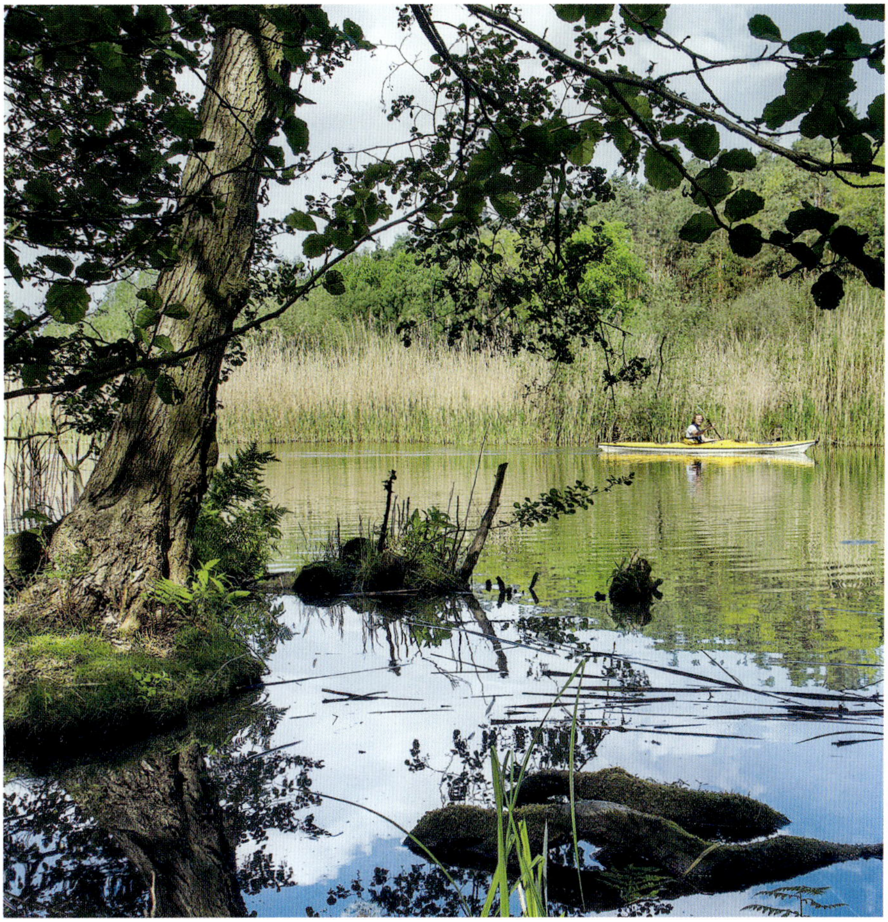

Tour 7

Infos Tour 7 – Templiner und Lychener Gewässer

Aktivitäten	Natur	Kultur	Baden	Hindernisse
★★★	★★★★	★★★	★★★	★★

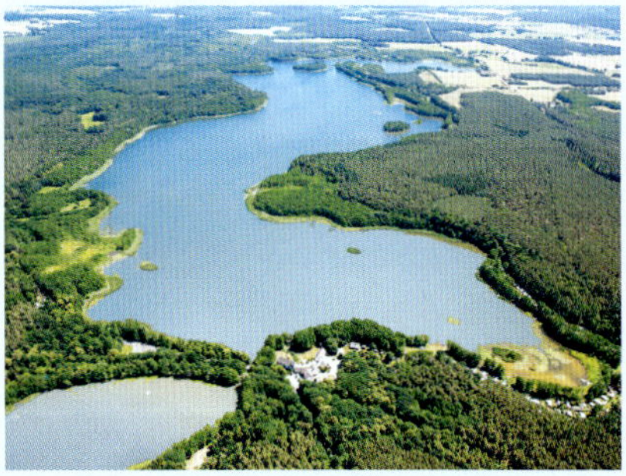

Charakter der Tour

Diese Rundtour über Templiner und Lychener Gewässer sowie die sich gemütlich dahinwindende Havel führt den Kanuwanderer durch ein Paddelrevier par excellence.

Die sanfte Landschaft wurde von der letzten Eiszeit geformt und präsentiert ein facettenreiches Bild mit leicht gerundeten Hügeln, kleinen Senken und dunklen Mooren.

Einst wichtige Verkehrsader für die Binnenschifffahrt, dient die Havel heute als beschaulicher Wasserweg für Touristen auf dem Weg zwischen Berlin und Mecklenburgischer Seenplatte. Mit etwas Glück zeigen sich sogar Biber oder Fischotter.

75 km

Länge & Dauer der Tour 75 km, 4 Tage

3 Umtragestellen

Fisch-Kanu-Pass Fürstenberg/Havel (25 m treideln).

16 km Landtransport (Shuttle-Service, siehe unten) zwischen Netzow- und Platkowsee.

50 m Portage Oberpfuhl- in den Stadtsee, Lychen.

8 Schleusen

7 SB-Schleusen in Bredereiche, Regow, Zaaren, Schorfheide, Templin, Himmelpfort, Fürstenberg

Schleuse Kannenburg mit Schleusenwärter (bis 2022 wegen Erneuerung gesperrt). Umtragung eingerichtet, Rollwagen steht bereit!

Kanu-Shuttle Netzowsee – Platkowsee

Gestüt „Lindenhof" (auch Pension), bitte den Shuttle 1 Tag vorher anmelden, Tel. 0800-503 59 17 (kostenlos), www.gestuet-lindenhof.eu

Anreise Von Berlin die B96 (Richtung Neubrandenburg) über Oranienburg und Gransee bis nach Fürstenberg/Havel. Dort links ab zum Campingplatz Am Röblinsee.

Ein- & Aussetzstelle Campingplatz am Röblinsee in **Fürstenberg/Havel** (Röblinsee Nord 1).

Etappenvorschlag

1. Tag Fürstenberg – Regow (20 km)
2. Tag Regow – Templin (23 km)
3. Tag Templin – Gestüt Lindenhof (12 km)
4. Tag Gestüt Lindenhof – Fürstenberg (20 km).

Tipps für Tagestouren ab Fürstenberg/Havel

1. Durch den Naturpark Uckermärkische Seen nach Lychen (13 km), zurück mit dem Bus/2. Pkw.
2. Nach Himmelpfort und zurück (14 km)
3. Idyllisch durch die Havel nach Priepert (13 km), zurück mit 2. Pkw oder hin & zurück (26 km)
4. **Für Sportliche:** Nach Rheinsberg (32 km) oder nach Flecken Zechlin (33 km), zurück mit 2. Pkw.

Literatur-Tipps

„Uckermark. Ein Wegbegleiter", *Wandertouren. Stadtrundgänge. Naturerlebnisse. Kulturtipps*, terra press.

KANU KOMPAKT „Mecklenburgische Kleinseen 2", Kanureiseführer mit topografischen Wasserwanderkarten, Thomas Kettler Verlag.

Sommerroman *„Urlaub mit Esel"*, *ungewollter Wanderurlaub in der Uckermark*, Scherz Verlag.

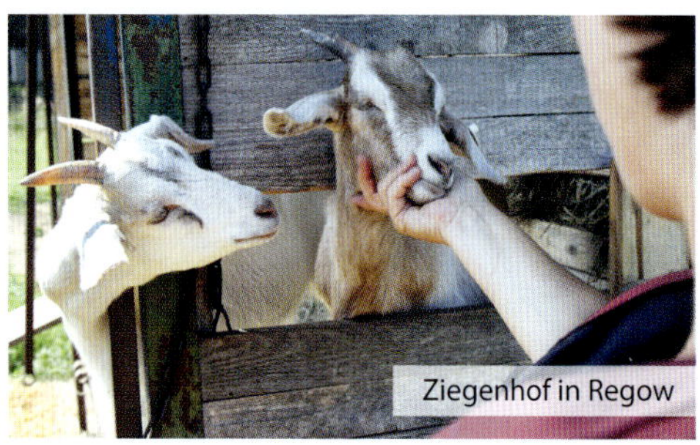

Ziegenhof in Regow

Übernachtung in Wassernähe

16798 Fürstenberg/Havel
Wasserwanderrastplatz hinter Kanu-Fisch-Pass mit WC & Dusche

Campingplatz Am Röblinsee
Röblinsee Nord 1
Tel. (033093) 382 78
www.camping-amröblinsee.de

Alte Reederei
Brandenburger Straße 38
Tel. (033093) 60474
oder 0172-322 74 21
www.altereederei.de

Jugendherberge Ravensbrück
Straße der Nationen 3
Tel. (033093) 605 90
www.jugendherbergen-berlin-brandenburg.de

Camping Wilde Heimat
(an der Siggelhavel)
Zehdenicker Straße 34 d
Tel. 0173-432 09 17
www.wilde-heimat.de

16798 Himmelpfort
Campingpark Himmelpfort
(Schlaffässer, Bungalows)
Am Stolpsee 1
Tel. (033089) 412 38
www.campingplatz-himmelpfort.de

Gasthof „Frosch & Fisch"
Klosterstr. 12
Tel. (033089) 43 90 35
www.froschundfisch.de

Mühle Himmelpfort
Stolpseestr. 2
Tel. (033089) 43 89 93
www.muehlehimmelpfort.de

Weihnachtshaus in Himmelpfort
(Zimmer), Klosterstraße 23
Tel. (033089) 418 88
www.weihnachtshaus-himmelpfort.de

16798 Zootzen
Campingverein Havelblick
Havelweg 4
Tel. 0173-218 55 78
www.camping-havelblick.de

16798 Bredereiche
Bootshaus Bandelow
(Gaststätte + Zimmer)
Dorfstraße 8
Tel. (033087) 523 10
www.bootshaus-bandelow.de

Wasserwanderrastplatz (WWR)
im Hafen, Anmeldung bitte im „Bootshaus Bandelow"
Sanitärcontainer vorhanden

Schleuse Regow
WWR (ohne Sanitär)

Schleuse Kannenburg
WWR & Gaststätte „Berlin"
öffnen erst wieder 2022

17268 Röddelin (Templin)
Campingplatz am Röddelinsee
(Zelt + Bungalow)
Tel. (03987) 542 22
www.camping-templin.de

DVK-Kanustation Decker am Röddelinsee *(Zelt + FeWo)*
Rotdornweg 10/11
Tel. (03987) 33 37
oder 01520-200 56 94

Gaststätte & Pension Seeblick
Rotdornweg 8
Tel. (03987) 30 35
www.hotel-pension-seeblick.de

17268 Templin
Wiesenhof B & B
Märkische Str. 13
Tel. (03987) 439 49 59
und 0175-853 34 49
www.wiesenhof-templin.com

Zeltmöglichkeit am Strandbad & Kanuvermietung wieder in Planung, neuer Betreiber gesucht

Gaststätte & Pension „Seeblick"
Uferweg 7, Tel. (03987) 703 40
www.kaffeegarten-seeblick.de

Iglu Camp Templin im Stadthafen
Seestraße 1, Tel. (039349) 95 88 12
www.iglu-camp.de

17268 Klosterwalde (Templin)
Naturcamp am Gleuensee
Am Gleuensee 1
Tel. 01520-337 52 52
www.naturcamp-gleuensee.de

Netzowsee (17268 Templin)
Pension Gestüt Lindenhof
(Zimmer, Heuhotel, Biwak)
Lindenhof 1
Tel. (03987) 401 61 80
www.gestuet-lindenhof.eu

Zenssee (17279 Lychen)
Pension & Gaststätte „Am Zenssee"
Wuppgarten 4
Tel. (039888) 22 47
www.zenssee.de

Gr. Lychensee (17279 Lychen)
WWR im Strandbad Lychen
(auch Safarizelte, Fahrräder, Kanu)
Am Strandbad
Tel. 0178-379 01 11
www.strandbad-lychen.de

Pian (16798 Fürstenberg)
Biwakplatz Pian am Haussee von Himmelpfort *(Schutzhütten)*

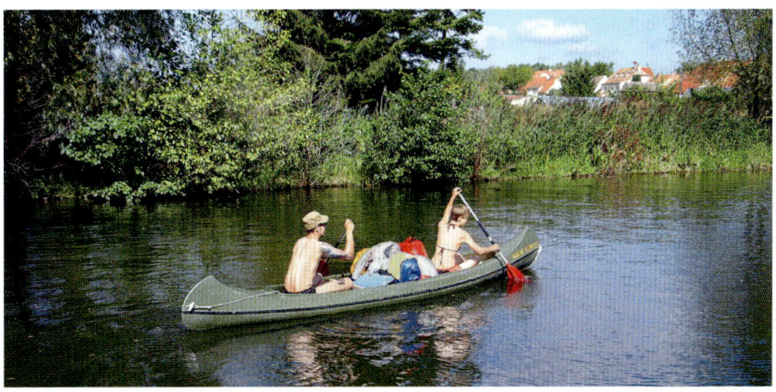

75 km

Kanuvermieter

16798 Fürstenberg/Havel
Campingplatz „Am Röblinsee"
Röblinsee Nord 1
Tel. (033093) 382 78
www.camping-amröblinsee.de

Haus an der Havel
Schliemannstr. 6
Tel. (033093) 390 69
www.haus-an-der-havel.de

Nordlicht Tour & Kanu
(auch geführte Touren und mobile Kanuvermietung)
Brandenburger Str. 33
Tel. (030) 69 40 13 06
Sommer Sa-So: (033093) 371 86
www.nordlicht-kanu.de

Bootsverleih Fürstenberg
Unter den Linden 10
Tel. (033093) 49 49 99
www.bootsverleih-fuerstenberg.de

75 km

Wilde Heimat (an der Siggelhavel)
Zehdenicker Straße 34 d
Tel. 0173-432 09 17
www.wilde-heimat.de

16798 Himmelpfort
Camping Himmelpfort (auch SUP)
Am Stolpsee 1
Tel. (033089) 412 38
www.zeltplatz-himmelpfort.de

17279 Lychen
Bootsstation-Reiherhals
Lychener Str. 7
Tel. 01520-474 21 12
www.bootsstation-reiherhals.de

Bootvermietung Tisch
Weg am Zenssee 1
Tel. (039888) 434 75
www.tisch-lychen.de

Strandbad Lychen
(auch Fahrräder)
Am Strandbad
Tel. 0178-379 01 11
www.strandbad-lychen.de

Treibholz (auch SUP)
Oberpfuhlstr. 3a
Tel. (039888) 433 77
www.treibholz.com

Ferienpark Seenland
Großer Lychensee 6
www.ferienpark-seenland.de

17268 Templin
Pension Wiesenhof B&B
Märkische Str. 13
Tel. 0175-853 34 49
www.wiesenhof-templin.com

Kajakguru (auch SUP)
Tel. 0152-0418 92 83
Seestr. 1, www.kajakguru.de

SUP-Vermieter

17268 Templin
Naturhafen Lübbesee (Mo Ruhetag)
(bei Sonne auch Bistro & Hofladen)
Heimstr. 46 Tel. (03987) 235 88 06
www.naturhafenluebbesee.jimdo.com

16798 Fürstenberg/Havel
Ahoi SUP-Verleih
(auch Touren, Lieferung möglich)
Baalenseestraße 8
Tel. 0175-655 25 57
(auch Fahrradvermietung Bahnhof Gleis 1, Bahnhofstr. 31, Tel. (033093) 16 99 35)
www.ahoisup.com

Floß- & Hausboot-Vermieter

17279 Lychen
BungalowBoot (BunBo)
Tel. (03381) 89 04 60
www.bunbo.de

16798 Fürstenberg/Havel
Floßverleih TreibGuT
(am Baalensee)
Baalenseestraße 8
Tel. 0160-96 76 96 91
www.flossverleih-treibgut.de

Natur-Floss (an der Siggelhavel)
Zehdenicker Straße 34 d
Tel. 0173-432 09 17
www.wilde-heimat.de

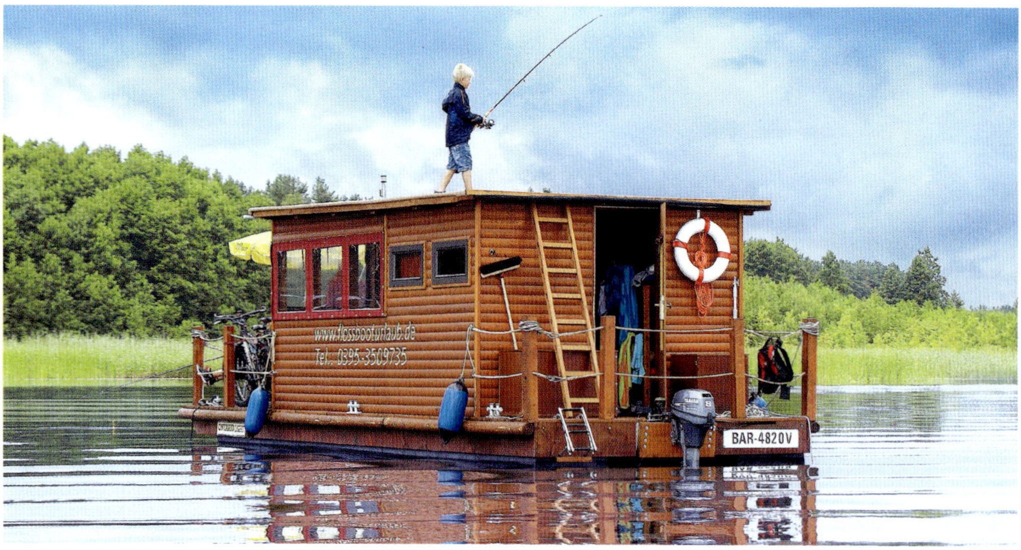

Weitere Aktivitäten

Paddeln Auf der ***Havel*** oder in der ***Feldberger Seenlandschaft.***

Radfahren Etappe auf dem ***Seen-Kultur-Radweg*** von Fürstenberg/Havel nach Neuruppin (↔ 52 km).

Naturparkrundtour von Templin über Dannenwalde, Fürstenberg/Havel und Lychen (ca. 90 km).

Mehrtagestouren auf dem ***Uckermärkischer Radrundweg*** (250 km Rundtour durch die Uckermark).

Havel-Radweg (Radfernweg, 371 km) zwischen Berlin, Brandenburg und Mecklenburg-Vorpommern.

Fahrradvermieter (z.T. auch E-Bikes) in **Fürstenberg, Himmelpfort, Lychen** und **Templin.**

Wandern Etappe auf dem ***Ruppiner-Land-Rundwanderweg*** von Fürstenberg entlang der Havel nach Dannenwalde, zurück mit der Bahn (ca. 23 km).

Von Lychen ***Woblitzrundweg*** (ca. 20 km) oder ***Stübnitzrundweg*** (ca. 11 km).

Sechs-Seen-Rundweg bei Templin (ca. 25 km).

Mehrtagestouren auf dem ***Märkischen Landweg*** (10 Etappen vom Naturpark Uckermärkische Seen zum Nationalpark Unteres Odertal).

Fahrrad-Draisine Fürstenberg – Lychen – Templin, Tel. (03377) 330 08 50, www.draisine.com

Baden, Wellness & Sauna ***NaturThermeTemplin***, Dargersdorfer Str. 121, www.naturthermetemplin.de

Westernstadt El Dorado in **Templin**, Am Röddelinsee 1, www.eldorado-templin.de

Fischereien ***Fischer Fürstenberg* OT Himmelpfort, Seenfischerei Himmelpfort, Tel. (033089) 412 09**

***Fischerei Krempig*, Lychen OT Beenz** *(empfehlenswert, auch FeWo)*, Beenzhof 1, www.fischereikrempig.de

***Uckermark Fisch in* Lychen**, Tel. (039888) 24 57, Großer Lychensee 5

Angelkarten Online im Angelkartenshop von FISKADO: www.fiskado.de

Kinder ***Wildpark Schorfheide*** (25 km südl. von Templin), Tierpark mit großen Freigehegen heimischer Wildtierarten sowie seltene, vom Aussterben bedrohte Haustierrassen, Tel. (033393) 658 55, Prenzlauer Str. 16, 16244 Schorfheide OT Groß Schönebeck, www.wildpark-schorfheide.de

75 km

Sehenswürdigkeiten

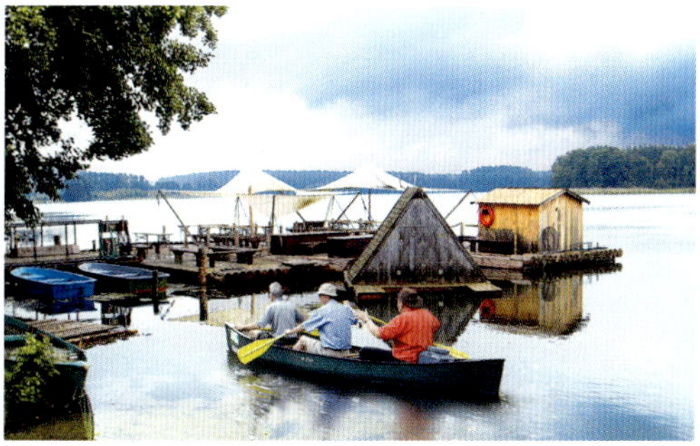

Fürstenberg/Havel Neubyzantinische Stadtkirche (1845-48) mit dem längsten Batik-Wandbehang Europas, dreiflügeliges Barockschloss (1741-52), Schliemannhaus (Wohnhaus des Entdeckers von Troja), überdachte Fachwerkbrücke, Russisches Ehrenmal.

Ravensbrück Mahn- und Gedenkstätte Ravensbrück (*Di-So 9-17*, www.ravensbrueck-sbg.de).

Himmelpfort Ruine des Zisterzienserklosters, Klosterkräutergarten mit Kräuterladen (www.kloster-kraeutergarten.de), Weihnachtspostamt.

Templin Komplett erhaltene Feldsteinstadtmauer aus dem 13./Anfang 14. Jh. mit drei gotischen Stadttoren und etwa 50 Wiekhäusern, Maria-Magdalenen-Kirche (1749), barockes Altes Rathaus (1748, heute mit Tourist-Info) am Maktplatz *(Wochenmarkt Di+Fr vormittags)*, historische Altstadt, Ausstellung Lebensräume im Berliner Tor, St. Georgen-Kapelle (14. Jh.), Uckermärkisches Volkskundemuseum im Prenzlauer Tor.

Lychen Flößereimuseum am Stargarder Tor *(Jun-Okt Di-So, 10-18)*, Flößerfest im August, spätgotische Pfarrkirche St. Johannes (13. Jh.), Marktplatz mit Fachwerkhäusern, Rathaus (1748), Reste der Stadtmauer. Besucherzentrum Naturpark Uckermärkische Seen (*Mo-Fr 8-15*, Zehdenicker Str. 1, www.natur-schau-spiel.com >Besucherzentren).

Auskunft & Tourist-Infos

Tourist-Info Fürstenberg Markt 5, Tel. (033093) 322 54, www.fuerstenberger-seenland.de

Haus des Gastes Himmelpfort Klosterstraße 23, Tel. (033089) 418 88, www.himmelpfort.de

Tourismus Uckermark Stettiner Str. 19, 17291 Prenzlau, Tel. (03984) 83 58 83, www.tourismus-uckermark.de

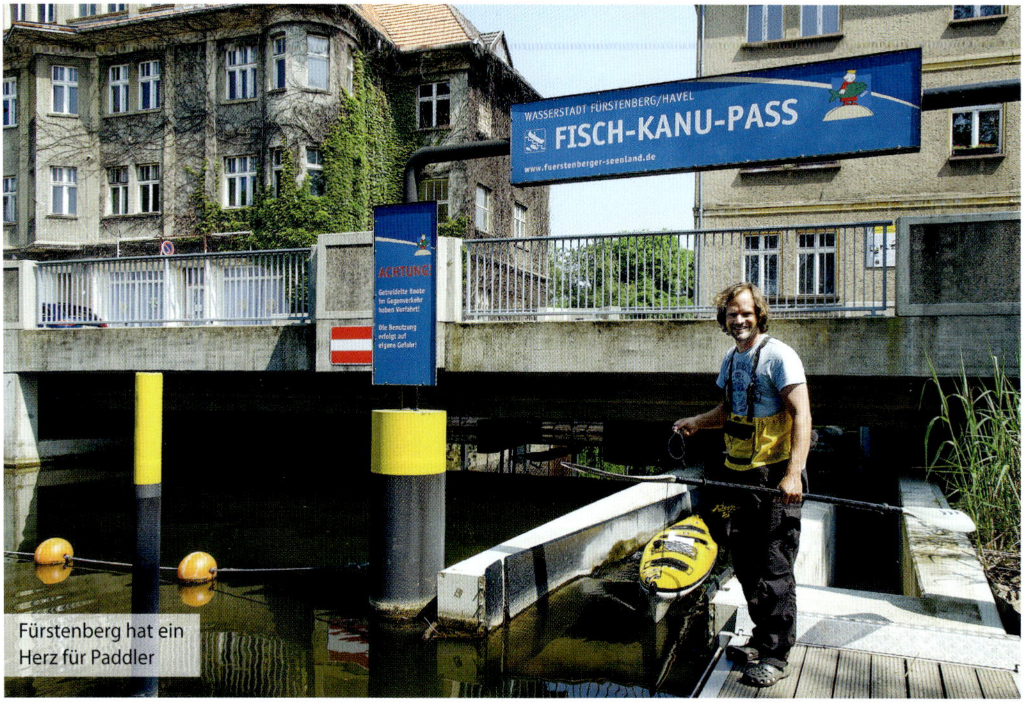

Fürstenberg hat ein Herz für Paddler

75 km

Templiner & Lychener Gewässer

An der Landesgrenze zwischen Brandenburg und Mecklenburg-Vorpommern, 80 Kilometer nördlich von Berlin, ist das Städtchen **Fürstenberg** malerisch zwischen ***Röblinsee, Baalensee*** und ***Schwedtsee*** eingebettet. Wie die „Spinne im Netz", nur 60 Bahn-Minuten von Berlin entfernt, ist die Stadt eine Schnittstelle zwischen der Strelitzer Seenplatte und den Templiner Gewässern.

Einen guten Startpunkt für die Rundtour über die Uckermärkischen Seen finde ich beim *Campingplatz „Am Röblinsee"*. Nach freundlicher Anfrage lässt der Besitzer ein Einsetzen auch für Nicht-Übernachtungsgäste zu und gegen eine geringe Gebühr kann das Fahrzeug für die Dauer der Tour hier abgestellt werden. Bei strahlendem Sonnenschein verstaue ich mein Gepäck in den Luken des Kajaks und lege ab.

Mich ostwärts haltend, zieht die Industrieruine VEB-Kraftfuttermischwerk Behrnsche Mühle, ein imposanter Lost Place, am Ufer vorüber. Hinter der Eisenbahnbrücke weist am linken Ufer ein Schild auf das *Hotel Garni „Haus an der Havel"* *(Kanuvermietung für Gäste)* hin. Es sieht gemütlich aus und ist sicherlich auch ein guter Ausgangspunkt für diese Kanutour oder ideales Basislager für Erkundungsfahrten auf den zahlreichen Wasserwegen rund um Fürstenberg.

Vor der ***Schleuse Fürstenberg*** biege ich nach links und paddle auf der ***Gänse-*** und ***Priesterhavel,*** vorbei an vielen Häusern direkt am Ufer und wie es sich für solche Wassergrundstücke gehört, dümpelt vor jedem ein Motorboot. Am rechten Ufer befindet sich auf dem Gelände des *Kulturgasthofs „Alte Reederei"* ein sympathisches Domizil mit *Bistro-Café* und lauschigem Garten für Wanderer, Kanuten und Radfahrer. Von den Uferterrassen kann man den vorbeifahrenden Booten nachschauen und in der Sonne den Tag verbummeln. Es finden immer mal Konzerte, Lesungen oder Austellungen statt und Freitag ist Kinotag.

Sehr zu meiner Freude haben die Verantwortlichen in Fürstenberg ein Herz für Kanufahrer, wie der Fisch-Kanu-Pass unter der Bahnhofsstraße eindrucksvoll unter Beweis stellt. Über eine Bootsgasse mit Borsten rutsche ich gefahrlos und bequem hinab und passiere ein paar Meter weiter auf der Rückseite der Kirche den *Wasserwanderrastplatz* der Stadt.

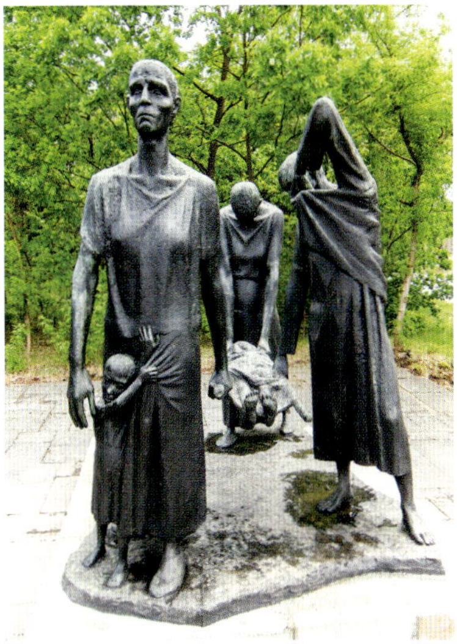

An der nächsten Gabelung weist ein Schild den Weg nach rechts zum ***Schwedtsee*** und das schmale Fließ ***Schulhavel*** spült mich an einem kleinen Hafen am Westufer in den See. Ich wende mich nach rechts, da die ***Havel*** den Schwedtsee im Südosten verlässt.

Gegenüber am Nordostufer erinnert die weithin sichtbare Bronzeskulptur „Die Tragende" auf dem Gelände der *Mahn- und Gedenkstätte* **Ravensbrück** an das dunkelste Kapitel der deutschen Geschichte. *Häftlinge des Konzentrationslagers Sachsenhausen mussten hier 1938/1939 ein Lager errichten, das zum größten Frauen-KZ des Deutschen Reichs wurde.*

75 km

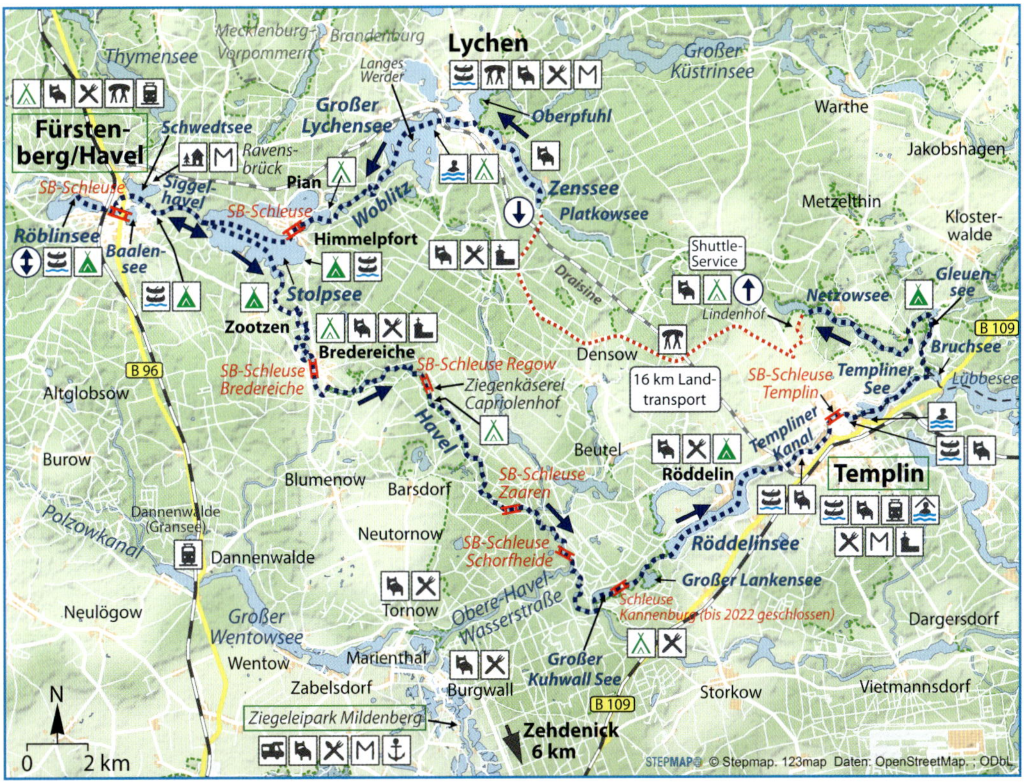

Eine Metallraute markiert den Havelabfluss. In leichten Kurven windet sich die ***Siggelhavel,*** wie dieser Abschnitt auch genannt wird, gen Osten. Gleich nach der *historischen Eisenbahnfähre* liegt rechter Hand der sympathische *Naturcamping „Wilde Heimat" (Floß-, Rad- und Kanuvermietung sowie geführte Kanutouren)* mit Pkw-freier Zeltwiese. Ein Banner links zwischen den Bäumen erinnert an das *KZ Uckermark, das in unmittelbarer Nähe des KZ Ravensbrück als Internierungslager für weibliche Jugendliche errichtet wurde.*

Die ***Havel*** bringt mich in den ***Stolpsee,*** der heute mit idealen Bedingungen aufwartet. Bei stärkerem Wind tut man gut daran, sich an eines der Ufer zu halten, heute aber liegt die Wasseroberfläche spiegelglatt vor mir und ich entscheide mich für den direkten Weg über den See. Es ist absolut windstill und wenn ich das Paddel ruhen lasse, kann ich das Vogelgezwitscher vom Ufer her hören.

75 km

Eine gute Orientierungshilfe, um den Ausgang aus dem ***Stolpsee*** zu erwischen, der sich im südöstlichen Zipfel versteckt, bietet der *„Campingplatz Himmelpfort".* Den Havelabfluss findet man in der Bucht rechts daneben.

Die Ufer sind zwar mit Pfählen und Steinen befestigt, trotzdem kommt keine Kanal-Tristesse auf. Die ***Havel*** ist jetzt ganz Fluss und sehr idyllisch. Die Ufer sind grün und in unzähligen, nicht zu engen Kurven bringt mich die Havel vorbei am *Camping „Havelblick"* nach **Bredereiche**. *Der Ortsname bedeutet soviel wie „Siedlung der breiten Eiche" und einen über 400 Jahre alten Baumveteranen findet man heute noch am Ortsausgang in Richtung Himmelpfort.*

Bevor ich in die schleuse, lege ich bei der *Gaststätte „Bootshaus Bandelow"* mit seiner schönen Uferterrasse an. Hier kann man auch ein günstiges Zimmer mieten und biwakieren. Nach einer Stärkung mit Kaffee und Kuchen statte ich noch der sehenswerten *Fachwerkkirche aus dem 17. Jh. in der Ortsmitte einen Besuch ab. Besonders eindrucksvoll ist der alte Leuchter aus dem Jahre 1599.*

Im Anschluss an den kurzen Landgang geht es zur ***Schleuse Bredereiche***. Sie ist, wie die folgenden Schleusen auch, mit einer Selbstbedienungs-Automatik ausgestattet und das

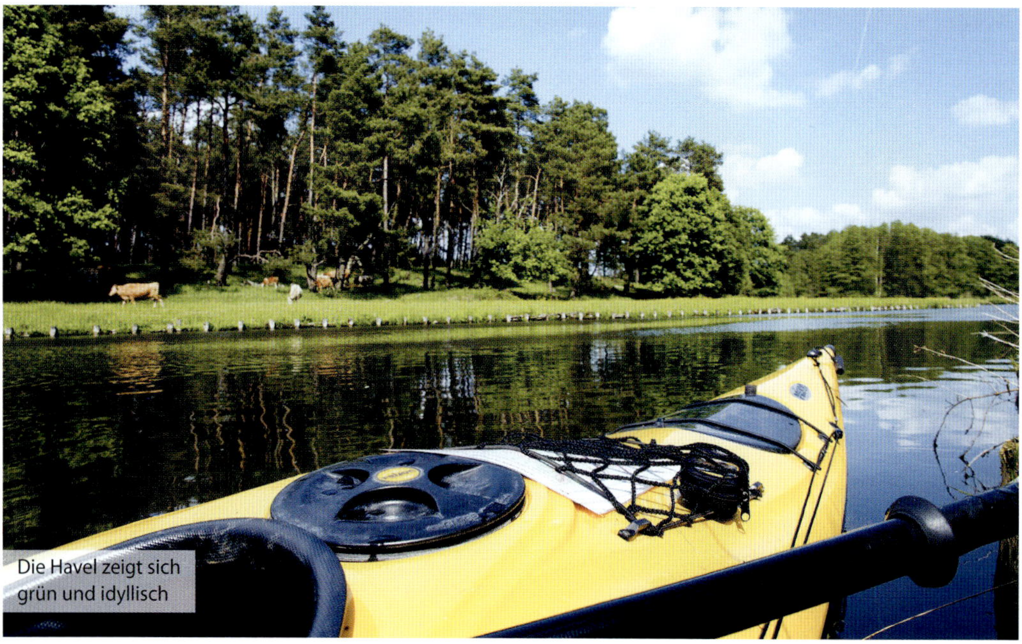

Die Havel zeigt sich grün und idyllisch

Prozedere denkbar einfach: Man zieht zunächst den grünen Hebel, um die Schleusung anzufordern, alles Weitere erklärt dann die große Textanzeige.

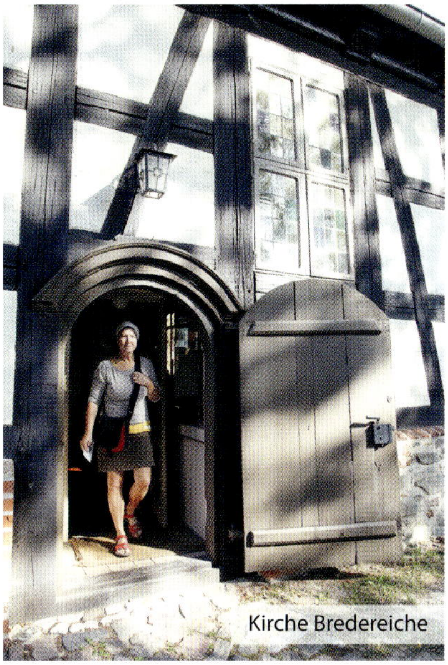
Kirche Bredereiche

Die Ufer sind jetzt flache Wiesenstreifen, auf denen Kühe grasen und erst in einiger Entfernung dahinter erhebt sich der Kiefernforst. Inzwischen sind auch die Hobbykapitäne aus ihren Kojen gekrochen und der Hausboot-Verkehr wird reger, hält sich aber absolut im Rahmen. Nächste Station ist die ***Schleuse Regow***. Nebenan lockt die *Ziegenkäserei Capriolenhof* (Di Ruhetag, Öffnungszeiten anfragen) mit *Hofladen* und kleinem *Café*. Sehr idyllisch ist auch der *Biwakplatz* (im Capriolenhof anmelden) am Altarm ein paar hundert Meter hinter der Schleuse. Für die Sanitäranlagen und Frischwasser muss man die paar Schritte zurück zum Ziegenhof laufen, abendliche Einkehr am besten vorher anmelden.

Im folgenden Abschnitt rückt der Wald dichter an die Ufer, die nun leicht ansteigen. Betreten sollte man sie sowieso nicht – da die Strecke bis Kilometer 35 ehemals Truppenübungsgelände war, besteht wegen der Blindgänger Lebensgefahr.

Über die SB-***Schleusen Zaaren*** und ***Schorfheide*** erreiche ich die Kreuzung zweier Wasserwege. Nach rechts (westwärts) führt die ***Obere-Havel-Wasserstraße (OHW)*** Richtung Zehdenick nach Tornow, Burgwall und zum Ziegeleipark Mildenberg, ich biege jedoch nach links auf das ***Templiner Gewässer*** ab.

Die Ufer sind nun kaum noch befestigt und der Schilfgürtel wird breiter. Nach gut zweieinhalb Kilometern ist der ***Große Kuhwall-See*** erreicht, an dessen Ende ich vor der nächsten Schleuse den *Biwakplatz* **Kannenburg** ansteuere. Er gehört zur Schleusen-Gaststätte „Berlin" und gegen einen geringen Obolus darf ich dort mein Zelt aufstellen und den WC-Container nutzen (Schleuse, Biwak & Gaststätte bis 2022 geschlossen). Während ich mein wohlverdientes Radler im Biergarten trinke, erklärt mir der Wirt stolz „Bis vor der Sanierung war die Schleuse Kannenburg die älteste, von Hand betriebene Schleuse an einer offiziellen Wasserstraße in Deutschland". Es ist einfach traumhaft – die Abendsonne schenkt mir ihre letzten wärmenden Strahlen.

75 km

Am nächsten Morgen bin ich früh wach und genieße es, noch allein auf dem Wasser zu sein. Am ***Großen Lankensee*** beeindruckt mich ein stattlicher Bungalow mit einer gemütlichen Couch auf dem Steg davor. Hier lässt es sich sicherlich gut aushalten. Bald geht es in den ***Röddelinsee***, der bei absoluter Windstille spiegelglatt vor mir liegt. Am linken Ufer ziehen ein *Naturcampingplatz*, die *DKV-Kanustation* und direkt nebenan die *Pension „Seeblick"* vorüber. Nach knapp viereinhalb Kilometern Länge ist das Nordende des langgestreckten Rinnensees erreicht und die Weiterfahrt versteckt sich als enge Einfahrt in einer Schilfbucht.

Hinter einer scharfen Kurve finde ich mich auf dem schmalen ***Templiner Kanal*** wieder. Eine Hand reicht, um die Motorboote abzuzählen, die mir entgegenkommen. Nach dem Ausstieg am *Bed & Breakfast „Wiesenhof"* tuckert mir der Ausflugsdampfer Uckerperle entgegen und voraus ist schon ein Kirchturm von **Templin** zu sehen.

Auch die ***Stadtschleuse*** ist mit einer SB-Automatik ausgestattet, trotzdem nimmt die Schleusung eine Weile in Anspruch, denn der Hub ist enorm. Bald nach der Holzbrücke lege ich am rechten Ufer im ***Stadthafen Templin*** an. Hier kann man neuerdings stilvoll im *Iglu Camp* auf dem Wasser übernachten. Der Hafenmeister berechnet mir zwar die „Liegegebühr" eines kleinen Motorboots, dafür weiß ich aber mein Kajak in guten Händen und kann ganz ohne Sorge um Boot und Gepäck durch die hübsche Kleinstadt **Templin** schlendern. *Vom liebevoll gestalteten Kopfsteinpflaster-Marktplatz mit dem Historischen Rathaus sind es nur wenige Schritte bis zur beeindruckenden Maria-Magdalenen-Kirche, einem dreischiffigen barocken Hallenbau. Um 1230 erwarben die askanischen Markgrafen das Gebiet rund um das heutige Templin, da es sich durch seine Hügellage und die angrenzenden Sumpfgebiete gut verteidigen ließ. Die Lage erwies sich aber nicht nur als strategisch günstig. Da sich hier die Straßen von Stettin nach Magdeburg sowie die von der Oder kommend in Richtung Hamburg kreuzten, entwickelte sich Templin im Mittelalter zu einer florierenden Stadt. Zeichen für den damaligen Wohlstand ist die 1735 Meter lange und bis zu sieben Meter hohe Feldsteinmauer. Sie wurde aus Findlingen errichtet, die von den umliegenden Feldern herbeigeschleppt werden mussten. Statt mit Zinnen und Wehrgang statteten die Baumeister die mächtige Befestigungsanlage mit etwa 50 Wiekhäusern aus. Sie dienten als Verteidigungsplattform und verliehen der Mauer zusätzliche Stabilität.*

75 km

Zurück im Boot setze ich die Tour in nordöstliche Richtung fort und paddle vorbei am *Strandbad* in den ***Templiner Stadtsee***, ein weiterer schmaler Rinnensee. Direkt nach der engen Durchfahrt in den ***Bruchsee***, biege ich links auf das ***Gleuen Fließ*** zum ***Gleuensee*** ab. Vor dem *Campingplatz* am Nordufer zweigt nach links der für Motorboote gesperrte ***Netzowgraben*** ab. Er ist stellenweise zwar sehr flach, sodass ich sehr genau darauf achten muss, nicht aufzusetzen, dafür schlägt mich das wildromantische Fließ aber sofort in seinen Bann und entlässt mich fast zu schnell auf den einsamen ***Netzowsee***. Der ist nicht weniger bezaubernd. Ich habe den schmalen, langgestreckten See ganz für mich alleine.

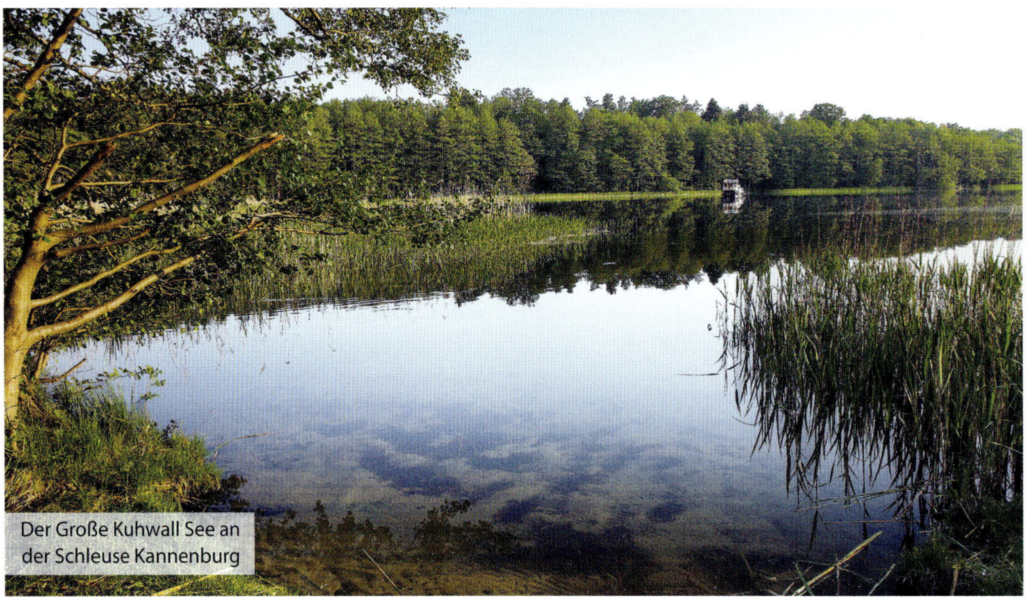

Der Große Kuhwall See an der Schleuse Kannenburg

Made in Lychen: Die Geschichte der Heftzwecke

Ob Büroklammer, Klebestreifen oder Heftzwecke – es gibt eine ganze Reihe von Büro-Hilfsmitteln, die so einfach wie genial sind, dass sie trotz Textverarbeitung und Internet bis heute von keinem Schreibtisch wegzudenken sind.

Eine Reißzwecke, die auf dem Hotelgelände auf der Halbinsel Lindenhof im Wurlsee auf einer zwei Meter hohen Säule thront, erinnert daran, dass eines dieser praktischen Helfer von Lychen aus seinen Erfolgszug rund um die Welt antrat.

Irgendwann zu Beginn des 20. Jahrhunderts war der Uhrmacher Johann Kirsten die blutigen Daumen leid, die er sich holte, wenn er seine Merkzettel mit einem herkömmlichen Nagel an der Wand befestigte und konstruierte kurzerhand einen kleinen, spitzen Stift mit breitem Kopf. Er ahnte jedoch nichts von der Erfolgsstory die sich da anbahnte und verkaufte 1903 die Rechte an seiner Erfindung aus Geldnot an die Herren Lindstedt und Flassar.

Der wirtschaftliche Erfolg stellte sich allerdings erst ein, als Otto Lindstedt die Metallkurzwaren-Fabrik *(das Gebäude steht noch heute in der Berliner Straße 10 hinter der Apotheke)* seines Bruders Arthur übernahm und die Heftzwecke perfektionierte, so dass der Stift selbst bei stärkerem Druck nicht durch die Kopfplatte stach. Anfang 1966 wurde die Herstellung der Heftzwecken schließlich eingestellt – heute erinnern neben dem Denkmal im Wurlsee nur noch 16 überdimensionale Pinnen, die als Informationstafeln im gesamten Stadtgebiet aufgestellt wurden, an den einstigen Exportschlager aus Lychen.

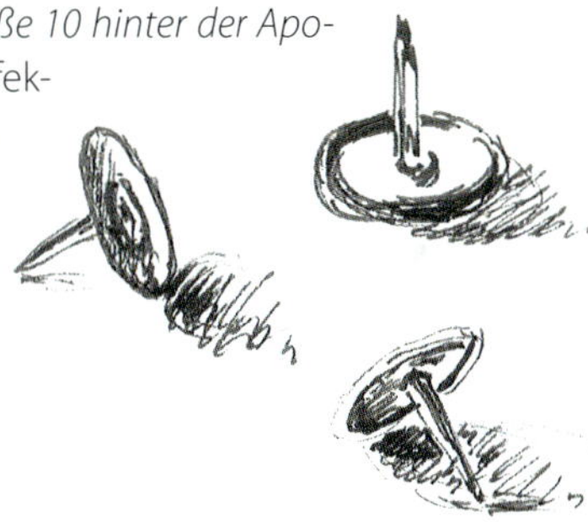

75 km

Die Ufer sind von stillem Wald gesäumt und weit und breit ist kein Haus zu sehen.

Nach gut dreieinhalb Kilometern durch dieses Naturidyll lege ich am linken Ufer am *Gestüt Lindenhof* an. Hier gibt es nicht nur eine Biwakmöglichkeit, ein Heuhotel und eine Pension, sondern der Besitzer, Herr Wagner, übernimmt auch den anstehenden Shuttle *(mindestens1 Tag vorab anmelden!)* in den Platkowsee. Wenige Minuten nach meinem Anruf ruckelt er mit dem Kanutrailer über den Feldweg und wir verzurren mein Kajak.

Die etwa 16 Kilometer lange Autofahrt vergeht wie im Flug, denn Herr Wagner weiß viel über die Region zu erzählen, schwärmt vom Uckermärkischen Radweg und der Raddraisine Templin – Fürstenberg und gibt einen Kurzabriß der Templiner Stadtgeschichte: *„Den verheerenden Stadtbrand von 1735 überstand nur die St. Georgen-Kapelle, die Stadtmauer und die drei erhaltenen Stadttore unbeschadet."*

Am nördlichen Ende des ***Platkowsees*** lässt mich Herr Wagner wieder zu Wasser. Ich muss nur einmal abbiegen und paddle unter der Wuppgartenbrücke hindurch in den ***Zenssee***. Im Gespräch vertieft habe ich bei der Autofahrt den Himmel aus den Augen gelassen und während ich am Lindenhof bei strahlendem Sonnenschein aus dem Boot stieg, werde ich jetzt von einem Wärmegewitter überrascht. Innerhalb weniger Minuten verfinstert sich der Himmel. Plötzlich treiben Sturmböen über den See und es beginnt in Strömen zu regnen. Ich flüchte mich ans Ufer, schließe die Spritzdecke und warte von ein paar Bäumen geschützt, bis sich das Gewitter ausgetobt hat.

Genauso so schnell wie er gekommen ist, ist der Spuk auch wieder vorbei. Und ohne ein Wölkchen am Himmel, wechsel ich vom ***Zenssee*** in den See ***Oberpfuhl*** und lande an der *Schäferwiese (Spielplatz)* vor der Straßenbrücke in **Lychen** an. Die Portage über die Straße bringt mich in den ***Stadtsee***.

Wie eine Insel liegt Lychen zwischen den Seen Nesselpfuhl, Oberpfuhl, Stadt- und Zenssee. Die gute Wasseranbindung zusammen mit dem Waldreichtum der Region haben dafür gesorgt, dass die Flößerei bis in die 1970er-Jahre hinein der bedeutendste Wirtschaftszweig der Stadt war. Seit 1720 wurden in Lychen Holzstämme zu Flößen gebunden und bis nach Hamburg und Berlin verschifft. Industrie gibt es in dem kleinen Städtchen praktisch nicht und heute verdient man sein Geld in erster Linie mit dem Tourismus. Natürlich spielt das traditionelle Flößerhandwerk eine wichtige Rolle. Angeboten werden Ausflugsfahrten, ein Flößerei-Museum informiert über die Geschichte der Flößerei und einmal im Jahr wird gegen Ende Juli ein dreitägiges Flößerfest veranstaltet.

75 km

Unter dem Blick der gotischen Klosterkirche überquere ich den ***Stadtsee*** von Ost nach West und fahre hinter der Fußgängerbrücke nach links unter der Eisenbahnbrücke hindurch in den ***Großen Lychensee***. Hier bietet das *Strandbad Lychen* am linken Ufer hinter dem Segelclub sowohl die Möglichkeit das Zelt aufzuschlagen als auch „Glamping" im Safarizelt. Am nächsten Morgen setze ich die Tour in südwestliche Richtung fort und steuere das Kajak rechts an der ***Insel Langes Werder*** vorbei in die ***Woblitz***. Diese idyllische, flussartige Verbindung bringt mich nach knapp zweieinhalb Kilometern in den ***Haussee***. Hier folge ich dem Ufer, den in einer Bucht gelegenen *Biwakplatz* **Plan** hinter mir lassend, um am Ende die ***Schleuse* Himmelpfort** zu erreichen.

Die Efeu überwucherten Reste der Klostermauern und die kleine Klosterkirche mit romantischem Kloster-Kräutergarten erinnern an die Entstehung des kleinen Ortes, als sich hier vor rund 700 Jahren die Zisterziensermönche ansiedelten und ihre Klosteranlage auf der Landzunge zwischen Haussee, Moderfitzsee, Sidowsee und Stolpsee errichteten. Das ehemalige Brauhaus aus dem 14. Jahrhundert wird nach der Zerstörung bei einem Brand 2010 – der Giebel im Stil der Backsteingotik blieb erhalten – wieder restauriert. Berühmt ist Himmelpfort vor allem für sein Weihnachtspostamt im Weihnachtshaus (Herberge, Café, Info) *und jedes Jahr in der Vorweihnachtszeit trudeln hunderttausende von Briefen mit Wunschzetteln aus der ganzen Welt ein, die fleißige „Engel" des Weihnachtsmanns gewissenhaft beantworten.*

Auch kulinarisch spricht einiges dafür, in Himmelpfort zu Verweilen. Allen voran bietet das „Frosch und Fisch" tolle französische Küche, gefolgt vom „Michaelis" im Landhaus, dem Gastgarten am Mühlenfließ sowie der Fischgaststätte „Zum Stolpseefischer".

Die ***Schleuse Himmelpfort*** entlässt mich dann auf den ***Stolpsee*** und nun geht es Richtung Nordwesten auf der bekannten Strecke zurück zum Campingplatz in **Fürstenberg**.

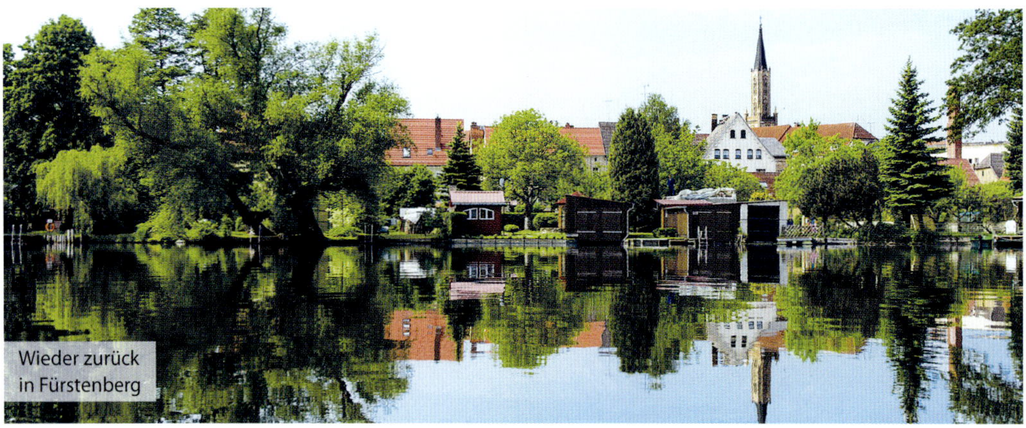

Wieder zurück in Fürstenberg

Vom Langen Trödel über die Havel in die Wentowseen

Industriekultur Tonstichlandschaft

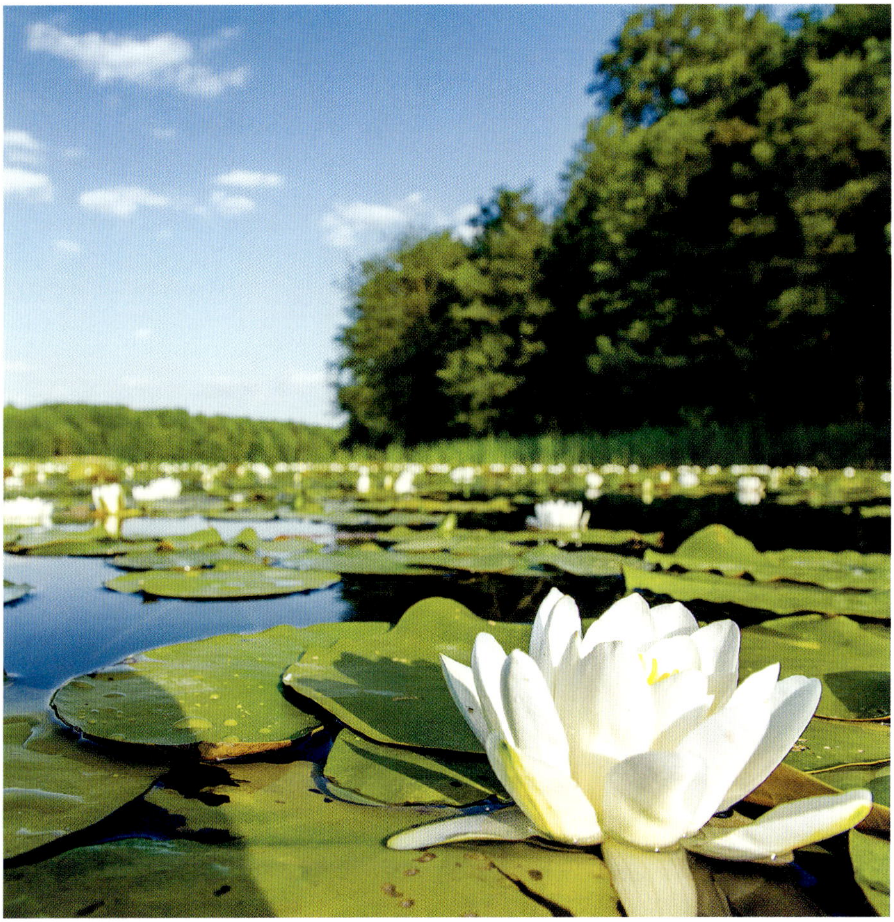

Tour 8

Infos Tour 8 – Vom Langen Trödel über die Havel in die Wentowseen

Aktivitäten	Natur	Kultur	Baden	Hindernisse
★★★	★★★	★★★	★★★	★

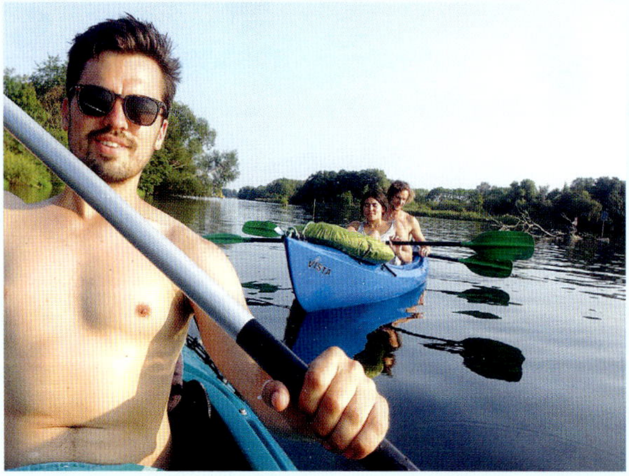

Charakter der Tour

Nachdem die beiden Schleusen in Zerpenschleuse in den Jahren 1924/25 zugeschüttet worden waren, wurde das westlichste Teilstück des Finowkanals zu einer zehn Kilometer langen Sackgasse und die Natur übernahm die Regie.

Die Strecke ist zwar begradigt, führt aber durch dichten Mischwald. Ab Liebenwalde folgt die Tour der Havel durch eine ehemalige Tonstichlandschaft und in Mildenberg bietet der Ziegeleipark die Möglichkeit die drei Epochen der Lehmziegelherstellung von der manuellen Fertigung in den 1890er Jahren bis zur maschinellen Produktion anschaulich nachzuvollziehen. Das Finale beschließen dann die in herrliche Buchenmischwälder eingebetteten Wentowseen.

43 km

Länge & Dauer der Tour 43 km, 2-3 Tage

3 Schleusen Bischofswerder und Zehdenick, beide Selbstbedienung) und Marienthal *(9.30-16/17, Jun-Aug bis 18.30, Pause 12-13)*, umtragen möglich.

Anreise A 11 Berlin – Stettin bis Ausfahrt 13 (Lanke), weiter über die Landstraßen L 31 und B 109 bis Zerpenschleuse.

Einsetzstelle **Zerpenschleuse** (Liebenwalder Str.).

Aussetzstelle *Camping Seeblick* in **Seilershof** am Kleinen Wentowsee.

Zurück zum Pkw Von Dannenwalde über Berlin nach Zerpenschleuse mit ÖPNV möglich (zeitaufwändig, ca. 3 Std.!, Fahrpläne unter www.vbb-online.de). Vom Bahnhof Zerpenschleuse rund 3 km Fußweg zur Einsetzstelle! Evtl. vorab ein Fahrrad am Bahnhof Ruhlsdorf-Zerpenschleuse deponieren.

Etappenvorschlag

1. Tag Zerpenschleuse – Zehdenick (24 km).

2. Tag Zehdenick – Ziegeleipark Mildenberg (6 km) mit viel Zeit für Museum & Abstecher in Tonstiche.

3. Tag Mildenberg – Seilershof (13 km).

Tipps für Tagestouren

1. Von Marienwerder über den Werbellinkanal auf den Werbellinsee.
2. Von Zerpenschleuse über den Finowkanal.

Literatur-Tipps

„Obere Havel. Ein Wegbegleiter“ sowie *„Barnim. Ein Wegbegleiter“, Wanderungen. Stadtrundgänge. Naturerlebnisse. Kulturtipps,* terra press.

Reiseführer *„Die Havel - Natur und Kultur zwischen Müritz und Havelberg“*, Trescher Verlag.

„Hausboot Zeitreise: Erlebnisse auf dem Finowkanal“, Torsten Krone, Books on Demand.

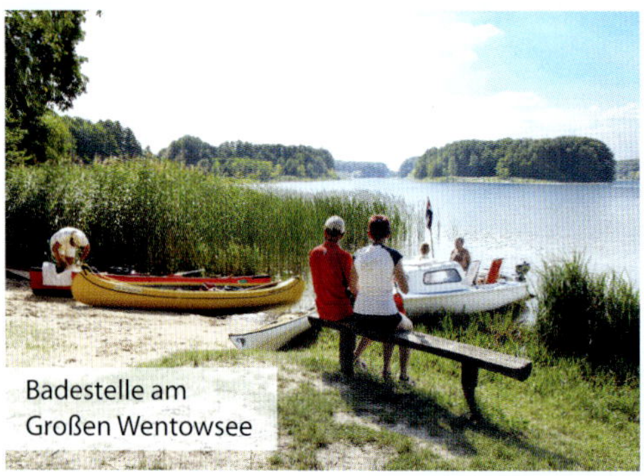

Badestelle am Großen Wentowsee

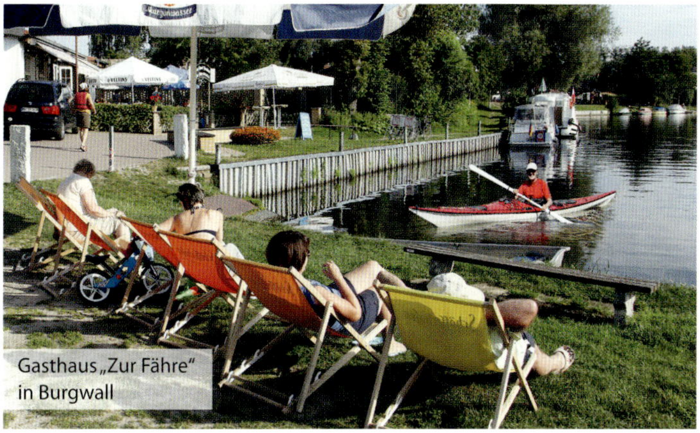
Gasthaus „Zur Fähre" in Burgwall

Übernachtung in Wassernähe

16348 Zerpenschleuse
Im Schwalbennest (FeWo)
Tel. (033395) 71145
Berliner Str. 1a
www.imschwalbennest.de

Gasthaus am Finowkanal
Liebenwalder Str. 55, neuer Betreiber, Tel. & www in Planung

16559 Liebenwalde
Stadthafen Liebenwalde (Biwak)
Berliner Str. 44
Tel. 0173-236 81 38
www.stadthafen-liebenwalde.de

16792 Zehdenick
Herberge „Am Dock"
Schmelzstr. 9
Tel. (03307) 421 81 92
www.herberge-am-dock.de

Havelschloss Zehdenick
Schleusenstraße 15b
Tel. (03307) 429 08 39
www.havelschloss.de

Kormoran Resort Zehdenick
(Zimmer + Camp Hütten)
Am Ziegeleistich 1
Tel. (03307) 47 07 27
www.resort-kormoran.de

16792 Mildenberg (Zehdenick)
Freihafen Mildenberg
(auch Glamping Zelte, Imbiss)
Am Welsengraben 5
www.freihafen-mildenberg.de

Ziegeleipark Mildenberg
Marina Alter Hafen mit Camping & WoWo-Stellplatz
(auch Schlaffass & Kanu-Vermietung)
Ziegelei 11
Tel. (03307) 42 05 04
www.marina-alter-hafen.de

Gasthaus & Pension „Alter Hafen"
(Radlerhütten, Zimmer, FeWo)
Tel. (03307) 30 18 70
www.gasthaus-alter-hafen.de

16792 Burgwall (Zehdenick)
Gasthaus & Pension „Zur Fähre"
Havelstraße 50
Tel. (033080) 602 44
www.gasthaus-zur-faehre-burgwall.de

16798 Tornow
Mühle Tornow
(sehr gutes Essen, kleiner Hofladen)
Neue Str. 1, Tel. (033080) 40 48 50
www.muehle-tornow.de

Camping am großen Wentowsee
(ab 14 Jahre, keine kleinen Kinder!, auch Schäfer- & Holzwohnwagen)
Ringslebener Str. 2
Tel. 0176-39 05 83 83
www.campingplatz-am-grossen-wentowsee.de

16775 Seilershof (Gransee)
Camping Seilershof (Apr-Okt)
(am Kleinen Wentowsee)
Hauptstr. 28 a
Tel. (033085) 703 11
www.camping-seilershof.de

Kanuvermieter

16348 Zerpenschleuse
TiBo Kanuverleih (auch SUP)
Kanalstr.11, Tel. (033395) 700 99
www.am-langen-troedel.de

Bootshaus Lotti (auch Café)
Am Finowkanal 4 *(200 m v. Bahnhof Ruhlsdorf-Zerpenschleuse)*
Tel. 0177-154 61 76
www.bootshaus-lotti.de

16559 Liebenwalde
Stadthafen Liebenwalde
(Kanuvermietung ab 2022)
Berliner Str. 44
Tel. 0173-236 81 38
www.stadthafen-liebenwalde.de

16792 Mildenberg
Freihafen Mildenberg (auch SUP)
Am Welsengraben 5
Tel. 0175-791 67 79
www.freihafen-mildenberg.de

Ziegeleipark Mildenberg
Marina Alter Hafen
(auch Hausboote „Die BOOTschaft, www.die-bootschaft.de)
Ziegelei 11
Tel. (03307) 42 05 04
www.marina-alter-hafen.de

16798 Tornow
Camping am großen Wentowsee
(auch Fahrradvermietung)
Ringslebener Str. 2
Tel. 0176-39 05 83 83
www.campingplatz-am-grossen-wentowsee.de

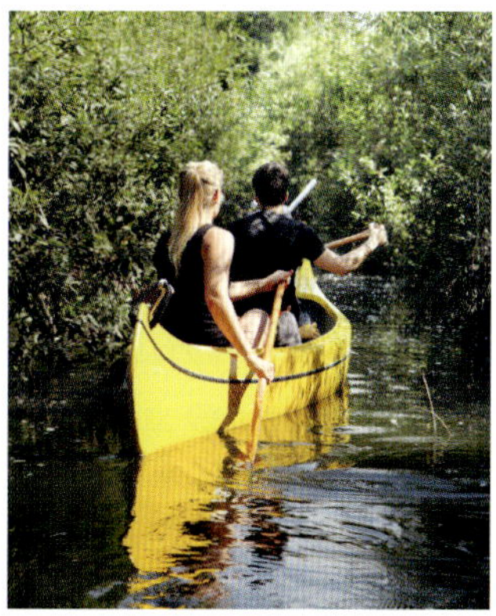

43 km

Weitere Aktivitäten

Paddeln Auf der ***Havel*** weiter *nach Norden* und über Lychener Gewässer in die Feldberger Seen oder in die Strelitzer Gewässer.

Auf der ***Havel*** weiter ***nach Süden*** in Richtung Berlin.

Über den ***Finowkanal*** bis zur Oder.

Radfahren

Auf dem ***Treidelweg*** am ***Finowkanal*** entlang.

Von Dannenwalde über **Bredereiche** nach **Fürstenberg**, zurück über **Neuglobsow** (Stechlinsee) und **Menz** (NaturParkHaus) (ca. 45 km).

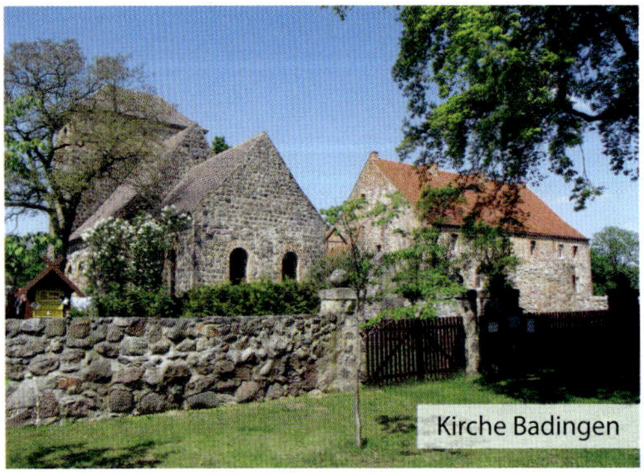

Kirche Badingen

43 km

Von Gransee über **Kraatz** (Dorfkirche, Kraatzer Kulturgarten *Sa+So*) nach **Badingen** (eines der ältesten Renaissanceschlösser, Kirche) und weiter über **Mildenberg** (Ziegeleipark) durch die Tonstichlandschaft nach **Zehdenick** (Klosterruine), dann über **Grüneberg** und **Löwenberg** (Herrenhaus, Feldsteinkirche) zum **Schloss Meseberg** (Gästehaus der Bundesregierung) und von dort zurück nach Gransee (ca. 60 km).

Radfernwege Mehrtagestouren auf dem ***Berlin-Kopenhagen-Radweg***, ***Havel-Radweg***, ***Holländer Rundweg*** oder ***Löwenberger-Landradweg***.

Fahrradvermieter in **Zehdenick:** Dammhaststr. 50, Tel. (03307) 31 00 32, www.fahrrad-zehdenick.de
und in **Fürstenberg/Havel:** *Camping am Großen Wentowsee,* Ringslebener Str. 2, 0176-39 05 83 83.

Wandern

Rundwanderweg von Liebenwalde ***zum Wildpferdgehege*** in **Liebenthal** und zurück (ca. 22 km).

Mehrtagestouren auf dem ***Ruppiner-Land-Rundwanderweg*** (insgesamt 250 km in 11 Tagesetappen zwischen Henningsdorf und Fürstenberg).

Angeln Angeln in den Tonstichen rund um Zehdenick, Online Angelkarten: www.lavb.de

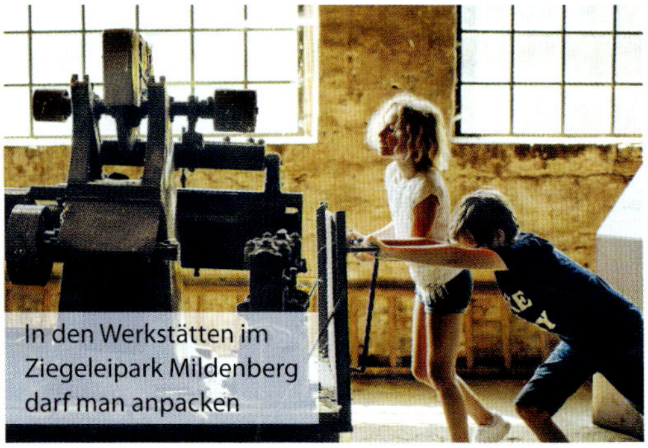

In den Werkstätten im Ziegeleipark Mildenberg darf man anpacken

Fallschirmspringen Tandemsprung und Kurse in **Gransee**, Tel. (030) 24 53 40 30, www.gojump.de

Kinder

Ziegeleipark Mildenberg siehe Sehenswürdigkeiten.

Wildpark Schorfheide, Tierpark mit großen Freigehegen heimischer Wildtierarten sowie seltene, vom Aussterben bedrohte Haustierrassen, Tel. (033393) 658 55, Prenzlauer Str. 16, 16244 Schorfheide OT **Groß Schönebeck**, www.wildpark-schorfheide.de

Hof der kleinen Tiere, Kleiner, privater Tiergarten mit besonders kleinen Tieren und Hofladen, *Fr 15-18, Sa 9-17*, Alte Lindenstr. 10 a 16348 Wandlitz, OT **Zerpenschleuse**, www.hofderkleinentiere.de).

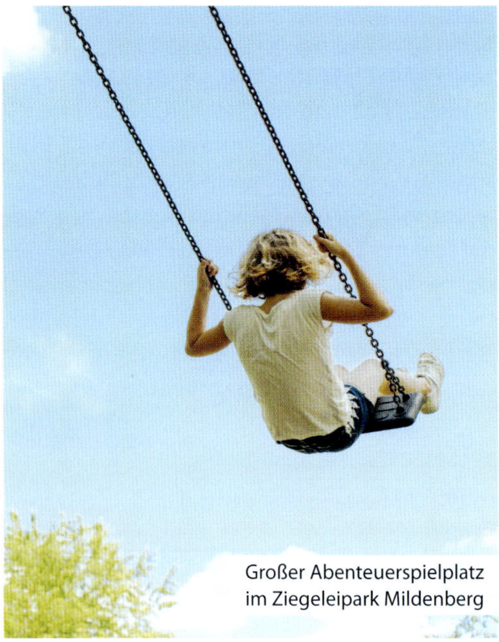

Großer Abenteuerspielplatz im Ziegeleipark Mildenberg

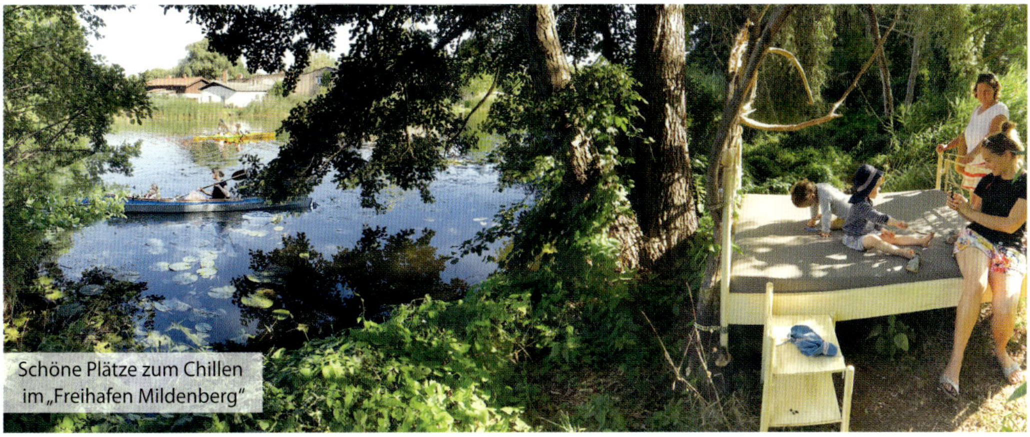

Schöne Plätze zum Chillen im „Freihafen Mildenberg"

Sehenswürdigkeiten

Zerpenschleuse Ehemalige Schifferhäuser, Dorfkirche im Ziegelfachwerkbau aus dem 19 Jh., Antikscheune Emma Emmelie (*Fr, Sa, So 11-18,* Kanalstr. 27, Tel. 0170-52 48 364, www.emma-emmelie.de).

Wandlitz OT Klosterfelde (8 km südlich v. Zerpenschleuse) Klosterfelder Senfmühle, Zerpenschleuser Str. 34 Tel. (033396) 574, www.klosterfelder-senfmuehle.de

Liebenwalde Heimatmuseum im ehemaligen Stadtgefängnis (Tel (033054) 805 55), klassizistische Pfarrkirche (1833-1835) nach Plänen von Schinkel.

Zehdenick Havelschloss, Klosterruine (1250) mit Klosterscheune (Galerie, Veranstaltungen), klassizistisches Rathaus am Markt (1803), evangelische Stadtkirche (1812), Havelschleuse v. 1909, Hastbrücke (Wahrzeichen, früher Holzbrücke), Kamelbrücke (Teil des Treidelwegs), Klostermetzgerei (*Do-Sa* mit kl. Bioladen, Berliner Str. 12), Treidelweg / Zieglerpfad bis nach Marienthal.

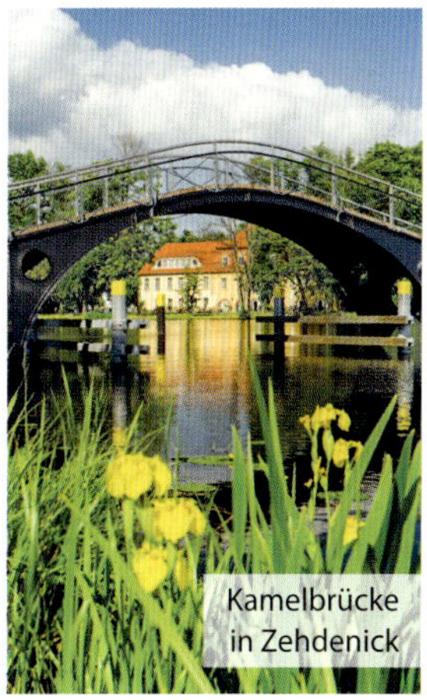

Kamelbrücke in Zehdenick

Mildenberg Ziegeleipark Mildenberg, lohnendes Freilicht-Industriemuseum im Zehdenicker Ziegeleirevier, Fahrten mit der Ziegeleibahn, alte Werkstätten (auch zum Mitmachen), Ringöfen, großer Abenteuerspielplatz mit Floßüberfahrt, Museumshafen, Tel. (03307) 31 04 10, www.ziegeleipark.de

Dannenwalde Herrenhaus, neugotische achteckige Patronatskirche („Kirche am Weg"), Barfußpfad (www.barfusspfad-dannenwalde.de), Hofladen mit Wildprodukten & Imbiss (*Mai-Sep Mo-So/ Okt-Apr Mi-So 9-17*, www.richards-wild.de).

Gransee Ruine Franziskanerkloster (Café geplant), gotische Marienkirche (14. Jh.) Heimatmuseum im ehemaligen „Heilig-Geist-Hospital", Denkmal für Königin Luise, Statue „Anna und Otto" vor dem Ruppiner Tor (Wahrzeichen), Stadtmauer mit Wiekhäusern (14. Jh.), Pulverturm (15. Jh.), mittelalterlicher Wartturm.

Meseberg Barockschloss (Gästehaus der Bunderegierung) mit barockem Terrassengarten am Huwenowsee, gutes Restaurant, www.schloss-meseberg.de

Gut Boltenhof (7 km nördlich v. Tornow) Gutshof mit altem Herrenhaus, Tiere, Ferienwohnungen, gutes Restaurant mit regionaler Bio-Küche und Hofladen. Urlaub mit Kindern in frischer Landluft, www.gutboltenhof.de

Tourist-Infos

Zehdenick Am Markt 11, Tel. (03307) 28 77, www.zehdenick-tourismus.de

Groß Schönebeck (16244 Schorfheide) im Jagdschloss, Schloßstr. 7, Tel. (033393) 657 77, www.schorfheide.de

Auskunft *Tourismusverband Ruppiner Seenland* Tel. (03391) 65 96 30, www.ruppiner-seenland.de

Vom Langen Trödel über die Havel in die Wentowseen

Als Startpunkt habe ich mich für den nordwestlichen Ortsausgang von **Zerpenschleuse** entschieden. In der Liebenwalder Straße beim *Gasthaus am Finowkanal*, neben der schönen *Ziegelfachwerkkirche. Das heutige Gasthaus, ein 1845 gebautes und inzwischen unter Denkmalschutz stehendes Backsteinhaus, wurde für die Kinder des Dorfes und die der Schiffer als Dorfschule gebaut.* Bis 2019 war es eine sehr beliebte Adresse für Essen und Schlafen. Bei Druck des Buches hatten wir noch keine Info, was der neue Betreiber nach der Renovierung alles vorhat.

Auch gegenüber vom *TiBo-Kanuverleih* kann man das Boot bequem hinter dem letzten Straßendamm in den ***Langen Trödel*** schieben. Die schnurgerade Ausrichtung des ***„Langen Trödels“*** erinnert an seine einstige Bestimmung, das Treideln, ansonsten ist von dem ehemaligen Kanal nicht mehr viel zu spüren. *In den Jahren 1924-25 wurde mit der Stilllegung und Zuschüttung der beiden Zerpenschleusener Schleusen der Lange Trödel zu einer zehn Kilometer langen Sackgasse.*

43 km

Durch den Neubau der Schleuse Zerpenschleuse ist der ***Finowkanal*** seit Mitte 2016 nun wieder durchgängig auf einer Länge von 42 km von Liebenwalde bis Liepe schiffbar.

Die Äste alter, knorriger Bäume schimmern grün in der Sonne und strecken sich weit über die Ufer ins Wasser. Das Blätterrauschen im Wald links und rechts mischt sich mit einem vielstimmigen Vogelgezwitscher und ich finde mich alleine unter Enten und Graureihern.

Schon der erste Finowkanal zwischen Liebenwalde und der Finow bei Schöpfurth von 1609 wurde Trödel genannt und der Name ist Programm. Gemütlich mache ich Zug um Zug und nach zwei Stunden idyllischer, einsamer Paddelei kündigt sich, hinter einer aufgelassenen Eisenbahnbrücke und einigen Gartenlauben, **Liebenwalde** an. *Das Akkerbürgerstädtchen im Kreuzungspunkt von Oder-Havel-Kanal, Schneller Havel, Vosskanal*

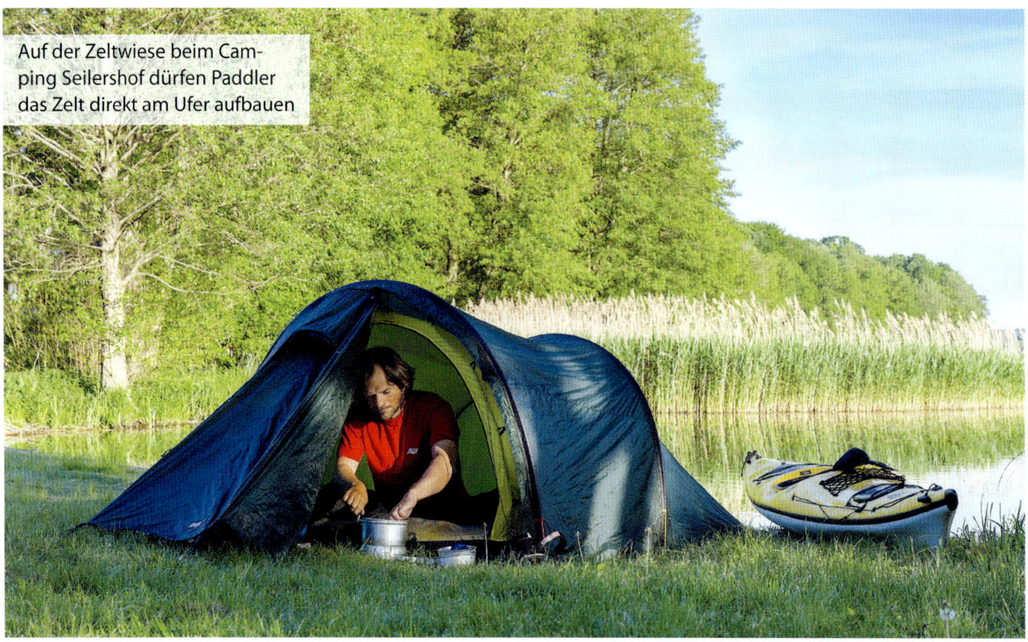

Auf der Zeltwiese beim Camping Seilershof dürfen Paddler das Zelt direkt am Ufer aufbauen

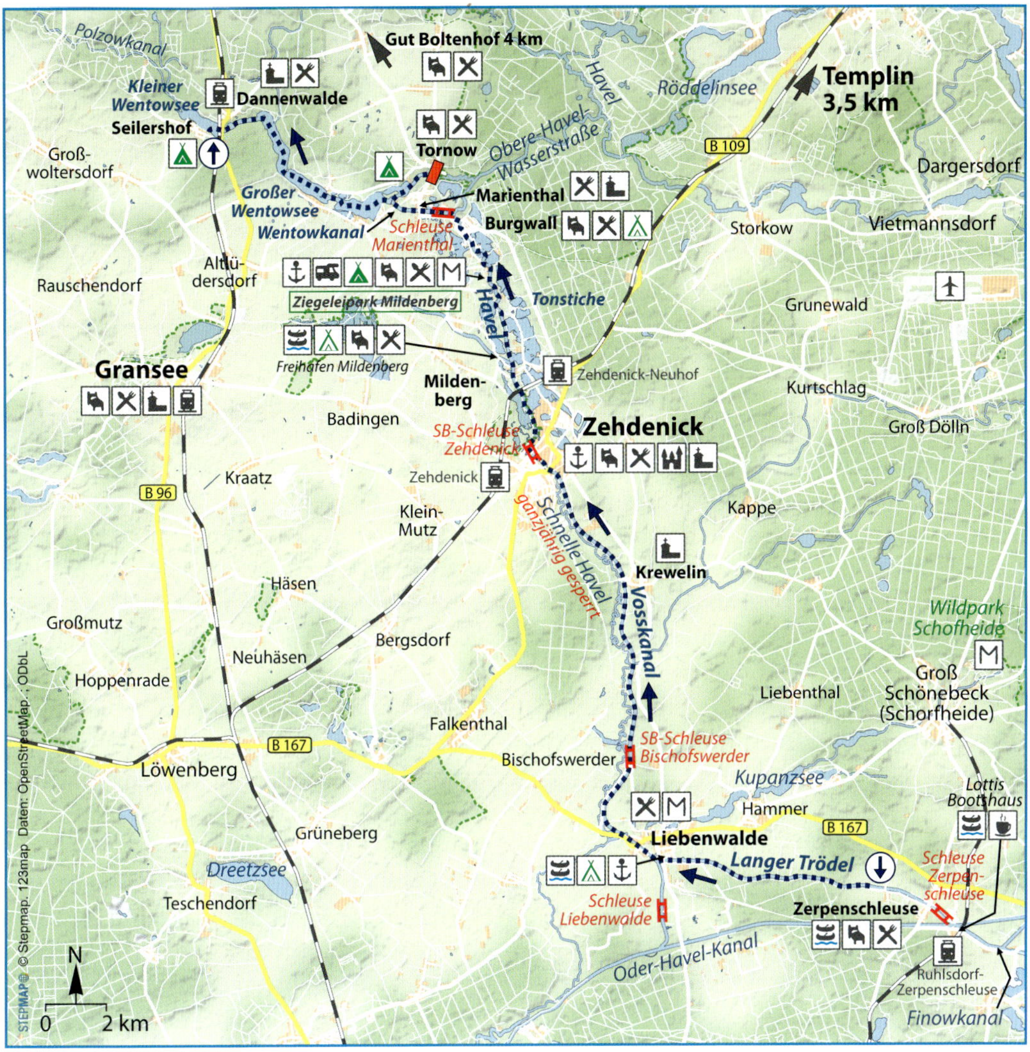

43 km

und Langem Trödel, wurde erstmals 1244 urkundlich als „Levenwalde" erwähnt. Hauptsehenswürdigkeit ist das Rathaus von 1878 am Markt. Es diente gleichzeitig als Gefängnis und beherbergt heute das Heimatmuseum, welches über Stadtgeschichte und die Schifffahrt auf dem Finowkanal informiert.

Vor der Straßenbrücke lädt am rechten Ufer die große Sonnenterrasse des Bistros am *Stadthafen Liebenwalde*, wo Paddler auch ihr Zelt aufschlagen dürfen, zu einer Pause ein. Hier soll es ab 2022 auch wieder eine *Kanuvermietung* geben.

Wenige Paddelschläge weiter, trifft an der Einmündung von links die ***Oder-Havel-Wasserstraße*** auf den sich nach rechts fortsetzenden ***Vosskanal***, auf den ich nun einschwenke. Motorboote tuckern gemächlich an mir vorüber und das linke Ufer ist zunächst mit einer Spundwand gesichert. Hinter einer langgezogenen Kurve, wo ich mich an einer Insel rechts halte, wird es wieder einsam und idyllisch. Nur sehr selten kommt mir ein Motorboot entgegen. Parallel verläuft links die 46 Kilometer lange ***Schnelle Havel***, manchmal nur durch einen schmalen Damm vom

Vosskanal getrennt. Sie ist aus Naturschutzgründen inzwischen ***ganzjährig gesperrt***, aufgrund der zahlreichen Baumhindernisse war sie aber schon immer schwer zu befahren. Das stark mäandernde Flüsschen, an dem sich in einigen Abschnitten am und im Gewässer Totholzstrukturen gebildet haben, leidet überdies besonders in den Sommermonaten in einem der niederschlagsärmsten Bundesländer an Wassermangel, weshalb der Fließcharakter teilweise verloren ging. Inzwischen hat sich die Wasserqualität aber wieder deutlich verbessert, weil von Zehdenick aus große Mengen von Wasser in das Flüsschen geleitet wurden. Jedoch wird die Renaturierung der „Schnellen Havel" noch viele Jahre dauern.

Hinter der ***Schleuse*** **Bischofswerder** *(Selbstbedienung)* säumen Weiden die Ufer und von irgendwoher ist das Trompeten eines Kranichs zu vernehmen. Nächste Landmarke ist das rot leuchtende Dach der kleinen *Fachwerkkirche* von **Krewelin** *aus dem Jahre 1694 mit ihrem haubenbewehrten Dachreiter*, bevor fünf Kilometer weiter **Zehdenick** erreicht ist. Vor der historischen *„Hastbrücke"* warten bereits ein paar Motorboote. *Schon Mitte des 18. Jahrhunderts verband eine Brücke die beiden Ufer, seit 1905 eine hölzerne Zugbrücke. Jedoch wurde sie 1945, wie alle Zehdenicker Brükken, durch die Wehrmacht zerstört, aber 1953 wieder aufgebaut. Die heutige zweiflügelige Stahlbrücke wurde 1992 eingeweiht*. Nun haben die Freizeitkapitäne erstmal das Nachsehen und müssen hinnehmen, dass ich locker aus dem Handgelenk grüßend, an ihnen vorbeiziehe. Gegenüber der Schleuseneinfahrt liegt/lag der *Finowmaßkahn „Carola"* vertäut. Heute leider geschlossen (Sanierungsbedarf), diente er lange als Museumsschiff mit einer Ausstellung zur Geschichte der Flussschifffahrt und vielen historischen Exponaten.

43 km

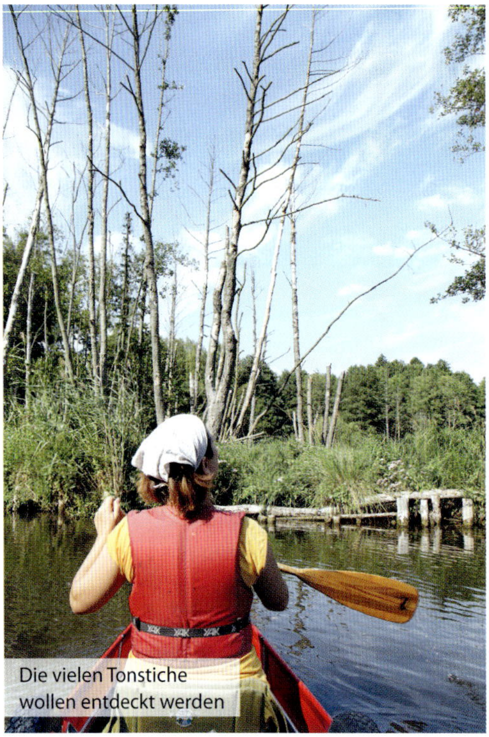

Die vielen Tonstiche wollen entdeckt werden

Gleich nach der ***Schleuse Zehdenick*** bietet in der *Marina* das *Restaurant Da Vinci* eine erste Möglichkeit zum Landgang. Nebenan erhebt sich auf einer Halbinsel die gelbe Fassade des *Havelschlosses*. Es beherbergt 17 individuelle Ferienwohnungen sowie ein *Restaurant* im mittelalterlichen Schlossgewölbe.

Hinter **Zehdenick** wird es dann schnell wieder grün. Zur Rechten öffnet sich die riesige Wasserfläche des ***Prerauer Stichs*** und kündet als erstes eindrucksvolles Zeichen von der industriellen Vergangenheit der ***Zehdenick-Mildenberger Tonstichlandschaft***.

Die Havelufer präsentieren sich äußerst abwechslungsreich. Mal sind sie mit Erlen bestanden, dann folgt ein golden leuchtender Schilfgürtel und in den ruhigeren Buchten dehnen sich Seerosenfelder aus. Immer wieder zweigen idyllisch anmutende Altarme und ehemalige Tongruben ab. So grün wie die Landschaft sich heute zeigt, ist es kaum vorstellbar, dass hier im letzten Jahrhundert unzählige Schlote rauchten und emsige Feldbahnen durch die Gegend ratterten.

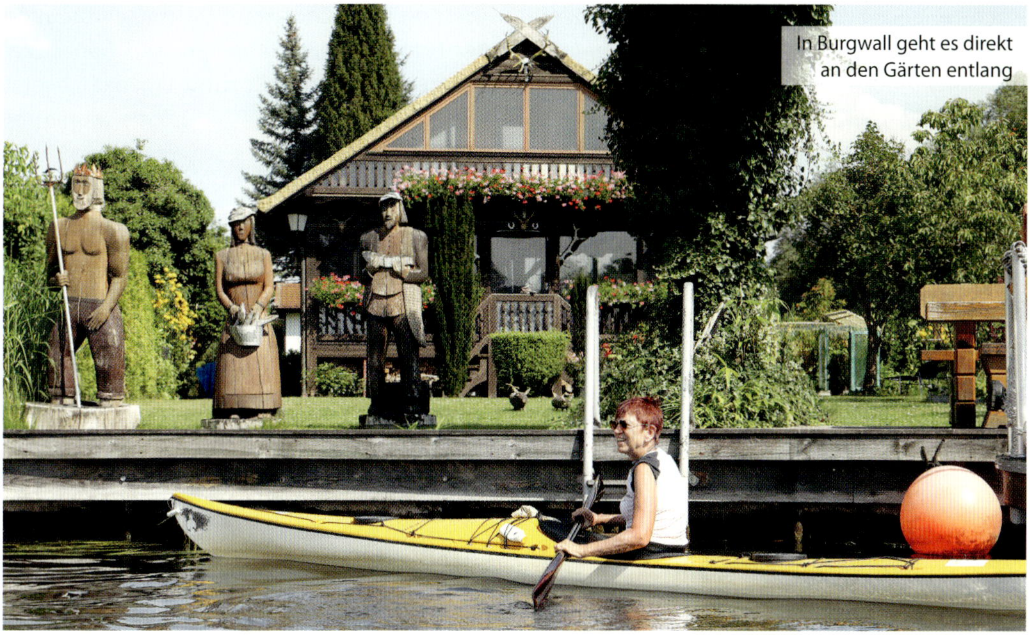

In Burgwall geht es direkt an den Gärten entlang

Die Entdeckung der Tongruben erfolgte dabei eher zufällig, als man eine Eisenbahnbrücke für die Strecke nach Templin baute. Im ausklingenden 19. Jahrhundert erfolgte die Ziegelproduktion zunächst noch von Hand, mit der Industrialisierung entwickelte sich die Region nördlich von Zehndenick dann aber binnen kurzer Zeit zum größten Ziegeleistandort Europas. In der Hochphase wurde der Ton in rund 70 Gruben abgebaut, in über 60 Ringöfen zu Ziegeln gebrannt und mit Finowmaßkähnen über die als Vosskanal ausgebaute Havel nach Berlin transportiert.

Nach einem Zwischenstopp im gemütlichen Biergarten am *Kanuverleih & Camping Freihafen Mildenberg* in **Mildenberg** (im 3,5 km entfernten Ort gibt es eine gute, traditionelle Landfleischerei), lege ich am **Ziegeleipark Mildenberg** vor dem *Gasthaus & Pension „Alter Hafen"* an, wo ich am Abend auf der Havelterrasse sehr lecker esse. Ein idealer Platz um eine Tagesetappe zu beenden und am nächsten Tag dem Ziegeleipark einen Besuch abzustatten.

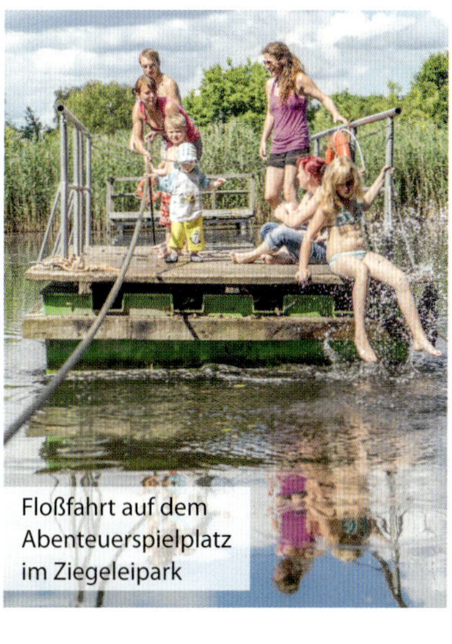

Floßfahrt auf dem Abenteuerspielplatz im Ziegeleipark

Das Freilicht-Museum widmet sich in vielen, liebevoll gestalteten Ausstellungen der Ziegelproduktion von den Anfängen in den 1890er Jahren bis zur Schließung des letzten Ziegeleiwerks 1990. Alle Ausstellungen sind an authentischen Stätten eingerichtet und man sollte sich mindestens einen halben Tag Zeit für die Entdeckung nehmen. Zur Einstimmung kann man mit der ehemaligen Feldbahn durch das weitläufige Gelände zuckeln oder seinen eigenen Ziegelstein herstellen. Zu sehen gibt es unter anderem ein Dampfmaschinenhaus und die alte Schmiede. Der Rundgang durch den Ringofen verdeutlicht auf anschauliche Weise die Phasen der Ziegelentstehung während des Brennvorgangs.

Nächste und letzte Station auf der ***Havel*** ist **Burgwall**, *das auf eine 1789 gegründete Glashütte zurückgeht. Nachdem diese bereits 1797 ihre Pforten schloss, entwickelte sich der Ort zum Schifferdorf und erlebte seinen Aufschwung mit der Entwicklung der Ziegelindustrie und dem entsprechend gesteigerten Aufkommen in der Binnenschifffahrt.*

Der *Gasthof „Zur Fähre"* lädt mit einem kleinen Biergarten am Havelufer ein und erinnert an den einstigen Fährbetrieb vor dem Bau der Brücke im Jahre 1968. Wer möchte, kann hier auch sein *Zelt* aufschlagen oder in der *Pension* übernachten.

Hinter der nächsten Rechtskurve biege ich links ab zur ***Schleuse Marienthal***, wo in den Sommermonaten zwischen 9.30 und 18.30 Uhr (Pause 12-13) im Frühjahr und Herbst bis 16 bzw. 17 Uhr geschleust wird. Gut 500 Meter weiter, am Nordufer des ***Wentowkanals***, direkt neben der über den Kanal führenden Brücke in **Marienthal** , steht die 1782 erbaute *Marienthaler Kirche. Über ihrem Nordgiebel befindet sich ein kleiner Dachreiter mit geschweifter Haube. Die im Dachreiter befindliche eiserne Glocke wurde bereits 1734 gegossen. Schon im Jahre 1732 baute man den durch Hamburger Kaufleute finanzierten Kanal zum Großen Wentowsee, um das in der Menzer Heide geschlagene Bauholz nicht mehr über das nördlich des Ortes verlaufende, enge und kurvige Tornowfließ transportieren zu müssen. Im Jahre 1841 wurde der Marienthaler Schifferverein gegründet, den es noch heute gibt. In Hochzeiten gab es gar 50 Schiffseigner, die mit ihren Schiffen auf den Flüssen und Kanälen unterwegs waren. Heute sind es noch zwei aktive Binnenschiffer aus Marienthal, die jedoch auf dem Rhein ihrer Arbeit nachgehen.*

Nun ist es nicht mehr weit zum ***Großen Wentowsee***, auf dem ich mich gleich rechts halte. Gegenüber, auf der ***Insel Raatz***, fand man Tonscherben, die auf das achte Jahrhundert datiert wurden und wahrscheinlich slawischen Ursprungs sind. Darauf deutet auch der Name des im äußersten östlichen Zipfel gelegenen Örtchens **Tornow** hin, das ich jetzt ansteuere. Genauer gesagt ist die *Mühle Tornow (Restaurant & Pension,* vorab reservieren und zum Anlegen anrufen) mein Ziel. Glücklich kann sich schätzen, wer in der stilvollen und überaus gemütlichen, ehemaligen Wassermühle ein Bett reserviert hat. Die Küche bietet Speisen der Brandenburgischen Küche wie Geschmortes vom Reh auf Speckwirsing, Gänsekeule mit Thymian-Honig-Kruste oder Havelzander mit Lauchbutter – natürlich nur mit frischen Produkten aus dem Umland. Der direkt am Mühlenfließ gelegene, großzügige Sommergarten ist ein kleiner Traum. Im *Hofladen* können Paddler sich mit ausgewählten Erzeugnisse aus der Region eindecken.

Zurück auf dem ***Großen Wentowsee*** genieße ich ein erfrischendes Bad am sandigen Ufer der *Badestelle* von Tornow. *Mitten durch den buchtenreichen See verlief bis 1950 die Landesgrenze zwischen Mecklenburg und Preußen.* Nur wenige Ferienhäuser sind am Ufer zu sehen, ansonsten wirkt der See praktisch völlig einsam. Die letzte Bucht empfängt mich mit dichten Seerosenfeldern und prächtig gelben Sumpfdotterblumen. Hinter den Bootsschuppen geht es unter der Straßen- und Eisenbahnbrücke hindurch in den ***Kleinen Wentowsee***. Nach ein paar Paddelschlägen laufe ich am linken Ufer den kleinen *Camping in* **Seilershof** an, einem Ortsteil von **Gransee,** und darf mein Zelt auf der großen Wiese direkt am Ufer aufbauen.

Neben der markanten, achteckigen Kirche, die von 1819 bis 1821 errichtet wurde, und dem *Hofladen Richard's Wild (mit Imbiss)* hat **Dannenwalde** auch einen *Bahnhof* zu bieten, sodass ich am nächsten Morgen ohne große Probleme zum Auto in Zerpenschleuse gelange. Etwas Zeit muss ich dafür allerdings doch einplanen, denn eine Zugverbindung gibt es nur mit Umweg über Berlin.

Alte Oder, Finowkanal, Werbellinsee

Vom Oderbruch in die Schorfheide

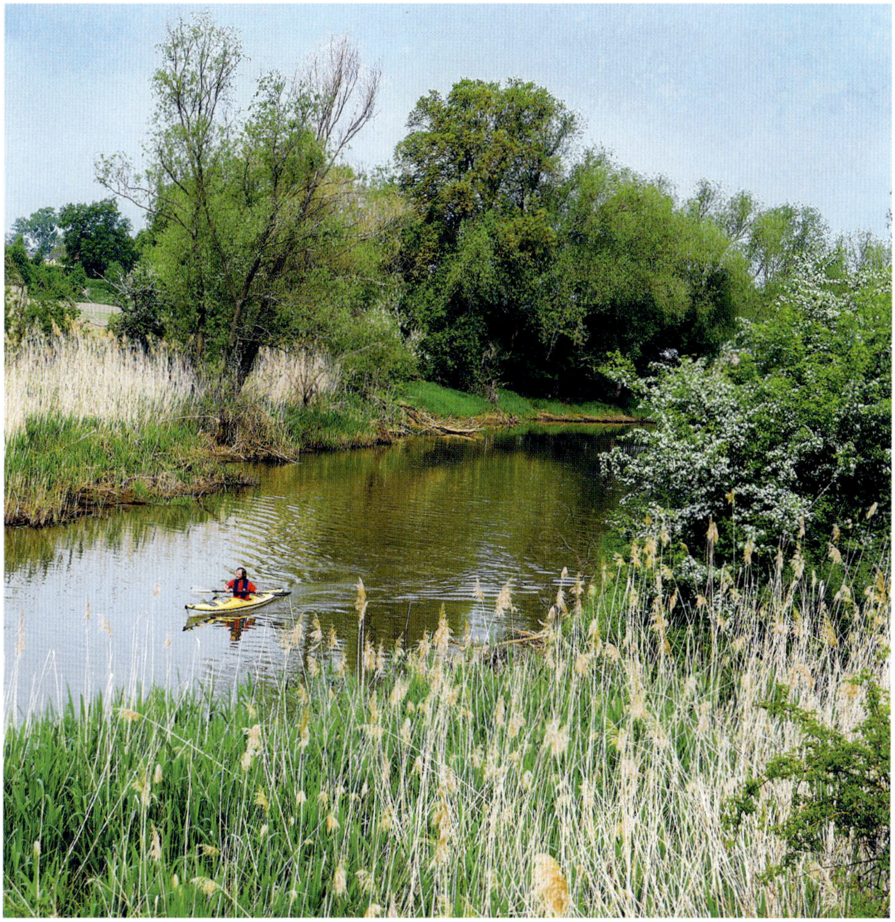

9

Tour

Infos Tour 9 – Alte Oder, Finowkanal und Werbellinsee

Aktivitäten	Natur	Kultur	Baden	Hindernisse
★★	★★★	★★	★★	★

Charakter der Tour

Die abwechslungsreiche Kanutour ist hindernisfrei und einfach zu fahren. Aufgrund der leichten Strömung auf der Alten Oder empfiehlt sich die Befahrung in die vorgestellte Fahrtrichtung, der Finowkanal lässt sich gut in beide Richtungen paddeln. Zu Beginn sucht sich die Alte Oder, die kleine Schwester der Oder, ihren Weg in ruhigen, weiten Kurven durch eine grüne Auenlandschaft mit Wiesen, Feldern und kleinen Ortschaften des Oderbruchs, die sich hinter einem breiten Schilfgürtel verschanzen. Im Frühling und Herbst finden sich hier unzählige Zugvögel zur Rast ein.

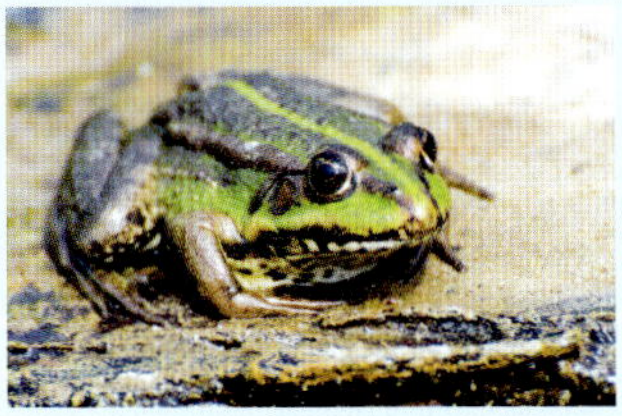

Ein technisches Highlight ist das Schiffshebewerk Niederfinow. Dagegen für die Berufsschifffahrt keine Rolle mehr, spielt der idyllische Finowkanal, dessen historische Schleusen von den netten Schleusenwärtern nur noch für Paddler und Freizeitkapitäne bedient werden. Am Ende der Tour wartet dann, mitten im Biosphärenreservat Schorfheide-Chorin, der zauberhafte Werbellinsee mit türkisfarbenem Wasser und feinen Sandstränden.

86 km

Länge & Dauer der Tour 86 km, 4-5 Tage

14 Schleusen
12 Schleusen im Verlauf des Finowkanals *(Schleusenbetriebszeiten von Mai-Sep, tägl. 9-17 Uhr).*
2 SB-Automatik-Schleusen im Werbellinkanal.

Anreise A 10 Berliner Ring, Abfahrt 27 (Blumberg), weiter über die B 158 bis Bad Freienwalde und von dort die B 167 nach Wriezen.

Einsetzstelle Bei den Kalköfen (Wahrzeichen der Stadt) in **Wriezen** (Am Hafen).

Aussetzstelle Campingplatz in **Joachimsthal** am Werbellinsee (Voigtswiese), alternativ beim Fischer in Elsenau am Westufer, bitte vorher anfragen.

Zurück zum Pkw Gute Zugverbindung von Joachimstahl über Eberswalde nach Wriezen (Fahrzeit ca. 1:15 h), Fahrpläne www.vbb-online.de

Etappenvorschlag

1. Tag Wriezen – Oderberg (27 km)
2. Tag Oderberg – Niederfinow (13 km)
3. Tag Niederfinow – Finowfurt (17 km)
4. Tag Finowfurt – Werbellinsee (19 km)
5. Tag Werbellinsee bis Joachimsthal (10 km)

Tipps für Tagestouren

1. Wriezen – Schiffmühle und zurück (ca. 26 km)
2. Von Niederfinow bis Finowfurt (ca. 17 km)
3. Von Eberswalde nach Finowfurt (ca. 10 km)
4. Finowfurt – Marienwerder & zurück (ca. 11 km)

Literatur-Tipps

„Barnim. Ein Wegbegleiter" und *„Uckermark. Ein Wegbegleiter", Wanderungen. Stadtrundgänge. Naturerlebnisse. Kulturtipps,* terra press.

Natur- & Kultur-Reiseführer *„Oderbruch, Natur und Kultur im östlichen Brandenburg"* und *„Barnim, Uckermark, Unterwegs im Nordosten Brandenburgs",* beide Trescher Verlag.

„52 kleine & große Eskapaden im Barnim und der Uckermark": Ab nach draußen!, DuMont.

Reiseführer für nachhaltiges Reisen: *„Uckermark & Barnim",* via reise verlag.

„Das Oderbruch Kochbuch: Zwischen Kunst, Kultur und Kochtopf", Edition Limosa.

„Das Oderbruch - Liebe auf den zweiten Blick": kulturhistorischer & touristischer Reiseführer, findling verlag.

Krimi *„Zwei Leichen für Kokoschinski", Lars Franke*, Steffen Verlag.

„Auentod: Der zweite Fall für Kommissar Voss", Maxim Leo, Kiepenheuer & Witsch.

Uckermark-Roman *„Odersumpf", Marina Scheske,* Gmeiner-Verlag.

Übernachtung in Wassernähe

16269 Wriezen
Pension am Radweg
Mahlerstraße 17
Tel. (033456) 721344
www.pension-tour-brandenburg.de

16259 Bralitz
Odertours (Inselhütten und Biwak)
Oderberger Str. 10 a
Tel. 0176-252 601 83
www.odertours.com

16248 Oderberg
Gaststätte & Pension Grüne Aue
Tel. (033369) 736 20
www.gruene-aue-oderberg.de

WWR Oderberg, Puschkin-Ufer
(Schlüssel bei Kanuvermietung)

Marina Oderberg
(Hotel, FeWo, Biwak, Fahrräder)
Altes Bruch 5, Tel. (033369) 755 40
www.marina-oderberg.de

Riverside Inn (wegen Wasserschaden z.Zt. 2021 geschlossen)
Teufelsberg 5, Tel. 0172-383 61 16
www.riversideinn.de

16248 Niederfinow
Triangel Camping Schleuse Stecher
(auch Hütten, Kanu, SUP & Fahrrad)
Dorfstr. 31. Tel. (033362) 704 37
www.camping-niederfinow.de

16244 Finowfurt
Wasserwanderrastplatz
Tel. (033362) 30513

Marina „Eisvogel" (Zelten, WoMo)
Neuer Betreiber
wieder für 2022 geplant
Hubertusmühle 11
www.marina-eisvogel.de

16348 Marienwerder
Marienhafen am Werbelliner Kreuz
Am Wassertor 2
Tel. 0179-728 63 38
www.yachthafen-marienwerder.de

16244 Eichhorst
Pension „Café Wildau"
Am Werbellinkanal 20
Tel. (033363) 526 30
www.cafe-wildau.de

Werbellinsee Süd
Hotel-Restaurant „Café Wildau"
Wildau 19, Tel. (033363) 526 30
www.cafe-wildau.de

Berolina Camping
Am Süßen Winkel, Tel. (03335) 237
www.berolina-camping.de

Campingplatz Am Spring
Am Spring 4, Tel. (033363) 42 32
www.campingplatz-werbellinsee.de

16244 Altenhof
Hotel u. Restaurant Pension Poppe
Altenhofer Dorfstr. 13
Tel. (033363) 32 26
www.pensionpoppe.de

Werbellinsee Nord
Ferienparadies am Werbellinsee
OT Elsenau *(Zelt + Bungalow)*
Seerandstr. 9, Tel. 0172-803 75 37
www.ferienparadies-am-werbellinsee.de

Campingplatz Voigtswiese (Verein)
Tel. (033393) 446

FeWo / Häuser am Werbellinsee
www.ferienzentrum.de

86 km

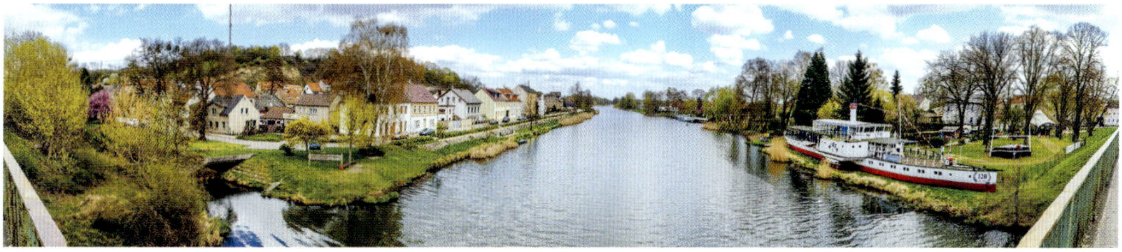

Kanuvermieter

16259 Bralitz
Odertours (auch Tourenanbieter, Angeln, Radtouren, Fahrräder)
siehe Übernachtung

16248 Oderberg
Kanu Verleih Oderberg
Hermann-Seidel-Straße 62
Tel. 0174-531 54 52
www.kanu-oderberg.de

16248 Niederfinow
Triangel Camping
siehe Übernachtung

16225 Eberswalde
Biberfloß - Finowkanal
Stadtschleuse Nordseite
Schleusenstr. /Am Kanal
sowie Am Familiengarten
Drahthammer Schleuse 3 a
Tel. (03334) 385 47 99
www.biberfloss-finowkanal.de

Marina-Park Eberswalde
an der alten Badeanstalt
Schleusenstraße 53
Tel. (03334) 21 22 08
www.marinapark-eberswalde.de

16244 Finowfurt
Kanuverleih Finowfurt am WWR
an der Schleuse Schöpfurt
Erzbergerplatz 2
Tel. 0160-93 33 79 42
www.bootsverleih-schorfheide.de

Marina „Eisvogel"
siehe Übernachtung, *ab 2022*

16348 Marienwerder
Marienhafen am Werbelliner Kreuz
Am Wassertor 2
Tel. 0179-728 63 38
www.yachthafen-marienwerder.de

Weitere Aktivitäten

Paddeln

Von **Zerpenschleuse *über den Langen Trödel zur Havel*** (Tour 8) und weiter ***auf der Havel nach Berlin*** oder in die ***Mecklenburgische Kleinseenplatte***.

Von **Niederfinow** bis Neuranft, von dort ca. einen km Landtransport in die ***Stromoder*** und auf dieser ***bis*** zur ***Ostschleuse* Hohensaaten**.

Von **Marienwerder** über ***Oder-Havel-Kanal*** und ***Finowkanal*** zurück nach **Niederfinow** (ca. 60 km).

Radfahren

Touren auf dem ***Oder-Havel-Radweg*** (Liebenwalde – Oderberg, 63 km).

Rad- & Wanderweg „Treidelweg". Immer im Grünen führt er als Rundweg am Finowkanal entlang an Industrieruinen, Schleusen & Baudenkmälern (ca. 45 km).

Auf dem ***Radweg*** der Trasse der ehemaligen ***Oderbruchbahn*** zwischen Fürstenwalde und Wriezen durch das Oderbruch (↔ 142 km).

Markierte Rundtouren ab Joachimsthal: ***Schorfheide Rundweg*** (ca. 16 km), ***Geopark Tour*** (ca. 21 km).

Mehrtagestouren auf ***Berlin-Usedom Radfernweg*** oder ***Tour Brandenburg***.

Fahrradvermieter (oft auch E-Bikes)

Oderberg: *Marina Oderberg* (siehe Übernachtung).
Niederfinow: *Camping Niederfinow* (siehe Übern.).
Eberswalde: *Kattanek*, www.radhaus-online.de
Marienwerder: *Marienhafen* (siehe Übernachtung).
Werbellinsee Süd: *Berolina Camping Am Süßen Winkel* (siehe Übernachtung).
Altenhof: *Bootsverleih „Am Breten"*, Tel. 0172-306 30 34.
Joachimsthal: *Fahrradpension*, Tel. 0170-933 78 51, www.schorfheiderad.de

Wandern

Von Joachimsthal ***um den Kleinen Lubowsee*** (ca. 6 km).

Von Joachimsthal ***durch den Elsenauer Forst*** (ca. 14 km).

Entlang der Ufer des ***Werbellinsees***.

Naturlehrpfad Pimpinellenberg bei Oderberg (2,5 km).

UNESCO-Weltnaturerbe Buchenwald Grumsin, auch geführte Touren (siehe Altkünkendorf rechts).

Mehrtagestour auf dem ***66-Seen-Rundweg*** durch das Barnimer Land.

Tauchen Tauchbasis Werbellinsee im OT Altenhof, Tel. 0172-306 76 06, www.tauchbasis-werbellinsee.de

Angeln im Werbellinsee in **Joachimsthal**, Fischerei Werbellinsee mit Hofladen & Gaststätte „Zum Seewolf" (*Mi-So+Fei 9-16*, Seerandstr. 16, Tel. (033361) 710 45, www.fischerei-werbellinsee.de).

Regionaler Fischverkauf „Brodowinfisch" Freitag 16-18, im Ökodorf **Brodowin** (www.brodowinfisch.de).

Touristenbuslinien

BiberBus Linie 496 Angermünde Bhf. zum NABU-Naturerlebniszentrum Blumberger Mühle, nach Wolletz und z. Wandergebiet am Wolletzsee, *Apr-Okt tägl. 5x*

WelterbeBus Linie 496 Von Angermünde Bhf. zum Buchenwald Grumsin, zum Grumsiner Genusswanderweg, zur Grumsiner Brennerei und zu Hemme Milch (Hofladen, Café & Kinderspielplatz). *Apr-Okt tägl. 9 x*
beide www.uvg-online.com >Freizeit & Tourismus

Webellinseebus Sa+So im 2-Std-Takt um den Werbellinsee (Eberswalde Hbf Linie 910 nach Finowfurt dort Linie 917 bis Joachimsthal), meinwerbellinsee.de

„HeideLiner" zwischen Groß Schönebeck (Barnim) und Feriendorf Groß Väter (Uckermark), *Mitte Mai-Okt Fr Abend-So, Brandenburger Sommerferien Mo-So.*

Auskunft & Tourist-Infos

Barnim-Wirtschafts- und Tourismusentwicklungsgesellschaft, Tel. (03334) 591 00, www.barnimerland.de

Naturpark Barnim Bahnhofsplatz 2, 16348 Wandlitz, Tel. (033397) 672 77, www.barnim-tourismus.de

Naturpark Barnim Am Markt 1, 16359 Biesenthal, Tel.: (03337) 49 07 18, www.machmalgruen.de

Tourist-Info im Kloster Chorin Amt Chorim 11a, Tel.: (033366) 703 77, www.kloster-chorin.org

Tourist-Info Museum Eberswalde Steinstr. 3, Tel. (03334) 645 20, www.tourismus-eberswalde.de

Schorfheide-Info Joachimsthal Töpferstr. 1, Tel. (033361) 646 46, www.schorfheide.de

Tourist-Info Groß Schönebeck im Jagdschloss, Schloßstr. 7, Tel. (033393) 657 77, www.schorfheide.de

Tourist-Info Bernau bei Berlin Bürgermeisterstr. 4, Tel. (03338) 36 53 65, www.bernau-bei-berlin.de

Tourismusverein Schorfheide - Chorin e.V., www.schorfheide-chorin.info

Sehenswürdigkeiten

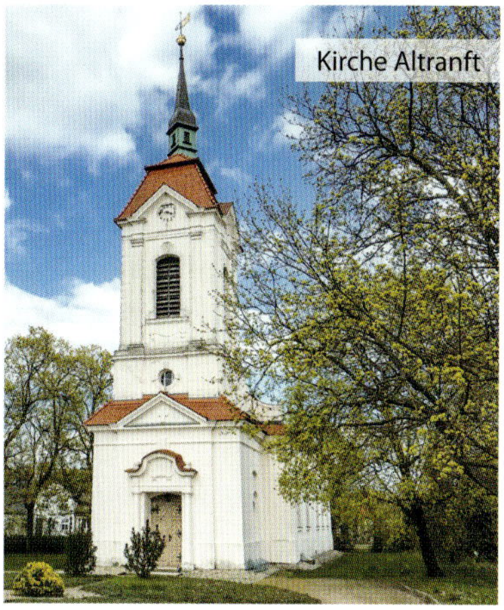
Kirche Altranft

Wriezen Wriezener Kalköfen (Wahrzeichen), St. Marienkirche, neuromanische St. Laurentius-Kirche, Seidenbauhaus im Barockstil (heute Sparkasse), bemerkenswerter Jüdischer Friedhof von 1730 (einer der besterhaltenen Brandenburgs), Alter Hafen Wriezen.

Rathsdorf-Altgaul Storchenmuseum im Storchenturm (ehemaliger Ziegelbrennofen), Altgaul 5, *Apr-Sep tägl. 10-17, außer freitags.*

Altranft Im Angerdorf mit seinem neubarocken Schloss (Herrenhaus) mit Lenné-Park stehen rund 20 historische Gebäude unter Denkmalschutz und gehören zum Oderbruchmuseum (früher Freilichtmuseum) im Schloss Altranft (*Apr-Dez Do-So+Feiert. 11-17,* Am Anger 27, www.oderbruchmuseum.de)

Bad Freienwalde Rathaus (1855), St. Nikolaikirche, Fachwerkkirche St. Georg (1696), Oderlandmuseum im Loebenschen Freihaus von 1744 (*Mi-Sa 11-17*, Uchtenhagenerstr. 2, www.oderlandmuseum.de), Schloss (Ende 18. Jh.) mit Lenné-Park, 28 Meter hoher Bismarckturm (1895), Skisprungschanze auf dem Papenberg.

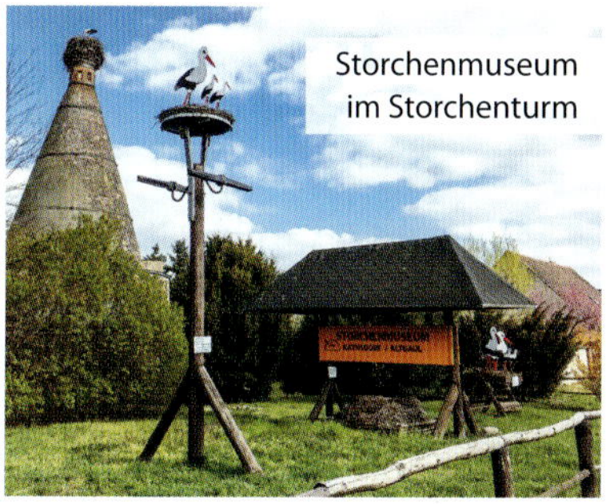
Storchenmuseum im Storchenturm

Schiffmühle Heimatmuseum Fontanehaus Schiffmühle mit Café, Spielplatz, Pavillon und kleinem Bauerngarten (*Mai-Okt Fr-So 12-18,* Schiffmühle 3, www.fontanehaus-schiffmuehle.jimdofree.com).

Oderberg Binnenschifffahrts-Museum (*Apr-Okt tägl. 10-17, Nov-Mär tägl. 10-15*, Hermann-Seidel-Str. 44, www.bs-museum-oderberg.de), St. Nikolaikirche (1855), Festung Bärenkasten (www.oderberg.info).

Niederfinow Schiffshebewerk von 1934, siehe Seite 106.

Finowkanal Zwölf historische Schleusen.

Eberswalde Stadtmuseum in der Adler-Apotheke von 1663, Altes Rathaus, Martplatz, Maria-Magdalenen-Kirche (Mitte 13. Jh.), Jüdischer Friedhof von 1751, Paul-Wunderlich-Haus (www.paul-wunderlich-haus.de), Kran Montageeber (Wahrzeichen) auf dem Gelände des Familiengartens (Freizeitpark, Am Alten Walzwerk 1, www.familiengarten-eberswalde.de), Zoo Eberswalde (*tägl. ab 9 bis zur Dämmerung,* Am Wasserfall 1, www.zoo.eberswalde.de), Forstbotanischer Garten von 1830 (*tägl. ab 9 bis zur Dämmerung*, Am Zainhammer 5, www.fh-eberswalde.de/fbg).

86 km

Finow Messingwerksiedlung mit mehreren Kupferhäuser, u.a. von Walter Gropius, ehemalige Hirsch-Werke, Kupferhaus mit expressionistischem Wasserturm vom Architekten Paul Mebes.

Finowfurt Luftfahrtmuseum (*Mitte Apr-Okt tägl. 10-17*, www.luftfahrtmuseum-finowfurt.de).

Werbellinsee Askanierturm am südwestlichen Ufer (12 m hoher Aussichtsturm), Jagdschloß Hubertusstock von 1849 (Jagdresidenz des deutschen Staatsoberhauptes im Kaiserreich, in der Weimarer Republik und der DDR).

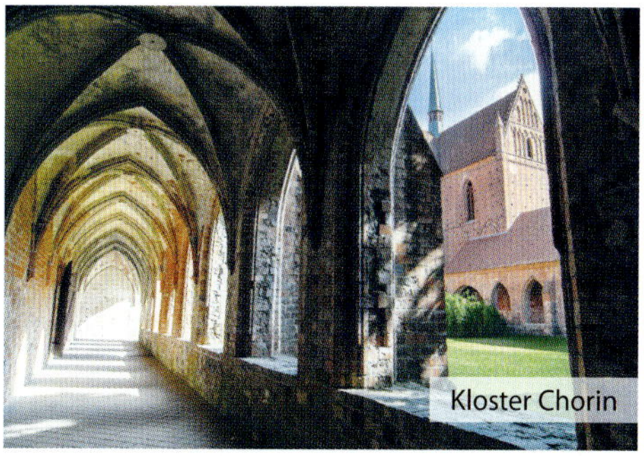
Kloster Chorin

Joachimsthal Kreuzkirche (nach Karl Friedrich Schinkel), „Kaiserbahnhof" von 1898 mit Kaiserpavillon, Aussichtsplattform auf ehemaligem Wasserturm (*Apr-Okt Do-So 11-18*, www.biorama-projekt.org).

Kloster Chorin Gotische Zisterzienserabtei aus dem 13 Jh. mit Dauerausstellung, Tourist-Info, Café (*Sommerzeit tägl. 9-18, Winterzeit 10-16,* www.kloster-chorin.org).

Altkünkendorf UNESCO-Weltnaturerbe Buchenwald Grumsin mit Infopunkt, auch geführte Touren (Altkünkendorfer Str. 22, Tel. 0170-907 77 31, *Apr-Okt Mi-So + Fei 10-16*, www.weltnaturerbe-grumsin.de), Grumsiner Brennerei mit Hofladen (*Sa+So 12-16/17*, Wirtschaftshof 3, Tel. (033337) 51 69 99, www.grumsiner.de).

Alte Oder, Finowkanal, Werbellinsee

Erst ins Museum, dann aufs Wasser – Bevor ich das Kajak in **Wriezen** für die dreitägige Tour belade, statte ich dem aus dem Freilichtmuseum Altranft hervorgegangenen *Oderbruchmuseum* **Altranft** einen Besuch ab. *Das Dorf im Landkreis Märkisch-Oderland liegt auf der Grenze zwischen Oderbruch und Barnim und war seit 1990 als gnzes Dorf ein Freilichtmuseum, das aus der brandenburgischen Geschichte erzählt und den Alltag der Menschen auf dem Lande vermittelt.*

Mittelpunkt des Dorfes und des Museums ist das Schloss mit seinem großen Lenné-Park. Zu den weiteren historischen Gebäuden, die nicht wie in anderen Freilichtmuseen üblich von überall zusammengetragen wurden, zählen unter anderem ein Mittelbauernhaus, in dem eine alte Schule eingerichtet wurde, ein Fischerhaus (1700), ein Wasch- und Backhaus (1880) sowie die Schmiede (1910). Das älteste Gebäude ist ein Märkisches Mittelflurhaus aus dem Ende des 17. Jahrhunderts.

Die Fahrt zur Einsetzstelle führt am *„Storchenturm"* am südlichen Ortseingang von **Rathsdorf-Altgaul** vorbei. *Dabei handelt es sich um einen ehemaligen Ziegelbrennofen, wie sie im 19. Jahrhundert vielerorts errichtet wurden, um Ton- und Lehmziegel zu brennen. Nachdem die manuelle Produktion im Zuge der Industrialisierung unrentabel geworden war, wurde der Ofen vor über 100 Jahren stillgelegt und von Störchen als neue Heimat entdeckt.* Das Storchennest auf der 16 Meter hohen Turmspitze wurde zum Wahrzeichen und eine *Ausstellung* im Turm informiert in allen Facetten über den Weißstorch, angefangen bei sei-

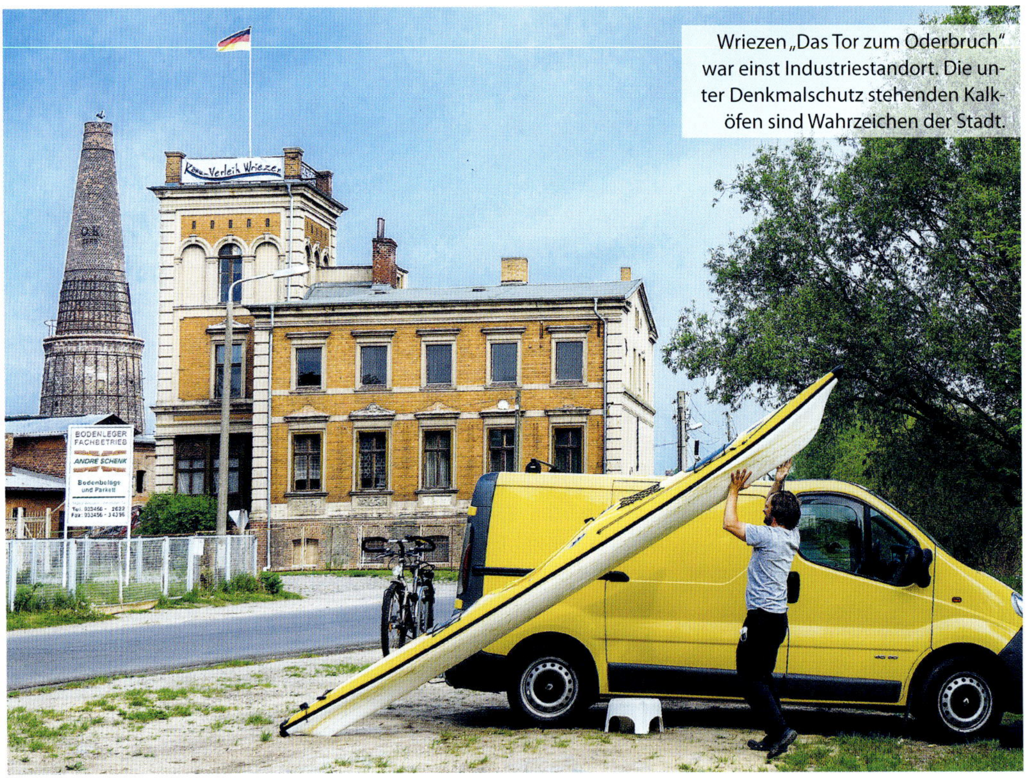

Wriezen „Das Tor zum Oderbruch" war einst Industriestandort. Die unter Denkmalschutz stehenden Kalköfen sind Wahrzeichen der Stadt.

86 km

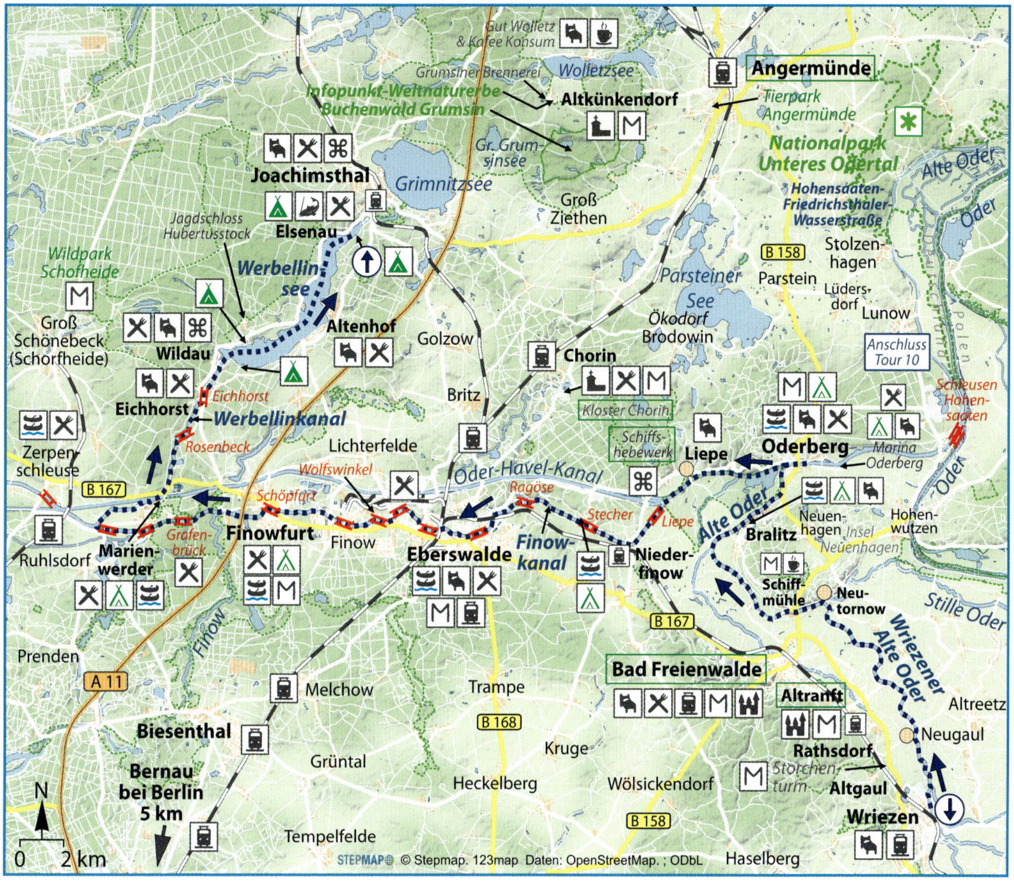

86 km

ner Verbreitung über die Zugrouten, bis hin zur aktuellen Gefährdung.

Nach dem umfangreichen Kultur- und Naturprogramm kann es losgehen und unter Aufsicht der Wriezener Kalköfen lege ich am ehemaligen Hafen ab. Das ursprünglich sumpfige ***Oderbruch*** dürfte ähnlich ausgesehen haben wie der Spreewald. *Der Fischfang spielte eine wichtige Rolle im Wirtschaftsleben der Bevölkerung und an Markttagen wurde der reiche Fang aus den umliegenden Dörfern in den Wriezener Hafen gebracht. Mit der Entwässerung des Oderbruchs in der Mitte des 18. Jahrhunderts entstanden neue Dörfer und Wriezen wurde zum Industriestandort. Großindustrie gibt es in Wriezen schon lange nicht mehr, mit etwa 8.000 Einwohnern ist es aber nach Bad Freienwalde die zweite „Groß-"Stadt im nördlichen Oderbruch. Mit dem Niedergang der Industrie und Einstellung des Schiffsbetriebs 1972 verwilderte auch der Hafen.* Heute ist hier die Bierbrauerei „Wriezener Kalkofenbier" zu finden und am Wochenende öffnet der Imbiss seine Pforten.

Auf den ersten Metern prägt die Silhouette eines hohen Speichers und Silos das linke Ufer, rechts ziehen ein paar Ferienhäuser vorbei und schon gleich wird es einsam. Mit einer leichten Strömung schiebt mich die ***Alte Oder*** in weiten Kurven durch Felder und Wiesen. In einem Seitenarm quaken die Frösche und die Rastplätze in **Neugaul** und **Altranft** bieten Gelegenheiten zum Landgang. Wer von hier aus die zu Beginn erwähnten Museen besuchen möchte, muss allerdings jeweils einen langen Spaziergang auf sich nehmen.

Hinter dem hoch in den Himmel ragenden, roten Ziegelschornstein des 1895 in Betrieb genommenen Schöpfwerkes in **Neutornow** erhebt sich der 75 Meter hohe *Granitberg*, der seinem Namen in der ansonsten flachen Umgebung alle Ehre macht. *Er ist eine der beiden markanten Erhebungen der Neuenhagener Oderinsel (auch Insel Neuenhagen), einem 25 Quadratkilometer großen ovalen Hochland. Früher war sie ein Sporn, der sich vom polnischen Steilufer der Oder sechs Kilometer weit nach Westen erstreckte.*

Ursprünglich mäanderte die Oder um die ehemalige Halbinsel herum. Heute, mit dem Bau des Oderkanals der den Flussverlauf verkürzte, entstand wieder eine Insel die vollständig vom Wasser umgeben ist. Die nach Süden geneigten steilen Hänge sind aufgrund ihrer Kargheit Standort einer wärmeliebenden Trokkenrasenvegetation. Fast drei Viertel der Insel sind als besonderes Schutzgebiet ausgewiesen.

*Das liebevoll restaurierte **Schloss Neuenhagen** (B&B, Ausstellungen Sa+So 14-18/16, Sa mit Café (033369) 77 56 71) liegt in der Mitte der Insel im gleichnamigen Ort.*

86 km

Unterhalb des Südhangs der Neuenhagener Insel, da wo die ***Wriezener Alte Oder*** auf die ***Stille Oder*** trifft, könnte man durch das wohl meist geöffnete Wehr zur Rechten auf der Stillen Oder nach Nordosten paddeln und mit einem kurzen Transport über den Deich die Oder erreichen. Für heute bleibe ich aber der ***Wriezener Alten Oder*** treu, die nun nach Westen abknickt und mich nach **Schiffmühle** bringt. *Der Name des Ortsteils geht auf das 18. Jahrhundert zurück, als hier eine Schiffsmühle in der damals noch wilden, unregulierten Strom-Oder verankert war und die Strömung zum Mahlen von Getreide nutzte.*

*In einem kleinen Fachwerkhaus mit Bauerngarten am westlichen Ortsausgang, unweit der Straßenbrücke über die Alte Oder, verbrachte Theodor Fontanes Vater, der Apotheker Louis Henry Fontane von 1855 bis 1867 seine letzten Lebensjahre. Seit 1955 ist das **Fontanehaus** mit Café ein Erinnerungsort und Heimatstube, in der es unter anderem ein Modell der Schiffsmühle zu sehen gibt.*

Eben reichten die Vorgärten noch bis ans Wasser, schon wird es wieder einsam. Irgend-

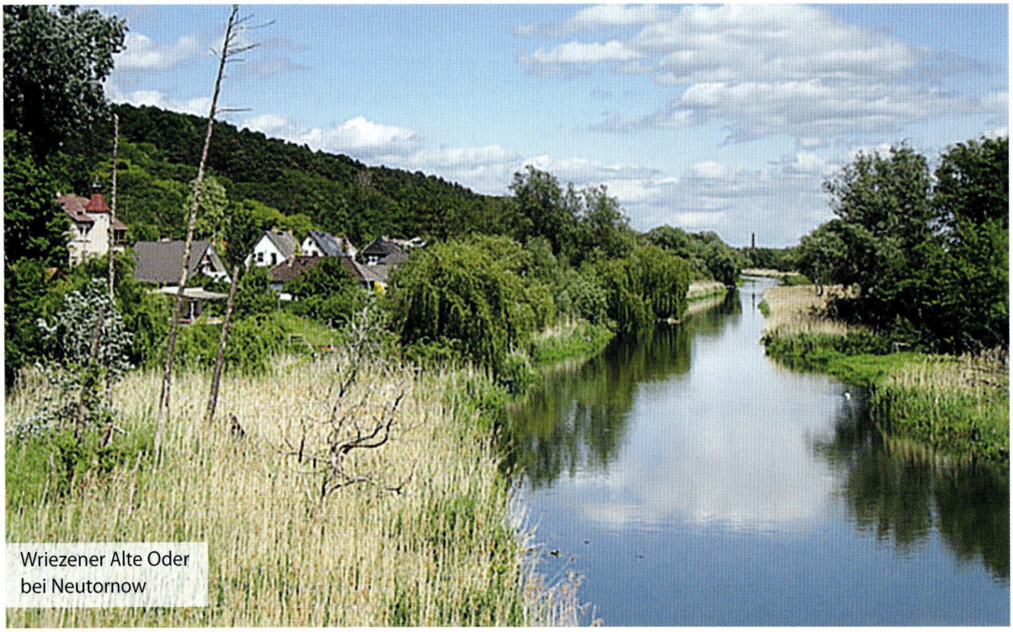

Wriezener Alte Oder bei Neutornow

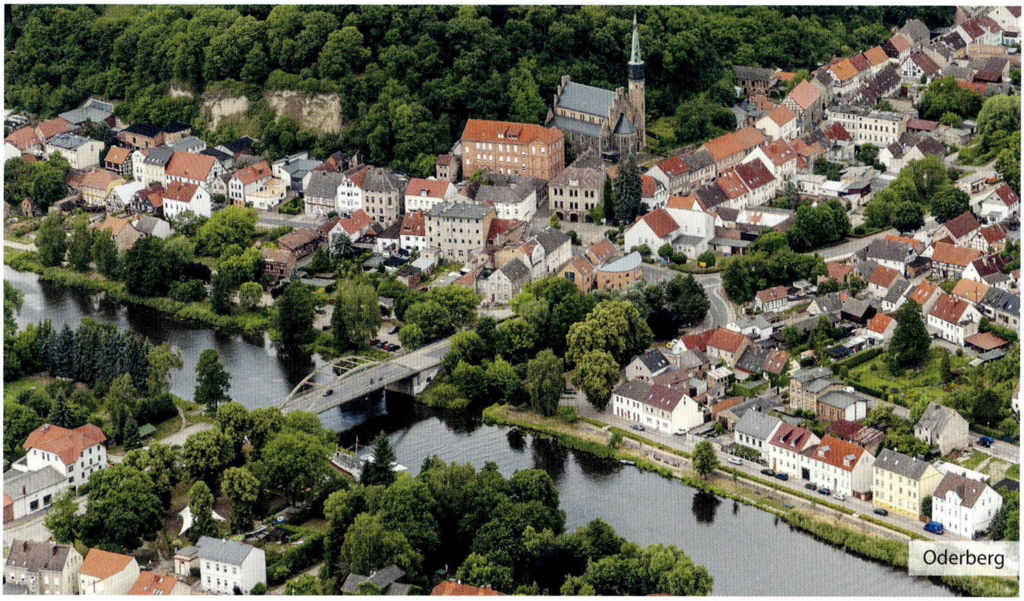

wo aus dem Schilf startet ein Schwan im Tiefflug über das Wasser und ein paar Gänseeltern scharen sich um ihre Jungen.

Nach etwa fünf Kilometern gibt eine Lücke im Schilf den Blick auf die schiefergedeckte, neugotische Dorfkirche von **Bralitz** mit ihrem imposanten 51 Meter hohen Kirchturm frei. Im Ort wurden auch ein paar Szenen für den Kinofilm „Wir können nicht anders" von Detlev Buck gedreht. Heiko Keller von der *Kanuvermietung Odertours* bietet hier Übernachtungsmöglichkeiten im Inseldorf, Camping, Rad- und Floßtouren an.

Hinter einer weit ausholenden Flussschleife teilt sich der Flusslauf und umspült eine kleine Insel, an der ich mich links halte. Vorbei an ersten Wochenendhäuschen erreiche ich schließlich **Oderberg**. Erst am nächsten Tag wird mein Weg nach links über den ***Oderberger See*** Richtung Niederfinow führen. Heute wende ich mich auf der ***Alten Oder*** nach rechts, bestaune den hinter der Brücke auf dem Ufer liegenden *Museumsdampfer Riesa*. Er gehört zum *Binnenschifffahrts-Museum* das sich der Geschichte der Oderschifffahrt widmet. Direkt dahinter lege ich bei der *Kanuvermietung „Kanu Oderberg"* an, um den Schlüssel für den *Wasserwanderrastplatz* zu holen. Die kleine, eingezäunte Wiese mit Sanitärgebäude und überdachter Sitzgruppe liegt noch einmal etwa 300 Meter weiter oderabwärts am nördlichem Ufer, die *Marina Oderberg (Zelten, Zimmer, Essen, Fahrradvermietung)* liegt noch einen Kilometer weiter am Südufer.

86 km

Bis ins Zentrum von **Oderberg** ist es vom *Wasserwanderrastplatz* nur ein kurzer Spaziergang. *Zu sehen gibt es einige Fachwerkhäuser aus dem 18. Jahrhundert sowie die 1855 eingeweihte, neugotische St. Nikolaikirche. Besonders beeindruckend aber ist die Lage des 2.400-Einwohner-Städtchens. Eingerahmt vom Neuenhagener Sporn sowie dem Lieper und Oderberger Endmoränenbogen „thront" Oderberg am ehemaligen Eisrand, der im Süden und Osten zum Oderbruch hin steil abfällt.*

Am nächsten Morgen geht es wieder zum ***Oderberger See*** zurück, der von unzähligen Schwänen bevölkert wird. Die Fahrwassertonnen zeigen den Weg an, trotzdem ist etwas Vorsicht geboten, denn es sind ganze Schubverbände von bis zu drei aneinander gekoppelten Lastkähnen unterwegs. Trotz des erhöhten Verkehrsaufkommens ist die Strecke sehr idyllisch und schon an der Straßenbrücke von **Liepe** sehen wir voraus das Schiffshebewerk Niederfinow sowie den imposanten Neubau für größere Schiffe hoch über dem Ufer aufragen.

An der Kilometer-Tafel 79 kehre ich der ***Havel-Oder-Wasserstraße*** den Rücken, biege in ihren Vorgänger, den ***Finowkanal*** ab und stehe sogleich vor der ersten ***Schleuse***. *Mit der Erfindung der Kammerschleuse in der Mitte des 16. Jahrhunderts ging ein alter Traum der Berliner Kaufleute in Erfüllung. Endlich war es möglich die Wasserscheide zwischen Havel und Oder zu überwinden, um so eine Anbindung an die Ostsee zu erhalten. Bereits 1605 begann man daher mit dem Ausbau des Flüsschens Finow und legte elf hölzerne Schleusen an.*

Dem ersten ambitionierten Schifffahrtsweg war allerdings nur ein kurzer Erfolg beschieden, denn bereits während der Bauphase setzte der Dreißigjährige Krieg ein, in dessen Verlauf der Kanal vollständig zerstört wurde.

Erst Friedrich der Große regte den Neubau an und schickte 1746 im Rahmen einer Probefahrt jeweils zwei Schiffe auf die Reise, und zwar die Havel von Liebenwalde ostwärts sowie von Oderberg in Richtung Westen um die während der Probefahrt entdeckten Mängel zu beheben. Drei Jahre später war der Kanal befahrbar und wurde rege genutzt um Salz zwischen Preußen und Pommern, sowie Holz für den Schiffbau und als Brennmaterial aus der Neumark nach Berlin und Brandenburg zu transportieren.

Schnell entwickelte sich der Kanal zu einer wichtigen Binnenwasserstraße, stieß allerdings schon um 1900 an seine Leistungsgrenze. Als 1914 der schnurgerade Oder-Havel-Kanal eröffnet wurde, verlor der Finowkanal auf einen Schlag an Bedeutung und für Jahrzehnte war

Das Schiffshebewerk Niederfinow

86 km

Seit 1934 in Betrieb, ist das Industriedenkmal Schiffshebewerk Niederfinow, vor Rothensee bei Magdeburg (1938), Henrichenburg bei Waltrop (1962) und Scharnebeck bei Lüneburg (1975), das dienstälteste der vier aktiven deutschen Schiffshebewerke.

Ursprünglich wurde der Höhenunterschied von 36 Metern im Zuge des Oder-Havel-Kanals bei Niederfinow durch eine Treppe von vier Schleusen überwunden. Als diese aber bald an ihre Kapazitätsgrenze kam, wurde 1927 mit dem Bau des Schiffshebewerks begonnen, das am 21. März 1934 eingeweiht wurde.

Schon die 14.000 Tonnen schwere Konstruktion aus Stahlpfeilern und Nieten an sich ist beeindruckend. Noch spektakulärer ist der Besuch der Galerie in luftiger Höhe, von der man die „Fahrstuhlfahrt" der Schiffe hautnah miterleben kann und zugleich einen fantastischen Ausblick über das Eberswalder Urstromtal hat.

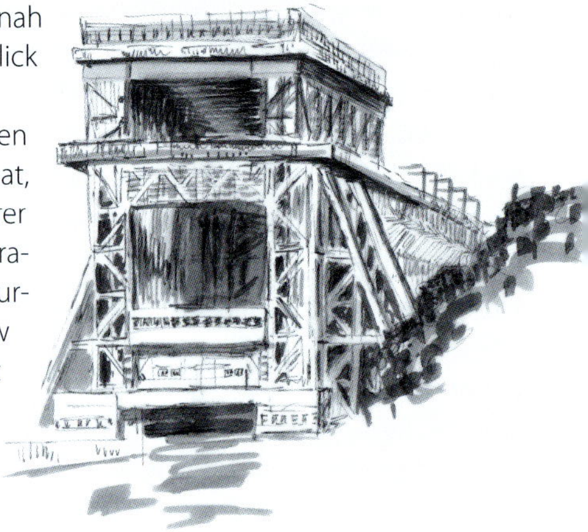

Da der Schiffsverkehr auf dem Oder-Havel-Kanal in den vergangenen Jahrzehnten beständig zugenommen hat, wurde bereits 1997 ein neues Hebewerk in unmittelbarer Nachbarschaft beschlossen. 2008 vergab das Wasserstraßen-Neubauamt Berlin den Auftrag und im März 2009 wurde der Grundstein für das Schiffshebewerk Niederfinow Nord gelegt. Der Neubau ist rund 130 m lang, 45 m breit und 60 m hoch und wird nach über zwölfjähriger Bauzeit voraussichtlich 2022 den regulären Betrieb aufnehmen. Die Stilllegung des alten Hebewerks ist für 2025 geplant.

die Regulierung des Wasserhaushalts praktisch seine einzige Bestimmung. Die Natur eroberte sich ihn Stück für Stück zurück und diverse seltene Pflanzen und Tiere siedelten sich an. Erst in den 1990-Jahren wurde der inzwischen idyllische Kanal für den Wassertourismus wiederentdeckt und die historischen, handbetriebenen Schleusen saniert.

Ein Höhenzug erhebt sich über das linke Ufer, rechts ist das Ufer flach und bietet noch für eine ganze Zeit freie Sicht auf das Schiffshebewerk, dann schiebt sich der weiße Fachwerkturm der *Feldsteinkirche* von **Niederfinow** in den Blick.

Hinter der ***Stecherschleuse***, vorbei am *Campingplatz* und *Kanuverleih Triangel*, gibt sich der ***Finowkanal*** sehr idyllisch, ist mehr Fluss als Kanal. Hinter der ***Stadtschleuse* Eberswalde** *(Kanuvermieter Biberfloß)* wird es dann etwas städtischer. Für den Landgang besser geeignet als der „offizielle" Anleger, der für Kanus einfach zu hoch geraten ist, sind die Holzstege an den Reihenhäusern am rechten Ufer ein Stückchen weiter.

Die Kreisstadt **Eberswalde** am nördlichen Rand des Barnims blickt auf eine lange Industriegeschichte zurück, an deren Ursprünge die Stadtteile Kupferhammer, Eisenspalterei und Messingwerk erinnern. Eine Altstadt sucht man allerdings vergebens, denn die weniger rühmliche Rolle als Rüstungsstandort im Zweiten Weltkrieg führte dazu, dass die Bombardierung zum Kriegsende nahezu die gesamte Stadt in Schutt und Asche legte.

Zu den Sehenswürdigkeiten ein paar Schritte südlich der Stadtschleuse, zählt das 1663 errichtete Fachwerkhaus, in dem unter anderem das Stadtmuseum zu Hause ist und das modern-funktionale Paul-Wunderlich-Haus, das 2007 als Sitz der Kreisverwaltung eröffnet wurde. Südlich davon erhebt sich die Mitte des 13. Jahrhunderts geweihte Maria-Magdalenen-Kirche als Wahrzeichen der Stadt. Rund um den Markt laden mehrere Bäckereien zu

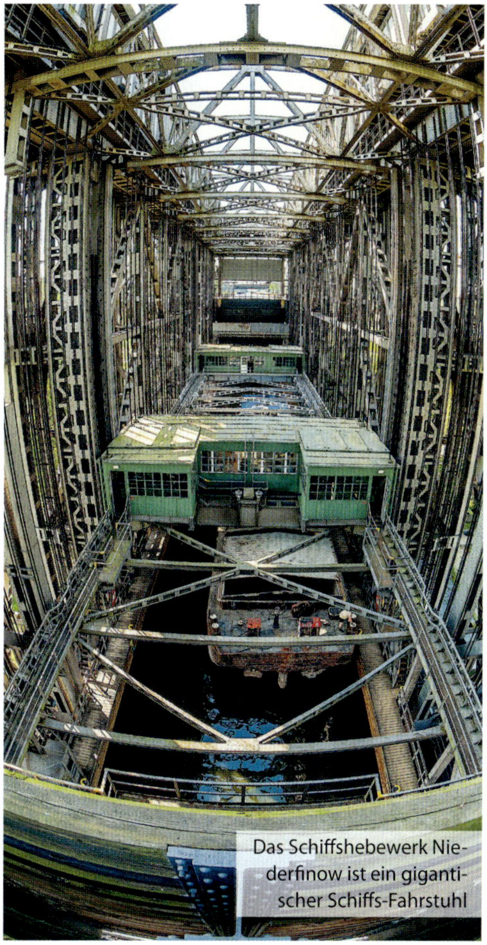

Das Schiffshebewerk Niederfinow ist ein gigantischer Schiffs-Fahrstuhl

einer Stärkung nach dem Spaziergang ein und in keiner fehlt jenes Süßgebäck, das es von Eberswalde aus in die gesamte Republik geschafft hat. *Ein Bäcker aus Berlin war es, der 1832 in Eberswalde eine Konditorei eröffnete und die Bürger mit seinem „Eberswalder Spritzkuchen" überraschte. Ab 1842 verkaufte er seine Kreation aus frittiertem Brandteig auch am Bahnhof an die Reisenden auf der Bahnstrecke zwischen Berlin und Stettin und so wurde sein Gebäck auch überregional bekannt.*

Zurück auf dem Wasser beginnt das Schleusen-Hopping, denn hinter Eberswalde geht es Schlag auf Schlag. In kurzem Abstand folgen die vier ***Schleusen Kupferhammer, Drahthammer***, wo der „Schleusenkrug" zu einem Imbiss einlädt, ***Wolfswinkel*** und ***Heegermühle***. Alle Schleusen des Finowkanals erfordern wie eh und je den vollen Körpereinsatz und die Schleusenwärter und -wärterinnen müssen ordentlich kurbeln, um die Schotten und schweren Tore zu öffnen und zu schließen. Trotzdem sind sie alle guter Laune und kümmern sich vorbildlich um die Paddler: Bei der Ausfahrt fragen sie immer schon nach dem nächsten Ziel und melden mich dann telefonisch an der folgenden Schleuse an, so dass ich dort schon mit geöffneten Toren erwartet werde und direkt in die Kammer einfahren kann.

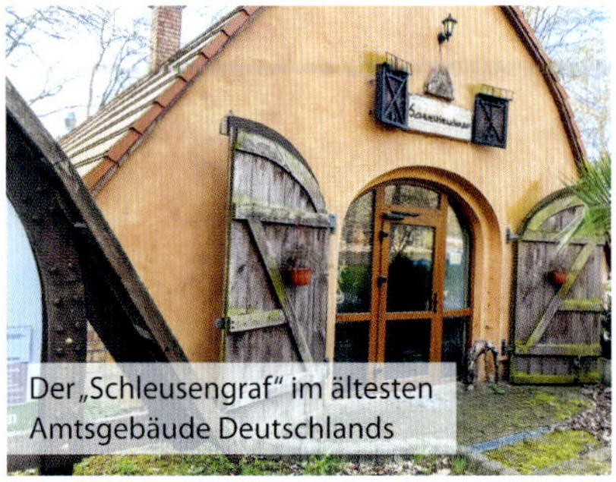
Der „Schleusengraf" im ältesten Amtsgebäude Deutschlands

Für die heutigen Binnenkähne sind die Schleusenkammern natürlich zu klein, für Kanus aber völlig überdimensioniert und so muss man trotz telefonischer Ankündigung etwas Geduld für jede Schleusung mitbringen. Daher ist es auch schon nach 17 Uhr geworden, als ich an der ***Schleuse Finowfurt*** eintrudel und der Schleusenwärter schon seinen wohlverdienten Feierabend hat. Das ist aber kein Problem, denn der moderne *Wasserwanderrastplatz* liegt nur wenige Meter hinter der Schleuse und ist mit dem Bootswagen schnell erreicht.

Am nächsten Tag nehme ich die letzte Etappe in Angriff. An der ***Schleuse Grafenbrück*** kurz vor **Marienwerder** lockt der Biergarten des *Gasthauses „Der Schleusengraf"* im ältesten Amtsgebäude Deutschlands. Es folgt

86 km

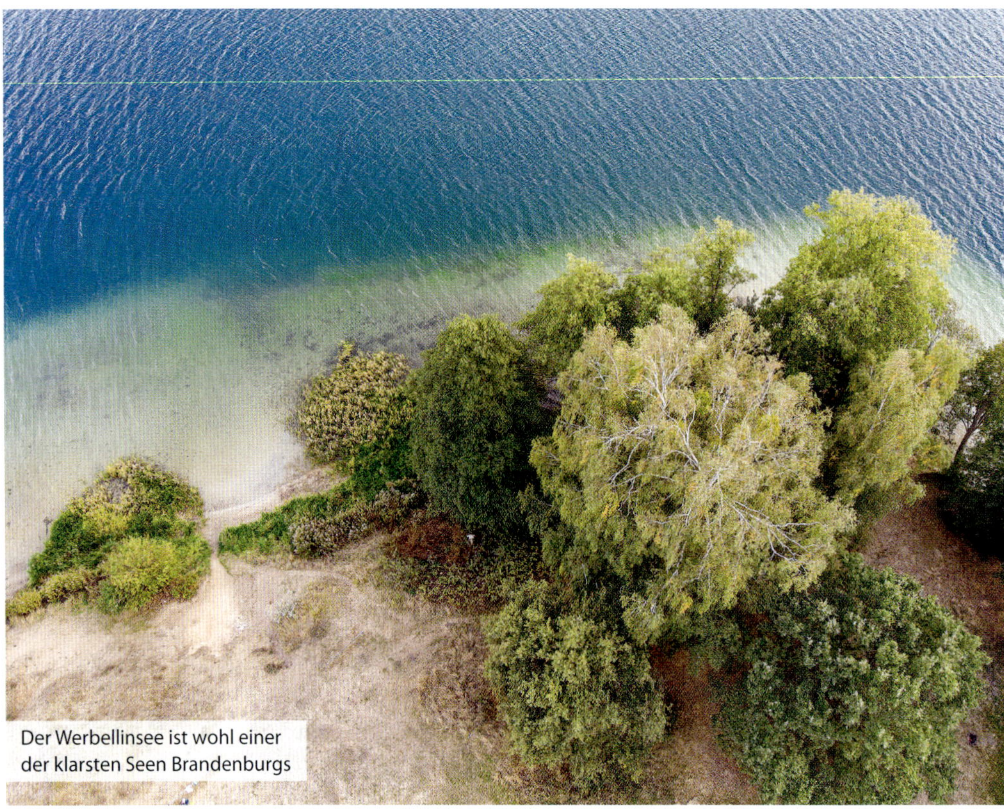
Der Werbellinsee ist wohl einer der klarsten Seen Brandenburgs

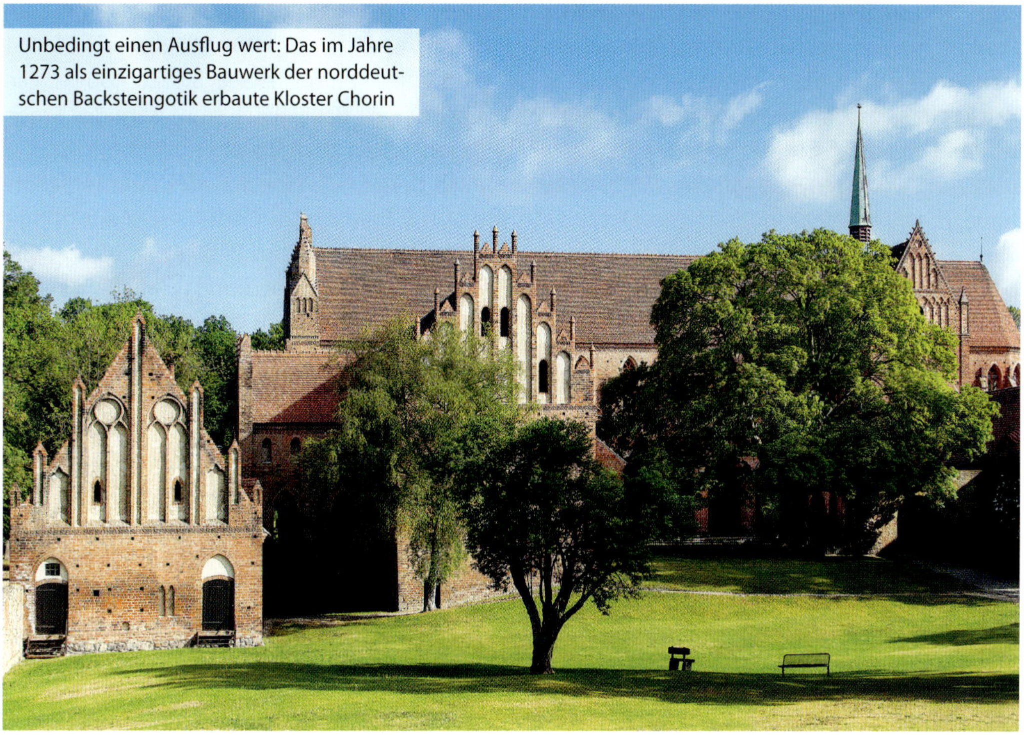

Unbedingt einen Ausflug wert: Das im Jahre 1273 als einzigartiges Bauwerk der norddeutschen Backsteingotik erbaute Kloster Chorin

die ***Schleuse Leesenbrück*** und vor der ***Ruhlsdorfer Schleuse*** stakt doch tatsächlich neben mir ein Kranich am Ufer entlang. Dann zweigt nach rechts der ***Werbellinkanal*** ab. *Dieser für lange Zeit zugeschüttete südliche Abschnitt des Kanals wurde am 17. Juni 2011 mit einem bunten Bootskorso eröffnet - exakt 97 Jahre nach der Inbetriebnahme des Vorgängers der heutigen Havel-Oder-Wasserstraße durch Kaiser Wilhelm II.*

Der neue ***„Alte Werbellinkanal“*** ist etwa 15 Meter breit und mündet nach gut drei Kilometern bei **Marienwerder** in die von der Berufsschifffahrt stark frequentierte ***Havel-Oder-Wasserstraße***. Wer möchte, kann sich am rechten Ufer auf der gemütlichen Terrasse der *Gaststätte „Arttisch Esskultur“* an der *Marina Marienwerder* für die letzten Kilometer stärken.

Jenseits der Havel-Oder-Wasserstraße zeigt sich der ***Werbellinkanal*** dann besonders idyllisch. Die Äste der Bäume biegen sich weit über das Wasser und der Verkehrslärm der nahen Bundesstraße versickert im Rauschen der Blätter. Die beiden ***Schleusen*** zum Überwinden des Höhenunterschieds zum Werbellinsee sind das absolute Kontrastprogramm zu ihren historischen Vorfahren auf dem Finowkanal. Als moderne SB-Schleusen ist das Ziehen des grünen Drehschalters die einzige Tätigkeit, die ich manuell ausführen muss, anschließend übernimmt die Technik.

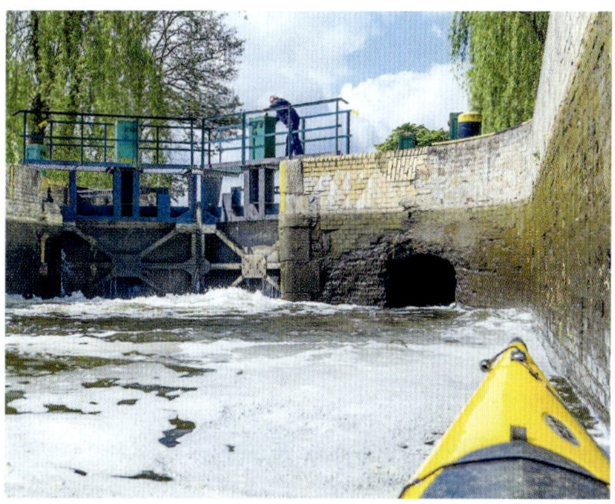

86 km

An der zweiten Schleuse in **Eichhorst** bekommt man in der *Gaststätte „Zum Wisent"* den Schlüssel für die nächste Sehenswürdigkeit entlang der Strecke ausgehändigt. Links im Wald versteckt sich der sogenannte *„Askanierturm"*, *an dessen Stelle Markgraf Albrecht II. zu Beginn des 13. Jahrhunderts die askanische Burg Werbellin erbauen lies. Der Aussichtsturm geht zurück auf eine Idee des Joachimsthaler Heimatdichters Friedrich Brunhold, die von Prinz Carl von Preußen aufgegriffen wurde. 1879 wurde dann der Rundturm aus Feldstein mit Balkon und backsteinernem Zinnenkranz eingeweiht.*

Klar ist das Wasser des ***Werbellinkanals*** und es macht Spaß, die Fische unterm Kanu zu beobachten. Wo der Kanal in den ***Werbellinsee*** mündet, scheint das Wasser eine blau-türkisene Färbung anzunehmen. Eine kräftige Brise lässt die Segelboote übers Wasser flitzen. An beiden Ufern locken mehrere *Campingplätze, Hotels* und *Cafés* und überall laden kleine, aber feine *Sandstrände* zu einer Badepause ein. *Die wald- und wildreiche Gegend war seit Jahrhunderten bei den Herrschern beliebt. Hermann Göring ließ 1934 nahe Eichhorst ein Urwaldgehege einrichten, wo Elche, Wisente und gar Wildpferde gezüchtet wurden. Schloss Hubertusstock, knapp einen Kilometer nördlich des Sees, war die offizielle Jagdresidenz des Deutschen Staatsoberhauptes in der Zeit des Kaiserreiches und der Weimarer Republik. Später nutzten es die Nationalsozialisten, bis es dann als Gästehaus der DDR-Regierung fungierte.*

86 km

Der fischreiche, eiszeitliche Rinnensee ist fast zehn Kilometer lang, bis zu eineinhalb Kilometer breit und die tiefste Stelle liegt gar zwölf Meter unter dem Meeresspiegel. Nach dem Stechlinsee ist der ***Werbellinsee*** mit 55 Metern der zweittiefste See Brandenburgs. Die Transparenz des Wasser steht dem des Stechlinsees kaum nach. Taucher berichten, dass er nach dem Bodensee der zweitgrößte Schiffsfriedhof Europas sei. Bootswracks aus frühgeschichtlicher Zeit und Pfähle am Seeufer, die auf eine Pfahlbausiedlung schließen lassen, regen die Fantasie an. *Es ranken sich eh' zahlreiche Sagen um den See. In einer wird vom Untergang der Stadt Werbellow erzählt, die stark an das in der Ostsee versunken Vineta erinnert. Auch sagt man, dass ein auf Pfählen errichtetes Schloss bei einem Brand um das Jahr 1350 untergegangen sein soll.* Und noch einmal möchte man Theodor Fontane bemühen: *„Es ist ein Märchenplatz auf dem wir sitzen, denn wir sitzen am Ufer des Werbellin."*

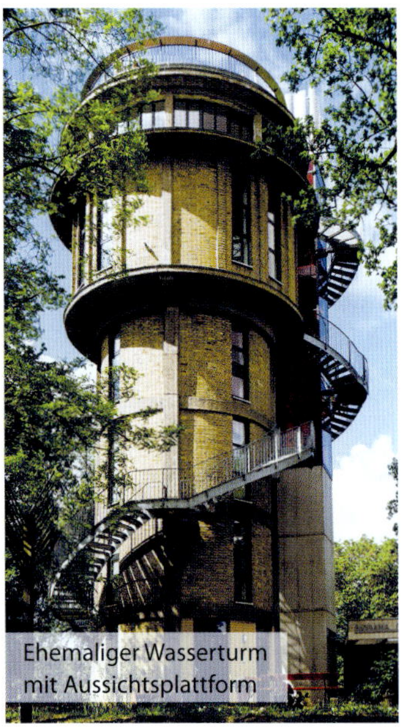
Ehemaliger Wasserturm mit Aussichtsplattform

Ziel meiner Tour ist **Joachimsthal** im nördlichsten Zipfel des Sees. Hier lege ich am Westufer beim *Fischer* an. In der *Gaststätte „Zum Seewolf"* steht sowohl fangfrischer als auch traditionell über Erlenholz geräucherter Fisch auf der Speisekarte. Auf Nachfrage darf ich mein Boot an der Treppe am Ufer liegen lassen und mache mich auf den Weg zum *„Kaiserbahnhof"*. Bevor ich das Auto hole, erklimme ich die Aussichtsplattform auf dem Dach eines ehemaligen Wasserturms in luftiger Höhe von 123 Meter ü. N.N. mit einer fantastischen Rundsicht über die von der Eiszeit geformte Landschaft des *Biosphärenreservates Schorfheide-Chorin*. Wenn das Wetter es zulässt, reicht die Sicht bis zur deutsch-polnischen Grenze in 35 Kilometer Entfernung oder sogar bis zum 70 Kilometer entfernten Berliner Fernsehturm.

Auf Neiße und Oder

„Grenzerfahrung" im grünen Bereich

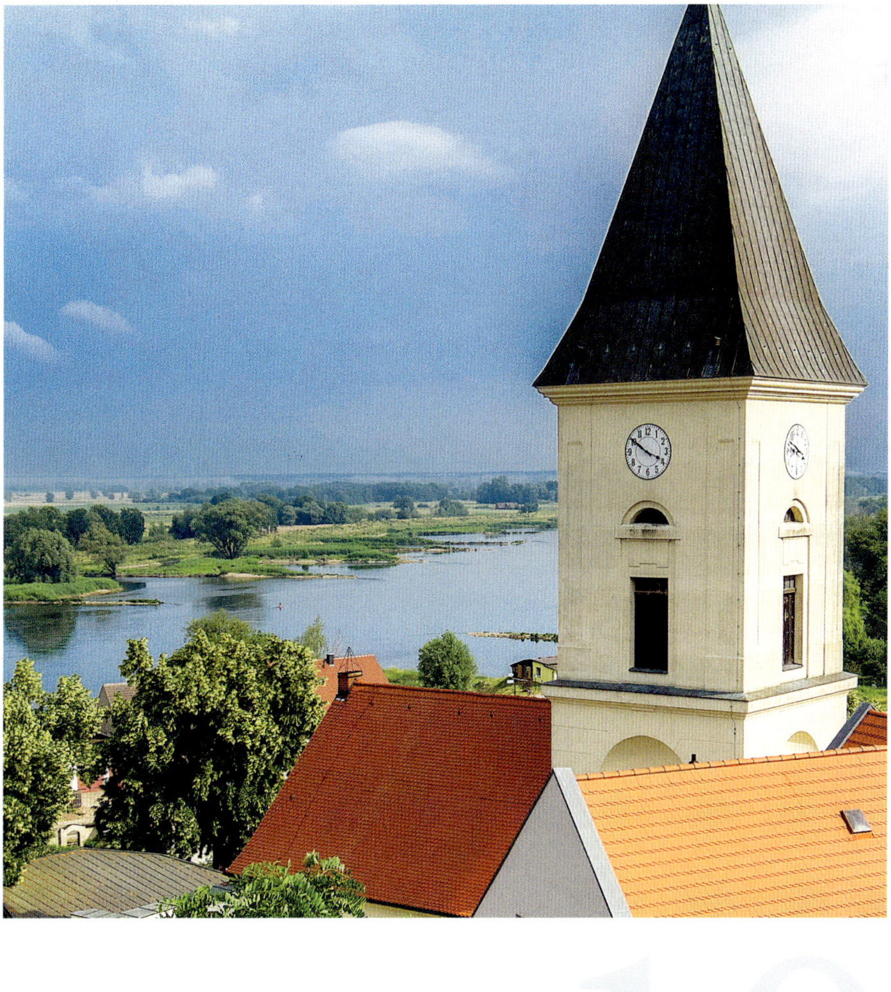

Tour 10

Infos Tour 10 – Neiße und Oder

Aktivitäten	Natur	Kultur	Baden	Hindernisse (Oder)	Hindernisse (Neiße)
★★★	★★★★	★★	★★★		★★★

Charakter der Tour

Die Jahrzehnte in denen die Grenzflüsse Neiße und Oder gar nicht oder nur stark eingeschränkt befahren werden durften, haben der Natur entlang der Ufer eine Entfaltungsmöglichkeit gegeben, die in Deutschland ihresgleichen sucht. Allerdings steckt auch die Infrastruktur für Wasserwanderer noch in den Kinderschuhen. Die Wehre an der **Neiße** sind in der Regel unwegsam und erfordern oft lange Umtragungen. Die **Oder** ist dagegen problemlos und durchgehend hindernisfrei befahrbar.

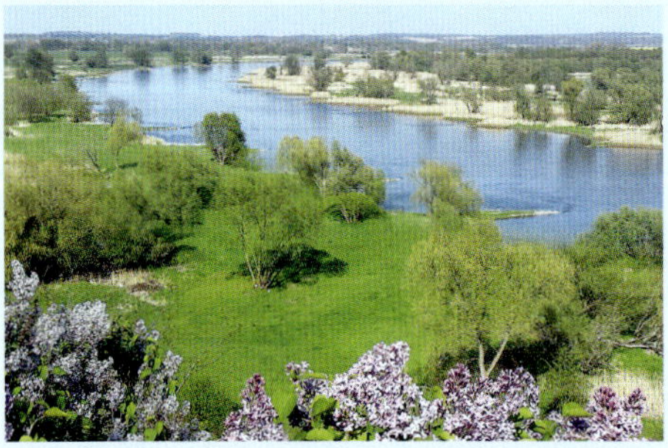

Die angenehme Fließgeschwindigkeit erlaubt lange Tagesetappen und es gibt kaum Berufsschifffahrt, sodass man die Fahrt durch die einsame Auenlandschaft entlang stiller Dörfer und kleiner Städte unbeschwert genießen kann. Bei Hohensaaten wechselt die Route, um nach Schwedt zu gelangen, auf die Hohensaaten-Friedrichsthaler-Wasserstraße und führt durch den Nationalpark „Unteres Odertal", ein artenreiches Feuchtgebiet, wo Jahr für Jahr zehntausend Hektar Wiesen und Auwälder unter Wasser stehen.

Befahrungsregelung

Als Grenzfluss zwischen Deutschland und Polen sollte man selbstverständlich seinen Personalausweis parat haben. Das Führen einer Nationalflagge / ein entsprechender Aufkleber am Kanu ist vorgeschrieben.

Im Nationalpark Unteres Odertal gilt ein ganzjähriges Befahrungsverbot für die Polder zwischen Oder und Hohensaaten-Friedrichsthaler-Wasserstraße.

Geführte Fahrten sind im Einvernehmen mit der Nationalpark-Verwaltung vom 15.07.-14.11. möglich.

208 km

Länge & Dauer der Tour ca. 208 km, gemütliche Tour 7-8 Tage, sportlich 4 Tage

3 Umtragestellen (Wehre) auf der **Neiße**: Wasserkraftwerk Grießen, Groß Gastrose sowie Guben. Auf der **Oder** evtl. in Hohensaaten über den Damm zwischen Ost- und Westschleuse umtragen.

Anreise A 13 bis Dreieck Spreewald, dort auf die A 15 („Spreewaldautobahn") über Cottbus Richtung Polen bis Ausfahrt 7 (Forst). Auf der B 112 ins Stadtzentrum von Forst (Lausitz).

Einsetzstelle Forst (Lausitz). Ausgangspunkt mit Zeltmöglichkeit / Übernachtung im Bootshaus ist der Kanuverein Wassersport Forst (C.-A.-Groeschke-Straße 14 b). Dann muss man allerdings im Stadtgebiet drei flache Brücken, die nicht unterfahren werden können, sowie ein Wehr umtragen. Einsetzen daher am besten erst hinter dem Elektrizitätswerk (Mühlenstraße 21).

Aussetzstelle Gelände des Sportvereins Rotation in **Schwedt** (Regattastraße 3).

Zurück zum Pkw In gut vier Stunden mit der Bahn von Schwedt über Angermünde, Berlin und Cottbus nach Forst. Fahrpläne: www.bahn.de

Etappenvorschlag gemütliche Urlaubstour

1. Tag Forst – Guben (ca. 36 km)
2. Tag Guben – Brieskow (50 km)
3. Tag Brieskow – Lebus (18 km)
4. Tag Lebus – Küstrin (ca. 23 km)
5. Tag Küstrin – Zollbrücke (ca. 34 km)
6. Tag Zollbrücke – Stolzenhagen (26 km)
7. Tag Stolzenhagen – Schwedt (ca. 21 km).

Etappenvorschlag sportliche Tour

1. Tag Forst – Ratzdorf (ca. 51 km)
2. Tag Ratzdorf – Lebus (ca. 53 km)
3. Tag Lebus – Zollbrücke (ca. 58 km)
4. Tag Zollbrücke – Schwedt (ca. 46 km)

Tipps für Tagestouren

1. Auf der Neiße Bad Muskau – Forst (ca. 25 km)
2. Auf der Oder Frankfurt/Oder – Lebus (ca. 11 km)
3. Von Küstrin nach Kienitz (ca. 20 km)
4. Rundtour von Schwedt über Ost- und Westoder

Literatur-Tipps

„Grenzfälle zwischen Polen und Deutschen", Die Andere Bibliothek, Eichborn Verlag.

Ein Inselgarten-Roman ***„Die Träume der Bienen"***, *Patricia Koelle*, FISCHER Taschenbuch.

Kriminalromane ***„Rubel, Rotlicht und Raketenwerfer"*** und ***„Wodka, Weiber, Wasserleiche"***: Privatdetektiv Rübel, *Bernd Hesse*, GMEINER-Verlag.

„Alles Neiße, Oder?: Meine Geschichten aus dem Osten", *Petra Nadolny*, Bastei Lübbe.

Zeitschrift ***„Quer durch den Osten Brandenburgs"***, terra press.

Übernachtung in Wassernähe

03149 Forst
„Wassersport Forst"
C.-A.-Groeschkestr. 14b
Tel. (03562) 21 37
www.wassersportverein-forst.de

03172 Guben
Pension Zur Neiße
Alte Poststraße 55
Tel. (03561) 663 00
www.pension-zur-neisse.de

15890 Eisenhüttenstadt
Kanucentrum 1957 (zum Übernachten ziemlicher Umweg: von der Oder in den Kanal abbiegen und schleusen)
Am Kanal 1, Tel. (03364) 467 78
www.kanucentrum-ehs.de

OT Aurith, 15295 Ziltendorf
Radlerhof Aurith
(Zelten & Zimmer, Frühstück möglich, vorher anmelden)
Dorfstr. 9, Tel. 0177-464 48 88
und 0173-932 15 81
www.radlerhof-aurith.de

15295 Brieskow-Finkenheerd (Brieskower See)
Ferienzimmer am Fischerhof
(Abendessen vorher buchen)
Seestraße 6
Tel. (033609) 358 76
www.ferienzimmer-am-fischerhof.de

Frankfurt/Oder
Wasserwanderstützpunkt beim Frankfurter Ruder-Club von 1882
(Zelten oder Kanu ablegen zur Übernachtung im Hotel Zur Alten Oder)
www.frcvon1882.de

Hotel Zur Alten Oder
Fischerstraße 32
Tel. (0335) 55 62 20
www.zuraltenoder.de

15326 Lebus
WWR, Biwakplatz
Oderstr. 16, Tel. (033604) 637 58

Biker's Inn Lebus
(Zelt, Zimmer, Kultur, Fahrräder)
Kietzer Str. 4, Tel. 0171-234 92 49
www.bikers-inn-lebus.de

Küstrin-Kietz / 15328 Küstriner Vorland
Fischereihof Schneider
(Camping & Pension)
Kuhbrücke 23, Tel. (033479) 548 88
und 0172-382 39 58
www.oderfischer.de

OT Kienitz 15324 Letschin
Naturerlebnishof Uferloos
(Zimmer, Zelt, Zirkuswagen)
Deichweg 9, Tel. (033478) 389 76
www.uferloos.de

Gasthof „Zum Hafen"
(Zelten, Zimmer, Gaststätte)
Deichweg 21
Tel. (033478) 440
www.gasthof-zum-hafen-kienitz.de

OT Groß Neuendorf 15324 Letschin
Naturcamping zur Birkenquelle
Birkenring 24, Tel. (033478) 45 13

Pension Maschinenhaus
Hafenstr. 2, Tel. (033478) 38 77 10
www.maschinenhaus-online.de

Zollbrücke (OT Zäckericker Loose, 16259 Oderaue)
Gasthaus Zollbrücke
(nebenan gute Küche in der „Dammmeisterei", Tel. (033457) 469 09 99)
Zollbrücke 9, Tel. 01523-676 46 21
www.pension-zollbruecke.de

16259 Hohenwutzen
Hotel „Zur Fährbuhne"
Fährweg 17, Tel. (033368) 50 50
www.hotel-faehrbuhne.de

16248 Lunow-Stolzenhagen
Wasserwander- & Caravanplatz
Kietz 9, Tel. (033365) 703 29

OT Criewen, 16303 Schwedt/O
Pension & Gaststätte „Zur Linde"
Bernd von Arnim Straße 21
Tel. (03332) 52 14 98
www.linde-criewen.de

16303 Schwedt/Oder
Seesportclub Schwedt
(Zimmer + Zelt)
Am Holzhafen 11
Tel. (03332) 51 46 89
www.seesportclub-schwedt.de

Wassersport PCK Schwedt e. V.
(Zelt, Bootshaus)
Regattastr. 3, Tel. (03332) 239 62
www.wassersport-schwedt.de

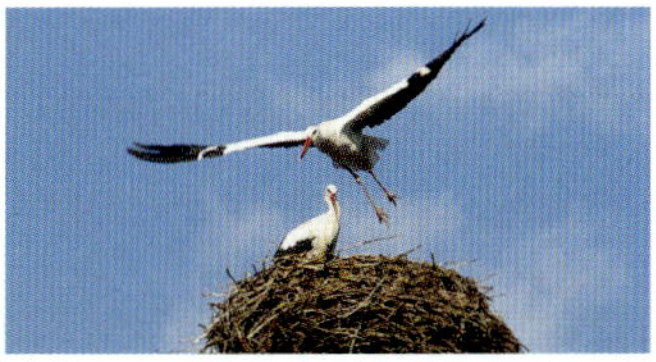

208 km

Kanuvermieter

03149 Forst (Lausitz)
PARIJA
Sorauer Straße 63
Tel. 0178-750 86 87
und (03562) 69 10 92
www.parija.de

OT Kienitz 15324 Letschin
Naturerlebnishof Uferloos
Deichweg 9
Tel. 0173-172 62 05
und (033478) 389 76
www.uferloos.de

15324 Letschin
Kanu auf der Oder
Kienitzerstraße 19a
Tel. (033475) 57 54 8
und 0176-34 60 06 16
www.kanu-oderbruch.de

Vermieter an der Alten Oder

15320 Quappendorf (bei Neuhardenberg)
Kanustation „Zur Alten Oder"
(auch SUP, Fahrrad, Floßtouren)
Lindenstraße 1a
Tel. 0162-722 90 44
www.kanuverleih-brandenburg.de

16248 Oderberg
Kanu Verleih Oderberg
Hermann Seidel Straße 62
Tel. 0174-531 54 52
www.kanu-oderberg.de

Shuttle-Service

(Boot-Transport zum Ausgangspunkt der Tour und Abholung am Ziel): *PARIJA*, Tel. 0178-750 86 87
www.parija.de

Geführte Kanutouren

„flusslandschaft reisen"
Touren *auf der Oder, Nationalpark Unteres Odertal, Naturpark Stettiner Haff und auf kleineren Flüssen im angrenzenden, polnischen Westpommern* (auch Wanderungen & Radtouren)
Tel. (039746) 228 91 & 0172-197 93 16
www.flusslandschaft-reisen.de

„Albatros Outdoor Natur- & AktivReisen",
Bertholdplatz 6, 15848 Beeskow
Tel. (033675) 72 89 61 & 0151-41 82 33 81
www.albatros-outdoor.de

Nationalpark-Kanutouren über den Tourismusverein Nationalpark Unteres Odertal
Berliner Str. 46-48, 16303 Schwedt/Oder
Tel. (03332) 255 90, www.unteres-odertal.de

Weitere Aktivitäten

Paddeln
Auf der ***Neiße*** oberhalb von Forst (sehr viele Wehre).
Untere ***Oder*** von Schwedt weiter bis ans Oderhaff.
Auf der ***Warthe***, auf dem ***Oder-Spree-Kanal***, im ***Nationalpark Unteres Odertal*** *(nur geführte Touren).*

Radfahren Etappen auf dem ***Oder-Neiße-Radweg***, der von der Quelle in Tschechien nach 630 km (Abschnitt Brandenburg 287 km) im Seebad Ahlbeck auf Usedom endet, www.oder-neisse-radweg.de

208 km

Fahrradvermieter (teils auch E-Bikes)
Forst: *Zweirad-Fachhandel Schulz*, Inselstr. 13, Tel. (03562) 75 96.
Guben: *Radsporthaus Guben*, Am Wasserwerk 3, Tel. (03561) 666 41.
Zweirad-Center Lieske, Berliner Str. 23 a, Tel. (03561) 21 51.
OT Groß Neuendorf, 15324 Letschin: *Machinenhaus*, Fahrradvermietung am Skatepark, Hafenstr. 2, Tel. (033478) 38 77 10, www.maschinenhaus-online.de
Schwedt & Criewen: *Fahrrad & Touristikcenter Bodo Butzke*, Kietz 11 (Schwedt), Bernd von Arnim Str. 15 (Criewen), Tel. (03332) 83 95 00, www.kanubutzke.de

Wandern
Mehrtagestour auf dem ***Schlaubetalrundweg*** durch den ***Naturpark Schlaubetal*** (ca. 100 km ab Müllrose).

Angeln & Angelkarten
15295 Brieskow-Finkenheerd *Fischer Schneider*, Fischverkauf *Do+Fr 9-16*, Zimmer (Tel. 033609- 358 76 oder 01520-290 36 31), Angelkarten online, Lindenstr. 20, Tel. (033609) 368 33, www.fischer-schneider.de
Küstrin-Kietz / 15328 Küstriner Vorland *Fischereihof Schneider an der Festung Küstrin*, Fischverkauf Fischimbiss, Camping, Pension, Angeltouren, Kuhbrücke 23, Tel. (033479) 548 88 und 0172-382 39 58, www.fischereihof-kuestrin.de & www.oderfischer.de
16303 Schwedt/Oder *Fischergarten Helmut Zahn, Deutschlands kleinstes Fischerei-Freilichtmuseum.* Fischverkauf, Fischimbiss, Schauräuchern, *Mo-Fr 9-17, Sa 9-14*, Am Bollwerk 15, Tel. 0173-449 77 94, www.fischergarten.de

Nationalpark „Unteres Odertal" *Nationalparkhaus Criewen*, Park 2, Tel. (03332) 267 72 44, www.nationalpark-unteres-odertal.eu/besucher/nationalparkhaus

Ausflüge & Tierbeobachtungen im Nationalpark „Unteres Odertal".

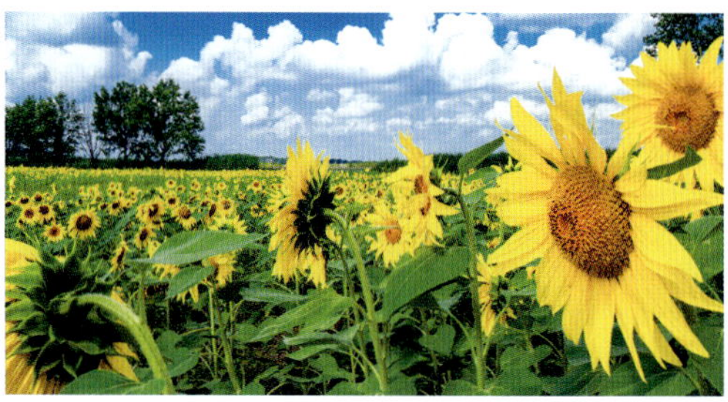

Sehenswürdigkeiten

Forst (Lausitz) Dreischiffige St. Nikolaikirche (13. Jh.), Brandenburgisches Textilmuseum in einer stillgelegten denkmalgeschützten Tuchfabrik (Sanierung bis 2024, www.lausitzer-museenland.de), mehrere Tuchfabriken als Industriedenkmale, Wasserturm (Wahrzeichen), historischer Ostdeutscher Rosengarten mit rund 1.000 Rosensorten auf 17 Hektar (*Mai-Sep 9-19*, www.rosengarten-forst.de).

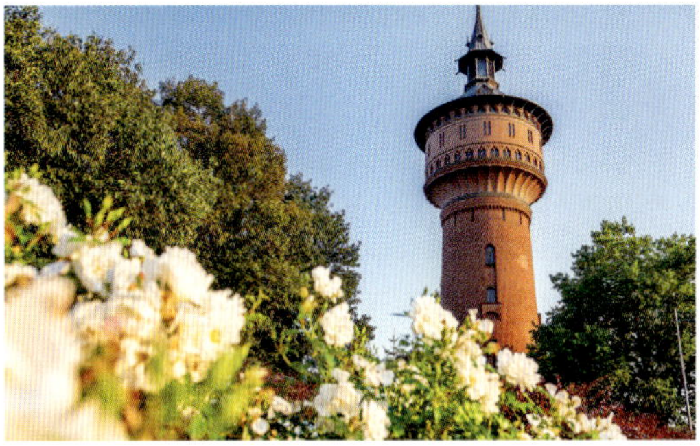

Guben Kirche des Guten Hirten, Stadt- und Industriemuseum in der Wilkeschen Hutfabrik (www.museen-guben.de), technisches Denkmal „Sprucker Mühle", Gunther von Hagens „Plastinarium" – Anatomie hautnah erleben (www.plastinarium.de), Gubener Appelfest Anfang September.

Eisenhüttenstadt Siehe Stadtrundgang Seite 120.

Frankfurt/Oder Siehe Stadtrundgang Seite 124.

Kostrzyn Ruine der alten Festung aus dem 16. Jh.

Stolpe Stolper Wehrturm „Grützpott".

Criewen Eines der ältesten slawischen Fischerdörfer, Schloss im Lenné-Park, Nationalparkhaus (*tgl. 9/10-17*).

Schwedt/Oder Pfarrkirche St. Katharinen (13. Jh., 1887-1889 neugotisch umgestaltet), Uckermärkische Bühnen im Kulturhaus, Berlischky Pavillon, Stadtmuseum.

Auskunft & Tourist-Infos

Tourist-Info Forst (Lausitz) Cottbuser Str. 10, Tel. (03562) 98 93 50, www.forst-information.de

Tourist-Info Guben Frankfurter Str. 21 Tel. (03561) 38 67, www.touristinformation-guben.de

Auskunft zum Lausitzer Seenland www.lausitzerseenland.de

Schwedt & Nationalpark Unteres Odertal Vierradener Str. 31, 16303 Schwedt/Oder, Tel. (03332) 255 90, www.unteres-odertal.de

Tourist-Info Oderbruch & Lebuser Land Mittelstr. 10, 15306 Seelow, Tel. (03346) 84 98 08, www.oderbruch-tourismus.de

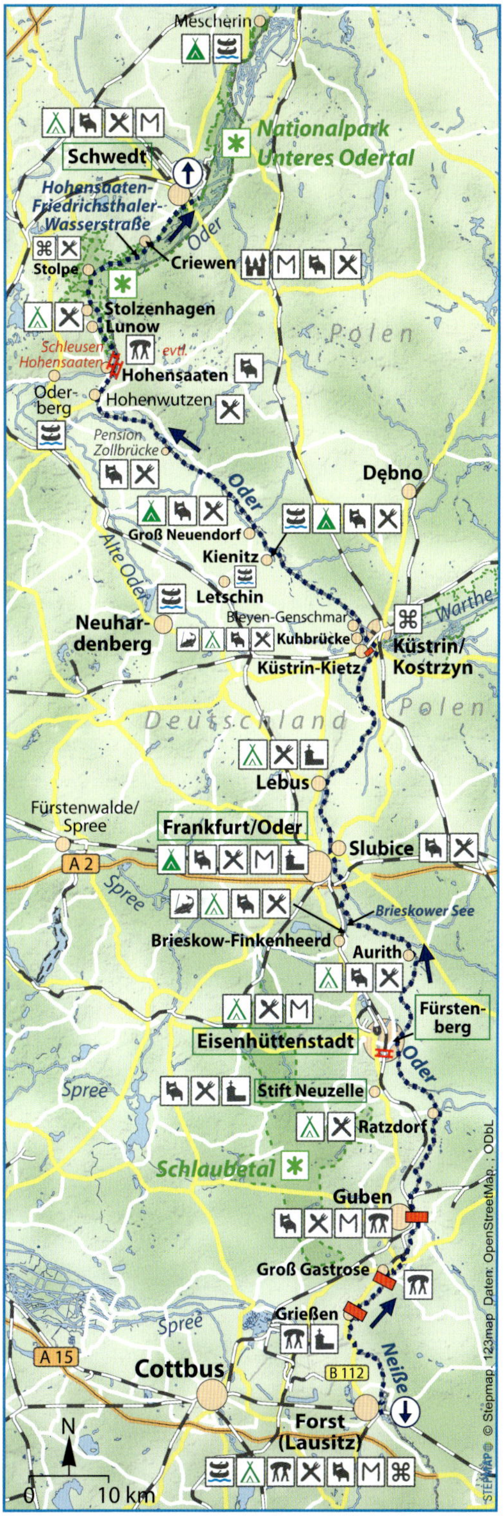

208 km

Neiße und Oder

„Wenn Du schon mal hier bist, sollst Du auch was von der Stadt sehen" meint Herbert vom Kanuverein „Wassersport", der mich nach herzlicher Begrüßung und Besichtigung des Vereinsheims, zu einer persönlichen Stadtrundfahrt einlädt. Während wir am alles überragenden Wasserturm, der von den Forstern liebevoll nur „Der Dicke" genannt wird vorbeifahren, erklärt er mir, wie **Forst (Lausitz)** in den 1930er Jahren zum Untertitel „deutsches Manchester" kam. *Seit dem 15. Jahrhundert spielt das Tuchmachergewerbe eine bedeutende Rolle im Wirtschaftsleben der Stadt. Die erste Tuch- und Leinenmanufaktur entstand dann 1744 und in den 1930er-Jahren ratterten etwa 4500 mechanische Webstühle in Forst. Ein riesiges Wandbild an einem Hausgiebel erinnert an die „Schwarze Jule", die von 1893 bis 1965 mitten durch die Stadt schnaufte und die Kohlen vom regulären Bahnhof zu den Dampfmaschinen in den Fabriken brachte und auf dem Rückweg die fertiggewebten Tuchballen mitnahm. Ohne die einstige Schmalspur-Stadteisenbahn, wäre die Entwicklung der Tuchindustrie undenkbar. Wie viele Städte an Oder und Neiße wurde Forst im Zweiten Weltkrieg in Schutt und Asche gelegt und nach Kriegsende geteilt.*

Heute macht vor allem der demographische Wandel der Stadt zu schaffen. „Wenn ich jung wäre, würde ich auch abhauen. Arbeit gibt es hier ja keine mehr", sagt Helmut. Ein Stück Zaubergarten der Natur und eine Sehenswürdigkeit, die man sich nicht entgehen lassen sollte, ist der 17 Hektar große *„Ostdeutsche Rosengarten". Er entstand von 1910 bis 1913 anlässlich des 25-jährigen Krönungsjubiläums von Kaiser Wilhelm II. Die Rosen- und Gartenbauausstellung auf zwei Flussinseln präsentiert mit 40.000 Rosenstöcken über 1.000 Rosensor-*

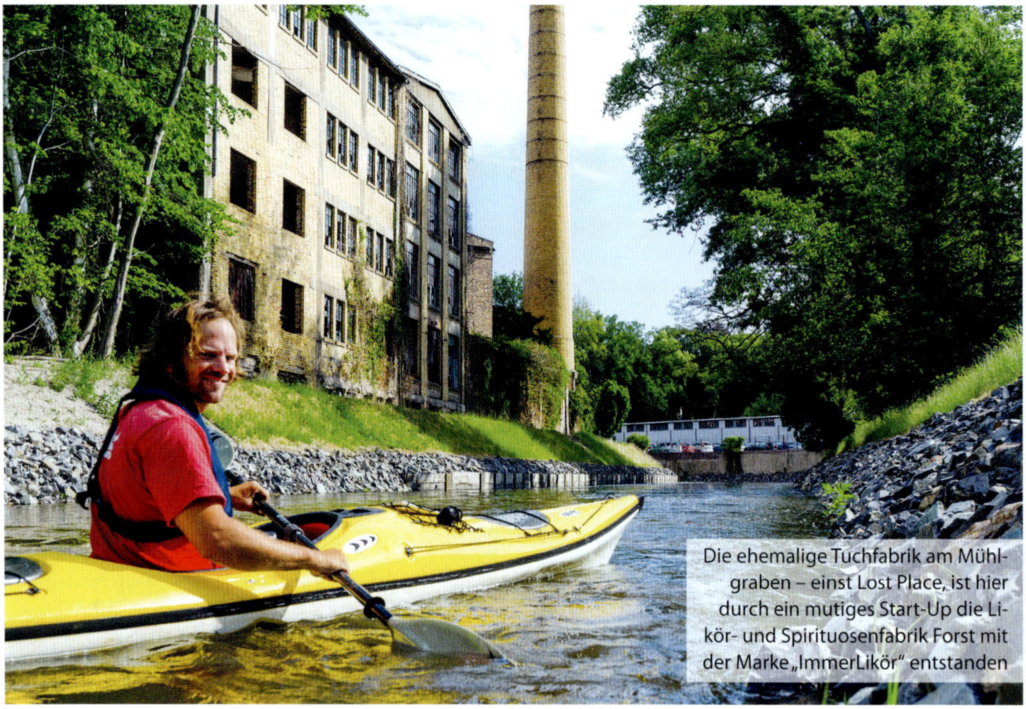

Die ehemalige Tuchfabrik am Mühlgraben – einst Lost Place, ist hier durch ein mutiges Start-Up die Likör- und Spirituosenfabrik Forst mit der Marke „ImmerLikör" entstanden

208 km

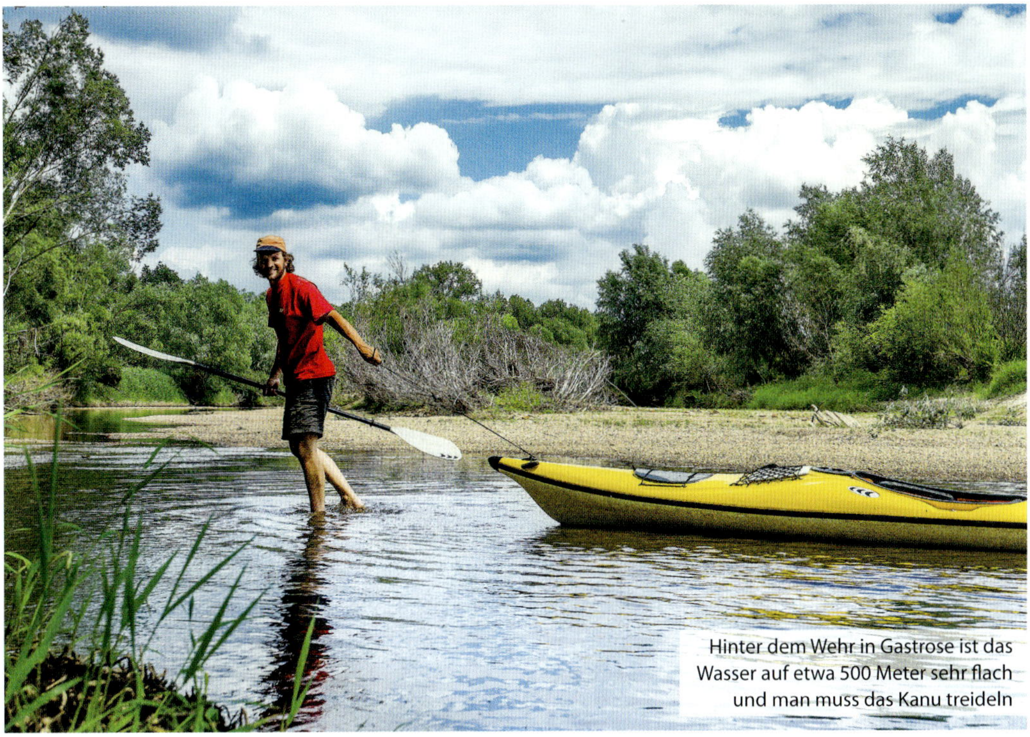

Hinter dem Wehr in Gastrose ist das Wasser auf etwa 500 Meter sehr flach und man muss das Kanu treideln

ten und hält einige kuriose Superlative wie die kleinste Rose der Welt oder ungewöhnliche Blütenfarben wie grüne und schwarze Rosen bereit. Neben den Rosen sorgen weitläufige Rasenflächen, ein alter Baumbestand und Rhododendronhaine für eine herrliche Atmosphäre in der Parkanlage und laden zu einem Spaziergang ein.

Am nächsten Morgen bin ich froh, ausreichend gefrühstückt zu haben, denn der folgende Abschnitt auf dem ***Mühlgraben*** hat es in sich: Auf einer Strecke von nur einem Kilometer ist ***viermal umtragen*** angesagt. Erst versperren drei niedrige Straßenbrücken, bei deren Bau niemand an Paddler gedacht hat, und dann ein Wasserkraftwerk den Weg. Durch beharrliches Drängen haben die örtlichen Kanuvereine zumindest gute Ein- und Ausstiegstellen an den Hindernissen erwirkt.

Hinter dem Kraftwerk trägt mich der ***Mühlgraben*** dann rasch an den letzten Forster Fabrikruinen vorbei und nach einer Schwallstrecke durch ein idyllisches Waldstück trifft der Mühlgraben zurück auf die ***Neiße.*** Vereint geht es nach **Grießen**, das am Ostrand des Tagebaus Jänschwalde liegt. *Jenseits des Endmoränenrückens wird in 45 Metern Tiefe das acht bis zehn Meter mächtige Braunkohleflöz mit riesigen Schaufelradbaggern gefördert und im nahen Kraftwerk Jänschwalde in Energie umgewandelt. Mit den täglich etwa 60.000 Tonnen geförderter Braunkohle kann der Tagesbedarf einer Großstadt gedeckt werden.*

Vorraussichtlich Mitte der 2020er Jahre wird das Feld Jänschwalde ausgekohlt sein. Die einstigen Pläne für einen neuen Tagebau Jänschwalde-Nord sind vom Tisch. Dafür hätten die Ortschaften Kerkwitz, Grabko und Atterwasch weichen und fast 1.000 Menschen umgesiedelt werden müssen. Selbst Ortsteile der Stadt Guben, ausgewiesene Moorgebiete, der Kranichbrutplatz „Grabkoer Seewiesen" und der Deulowitzer See, eines der beliebtesten Naherholungsziele der Region, wären betroffen gewesen.

208 km

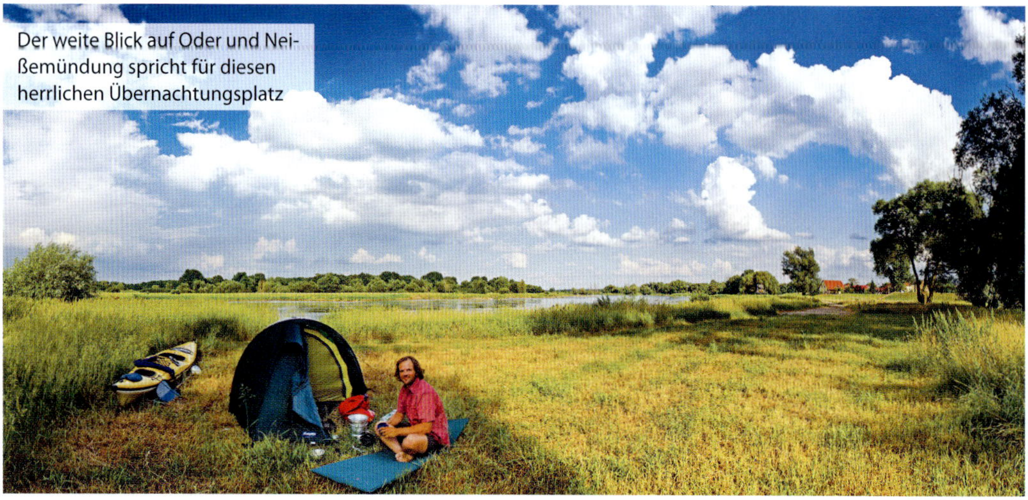

Der weite Blick auf Oder und Neißemündung spricht für diesen herrlichen Übernachtungsplatz

Im Ort ist die unter Denkmalschutz stehende, aus Feldsteinen errichtete *Wehrkirche* aus dem 15. Jahrhundert, mit dem hölzernen vorkragenden Glockengeschoss, sehenswert. Das ***Wasserkraftwerk Grießen (umtragen)*** wurde ursprünglich zwischen 1927 und 1929 errichtet, fiel dann aber der Braunkohle-fixierten Energiepolitik der DDR zum Opfer. *1976 wurde das Kraftwerk stillgelegt und demontiert. Nach der Wende restaurierte der neue Besitzer das Kraftwerk und 1993 ging die neu installierte Turbine erstmals in Betrieb.* Am Wochenende könnte man im Biergarten einkehren, unter der Woche bleibt nur der etwas kuriose Blick auf die MIG-29 im Vorgarten.

208 km

Hinter dem ***Wehr (Portage)*** von **Groß Gastrose** gibt sich die ***Neiße*** unspektakulär, schiebt mich aber mit gutem Tempo vorwärts. Schon ziehen rechts die ersten Häuser von **Gubin**, links die von **Guben** vorbei. Vor dem ***Wehr*** ist am komfortablen Steg sogar ein roter Teppich ausgerollt und ich kann mein Kajak ganz schonend aus der Neiße ziehen. Beim Einsetzen hinter dem Wehr beweisen die Stadtväter leider nicht so viel Verständnis für Kanuten, denn nur eine steile Betontreppe führt von den *Neißeterrassen* hinab zum Ufer. Um meinem Boot die Tortur zu ersparen, schiebe ich den Bootswagen noch ein Stückchen weiter und finde nach ein paar hundert Metern eine „weichere" Einsetzstelle, die mir mehr zusagt. Ich zerlege den Bootswagen und verstaue die Einzelteile zusammen mit der Spritzdecke in der hinteren Bootsluke, denn bis zum Ende meiner Reise versperren weder Wehre noch Stufen den Weg.

Die ***Neiße*** scheint es auf den letzten Kilometern eilig zu haben, denn rasant strebt sie ihrer Mündung in die Oder entgegen.

Ein paar umgestürzte Bäume, die ihre Wurzeln theatralisch gen Himmel recken, später und nahezu ohne Vorwarnung, ist die Neiße bei **Ratzdorf** Geschichte. Die Digitalanzeige des modernen Oderpegels, der nach dem Jahrhunderthochwasser von 1997 errichtet wurde und den Pegelstand live ans Wasser- und Schifffahrtsamt in Eberswalde funkt, zeigt 236 Zentimeter an. Kurz dahinter steuere ich den Schwimmsteg des *Sportbootliegeplatzes* bei Oder-Kilometer 542,8 an. Auf der Rückseite gibt es sogar einen flachen Steg für Kanuten und oben auf dem Deich baue ich das Zelt mit weitem Blick über Oder und Neißemündung auf. Wenn geöffnet, kann man im *Kulturzentrum Kajüte Ratzdorf Gast- und Tanzwirtschaft* vielleicht einem Konzert lauschen oder in der *Gaststätte Oderblick* den Abend ausklingen lassen.

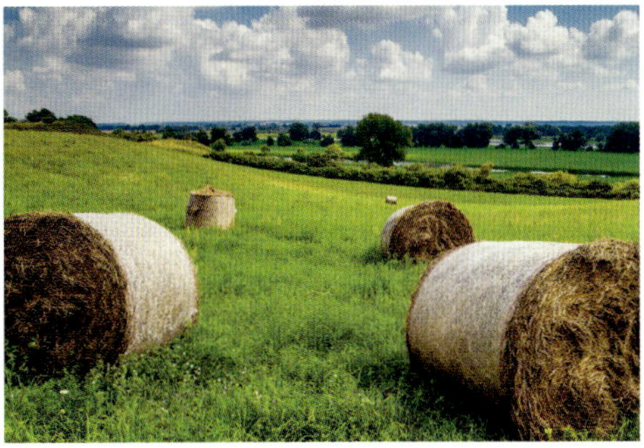

Die ***Oder (Odra)*** bildet seit 1945 die Grenze zu Polen und mein Boot muss eine Nationalflagge führen. Nach dem Ablegen am nächsten Morgen, habe ich nur einen Gedanken: „So macht Kanuwandern Spaß!" Eine breite Auenlandschaft, über mir kreisen Adler und neben mir stochern Kiebitze im Schlick. Alle paar hundert Meter erstrecken sich zwischen den Buhnen tolle Sandstrände, sodass der Landgang nie ein Problem darstellt. Dank der flotten Strömung geht es ohne große Kraftanstrengung gut voran.

Nicht ganz so enthusiastisch empfängt **Eisenhüttenstadt** den Paddler. Der hiesige *Kanuverein* verschanzt sich hinter der riesigen ***Doppelkammerschleuse*** (man wird nur zusammen mit der nicht gerade häufigen Berufsschifffahrt geschleust) am hier abzweigenden Oder-Spree-Kanal. Wer einen Übernachtungsstopp einlegen wollte, müsste einen tüchtigen Umweg in Kauf nehmen.

Allerdings könnte man dann dem etwa sieben Kilometer entfernten **Stift Neuzelle,** dem *Barockwunder Brandenburgs, einen Besuch abstatten. Die im Jahre 1268 vom meißischen Markgrafen Heinrich dem Erlauchten gegründete und später barockisierte Klosteranlage ist das nördlichste Zeugnis süddeutschen und böhmischen Barocks in Europa. Eine zweistündige Führung vermittelt einen guten Einblick in die Architektur und Kunst des Klosters mit seinen beiden Kirchen, dem Klostergarten, Kreuzgang und Klostermuseum.*

Wer **Eisenhüttenstadt** (Stadtrundgang nächste Seite) nur einen kurzen Besuch abstatten möchte, legt am neu angelegten Bollwerk direkt unter der Altstadt des historischen Ortsteils **Fürstenberg** an.

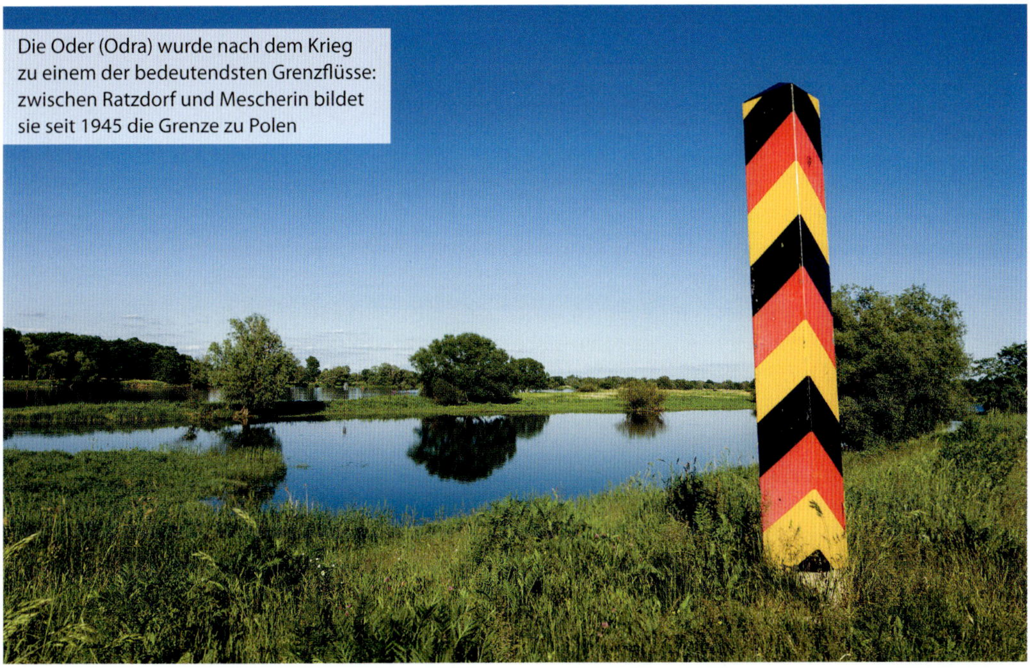

Die Oder (Odra) wurde nach dem Krieg zu einem der bedeutendsten Grenzflüsse: zwischen Ratzdorf und Mescherin bildet sie seit 1945 die Grenze zu Polen

Stadtrundgang Eisenhüttenstadt

Der Bau des Eisenhüttenkombinats Ost (EKO) samt der dazugehörigen Arbeiter-Wohnstadt Stalinstadt als „erste sozialistische Stadt auf deutschem Boden" wurde 1950 auf dem 3. Parteitag der SED beschlossen und noch im selben Jahr begann man mit seinem Bau. Die Lage bei Fürstenberg an der Oder war mit Bedacht gewählt, denn durch die Randlange an der östlichen Grenze der DDR konnten die wichtigen Rohstoffe – Eisenerz aus der Sowjetunion, Steinkohle aus Polen – kostengünstig herbeitransportiert werden. Der wichtige Zuschlagsstoff Kalk kam aus dem brandenburgischem Rüdersdorf.

1951 erfolgte die Grundsteinlegung des ersten Hochofens, der noch im gleichen Jahr in Betrieb ging und bis 1955 kamen fünf weitere Hochöfen hinzu. Zusammen mit dem Eisenhüttenkombinat entstanden auch die Wohnungen für die Arbeiter. Mit viel Liebe zum Detail wurden die ersten Wohnkomplexe geplant und gebaut: Erker, Wandmalereien, Säulen und Pfeiler schmückten die Fassaden und die Innenhöfe wurden als grüne Oasen gestaltet.

Städtebaulicher Glanzpunkt war die **Lindenallee** im Stil des Neoklassizismus, wo wir an der **Tourist-Info** den ausgedehnten Stadtrundgang beginnen. Aufgrund der Länge von fast elf Kilometern ist es keine schlechte Idee, sich bei der Tourist-Info ein Fahrrad zu mieten.

Direkt nebenan in der *Lindenallee 23* beeindruckt die Fassade des **Friedrich-Wolf-Theaters (1)**, das 1955 eingeweiht wurde. *Benannt ist es nach dem 1888 in Neuwied geboren Arzt, Autor und Politiker Friedrich Wolf, der u.a. die DEFA mitbegründete und von 1949 bis 1951 Botschafter der DDR in Polen war.*

Mit der mächtigen Säulenreihe im Rücken laufen wir nach rechts weiter, überschreiten die breite *Straße der Republik* und laufen am schmucklosen **Rathaus** vorbei. Hinter ren Platz führt die *Saarlouiser Straße* mitten durch die historische Planstadt mit schmuckvoll verzierten und liebevoll renovierten Fassaden und entlässt uns vor der ehemaligen **Großgaststätte Aktivist (2)** an der *Karl-Marx-Straße*.

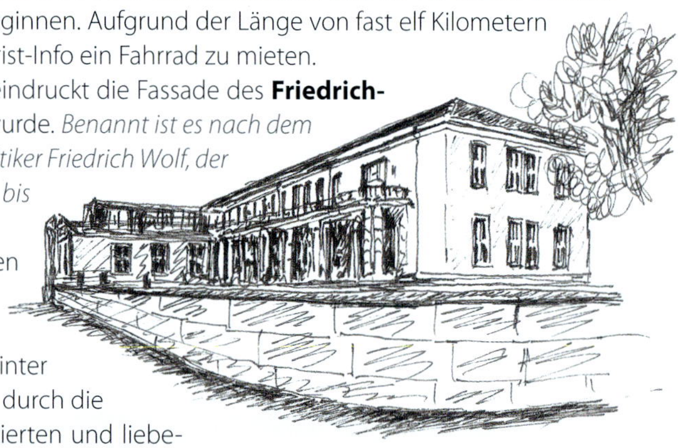

Ehemalige Großgaststätte Aktivist

208 km

Der erste Spatenstich für den „Akki" wurde 1953 getätigt – hier saßen die Stahlwerker beisammen. Die Vergnügungsstätte war über Jahrzehnte eine Institution und mit Tanzcafé, Restaurant und der Kneipe „Bierschwemme" weit über die Stadtgrenzen hinaus bekannt. Nach der Schließung 1991 stand das inzwischen denkmalgeschützte Gebäude für fast 20 Jahre leer und dient nach umfangreicher Sanierung heute als Verwaltungsgebäude der Eisenhüttenstädter Wohnungsbaugenossenschaft. Jedoch ein kleiner Teil wird immer noch für die Gastronomie genutzt, aus der „Bierschwemme" ist eine Bierstube geworden.

Nun folgen wir für einige Schritte der *Karl-Marx-Straße* nach rechts, biegen an der ersten Möglichkeit rechts ab und laufen zwischen den Wohnhäusern hindurch zum **Dokumentationszentrum Alltagskultur der DDR (3)**, wo unzählige Ausstellungsstücke vom Plaste-Eierbecher über FDJ-Hemden bis zum SED-Orden den Alltag in der ehemaligen DDR dokumentieren.

Vom Museum laufen wir auf der *Erich-Weinert-Allee* weiter und biegen vor der monumentalen Grundschule nach links und am Städtischen Kulturzentrum nach rechts bis zum *Platz der Jugend*. Der utopische Städtebau ist dem DDR-Einheits-Grau gewichen und man folgt der *Rosenstraße* nach links zurück bis zur *Karl-Marx-Straße*. Auf der gegenüberliegenden Seite geht es ein paar Stufen hoch. Hinter der Brücke über einen kleinen Bach wenden wir uns am Spielplatz auf dem Parkweg nach rechts und laufen zwischen **Inselbad** zur Linken und **Skateboard-Anlage** zur Rechten weiter durch das weitläufige **Naherholungsgebiet** auf einer Insel zwischen zwei Armen des Oder-Spree-Kanals.

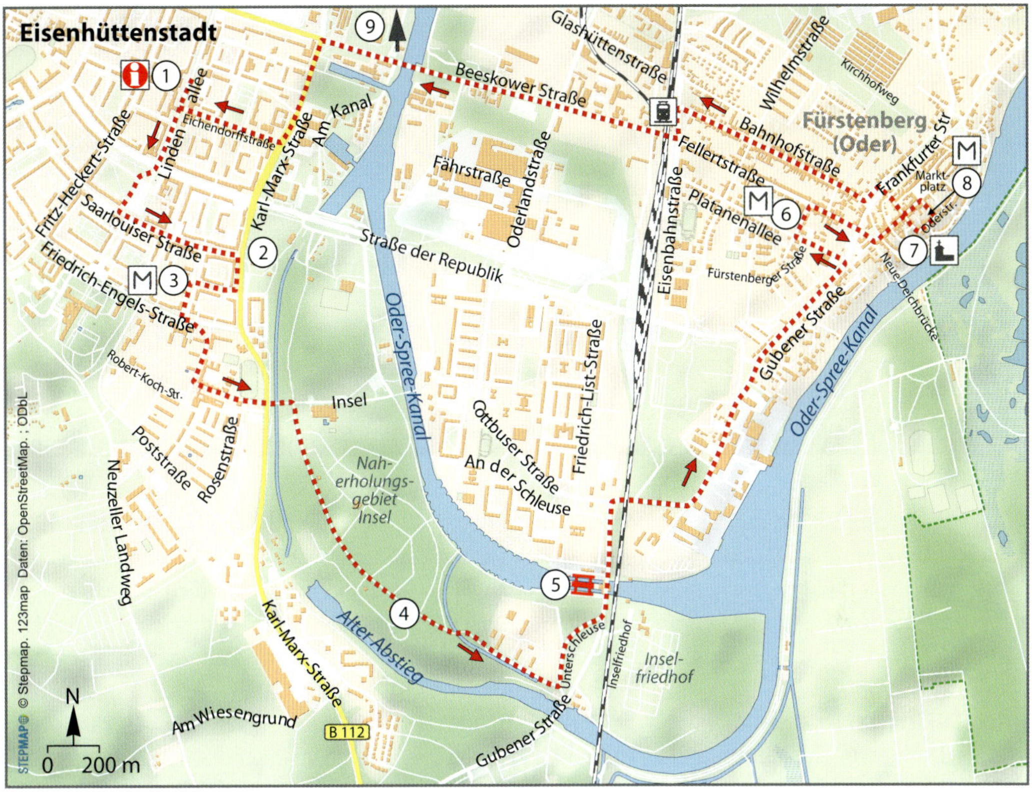

An der Kreuzung mehrerer Wanderwege laufen wir geradeaus auf dem Uferweg unter schattigen Kiefern weiter, vorbei am **Tiergehege (4)** mit Mufflons, Wildschweinen, Eseln, Rehen und Waschbären.

Bald darauf versteckt sich das Areal der Bundespolizei hinter einem hohen Zaun, dahinter biegen wir links ab und wenige Meter weiter lockt der schöne Biergarten am **Gasthaus Unterschleuse**.

208 km

An der folgenden Gabelung am Ende der Kleingärten halten wir uns rechts, an dem kleinen **Blumen-Insel-Café** danach links und stehen dann an der Brücke, die die beeindruckende **Zwillingsschachtschleuse (5)** überspannt. *Sie wurde von 1925 bis 1929 errichtet und überwindet einen Höhenunterschied von 14 Metern. Die Besonderheit sind die beiden nebeneinander liegenden Schleusenkammern, die durch unterirdische Verbindungskanäle miteinander verbunden sind, sodass gleichzeitig ein Schiff zu Berg und ein Schiff zu Tal geschleust werden kann.*

Hinter dem technischen Denkmal folgen wir bald der nach rechts abknickenden *Gubener Straße* und überqueren die Bahnschienen. An der Ampel hinter einem Discounter geht es links in die *Platanenallee* bis zur Feuerwache. Von dort sind es ein paar Schritte auf der *Heinrich-Pritzsche-Straße* nach rechts zum **Feuerwehrmuseum (6)**, wo vor allem historische Löschfahrzeuge zu bewundern sind.

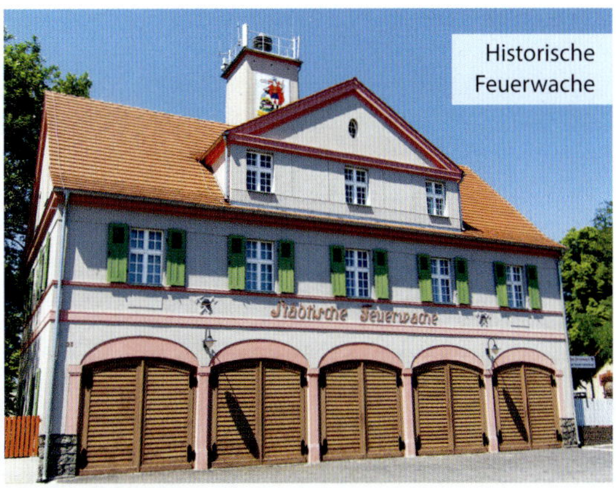
Historische Feuerwache

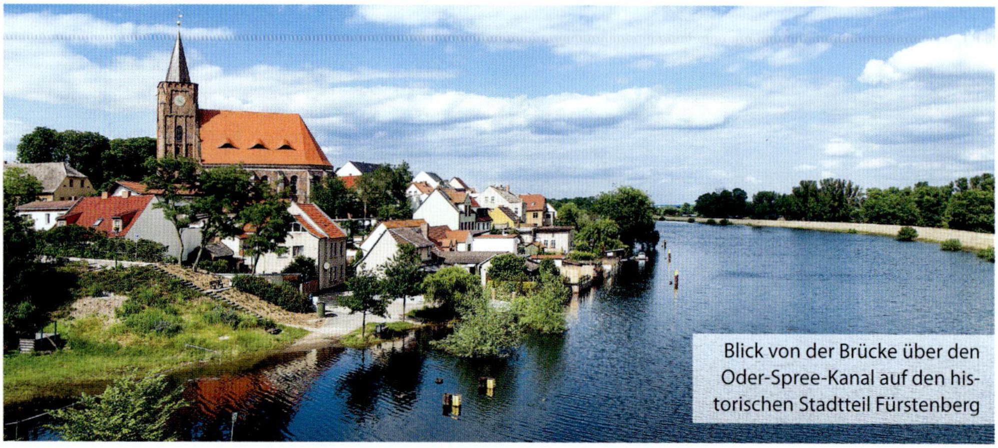

Blick von der Brücke über den Oder-Spree-Kanal auf den historischen Stadtteil Fürstenberg

Anschließend halten wir uns an der nächsten Straße, der *Fellertstraße*, rechts, überqueren die *Frankfurter Straße* und stehen auf dem kleinen *Roßplatz*. Bevor es nach links ins Zentrum des **Stadtteils Fürstenberg** geht, lohnt sich ein Abstecher geradeaus auf die Brücke über den Oder-Spree-Kanal mit tollem Blick auf den historischen Ortskern. *Fürstenberg, im 13. Jh. gegründet, war bis 1961 eine eigenständige Kleinstadt. 1961 wurde sie im Zuge der Entstalinisierung mit der 1953 gegründeten Stadt Stalinstadt, der Wohnstadt des Eisenhüttenkombinats, zu Eisenhüttenstadt zusammengeschlossen.*

Die alles überragende Sehenswürdigkeit im historischen Ortsteil Fürstenberg ist die spätgotische **St. Nikolaikirche (7)**, die den Kapitänen der Oderschifffahrt über Jahrhunderte als zuverlässige Landmarke für die Orientierung diente. Der Kirchturm ist zugänglich und bietet einen schönen Blick aus der Vogelperspektive auf die Stadt. Auf der *Oderstraße* sind es nur wenige Schritte zur Ecke *Löwenstraße*, wo in einem imposanten Bürgerhaus das **Städtische Museum (8)** untergebracht ist, das sich der Regionalgeschichte widmet. Eine Galerie für zeitgenössische Kunst und Fotografie ist dort ebenfalls zu finden.

208 km

Anschließend bringt uns die *Löwenstraße* zum **Markt**, der von einladenden Restaurants gesäumt wird. Gegenüber des **Rathauses** mit seinem hübschen Ziergiebel biegen wir nach links in die *Schützenstraße* und gleich darauf nach rechts. Auf der gegenüberliegenden Seite der *Frankfurter Straße* laufen wir schräg nach links über den Parkplatz zur *Bahnhofstraße*.

An ihrem Ende geht es links am **Bahnhof** vorbei und gleich wieder rechts auf der *Beeskower Straße* zurück zum Oder-Spree-Kanal. Rechter Hand erhebt sich die Silhouette des **Stahlwerkes (9)**, *denn bis heute spielt die Stahlkocherei eine wichtige Rolle im Wirtschaftsleben von Eisenhüttenstadt. Der historische Höhepunkt war 1988 erreicht, als die Statistik über 53.000 Einwohner verzeichnete. Durch den Strukturwandel infolge der Wiedervereinigung ist die Bevölkerungszahl inzwischen stark rückläufig und heute leben, mit fallender Tendenz, noch etwa 33.000 Menschen in Eisenhüttenstadt und das Stahlwerk beschäftigt noch etwa 2.600 Menschen.*

Hinter der Brücke, die den Oderarm überspannt, biegen wir links in die *Karl-Marx-Straße* ein. Nach der Pestalozzischule kehren wir ihr den Rücken und kommen auf der *Eichendorffstraße*, die uns am *Platz des Gedenkens* mit einem **Ehrenmahl** für die sowjetischen Kriegsgefangenen aus dem Zweiten Weltkrieg vorbeiführt, zum Ausgangspunkt in der **Lindenallee** an.

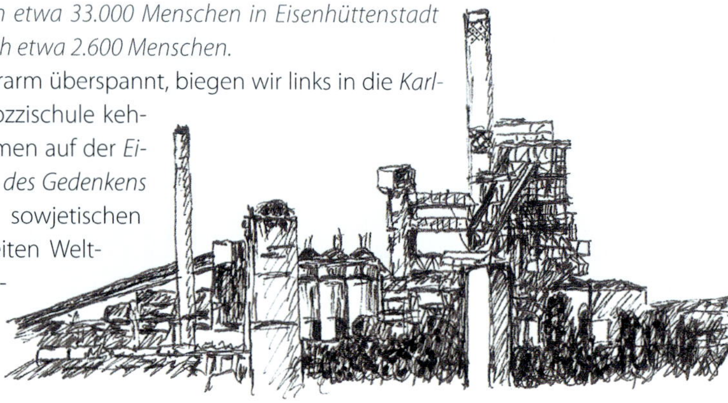

Zurück im Boot, trägt mich die Strömung nach **Aurith**, mit seinem hinterm Deich gelegenen *Ausflugslokal „Bauernstübchen"*. Die gemütliche Gaststätte offeriert im Sommer täglich deftige Hausmannskost. Links und rechts des Ufers künden, wie so oft entlang von Oder und Neiße, die Reste der Brückenköpfe von den einst die Ufer verbindenden Brücken.

Elf Kilometer weiter, bei Flusskilometer 576,7, mündet von links der ***Brieskower See***, das seeartige Ende des ***Brieskower Kanals***, wie der 13 Kilometer lange Abschnitt genannt wird, der vom Oder-Spree-Kanal in der Nähe von Schlaubehammer abzweigt. *Er war der erste Kanal der die Oder mit der Spree verband.*

Wer sich länger hier aufhalten will, fährt etwa drei Kilometer in den See hinein zum Ort **Brieskow-Finkenheerd** und bezieht ein Zimmer am Fischerhof *Fischer Schneider*. Eine gute Wahl in jeder Hinsicht. Zum einen bietet das Domizil eine hervorragende Möglichkeit im nahen ***Naturpark Schlaubetal*** zu wandern, dieses mit dem Rad zu erkunden oder in den zwei Kilometer entfernten ***Seen „Helene"*** und ***„Katja"*** am sandigen Ufer zu baden. Sie zählen mit ca. 60 Metern Wasser- und acht bis zehn Metern Sichttiefe zu den klarsten und saubersten Badeseen Brandenburgs! Zum Abendbrot einen geräucherten Fisch – was will man mehr?

Noch ein Wort zum ***Schlaubetal***: *Auf engstem Raum finden sich völlig verschieden geartete Landschaften – Kiefernwälder stehen neben Buchen- und Traubeneichenwäldern. In tiefen Schluchten bahnen sich schnell fließende Gewässer ihren Weg entlang ausgedehnter Erlenbrüche. Ehemals lagen im Naturpark 17 Mühlen, die zum Mahlen von Getreide, aber später auch als Hammer- und Sägemühlen Verwendung fanden. Zu den 11 erhaltenen führt ein dichtes Netz von Wanderwegen und Naturlehrpfaden. Über 140 seltene Vogel- und mehr als 1.000 Pflanzenarten sind im Schlaubetal nachgewiesen.*

Die hohe Autobahnbrücke ist der erste Vorposten des nahen **Frankfurt/Oder** und schon bald taucht die Skyline mit dem Oderturm am Horizont auf. Direkt hinter der ***Halbinsel Ziegenwerder*** liegt die Unimensa, mein Tipp für einen günstigen Latte Macchiato direkt

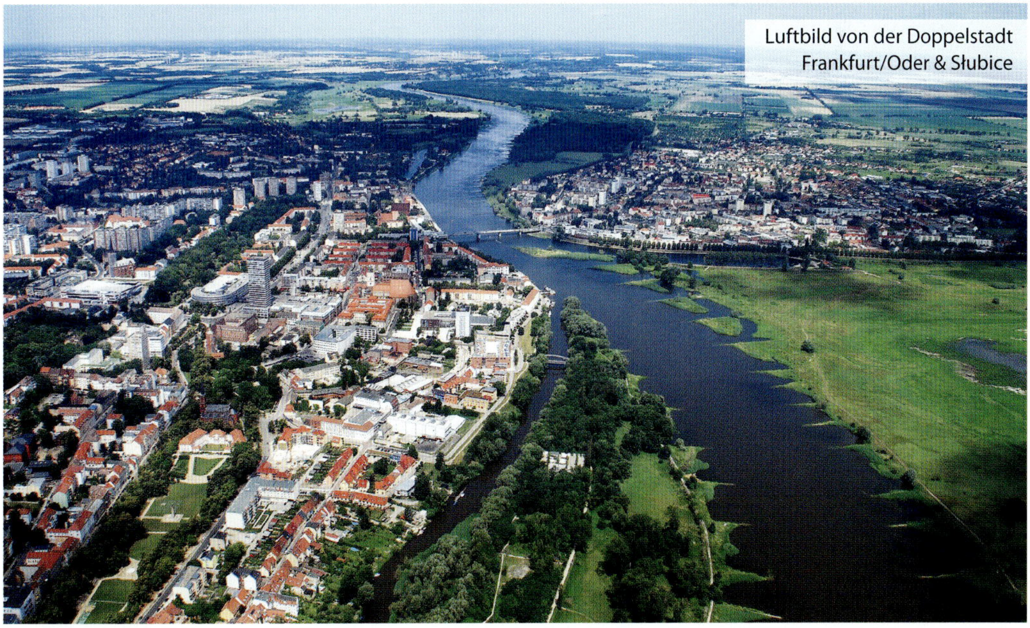

Luftbild von der Doppelstadt Frankfurt/Oder & Słubice

am Oderufer! Wenngleich die Stadt durch den Krieg arg gebeutelt wurde, bietet sie trotzdem einiges an Sehenswertem. *Das 1253 erbaute Rathaus mit seinen prunkvollen Giebeln und der beeindruckenden Backsteingotik ist eines der größten mittelalterlichen Rathäuser Deutschlands. In der Rathaushalle befindet sich das Museum „Junge Kunst" (Di-So 11-17) mit dem umfangreichsten Bestand an Malerei, Grafik und Objekten im Osten Deutschlands. Neben der ebenfalls sehenswerten Stadtbibliothek steht die St. Marienkirche, die größte Hallenkirche der norddeutschen Backsteingotik in Deutschland.* Wer in der Stadt übernachten will, kann dies entweder auf dem Gelände des *Ruderclubs* gegenüber der ***Halbinsel Ziegenwerder*** tun oder, nach Rücksprache mit dem Verein, das Kanus auf dem Ruderclubgelände deponieren, im nahen *Hotel „Zur Alten Oder"*.

Heute ist mir nicht nach noch einem Stadtrundgang, sondern mehr nach einem Abstecher ans polnische Ufer. Und so lege ich direkt hinter der Brücke unterhalb der *Pizzeria Europa* in **Slubice** an.

Stadtrundgang Frankfurt/Oder

Erste Spuren einer Besiedlung reichen weit in die Vergangenheit zurück. Die ältesten Funde sind Faustkeile aus der mittleren Altsteinzeit bei Vogelsang. Erstmals schriftlich erwähnt wurde Frankfurt/Oder 1226, als hier eine Siedlung am Kreuzungspunkt wichtiger Fernhandelsstraßen mit direkter Verbindung zur Ostsee entstand. Die hervorragenden Handelswege zu Wasser und zu Lande sowohl von West nach Ost als auch von Süd nach Nord, ließen die Siedlung schnell zur bedeutendsten Stadt der Mark Brandenburg aufsteigen. Das Stadtrecht erlangte die Siedlung am Oderübergang 1253 und von 1430 bis 1518 war sie Mitglied der Hanse. Erst zum ausgehenden Mittelalter verlor Frankfurt seine herausragende Bedeutung an das wachsende Berlin.

Wir beginnen unseren Rundgang an der **Tourist-Info** in der *Karl-Marx-Straße* im Zentrum von Frankfurt/Oder, zu Füßen des fast 90 Meter hohen **Oderturms**. Heute beherbergt das von 1968-76 errichtete Hochhaus Büros und Läden. Nach einem Blick auf die bunten Figuren des Künstlers Michael Fischer-Art am langgestreckten **Comic-Brunnen** laufen wir über den *Brunnenplatz* zur mächtigen, dominant im Zentrum stehenden **St. Marienkirche (1)** (1253-1524), *die als eine der größten Hallenkirchen der norddeutschen Backsteingotik gilt. Sehenswert sind die Kaiserpforte (um 1375) zu Ehren Karls IV. und die Deckenmalerei von 1522 in der Sakristei.*

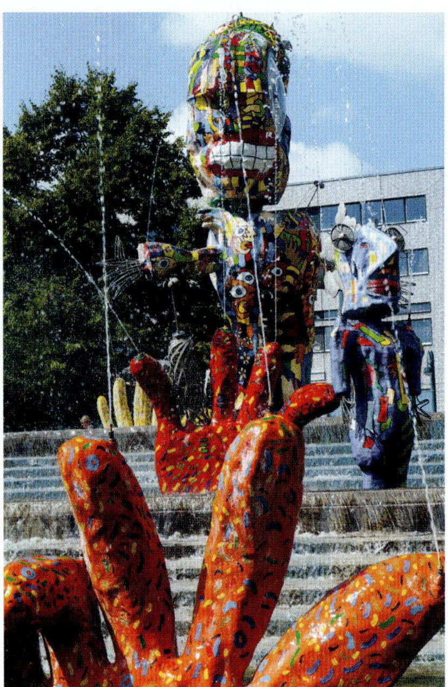

208 km

Nebenan liegt das neu-barocke Hauptgebäude der 1991 neu gegründeten **Europa-Universität Viadrina (2)**. *Mit dem wirtschaftlichen Aufschwung wurde Frankfurt 1506 zum Sitz der ersten brandenburgischen Landesuniversität. Nachdem 1810 in Berlin die Friedrich-Wilhelms-Universität, die heutige Humboldt-Universität, ihre Pforten öffnete, wurde die „an der Oder gelegene" Universität Viadrina 1811 geschlossen.*

Nördlich der St. Marienkirche erstreckt sich der **Marktplatz** mit dem gotischen **Rathaus (3)** und seinen filigranen Giebeln an der Süd- und Nordfassade. *Es wurde ab 1253 im Stil der Backsteingotik erbaut und zu Beginn des*

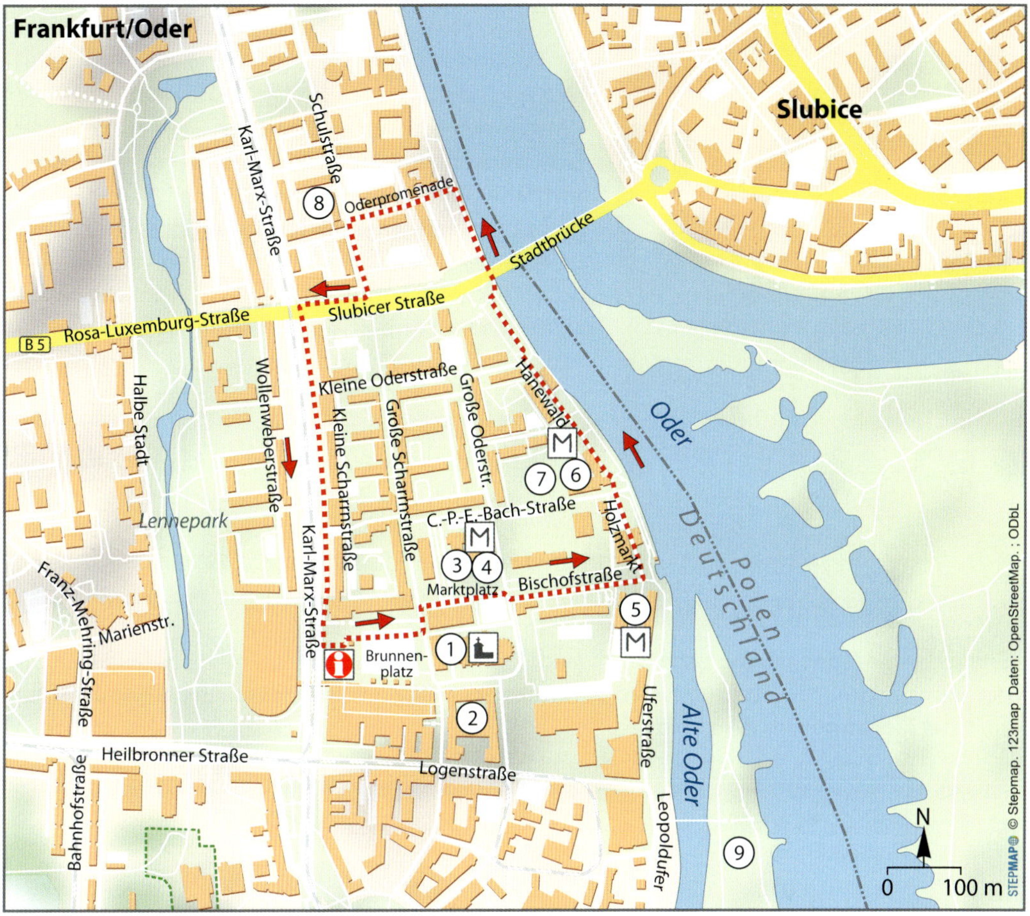

208 km

17. Jh. im Renaissancestil umgebaut. Es zählt zu den größten erhaltenen mittelalterlichen Rathäusern in Deutschland. Die untere Rathaushalle beherbergt das **Museum Junge Kunst (4)** mit einer großen Kunstsammlung aus dem Osten Deutschlands.

Auf der *Bischofstraße* nähern wir uns dem Oderufer, wo im 1777 errichteten Barockbau der ehemaligen Garnisons-Schule das **Kleist-Museum (5)** über Leben und Werk des wohl berühmtesten Bürgers der Stadt informiert. *Der in Frankfurt/Oder geborene Heinrich von Kleist (1777-1811) studierte von 1799 bis 1800 für drei Semester an der Universität Viadrina.*

Wir wenden uns auf der Uferpromenade nach links und laufen in nördliche Richtung zum **Museum Viadrina (6)** mit Ausstellungen zur Stadt- und Regionalgeschichte im barocken **Junkerhaus**, das als eines der wenigen Gebäude den Zweiten Weltkrieg nahezu unbeschadet überstand. Nebenan im **Packhof (7)** befindet sich eine Zweigstelle des **Museums Junge Kunst**.

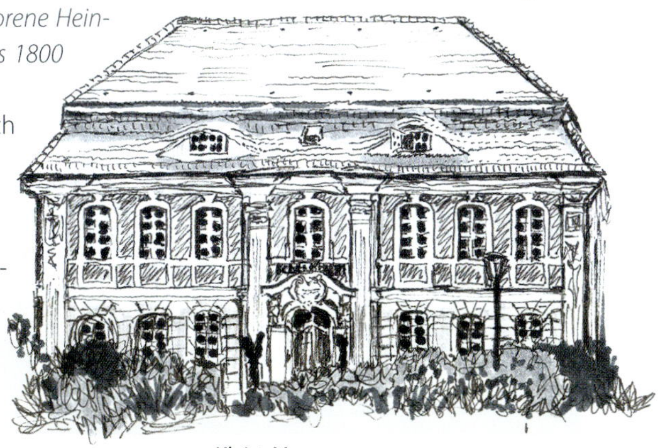

Kleist-Museum

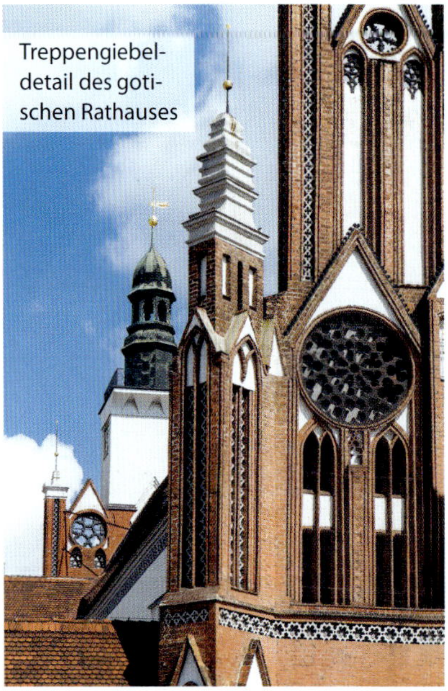

Treppengiebeldetail des gotischen Rathauses

Die Oderpromenade bringt uns nun zur **Stadtbrücke**, die Frankfurt mit seiner polnischen Schwesterstadt **Slubice** verbindet.

Voraus erheben sich die Türme des ältesten Frankfurter Gotteshauses, der **Friedenskirche**. Nebenan ist die **Konzerthalle „Carl Philipp Emanuel Bach" (8)** in der ehemaligen **Franziskanerklosterkirche** untergebracht. Sie ist Sitz des Staatsorchesters und lädt das ganze Jahr über zu vielfältigem Musikgenuss ein. *Die frühgotische Hallenkirche wurde ab 1270 erbaut und 1967 nach umfangreicher Rekonstruktion zu einer Konzerthalle umgestaltet, die mit hervorragender Akustik, einem schönen Sterngewölbe sowie einer prächtigen Orgel überzeugt.*

Von der Konzerthalle kehren wir auf der *Schulstraße* zurück zur *Slubicer Straße* als Verlängerung der Stadtbrücke, laufen auf dieser für ein kurzes Stück nach rechts und biegen dann links in die *Karl-Marx-Straße* ein und flanieren entlang der Schaufenster zurück zum Ausgangspunkt an der **Tourist-Info**.

Rund um die **Marienkirche** laden viele freundliche Cafés und Restaurants zum krönenden Abschluss des Stadtrundgangs ein. Wem nach dem Sightseeing mehr Lust auf Natur steht, dem sei der Abstecher zur **Insel Ziegenwerder (9)** empfohlen. *Das Naherholungsgebiet wurde für das Projekt „Europagarten 2003" mit Naturlehrpfad, Abenteuerspielplatz und Wasserspielen zu einer grünen Oase inmitten der Stadt umgestaltet. Neben der Parklandschaft gibt es aber auch naturbelassene Flächen mit alten Bäumen und stillen Ufern, die den Blick auf die Oderlandschaft und das gegenüberliegende polnische Ufer freigeben.*

208 km

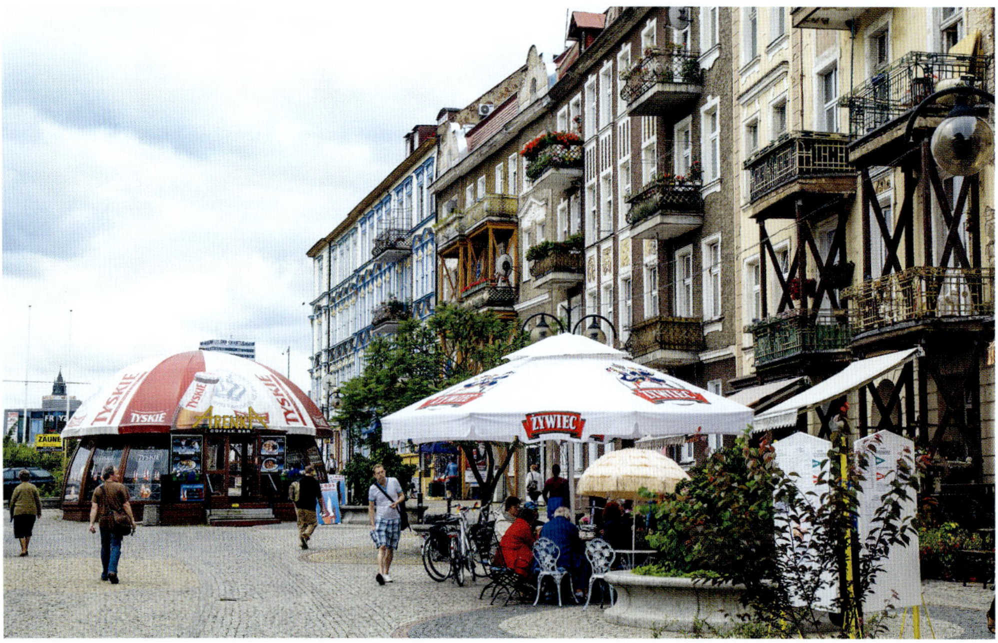

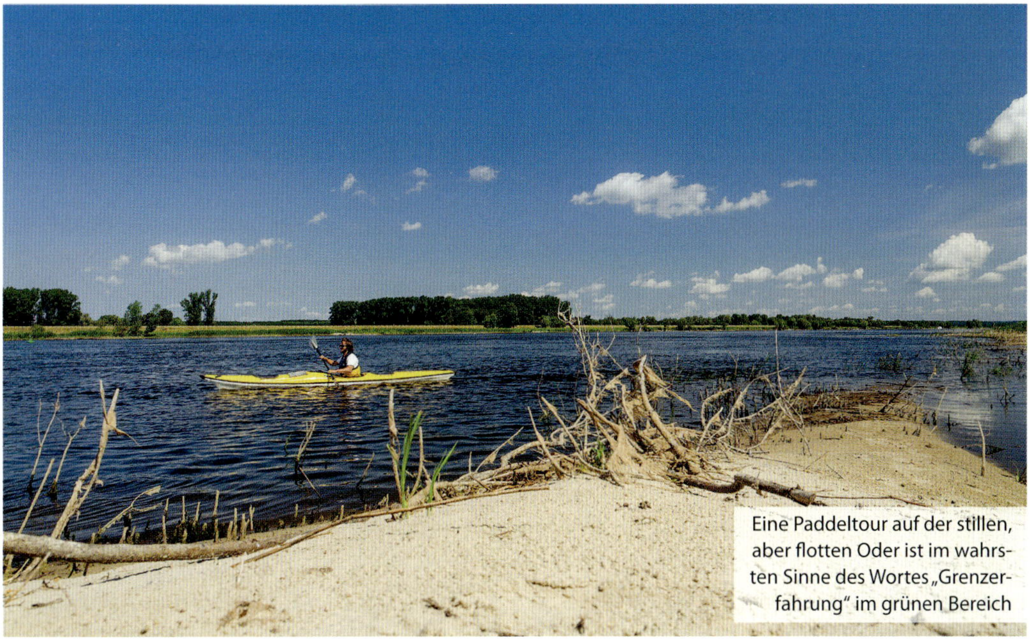

Eine Paddeltour auf der stillen, aber flotten Oder ist im wahrsten Sinne des Wortes „Grenzerfahrung" im grünen Bereich

Gut gesättigt, nehme ich die letzten, nun wieder sehr einsamen Kilometer des Tages in Angriff. Entlang vieler kleiner Sandstrände vor einer lieblichen Wiesen- und Auenlandschaft, treibt mich die vier Stundenkilometer schnelle Oder der einstigen Bischofstadt **Lebus** entgegen. Hinter den Ufern erheben sich tatsächlich leichte Hügel – die ***Lebuser Anhöhen***. *Sie sind von der letzten Eiszeit geformt und Überreste der ursprünglichen Ufer eines breiten Urstromtals.*

Das Dorf, das dem ganzen Landstrich seinen Namen verlieh, kündigt sich unübersehbar mit seinem Ortsnamen an, der ganz im Hollywood-Stil, hoch über der weißen Dorfkirche im Fels prangt. **Lebus** beweist aber nicht nur Humor, sondern auch ein Herz für Paddler und hat direkt hinter dem Sportbootliegeplatz einen schönen *Wasserwanderrastplatz* mit Trocken-WC und überdachten Sitzbänken eingerichtet. Wer den Campingkocher ruhen lassen möchte, findet in kurzer Gehweite gleich zwei Restaurants. Im *Anglerheim*, das direkt hinter dem Biwakplatz liegt, steht vor allem Fisch auf der Speisekarte, bodenständige Hausmannskost gibt es ein paar Schritte weiter im *Restaurant „Oderblick"*. *Zu empfehlen ist ein historischer Rundgang vom Turmberg aus über den Stadtpark bis zum Pletschenberg, von dem man einen schönen Ausblick hat. Sehenswert sind die Stadtkirche St. Marien (1810), das Wahrzeichen der Altstadt.*

Wegen des lehmig-sandigen Untergrunds sind die als Naturschutzgebiet ausgewiesenen Hänge um Lebus herum sehr trocken. Traditionell als Schafweiden genutzt, entwickelten sich vornehmlich niedrigwüchsiger Rasen und trokkenheitsresistente Pflanzenarten, deren Hauptverbreitungsgebiete die Steppen Vorderasiens sind. Einmalig für diese Region sind die im April und Mai an den bis zu 45 Meter hohen Steilhängen blühenden Adonisröschen, schön anzuschauen, aber giftig.

Der nächste Streckenabschnitt fliegt nur so dahin. Für die gut 20 Kilometer von Lebus nach **Küstrin/Kostrzyn** brauche ich nur wenig mehr als zwei Stunden. Schon zieht rechts die Festungsmauer vorbei. *Die Ursprünge reichen bis ins 16. Jahrhundert zurück, als hier eine brandenburgisch-preußische Festung erbaut* *wurde, die Kurfürst Friedrich Wilhelm (1640-1688) während seiner Regierungszeit zu einer der modernsten und mächtigsten Festungen Europas ausbauen ließ und die bis 1945 militärisch genutzt wurde. Von der Küstriner Neustadt fielen dem Zweiten Weltkrieg bis zu 98 Prozent und die schöne Altstadt, die auf der heute zu Polen gehörenden Landzunge zwischen Warthemündung und Oder lag, komplett zum Opfer.* Ein Rundgang auf den Spuren der Vergangenheit und Entdeckung der zahlreichen Forts und Lünetten lohnt.

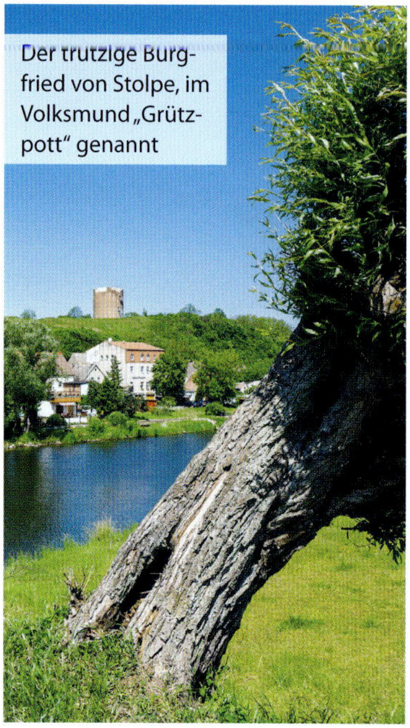

Der trutzige Burgfried von Stolpe, im Volksmund „Grützpott" genannt

Kurz darauf recken sich zwei Schornsteine in den Himmel, dann liegt linker Hand die Einfahrt in den *Vorflutkanal* mit *Einkehr- & Übernachtungsmöglichkeit* im *„Fischereihof Schneider an der Festung Küstrin"* im idyllisch, am Oder-Neiße-Radweg gelegenen ehemaligen Fischerdorf **Kuhbrücke**. Nicht nur die *Badestelle* hier oder die *Heimatstube* *(Di 13-17, Do 8-14)* in **Küstrin-Kietz**, auch die herrliche Landschaft des *Oderbruchs* und der weite Himmel des **Küstriner Vorland** lohnen den Stopp.

208 km

Der *Sportbootliegeplatz* am linken Ufer und die ***Warthemündung*** auf polnischer Seite sind die nächsten Wegmarken.

Anschließend zeigt mir die ***Oder*** ihr garstiges Gesicht. Der Wind bläst direkt von vorn und türmt hohe Wellen auf, deren Kämme von weißer Gischt gekrönt sind. Es ist mal wieder an der Zeit, die Spritzdecke anzulegen und ich muss ordentlich paddeln, um vorwärts zu kommen. Links liegen die rund 250 Hektar großen ***Oderauen Genschmar***, deren Auengrünland Regenerationsflächen des Weichholzauwaldes bilden und Lebensraum von Fischotter und Elbebiber sind.

Bei Kilometer 632,8 geht es nach links in einen Seitenarm, der zum *Liegeplatz* **Kienitz** und zum *Naturerlebnishof Uferloos* führt. Wer will, kann dort sein Zelt aufschlagen oder in einem der beheizten Zirkuswagen, bzw. einer Ferienwohnung nächtigen. *Kanu- & Fahrradvermietung, geführte Touren* zum polnischen Oderufer, *Vogelstimmenwanderungen* oder *Fledermausexkursionen* runden das Angebot ab. Hinter dem Deich, im *Gasthaus „Zum Hafen" (auch Pension & Camping),* kann man günstig essen. *Im Januar 1945 bildete die russische Armee an der Oder bei Kienitz den ersten Brückenkopf. In Gedenken daran wurde in der Ortsmitte ein russischer Panzer aufgestellt.*

Im reizvollen, drei Kilometer entfernten **Groß-Neuendorf**, lädt die schöne Uferlandschaft zu Wanderungen und Radtouren ein. Nördlich des Ortes lassen sich im großen ***Naturschutzgebiet Odervorland Gieshof*** seltene Vögel beobachten. Im Ortskern bietet das *„Landfrauencafé"* nicht nur ländliche Küche, sondern auch günstige *Zimmer*. Aber auch im denkmalgeschützten *Maschinenhaus* am alten Hafen – heute Kulturhafen – kann man nächtigen *(auch Fahrradvermietung)*.

Während es ab **Güstebiese** auf polnischer Seite hügelig wird, bleibt es auf deutscher Seite flach und ich bin froh, als bald am linken Ufer das *Gasthaus „Zollbrücke"* auftaucht, wo ich mir vorsorglich telefonisch ein Zimmer reserviert habe. Etwas ganz Besonderes ist das im Ort **Zollbrücke** gelegene, 200 Menschen fassende *„Theater am Rand"*. Mit viel Power inszenieren und spielen die Schauspieler Tobias Morgenstern und Thomas Rühmann Stücke, die die charaktervolle Landschaft diktiert –

Einfachheit, Professionalität und Handgemachtes *(www.theateramrand.de)*. Nebenan genießt man in der *„Randwirtschaft“ (geöffnet jeweils 2 Stunden vor Vorstellungsbeginn)* Köstlichkeiten aus dem Ökodorf Brodowin. Auch zwei Häuser weiter, im ausgezeichneten *Restaurant Dammmeisterei,* kann man im denkmalgeschützen Fachwerkhaus oder Landbiergarten herrlich verweilen *(Mi+Do Ruhetag, Fahrradvermietung)*.

Am nächsten Morgen belohne ich mich mit einem reichhaltigen Frühstück im einladenden Biergarten. Die Sonne lacht vom blauen Himmel, der durch ein paar strahlend weiße Cumuluswolken aufgelockert wird. Der Wind weht nur noch leicht und bald erreiche ich die ersten Häuser von **Hohenwutzen**.

Kurze Zeit später grüßt am linken Ufer der Kirchturm (Stüler-Kirche) in **Hohensaaten.** Hier ist 2020 im alten Landgasthof der Kulturhof *LandKultur Fischerstelle* mit kleiner Herberge, KulturLaden und Veranstaltungen entstanden *(www.fischerstellehohensaaten.de)*.

Nun kehre ich der Oder den Rücken, um über die ***Hohensaaten-Friedrichsthaler-Wasserstraße*** nach Schwedt zu kommen. Links geht es zu der vor mir liegenden ***Ostschleuse*** ab. Zwischen den hohen Mauern fühlt man sich klein und verloren, und ich bin froh, als ich auch die ***Westschleuse*** passiert habe. Hinter den letzten Häusern von Hohensaaten rückt links und rechts Kiefernwald ans Ufer und abgesehen von den Steinaufschüttungen kann man auch im Kanal von einer reizvollen Landschaft sprechen.

An **Lunow** und **Stolzenhagen** mit seinem schönen Kirchturm vorbei geht es auf Stolpe zu. *Zwischen Kanal und Oder haben deutsche und polnische Naturschützer gleich nach der Grenzöffnung ein völkerverbindendes* **Naturschutzprojekt** *gestartet. Der deutsche Teil ist seit 1995 als Nationalpark ausgewiesen. Biwakieren ist nun* ***strengstens untersagt.***

Die Tage, in der mich die Oder tatkräftig beim Vorwärtskommen unterstützt hat, sind vorbei. Nun ist wieder volle Paddelpower gefragt, denn Strömung gibt es keine mehr. Eine Handvoll Sportboote und ein paar größere Frachter tuckern an mir vorbei, dann grüßt links der trutzige *Burgfried* von **Stolpe**, im Volksmund „Grützpott“ genannt. *Er wurde von den pommerschen Fürsten im 12. Jahrhundert gebaut und zählt zu den ältesten erhaltenen*

208 km

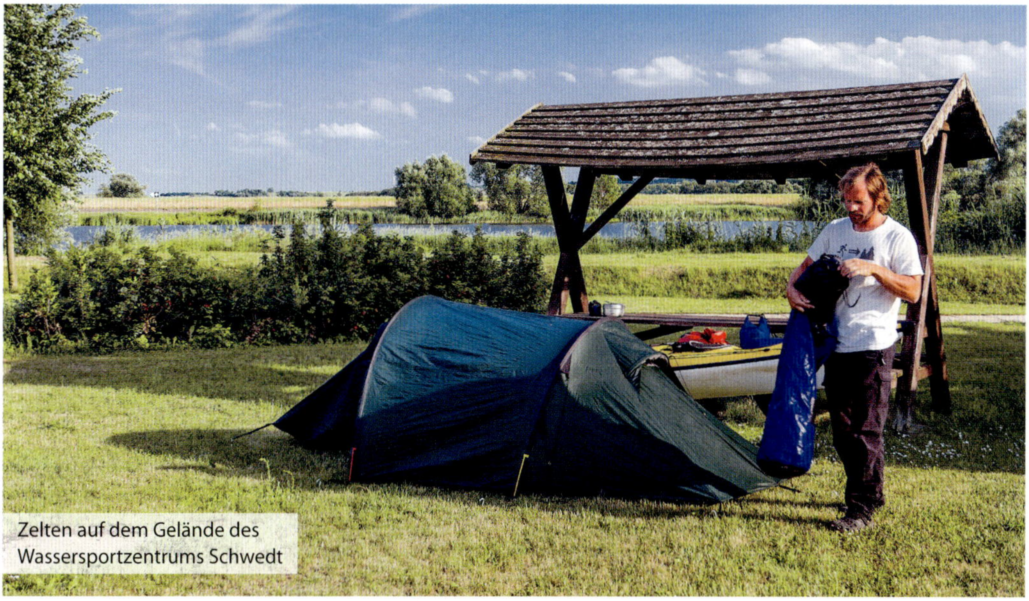

Zelten auf dem Gelände des Wassersportzentrums Schwedt

Nationalpark Unteres Odertal

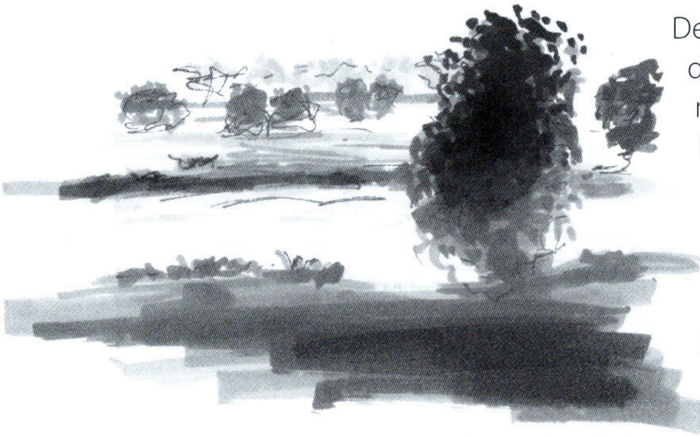

Der 1995 gegründete und einzige Nationalpark Brandenburgs erstreckt sich auf einer Länge von 60 Kilometern zwischen Hohensaaten im Süden und einer Linie oberhalb von Gartz im Norden.

Er schützt eine der letzten naturnahen Flussauenlandschaften Mitteleuropas. Seit 1945 bildet die Oder die Grenze zwischen Deutschland und Polen und über Jahrzehnte war der Zugang in die Region stark eingeschränkt, sodass die Natur sich selbst überlassen war und ungestört entfalten konnte.

Die Region ist ein bedeutendes Brut-, Rast- und Überwinterungsgebiet für seltene Vogelarten wie Schwarzstorch oder Singschwan. Tiere wie Fischotter, Biber, Seeadler und Wachtelkönig sind hier zu Hause.

Kernstück des Nationalparks sind die eingedeichten und von Altwässern der Oder durchzogenen Polder zwischen Stromoder und Hohensaaten-Friedrichsthaler-Wasserstraße. Im Winter und Frühjahr werden die Flächen überflutet und die Oder wächst auf eine natürliche Breite von 3-5 Kilometern an. Dann ragen nur noch einzelne Bäume oder Baumgruppen aus der Wasserfläche heraus. Die überfluteten Feuchtwiesen haben auch die Funktion, den Menschen vor dem Hochwasser zu schützen.

Um die empfindliche Tierwelt nicht zu stören sind Kanufahrten im Zwischenstromland nur im Rahmen von geführten Kanutouren möglich – die Termine und Veranstalter kennt die Tourist-Info in Schwedt (siehe auch Seite 114 und www.unteres-odertal.de).

Ziegelbauwerken und stärksten mittelalterlichen Turmbauten Europas. Der Legende nach wurde den Angreifern kochende Grütze über die Häupter gegossen, daher der Name „Grützpott".

208 km

Auf der Strecke nach **Criewen**, einem der ältesten slawischen Fischerdörfer, unterbrechen Schilfgürtel die monotone steinerne Uferbefestigung. Der Ort selbst lohnt wegen des *Schlosses im Lenné-Park* und dem *Besucherzentrum „Nationalpark Unteres Odertal"* im ehemaligen Schafstall der Gutsanlage. Der Park, im englischen Stil angelegt, lädt mit seltenen Gehölzen wie Sumpfzypressen und Platanen zum Spaziergang ein.

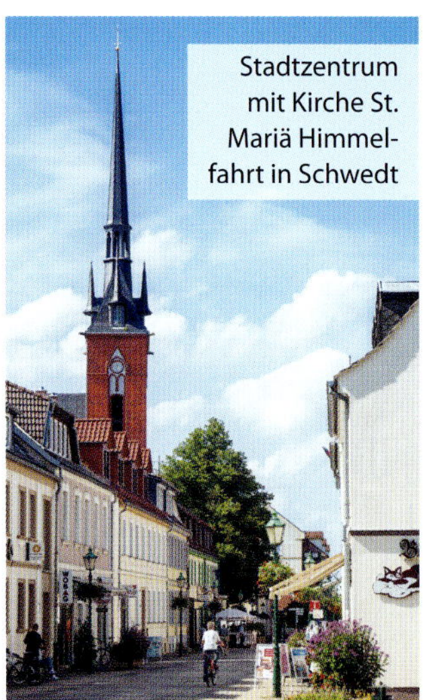

Stadtzentrum mit Kirche St. Mariä Himmelfahrt in Schwedt

Der Deich zur Rechten wird immer höher, dann kündigt sich **Schwedt** durch ein erstes Hochhaus an. In einer Bucht, dem ***Holzhafen,*** liegt die erste *Zeltmöglichkeit* beim *Seesportclub*. Es folgt die *Flussbadestelle*, der *Fischergarten Helmut Zahn (kleinstes Fischerei Freilichtmuseum)*, dann beginnt die Uferpromenade, auf der die Schwedter eisessend durch den lauen Sommerabend schlendern.

Kurz hinter der Straßenbrücke steuere ich mein Kajak nach links zum *Wassertouristischen Zentrum (auch Zimmer & WoMo)* im *Sportboothafen*, wo ich mein Zelt ein letztes Mal aufschlage. Die Zeltwiese direkt am Wasser versöhnt etwas mit dem letzten monotonen Streckenabschnitt.

Die Untere Havel

Ein gemütlicher Kanuurlaub

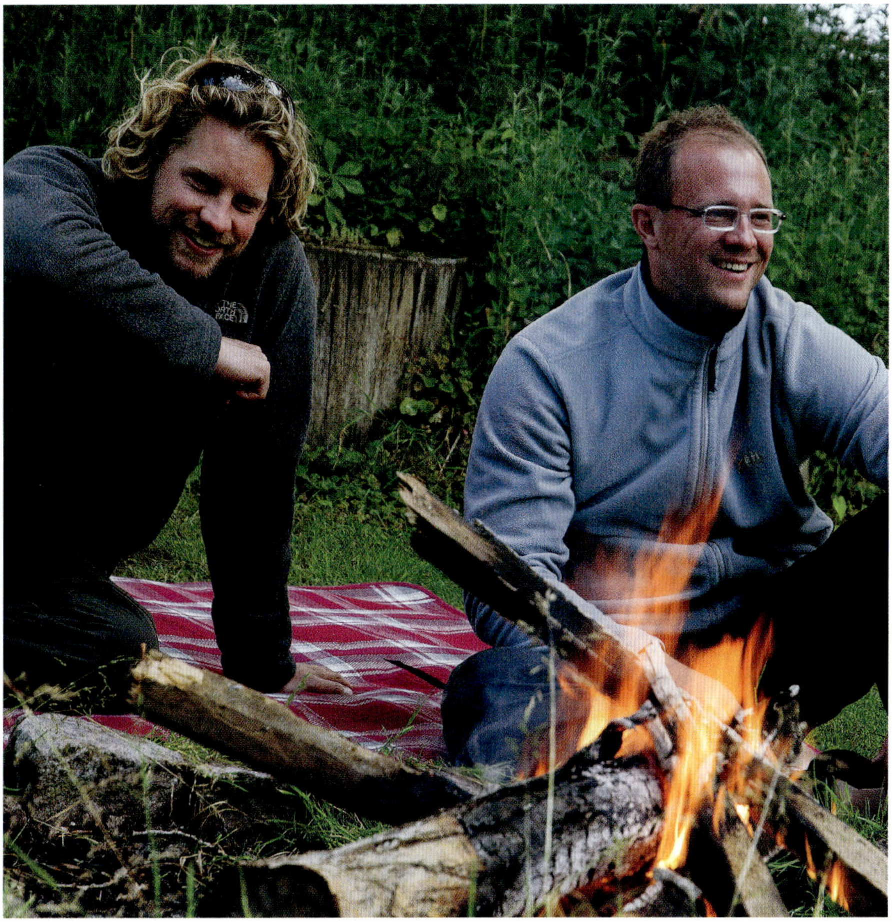

Tour 11

Infos Tour 11 – Untere Havel

Aktivitäten	Natur	Kultur	Baden	Hindernisse
★★★	★★★	★★★	★★★★	★

Charakter der Tour

Im Naturpark Westhavelland, ca. 70 Kilometer westlich von Berlin an der Grenze von Brandenburg zu Sachsen-Anhalt, prägen Wasser, weite Niederungen und gemütliche märkische Dörfer die Landschaft.

Ein besonderes Naturschauspiel halten Frühling und Herbst bereit, wenn sich auf den feuchten Wiesen entlang der Ufer unzählige Kraniche, Gänse und Schwäne zum Zwischenstopp auf ihren langen Reisen zwischen Sommer- und Winterquartier einfinden.

Auch im Sommer bietet die in weiten Teilen malerische Flusslandschaft das ideale Revier für einen erholsamen Kanuurlaub.

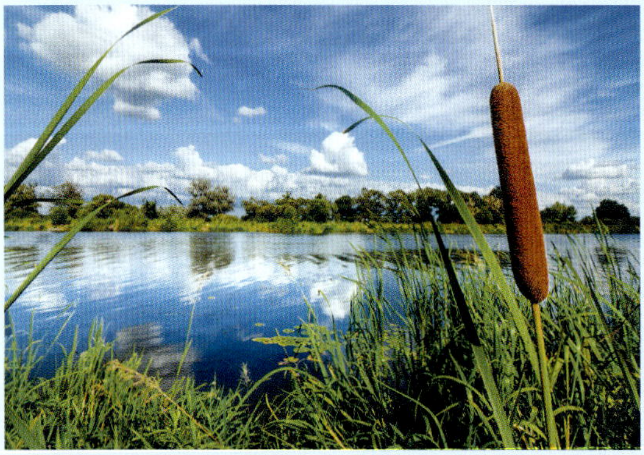

Strömung ist kaum vorhanden und das Motorbootaufkommen hält sich im überschaubaren Rahmen. Besondere Vorsicht ist lediglich bei der Überquerung des Plauer Sees, insbesondere bei Wind aus westlicher Richtung angebracht. Für die Übernachtung stehen Biwakplätze direkt am Wasser ebenso zur Verfügung, wie gut ausgestattete Campingplätze. Zu einem Landgang laden größere und kleinere Städte wie Brandenburg, Rathenow und Havelberg ein.

Befahrungsregelung

Vom 01.03.-15.06. besteht Befahrungsverbot für die Gülper Havel zwischen Molkenberg und Strodehne.

95 km

Länge & Dauer der Tour 95 km, 5 Tage

5 Schleusen, z.T. in Selbstbedienung in Bahnitz, Rathenow, Grütz , Gartz und Gülpe.

Anreise A 2 bis Ausfahrt 78 (Brandenburg), weiter auf der B 102 bis Brandenburg/Havel.

Einsetzstelle Wassersportzentrum „Alte Feuerwache" (Wredowstraße 9/Franz-Ziegler-Straße 28) in **Brandenburg/Havel**. Wer ohne Übernachtung direkt starten will, kann gut am Neustädtischen Wassertor (Mühlendamm) einsetzen.

Aussetzstelle Schwimmsteg am Campingplatz in **Havelberg** (Spülinsel 6).

Zurück zum Pkw In etwa drei Stunden mit Bus und Bahn von Havelberg über Stendal und Rathenow nach Brandenburg/Havel.

Etappenvorschlag

1. Tag Brandenburg – Plauer See (ca. 11 km)
2. Tag Plauer See – Milow (ca. 27 km)
3. Tag Milow – Grütz (ca. 26 km)
4. Tag Grütz – Strodehne (16 km)
5. Tag Strodehne – Havelberg (15 km)

Tipps für Tagestouren

1. Rundfahrt durch die historische Innenstadt von Brandenburg über Niederhavel und Stadtkanal.
2. Von Brandenburg über die Beetzseekette (einfache Strecke Innenstadt – Bollmannsruh 20 km).
3. Von Brandenburg über die Emster Gewässer (siehe dazu Tour 12).

4-6 Teiletappen der Tour (jeweils gute Rückkehrmöglichkeit mit der Bahn): Brandenburg – Pritzerbe (ca. 30 km); Pritzerbe – Premitz (ca. 12 km); Pritzerbe – Mögelin (ca. 19 km).

5. Rundtour über Havel und Gülper-Havel ab Strodehne (ca. 18 km, immer erst ab 16. Juni möglich, siehe Befahrensregelung).

Literatur-Tipps

Reiseführer ***„Die Havel - Natur und Kultur zwischen Müritz und Havelberg"***, Trescher Verlag.

„Havelland. Ein Wegbegleiter", *Wandertouren. Stadtrundgänge. Naturerlebnisse. Kulturtipps*, terra press.

„Die Naturküche der Havel: Eine Flusslandschaft, ihre Menschen und Rezepte", herausgegeben vom NABU, Haupt Verlag.

„Havelreime", „Havelgift", „Havelbande", „Havelsymphonie", „Haveljagd", „Havelwasser" und ***„Havelgeister"***, *Krimireihe von Jean Wiersch, die in Brandenburg/Havel spielt*, Prolibris Verlag.

„Zurück im Zorn", *Christoph Heiden*, Thriller im GMEINER-Verlag.

Übernachtung in Wassernähe

14770-78 Brandenburg/Havel
Wassersportzentr. Alte Feuerwache
(Zelten, Hütten, Zimmer, WoMo)
Tel. (03381) 22 20 18
www.wassersportzentrum-alte-feuerwache.de

WWR Näthewinde beim Ruderclub
www.rch-brandenburg.de

Caravan- & WoMo-Stellplatz am Dom
Tel. (03381) 31 67 43 47
www.parkplatz-am-dom.de

Campingplatz Buhnenhaus
(an der Mündung in den Breitlingsee)
Tel. (03381) 619 00 90
www.buhnenhaus.de

14774 Plaue
Camping- & Ferienpark am Plauer See (Zelt, Zelthotel, Ferienhaus)
Tel. (03381) 80 45 44
www.camping-plauersee.de

Schloss Plaue
Schloßstraße 27a
Tel. (03381) 306 23 62
www.schlossplaue.de

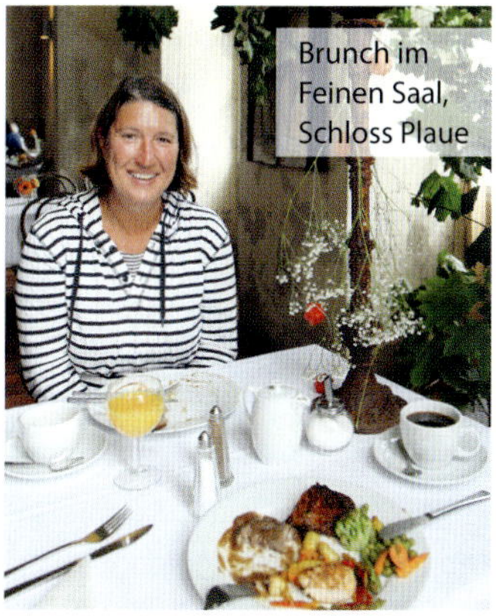
Brunch im Feinen Saal, Schloss Plaue

OT Lutze, 14715 Milower Land
Campingplatz Lutze 1 PWCV
Wochenendgebiet Lutze

14798 Pritzerbe - Kützkow
Camping an der Unterhavel (Erlebnishof Kützkow)
(nur Camping, auch Gaststätte, Hofladen Mi-Mo), Fährstraße 7
Tel. (033834) 513 45 & 513 09
www.erlebnishof-kuetzkow.de

Campingplatz Am Havelbogen
(im Sommer meist ausgebucht)
Fährstr. 10, Tel. 0162-436 81 02
www.facebook.com/CampingplatzEngler

Bahnitz
Biwakplatz, Tel. 0172-307 48 64

14715 Milow
Wasserwanderrastplatz
Friedensstraße 120
Tel. 0172-565 57 10
www.das-havel-kanu.de

Jugendherberge Carl Bolle
(Biwak, 500 m die Stremme aufwärts)
Friedensstr. 21, Tel. (03386) 28 03 61
www.jh-milow.de

GastHof Milow
Stremmestraße 9
Tel. (03386) 21 01 45
www.gasthofmilow.com

Mögelin *Biwakplatz*

14712 Rathenow
Restaurant & Pension „Zur alten Stadtmauer"
Jederitzer Str. 19 / Am Schleusenkanal
Tel. (03385) 546 40
www.stadtmauer.de

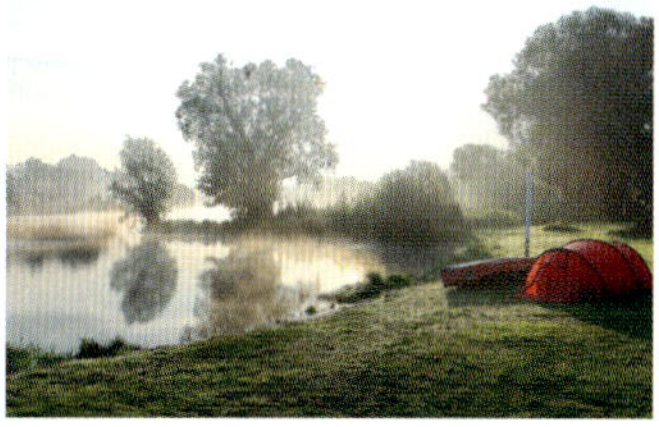

Rathenower Wassersportverein Kanu
Havelweg 2, Tel. 0174-621 11 40 und (03385) 51 10 58 (mit AB)
www.kanu-rathenow.de

Pension Ferienwohnung Paasche
Vor dem Haveltor 8
Tel. (03385) 50 60 40
www.pension-paasche.de

Göttlin *Biwakplatz*

OT Grütz, 14712 Rathenow
Biwakplatz

OT Molkenberg, 14715 Schollene
Marina Molkenberg & WWR
(auch Restaurantschiff)
An der Lackfabrik 5, Tel. (036259) 56 30, www.havellandurlaub.de

Gülpe *Biwak*, Tel. 0151-64 68 97 96

OT Garz, 39539 Havelberg
Zeltmöglichkeit im Hafen
Havelhöfe Garz, Alte Kirchstr. 5/6
Tel. (039382) 41 75 88
www.havelhoefe.de

Strodehne *Wasserwanderrastplatz*

39539 Havelberg
Campinginsel Havelberg
Spülinsel 6, Tel. 0174-182 31 00
www.campinginsel-havelberg.de

Havelberger Wassersportverein
Spülinsel 3, Tel. (039387) 809 95
www.havelberger-wassersportverein.de

Kanuvermieter (siehe auch www.havelland-tourismus.de >Havel >Boots- & Kanuvermietung)

14770-78 Brandenburg/Havel
WWR „Am Slawendorf"
(auch Fahrräder)
Neuendorfer Str. 89
Tel. 0175-215 77 74
www.bas-brandenburg.de/wasserwanderrastplatz.html

Wassersportzentrum Alte Feuerwache, siehe Übernachtung

Pension Havelfloß & Cafébar im Brückenhäuschen
(auch Zimmer & Floßverleih)
Altstädtische Fischerstr. 2
Tel. (03381) 22 90 48
www.pension-havelfloss.de

Bootshaus am Dom
Burghof 6 *(auch SUPs)*
Tel. 0162-296 84 36
www.bootshausamdom.de

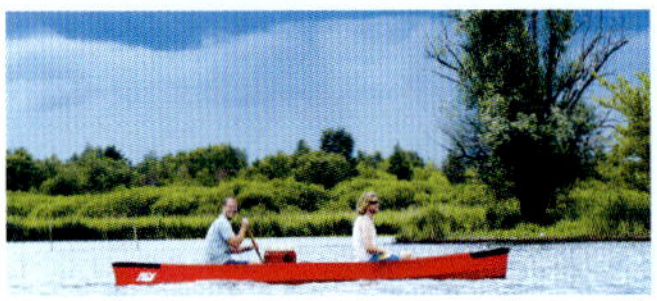

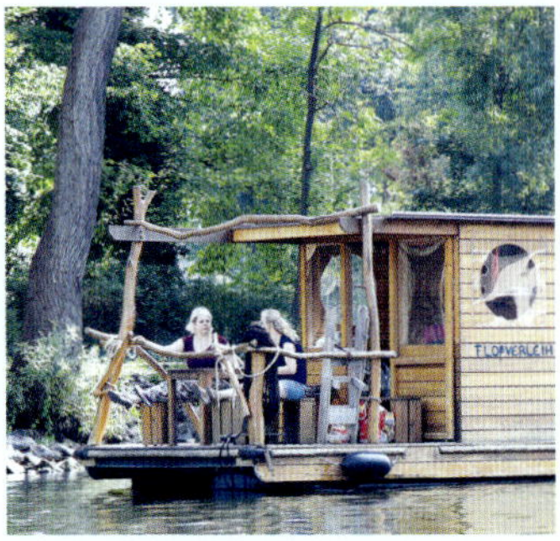

Wassersport Geisler
(auch SUPs, auf Anfrage Kanu-Transport möglich)
Mühlendamm 1
Tel. (03381) 890 28 82
www.wassersport-geisler.de

OT Pritzerbe, 14798 Havelsee
Havelsehen
(auch Einsetz- / Rückholservice, Natur-Führungen mit dem „Kahn")
Kietzstr. 18, Tel. (033834) 405 10
oder 0173-205 41 37
www.havelsehen.de

14715 Milow
Das Havel Kanu
(auch Tourenorganisation, FeWo)
Steg: Friedensstr. 120 beim WWR
Tel. 0172-565 57 10
www.das-havel-kanu.de

14712 Rathenow
Rathenower Wassersportverein Kanu
Havelweg 2, Tel. 0174-621 11 40
und Tel. (03385) 51 10 58 (mit AB)
www.kanu-rathenow.de

Hohennauener See: OT Wassersuppe, 14715 Seeblick
Kanuverleih Hartmut Bölke
Bollwerksweg 1 *(am WWR)*
Tel. (03385) 51 69 69
www.sport-boelke.de

Dosse: OT Rübehorst, 16845 Großderschau
Sternencamp (auch Glampingzelte, Touren auf der Gülper Havel)
Dorfstr. 5, Tel. 0177-250 03 68
www.unterm-sternenhimmel.de

Weitere Aktivitäten

Paddeln

Brandenburger Havelseen Richtung Osten, s. Tour 12 (Brandenburg/Havel bitte auf dem Brandenburger Stadtkanal verlassen, die **Vorstadtschleuse** an der Havel ist für **Kanu & SUP verboten/gesperrt!**)

95 km

Tagestour auf dem ***Hohennauener See***.

Fahrradvermieter (meist auch E-Bikes)

Brandenburg/Havel *Bikeexpress*, nur nach Terminvereinbarung 1 Tag vorher: 0170-557 30 61, Wilhelm-Meinicke-Str. 1, www.bikeexpress-brandenburg.de

Premnitz: *Lucke-Hof (450 m von der Havel, auch Gästezimmer und Heuübernachtung)*, Alte Hauptstraße 35, Tel. (03386) 287 81 32, www.luckehof.de

Rathenow: *Hotel Sonn'Idyll*, Semliner Str. 20, Tel. (03385) 619 98 20, www.sonnidyll.de

Havelberg: *Fahrradhaus Hubeny*, Pritzwalker Str. 43, Tel. (039387) 887 97, www.fahrradhaus-hubeny.de

ArtHotel Kiebitzberg, Schönberger Weg 6, Tel. (039387) 59 51 51, www.arthotel-kiebitzberg.de

Weitere Vermieter: www.havelland-tourismus.de >Radfahren >Fahrradvermietung & Service

Radfahren

Radtour „Naturpark Westhavelland" (ca. 100 km ab Rathenow).

Etappe auf ***Havelland-Radweg*** Berlin-Spandau nach Schollene (ca. 115 km).

Etappen auf ***Havel-Radweg*** von Potsdam nach Brandenburg/Havel (ca. 60 km) bis Rathenow (ca. 124 km).

Wandern

Storchenwanderweg rund um den ***Beetzsee*** (ca. 50 km ab Brandenburg).

Seerundweg „Hohennauener-Ferchesarer See" mit vielen Rast- und Einkehrmöglichkeiten (ca. 23 km).

Wanderwegesystem im ***Rathenower Stadtforst***.

Vogelbeobachtungen am Gülper See.

Besucherzentrum Naturpark Westhavelland in **Milow**, Stremmestr. 7, www.nabu-westhavelland.de/naturparkzentrum-westhavelland

Hausbooturlaub, Infos und Anbieter Prospekt „Havelromantik" unter www.havelland-tourismus.de

Angeln ***Geführte Angeltouren*** (www.outdoorfishing-havel.com ***Angelkarten***: www.angelkarten.com

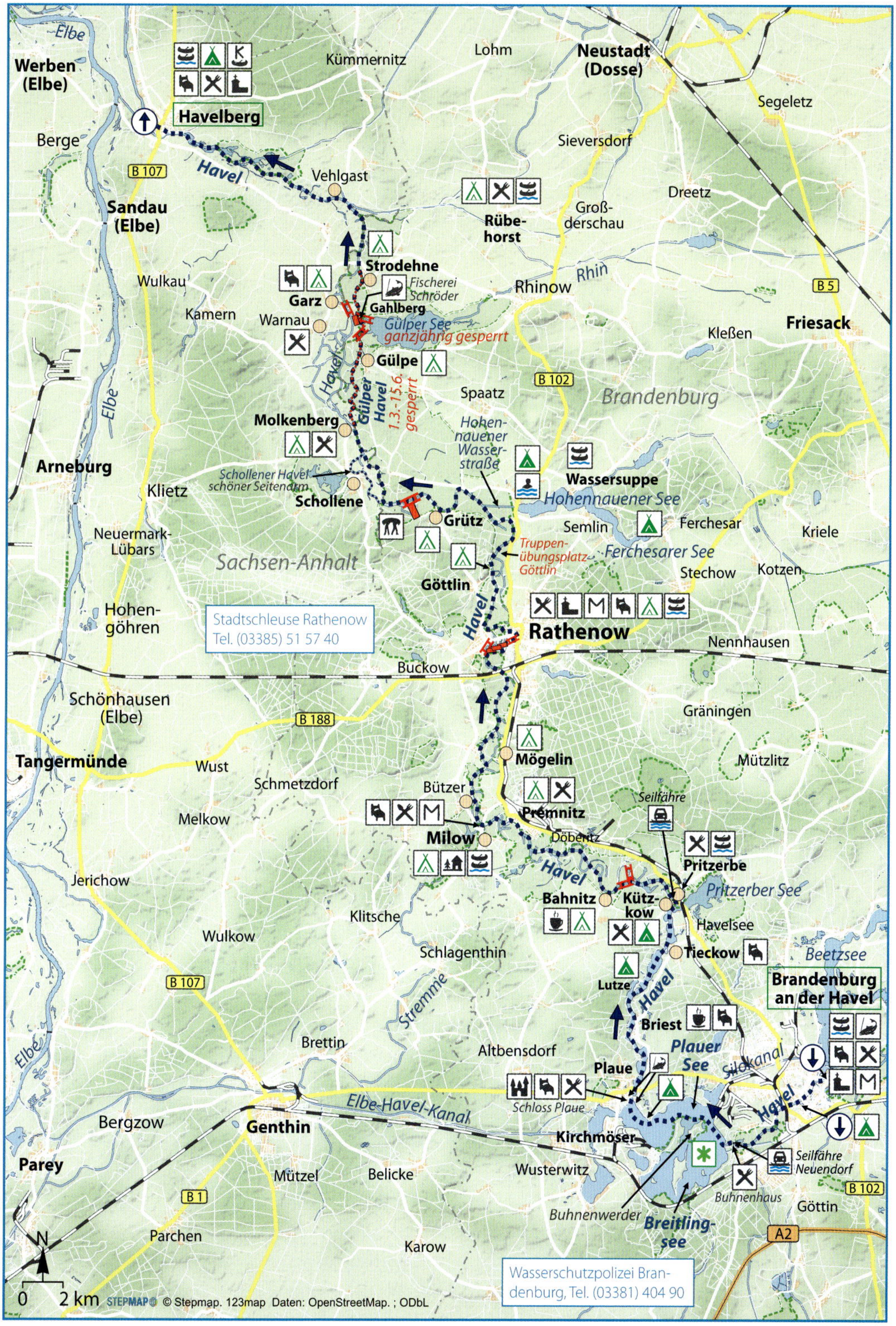

Elbe
Werben (Elbe)
Havelberg
Kümmernitz
Lohm
Neustadt (Dosse)
Segeletz
Berge
Sieversdorf
B 107
Havel
Vehlgast
Dreetz
Sandau (Elbe)
Rübe-horst
Groß-derschau
Strodehne
Wulkau
Fischerei Schröder
Rhinow
Rhin
B 5
Garz
Gahlberg
Kamern
Warnau
Gülper See ganzjährig gesperrt
Kleßen
Friesack
Gülpe
B 102
Havel
Gülper Havel
1.3.-15.6. gesperrt
Spaatz
Brandenburg
Elbe
Molkenberg
Hohen-nauener Wasser-straße
Arneburg
Wassersuppe
Schollener Havel schöner Seitenarm
Klietz
Schollene
Hohennauener See
Grütz
Semlin
Ferchesar
Neuermark-Lübars
Truppen-übungsplatz Göttlin
Ferchesarer See
Kriele
Sachsen-Anhalt
Stechow
Kotzen
Göttlin
Hohen-göhren
Stadtschleuse Rathenow Tel. (03385) 51 57 40
Havel
Rathenow
Nennhausen
Buckow
Schönhausen (Elbe)
Gräningen
B 188
Mögelin
Tangermünde
Wust
Mützlitz
Schmetzdorf
Bützer
Seilfähre
Premnitz
Melkow
Milow
Döberitz
Pritzerbe
Havel
Jerichow
Bahnitz
Kütz-kow
Pritzerber See
Klitsche
Havelsee
Wulkow
Tieckow
Beetzsee
Schlagenthin
Brandenburg an der Havel
B 107
Lutze
Havel
Stremme
Briest
Elbe
Brettin
Plauer See
Altbensdorf
Silokanal
Plaue
Schloss Plaue
Havel
Elbe-Havel-Kanal
Bergzow
Genthin
Kirchmöser
Seilfähre Neuendorf
Parey
Wusterwitz
Mützel
Belicke
B 1
Buhnenhaus
B 102
Göttin
Buhnenwerder
Breitling-see
A2
Parchen
Karow
Wasserschutzpolizei Brandenburg, Tel. (03381) 404 90
N
0 2 km
STEPMAP © Stepmap. 123map Daten: OpenStreetMap. ; ODbL

95 km

Sehenswürdigkeiten

Brandenburg an der Havel (Stadtrundgang s. nächste Seite) Mittelalterlicher Stadtkern, Dom St. Peter & Paul mit Dommuseum, St.-Katharinen-Kirche, Kirche St. Gotthardt, Nikolaikirche, „verrückte" Kapelle St. Jakob, Pfarrkirche Heilige Dreifaltigkeit, Altstädtisches Rathaus, Stadtbefestigung mit Stadtmauer und vier Tortürmen, Industriemuseum Brandenburg im ehemaligen VEB Stahl- und Walzwerk am Silokanal (www.industriemuseum-brandenburg.de), Archäologisches Landesmuseum im Paulikloster (www.landesmuseum-brandenburg.de), Museumshafen, Freilichtmuseum Slawendorf (Tel. (03381) 20 87 40 16, www.slawendorf-brandenburg.de).

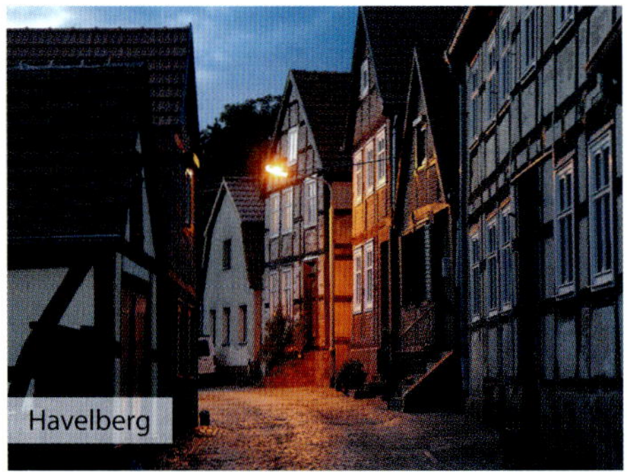
Havelberg

Plaue Historisches Barock-Schloss Plaue mit Havelterrasse (dreiflügelige Schlossanlage mit liebevoll restaurierten Nebengebäuden z.B. Gästehaus und Schloss Schänke, www.schlossplaue.de), Schlosspark mit einem weltweit ältesten erhaltenen Tontaubenschießstand von ca. 1900 und Fontanedenkmal, Backsteinkirche mit restaurierten Wandmalereien (15./16. Jh.), Alte Havelbrücke in Stahlfachwerkbau.

Pritzerbe Historischer Stadtkern mit denkmalgeschützten Gehöften und Häusern (Dammstr. 18 und 20, Havelstr. 8, Mühlenstr. 4) , St. Marien Pfarrkirche (17. Jh.), letzte Rohrweberei Deutschlands mit Museum (*Mo-Fr 8-16*, www.rohrweberei.de).

Bahnitz Bootsanlegestelle mit bronzener Nixe, Nadelwehr mit 633 Nadeln (Kanthölzer) – eines der letzten drei dieser Art in Deutschland. Schleuse mit Durchstich, Wehr, Wehrschuppen und Schleusenhaus von 1908-1912.

Premnitz Pfad der Skulpturen, Steinbogenbrücke, historischer Ortskern, Denkmalensemble Lucke-Hof mit Backhaus, Kuhstall, Scheune, Pferdestall und Wohnhaus sowie Ausstellungen zur Landwirtschaft und Historie des Hofes (Führung nach Voranmeldung, www.luckehof.de).

Milow Dreischiffige Fachwerkbau-Kirche (um 1695 erbaut), Villa Carl Bolle (heute Jugendherberge), Besucherinformationszentrum Naturpark Westhavelland (www.nabu-westhavelland.de/naturparkzentrum-westhavelland).

Rathenow Kirchberg mit St. Marien-Andreas-Kirche (13. Jh., umgebaut 16.-19. Jh.), Optik-Industrie-Museum-Rathenow (www.oimr.de), Optikpark mit Tiergehege & Erlebnispfad (ca. *Apr-Okt, tgl. 9-18*, www.optikpark-rathenow.de), Bismarckturm auf dem Weinberg.

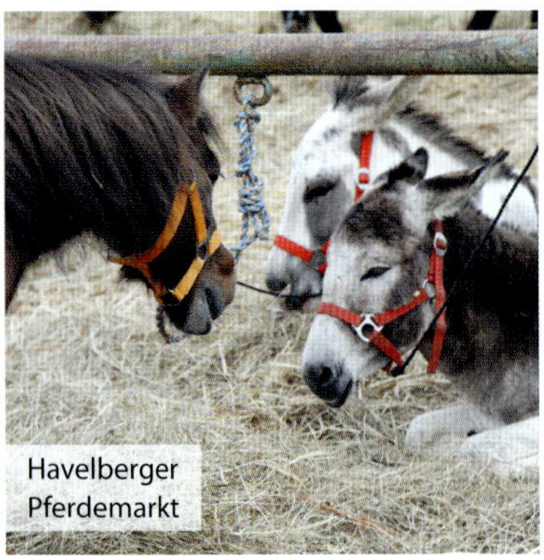
Havelberger Pferdemarkt

95 km

Schollene Kirche (1849), spätbarockes Schloss (1752), Bockwindmühle auf dem Mühlenberg (www.schollene-land.de), Schollener See.

Parey (Havel) Dorfkirche (1831), „Beobachtungsstation „Sternenblick Parey" im 1. Deutschen Sternenpark – nirgends ist es nachts so finster wie im Westhavelland (www.sternenpark-westhavelland.de).

Gülpe NGS „Gülper See", Prietzener Bockwindmühle, Backsteinkirche(1885), Nadelwehr (1910) mit 276 Holznadeln.

Strodehne Backsteinensemble, Bockwindmühle am Gahlberg.

Havelberg St. Marien-Dom (12. Jh.), historische Altstadt mit Bürgerhäusern (17./18. Jh.), Prignitz-Museum (www.prignitz-museum.de), Havelberger Pferdemarkt Anfang September (www.havelberg.de).

Tourist-Infos

Tourist-Info Brandenburg/Havel Neustädtischer Markt 3, Tel. (03381) 79 63 60, www.erlebnis-brandenburg.de

Tourist-Info Westhavelland in Rathenow Freier Hof 5, Tel. (03385) 51 49 91, www.westhavelland.de

Tourist-Info Havelberg Uferstraße 1, Tel. (039387) 790 91, www.havelberg.de

Auskunft & Prospekte Tourismusverband Havelland Tel. (033237) 85 90 30, www.havelland-tourismus.de

Stadtrundgang Brandenburg an der Havel

Brandenburg blickt auf eine fast 1.100-jährige Geschichte zurück und gilt als Wiege der Mark Brandenburg. Die Stadt wird geprägt von der Havel und setzt sich aus den drei alten Siedlungen Altstadt, Neustadt und Dominsel zusammen. Alt- und Neustadt wurden im Mittelalter als selbständige Städte angelegt und behielten bis zu Beginn des 18. Jahrhunderts ihre Eigenständigkeit.

Wir beginnen den Rundgang durch die etwa 73.000 Einwohner zählende und damit nach Potsdam und Cottbus drittgrößte Stadt des Bundeslandes vor der **Tourist-Info** am **Neustädtischen Markt (1)**. Mit der Tourist-Info im Rücken schlendern wir nach rechts über den Platz, an dem sich einst das um 1400 erbaute und im Zweiten Weltkrieg zerstörte Rathaus der **Neustadt** erhob und stehen bald vor dem achteckigen **Mühlentorturm (2)** von 1411. Mit tollen Ausblicken auf Havel, hutzelige Fischerhütten und alte Wassermühle laufen wir über den *Mühlendamm* von der Neustadt auf die **Dominsel**. Anstelle der einstigen Burgkapelle erhebt sich heute die unscheinbare **St. Petri Kirche (3)**, ein Saalbau aus dem 13. Jahrhundert. Dahinter schreiten wir durch ein Tor auf den **Burghof** mit dem **Dom St. Peter und Paul (4)**. *Der erste Spatenstich wurde 1165 getätigt, der Westturm nach Restaurierung unter Schinkel erst 1836 vollendet. Die Ausstattung ist erwartungsgemäß üppig. Besonders zu erwähnen sind die Glasmalereien im Chor aus dem 13. Jahrhundert sowie der Böhmische Altar von 1375. Das links neben der St. Petri Kirche liegende Dommuseum zeigt Teile des Domschatzes.*

Wir folgen dem Westflügel und laufen hinter dem gelben Haus nach links über die *Domstrengbrücke*. An der **Marina** haben sich die Wohnmobilfahrer mit Blick aufs Wasser in Position gebracht und wir wenden uns auf dem *Grillendamm* nach links. Die **Sumpfzypressen** am Straßenrand sind als Naturdenkmal geschützt und wurden zwischen 1840 und 1910 gepflanzt.

Nun bringt uns die *Homeyenbrücke* in die **Altstadt**, wo wir zunächst der *Mühlentorstraße* geradeaus folgen. Rechter Hand erhebt sich die **St. Gotthardtkirche (5)**, *die schon zu slawischer Zeit gegründet*

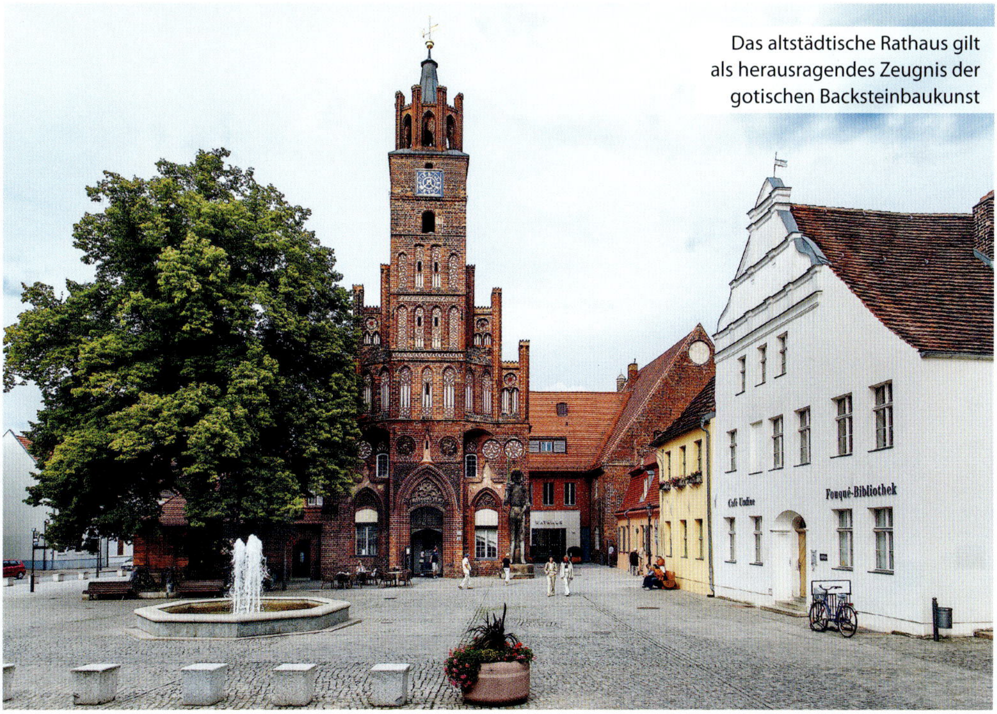

Das altstädtische Rathaus gilt als herausragendes Zeugnis der gotischen Backsteinbaukunst

95 km

wurde und damit sogar noch älter als der Dom ist. Von der einstigen romanischen Feldsteinbasilika zeugt noch der monumentale Westbau.

Wenige Schritte weiter wenden wir den Blick nach rechts in die *Rathenower Straße* und damit auf den ältesten Stadtturm zum Schutz der Altstadt. Der **Rathenower Torturm (6)** wurde bereits um 1300 erbaut und später auf seine heutige Höhe von 28 m erweitert. Wir laufen noch ein kurzes Stück geradeaus bis zum **Altstädter Markt (7)**. Der mittelalterliche Verwaltungssitz büßte mit der Vereinigung von Alt- und Neustadt seine Funktion ein. Besonders eindrucksvoll ist das gotische **Altstädtische Rathaus** von 1468 mit seinem imposanten Treppengiebel. Seit 2006/2007 residiert hier wieder die Stadtverwaltung, der überlebensgroße Roland von 1474 wurde aus der Neustadt hierher gebracht.

Hinter dem **Springbrunnen** geht es an der Sparkasse vorbei zum **Plauer Torturm (8)** aus dem 14. Jahrhundert und anschließend geradeaus weiter zum *Nikolaiplatz* mit der romanischen **Backsteinbasilika St. Nikolai (9)**. Stadthistoriker halten sie für die älteste Kirche der Mark Brandenburg.

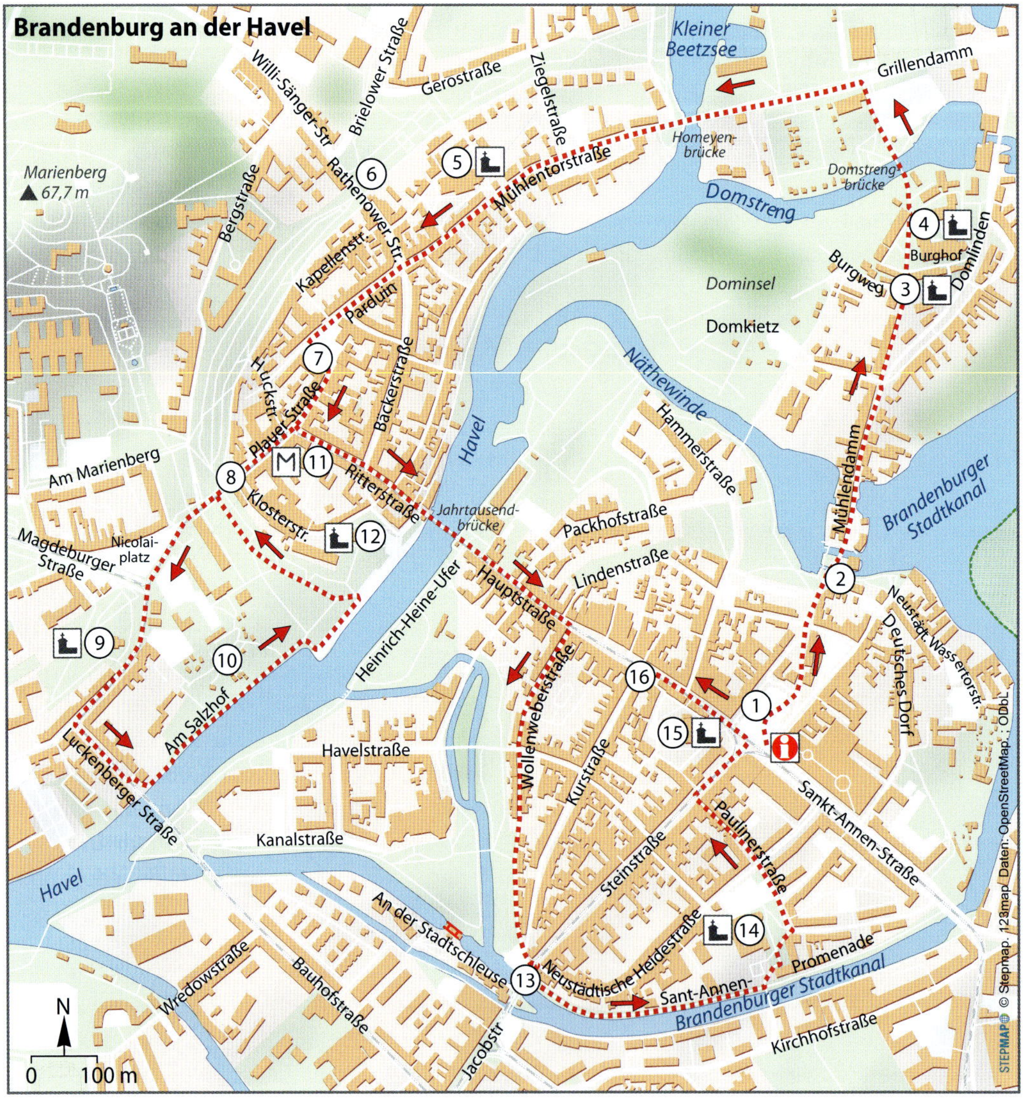

95 km

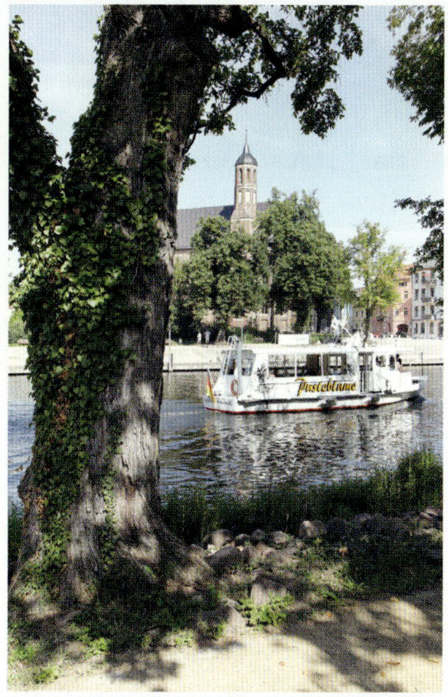

Nun halten wir uns links und biegen ein Stückchen weiter vor dem Supermarkt links in *Luckeberger Straße* ein, die uns zu einer Brücke über die Havel führt. Davor folgen wir der Uferpromenade *Am Salzhof* nach links und stehen vor dem Eingang zum Freilichtmuseum ***Slawendorf (10***). Diese rekonstruierte Siedlung mit historischen Flechtwerk- und Blockhäusern, Lehmbacköfen, Flößen und Einbäumen ist die einzige ihrer Art in ganz Brandenburg und zeigt anschaulich, wie die Menschen vor 1.000 Jahren im Havelland gelebt haben.

Etwa 200 Meter hinter dem Eingang wenden wir uns zwischenzeitlich von der Havel ab und kehren auf dem Fußweg durch den Park zurück zum **Plauer Torturm**. An ihm vorbei biegen wir von der *Plauer Straße* in die zweite Straße, die *Ritterstraße* ein, wo das **Stadtmuseum im Frey-Haus (11)**, ein prächtiges Barockhaus (1723), Ausstellungen zur Stadtgeschichte zeigt.

Die 1919 zum 1.000. Geburtstag der Stadt eingeweihte **Jahrtausendbrücke** verbindet die Altstadt mit der Neustadt. Davor erinnert am Altstadtufer zur Rechten die **St. Johanniskirche (12)** mit ihrem schmalen Turm als einziges Relikt an das ehemalige Franziskanerkloster.

Die **Neustadt** empfängt uns mit einer **Fußgängerzone**, die wir gegenüber des türkisfarbenen Hauses Nr. 39 nach rechts auf die *Wollenweberstraße* verlassen. Die Straße folgt in diesem Abschnitt dem Verlauf der **Stadtmauer**, denn in den Baulücken zwischen den Häusern blitzen immer wieder Fragmente davon durch. Hinter dem kleinen **Soldatenfriedhof** am Havelufer erhebt sich der über 30 Meter hohe **Steintorturm (13)** aus dem 15. Jahrhundert. Er ist nicht nur der größte Stadtturm sondern auch als einziger zugänglich. Im Inneren informiert eine Ausstellung über die Havelschifffahrt und vom Dach bietet sich ein herrlicher Blick über die Altstadt.

Wir folgen nun der *Sankt-Annen-Uferpromenade* an der gut erhaltenen Stadtmauer entlang bis zum ehemaligen **St. Paulikloster (14)**. Das gegen Ende des 13. Jahrhunderts begonnene Dominikanerkloster beherbergt das Archäologische Landesmuseum und dokumentiert in etwa 6.000 Ausstellungsstücken über 40.000 Jahre Geschichte der Region.

95 km

Wir laufen über den Parkplatz an der Nordseite und weiter auf der *Paulinerstraße* in Richtung des nicht zu übersehenden Turms von **St. Katharinen (15)** an der Westseite des **Neustädtischen Markts.** *Sie wurde 1395 anstelle einer Feldsteinkirche errichtet und gilt als eine der bedeutensten Backsteinbauten in Norddeutschland. Aber nicht nur die Dimensionen wissen zu beeindrucken, auch die Inneneinrichtung mit Flügelaltar von 1474, Kanzel von 1668 und Wagner-Orgel von 1725 ist einen Blick wert.*

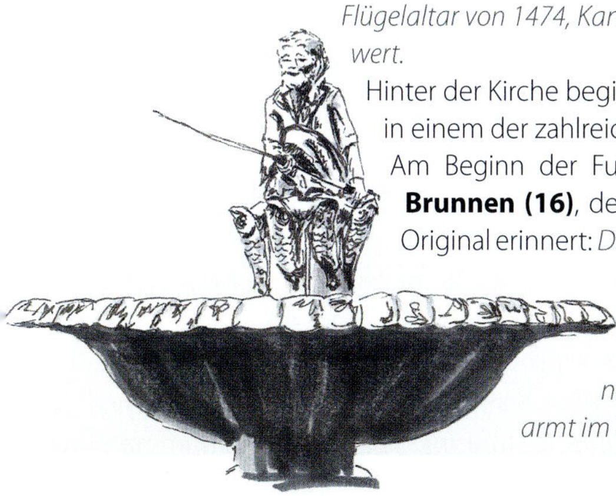

Hinter der Kirche beginnt die **Fußgängerzone**, wo wir den Stadtrundgang in einem der zahlreichen Cafés und Restaurants ausklingen lassen können. Am Beginn der Fußgängerzone empfängt uns der **Fritze-Bollmann-Brunnen (16)**, der seit 1924 an das tragisch-komische Brandenburger Original erinnert: *Der fleißige Frisör, von dessen elf Kindern nur drei am Leben blieben, kam in eine finanzielle Notlage. Häufig betrunken ärgerten ihn die Brandenburger Kinder, weshalb er sie mit Rasierschaum bespritzte. Da ihn niemand ernst nahm, wurde er zur Spottfigur und starb schließlich verarmt im Krankenhaus am Altstädtischen Markt.*

Untere Havel

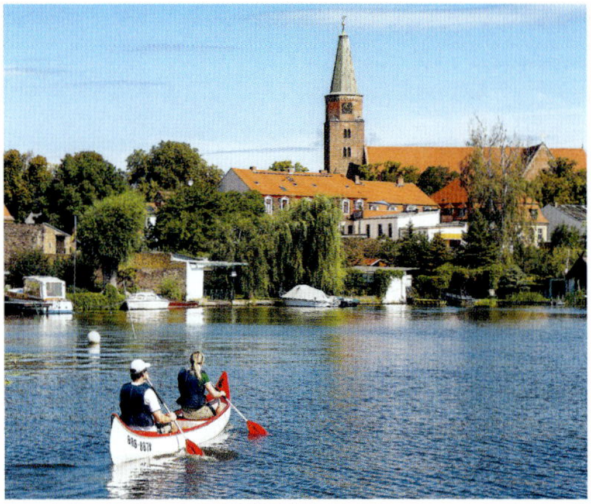

Von **Brandenburg an der Havel** aus, der Stadt, die dem Bundesland seinen Namen gab, wollen wir an einem verlängerten Wochenende die ***Untere Havel*** bis Havelberg erkunden.

In Laufweite zur historischen Innenstadt hat der rührige Besitzer auf dem Gelände der denkmalgeschützen *Alten Feuerwache* einen Wohnmobilstellplatz, Zeltmöglichkeit und Holzhäuser im skandinavischen Stil geschaffen. Ein toller Service ist die gemütlich eingerichtete Küche, die allen Gästen zur Verfügung steht.

Nach wenigen Paddelschlägen auf dem ***Jakobsgraben*** biegen wir nach links in die ***Havel*** ein und an den Ufer ziehen ein paar Seglerhäfen und das *Vereinsgelände der „Freien Wasserfahrer“* vorüber. Vom Oberdeck des Ausflugsdampfer „Pegasus“ winken uns ein paar Herrschaften hinterher und schon wird es grün. Von nun an sind nur noch das ein oder andere Motorboot und unzählige Enten unsere Begleiter, bis die ***Seilfähre Neuendorf*** den Weg quert. *Bereits seit Anfang des 20. Jahrhunderts verbindet die Fähre die Brandenburger Stadtteile Neuendorf am nördlichen und Wilhelmsdorf am südlichen Havelufer. Seit 1940 ist die Fähre motorisiert und heute die einzige Fährverbindung der Stadt.*

95 km

Am linken Ufer lädt die *Traditionsgaststätte „Buhnenhaus“* mit einem schönen Biergarten und Blick aufs Wasser zu traditioneller Hausmannskost ein und natürlich fehlen auch heimische Fischgerichte nicht auf der Speisekarte. Anschließend geht es hinaus auf den ***Breitlingsee***, wo wir die Bootsspitzen nach rechts in Richtung Norden richten.

Die ***Insel Buhnenwerder*** trennt den ***Breitlingsee*** vom ***Plauer See*** und ist seit 2002 zusammen mit der benachbarten ***Halbinsel Wusterau*** Naturschutzgebiet. Am nordwestlichen Ufer der Insel (gegenüber der Halbinsel Wusterau) darf man anlegen und es gibt einen liebevoll gestalteten Naturlehrpfad, der einmal rund um das kleine Inselchen führt.

Nordöstlich von ***Buhnenwerder*** öffnet sich der kleine ***Quenzsee***, von wo über den ***Silokanal*** einige große Frachtschiffe ihren Weg auf den Plauer See finden. Überhaupt ist auf dem ***Plauer See*** etwas Vorsicht geboten, denn auf der verhältnismäßig großen Wasserfläche können sich bei Wind ganz ordentliche Wellen aufbauen. Wir peilen die Schornsteine von **Kirchmöser** am Horizont an und gelangen zum *Camping- & Ferienpark am Plauer See* auf einer idyllischen Halbinsel, wo wir die Zelte auf der Wiese vor den Dauercampern in der ersten Reihe direkt am Seeufer aufbauen dürfen.

Am nächsten Morgen folgen wir nach dem Ablegen vom kleinen Strand des Campingplatzes nicht den zahlreichen Motorbooten, die geradeaus Kurs Richtung Elbe-Havel-Kanal nehmen, sondern bleiben am rechten Ufer, vorbei an *Havelfischerei Betge* mit *Hofladen* sowie der *Freizeitanlage (Übernachtung)* in **Margaretenhof** und erreichen links vor der Straßenbrücke von **Plaue** das dreiflügelige ***Schloss Plaue*** mit *Hofladen, Zimmern* und *Restaurant*. Für unsere Tourenplanung kommt der Stopp etwas früh, aber eine Einkehr in der Schloss Schänke bzw. bei gutem Wetter auf der Havelterrasse sollte man sich nicht nehmen lassen – noch besser, wer gar an einem Sonn- oder Feiertag hier vorbeikommt, dem sei der Frühstücks-Brunch im Schlossinnenhof oder im Feinem Saal empfohlen.

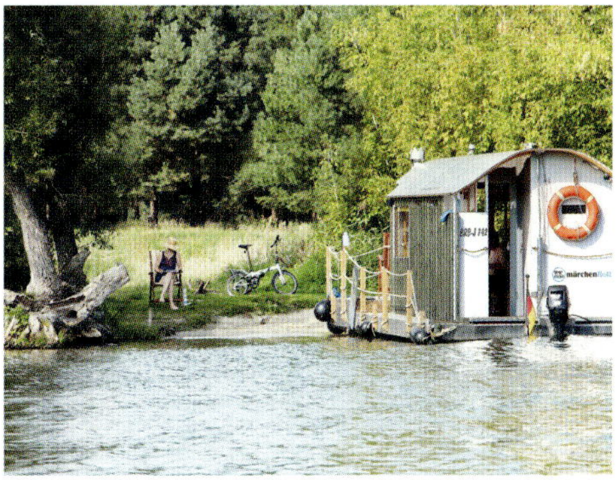

Immer wieder gibt es geschützte Bereiche, die von Schilf und Binsen gesäumt sind, dazwischen nette Plätze am Ufer, wo es sich im Gras gut rasten lässt. Über die zu einem schmalen See verbreiterte Havel steuern wir die Boote nach Norden. Im Fischerdorf **Briest,** ein Ortsteil der Stadt **Havelsee,** ist dann die Zeit für den ersten Landgang gekommen. *Bekanntheit erlangte* **Briest** *in den letzten Jahren vor allem durch die* ***Briester Kirche****, die von Juliane Beer gekauft wurde und offiziell keine Kirche mehr ist. Hier ist einer der beliebtesten Unterkunfts- und Ruheorte sowie Co-Working Spaces Deutschlands entstanden – und leckeren Kaffee soll es im „Havelprater" auch geben* (Übernachtung über Airbnb www.havelprater.com).

Die nächste eindrucksvolle Landmarke sind die drei hohen Türmen des Werksgeländes von Liaplan, wo seit 1840 Baustoffe produziert werden, gegenüber am westlichen Ufer liegt der kleine *Camping Lutze 1*.

Vorbei an sandigen Uferstellen, die Dörfer **Tieckow** und **Föhrde** rechts liegend lassend, liegt hinter einer etwas engeren Durchfahrt linker Hand der *Camping „An der Unterhavel"* in **Kützkow**. Unter einem schattenspendenden Nussbaum lädt die gleichnamige *Gaststätte* zu Fisch- und Wildgerichten, die

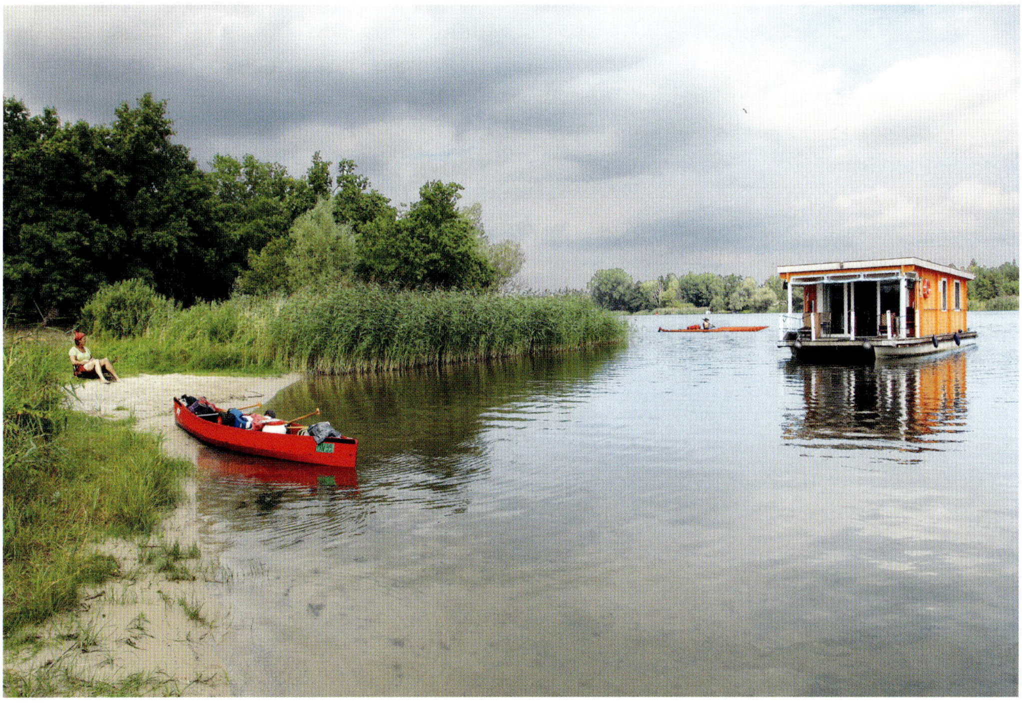

95 km

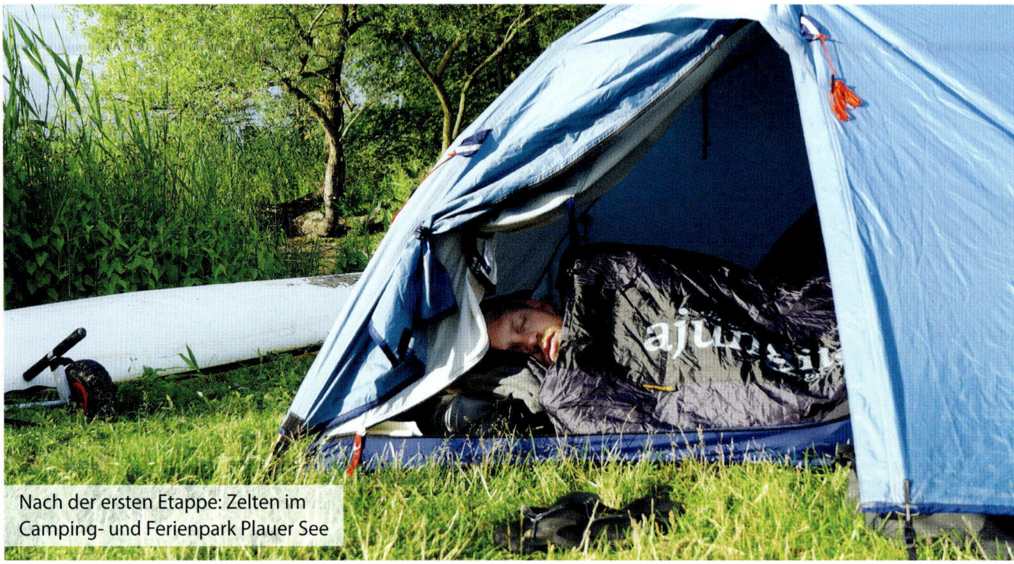

Nach der ersten Etappe: Zelten im Camping- und Ferienpark Plauer See

wie der *Camping*, *Hofladen* und die *Straußenfarm* zum *Erlebnishof Kützkow* gehören.

Pritzerbe, *eine der ältesten Städte an der Havel, erlebte seine Blüte zwischen den beiden Weltkriegen. Auf einen starken Ausflugsverkehr lässt schließen, dass damals 14 Gaststätten auf 1.000 Einwohner kamen. Unbedignt einen Besuch wert ist die Rohrweberei.* Beim Passieren des Ortes achten wir auf die ***Seilfähre,*** die **Pritzerbe** mit **Kützkow** verbindet *(schon im frühen Mittelalter gab es hier eine Fähre)*, und bald knickt der Flusslauf nach Nordwesten
95 km ab (rechts unter der Bahn- & Autobrücke hindurch ginge es auf den ***Pritzerber See***).

Die ***Havel*** bleibt auf den nächsten 3 Kilometern noch recht breit, dann teilt sie sich. Die ***Schleuse*** geradeaus bleibt größeren Booten vorbehalten, wir halten uns rechts in den Altarm und nutzen die ***SB-Kahnschleuse***. Hinter ihr geht es wieder in scharfem Bogen zurück auf den Hauptarm und 300 Meter weiter kündigt die bronzene *Havelnixe* das Örtchen **Bahnitz** an, dessen Gehöfte reizvoll den Dorfanger umstehen. *Biwakplatz* und *Gartencafé* laden ein, im Dorf, das ein Ort für Künstler geworden ist, ein wenig zu verweilen.

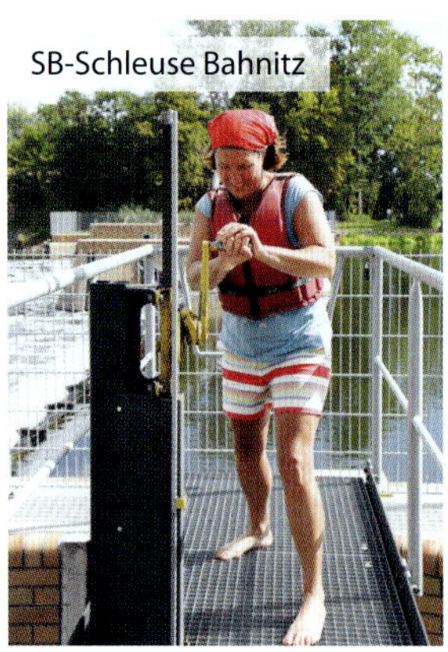

SB-Schleuse Bahnitz

Immer wieder zweigen nun Altarme vom Hauptlauf ab, die uns zu kleinen Abstechern verlocken. Es macht Spaß die idyllischen Arme, in denen sich viele Wasservögel aufhalten, zu erkunden. Doch sollte man unbedingt die Wochen der Brut meiden. Die ***Havel*** ist nun schmaler geworden und bald signalisiert eine breite Hafeneinfahrt zur Rechten die letzten Kilometer des Tages. Die ersten Häuser von **Döberitz**, einem Ortsteil von **Premnitz**, tauchen auf. In Premnitz selbst, sticht das mit einem riesigen surrealistischen Gemälde versehene Hafengebäude mit Aussichtsplattform auf dem Dach an der breiten *Anlegestelle* ins Auge.

Nun ist es nicht mehr weit bis **Milow**, dem Endpunkt der Tagesetappe. Hinter der Brücke liegt links das besuchenswerte *NaturparkZentrum Westhavelland* und der *GastHof „Milow"*. Zum Übernachten kehren wir der Havel den Rücken und paddeln nach links etwa 500 Meter die ***Stremme*** aufwärts zum Anleger am *Biwakplatz Jugendherberge Milow*. Der einfache Platz darf kostenlos genutzt werden, Toilettenbenutzung in der 200 Meter entfernten *Jugendherberge „Carl Bolle"* (2,- Euro/Tag). Dort bekommt man auch Trinkwasser. Mehr Komfort bietet die *Jugendherberge*. Sie wurde 2010 nach eingehender Modernisierung neu eröffnet und residiert in der eindrucksvollen Villa *des ehemaligen Molkereibesitzers Carl Bolle, der ab 1881 die Bewohner der preußischen Metropole Berlin mit frischer Milch vom Pferdewagen aus versorgte.*

Bevor es am nächsten Tag auf der ***Stremme*** zurück zur ***Havel*** geht, statten wir dem *NaturparkZentrum* noch einen Besuch ab und erfahren viel Wissenswertes über die Großtrappe, den schwersten flugfähigen Vogel auf unserem Globus, Flussauen, die Renaturierung der Havel und können in einem Modell das Hoch- und Niedrigwasser der Havel ausprobieren.

Im Boot sind es dann zehn recht einsame Paddelkilometer durch eine flache Landschaft nach **Rathenow**. Gut drei Kilometer hinter Milow passiert man die Einfahrt rechts in die ***Alte Mögeliner Havel*** und könnte zum *Biwak* **Mögelin** an der *Ortsbadestelle* gelangen.

Etwa einen Kilometer hinter der Straßen- und Eisenbahnbrücke in **Rathenow**, kurz vor der ***Hauptschleuse,*** die man geradeaus erreicht (sie darf nur von den Lastkähnen benutzt werden), halten wir uns rechts und fahren auf der ***Rathenower Havel*** südlich der drei ***Wehre*** an schönen Wochenendhäuschen vorbei. Rechter Hand liegt der große Stützpunkt der *Rathenower Kanuten* mit *Wasserwanderrastplatz* und hinter der Fußgänger- und Radfahrerbrücke *Kirchbergbrücke* bietet der *Anleger* vor der ***Stadtschleuse*** eine gute Gelegenheit, die auf einer Insel zwischen vier Havelarmen gelegene Rathenower Altstadt mit den Resten der alten Stadtmauer und der St. Marien-Andreas-Kirche zu erkunden. *Im Haus Nr. 6 am Kirchplatz wurde der Pfarrer Johann Heinrich August Duncker geboren, der den Grundstein für die Erfolgsgeschichte der optischen Industrie in Rathenow legte. Ab 1800 unterhielt er hier seine optische Werkstatt und zur Blütezeit gegen Ende des 19. Jahrhunderts gab es in der Stadt bis zu 300 Unternehmen der Optikindustrie. Nach 1949 wurde Rathenow zum einzigen Produktionsstandort für Brillen in der DDR und einige, nach der Wende privatisierte Nachfolgeunternehmen der Rathenower Optischen Werken, wie z.B. der Mikroskop-Hersteller Askania, sind heute noch erfolgreich. Über die Geschichte des Optikstandorts Rathenow berichtet der Optikpark westlich der Altstadt*

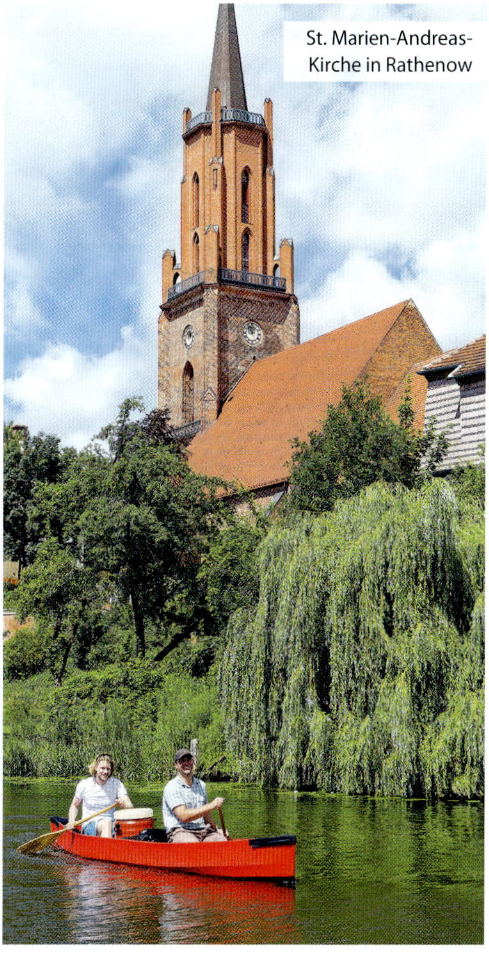
St. Marien-Andreas-Kirche in Rathenow

mit einem Optikerlebnispark und das Optikindustriemuseum im Kulturzentrum zeigt unzählige optische Instrumente, Brillen und wissenschaftliche Geräte. Nur wenige Meter von der Stadtschleuse entfernt, liegt auch das eindrucksvolle Kurfürstendenkmal aus Sandstein, welches von 1736-1738 zur Erinnerung an die Schlacht gegen die Schweden von 1675 errichtet wurde.

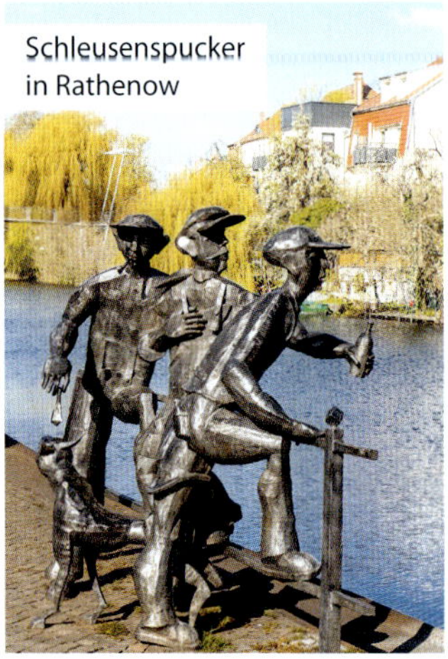

Schleusenspucker in Rathenow

Nach dem Stadtrundgang fahren wir, vorbei an der *Skulptur der drei Schleusenspucker*, in die ***Schleusenkammer*** ein (*Schleusenzeiten: 01.05.-30.09. tgl. 9-19, 01.10.-30.04. kein Betrieb*). *Das Denkmal der legendären Schleusenspucker erinnert an die Tagelöhner, die einst im Rathenower Stadthafen auf Lastkähne warteten, um sich beim Be- und Entladen zu verdingen.*

Hinter der Schleuse geht es noch einige Paddelschläge durch die Stadt, dann wird es schnell wieder grün und die ***Havel*** zeigt sich besonders idyllisch. Mit Einrichtung des Naturparks 1998 wurde der Fluss teils zurückgebaut und auf einigen Dächern entlang der kleinen Ortschaften entdecken wir bewohnte Storchennester. *Aktuell werden die Renaturierungsmaßnahmen der Havel unter Regie des Naturschutzbundes Deutschland fortgesetzt und zwischen Pritzerbe und der Mündung in die Elbe entfernt man Uferbefestigungen, reaktiviert alte Flutrinnen und richtet Fischtreppen an den Wehren ein. Teils sollen Wehre weggenommen und 15 Altarme wieder angeschlossen werden. So soll die* ***Untere Havel*** *zu einem naturnahen Flachlandfluss mit einer reichen Tier- und Pflanzenwelt werden, der im Frühjahr wieder über seine Ufer tritt und die angrenzenden, heute extensiv genutzten Weideflächen überflutet.*

Hinter dem *Truppenübungsplatz* **Göttlin** zweigt rechts die ***Hohennauer Wasserstraße*** ab, die eine Verbindung zum elf Kilometer langen ***Hohennauener See*** bildet. Mit mehreren Campingplätzen lädt der See geradezu zu einem Pausentag ein und wer mit ausreichend Zeit unterwegs ist, kann hier prima zu einem „Badetag" abbiegen.

95 km

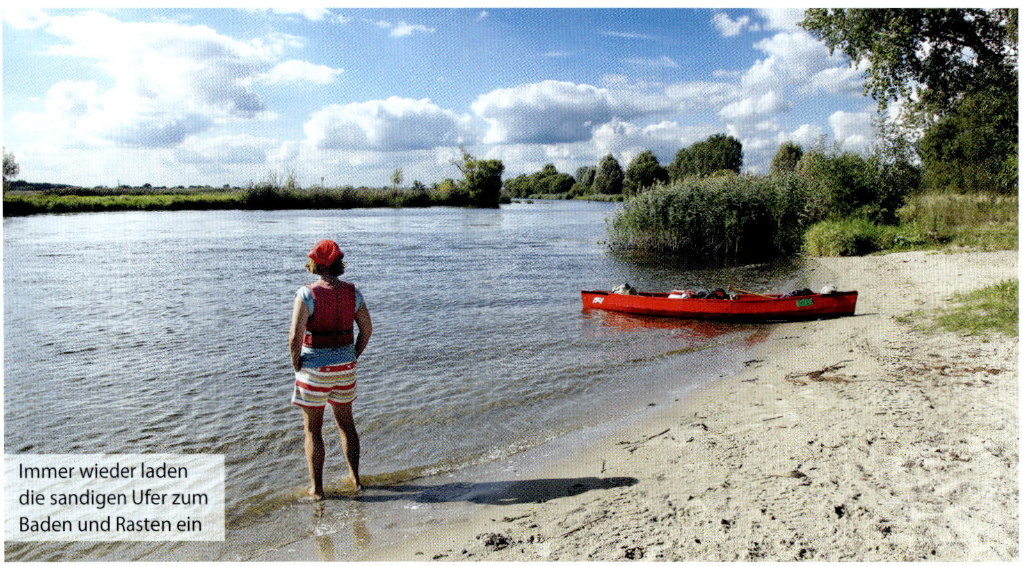

Immer wieder laden die sandigen Ufer zum Baden und Rasten ein

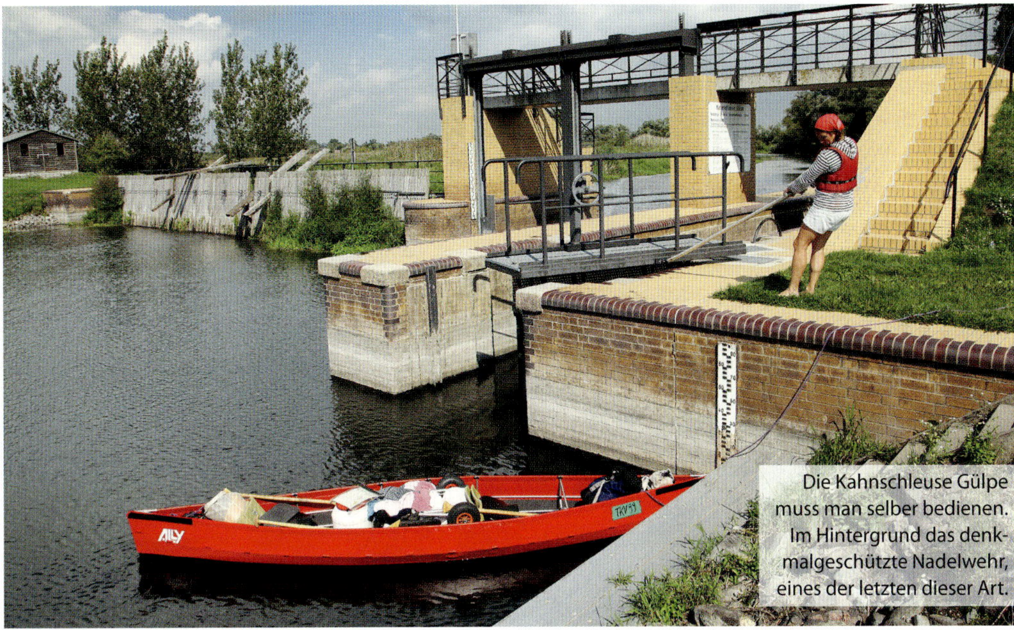

Die Kahnschleuse Gülpe muss man selber bedienen. Im Hintergrund das denkmalgeschützte Nadelwehr, eines der letzten dieser Art.

Die Havel knickt nun abermals nach Westen ab und führt uns nach **Grütz**. Hinter dem Gelände eines privaten Campingvereins, erreichen wir den gemütlichen *Biwakplatz* im Ortszentrum. Hier werden wir von den Dorfbewohnern freundlich empfangen, dürfen sogar Trinkwasser zapfen und es steht Feuerholz bereit, sodass rechtzeitig, als es zu Dunkeln beginnt, ein zünftiges Lagerfeuer vor den Zelten prasselt.

Gut einen Kilometer hinter dem Biwak teilt sich die ***Havel***. Da im linken Arm ein ***Nadelwehr*** die Weiterfahrt versperrt, halten wir uns rechts Richtung ***Schleuse***. In der riesigen Schleusenkammer kommen wir uns ein wenig verloren vor.

In der nächsten Kurve zweigt links die ***Schollener Havel*** ab und bietet einen idyllischen, kleinen Umweg auf dem renaturierten Nebenarm am Ort **Schollene** vorbei, der auch einen Stopp wert ist.

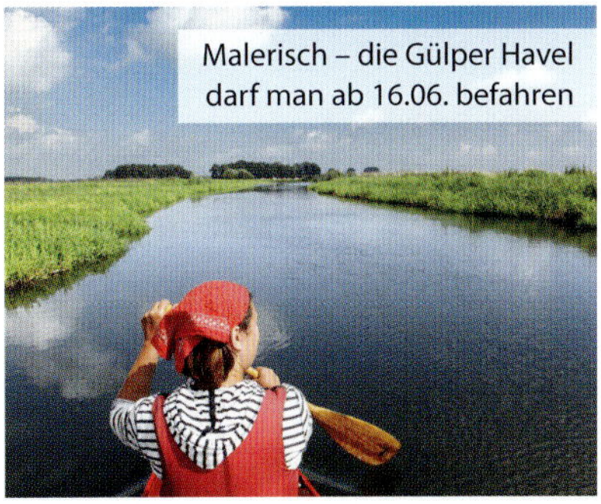

Malerisch – die Gülper Havel darf man ab 16.06. befahren

Bei **Molkenberg** zweigt rechts die sechs Kilometer lange ***Gülper Havel*** *(1.3.-15.6. gesperrt)* ab. Wer vor dem 16.06. unterwegs ist, muss geradeaus weiterpaddeln und dem Hauptlauf der ***Havel*** folgen. Die ***Kahnschleuse*** am Abzweig ***Gülper Havel*** wurde rückgebaut – heute kann man hier problemlos einfahren und die malerische Landschaft genießen. Der Flusslauf ist schmal und die Ufer flach, sodass wir weit ins Land gucken können. Über uns kreist ein Rotmilan, auf einem kahlen Baumstumpf trocknet ein Kormoran sein Gefieder.

95 km

Nach einer Rast am *Biwakplatz* in **Gülpe** kurbeln wir die Tore der renovierten ***Schleuse*** auf, 600 Meter weiter gurgelt nach rechts im ***Rhin*** das Wasser über das ***Nadelwehr*** **Gahlberg** in den ***Gülper See.*** Er ist bei Ornithologen als Rast- & Brutgebiet vieler seltener Wasser- und Watvögel bekannt *(Beobachtungstürme, Naturlehrpfad, RangerTour Gänseeinfall www.naturwacht.de ErlebnisTour Fischen www.fischerei-schroeder.eu)*.

Vorbei an der *Fischerei Schröder (WWR, Imbiss & Hofladen (Mi-So), Erlebnisfischen)* und der schönen Bockwindmühle erreichen wir den einladenden *Wasserwanderrastplatz* in **Strodehne**. Vor der nächsten Straßenbrücke treffen dann ***Havel*** und ***Gülper Havel*** wieder zusammen und der Flusslauf biegt nach Nordwesten in Richtung Havelberg ab.

Ohne weitere Hindernisse oder Schleusen geht es nun nach **Havelberg**, das sich schon von weitem durch seinen Dom, der auf einem kleinen Hügel erbaut wurde, ankündigt. Am Rastplatz in **Velgast** vertreten wir uns ein letztes Mal die Beine, bevor wir die verbleibenden Kilometer in Angriff nehmen, auf denen die ***Havel*** ein grandioses Finale inszeniert und sich in viele Altarme und kleinere Seen zerfranst, die von unzähligen Wasservögeln besiedelt werden.

Schließlich taucht am rechten Ufer die erste Uferpromenade mit kleinen Fachwerkhäusern und hübschen Schrebergärten der 1.000 Jahre alten Inselstadt **Havelberg** auf. Vor der Altstadtinsel paddeln wir im rechten Arm unter der *Dombrücke* hindurch, vorbei an den Motorbooten der Anwohner und halten nach der Durchfahrt unter der *Steintorbrücke* geradeaus auf den großen Steg rechts der Wasserfontäne zu. Von hier sind es nur ein paar Schritte zum *Campingplatz* und wer möchte, kann sein Zelt auch nebenan beim *Wassersportverein* aufschlagen. Von der Spülinsel ist es nur ein Spaziergang zum beeindruckenden Dom, von wo aus man einen herrlichen Ausblick über die Dächer der Stadt hat. *Dom und das dazugehörige Kloster wurden im 12. Jahrhundert erbaut und weisen eine Mischung aus gotischen und romanischen Stilelementen auf. Wunderschöne Glasmalereien aus dem 14. / 15. Jahrhundert, ein frühgotisches Chorgestühl, figürliche Meisterwerke aus vergangenen Jahrhunderten und der Kreuzgang machen eine Besichtigung zum Genuss.* Alljährlich am ersten Wochenende im September findet in der Stadt schon seit 1750 der weltbekannte Pferdemarkt statt, wo unter den Augen Hunderttausender über 500 Pferde per Handschlag den Besitzer wechseln.

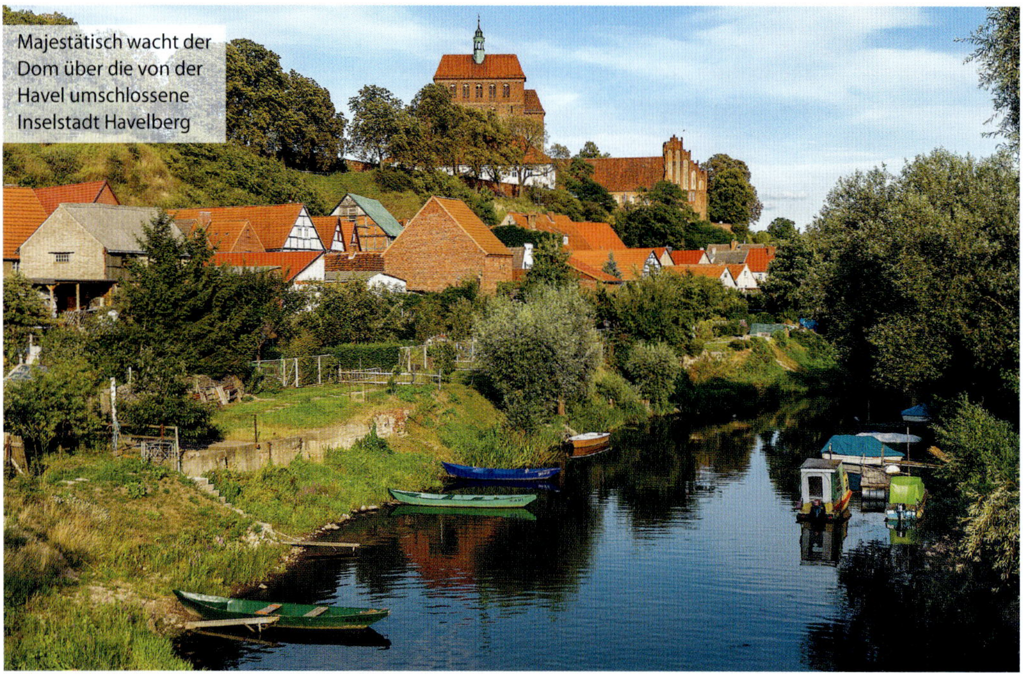

Majestätisch wacht der Dom über die von der Havel umschlossene Inselstadt Havelberg

95 km

Emster Gewässer & Brandenburgs Havelseen

Eine Kette blauer Perlen

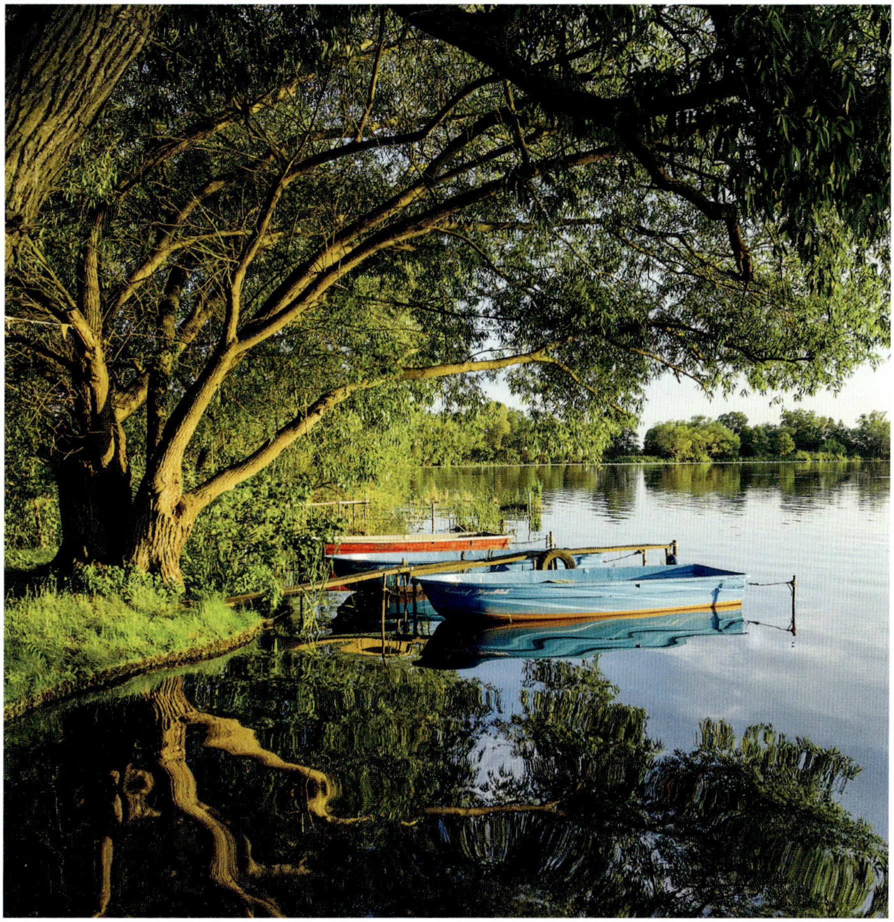

Tour 12

Infos Tour 12 – Emster Gewässer & Brandenburgs Havelseen

Aktivitäten	Natur	Kultur	Baden	Hindernisse
★★★☆	★★★☆	★★★☆	★★★☆	☆☆☆☆

Charakter der Tour

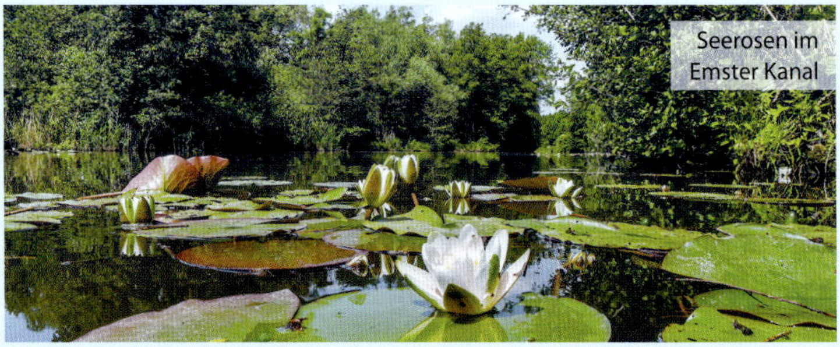
Seerosen im Emster Kanal

Etwa 20 Kilometer südöstlich von Brandenburg an der Havel legte das 1180 gegründete Zisterzienserkloster den Grundstein für den Ort Lehnin. Vom Klostersee führt die Tour nach Norden über die Reste des Flusses Emster, im 19. Jh. ein von Menschenhand geschaffener Kanal für den Ziegeltransport sowie den Netzener See und Rietzer See, zusammen als Emster Gewässer bekannt. In dem großen Naturschutzgebiet fühlen sich Kraniche und Weißstörche wohl, auch Biber und Fischotter sind hier zu entdecken.

Bei Klein Kreutz ist die Havel erreicht und das Kanu gleitet durch eine weite Wiesen- und Bruchlandschaft. Besonders idyllisch sind die verträumten Nebenarme, auf die sich kaum ein Motorboot verirrt. Endpunkt der Tour ist der Ort Ketzin, der jahrhundertelang als „Stadt der Fischer" bekannt war.

Die beschriebene Tour ist durchgehend hindernis- und schleusenfrei. Aufgrund der praktisch nicht vorhandenen Strömung kann die Tour in beide Richtungen gepaddelt werden.

Länge & Dauer der Tour 32 km, 2 Tage

Keine Umtragestellen

Anreise Autobahn A2 bis Ausfahrt 80 (Lehnin), weiter über die L 86 bis Lehnin.

Einsetzstelle Strandbad **Lehnin** & Camping (Zum Strandbad 49).

Aussetzstelle Steganlage der Stadt **Ketzin** an der Havelpromenade.

Zurück zum Pkw Von Ketzin Bus 614 bis Potsdam Hbf, dort Umstieg in Bus 580 nach Lehnin (Fahrzeit: ca. 2 h). Alternativ gute Radverbindung von Ketzin über Groß Kreutz auf der ruhigen Landstraße nach Lehnin (ca. 25 km) oder mit zweitem Pkw.

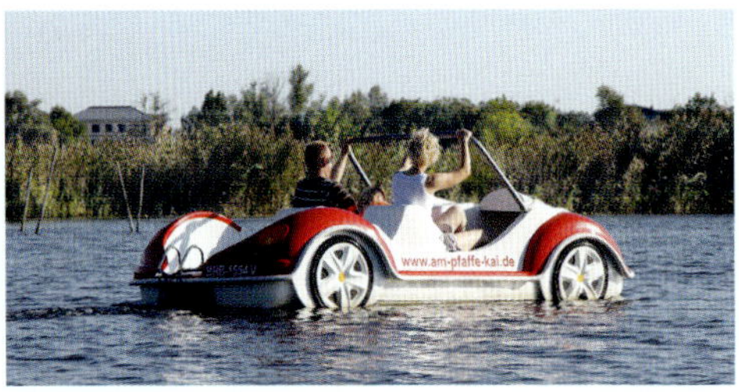

Etappenvorschlag

1. Tag Lehnin – Campingclub Eden (16 km)

2. Tag Campingclub Eden – Ketzin (16 km)

Literatur-Tipps

„Havelland. Ein Wegbegleiter" *Wandertouren. Stadtrundgänge. Naturerlebnisse. Kulturtipps*, terra press.

„Wanderungen durch die Mark Brandenburg", *Theodor Fontane*, Aufbau Verlag.

„Die Havel – Natur und Kultur zwischen Müritz und Havelberg", Trescher Verlag.

Brandenburg-Krimis u.a. *„Havelbande"*, *„Havelgeister"*, *„Haveljagd"*, *Jean Wiersch*, Prolibris Verlag.

„Das Havelländer Kochbuch: Heimat genießen entlang der Havel", edition limosa.

„Die Naturküche der Havel: Eine Flusslandschaft, ihre Menschen und Rezepte", Herausgeber NABU.

„Finstere Havel", *„Tiefe Havel"*, Kriminalromane (Kommissar Toni Sanftleben), *Tim Pieper*, emons Verlag.

Übernachtung in Wassernähe (siehe auch www.havelland-tourismus.de >Havel >Marinas & Liegeplätze)

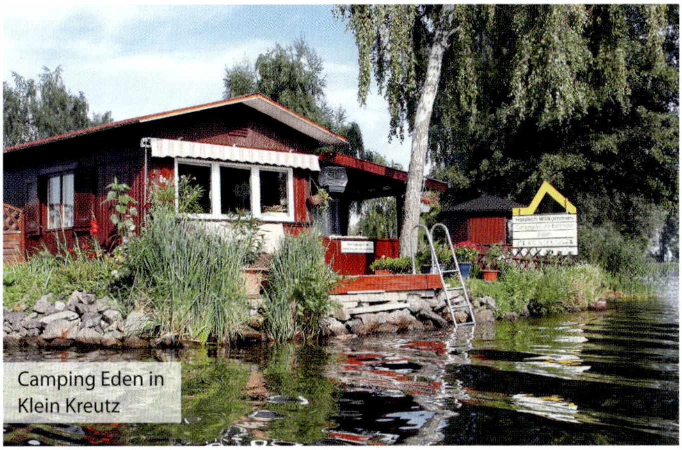

Camping Eden in Klein Kreutz

14797 Lehnin
Camping im Strandbad
(auch Tipis, Tel. 0151-70 15 22 01)
Zum Strandbad 49
Tel. 0171-979 39 41
www.strandbad-lehnin.de

Gästehaus am Klostersee
& Do-So Ufercafé mit Seeterrasse
Zum Strandbad 39
Tel. (03382) 73 41 00
www.gaestehaus-am-klostersee.de

14797 Trechwitz
Ferienanlage Netzener See
(Camping, Zimmer, Strandhäuschen)
Zum Trechwitzer Berg 68
Tel. (03382) 704 83 60
& 0151-51 80 50 78
www.ferien-netzener-see.de

14797 Netzen
Hotel-Restaurant Seehof
Am See 51
Tel. (03382) 76 70
www.seehof-netzen.de

14776 Klein Kreutz
Campingclub Eden
(Zelt, FeWo, Bungalow)
Str. zum Wassersportheim 4
Tel. (03381) 22 28 38
& 0174-164 44 24
www.campingclub-eden.de

14669 Ketzin/Havel
Ferienhof Havelblick & WWR
(Camping & FeWo)
Fischerstr. 8, Tel. (033233) 27 90 56
& 0174-575 04 14
www.ferienhof-havelblick.de

Campingplatz An der Havel
(Zelt, Caravan, Bungalow)
Tel. (033233) 211 50
www.havelcamping-ketzin.de

WWR „Ketzziner Havelstrand"
Friedrich-Ludwig-Jahn-Weg 31
Tel. 0171-971 15 47
www.ketziner-havelstrand.de

Seesportclub Ketzin e.V.
(auch Zimmer)
Havelpromenade 1
Tel. (033233) 804 63
www.seesportclub-ketzin.de

Kanuvermieter (s. auch www.havelland-tourismus.de >Havel >Boots- & Kanuvermietung)

OT Lehnin, 14797 Kloster Lehnin
Sinnatur (Bootstransfer auf Anfrage), Zum Strandbad 49
Tel. 0151-70152201, www.sin-natur.de

OT Nahmitz, 14797 Kloster Lehnin
Hafen Nahmitz (auch SUP), Dorfstr. 62a, Tel. (03382) 741 95 oder 0171-210 34 43, www.hafen-nahmitz.de

14669 Ketzin/Havel
Ketziner Havelstrand (auch SUP), siehe Übernachtung.

Wassersportzentrum Zierus, Brandenburger Chaussee 5, OT Brückenkopf, Termin vereinbaren!, Tel. (033233) 304 54 und 0160-552 50 43, www.wassersportzentrum-ketzin.de

OT Etzin, 14669 Ketzin
Kanuvermietung Havelland (Einsetz- / Rückholorte nach Absprache), Etziner Dorfstr. 1, Tel. 0176-74 96 83 83, www.kanuvermietung-milow.de

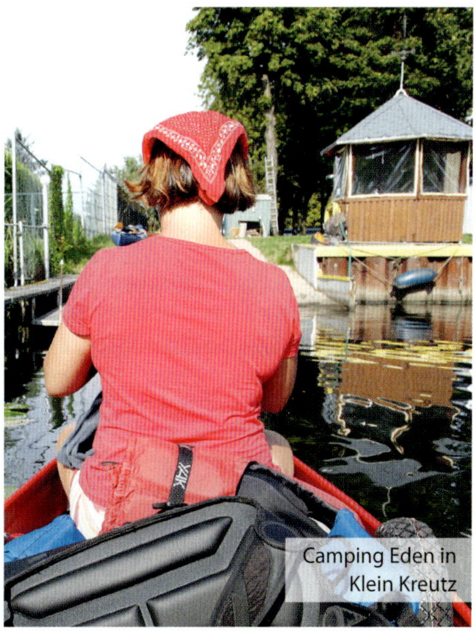

Camping Eden in Klein Kreutz

32 km

Weitere Aktivitäten

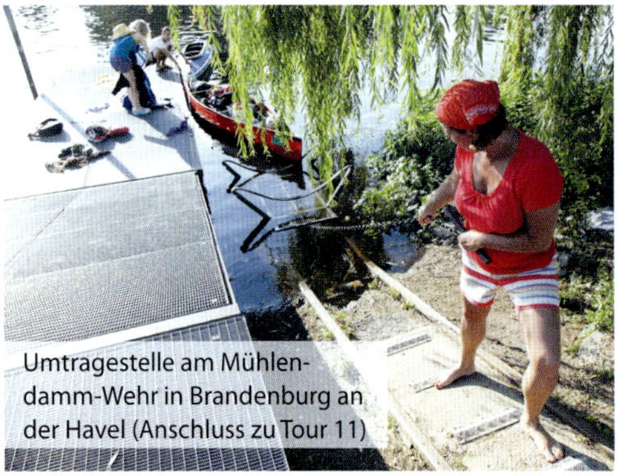
Umtragestelle am Mühlendamm-Wehr in Brandenburg an der Havel (Anschluss zu Tour 11)

Paddeln

Von Lehnin über ***Emster Gewässer, Havel, Brandenburger Stadtkanal*** bis ***Brandenburg/Havel*** (22 km) oder weiter bis nach ***Havelberg/Elbe*** (siehe Tour 11).

Über die ***Beetzseekette*** (Beetzsee-Riewendsee-Wasserstraße) nordöstlich von Bandenburg an der Havel.

Von Ketzin auf der ***Havel*** weiter ***Richtung Potsdam*** (vergl. Tour 13 und 14).

Radfahren

Etappe auf dem ***Havel-Radweg*** von Brandenburg/Havel nach Werder (48 km).

Auf der ***Königin-Luise-Route*** (ca. 220 km) den Spuren der Königin folgen: *Ketzin - Potsdam - Berlin - Gransee - Fürstenberg - Neustrelitz - Hohenzieritz (Mecklenburg).*

Otto-Lilienthal-Radweg (250 km) – auf den Spuren des Flugpioniers durchs Havelland.

Fahrradvermieter

Lehnin: *Das Café*, Belziger Str. 11, Tel. 0152-24 52 59 21, www.das-cafe-lehnin.de

Hotel Markgraf, Friedensstr. 13, Tel. (03382) 76 50, www.hotel-markgraf.de

Ketzin/Havel: *Tourist-Info*, Rathausstr. 18, Tel. (033233) 738 30, www.tourismus.ketzin.de

Wassersportzentrum Zierus, Brandenburger Chaussee 5, Termin machen!, Tel. 0160-552 50 43, www.wassersportzentrum-ketzin.de

32 km

Geführte Radtouren & Wanderungen

Natur- und Kulturführer Lehniner Land, *Lutz Manzke* 0162-911 82 23 & *Gabriele Wichary* (03382) 70 41 87.

KULT ToUR (z.B. zum wüstgelegen Ort Knoblauch mit slaw. Burgwall, *Elke Backhaus*, Ketzin, Tel. 0170-692 27 88.

Wandern

Rundwanderweg um den ***Lehniner Klostersee*** (9 km).

Rundweg Netzener See, Vogelbeobachtungsturm (10 km).

Naturlehrpfad Netzen mit zwölf Info-Stationen am Naturschutzgebiet Rietzer See, besonders zur Vogelzugsaison im Herbst (3 km).

Rund um den Rietzer See (nicht direkt am Wasser, Naturschutz) mit Beobachtungstürmen (24 km).

Pilgerweg ***Bernhardspfad Nordroute***: Kloster Lehnin – Nahmitz – Rietzer See – Trechwitz – Damsdorf – Ostufer des Klostersee zurück (21 km).

Pilgerweg ***Bernhardspfad Südroute:*** Kloster Lehnin – Gohlitzsees Ostufer – Rädel – Emstal (Backofenmuseum) – durch den Wald zurück (14 km).

Ziegelei-Rundwanderweg: Deetz – Deetzer Ablage (Badestelle) – Deetzer Erdelöcher (9 km). Lohnend: Abstecher auf den Götzer Berg zum ***Aussichtsturm***!

Angeln & Angelscheine Fischerei Schröder (Hofverkauf), Am Klostersee 12, **Lehnin**, Tel. 0176-78 59 73 63.

Hausbooturlaub, Infos & Anbieter Prospekt „Havelromantik“ unter www.havelland-tourismus.de

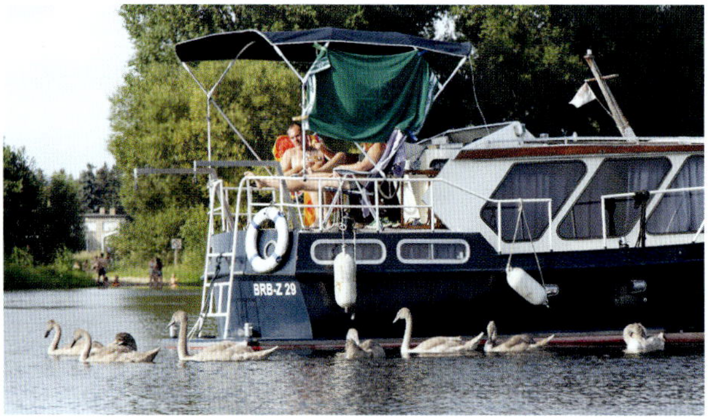

Tourist-Infos

Tourist-Info Kloster Lehnin Markgrafenplatz 1, Tel. (03382) 236 38 99, www.klosterlehnin.de

Tourist-Info & Museum Ketzin Rathausstr. 18, Tel. (039387) 033233 738 30, www.tourismus.ketzin.de

Infozentrum für Natur & Tourismus Neusiedlerstr. 4 in **Trechwitz**, Tel. (03382) 70 00 68, www.klosterlehnin.de

Auskunft & Prospekte *Tourismusverband Havelland* Tel. (033237) 85 90 30, www.havelland-tourismus.de

Sehenswürdigkeiten

Lehnin Spätromanische Klosteranlage mit Klosterkirche St. Marien, Gästehaus und Museum (Tel. (03382) 70 33 21, www.zentrum-kloster-lehnin.de), mehrere denkmalgeschütze Gebäude (z.B. Poststation, Klostermühle, Diesterwegschule), Skulpturenpark mit Galerie und Ufercafé am Klostersee, Koigarten (www.lehninerkoigarten.de).

Grebs Museum Dreiseitenhof, Dorfanger 12, Tel. (03382) 74 15 72, (*Sa 14-16*, www.grebserdreiseitenhof.de).

Rietz Rietzer See, Vogelbeobachtungsturm, denkmalgeschütze Dorfkirche, Alpakahof mit Café und Hofladen.

Trechwitz Kirche (v. Knobelsdorff mit ältester Glocke und schönsten „schwebenden" Taufengel Brandenburgs), Infozentrum für Natur & Tourismus, „Trechwitzer Treckertreffen" alle 2 Jahre (ungerades Jahr, 1. Wochenende im Sep).

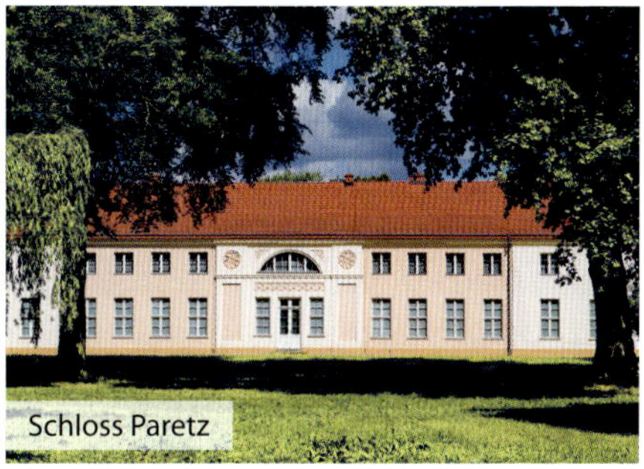
Schloss Paretz

Ketzin/Havel Fähre, Fähranleger mit Havelterrasse, Havelpromenade, Fischerviertel, barocke Saalkirche St.-Petri mit Turm aus dem 12. Jh., Kirche Rosenkranzkönigin, Museum in der ehemaligen Schule (Umzug geplant, www.ketzin.de), ehemaliger Bahnhof Ketzin (hist. Fahrzeugpark), Fischerfest im August, www.havelurlaub-ketzin.de

Paretz (siehe Seite 156), Schloss & Park Paretz, Pumpenhaus, Schlossremise (Ausstellung), Gotisches Haus (Einkehr), Eiskeller, Dorfkirche (vermutlich älteste Dorfkirche der Neugotik), Bockwindmühle, Scheunencafé, Künstlerhäuser und Ateliers, Storchenhof, www.stiftung-paretz.de

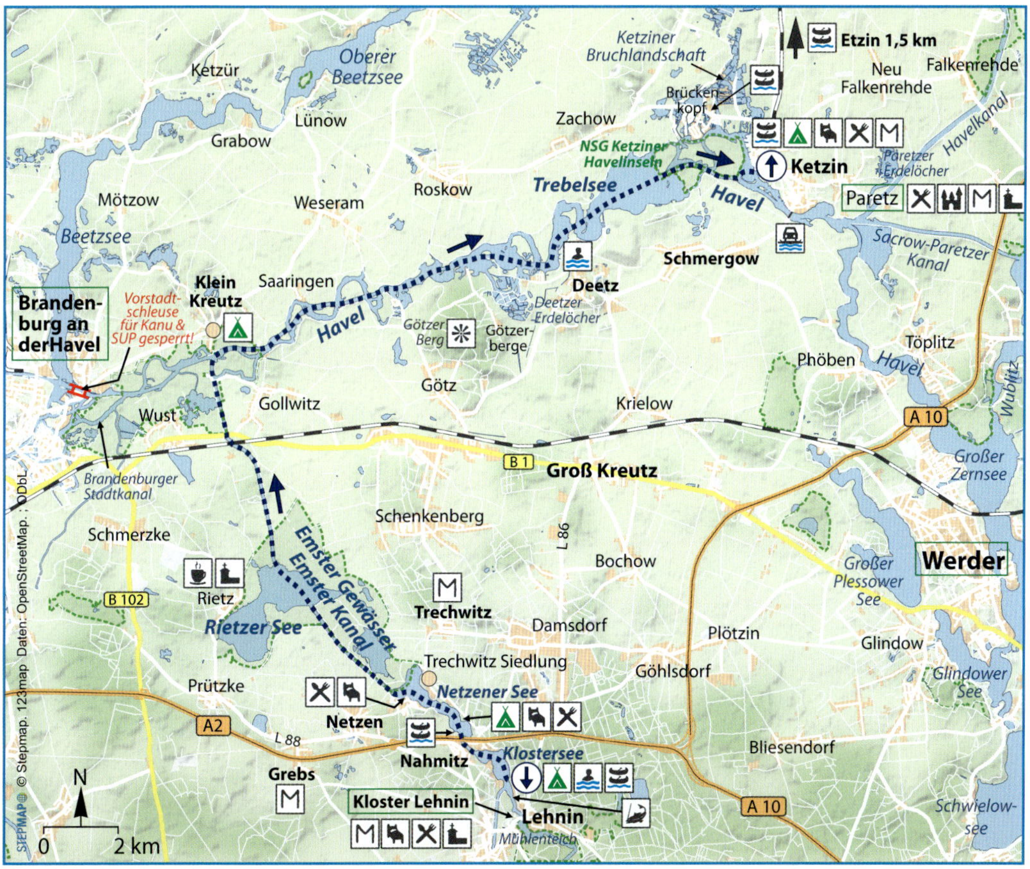

Emster Gewässer & Brandenburgs Havelseen

Das gut erhaltene Zisterzienserkloster **Lehnin** *zwischen Mühlenteich und Klostersee war im ausgehenden 12. Jahrhundert das erste seiner Art in der Mark Brandenburg. Es besaß als Hauskloster und Grablege der Askanier und Hohenzollern hohe kirchliche, wirtschaftliche und politische Bedeutung. Zu seiner Blütezeit in der Mitte des 15. Jahrhunderts waren über 60 Dörfer und 50 Seen in seinem Besitz, bevor es im Zuge der Reformation aufgelöst wurde. Wie so vieles andere auch, wurde das Kloster im Dreißigjährigen Krieg weitgehend zerstört und im Anschluss ließ Kurfürst Friedrich Wilhelm den abgeschlossenen Bereich der den Ordensangehörigen vorbehalten war, zum Jagdschloss umbauen. Mit dem Aufkommen der Romantik nahm sich Kronprinz Friedrich III. schließlich der dreischiffigen, kreuzförmigen Pfeilerbasilika an und veranlasste von 1871 bis 1878 den Wiederaufbau der romanisch-gotischen Klosterkirche nach historischen Vorlagen.*

In der Klosterkirche finden jährlich von Juni bis September die Lehniner Sommermusiken statt. Im barocken Amtshaus des Klosters ist das Museum eingerichtet. Die Exponate vermitteln einen Eindruck eines Lebens im Rhythmus von „Beten und Arbeiten", der sich durch die Jahrhunderte bis heute fortgesetzt hat.

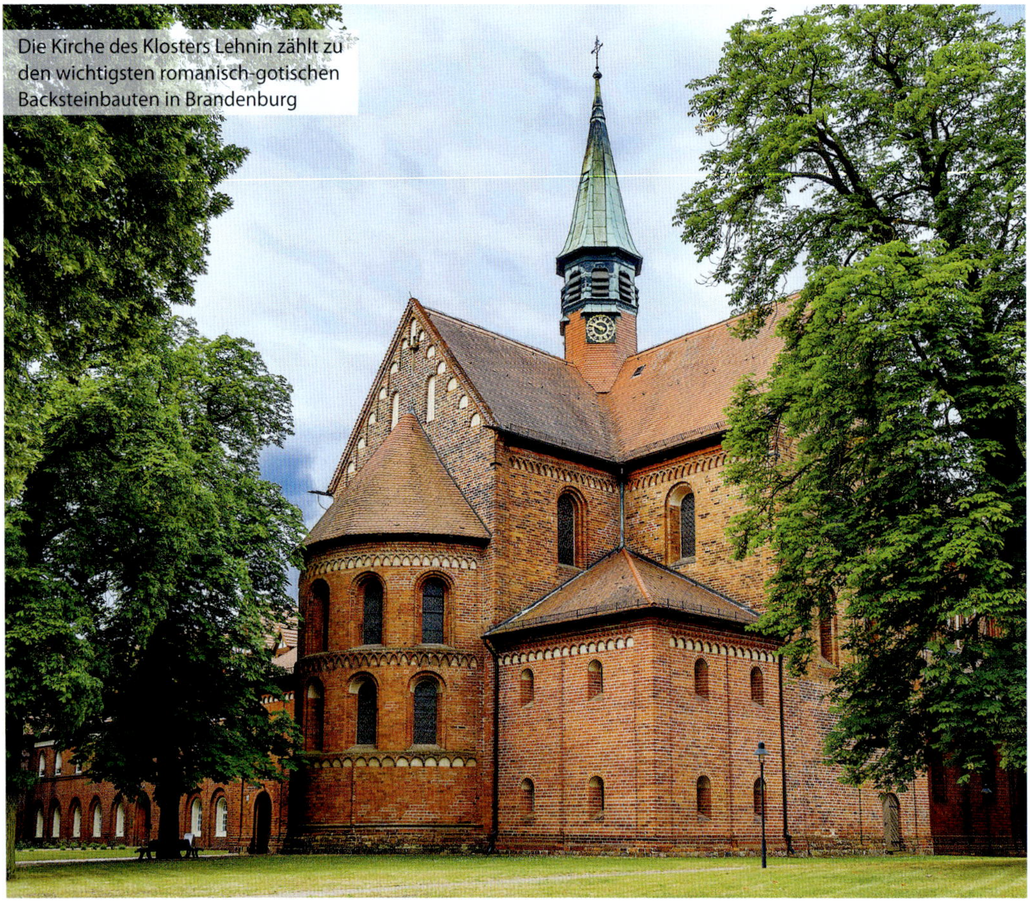

Die Kirche des Klosters Lehnin zählt zu den wichtigsten romanisch-gotischen Backsteinbauten in Brandenburg

32 km

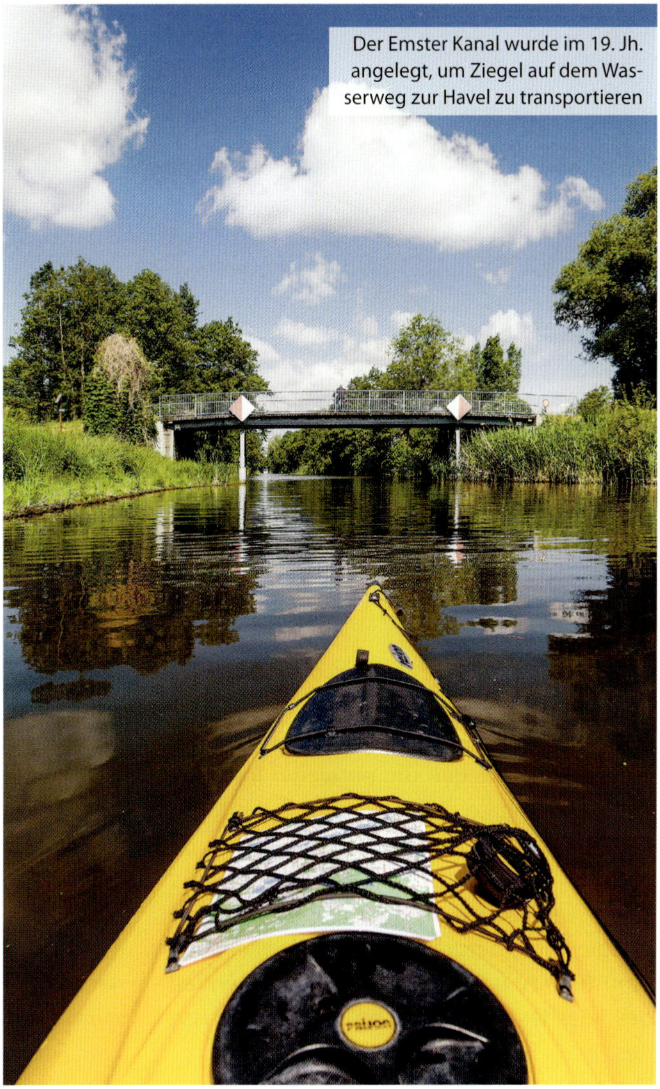
Der Emster Kanal wurde im 19. Jh. angelegt, um Ziegel auf dem Wasserweg zur Havel zu transportieren

Einige Hundert Meter nördlich der Klosteranlage starte ich von dem nach einem Brand im original 1930er-Jahre-Stil wiederaufgebauten *Strandbad* von **Lehnin** zu meiner Tour. Neben einem Café und Tipizelt-Übernachtung können dort auch Kanus gemietet werden. Rund 100 Meter südlich des Strandbads zeigt der Skulpturenpark am Ufer moderne Kunst zeitgenössischer Künstler.

In nördliche Richtung geht es über den schmalen ***Klostersee***, der, wie auch der Netzener und der Rietzer See, natürlichen Ursprungs und ein Überbleibsel der letzten Eiszeit ist. *Ursprünglich war die ganze Region sumpfig – aber Veränderungen des Grundwasserspiegels und harte Arbeit der Mönche über Jahrhunderte, führten zu der heutigen Bodenbeschaffenheit, die nach und nach auch zu einer Versandung führte. Aus diesem Grunde wurde der die Seen verbindende Emster Kanal im 20. Jahrhundert angelegt. Er war wichtig geworden für den Ziegel-und Torftransport zur Havel.*

Die Ausfahrt des Sees im nordwestlichen Zipfel ist mit einer Raute markiert und daher nicht zu verfehlen. Auf dem Kanal geht es am Ort **Nahmitz** vorbei, *hier soll einer Legende zufolge Sibold, der erste Abt des Klosters Lehnin, aufgrund eines Mißverständnisses von slawischen Fischern erschlagen worden sein, weil diese fälschlicherweise annahmen, er habe sich einer Fischersfrau unsittlich genähert.* Die Kirche von 1744, ein rechteckiger Putzbau mit einem hölzernen Dachstuhl, ist hübsch anzuschauen.

Erst unter eine kleineren, dann aber unter der breiten Autobahnbrücke der A 2 hindurch, geht es auf den zweieinhalb Kilometer langen ***Netzener See*** hinaus. Langsam verebbt das Rauschen der Autobahn und am linken Ufer erhebt sich stiller Wald. Der Steg der *Klause am See „Al Dente“* lädt Di-So zu einer Stippvisite ein. In warmen Sommern sind Scampi vom Grill oder die Pizza aus dem Steinofen beliebt. Wer bleiben will, hat nebenan in der *Ferienanlage Netzener See* die Wahl zwischen *Zelt, Bett* und *Strandhäuschen*.

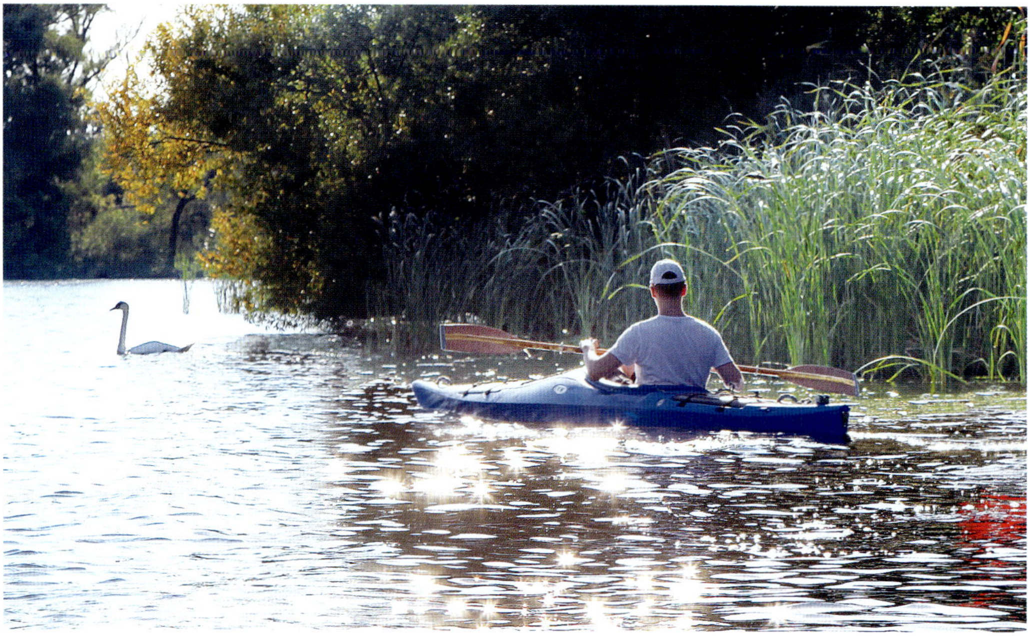

Im Nordteil des Netzener Sees öffnet sich zur Rechten eine weite, von goldgelb leuchtendem Schilf gesäumte Bucht. An ihrem Ende könnte man anlegen um entweder ins nahe **Trechwitz** mit seinem *Infozentrum für Natur und Tourismus* *(auch Ausgangspunkt für geführte Wanderungen zum Naturschutzgebiet „Rietzer See")* zu gehen oder einen Abstecher um die Bucht herum zu einem *Vogelbeobachtungsturm* zu unternehmen. Im südlichen Teil des Sees lädt die idyllische Sommerterrasse des *Hotels Seehof* zu einer Rast ein.

32 km

Die Seeausfahrt ist dank weithin sichtbarer Raute wieder gut zu finden und der ***Emster Kanal*** bringt mich weiter nach Norden. Er ist zwar begradigt, aber doch sehr idyllisch und auf seiner Oberfläche breiten sich Seerosenteppiche aus. Obwohl Wochenende, trifft man nur wenige Menschen auf der Strecke zum **Rietzer See**. Nur durchschnittlich 80 Zentimeter tief, ist der von breiten Röhrichtstreifen gesäumte See, den man entlang der Tonnen überquert. Mit fast 270 verschiedenen Vogelarten und einer Vielzahl von geschützten Wasserpflanzen ist das 1.128 Hektar große Naturschutzgebiet ein Kleinod. Der Bootssteg am Ufer des Ortes **Rietz,** der links in der Ferne zu erkennen ist, lädt zur Besteigung des *Vogelbeobachtungsturmes* ein. *Schautafeln informieren über Flora und Fauna rund um den See. Einst befand sich hier ein Hafen, an dem Ziegeleien ihre Steine auf Lastkähne verluden und über den Emster Kanal und die Havel nach Berlin verschifften.*

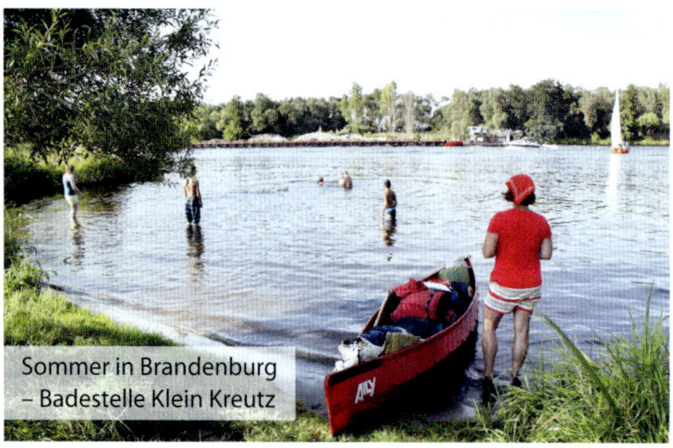

Sommer in Brandenburg – Badestelle Klein Kreutz

Nochmals fünf Kilometer auf dem ***Emster Kanal***, dann ist die ***Havel*** erreicht. Dort könnte man nach links abbiegen, um in Richtung Brandenburg zu

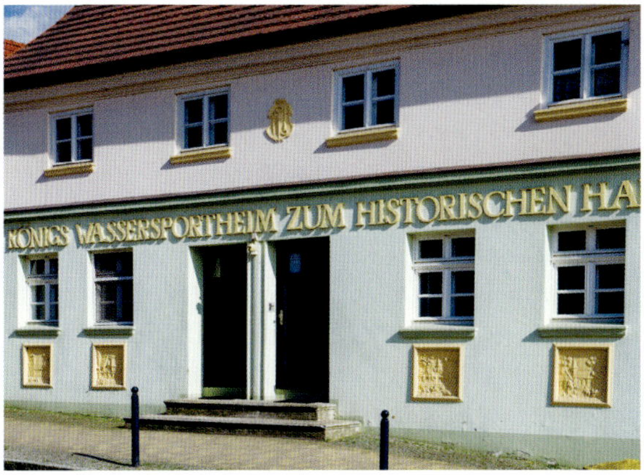

Das „Königs Wassersportheim" ist eines der ältesten Häuser von Ketzin/Havel. Das Fachwerkhaus in der Albrechtstr. 7 stammt aus dem 17. Jahrhundert.

paddeln, ich aber wende mich nach rechts und paddle havelaufwärts in Richtung Osten. Natürlich sind in diesem Abschnitt mehr Schiffe unterwegs als auf dem verträumten Emster Kanal. Dennoch ist es erfreulich ruhig und nur drei große Lastkähne kommen mir auf meinem Weg nach Ketzin entgegen. Die Havel präsentiert sich als erstaunlich weitverzweigtes Flusslabyrinth: Unzählige Altarme zweigen in der geschützten Naturlandschaft ab. Immer wieder liegen Inseln und Inselchen im Fluss, trennen weitverzweigte Buchten ab, in denen sich Seerosenfelder ausbreiten und in denen vom Aussterben bedrohte Tierarten wie Fischotter, Sumpfschildkröte und Wachtelkönig zu Hause sind.

Als sich gut zwölf Kilometer havelaufwärts der ***Trebelsee*** vor mir öffnet, bedauere ich, kein Segel im Gepäck zu haben, denn der Wind kommt genau von hinten. Aber auch so greift er mir ordentlich unter die Arme und schiebt mich rasch über den See. Das vor mir auftauchende ***Naturschutzgebiet Ketziner Havelinseln*** besteht aus einer Gruppe von Schwemmsandinseln in einem naturnah erhaltenen Flussabschnitt der Havel, die streng geschützten Tier- und Pflanzenarten einen Lebensraum bieten. Auf dem kanalartigen

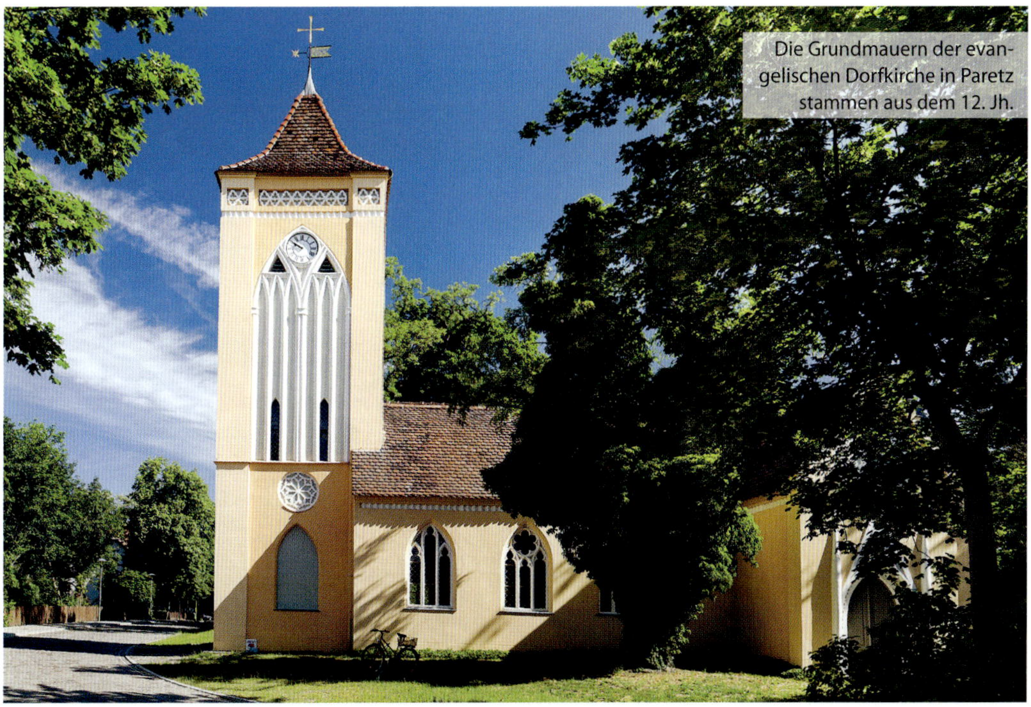
Die Grundmauern der evangelischen Dorfkirche in Paretz stammen aus dem 12. Jh.

Stück ***Dammgraben*** an ihnen vorbei, biege ich kurz hinter der 36 Kilometer Tafel nach links auf die ***Ketziner Havel*** ab. Voraus erheben sich gleich zwei Kirchtürme über die *Havelpromenade* von der die Ausflugsschiffe zu Fahrten über die Havel starten. **Ketzin**, *erstmals 1197 urkundlich erwähnt, war über Jahrhunderte als „Stadt der Fischer" bekannt. Auch heute noch findet alljährlich im Spätsommer das Fischerfest statt.*

Ich nehme Kurs auf den *Ferienhof Havelblick* in der Fischerstraße. Hier kann ich mein Zelt aufschlagen und es sind nur wenige Schritte, vorbei an einem netten Biergarten mit deftiger Hausmannskost, zum *Marktplatz* der geschichtsträchtige Fischerstadt. Von dort schlendere ich durch die verwinkelten Gassen, die von hübschen, alten Häusern gesäumt werden. Die meisten von ihnen stammen aus dem 19. Jahrhundert, während die *Pfarrkirche* aus der Mitte des 18. Jahrhunderts stammt. Ein *Heimatmuseum* informiert über die Geschichte des romantischen Dörfchens.

Unbedingt besuchen sollte man das drei Kilometer von Ketzin entfernte, sehenswerte *Schloss* und *Dorf* **Paretz**.

Schloss und Dorf Paretz

Der denkmalgeschützte Ortskern, das sehenswerte Schloss und die unberührte Natur mit vielfältiger Tierwelt sind ein reizvolles Ausflugsziel.

Schloss Paretz wurde ab dem Ende des 18. Jahrhunderts nach der Thronbesteigung für Friedrich-Wilhelm III. und seine Frau Luise als abgeschiedene Sommerresidenz auf dem Lande von Baumeister David Gilly errichtet und legt ein eindrucksvolles Zeugnis der preußischen Landbaukunst ab.

Seit der aufwändigen, liebevollen Renovierung, ist das Schloss seit 2001 wieder für Besucher zugänglich und zeigt die königlichen Wohnräume mit kostbaren Möbeln, Gemälden und den berühmten Paretzer Papiertapeten. Fast bildhaft vorstellen kann man sich die Lebenswelt der als temperamentvoll geltenden Luise.

Eine kleine Ausstellung in der Schlossremise zeigt eine kulturhistorisch bedeutende Sammlung der kostbaren Kutschen, Schlitten und Sänften des preußischen Königshauses. Zusammen mit dem nüchtern-eleganten, frühklassizistischen Schloss legte Gilly nicht nur den Schlossgarten, sondern als architektonisches Gesamtkunstwerk im Sinne der Romantik das gesamte Dorf Paretz an.

Theodor Fontane besuchte Paretz mehrmals und in seinen „Wanderungen durch die Mark Brandenburg" nimmt es einen zentralen Platz ein. Dadurch angelockt, schipperten schon zur Kaiserzeit Ausflugsdampfer von Berlin nach Paretz. Die vermutlich älteste Dorfkirche der Neugotik in Brandenburg findet man hier sowie das Ensemble der alten Mehlwaage und das Spritzenhaus.

32 km

Künstler und Handwerker zeigen im Ort Ihre Kunst, wie z.B. das „Keramik-Atelier im Hof" im alten Dreiseitenhof. Reitstall „Louisenhof" und der Kindernbauernhof „Storchenhof" bieten auch was für die Kleinen und von Mai bis Herbst sind bei Kindern die Schafe, die den Kirchgarten am Schloss beweiden, sehr beliebt.

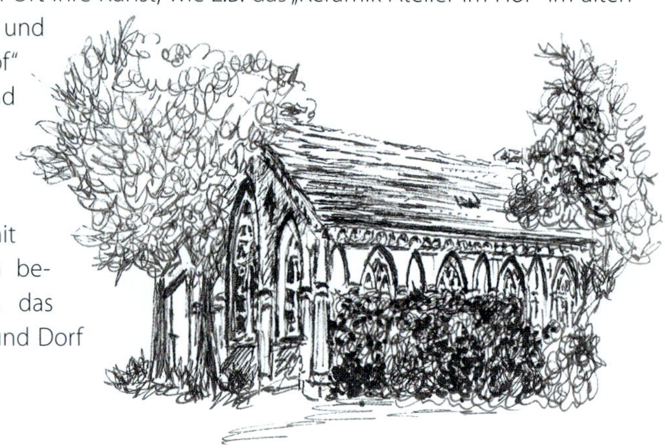

In der alten Schmiede ist heute mit dem Gasthaus „Gotisches Haus" ein beliebtes Ausflugslokal untergebracht, das nach dem Rundgang durch Schloss und Dorf zu einer Rast einlädt.

Werder - Paretz - Marquardt

Obstblüte und alte Schlösser

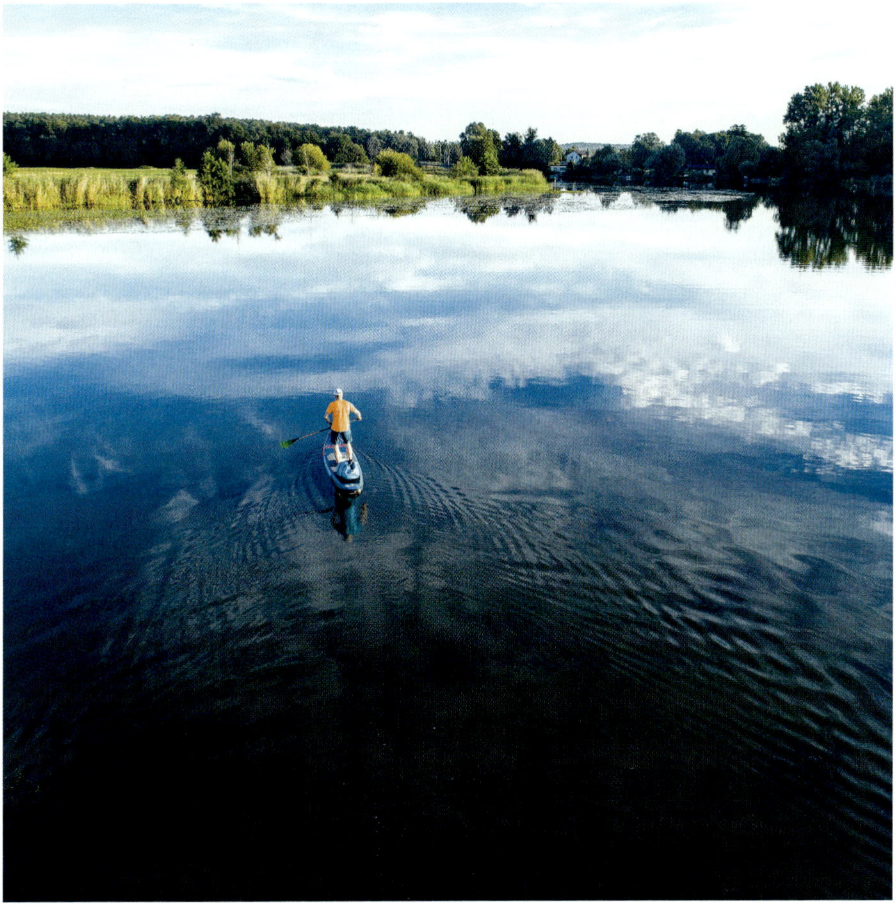

Tour 13

Infos Tour 13 – Werder - Paretz - Marquardt

Aktivitäten	Natur	Kultur	Baden	Hindernisse
★★☆☆	★★☆☆	★★☆☆	★★★☆	☆☆☆☆

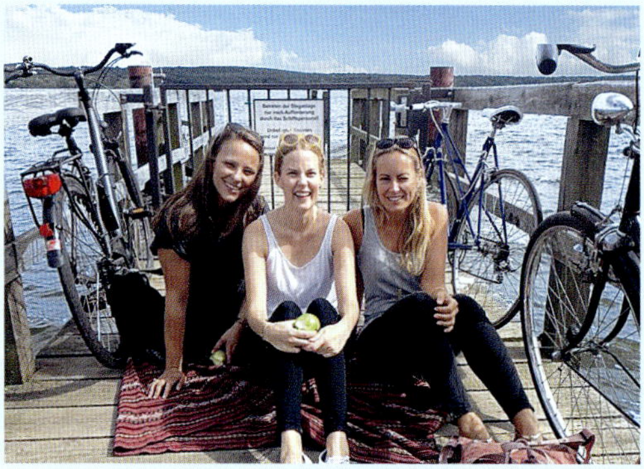

Charakter der Tour

Diese ruhige Rundtour beginnt in der „Baumblütenstadt" Werder und führt zunächst über die sich gemütlich durch eine grüne Landschaft schlängelnde Havel in nördliche Richtung nach Ketzin und Paretz.

Über den Sacrow-Paretzer Kanal erreicht man dann das verfallene Schloss Marquardt, von wo aus es auf einer Kette motorbootfreier Seen wieder südwärts zurück nach Werder geht.

Die Tour um die Insel Töplitz lässt sich als sportliche Tagestour oder gemütlich mit einer Übernachtung paddeln. Man kann auch in Ketzin starten und anderes herum fahren. Am eindrucksvollsten ist die Zeit der Obstbaumblüte im April / Mai, aber auch die anderen Jahreszeiten haben ihren Reiz.

TIPP: Aufgrund des regen Motorbootverkehrs im Sommer und an Wochenenden auf der Havel zwischen Werder und Paretz empfiehlt es sich, früh zu starten, dann ist es in den stark frequentierten Abschnitten ruhiger und zur „Hauptverkehrszeit" hat man schon die motorbootfreie Wublitz erreicht.

Länge & Dauer der Tour 30 km, 1-2 Tage

Keine Umtragestellen

Anreise Autobahn A 10 (Berliner Ring) bis Ausfahrt 23 (Phöben), weiter auf Phöbener Chaussee/L 90 nach Werder.

Ein- & Aussetzstelle Uferpromenade in **Werder** vor der Brücke zur historischen Altstadt (Unter den Linden 1).

Etappenvorschlag für 2-Tagestour

1. Tag Werder – Havel – Ketzin/Havel (14 km)

2. Tag Ketzin/Havel – Wublitz– Werder (16 km)

Die Tour lässt sich auch als ausgedehnte Tagestour paddeln.

30 km

Tipp für eine kürzere Tagestour

1. Werder – Marquardt (Länge je nach Wahl der Route: über Wublitz 8 km, über Havel & Sacrow-Paretzer Kanal 22 km), zurück mit dem Zug.

Literatur-Tipps

KANU KOMPAKT „Potsdam, Werder, Spandau", mit topograf. Wasserwanderkarten, Th. Kettler Verlag.

„Havelland. Ein Wegbegleiter" (Wandertouren. Stadtrundgänge. Naturerlebnisse. Kulturtipps), terra press.

„Die Havel - Natur und Kultur zwischen Müritz und Havelberg", Trescher Verlag.

Theodor Fontane *„Die schönsten Wanderungen durch die Mark Brandenburg"*, ausgewählt von Günter de Bruyn, FISCHER Taschenbuch.

Kriminalromane *„Kalte Havel", „Dunkle Havel", „Stille Havel", Tim Pieper*, emons.

Tourist-Infos

Tourismusbüro Werder Tel. (03327) 78 33 74, www.werder-havel.de;

Schwielowsee-Tourismus Tel. (033209) 708 99, www.schwielowsee-tourismus.de

Tourist-Info Ketzin Rathausstr. 18 & Havelpromenade *(Mai-Sep)*, Tel. (033233) 738 30, www.tourismus.ketzin.de

Auskunft & Prospekte *Tourismusverband Havelland* Tel. (033237) 85 90 30, www.havelland-tourismus.de

Übernachtung in Wassernähe (siehe auch www.havelland-tourismus.de >Havel >Marinas & Liegeplätze)

14542 Werder (Havel)
WoMo-Stellplatz
am Einstieg zur Tour
vor der Brücke in die Altstadt
Unter den Linden 1
Tel. 0171-401 02 06

Ruder-Klub Werder
(Zelt + Zimmer)
Werderwiesen 18
Tel. (03327) 74 18 16
www.ruder-klub-werder.de

Hotel Prinz Heinrich
Fischerstr. 48 b
Tel. (03327) 73 20 60
www.hotelprinzheinrich.de

Blütencamping Riegelspitze
(Zelt, Zimmer, Lodges, Zirkuswagen)
Fercher Straße 4-9
Tel. (03327) 423 97 (9-13 Uhr)
www.campingplatz-riegelspitze.de

14669 Ketzin/Havel
Ferienhof Havelblick & WWR
(Camping & FeWo)
Fischerstr. 8, Tel. (033233) 27 90 56
& 0174-575 04 14
www.ferienhof-havelblick.de

Campingplatz An der Havel
(Zelt, Caravan, Bungalow)
Tel. (033233) 211 50
www.havelcamping-ketzin.de

WWR „Ketziner Havelstrand"
Friedrich-Ludwig-Jahn-Weg 31
Tel. 0171-971 15 47
www.ketziner-havelstrand.de

Seesportclub Ketzin e.V.
(auch Zimmer)
Havelpromenade 1
Tel. (033233) 804 63
www.seesportclub-ketzin.de

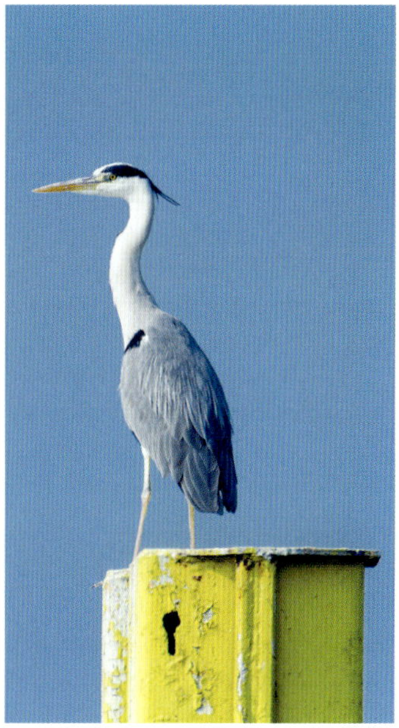

Kanuvermieter (siehe auch www.havelland-tourismus.de >Havel >Boots- & Kanuvermietung)

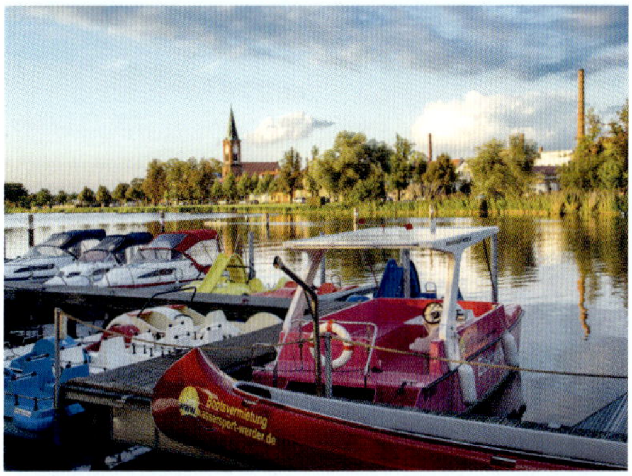

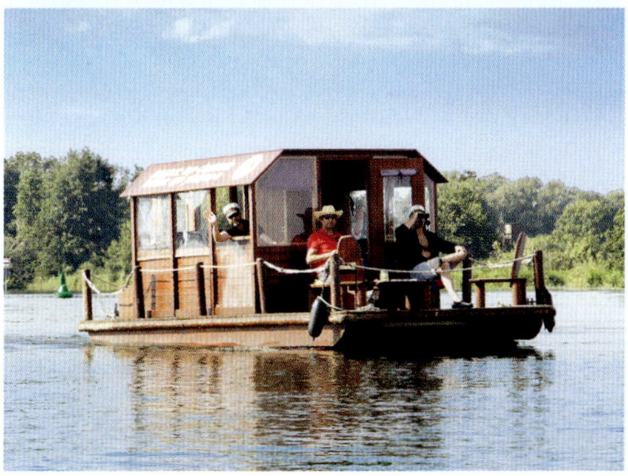

14542 Werder (Havel)
Krüger & Till (auch SUP, Fahrräder & E-Bikes)
Unter den Linden 1 (direkt an der Inselbrücke)
Tel. (03327) 424 24
www.wassersport-werder.de

14669 Ketzin/Havel
„Ketziner Havelstrand" (auch SUP)
Friedrich-Ludwig-Jahn-Weg 31
Tel. 0171-971 15 47
www.ketziner-havelstrand.de

Wassersportzentrum Zierus
Brandenburger Chaussee 5
OT Brückenkopf, Termin vereinbaren!
Tel. (033233) 304 54 & 0160-552 50 43
www.wassersportzentrum-ketzin.de

OT Etzin, 14669 Ketzin
Kanuvermietung Havelland (Einsetz- / Rückholorte nach Absprache), Etziner Dorfstr. 1, Tel. 0176-74 96 83 83, www.kanuvermietung-milow.de

OT Phöben, 14542 Werder
Leuchtturm Phöben
(nur Sa+So, i. d. Ferien abweichend, auch SUP & Flöße)
Hauptstr. 40, Tel. 0172-665 88 50
www.leuchtturm-phoeben.de

Weitere Aktivitäten

Paddeln Kanutouren nach Lehnin, Brandenburg oder Richtung Potsdam/Berlin (siehe Touren 11-15).

Radfahren

Erdelöcher-Landpartie, von Ziegeln und Tongruben, *Ketzin/Havel – Zachow – Gutenpaaren – Roskow – Päwesin* (der besondere Tipp: Kuchen essen im „Backwahn") *– Riewend – Wachow – Niebede – Tremmen – Etzin – Ketzin/Havel* (42 km).

Fahrradrundtour *Werder – Phöben – Kemnitz – Werder* (ca. 27 km) oder ***Rundtour*** *Werder – Golm – Grube – Eiche – Wildpark – Werder* (24 km).

Durch die Obstkammer Berlins *Werder – Petzow – Glindow – Derwitz – Groß Kreutz* & zurück (⟷ 44 km).

Rund um den Schwielowsee & Templiner See (34 km).

Fahrradvermieter www.havelland-tourismus.de >Radfahren >Fahrradvermietung & Service

Werder/Havel: *Krüger & Till*, siehe Kanuvermieter.

Ketzin/Havel: *Tourist-Info*, Rathausstr. 18, Tel (033233) 738 30, www.tourismus.ketzin.de

Wassersportzentrum Zierus, Termin machen!, Brandenburger Chaussee 5, Tel. 0160-552 50 43, www.wassersportzentrum-ketzin.de

Wandern

Panoramaweg „Werderobst": *Petzow – Glindower See – Ziegeleimuseum Glindow – Lilienthaldenkmal auf dem Derwitzer Mühlenberg* (ca. 15 km).

Rundwanderung über die z.T. unter Naturschutz stehende ***Insel Töplitz*** (ca. 12 km).

Rundwanderweg Ketzin/Havel – Paretz (10 km).

Geführte Führungen & Wanderungen *KULT ToUR* (z.B. zum wüstgelegen Ort Knoblauch mit slawischem Burgwall, *Elke Backhaus*, Ketzin, Tel. 0170-692 27 88.

Wellness, Sauna & Badespaß ***Havel-Therme*** **Werder**, Zum Großen Zernsee 15, www.havel-therme.de

Havelseenrundfahrt Ausflugsfahrt über die Seen, Tel. (0331) 275 92 10, www.schifffahrt-in-potsdam.de

Hausbooturlaub, Infos & Anbieter Prospekt „Havelromantik" unter www.havelland-tourismus.de

Weinbergbesichtigung & Verkostung in **Werder**, Weingut auf dem Wachtelberg, Probierstube „Weintiene" (Tel. (03327) 74 14 10, www.wachtelberg.de).

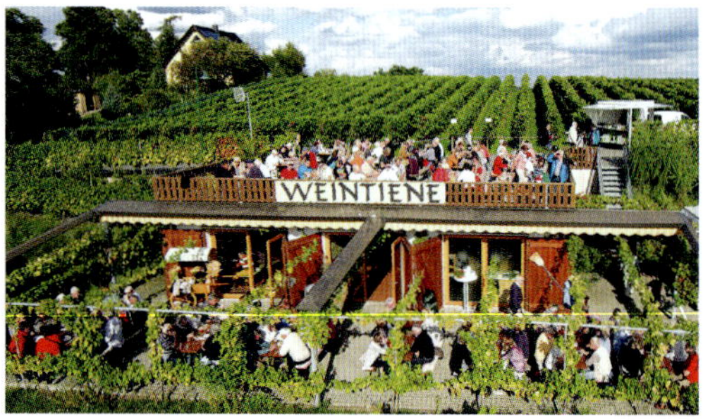

Sehenswürdigkeiten

Werder Altstadtinsel (ehemal. Fischersiedlung) mit Uferpromenade, Bockwindmühle, Heilig-Geist-Kirche (Wahrzeichen der Insel, nach Plänen Stülers auf Grundmauern einer Kirche aus dem 13. Jh. errichtet), Altes Rathaus auf dem Mühlenberg, Baumblütenfest Ende Apr/Anfang Mai (www.werder-havel.de), Bismarckhöhe mit historischer Panoramaterrasse (*Einkehr Fr-So ab 11*, toller Ausblick über die Stadt) und Kulturevents, Weingut auf dem Wachtelberg mit Straußwirtschaft „Weintiene" *(Ostern-Jul Fr-So, Aug-Okt auch Mo-Do ab 14)*.

Ketzin/Havel Fähre, Fähranleger mit Havelterrasse, Havelpromenade, Fischerviertel, barocke Saalkirche St.-Petri mit Turm aus 12. Jh., Kirche Rosenkranzkönigin, Museum in ehemal. Schule (Umzug geplant, www.ketzin.de), ehemal. Bahnhof Ketzin (hist. Fahrzeugpark), Fischerfest im August, www.havelurlaub-ketzin.de

30 km

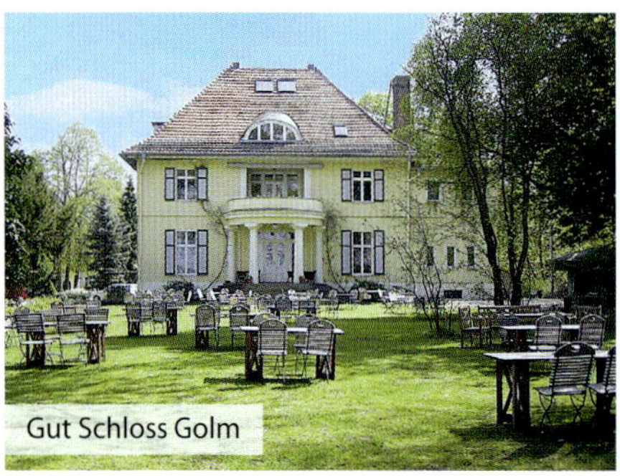
Gut Schloss Golm

Paretz (siehe Seite 156), Schloss, Park & Dorf Paretz (1797-1804 von David Gilly als Sommerresidenz für den Kronprinzen Friedrich Wilhelm III. und seine Gemahlin Luise errichtet), Pumpenhaus, Schlossremise (Ausstellung), Gotisches Haus (Einkehr), Eiskeller, Dorfkirche (1797, vermutlich älteste Dorfkirche der Neugotik), Bockwindmühle (Ende 19. Jh.), Scheunencafé, Künstlerhäuser und Ateliers, Storchenhof, www.stiftung-paretz.de

Marquardt Lenné-Park, neobarocke Schlossanlage (18. Jh., einst Schlosshotel, heute nur noch private Veranstaltungen).

Golm Gut Schloss Golm (www.gutschlossgolm.de), Kaiser-Friedrich-Kirche, Aussichtsplattform auf dem Reiherberg.

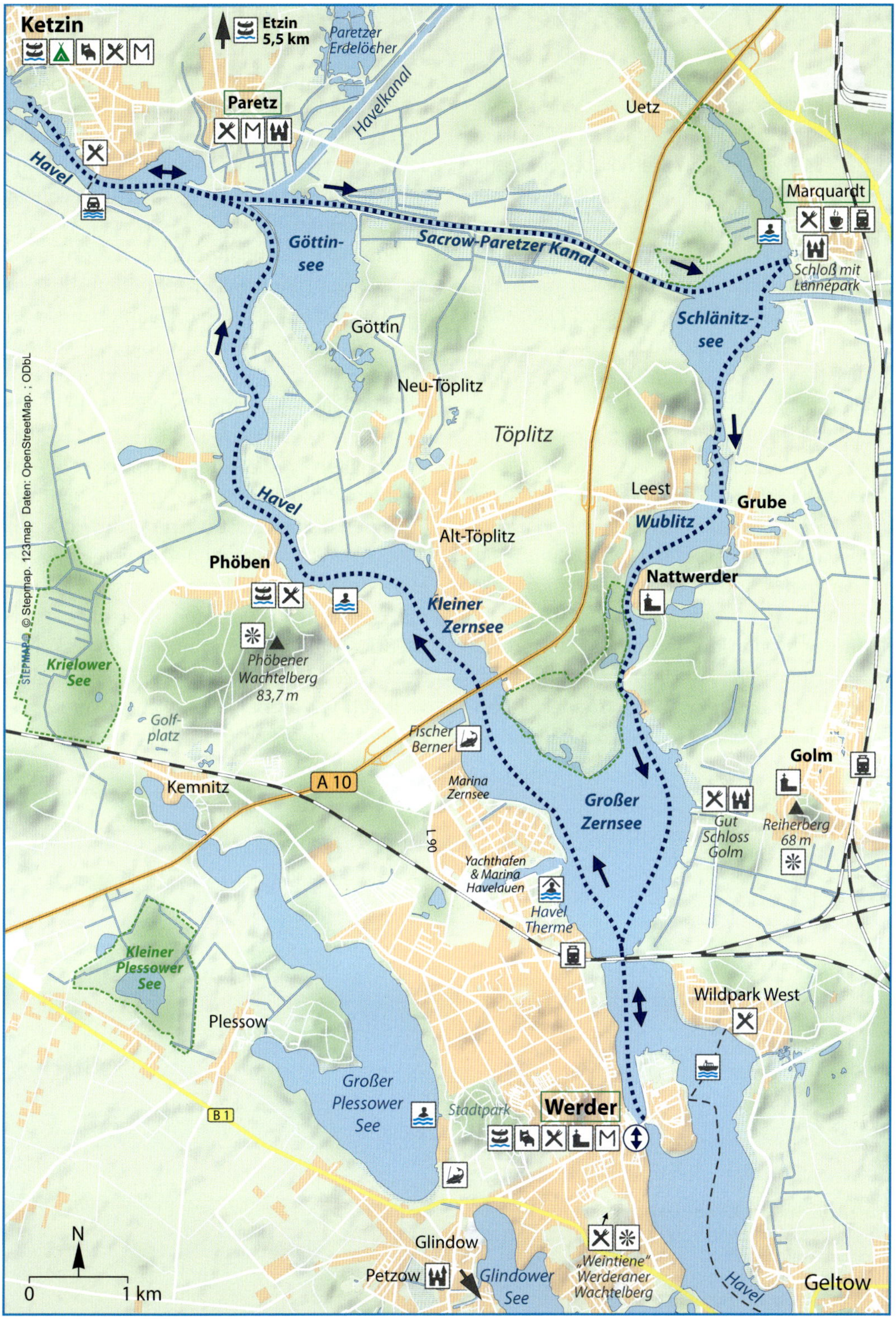
Ketzin
Etzin 5,5 km
Paretzer Erdelöcher
Havelkanal
Paretz
Uetz
Havel
Marquardt
Göttin-see
Sacrow-Paretzer Kanal
Schloß mit Lennépark
Schlänitz-see
Göttin
Neu-Töplitz
Töplitz
Leest
Grube
Havel
Wublitz
Alt-Töplitz
Phöben
Nattwerder
Kleiner Zernsee
Krielower See
Phöbener Wachtelberg 83,7 m
Golf-platz
Fischer Berner
Golm
Kemnitz
A 10
Marina Zernsee
Großer Zernsee
Gut Schloss Golm
Reiherberg 68 m
L 90
Yachthafen & Marina Havelauen
Havel Therme
Kleiner Plessower See
Wildpark West
Plessow
Großer Plessower See
Stadtpark
Werder
B 1
Glindow
Petzow
Glindower See
„Weintiene" Werderaner Wachtelberg
Havel
Geltow
N
0
1 km
STEPMAP © Stepmap. 123map Daten: OpenStreetMap. : ODbL

30 km

Werder – Paretz – Marquardt

Vom *Wohnmobilstellplatz* an der Uferpromenade gegenüber der Inselstadt ist es nur ein kurzer Spaziergang zu den kopfsteingepflasterten Gassen der Altstadt auf der Havelinsel. *Schon von der Brücke aus hat man einen guten Blick auf die beiden Wahrzeichen der Stadt, die Heilig-Geist-Kirche, von 1856-1858 nach Plänen Stülers auf den Überresten einer Kirche aus dem 13. Jahrhundert erbaut und die Bockwindmühle, die 1987 anstelle der zuvor abgebrannten Vorgängerin errichtet wurde.*

Das seit 1879 alljährlich Anfang Mai stattfindende Obstbaumblütenfest, das zu den größten Volksfesten Deutschlands zählt, wird den zahlreichen Plantagen und Obsthöfen der Umgebung gerecht und das Obstbaumuseum auf der Insel informiert über die Geschichte des Obstanbaus in Werder.

Mit der Inselbrücke im Rücken starten wir am Morgen von der Uferpromenade nach Norden und paddeln an der kleinen katholischen *Kirche Maria Meeresstern* mit ihrem 35 Meter hohen Turm vorbei. Die *Ruder-Regattastrecke*, die wir passieren, hat sich zu einer der schönsten Wettkampfanlagen Deutschlands gemausert und wird inzwischen auch von Kanuten genutzt.

Hinter der Eisenbahnbrücke, die uns gerade noch vom ***Großen Zernsee*** trennte, bleiben wir dem linken Ufer treu und fahren direkt an der neuen *Havel Therme* vorbei, die sowohl Wellness und Spa im mediterranen, marokkanischen Flair als auch Badespaß mit Wildwasserrutsche im Familien- und Sportbad bietet.

Wir halten auf die Autobahnbrücke der A 10 (Berliner Ring) zu, der See verengt sich hier. Für einen Besuch der *Gaststätte* und *Hofladen* von *Fischer Berner* linkerhand ist es leider noch etwas früh und so nähern wir uns zusammen mit den bunt gekleideten Radlern, die am Ufer über den beliebten *Havel-Radweg* rollen, dem Zeilendorf **Phöben**. Nach der Linkskurve legen wir an der gemütlichen *Naturbadestelle* des Dorfes an und erklimmen den fast

30 km

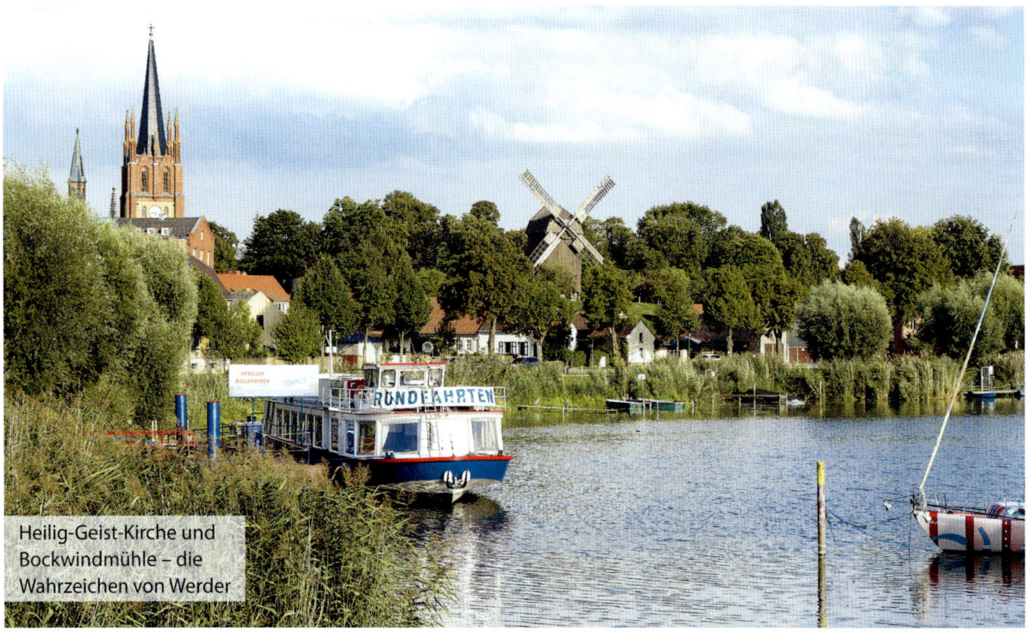

Heilig-Geist-Kirche und Bockwindmühle – die Wahrzeichen von Werder

90 Meter hohen ***Wachtelberg***, auf dem sogar Wein angebaut wird.

Auf dem Weinberglehrpfad nehmen wir mit Erstaunen zur Kenntnis, dass der Weinanbau nach der Fischerei zum zweitältesten Gewerbe der Stadt zählte und schon gegen Ende des 17. Jahrhunderts sind für das Stadtgebiet von Werder Weinstöcke mit einer Fläche von 100 ha dokumentiert, 20 Hektar davon auf dem Wachtelberg. Mit seiner Hangausrichtung nach Süden, dem milden Klima durch die angrenzenden Havelseen und einem kiesreichen Sandboden, der zwar nährstoffarm ist, sich dafür aber sehr rasch erwärmt, bietet er gute Voraussetzungen für den Weinanbau und auf einer Fläche von etwa sechs Hektar reifen heute die Reben von Müller-Thurgau, Saphira, Kernling, Sauvignon blanc und Dornfelder. Heute kann Werder mit einer Besonderheit aufwarten: Hier findet sich weltweit die nördlichste eingetragene Lage für Qualitätsweinbau.

Hinter Phöben verengt sich der ***Kleine Zernsee*** nahezu auf Flussbreite und wird wieder zur ***Havel*** – wir paddeln auf einem sich gemächlich dahinschlängelnden blauen Band, das von Schilf und Weiden gesäumt wird. Gut drei Kilometer hinter Phöben erreichen wir das *Wasserstraßenkreuz* von ***Sacrow-Paretzer Kanal, Havelkanal*** und ***Havel***.

Zunächst wenden wir uns auf der ***Havel*** nach links und kommen nach wenigen Hundert Metern in die Bucht von **Paretz** am rechten Ufer, *wo Baumeister David Gilly um die Jahrhundertwende vom 18. zum 19. Jh. eine Sommerresidenz für den Kronprinzen Friedrich Wilhelm III. und seine Gemahlin Luise errichtete, die zu den bedeutendsten Zeugnissen der Landbaukunst in Preußen zählt (s. Seite 156).*

Vorbei an der kleinen *Fähre „Charlotte"* (Seilfähre!) werden wir von der *St. Petrikirche* aus dem 12. Jahrhundert in **Ketzin** begrüßt, wo wir an der hübsch hergerichteten Uferpromenade anlegen, um durch die malerischen Gässchen des *Fischerviertels* zu schlendern.

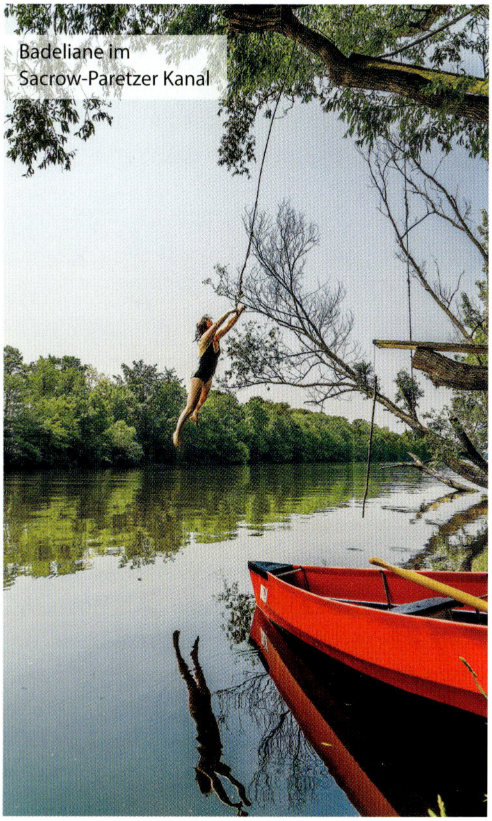

Badeliane im Sacrow-Paretzer Kanal

Wer die Rundtour gemütlich auf zwei Tage aufteilen möchte, findet hier in Ketzin gute Übernachtungsmöglichkeiten vom Zeltplatz bis zum Hotelzimmer.

Um die Tour fortzusetzen, geht es von Ketzin knapp drei Kilometer auf der Havel zurück zum bekannten *Wasserstraßenkreuz* und dort geradeaus auf dem ***Sacrow-Paretzer Kanal*** weiter. *Der Kanal wurde 1874/75 zwischen den Ortslagen Sacrow und Paretz angelegt, um den Schifffahrtsweg zu verkürzen und die schwierigen Brückendurchfahrten in Potsdam und Werder zu umgehen. Seine heutigen Ausmaße mit der Eignung für 1.000-t-Schiffe erhielt der Kanal in den 1920er Jahren.*

30 km

Der Kanal ist erstaunlich grün und gar nicht mal so schnurgerade, wie man beim flüchtigen Blick auf die Karte vermuten könnte. Für Abwechslung auf halber Strecke bis zum ***Schlänitzsee*** sorgt eine *„Badeliane"* am linken

Ufer und es macht großen Spaß sich an dem Seil von einem der in den Baum genagelten Plattformen ins Wasser zu schwingen, während ein paar Meter weiter hin und wieder ein großer Lastkahn durch das Wasser pflügt.

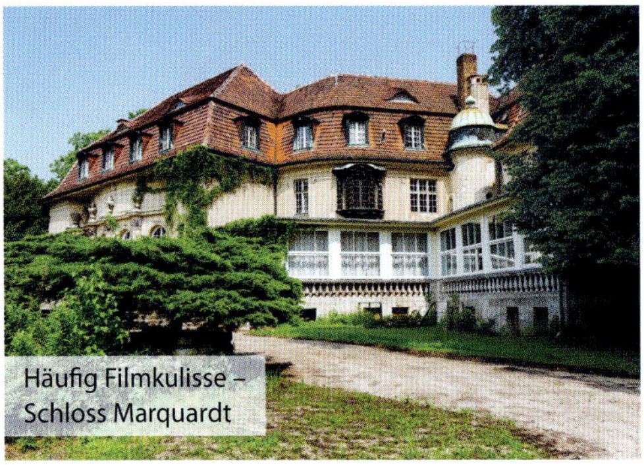

Häufig Filmkulisse – Schloss Marquardt

Bevor wir dem ***Sacrow-Paretzer Kanal*** „Auf Wiedersehen" sagen, steuern wir noch das nordöstliche Ufer des ***Schlänitzsees*** an, um einen Blick auf *Schloss* **Marquardt** und den 1823 nach Plänen von Peter Joseph Lenné gestalteten Park zu werfen. *Das Schloss blickt auf eine wechselvolle Geschichte zurück, in deren Verlauf es als Sommersitz des Adels, Hotel, Lazarett und Universitätsinstitut diente. Zur Zeit steht es größtenteils leer. Nur der Ballsaal wird für Feiern vermietet und das morbide Ambiente zieht immer wieder Film-, Fernsehproduzenten und Fotografen an.*

Anschließend wenden wir uns auf dem ***Schlänitzsee*** nach Süden und erreichen über die Brücke bei **Grube** die ***Wublitz***. Ab dem Schlänitzsee sind diese Gewässer für Motorboote gesperrt und wir müssen uns die Idylle nur mit den Anglern teilen.

30 km

Das von Schweizer Kolonisten im Jahre 1685 gegründete **Nattwerder**, was so viel wie nasse Insel heißt, liegt in der Wublitz-Enge am linken Ufer. Bemerkenswert ist die im gleichen Jahr erbaute Kirche. Sie ist die älteste erhaltene und genutzte Kirche Potsdams, auf deren jüngst eingebauter Orgel mit acht Registern im Sommer wunderschöne Konzerte erklingen.

Die *Fußgängerbrücke* ein Stück weiter, eröffnet Radfahrern und Fußgängern den Weg auf die idyllische, nur acht Quadratkilometer große ***Insel Töplitz***, die von Sumpfwäldern, Wiesen und leichten Moränenhügeln geprägt wird.

Direkt vor der Ausfahrt von der Wublitz zurück auf den **Großen Zernsee** machen wir einen weiten Bogen um die Wasserskistrecke. Hinter den Weiden am rechten Ufer versteckt sich der Ort **Golm**, *wo sich einst UFA-Stars wie Marlene Dietrich, Marika Rökk oder Harry Piel von den Dreharbeiten in Babelsberg entspannten. Das berühmte Kurhaus von damals erstrahlt nach umfangreicher Renovierung als Gut Schloß Golm in neuem Glanz und die beiden Inhaberinnen, die man in den 1970er Jahren als Chorstimmen für Roland Kaiser und Marianne Rosenberg hören konnte, betreiben hier heute ein Restaurant und Minihotel mit drei sehr komfortablen Doppelzimmern.*

Am Ende des ***Großen Zernsees*** geht es unter der Eisenbahnbrücke hindurch zurück zum Startpunkt an der Uferpromenade vor der Altstadtbrücke in **Werder**.

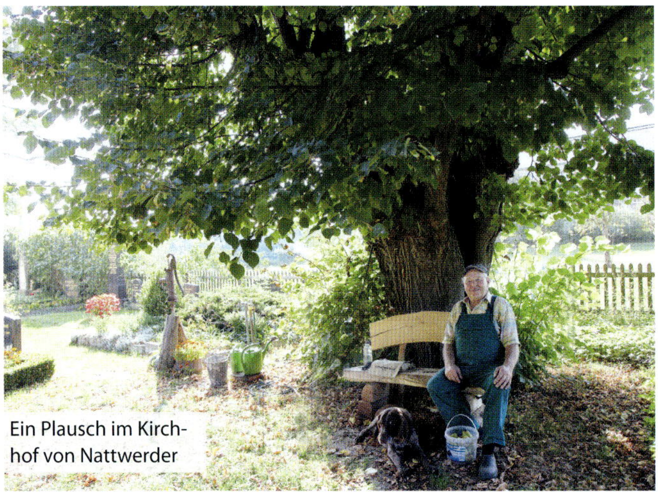

Ein Plausch im Kirchhof von Nattwerder

Die Potsdamer Havel

Sorgenfrei über die Potsdamer Havelseen

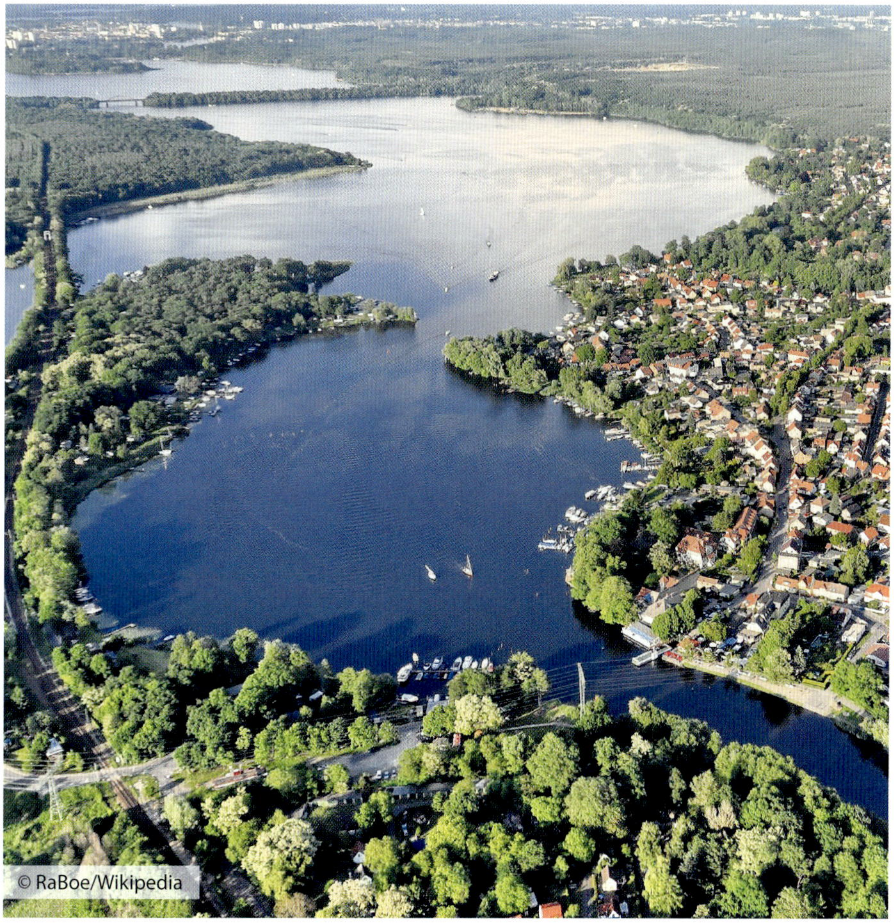

© RaBoe/Wikipedia

Tour 14

Infos Tour 14 – Potsdamer Havel

Aktivitäten	Natur	Kultur	Baden	Hindernisse
★★	★★	★★★★	★★★	★

Charakter der Tour

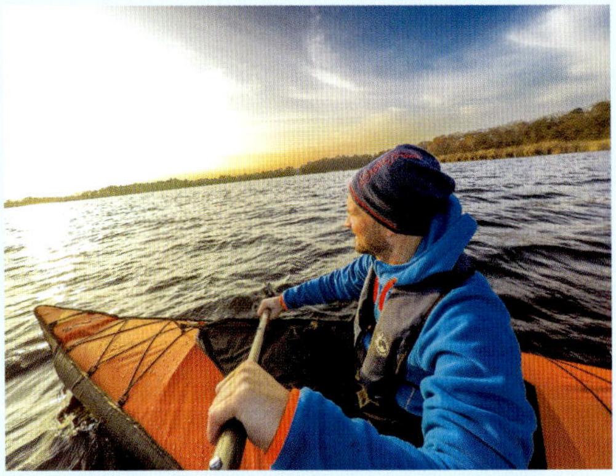

Das Wassersportrevier der Potsdamer und Brandenburger Havelseen bietet perfekte Bedingungen für einen Urlaub auf eigenem Kiel und wohl nirgendwo sonst rücken unberührte Natur und kulturelle Sehenswürdigkeiten so dicht zusammen wie hier, sind die Spuren der Hohenzollern so allgegenwärtig.

Erste Station ist Glindow, wo das Ziegeleimuseum mit zwei denkmalgeschützten Ringöfen über die Tradition der Ziegelherstellung in der Region informiert. Nach der Umtragung in Petzow geht es dann über den großen Schwielowsee und den Templiner See, vorbei am hübschen Ort Caputh (Achtung Seilfähre!), in nordöstliche Richtung auf Potsdam zu. Da die Berufsschifffahrt den Sacrow-Paretzer Kanal nördlich von Potsdam benutzt, sind auf der Potsdamer Havel nur Sportboote und Ausflugsdampfer unterwegs.

Vorsicht ist auf dem **Schwielowsee** geboten. Er ist stellenweise sehr flach und bei Wind aus westlichen bzw. südwestlichen Richtungen entsteht leicht hoher Wellengang.

Länge & Dauer der Tour ca. 23 km, Tagestour

1 Umtragestelle In Petzow ca. 800 m Landtransport vom Glindower See in den Schwielowsee, ein **Bootswagen** ist hilfreich.

Anreise Autobahn A 10 (Berliner Ring) bis Ausfahrt 23 (Phöben), über die L 90 nach Werder (Havel).

Einsetzstelle Uferpromenade in **Werder** vor der Brücke zur historischen Altstadt (Unter den Linden).

Aussetzstelle Am Ufer der „Alten Fahrt" in **Potsdam** (Zufahrt bis Burgstraße möglich).

Zurück zum Pkw Häufige und schnelle Zugverbindung von Potsdam nach Werder (30-Minuten-Takt, Fahrzeit ca. 0:10 h).

Karten & Literatur-Tipps

KANU KOMPAKT „Potsdam, Werder, Spandau", mit topograf. Wasserwanderkarten, Th. Kettler Verlag.

Trescher-Reiseführer *„Potsdam": mit Ausflügen nach Werder und ins Havelland + Stadtplan 1 : 17.500*

„Potsdam - Der illustrierte Stadtführer", terra press.

„Glücksorte in Potsdam", Fahr hin und werd glücklich, Droste Verlag.

„111 Orte in Potsdam, die man gesehen haben muss", „111 Orte für Kinder in Potsdam und Brandenburg, die man gesehen haben muss", emons Verlag.

„Potsdam abseits der Pfade": Eine etwas andere Reise durch die Stadt der Schlösser & Gärten, Braumüller Verl.

Zeitgeschichtliche Kriminalromane „Potsdamer Ganoven", „Potsdamer Affäre", Gmeiner-Verlag.

Kriminalromane „Brandenburger Gold", „Potsdamer Abgründe", „Potsdamer Morde", emons Verlag.

23 km

Auskunft & Tourist-Infos

Tourismusbüro Werder Plantagenplatz 9, Tel. (03327) 78 33 -72 /-73, www.werder-havel.de

Tourist-Info Potsdam Am Alten Markt (Humboldtstr. 2) und im Hauptbahnhof (Friedrich-Engels-Str. 99), Tel. (0331) 27 55 88 99, www.potsdamtourismus.de

Tourist-Info in Caputh Straße der Einheit 3, Tel. (033209) 708 99, www.schwielowsee-tourismus.de

Kanuvermieter (siehe auch www.havelland-tourismus.de >Havel >Boots- & Kanuvermietung)

14542 Werder (Havel)
Krüger & Till Wassersport
(auch SUP, Fahrräder & E-Bikes)
Unter den Linden 1
(direkt an der Altstadtinselbrücke)
Tel. (03327) 424 24
www.wassersport-werder.de

14542 Werder (Havel) OT Petzow
Kajakverleih am Glindower See
Zum Inselparadies 9-12
Tel. 0176-45 02 43 38
www.kajakverleih-glindowsee.de

14471 Potsdam (am Templiner See)
Windsurfing Potsdam (auch SUP)
c/o Campingpark Sanssouci
An der Pirschheide 41
Tel. (0331) 270 42 80
www.wassersport-in-potsdam.de

14473 Potsdam (am Templiner See)
Bootsvermietung Moisl
Templiner Str. 102
Tel. (033209) 847 79
www.bootsvermietung-moisl.de

14467 Potsdam (Potsdam Stadt)
Bootsvermietung Moisl
auf der Freundschaftsinsel
Tel. 01520-168 88 83
www.bootsvermietung-moisl.de

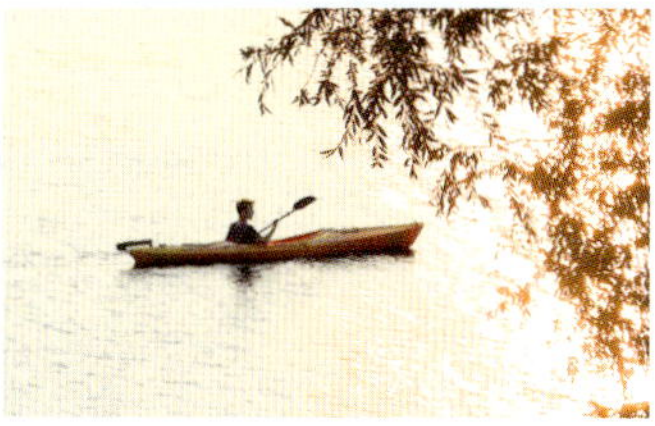

Übernachtung in Wassernähe (siehe auch www.havelland-tourismus.de >Havel >Marinas & Liegeplätze)

14542 Werder (Havel)
WoMo-Stellplatz
am Einstieg vor der Altstadtbrücke
Unter den Linden 1
Tel. 0171-401 02 06

Ruder-Klub Werder
(Zelt + Zimmer)
Werderwiesen 18
Tel. (03327) 74 18 16
www.ruder-klub-werder.de

Hotel Prinz Heinrich
Fischerstr. 48 b
Tel. (03327) 73 20 60
www.hotelprinzheinrich.de

Blütencamping Riegelspitze
(Zelt, Zimmer, Lodges, Zirkuswagen)
Fercher Straße 4-9
Tel. (03327) 423 97 (9-13 Uhr)
www.campingplatz-riegelspitze.de

14542 Werder OT Glindow
Campingplatz Glindowsee
Jahnufer 41, Tel. (03327) 408 55
www.hogab.de

14542 Werder OT Petzow
Ferienhäuser am Glindowsee
(Finnhütten)
Grelle 12, Tel. (03327) 73 21 75

14548 Schwielowsee OT Caputh
Märkisches Gildehaus
Schwielowseestraße 58
Tel. (033209) 77 90
www.maerkisches-gildehaus.de

Pension & Biergarten Wolff am See
Lindenstraße 36
Tel. (033209) 702 59
www.wolff-am-see.de

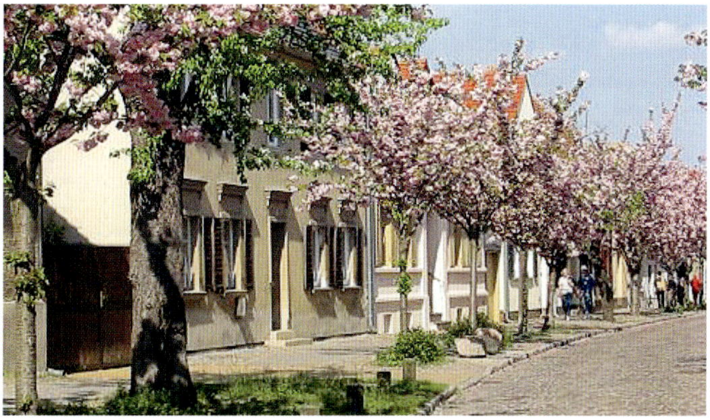

14548 Schwielowsee Wentorf-Insel
Campingplatz Himmelreich
Wentorf-Insel 38
Tel. (033209) 704 75
www.campingplatz-caputh.de

Pension Himmelreich
Wentorf-Insel 1
Tel. (033209) 88 43 06
www.pension-himmelreich-caputh.de

14471 Potsdam (Templiner See)
Camping Sanssouci
An der Pirschheide 41
Tel. (0331) 951 09 88
www.campingpark-sanssouci-potsdam.com

Seminaris SeeHotel Potsdam
An der Pirschheide 40
Tel. (0331) 909 00
www.seminaris.de

14467 Potsdam (West)
Hotel am Havelufer Potsdam
Zeppelinstraße 136
Tel. (0331) 981 50
www.viennahouse.com

14467 Potsdam (Tiefer See)
Schiffspension Luise
Berliner Str. 58
Tel. (0331) 24 02 22
www.schiffspension.de

23 km

Weitere Aktivitäten

Paddeln ***Kanutouren*** auf der ***Havel*** nach Brandenburg oder Richtung Potsdam/Berlin (s. Touren 12 & 13).

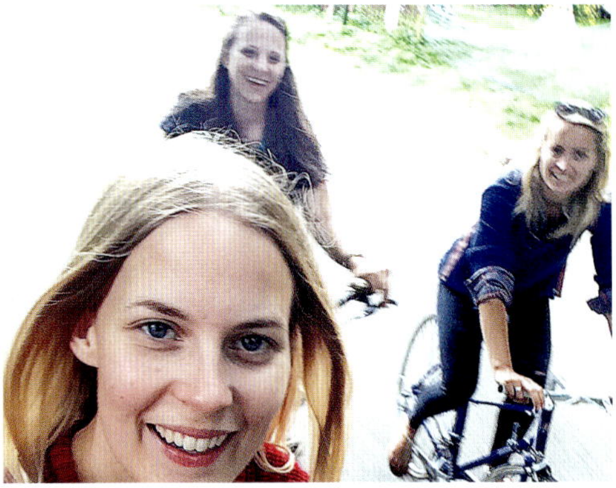

Radfahren

Fahrradrundtour *Werder – Phöben – Kemnitz – Werder* (ca. 27 km) oder **Rundtour** *Werder – Golm – Grube – Eiche – Wildpark – Werder* (24 km).

Panoramaweg Werderobst zur Baumblüte oder Erntezeit, vorbei an kleinen Manufakturen und Hofläden *Werder (Havel) – Petzow – Glindow – Derwitz – Groß Kreutz, zurück mit der Bahn (22 km).*

Mehrtagestouren auf dem ***Havel-*** und ***Havelland-Radweg*** entlang preußischer Schlösser, durch kleine märkische Dörfer und malerische Luchlandschaften.

Tipp: Mit dem Rad nach **Geltow** zur ***Gaststätte Baumgartenbrück*** direkt an der Baumgartenbrücke und am Europa-Radweg 1 gelegen. Lauschig unter Bäumen sitzen, „Brühlsche Terrasse" am Schwielowsee, www.baumgartenbrueck.de

Fahrradvermieter www.havelland-tourismus.de >Radfahren >Fahrradvermietung & Service

Werder: *Krüger & Till*, siehe Kanuvermieter.

Potsdam: *Potsdam Per Pedales* im Hauptbahnhof, Eingang Babelsberger Str., www.potsdam-per-pedales.de

Wandern

Panoramaweg „Werderobst" *(Petzow – Glindower See – Ziegeleimuseum Glindow – Lilienthaldenkmal auf dem Derwitzer Mühlenberg*, ca. 15 km).

Rundwanderung vom Ziegeleimuseum in **Glindow** durch die ***Glindower Alpen*** (ca. 4 km).

Tagestour auf dem ***66-Seen-Weg,*** Etappe Potsdam – Marquardt (20 km).

Ausflugsfahrt über die ***Havelseen*** (www.schifffahrt-in-potsdam.de und www.havelland-tourismus.de >Havel >Ausflugsschifffahrt).

Weinverkostung ***Weingut auf dem Wachtelberg*** mit Straußwirtschaft „Weintiene" (Ostern-Jul Fr-So, Aug-Okt auch Mo-Do, Tel. (03327) 74 14 10, www.wachtelberg.de).

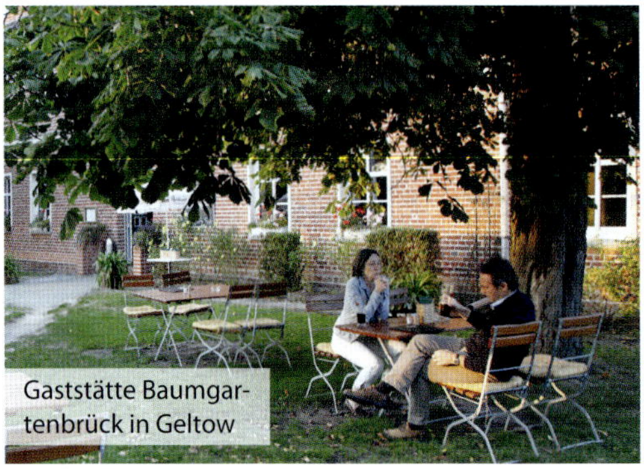
Gaststätte Baumgartenbrück in Geltow

Sehenswürdigkeiten

Werder Altstadtinsel (ehemal. Fischersiedlung) mit Uferpromenade, Bockwindmühle, Heilig-Geist-Kirche (Wahrzeichen der Insel, nach Plänen Stülers auf Grundmauern einer Kirche aus dem 13. Jh. errichtet), Altes Rathaus auf dem Mühlenberg, Baumblütenfest Ende Apr/Anfang Mai (www.werder-havel.de), Bismarckhöhe mit historischer Panoramaterrasse (*Einkehr Fr-So ab 11 Uhr*, toller Ausblick über die Stadt) und Kulturevents.

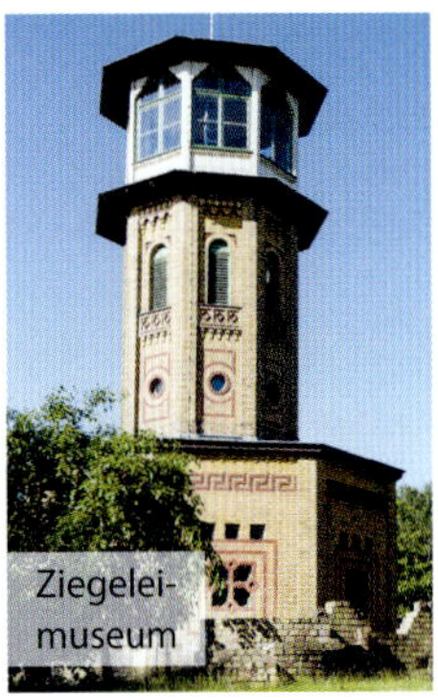
Ziegeleimuseum

Glindow Ziegeleimuseum (www.ziegeleimuseum-glindow.de), Heimatmuseum im Büdnerhaus (www.glindow.de).

Petzow Schloss mit Lenné-Park, Dorfkirche von Schinkel, alte Schmiede, ehem. Fischerhaus (1818), Heimatmuseum „Waschhaus am Haussee" (um 1820).

Caputh Barockschloss, neoromanische Dorfkirche, Sommerhaus von Albert Einstein.

Potsdam (siehe auch Stadtrundgang Seite 174) Park Sanssouci mit Schloss Sanssouci und Neuem Palais, Holländisches Viertel, Rathaus, Nikolaikirche, zahlreiche Museen, Filmpark Babelsberg.

23 km

Die Potsdamer Havel

Wie schon bei der vorangegangenen Rundtour über Havel, Sacrow-Paretzer Kanal und Wublitz nutzen wir auch für die Fahrt nach Potsdam den Wohnmobilstellplatz an der Uferpromenade in **Werder** als Ausgangspunkt.

Diesmal wenden wir uns aber nach dem Ablegen nach Süden und paddeln unter der Brücke hindurch, die auf die *Werderaner Inselstadt (Altstadtinsel)* führt. Werder bedeutet soviel wie „Vom Wasser umflossenes Land", somit trägt die auf einer Insel liegende Kernstadt ihren Namen zu Recht. Links ziehen die charakteristischen Silhouetten der Heilig-Geist-Kirche und die der Bockwindmühle vorüber. *Der ehemalige Grundriss der Inselstadt, der in seiner Struktur bis heute erhalten geblieben ist, macht den Charme des Städtchens aus. Während der nördliche Inselteil sich nach einem verheerenden Stadtbrand und dem anschließenden Wiederaufbau um einen übergroßen rechteckigen Marktplatz gebildet hat, besticht die südliche Inselhälfte um Kirche, Mühle und Rathaus durch das dörfliche Flair der verwinkelten Gassen.*

Wir nehmen Kurs in Richtung Süden, biegen auf Höhe des am linken Ufer auftauchenden Kirchturms von **Geltow** nach rechts in den ***Glindower See*** und werden kurz hinter der Brücke vom *Campingplatz Riegelspitze* am linken Ufer begrüßt. Wegen Untiefen zwischen Landspitze und der mitten im See liegenden kleinen ***Insel*** weisen Schilder uns darauf hin, dass wir südlich um sie herumfahren sollen. Hinter ihr geht es dann gleich rechts Richtung Nordwesten. Der in einer eiszeitlichen Rinne entstandene See, dessen westliches Ufer steil abfallend ist, wird von der Havel durch einen

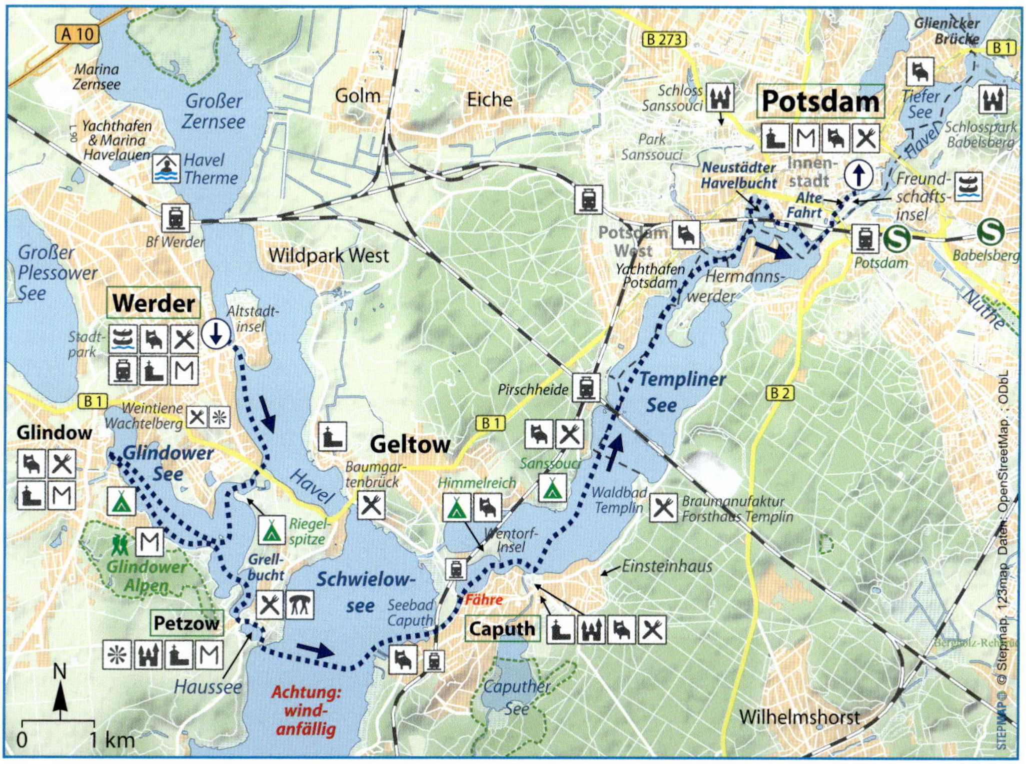

23 km

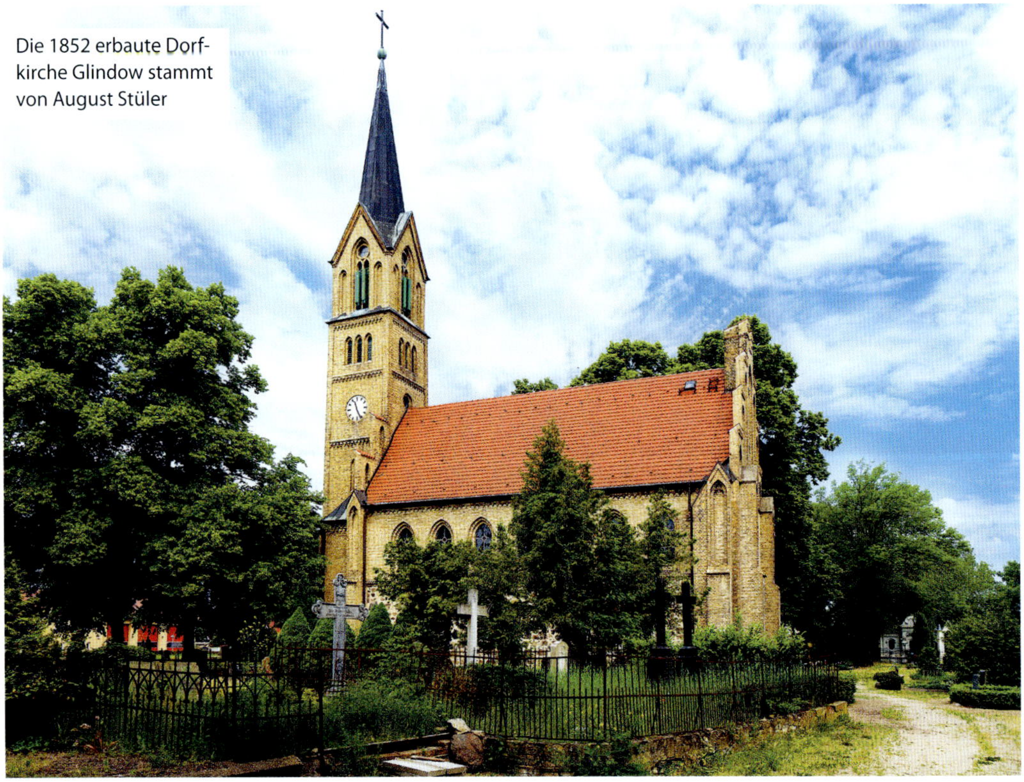

Die 1852 erbaute Dorfkirche Glindow stammt von August Stüler

Höhenzug der aus Resten von Stauchmoränen besteht, getrennt. Den östlichen, flach abfallenden Teil des Ufers bildet ein sumpfiger Schilfgürtel.

Unser erstes Zwischenziel ist die etwa 3.600 Einwohner zählende Gemeinde **Glindow**, am nordwestlichen Ende des Sees gelegen. Am *Campingplatz Glindowsee* vorbei, gelangen wir in eine kleine Bucht, wo wir links der Dampferanlegestelle festmachen. *Von hier sind es nur wenige Schritte ins Zentrum mit der hübschen Dorfkirche von August Stüler aus dem Jahre 1852 und dem Heimatmuseum, das in einem unter Denkmalschutz stehenden fünfachsigen Büdnerhaus aus dem Jahre 1769 untergebracht ist.*

23 km

Nach dem Landgang paddeln wir entlang des Ufers zurück Richtung Süden und bald erhebt sich der charakteristische Ziegeleiturm über das Ufer, in dem sich das *Ziegeleimuseum* befindet. *„Was Werder für den Obstkonsum der Hauptstadt ist, das ist Glindow für den Ziegelkonsum. Die Glindower Ziegeleien konnten ihre fertig gebrannten Ziegel gleich auf Lastkähne verladen und nach Berlin transportieren. Die ehemals 18 Ziegeleien produzierten in Spitzenzeiten bis zu 600.000 Steine – täglich! In Werder wird gegraben, gepflanzt, gepflückt – in Glindow wird gegraben, geformt, gebrannt" schrieb Theodor Fontane einst über Glindow und die Tradition der Ziegelfertigung. Die wird hier wieder lebendig, denn neben der Ausstellung gehören auch zwei denkmalgeschützte Ringöfen aus dem Jahre 1868 zum Museum.*

Wer einen schönen Ausblick über den ***Glindower See*** erleben möchte, dem sei ein Spaziergang durch die ***Glindower Alpen*** empfohlen, für den man etwa zwei Stunden benötigt. Man folgt dazu vom Ziegeleimuseum der Alpenstraße Richtung Ortsmitte und biegt nach etwa zehn Minuten beim Wegweiser „Glindower Alpen" nach links ab. In dem beliebten

Wander- und Naherholungsgebiet weisen Schautafeln auf die Besonderheiten von Flora und Fauna hin. *Entstanden sind die künstlich aufgeschütten „Berge“ mit bis zu vierzig Meter tiefen Schluchten, infolge des jahrhundertelangen Tonabbaus. Heute sind ihre Hänge von Mischwäldern bestanden, von Moosen und Flechten überzogen und dazwischen breitet sich immer wieder Trockenrasen aus.*

Zurück im Boot steuern wir die ***Grellbucht*** im Südosten des Sees an. Auf dem Weg dorthin laden viele geschützte Buchten zu einem Bad im See ein. Der Kirchturm der *Petzower Kirche* ragt aus den Baumwipfeln hervor und zeigt uns die Richtung. Schließlich legen wir an der kleinen Badestelle von **Petzow** an, nur 150 m weiter rechts davon liegt das Kleinod *Forellenhof Schloss Petzow*, wo wir uns für die anstehende Portage hinüber zum Schwielowsee stärken können. Alternativ kann man auch rechts von Forellenhof an der Yachthafen Porta Elisa aussetzen. Eine Besteigung des Turmes der *Dorfkirche* auf dem ***Grellberg***, die gegen Ende des 19. Jahrhunderts nach Schinkel-Plänen gebaut wurde, ist sehr lohnend. Kaum können wir uns von dem Panoramablick über die Havelseenlandschaft trennen.

Wir verzurren unseren Falt-Canadier auf dem Bootswagen und schieben das Gespann vom Ufer der Grellbucht über die Straße und dann durch den *Schlosspark Petzow* am Ufer des ***Haussees*** entlang zur *Badestelle* am ***Schwielowsee***. *Unterwegs passieren wir das ehemalige Waschhaus des Schloßes, das 1999 saniert wurde und heute als Heimatmuseum dient. Das von Schinkel in einer Melange aus maurischem Kastell- und englischem Tudorstil entworfene Schloß selbst diente bis 2003 als Hotel. Anschließend fiel es in einen Dornröschenschlaf, wird aber nun zu einer Wohnanlage umgebaut.*

Auf dem ***Schwielowsee*** lassen wir die Wasserskistrecke rechts liegen und steuern dann direkt auf das gegenüberliegende Ufer zu. Es weht ein strammer Wind aus Südwest und so haben wir nicht nur die Wellen im Blick, sondern auch die schnell über die Wasseroberfläche flitzenden Segler.

Wohlbehalten am gegenüberliegenden Ufer in **Caputh** angekommen, halten wir uns links und paddeln am Ufer längs. Links auf Spitze der ***Wentorf-Insel*** flattern unter der Kulisse der Eisenbahnbrücke die Strohschirme des Strandbades *Seebad Caputh* im Wind,

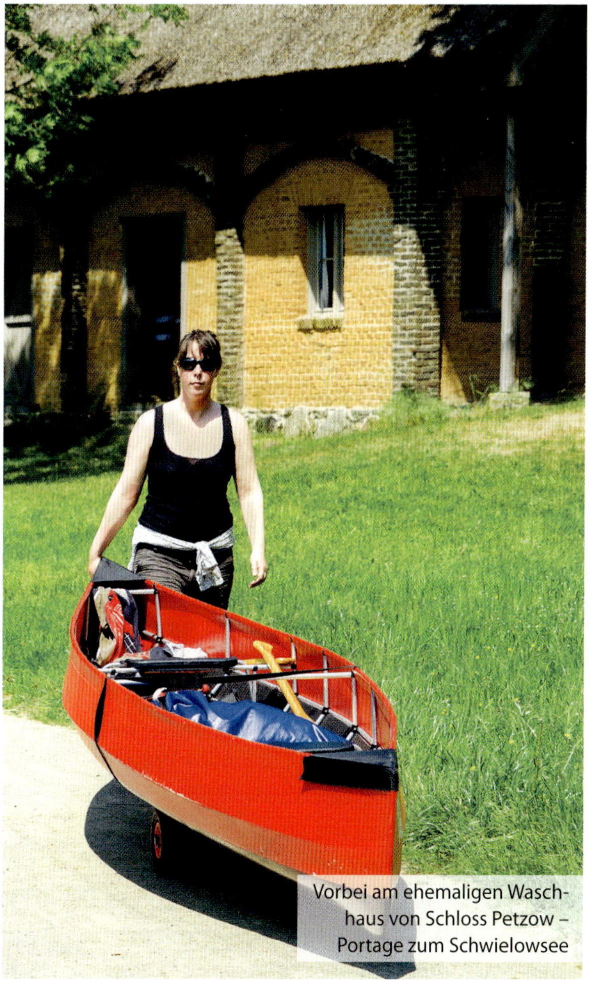

Vorbei am ehemaligen Waschhaus von Schloss Petzow – Portage zum Schwielowsee

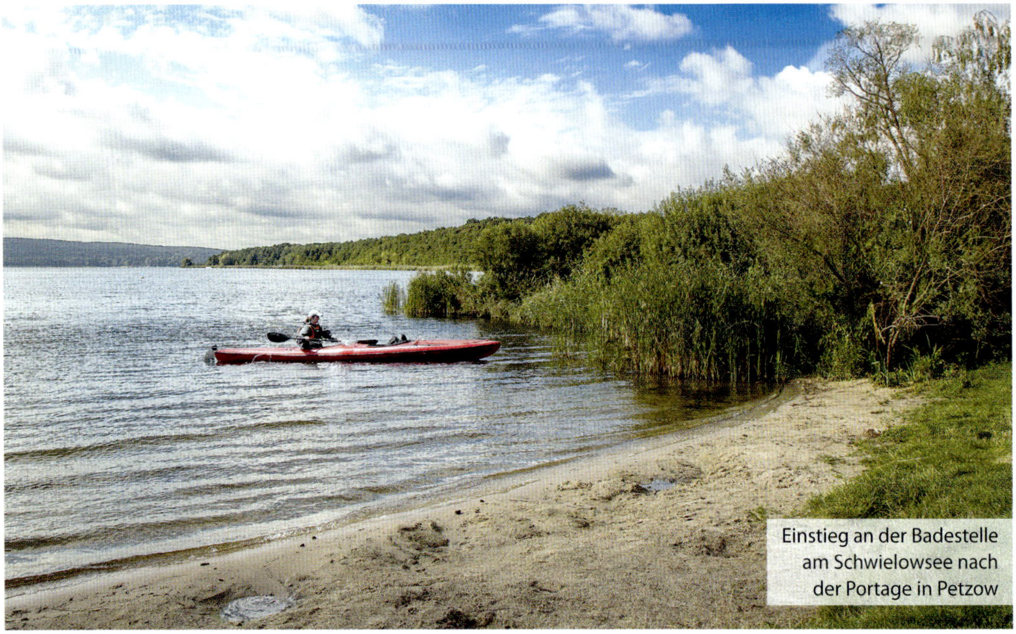

Einstieg an der Badestelle am Schwielowsee nach der Portage in Petzow

dann schlüpfen wir unter der Eisenbahnbrücke hindurch in den Kanal ***Caputher Gemünde***, der den Schwielowsee mit dem Templiner See verbindet und auf dem heute einiges los ist: Kutter, Ausflugsdampfer, Flöße, Segelboote und Motorboote jeglicher Größe sind auf dem Wasser unterwegs.

Rechterhand, auf der Caputher Uferpromenade, herrscht reges Gedränge und Imbissbuden, Restaurants und Eiscafés buhlen um hungrige Ausflügler. Obacht an der Seilfähre „Tussy II" – sie hat Vorfahrt, und vor allem auf das im Wasser geführte Seil achten! *Die Fähre, befördert schon seit 1853 Kutschen, Fußgänger und Radfahrer, heute auch Autos, über das Caputher Gemünde und verbindet die Ortsteile Caputh und Geltow (Wentorf-Insel).*

23 km

Am Ufer wird im *Fährhaus Caputh* auf der schönen Terrasse, die über dem Wasser schwebt, leckeres Essen sowie Kaffee und Kuchen serviert. Das weit über 100 Jahre alte Gasthaus mit seinen historischen Räumen sollte man sich als Einkehr merken – es lohnt!

Vorbei am beliebten *Campingplatz* mit dem wohlklingenden Namen *„Himmelreich"* verlassen wir die ***Gemünde*** und haben den ***Templiner See*** erreicht. Kurz darauf ist am rechten Ufer mit *Schloss Caputh* die barocke Sommerresidenz der preußischen Könige zu bewundern. *1662 erbaut, ist es das älteste, erhalten gebliebene Lustschloss aus der Zeit des Großen Kurfürsten Friedrich Wilhelm und kunsthistorisch ein Juwel, da es die wechselvollen Zeiten fast unverändert überstand. Besonders schön ist der mit blau-weißen Delfter Fayencefliesen ausgekleidete Sommerspeisesaal aus dem 17. Jahrhundert. Malerisch führen Wege durch den kleiner Lenné-Landschaftsgarten mit herrlichem Altbaumbestand zum Ufer hin.*

Auf einem kleinen Hügel über dem Ort steht das Sommerhaus des begeisterten Seglers Albert Einstein, wo sich zwischen 1929 und 1932 viele Wissenschaftler der Weimarer Republik einfanden, bis Einstein sich vor den Nazis in die USA flüchtete. das Haus kann an den Sommermonaten am Wochenende besichtigt werden.

Vorbei am *Campingplatz „Sanssouci"* und dem *SeeHotel Potsdam* in **Pirschheide** durchfahren wir der Länge nach den ***Templiner See***. Nachdem es einmal mehr unter Bahnschienen hindurchgegangen ist, halten wir uns vor der Halbinsel ***Hermannswerder*** links; ab hier werden die Ufer zusehends städtischer.

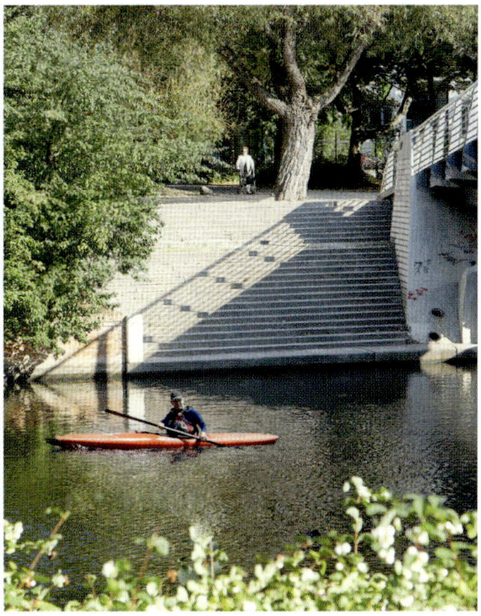

Zur Linken öffnet sich die Durchfahrt zur ***Neustädter Havelbucht***, wo am Ufer in der **Potsdamer** Innenstadt die sogenannte *„Moschee"* zu bewundern ist – *das Gebäude wurde auf Wunsch König Friedrich Wilhelms IV. in den Jahren 1841 bis 1843 von Baumeister Ludwig Persius im maurischen Baustil errichtet und beherbergt das Pumpwerk, welches die Fontänen von Sanssouci mit Havelwasser versorgt. Da aufwändige Wasserspiele bei der Gestaltung der barocken Landschaftsgärten eine wichtige Rolle spielten, gab es bereits im 18. Jahrhundert unter Friedrich dem Großen Pläne für die Fontänen im Park von Sanssouci. Erst 60 Jahre später war die Technik dann allerdings weit genug, um sie zu realisieren. Das Maschinenhaus wurde mit einer Zweizylinder-Dampfmaschine ausgestattet und die etwa 82 PS reichten aus, um Wasser aus der Havel über eine knapp zwei Kilometer lange Druckleitung bis nach Sanssouci zu transportieren und die Fontäne dort bis auf eine Höhe von 38 Meter hinaufzutreiben. 1895 wurde eine neue, stärkere Dampfmaschine installiert, die 1937 durch zwei elektrische Kreiselpumpen ersetzt wurde. Seit 1992 werden diese von Mikroprozessoren gesteuert.*

Wir verlassen die ***Neustädter Havelbucht*** wieder und biegen hinter der Brücke beim *Potsdamer Hauptbahnhof* vor der ***Freundschaftsinsel*** links in die ***„Alte Fahrt"*** ab, wo wir vor der Inselbrücke einige Treppenstufen finden, an denen wir die Fahrt gut beenden können. Von hier sind es nur wenige Schritte zum Bahnhof, um das Auto aus Werder zu holen.

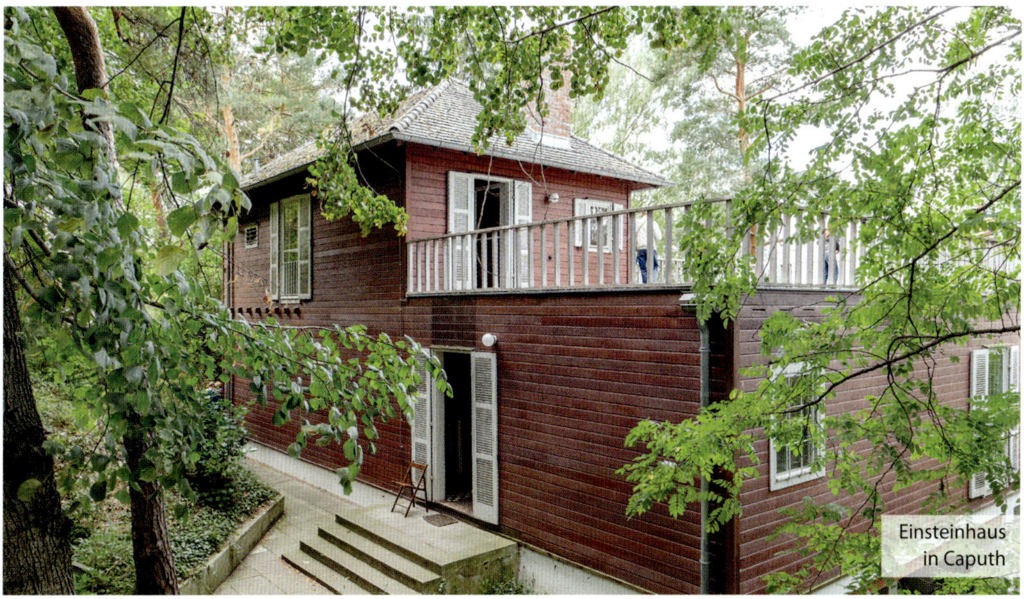

Einsteinhaus in Caputh

Stadtrundgang Potsdam

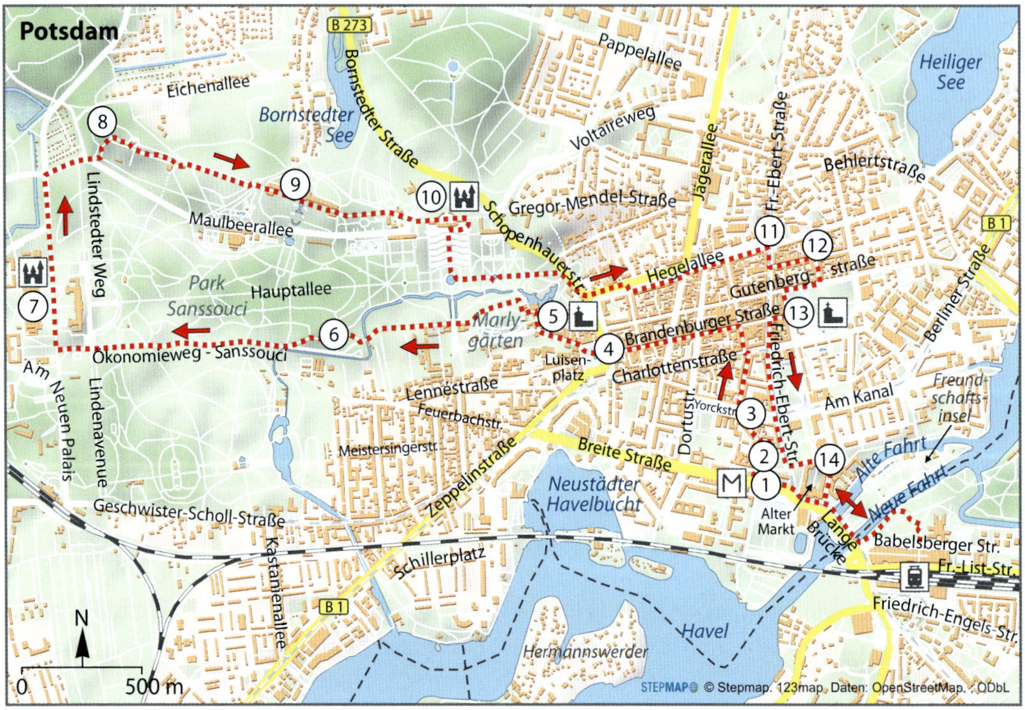

Wir beginnen den Stadtrundgang durch die heutige Landeshauptstadt, in der sich brandenburgische Kurfürsten, preußische Könige und deutsche Kaiser mit prachtvollen Schlössern und Residenzen ein Denkmal gesetzt haben, am Hauptbahnhof.

Der nördliche Ausgang bringt uns zur *Babelsberger Straße*. Ein paar Schritte nach links, dann führt die *Lange Brücke* über die **Freundschaftsinsel** zwischen Alter und Neuer Fahrt ans gegenüberliegende Havelufer, wo wir am **Alten Markt** vorbei zum **Filmmuseum (1)** laufen. *Anhand von Fotos, Drehbüchern, Requisiten und Kostümen dokumentiert es die 100-jährige Geschichte der Filmstudios Babelsberg. Es residiert in einem Gebäude mit abwechslungsreicher Historie – 1685 als Orangerie des Stadtschlosses erbaut, wurde es später als Marstall zum Unterstellen der königlichen Reitpferde genutzt und erhielt seine heutige Optik im 18. Jahrhundert durch einen Umbau des Sanssouci-Baumeisters Georg Wenzeslaus von Knobelsdorff.* Am Ende der Fassade führt die *Schlossstraße* nach rechts zum **Neuen Markt (2)**, einem eindruckvollen Barockplatz, der den Krieg nahezu unversehrt überstanden hat. Im ehemaligen **Kutschstall** im Südwesten ist das **„Haus der Brandenburg-Preußischen Geschichte"** untergebracht. Die ehemals städtische **Ratswaage** von 1875 steht mitten auf dem Platz und beherbergt heute ein Restaurant.

Im Nordwesten des Platzes zweigt schräg nach links die *Siefertstraße* ab und bringt uns zu einem 1965 zugeschütteten Abschnitt des **Stadtkanals (3)**, der das historische Potsdam wie eine holländische Grachtenlandschaft durchzog. Wir laufen geradeaus weiter, erst auf der *Wilhelm-Staab-Straße* vorbei am Konzert- und Veranstaltungshaus **Nikolaisaal**, dann auf der *Jägerstraße* in den historischen Stadtkern. Auf der *Brandenburger Straße*, die heute **Fußgängerzone** ist, wenden wir uns nach links und schreiten durch das einem römischen Triumphbogen ähnelndem **Brandenburger Tor (4)** von 1770 auf den *Luisenplatz*. *Das ursprüngliche Carré wurde 1744 unter Friedrich II. angelegt.*

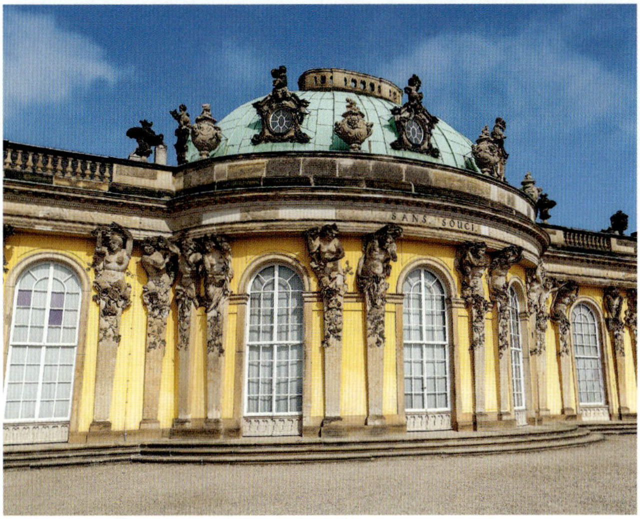

Wir steuern die nordwestliche Ecke des Platzes an und treffen auf die Straße *Allee nach Sanssouci*, die uns zur **Friedenskirche (5)** im Südosten des **Parks von Sanssouci** führt. *Der Komplex wurde zwischen 1845 und 1854 errichtet und ist den oberitalienischen Klosterbauten nachempfunden.*

Von der marmornen Jesusstatue im säulenumringten Innenhof gelangen wir in den **Marlygarten**. Hoch zur Rechten erhebt sich über den Weinbergterrassen schon die repräsentative Schlossfront von **Sanssouci**. Bevor wir ihr später einen Besuch abstatten, folgen wir zunächst aber dem Fußweg quer durch den Park zum **Chinesischen Haus (6)**, *welches im Auftrag von Friedrich II. gebaut und im Sommer als Speisesaal genutzt wurde. Es ist ein herausragendes Beispiel für die Chinamode im Europa des 18. Jahrhunderts.*

Hinter dem Chinesischen Haus führt der Weg durch den weitläufigen, rund 300 Hektar großen Park auf das **Neue Palais (7)** zu. *Von Friedrich II. im Jahre 1763-1769 erbaut, ist es das imposanteste Gebäude im Park und galt seinerzeit als teuerstes Bauwerk Europas. Der dreiflügelige Prunkbau hat mehr als 300 Räume, von denen der zwei Stockwerke hohe Marmorsaal hervorsticht.* Nördlich des Neuen Palais liegt auf dem **Klausberg** das **Belvedere (8)**, das seinem Namen alle Ehre macht. Es gewährt einen herrlichen Rundblick auf den Park, die Residenzstadt und das seenreiche Umland. Eine Lindenallee führt über einige hundert Meter zur **Orangerie (9)**, *dessen 300 Meter langes Gebäude sich am Vorbild italienischer Renaissancevillen orientiert. Der mitten darin liegende Raphaelsaal zeigt viele Gemäldekopien des Meisters.*

Vorbei an der historischen **Galerieholländerwindmühle**, gegen deren lautes Flügelgeklapper Friedrich der Große laut einer Legende versucht haben soll gerichtlich vorzugehen – und verlor, kommen wir zum **Schloss Sanssouci (10)**. *Zwischen 1745 und 1747 errichtet, gilt es als Hauptwerk der deutschen Rokokoarchitektur und diente Friedrich als Sommerresidenz und Lustschloss.* Nach der Besichtigung steigen wir über die Treppenstufe der Weinbergterrassen hinunter zur Hauptallee und setzen unseren Weg in Richtung der **Obeliskensäule** von 1747 fort.

Nach Verlassen des Parks, wenden wir uns nach rechts und biegen vor dem monumentalen Einstein-Gymnasium nach links auf die *Hegelallee*. Während der Blick über die prächtigen Fassaden der Bürgerhäuser schweift, schlendern wir auf dem breiten Fußgängerboulevard vorbei am

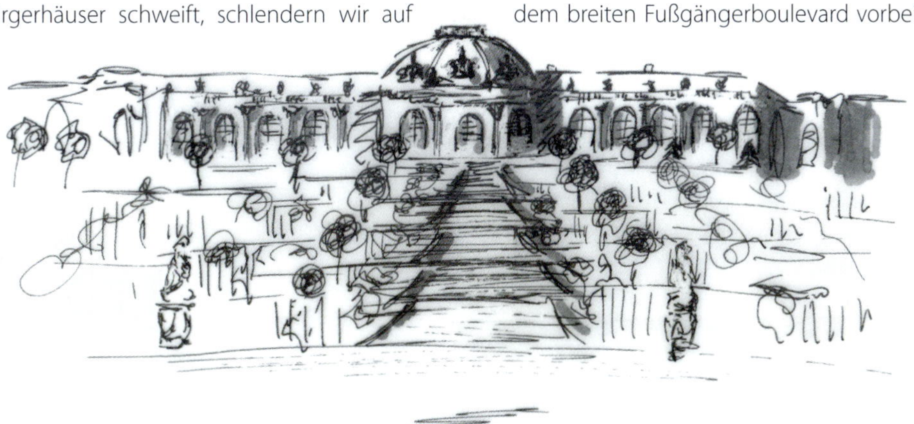

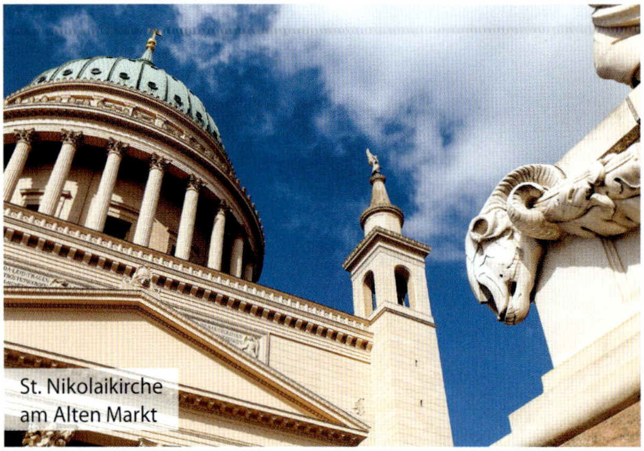
St. Nikolaikirche am Alten Markt

Jägertor zum **Nauener Tor (11)**, dem die englische Neugotik als Vorbild diente. Südöstlich des Nauener Tor entstand zwischen 1734 und 1742 das **Holländische Viertel (12)** für die nach Potsdam gerufenen holländischen Handwerker. Etwa 150 Backsteinhäuser mit schmucken Treppengiebeln in die heute Kunsthandwerker, kleine Läden, Cafés und Restaurants eingezogen sind, verleihen den vier Carrés ein ganz besonderes Flair.

Wir verlassen das Viertel in südliche Richtung und gelangen über die *Benkertstraße* zur **Kirche St. Peter und Paul (13)** bei dessen 64 Meter hohen italienischen Glockenturm der Campanile von San Zeno Pate stand. Gegenüber des Haupteingangs laufen wir in die *Brandenburger Straße* und biegen an der ersten Möglichkeit nach links auf die *Friedrich-Ebert-Straße* ab. Diese bringt uns am *Platz der Einheit* vorbei zur Rückseite des Filmmuseums, wo wir uns nach links wenden und auf dem **Alten Markt (14)** stehen, der von der **Nikolaikirche** mit ihrer fast 80 Meter hohen Kuppel, dem **Alten Rathaus** von 1753 bis 1755 mit der vergoldeten **Atlas-Figur** sowie dem nach seinem Baumeister benannten **Knobelsdorff-Haus** von 1750 umrahmt wird. *1666 ließ der Große Kurfürst Friedrich Wilhelm hier sein Stadtschloss bauen. 1960 wurden die Ruinen beseitigt, die der Zweite Weltkrieg übrig gelassen hatte.* Nach langen Kontroversen zog 2013 der Landtag in das im historischen Gewand des **Potsdamer Stadtschlosses** wiedererrichtete Gebäude ein. Vom Alten Markt geht es über die Lange Brücke zurück zum Potsdamer Bahnhof.

Karl Friedrich Schinkel

Ob Neue Wache, Schauspielhaus oder Altes Museum in Berlin, Schloss Babelsberg in Potsdam oder Dorfkirche in Straupitz, wer durch Berlin und Brandenburg reist, trifft unweigerlich auf die Spuren Karl Friedrich Schinkels.

Der vielfältige und produktive Architekt und Stadtplaner wurde am 13. März 1781 als drittes Kind des Kirchen- und Schulinspektors Cuno Schinkel und seiner Frau Dorothea in Neuruppin geboren. Während eines Ausstellungsbesuchs erkannte er seine Berufung für die Architektur. Daraufhin ging er bei David Gilly in die Lehre, freundete sich mit dessen Sohn Friedrich, ebenfalls Architekt, an und begann 1799 ein Studium an der neu eröffneten Bauakademie. Nach dem Abschluss arbeitete er zunächst als Bühnenbildner und Maler bis er 1810 Beamter der Oberbaudeputation wurde. 1815 ernannte man ihn zum Oberbaurat und mit der Beförderung zum Oberbaudirektor übernahm er 1831 die Verantwortung für fast die gesamten Bauvorhaben des preußischen Königs.

Zwei Jahre nach seinem Aufstieg zum Oberlandesbaudirektor erlitt er einen schweren Schlaganfall, von dem er sich nicht mehr erholte. Am 9. Oktober 1841 verstarb er im Alter von 60 Jahren.

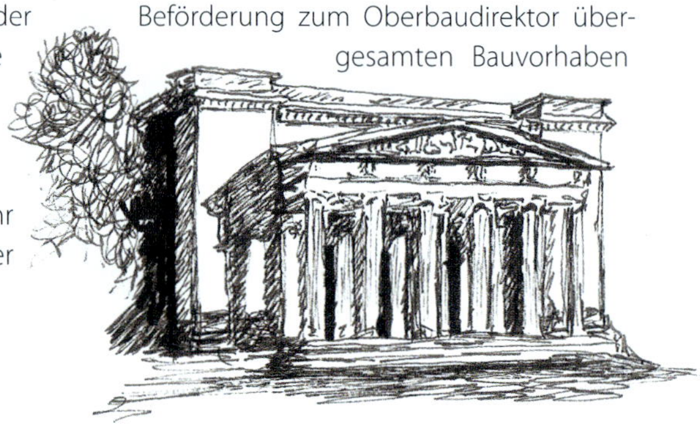

23 km

Wannsee-Rundfahrt

Pack die Badehose ein

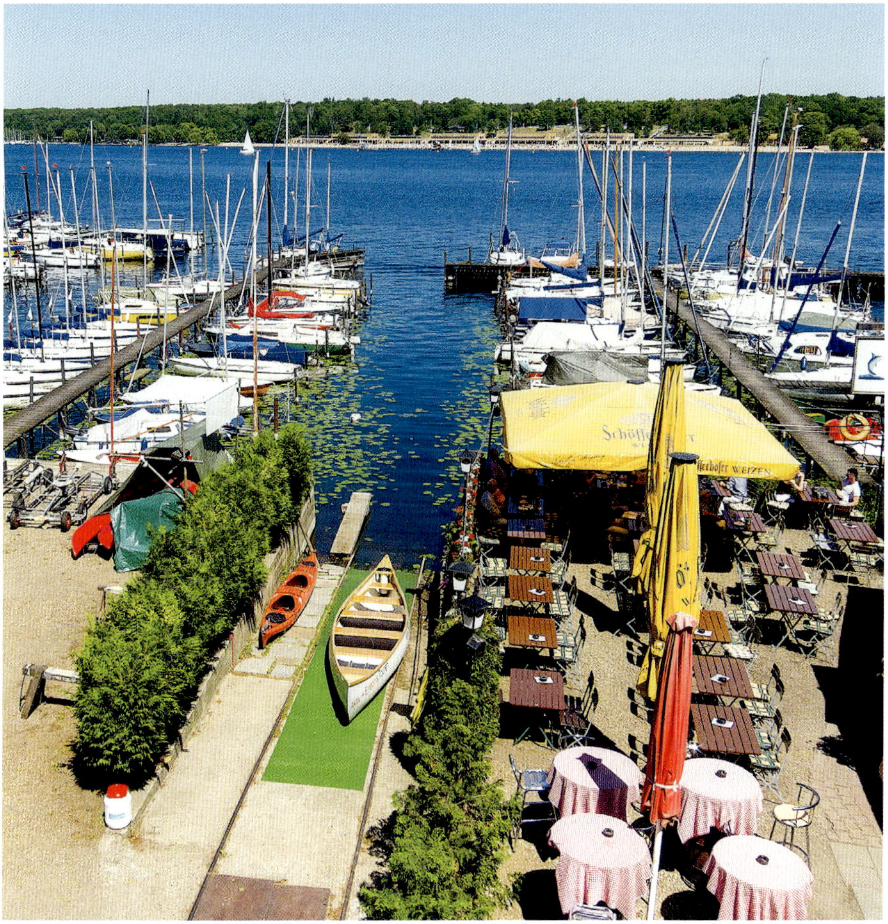

Tour 15

Infos Tour 15 – Wannsee-Rundfahrt

Aktivitäten	Natur	Kultur	Baden	Hindernisse
★★☆☆	★★☆☆	★★★★	★★★☆	☆☆☆☆

Charakter der Tour

Ob Babelsberg, Glienicke oder Pfaueninsel: Auf dieser abwechslungsreichen Tagestour begegnet man mit jedem Paddelschlag dem Wirken der einstigen Preußenkönige. Die unzähligen Parks und Schlösser, alle selbstverständlich mit Seeblick, machen die Region zu einem der beliebtesten Erholungsgebiete in der Bundeshauptstadt und es mangelt nicht an urigen Ausflugsgaststätten. Das historische Wirtshaus Moorlake z.B. bietet in seinem großen Biergarten Platz für bis zu 350 Gäste und natürlich hat der inzwischen über 60 Jahre alte Gassenhauer *„Pack die Badehose ein …"* von Conny Froboess bis heute nichts an Aktualität eingebüßt und nach wie vor gilt: *„ … und dann nüscht wie raus zum Wannsee".*

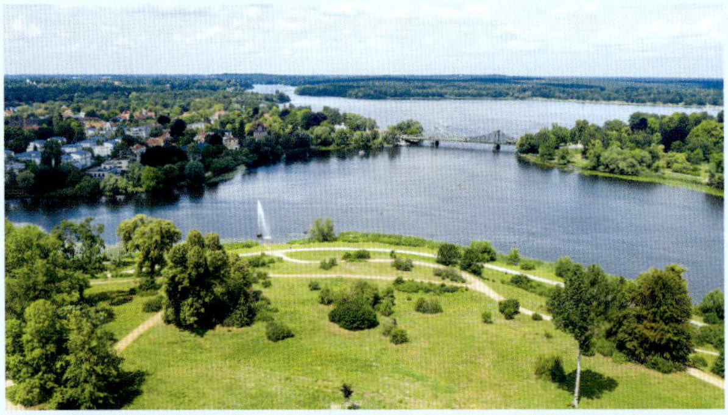

Länge & Dauer der Tour 18 km, Tagestour

Anreise Autobahn A 115, Ausfahrt 4 (Kreuz Zehlendorf), weiter auf der B 1 Potsdamer Chaussee/Königstr. nach Wannsee. Nach der Wannseebrücke rechts ab in die Straße Am Großen Wannsee zum Parkplatz Zum Heckeshorn 27.

Ein- & Aussetzstelle Beim Flensburger Löwen an der Badestelle **Heckeshorn** (*Navi: Am Großen Wannsee 58-60, 14109 Berlin*).

Karten & Literatur-Tipps

KANU KOMPAKT *„Berlin"*, *Kanutourenführer mit topografischen Wasserwanderkarten*, *„SUP-Guide Berlin & Umland"*, beide Thomas Kettler Verlag.

„Glücksorte in Berlin: Fahr hin & werd glücklich", sowie *„Grüne Glücksorte in Berlin: Geh raus & blüh auf"*, beide Droste Verlag.

Reise Know-How Reiseführer *„Berlin mit Potsdam"* *CityTrip PLUS mit Stadtplan & kostenloser Web-App.*

„Uferblicke: Geschichten rund um den Wannsee", *Michael Stoffregen-Büller*, Dittrich Verlag.

„Max Liebermanns Garten am Wannsee", *Günter und Waldtraut Braun*, Nicolai Verlag.

Potsdam-Babelsberg-Krimis *„Abgedreht"*, *„RaubLust"*, *„Landjäger"*, *Susanne Rüster*, Bild & Heimat Verlag.

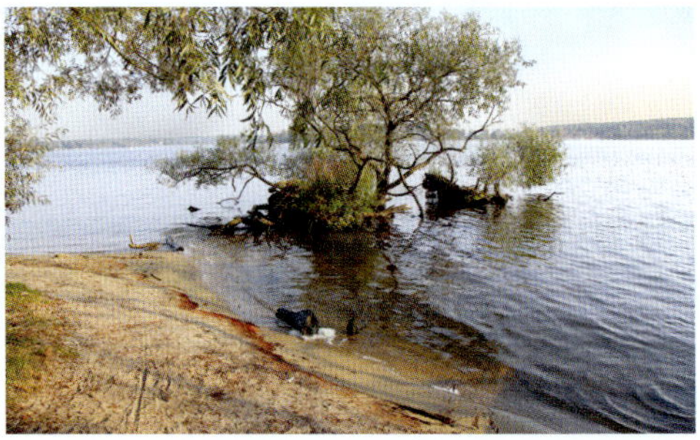

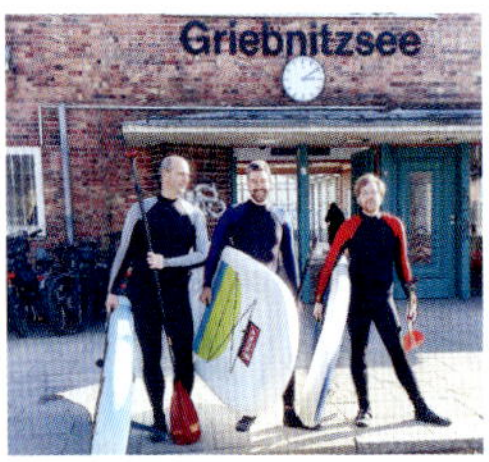

Kanuvermieter

Berlin-Wannsee
Kanuverleih Wannsee
Am Großen Wannsee 60
Tel. 0152-31 89 47 18
www.kanuverleih-wannsee.de

Vermietung, geführte Touren & Kurse

Bf Griebnitzsee
Potsdam per Pedales (*auch SUP & Fahrräder*)
Rudolf-Breitscheid-Str. 201
Tel. (0331) 748 00 57
www.potsdam-per-pedales.de

18 km

Übernachtung in Wassernähe

Wannsee (S-Bahn Nikolassee)
Jugendherberge Wannsee
Badeweg 1
Tel. (030) 803 20 34
www.jh-wannsee.de

Bf Griebnitzsee
Seminaris Avendi Hotel
Rudolf-Breitscheid-Straße 190
Tel. (0331) 709 10
www.seminaris.de

Am Griebnitzkanal
Hotel Forsthaus Wannsee
Stölpchenweg 45
Tel. (030) 805 86 80
www.hotel-forsthaus-wannsee.de

Weitere Aktivitäten

Radfahren ***Rundtour*** um den ***Wannsee.***

Fahrradvermieter *Potsdam Per Pedales* im **Potsdamer Hauptbahnhof,** Eingang Babelsberger Str., Tel. (0331) 88 71 99 17 und am **Bahnhof Griebnitzsee**, Rudolf-Breitscheid-Str. 201, Tel. (0331) 748 00 57, www.potsdam-per-pedales.de

Wandern

Spaziergang auf dem ***Teltowkanalweg*** entlang des um die Jahrhundertwende als schiffbarer Wasserweg zwischen Oder und Elbe errichteten ***Teltowkanals***.

Spaziergang über die ***Pfaueninsel,*** im ***Glienicker Park*** oder durch das pittoreske Dorf ***Klein Glienicke*** *(Übernachtungs-Tipp ab 4 Nächten: „Zimmer mit Ausblick").*

Schiffsfahrt mit dem ***Ausflugsdampfer.***

Baden im ***Strandbad Wannsee*** mit 540 Meter langem denkmalgeschützten Gebäudekomplex von 1930 und über 1,2 km Sandstrand – eines der größten Freibäder an einem Binnengewässer in Europa.

Museumsdorf Düppel mittelalterliches Freilichtmuseum in **Berlin-Nikolassee** (www.dueppel.de).

Sehenswürdigkeiten

Rund um die Insel Wannsee Haus der Wannseekonferenz (Gedenk- & Bildungsstätte, www.ghwk.de), russisches Blockhaus Nikolskoe (Restaurant) und Kirche St. Peter & Paul, Schloss und Landschaftsgarten Pfaueninsel, Glienicker Brücke, Glienicker Schlosspark mit Löwenfontäne, Casino sowie Schloss Glienicke mit Museum und Hofgärtnermuseum (www.spsg.de), Klein Glienicke mit unter Denkmalschutz stehenden Schweizerhäusern und dem Jagdschloss Glienicke, Schloss Babelsberg mit Lenné-Park, Filmpark Babelsberg, Schloss Cecilienhof.

Tourist-Infos

Berlin Tourist Info Servicestelle im Hauptbahnhof/Europaplatz, Tel. (030) 25 00 23 33, www.visitberlin.de

Tourist-Info Potsdam im Bahnhof (Friedrich-Engels-Str. 99), Tel. (0331) 27 55 88 99, www.potsdamtourismus.de

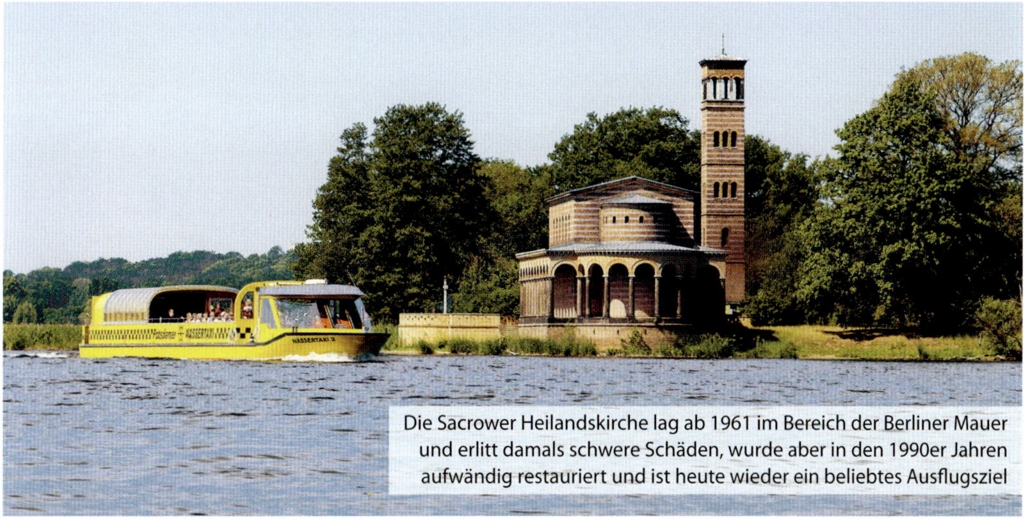

Die Sacrower Heilandskirche lag ab 1961 im Bereich der Berliner Mauer und erlitt damals schwere Schäden, wurde aber in den 1990er Jahren aufwändig restauriert und ist heute wieder ein beliebtes Ausflugsziel

18 km

Wannsee-Rundfahrt

Einen guten Ausgangspunkt für die Tagestour rund um Wannsee finde ich auf der äußersten Landspitze **Heckeshorn** im nordwestlichen Abschnitt des ***Großen Wannsees***. Auf dem großen *Parkplatz Zum Heckeshorn 27* an der Kreuzung der Straßen „Am Großen Wannsee" und „Zum Heckeshorn" lade ich das Kajak vom Autodach und schiebe es auf dem Bootswagen vor dem *Hotel „Sanssouci"* über die Straße. Unter dem Blick des Flensburger Löwen am *Biergarten* vorbei, geht es bis zu einem kleinen *Sandstrand* neben dem *Seglerhafen*, wo das Boot problemlos ins Wasser gleitet.

Gleich nach dem Ablegen steuere ich nach links (nordwestwärts). Gegenüber leuchten die Strandkörbe des *Strandbads Wannsee*, dem größten Binnenseebad Europas, in der Sonne und auf der Pfahlreihe, die das Ufer vor dem Wellenschlag schützen soll, spannt ein Kormoran nach erfolgreichem Beutezug seine Flügel zum Trocknen aus. In der nächsten Bucht kreischen ein paar Kinder beim Baden, ansonsten ist kein Laut zu vernehmen. In einiger Entfernung schiebt sich ein Ausflugsdampfer vorüber, dessen anlaufende Wellen mich sanft durchschaukeln. Es ist absolut windstill und wenn nicht gerade ein Motorboot vorüberfährt, streckt sich die glatte Wasserfläche wie ein riesiger Spiegel bis zum Horizont vor mir aus. Parallel zum Ufer paddelnd, erblicke ich voraus den Fernmeldeturm auf dem 103 Meter hohen ***Schäferberg***, während in der Ferne die rechts auftauchende ***Pfaueninsel*** ihre südliche Flanke zum Ufer hin ausstreckt, wo eine Fähre pendelt. *Das 88 Hektar große Eiland, das inzwischen zum UNESCO-Weltkulturerbe gehört, ist ein beliebtes Naherholungsgebiet. Es kann nur zu Fuß erkundet werden, Fahrzeuge jeglicher Art sind verboten. Zu entdecken gibt es entlang der Spazierwege außer den etwa 40 hier lebenden*

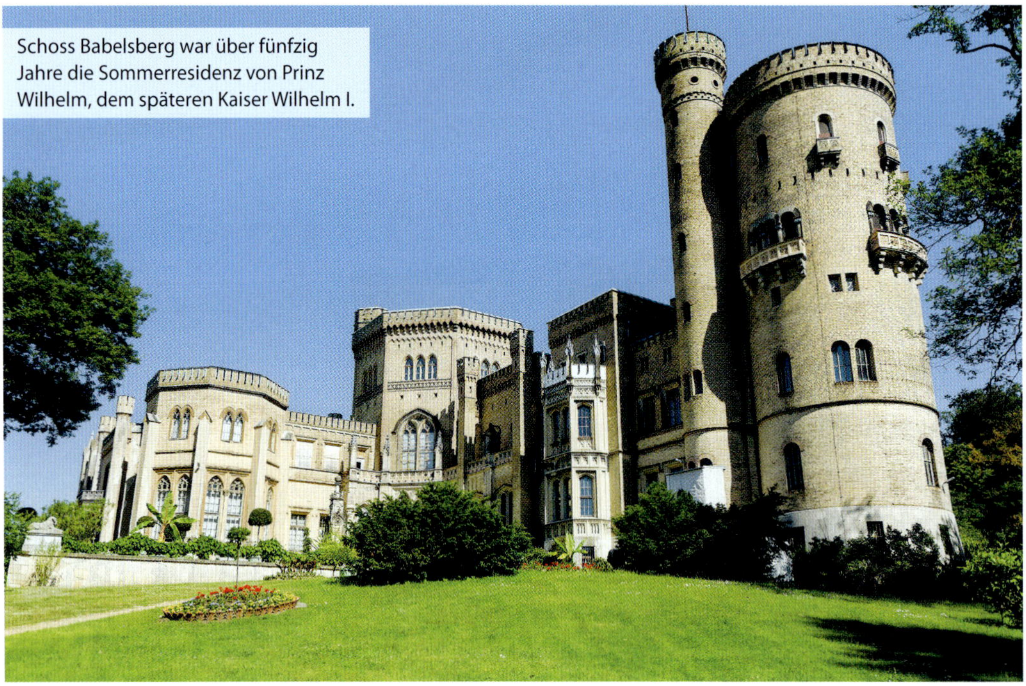

Schoss Babelsberg war über fünfzig Jahre die Sommerresidenz von Prinz Wilhelm, dem späteren Kaiser Wilhelm I.

18 km

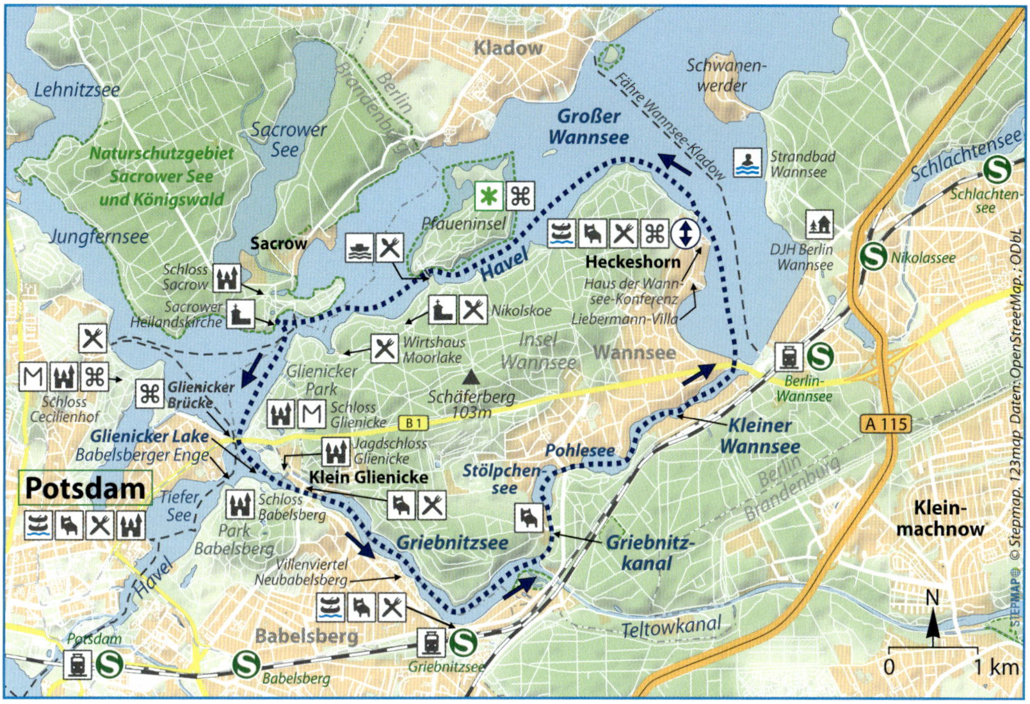

Pfauen das Schloss Pfaueninsel, das Kavaliershaus, das Schweizerhaus, die alte Meierei, Rosengärten sowie über das gesamte Areal locker verteilte Skulpturen und Springbrunnen. Friedrich Wilhelm II. erwarb im Jahre 1793 für sich und seine junge Geliebte die Pfaueninsel und ließ im südwestlichen Teil das schneeweiße Schloss in Form einer romantischen Ruine errichten. Die Inneneinrichtung ist noch immer im Original erhalten. Unter Friedrich Wilhelm III. verwandelte der Landschaftsarchitekt Peter Joseph Lenné die Insel in einen traumhaften Landschaftspark mit einer Menagerie, die bald jene 850 Tiere fasste, die Wilhelm von seinen adligen Gästen als Geschenk erhalten hatte. Anfangs durften die Tiere zweimal wöchentlich vom gemeinen Volk bestaunt werden, später stiftete er die Tiere der Residenzstadt Berlin, sie waren der Grundstock für den Berliner Zoologischen Garten. Überbleibsel der Menagerie sind die Nachkommen der noch heute auf der Insel umherstolzierenden Pfauen.*

Bald nachdem ich am linken Ufer das *Wirtshaus zur Pfaueninsel* und die *Fähre*, 1821 eingerichtet und damit die älteste Fährverbindung Berlins, hinter mir gelassen habe, thront hoch über dem linken Ufer die *Kirche St. Peter und Paul* mit ihrem charakteristischen Zwiebelturm sowie das *Blockhaus Nikolskoe. Friedrich Wilhelm III. wollte, dass auch das gegenüberliegende Ufer etwas hermachte. Und als ihn 1819 seine Tochter Charlotte besuchte, sie hatte 1817 Zar Nikolaus I. geheiratet, ließ er*

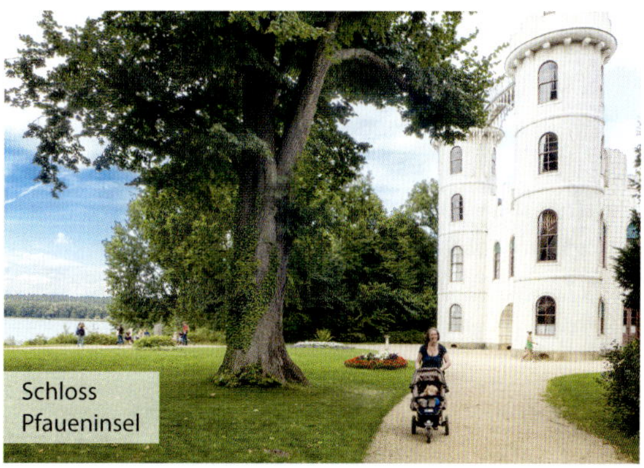
Schloss Pfaueninsel

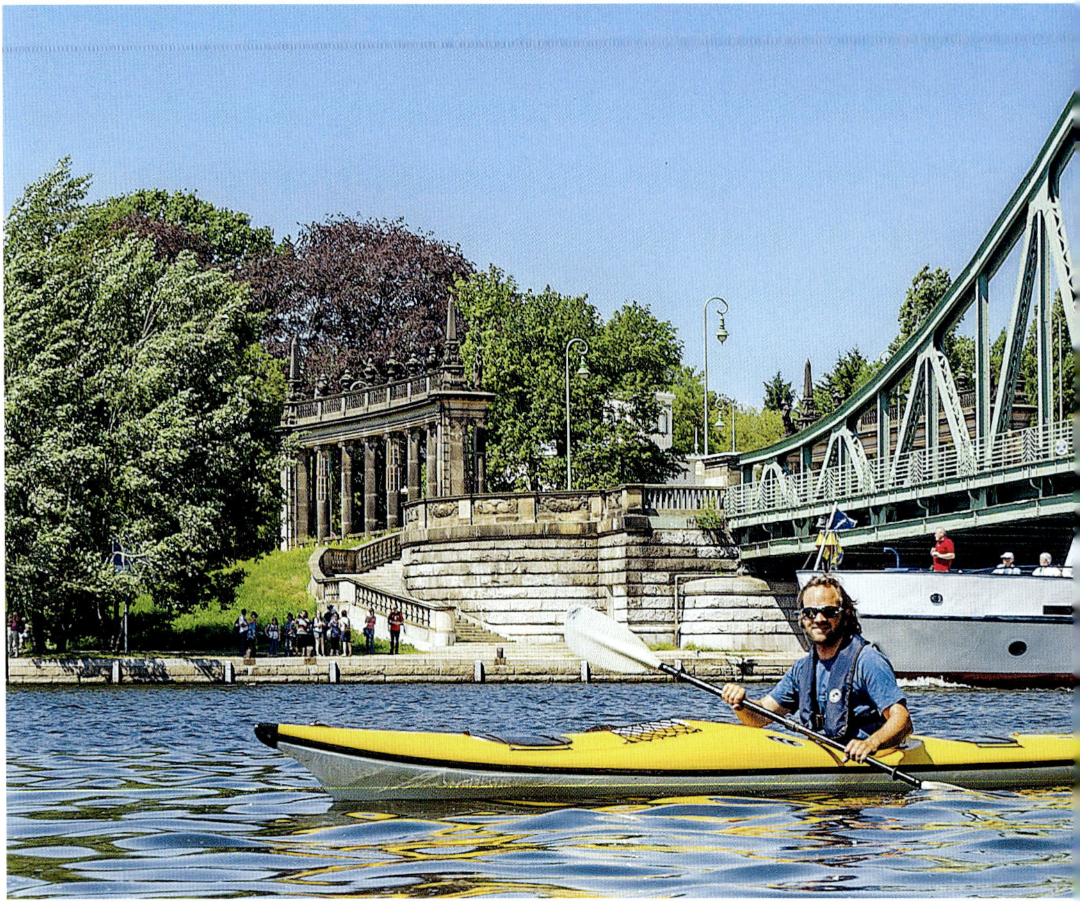

auf der Anhöhe gegenüber der Pfaueninsel das Blockhaus Nikolskoe im Stil eines russischen Bauernhauses errichten, das heute ein beliebtes Ausflugsrestaurant mit herrlichem Ausblick beherbergt.

Die Kirche nebenan ist den Aposteln Peter und Paul geweiht und wurde von 1834-37 nach Plänen August Stülers errichtet. Während die Fassade und der Zwiebelturm wiederum einen Bezug auf Russland nimmt, sind Grundriss und Ausstattung allerdings streng protestantisch.

18 km

Nächste Station ist das historische *Wirtshaus Moorlake, 1840 von Schinkelschüler Ludwig Persius erbautes Forsthaus im bayerischen Stil mit umlaufendem hölzernen Balkon, inzwischen freundlich hell gestrichen,* das auf eine über 100-jährige Tradition zurückblickt. Da es im Gegensatz zum Blockhaus Nikolskoe direkt am Ufer liegt, brauche ich nicht zweimal zu überlegen und lege am großen Biergarten an und genieße im Schatten der altehrwürdigen Buche einen großen Eisbecher.

Bei der Wannsee-Rundtour folgen die Sehenswürdigkeiten Schlag auf Schlag – von der Bucht in Moorlake, richte ich mein Boot direkt auf das gegenüberliegende Ufer, wo sich in **Sacrow** unmittelbar am Ufer die außergewöhnliche *Heilandskirche* mit ihrem freistehenden Turm erhebt.

Sie wurde 1844 ebenfalls nach Plänen von Ludwig Persius im italienischen Stil errichtet. In den 1990 Jahren wurde sie restauriert, nachdem sie durch Einbeziehung in den Bereich der Berliner Mauer schwere Schäden erlitten hatte.

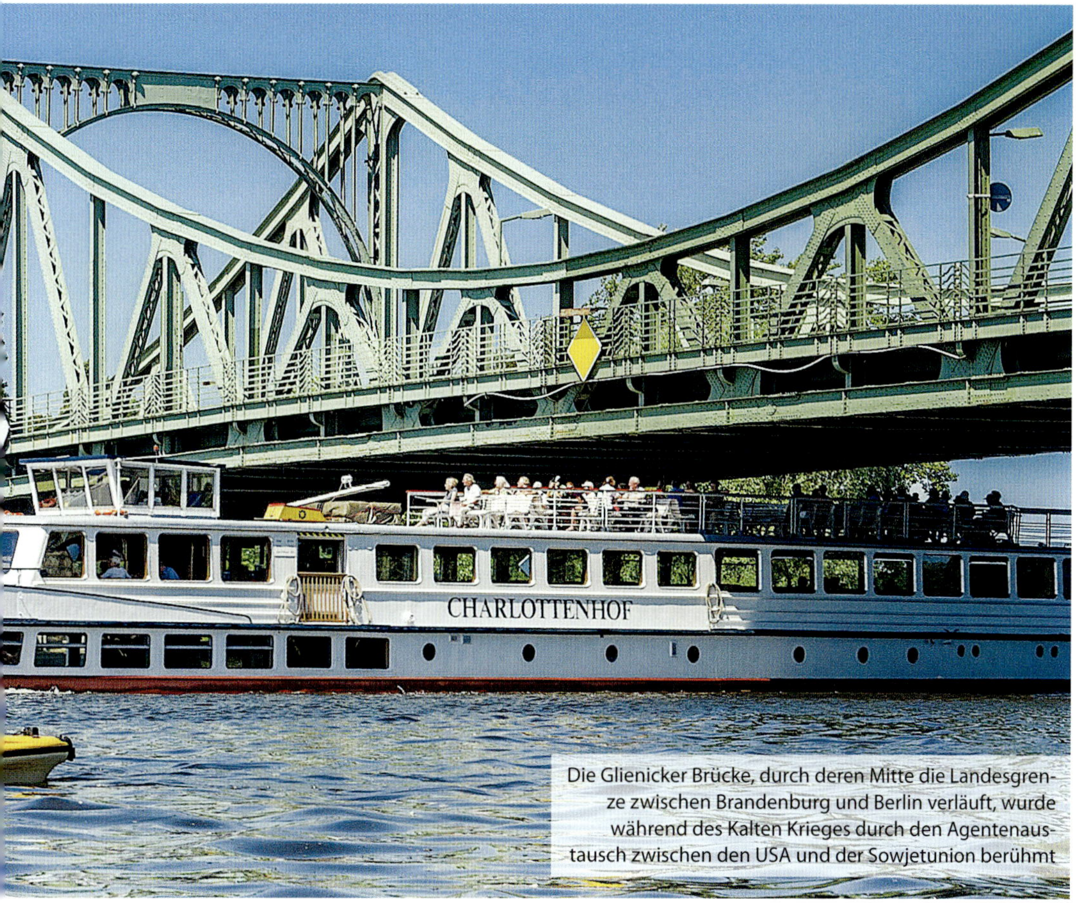

Die Glienicker Brücke, durch deren Mitte die Landesgrenze zwischen Brandenburg und Berlin verläuft, wurde während des Kalten Krieges durch den Agentenaustausch zwischen den USA und der Sowjetunion berühmt

Die Sperranlagen der DDR verliefen direkt über das Kirchengelände, die Kirche jedoch stand im Niemandsland.

Wenige hundert Meter landeinwärts liegt im Park Sacrow das 1773 vom schwedischen Generalleutnant Johann Ludwig von Hordt erbaute Herrenhaus Schloss Sacrow, welches von außen besichtigt werden kann. Die Innenräume sind nur während besonderer Veranstaltungen oder Ausstellungen für die Öffentlichkeit zugänglich.

Im Südwesten rückt nun die ***Glienicker Brücke*** ins Blickfeld. *1907 als Fachwerkbrücke errichtet, wurde sie später zu einem legendären Schauplatz des Kalten Krieges, da über sie der Agentenaustausch zwischen den USA und der Sowjetunion abgewickelt wurde.*

Ein Stück rechts davon entfernt liegt am Ufer *Schloss Cecilienhof*, ein weiterer geschichtsträchtiger Ort. *Der letzte Schlossbau der Hohenzollern wurde von Kaiser Wilhelm II. für seinen ältesten Sohn veranlasst und zwischen 1914 und 1917 errichtet. Architekt Paul Schultze-Naumburg orientierte sich dabei am englischen Tudor-Stil und verwendete nur traditionelle Materialien wie Backstein und Holz. Das Schloss passt sich sehr gut in die Landschaft ein und das zurückhaltende Erscheinungsbild verschleiert die wahre Dimension des Schlosses mit seinen 176 Zimmern. Nach dem Zweiten Weltkrieg versammelten sich die Siegermächte vom 17. Juli bis 2. August 1945 zur Potsdamer Konferenz auf Schloss Cecilienhof und verhandelten über das weitere Vorgehen u.a. in Bezug*

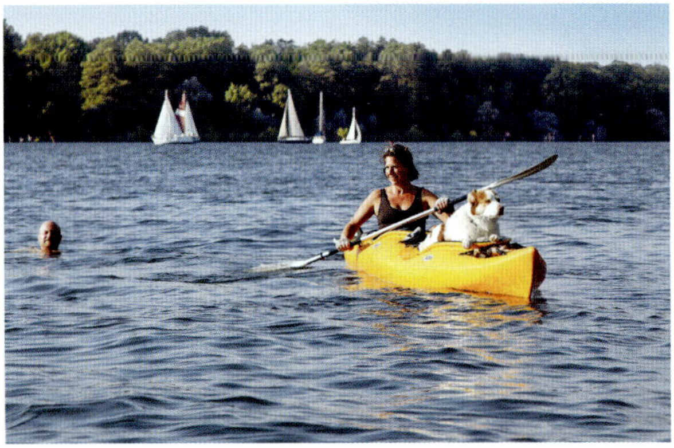

auf die Grenzverläufe, Reparationszahlungen sowie die Verwaltung des besetzten Deutschlands.

Links vor der ***Glienicker Brücke*** versteckt sich hinter den Bäumen des Glienicker Schlossparks das klassizistische *Schloss Glienicke*, der einstige Sommersitz des Prinzen Carl von Preußen. Nach der Brückendurchfahrt öffnet sich zur Rechten der Blick durch die ***Babelsberger Enge*** und über den ***Tiefen See*** auf die Stadtsilhouette von **Potsdam** und ich steuere die Bootsspitze noch vor der Wasserfontäne nach links auf die ***Glienicker Lake***.

Das *Jagdschloss Glienicke* dicht am linken Ufer, *wurde Ende des 17. Jahrhunderts von Charles Philippe Dieussart für den Großen Kurfürsten Friedrich Wilhelm von Brandenburg errichtet.*

Am *Biergarten von „Wartmanns Café" in* **Klein Glienicke** sollte man nicht nur für eine leckere Bratwurst, Kuchen oder Eis anlegen (Leiter an der Uferbefestigung nutzen). Denn über die Parkbrücke ist auch das u. a. von Karl Friedrich Schinkel im Stil der englischen Gotik erbaute *Schloss Babelsberg, das Kaiser Wilhelm I. und seiner Gattin Augusta von Sachsen-Weimar über 50 Jahre als Sommersitz diente,* schnell erreicht. *Den großflächigen Park gestalteten Peter Joseph Lenné und Fürst von Pückler-Muskau als englischen Landschaftsgarten.*

18 km

Wieder auf dem Wasser, passieren wir die beeindruckenden Häuser der *Villenkolonie Neubabelsberg* am rechten Ufer des ***Griebnitzsees*** – hier in Nähe der benachbarten Filmstudios **Babelsberg** lebten auch einige Filmschauspieler. *Während der Potsdamer Konferenz 1945 wohnten die Verhandlungsführer Churchill, Stalin und Truman in den heute nach ihnen benannten Villen.*

Das linke Ufer ist bewaldet und erstaunlich grün und es gibt unzählige freie Buchten, in denen man ungestört an Land gehen kann. Da, wo der ***Griebnitzsee*** nach Nordosten abknickt, besteht am rechten Ufer Zugang zum *Bahnhof Griebnitzsee* (S-Bahn, Café); außerdem hat hier *„Potsdam per Pedales"*, Vermieter und Veranstalter für Kanu, Rad & SUP, eine Niederlassung.

Am Ende des Sees lasse ich den abzweigenden ***Teltowkanal*** (wenige Meter in den Kanal hinein, Mi-So Einkehr im schönen *Biergarten* der *Söhnel Werft* möglich) rechts liegen und erreiche im ***Griebnitzkanal (Prinz-Friedrich-Leopold-Kanal)***, der den Griebnitzsee mit dem ***Stölpchensee*** verbindet, das ehemalige Ausflugslokal „St. Hubertusbaude". Hinter der Brücke geht es vorbei am *Hotel Forsthaus*, dann über ***Stölpchensee***, ***Pohlesee*** und den ***Kleinen Wannsee*** zurück auf den ***Großen Wannsee.*** Vorbei an unzähligen Segelvereinen mit ihren Häfen ist der Startpunkt am Flensburger Löwen schnell erreicht.

Nachdem das Kajak wieder auf dem Autodach verladen ist, besuche ich noch das *Haus der Wannseekonferenz. Hinter der repräsentativen Fassade dieser Wannsee-Villa verhandelten am 20. Januar 1942 fünfzehn Nazi-Beamte unter dem Vorsitz von SS-Obergruppenführer Reinhard Heydrich ihren teuflischen Plan zur Deportation und Ermordung der Juden. Die ständige Ausstellung „Die Wannsee-Konferenz und der Völkermord an den europäischen Juden" im Erdgeschoss der Villa, erinnert an die Verfolgung, Vertreibung und Ermordung der Juden im Dritten Reich.*

Von Wannsee nach Tegel

Janz weit draußen und doch ganz nah

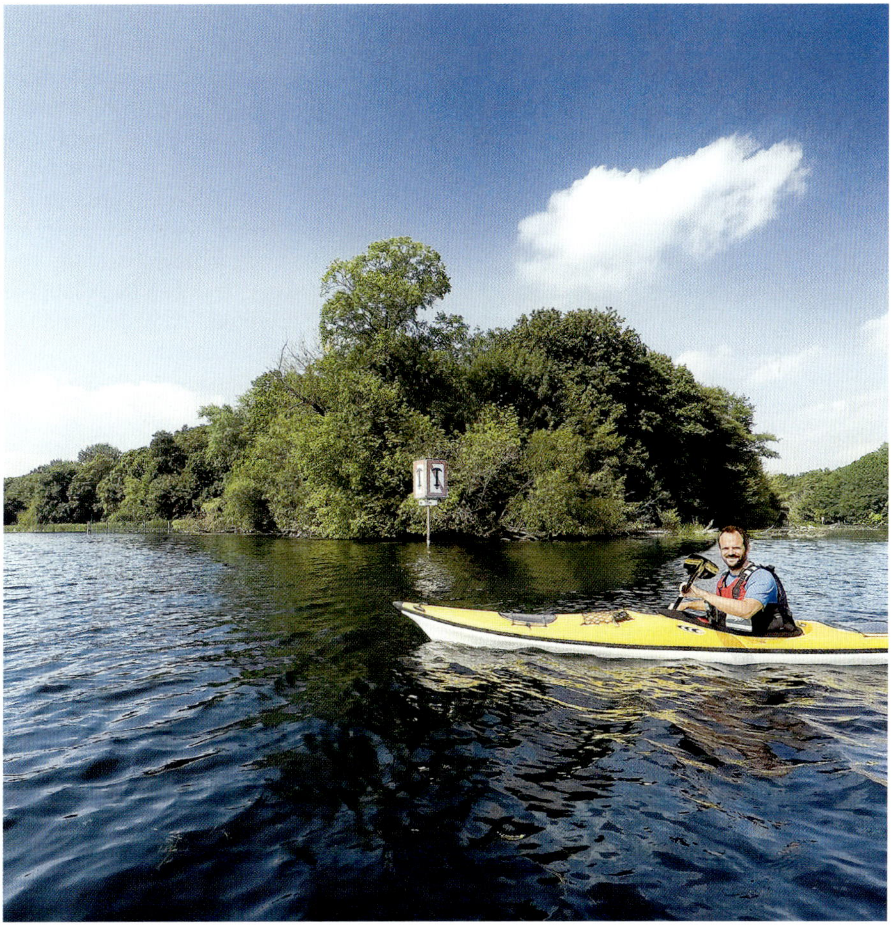

Tour 16

Infos Tour 16 – Wannsee - Klein-Venedig - Spandau - Tegeler See

Aktivitäten	Natur	Kultur	Baden	Hindernisse
★★★☆	★★★☆	★★★☆	★★★★	★☆☆☆

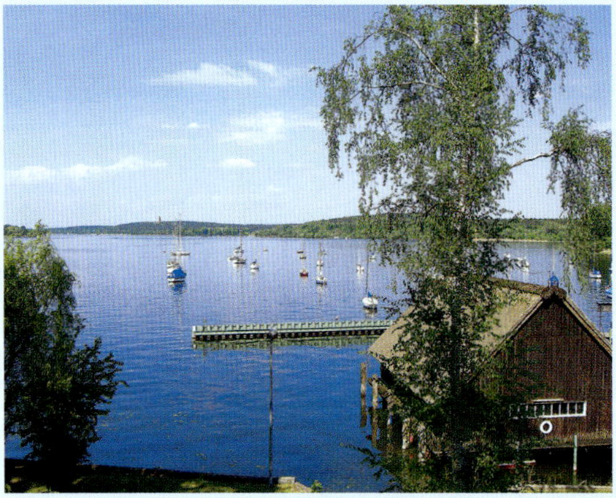

Charakter der Tour
Auf dieser abwechslungsreichen Tour öffnet sich die Havel zu einer riesigen, seeartigen Wasserfläche. Am reizvolleren rechten Ufer geht es entlang des Grunewalds Richtung Norden, zahlreiche schöne Badestellen säumen das Ufer des bewaldeten Moränenhügels.

Am „See"-Ende lohnt ein Abstecher in das aufgrund der zahlreichen Wasserläufe auch „Klein-Venedig von Spandau" genannte Tiefwerder. Hier, im Landschaftsschutzgebiet „Tiefwerder-Wiesen", kommen Naturliebhaber voll auf ihre Kosten und dank der geringen Wassertiefe haben Paddler die Idylle (fast) für sich.

Turbulenter kann es dann auf der folgenden Havel-Passage vom Spandauer Südhafen bis zur eindrucksvollen Zitadelle werden, wenn Frachter und Ausflugsdampfer vorbeistampfen und die Wellen von den Kaimauern zurückgeworfen werden. Am Ende wartet schließlich der idyllische Tegeler See mit insgesamt sieben Inseln – das Wassersport-Eldorado im Nordwesten! Mit seinen 450 Hektar ist er nach dem Müggelsee der zweitgrößte See Berlins. Doch seine eher längliche Ausdehnung und die Inseln machen ihn interessanter und weniger windanfällig als den großen Bruder im Südosten. Mehrere Strände sowie das klare Wasser laden zum Baden ein.

Wind & Wetter Die Tour kann in beide Richtungen gepaddelt werden. Gerade der breite südliche Bereich der Havel ist sehr windanfällig, daher sollte man seine Tourrichtung, nach den Windverhältnissen wählen. Auf dem Tegeler See kann man gut den Windschatten der Inseln nutzen.

Befahrungsregelung Zwischen den Inseln Baumwerder, Valentinswerder und Maienwerder darf nicht hindurchgefahren werden – die Schilder sind deutlich zu erkennen.
Alle wichtigen Infos & Regeln zum Wassersport für Berlin: www.berlin.de/polizei/dienststellen/landespolizeidirektion/direktion-einsatz-verkehr/wasserschutzpolizei/aktuelle-informationen

Länge & Dauer der Tour 24 km, 1-2 Tage, die Tour lässt sich auch als ausgedehnte Tagestour paddeln.

1 Umtragestelle Ca. 100 m Portage an der Bootsschleppe neben der Spandauer Schleuse.

Anreise Autobahn A 115, Ausfahrt 4 (Kreuz Zehlendorf) und weiter auf der B 1 nach Wannsee. Nach der Wannseebrücke rechts auf die Straße „Am Großen Wannsee" 1,6 km bis zum Parkplatz Heckeshorn (*Navi: Zum Heckeshorn 27, 14109 Berlin*).

Einsetzstelle Am Mini-Strand neben dem „Flensburger Löwen" auf der Landspitze **Heckeshorn**.

24 km

Aussetzstelle In **Tegel** an steinernen Treppenstufen am südlichen Ende der Greewichpromenade (Eisenhammerweg / Ecke Borsigdamm). Von dort rund 1.000 m Fußweg zur U-Bahnstation Alt-Tegel.

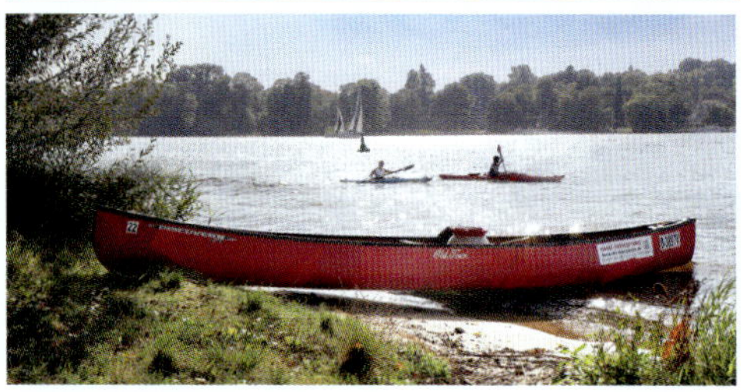

Zurück zum Pkw Mit der U6 vom Bahnhof Alt-Tegel nach Berlin-Friedrichstraße. Dort mit der S7 Richtung Potsdam bis Bf Berlin-Wannsee und weiter mit dem Bus Linie 114 in 7 Min. zum Parkplatz Heckeshorn 27 (Fahrtzeit gesamt ca 1:10 h).

Etappenvorschlag

1. Tag Wannsee – Tiefwerder (12 km)

2. Tag Tiefwerder – Tegel (12 km)

Tipps für Tagestouren

1. Rundtour um die Tegeler See Inseln (ca. 12 km).
2. Durch „Klein-Venedig" in Tiefwerder (ca. 3 km).
3. Am Ufer entlang des bewaldeten Moränenhügels des Grunewalds (belieb. Länge, v. Badestellen).

Karten & Literatur-Tipps

KANU KOMPAKT ***„Potsdam, Werder, Spandau"****, Tourenführer mit topogr. Wasserwanderkarten,* ***„SUP-Guide Berlin & Umland"****,* Thomas Kettler Verlag.

„Kurztrip Berlin" *mit Faltkarte &* ***„Berlin"*** *Sehenswürdigkeiten, Kultur, Szene, Ausflüge,* beide Trescher Verlag.

„Auf Försters Wegen – Im Süden und Westen Berlins"*, 46 Waldtouren durch den Grunewald, den Tegeler Forst und das Spandauer Teufelsmoor,* Spazieren, Tageswanderungen, Radtouren, via reise.

„Max Liebermanns Garten"*, eine schöne Sammlung für Kunst- und Gartenfreunde,* Insel Verlag.

„Der Verdacht"*: Eine Kleist-Novelle,* Quintus-Verlag.

Kriminalromane, 1968 - Wolf Heller ermittelt: ***„Die Tote im Wannsee"*** & ***„Teufelsberg"****,* Ullstein Verlag.

Übernachtung in Wassernähe

14193 Berlin (Grunewald)
Seehotel Grunewald
Straße am Schildhorn 5
Tel. (030) 300 97 00
www.seehotel-grunewald.de

13597 Berlin (Tiefwerder)
Kajak-Club Albatros
(DKV-Kanustation, zelten, Anmeldung sinnvoll, da Platz begrenzt)
Tiefwerderweg 15
Tel. 0178-135 99 48
www.kc-albatros.de

13599 Berlin (Haselhorst)
Kanuclub Zugvogel Berlin
(nur DKV-Mitglieder mit vorheriger Anmeldung)
Bootshausweg 4
Tel. 0171-282 72 37
www.zugvogel-ev.de

13585 Berlin (Spandau)
Brauhaus Spandau
Neuendorfer Str. 1
Tel. (030) 353 90 70
www.brauhaus-spandau.de

13599 Berlin (Saatwinkel)
Marina Schulz
(Zimmer für Tagesgäste)
Im Saatwinkel 29
Tel. (030) 334 32 55
www.marinaschulz.de

13599 Berlin (Siemensstadt)
Hotel und City Camping Nord
(Mai-Sep Biergarten am Wasser)
Gartenfelder Straße 1
Tel. (030) 33 50 36 33
www.city-camping-berlin.de

Kanuvermieter

14109 Berlin (Wannsee)
Kanuverleih Wannsee
Am Großen Wannsee 60
Tel. 0152-31 89 47 18
www.kanuverleih-wannsee.de

13595 Berlin (Tiefwerder)
Der Bootsladen
Brandensteinweg 37
Tel. (030) 362 56 85
www.der-bootsladen.de

13595 Berlin (Pichelsdorf)
Mimikus Bootsverleih *& 13kanus.de (auch SUP & Flöße)*
Am Pichelssee 40 a-c
Tel. 0163-191 40 00
www.mimikus-bootsverleih.de

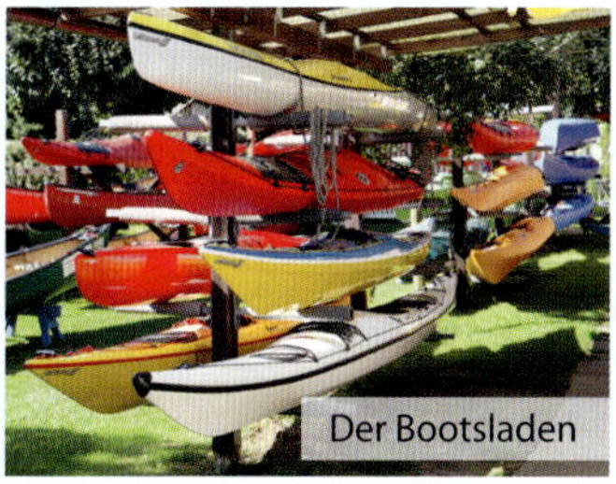

Der Bootsladen

Bf Griebnitzsee (Potsdam)
Potsdam per Pedales (auch SUP & Fahrräder, geführte Touren, Kurse)
Rudolf-Breitscheid-Str. 201
Tel. (0331) 748 00 57
www.potsdam-per-pedales.de

Auskunft & Tourist-Infos

Tourist-Info Spandau im Gotischen Haus, Breite Str. 32, Tel. (030) 333 93 88, www.partner-fuer-spandau.de

Tourismusverein Reinickendorf am U-Bahnhof Alt-Tegel, Alt-Tegel / Ecke Treskowstr., Tel. (030) 436 073 12, www.reinickendorf-berlin.de

24 km

Weitere Aktivitäten

Paddeln

Der direkte Weg ***in die Mecklenburgische Kleinseenplatte*** führt von Tegel ***auf der Havel*** gen Norden Richtung Oranienburg / Zehdenick.

Quer durch die Stadt geht es von Wannsee auf dem ***Teltowkanal*** bis in die Spree bei Oberschöneweide oder von Spandau über die Spree und den ***Landwehrkanal*** durch die Stadtmitte bis Alt-Treptow.

Radfahren

16 km entlang des ***Berlin-Spandauer Schifffahrtskanals*** (Spandau -Tiergarten, www.stadtradler-berlin.de).

Rundfahrt um den ***Tegeler See*** (ca. 21 km).

Radtour ***von Spandau*** über Pichelswerder und Grunewald ***nach Wannsee*** (ca. 25 km).

Mehrtagestouren auf dem ***Havel-Radweg.***

Fahrradvermieter Viele Anbieter für Bike-Sharing, einige nur in der Innenstadt: www.berlin.de/tourismus/infos/verkehr/sharing/bikesharing *(z.B. www.fahrradstation.de, Nextbike, Call a Bike, Donkey Republic, Wheels (Elektro-Fahrräder ohne Pedale).*

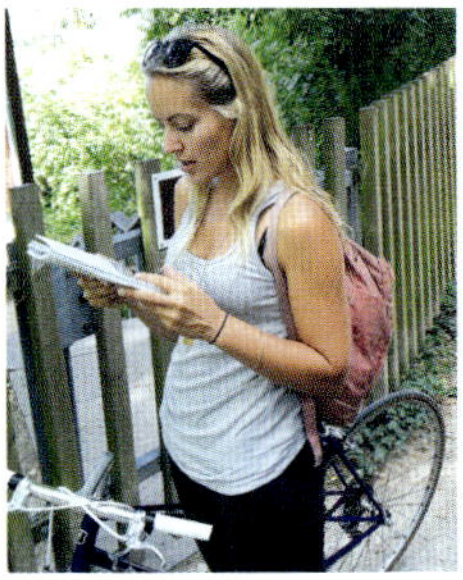

Wandern

www.visitberlin.de/de/wandern-berlin-und-umland

Schöne Wanderung auf dem ***Havelhöhenweg*** mit tollen Ausblicken. Auf und ab, teils über Treppen und Wurzeln, immer an der Abruchkante entlang.

Wanderung durch den Grunewald zum ***Jagdschloss am Grunewaldsee*** (Lucas Cranach-Ausstellung und Jagdzeugsammlung), zum ***Teufelssee*** (schöne Badestelle) und zum ***„Friedhof der Namenlosen"*** (einer der idyllischsten Friedhöfe Berlins).

Kleine Wanderung von Tegel nach Lübars über Holzbohlen-Stege und Waldwege am ***Tegeler Fließ***, einem schmalen, rund 30 km langen Flusstal und moorigen Naturschutzgebiet. Im Bereich der Egidybrücke können Wasserbüffel auf den unter Naturschutz stehenden Sumpfgrasflächen beobachtet werden.

Fahrten mit dem Ausflugsdampfer Berliner City und Umland (Stern und Kreisschiffahrt, Tel. (030) 536 36 00, www.sternundkreis.de).

Sehenswürdigkeiten

Wannsee Haus der Wannseekonferenz (Dauerausstellung „Die Wannsee-Konferenz und der Völkermord an den europäischen Juden", Gedenk- & Bildungsstätte, www.ghwk.de), Kunstmuseum in der Liebermann-Villa (eine der wenigen erhaltenen Villen der „Colonie Alsen", www.liebermann-villa.de), Heinrich von Kleist-Grab am Kleinen Wannsee.

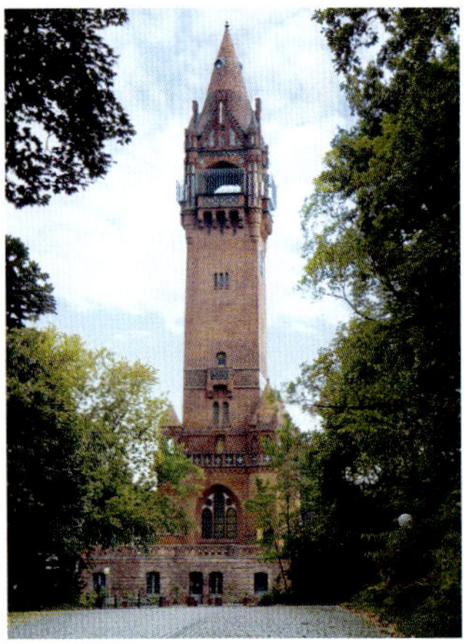

Schwanenwerder (Insel) Exklusive Wohninsel, nicht zugänglich, Überrest des zerstörten Palais des Tuileries, Goebbels-Bunker.

Kladow Dorfkirche (19. Jh.), Militärhistorisches Museum der Bundeswehr.

Grunewald Grunewaldturm, Schildhorndenkmal.

Gatow Villa Lemm (1907-08), Dorfkirche (14. Jh.).

Tiefwerder Stößenseebrücke (1907, eine klassische Stahlkonstruktion in Form einer Bogenbrücke), „Kolonistensiedlung Tiefwerder" – unter Denkmalschutz stehendes Ensemble von 15 Häusern an der Dorfstraße, das Tanzlokal Ballhaus Spandau in der Dorfstraße 5 gilt als älteste Rockdiskothek Europas.

Spandau Rathaus (1911-13), spätgotische Backstein-Hallenkirche St. Nikolaikirche, Kath. Kirche „St. Marien am Behnitz", Gotisches Haus (15. Jh.) mit Stadtinformation, Spandauer Zitadelle (eine von einem Wassergraben umgebene Festungsanlage, deren älteste Teile aus dem Mittelalter stammen, www.zitadelle-berlin.de).

Tegel Borsig-Villa Reiherwerder (Gästehaus des Auswärtigen Amtes, nicht zugänglich), Schloss Tegel (Elternhaus der Brüder Humboldt, heute Humboldt-Museum im Gutshaus und Familiengrabstätte, www.museumsportal-berlin.de) 1820-24 nach Plänen Karl Friedrich Schinkels im Stil des Klassizismus umgestaltet, Stieleiche „Dicke Marie" (vermutlich ältester Baum Berlins), Fachwerkbogenbrücke „Sechserbrücke", Feuerwehrmuseum Berlin (www.feuerwehrmuseum-berlin.de), burgähnliches Werkstor der Borsigwerke (1837 gegründet und ehem. Europas größter und weltweit zweitgrößter Lokomotivenlieferant).

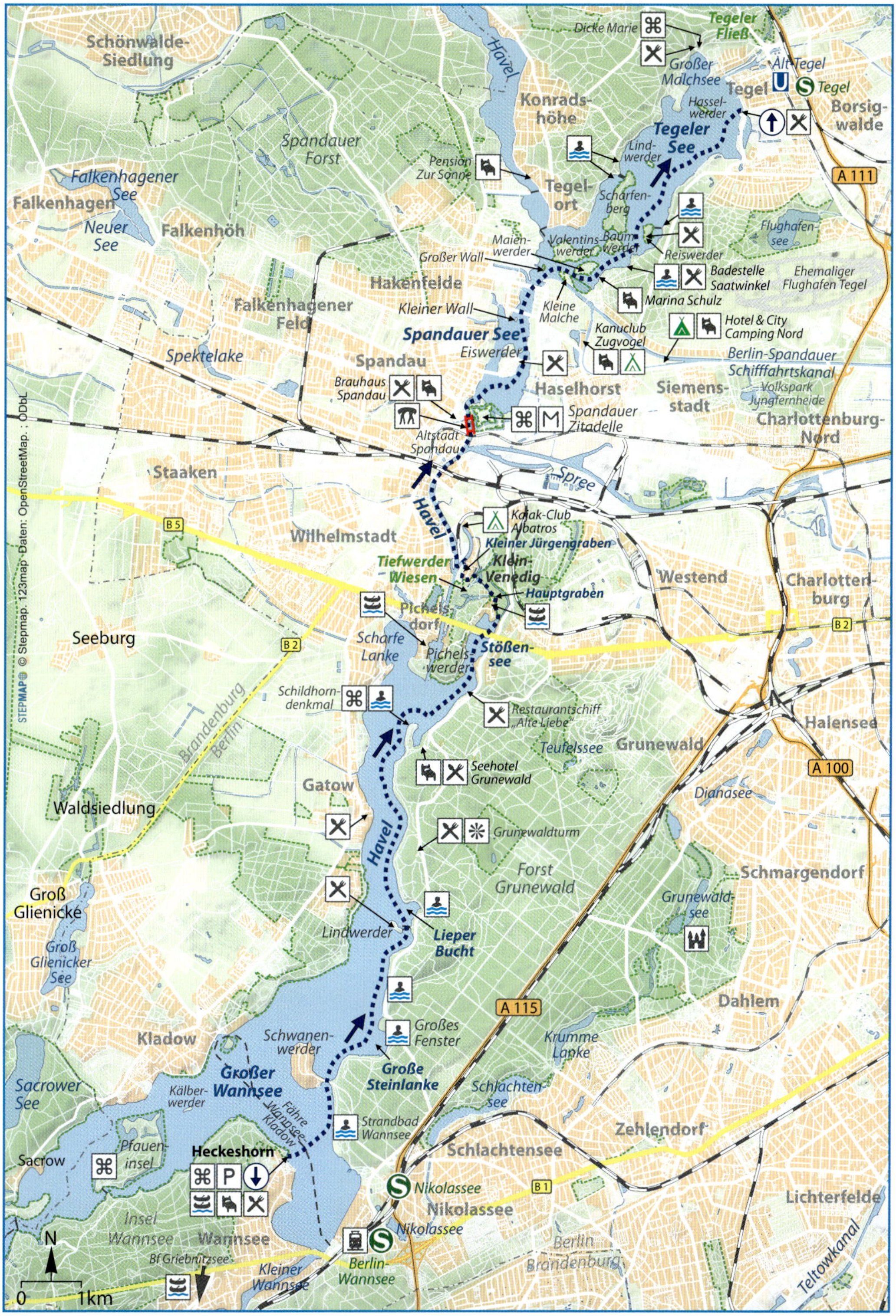
Schönwalde-Siedlung
Spandauer Forst
Falkenhagener See
Falkenhagen
Neuer See
Falkenhöh
Falkenhagener Feld
Spektelake
Hakenfelde
Spandau
Staaken
Wilhelmstadt
Seeburg
Gatow
Waldsiedlung
Groß Glienicke
Groß Glienicker See
Kladow
Sacrower See
Sacrow
Pfaueninsel
Heckeshorn
Insel Wannsee
Wannsee
Bf Griebnitzsee
Kleiner Wannsee
Berlin-Wannsee
Nikolassee
Schlachtensee
Zehlendorf
Lichterfelde
Teltowkanal
Berlin Brandenburg
Krumme Lanke
Schlachtensee
Dahlem
Grunewaldsee
Schmargendorf
Forst Grunewald
Grunewaldturm
Dianasee
Grunewald
Teufelssee
Halensee
Charlottenburg
Westend
Charlottenburg-Nord
Volkspark Jungfernheide
Siemensstadt
Haselhorst
Berlin-Spandauer Schifffahrtskanal
Hotel & City Camping Nord
Kanuclub Zugvogel
Ehemaliger Flughafen Tegel
Flughafensee
Badestelle Saatwinkel
Marina Schulz
Reiswerder
Baumwerder
Valentinswerder
Maienwerder
Großer Wall
Kleiner Wall
Kleine Malche
Spandauer See
Eiswerder
Brauhaus Spandau
Altstadt Spandau
Spandauer Zitadelle
Spree
Havel
Kajak-Club Albatros
Kleiner Jürgengraben
Klein-Venedig
Hauptgraben
Tiefwerder Wiesen
Pichelsdorf
Scharfe Lanke
Pichelswerder
Stößensee
Schildhorndenkmal
Restaurantschiff „Alte Liebe"
Seehotel Grunewald
Lindwerder
Lieper Bucht
Großes Fenster
Große Steinlanke
Schwanenwerder
Großer Wannsee
Kälberwerder
Fähre Wannsee-Kladow
Strandbad Wannsee
Tegel
Alt-Tegel
Borsigwalde
Tegeler See
Tegeler Fließ
Großer Malchsee
Dicke Marie
Hasselwerder
Lindwerder
Scharfenberg
Tegelort
Konradshöhe
Pension Zur Sonne
A 111
A 100
A 115
B 1
B 2
B 5
Brandenburg Berlin
N
0 1km
STEPMAP © Stepmap. 123map · Daten: OpenStreetMap.: ODbL

Von Wannsee bis nach Tegel

Am „Mini-Strand" in **Heckeshorn** neben dem Denkmal „Flensburger Löwe" setzen wir das Kanu in den ***Großen Wannsee***, der sich während der Querung hinüber zum *Strandbad Wannsee* recht ungemütlich aufführt. Wellen, die beständig aus Südost anrollen, machen die Überfahrt anspruchsvoll. Die Strandkörbe des größten Binnenseebads Europas leuchten in der Sonne und der weiße Sand strahlt uns entgegen. Erst als wir unter der Brücke, die die Insel ***Schwanenwerder*** (anlegen nicht möglich) mit dem Festland verbindet, hindurchgleiten, fahren wir im Windschutz.

Da, wo die Havel ihre breiteste Ausdehnung hat, liegt die viereckige ***Bucht „Große Steinlanke"*** – eine beliebte Badestelle (DLRG-Rettungsstation) – wegen ihres freien Ausblicks bis nach Spandau auch *„Großes Fenster"* genannt. Gleich oberhalb steht eine der ältesten Eichen (Naturdenkmal) im Berliner ***Grunewald***. *In der Bucht befand sich im 19. Jh. eine von mehreren Holzablagen im Grunewald, wo das im Wald geschlagene Holz gesammelt und später verschifft wurde.*

Auf einer Länge von rund einem Kilometer passiert man immer wieder schöne *Sandstrände*, die zur Badepause einladen. Eine Besonderheit des Grunewalds stellen die teilweise sehr steilen Hangwälder dar. *Gletscher der Weichsel-Eiszeit vor rund 10.000 Jahren schoben riesige Gesteins- und Geröllmassen vor sich her. Die ehemaligen Abflussrinnen des Schmelzwassers sind noch deutlich zu erkennen und tiefe Täler führen zur Havel hinunter.* Auch die ***Lieper Bucht***, ebenfalls ein früherer Holzablageplatz, ist ein sehr beliebtes Ziel badelustiger Berliner. Zwei lauschige Badestellen auf Höhe der ***Insel Lindwerder*** mit großen Sandstränden und Schatten spendenden Bäumen sind wegen der flachen Ufer gut für Kinder geeignet. Auf der Insel gibt es ein Restaurant (Mi-So) mit schöner Terrasse. Überge-

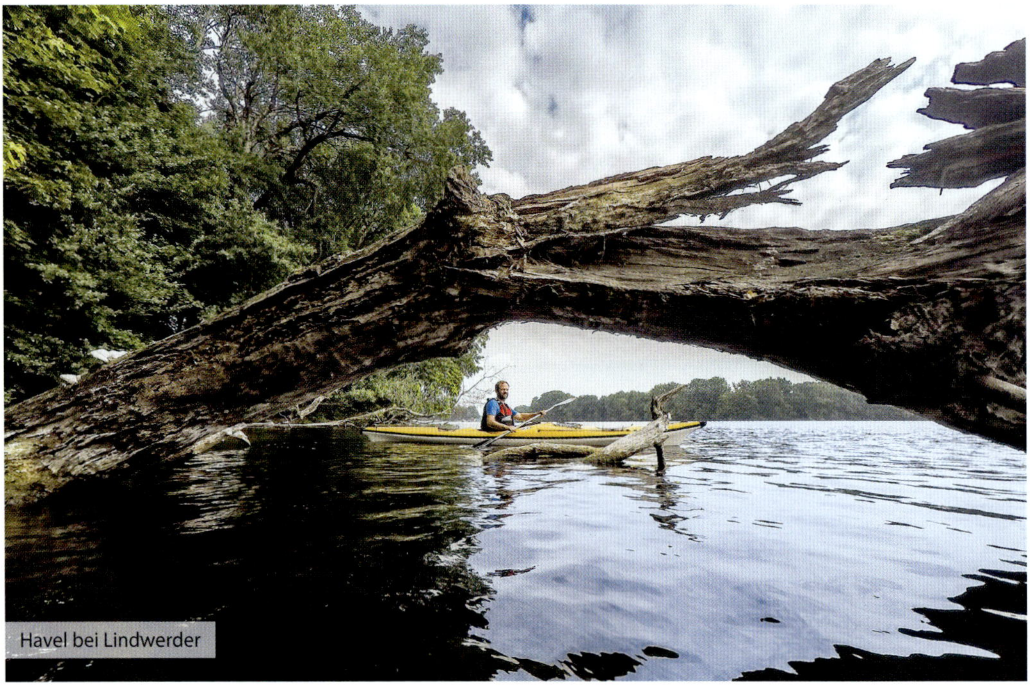

Havel bei Lindwerder

24 km

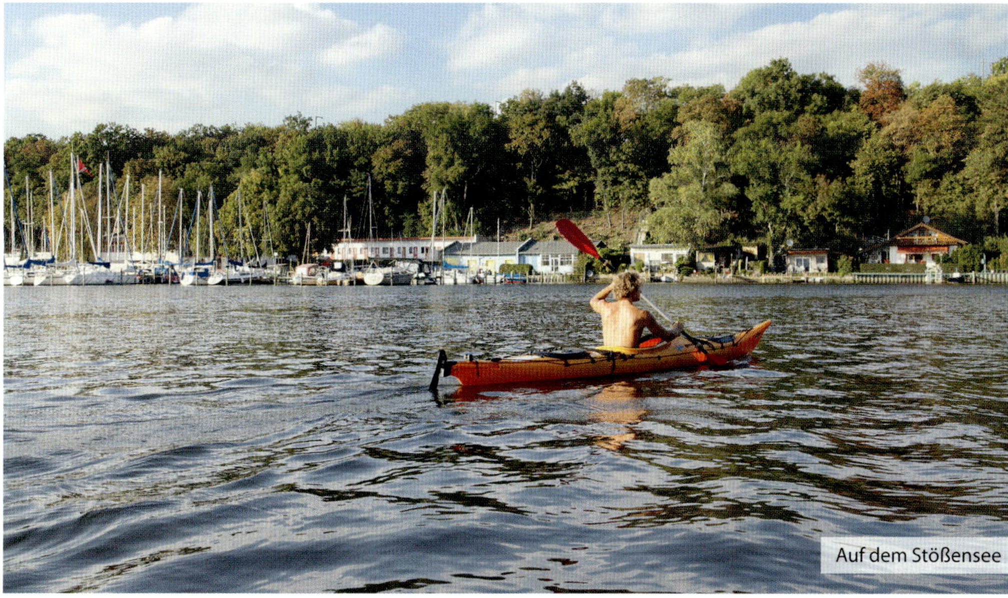

Auf dem Stößensee

setzt wird mit einem kleinen Fährboot (Klingel am Ufer!). Ein „Gelbe-Welle"-Anleger befindet sich im nordöstlichen Teil der Insel.

Der Weg auf der sich merklich verengenden ***Havel*** führt, vorbei an durch hölzerne Barrieren geschützte Röhricht- und Schilfbestände, auf die versteckt im Grunewald liegende ***Badestelle Kuhhorn*** zu. Neben einem größeren Sandstrand an der DLRG-Station gibt es auch kleinere Buchten mit flachen und sauberen Ufereinstiegen.

Die von einem dichten Röhrichtgürtel umschlossene Landzunge ***Schildhorn***, zu der wir bald kommen, bildet hier eine kleine Bucht – die ***Jürgenlanke***. *Sie, das Schildhorn und das in der Bucht liegende denkmalgeschützte Ensemble „Wirtshaus Schildhorn" (Eventlocation) galten in den 1880er Jahren wegen der attraktiven Lage und der verkehrenden Wannseebahn als Lieblingsziel der Berliner Sonntagsausflügler.* An der Spitze der Landzunge befindet sich eine vielbesuchte Badestelle mit der historischen Wasserrettungsstation von 1908. Von ihr aus führt ein Pfad hinauf zum 1845 nach einem Entwurf von August Stüler errichteten *Schildhorndenkmal*. *Die Säule symbolisiert die Schildhornsage aus dem 19. Jh. um den Slawenfürsten Jaxa von Köpenick, der an dieser Stelle 1157 im Gründungsjahr der Mark Brandenburg vor Albrecht dem Bären durch die Havel geflohen sein soll. Aus Dankbarkeit für seine Rettung habe er sich zum Christentum bekannt und seinen Schild und sein Horn an einen Baum gehängt.*

Gegenüber von Schildhorn liegt in nördlicher Richtung die Einfahrt zur Havel Richtung Spandau. Wir aber zielen eher in nordöstliche Richtung entlang des Grunewalds, vorbei am *Restaurantschiff „Alte Liebe"*, in den ***Stößensee***. Hier wird Wassersport zelebriert: ob Yachthafen, Segelverein oder Ruder-Club, Hunderte Boote warten an ihren Liegeplätzen auf einen Ausflug.

Die denkmalgeschützte *Stößenseebrücke* teilt den See in einen größeren südlichen und einen kleinen nördlichen Abschnitt. Wir paddeln unter der beeindruckenden Stahl-Fachwerkbrücke von 1909 hindurch, vor uns liegen nun **„Klein-Venedig"** und die wegen ihres hohen Artenreichtums zum Landschaftsschutzgebiet erklärten ***„Tiefwerder Wiesen"***. *Das Areal mit den weitläufigen Wiesenflächen,*

24 km

Havel-Altarmen und röhrichtbestandenen Ufern sowie den auwaldähnlichen Gehölzen ist das letzte natürliche Überflutungsgebiet Berlins. Die ebenso angesiedelten kleinen Häuser an den Ufern gaben dem Gebiet den Beinamen „Klein-Venedig", da viele Kanälchen das Gebiet durchziehen und die Bewohner sich gern per Boot fortbewegen.

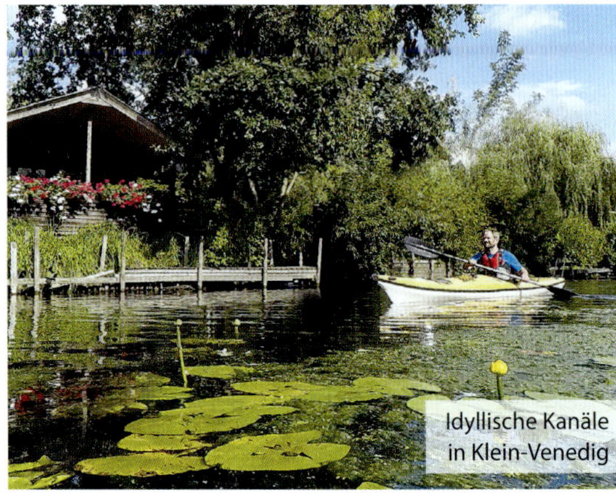
Idyllische Kanäle in Klein-Venedig

Vom Nordende des ***Stößensees*** nehmen wir die linke Einfahrt in den ***Hauptgraben***. Wir passieren den *Kanuvermieter „Der Bootsladen"*; kurz dahinter halten wir uns an einer Gabelung rechts und folgen weiter dem ***Hauptgraben*** nach Norden. In der seeartigen Verbreiterung schwenken wir scharf links in den ***Kleinen Jürgengraben***. An dessen Ende halten wir uns erst links und dann rechts und befinden uns wieder auf unserer Hauptroute. Nach der Durchfahrt unter der *Schulenburgbrücke* wird das linke Ufer zusehends urbaner. Hinter der S-Bahnbrücke erhebt sich am linken Ufer der Turm des **Spandau***er Rathauses* über die Dächer der *Altstadt*. *Das mächtige, über 100 Meter lange Gebäude wurde 1911-13 errichtet, als Spandau noch eine eigenständige Stadt war. Seit 1920 gehört man zwar zu Berlin, was aber dem „Wir-Gefühl" keinen Abbruch getan hat und noch heute sieht man sich eher als Spandauer denn als Berliner.*

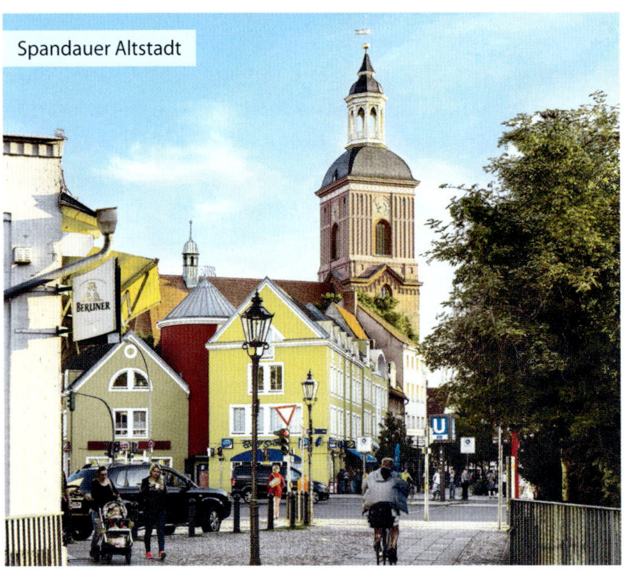
Spandauer Altstadt

Den abzweigenden Kanal um die Spandauer Altstadt lassen wir links liegen, eine Weiterfahrt ist dort nicht möglich. Hinter der nächsten Straßenbrücke ist die ***Spreemündung*** in die Havel erreicht. Ihr folgend würde man, vorbei am Schlosspark Charlottenburg, zum Landwehrkanal kommen. Wir folgen jedoch der ***Havel*** nach links zur ***Schleuse Spandau***, wo wir rechts die ***Bootsschleppe*** mit komfortabler Lorenbahn zum Umsetzen finden.

Rechter Hand kann man zwischen den Bäumen die Ziegelmauern der *Spandauer Zitadelle* sehen und wer möchte, kann sogar in den ***Zitadellengraben*** einfahren und direkt an den Bastionen „Kronprinz" und „König" vorbeipaddeln, die aus der Linie des Festungswalls hervorspringen und deren Aufgabe es war, den Raum unmittelbar vor dem Wall unter Feuer nehmen zu können. Einmal rundherum kommt man aber nicht, denn an der Torbrücke ist Schluss. Anlegen kann man ein Stück hinter der Schleuse, rechts am sandigen Ufer beim Gelände der *„Wasserfreunde Spandau 04"* (bitte vorab fragen, ob man sein Kanu liegen lassen kann). Von hier ist es ein knapper Kilometer Fußweg zum Eingang der Festung.

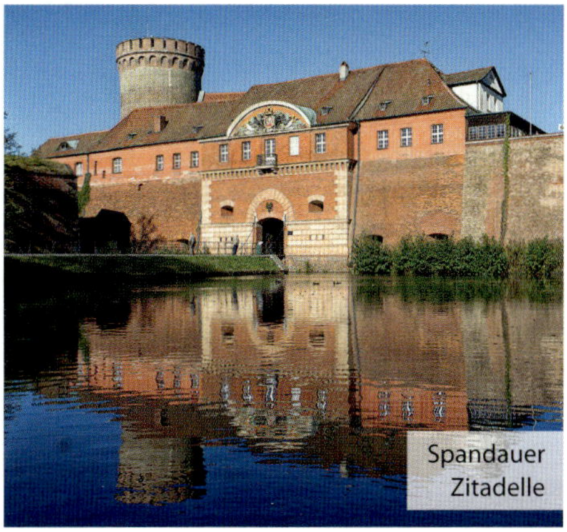
Spandauer Zitadelle

Voraus öffnet sich der ***Spandauer See*** und wir paddeln zwischen dem Ostufer der ***Insel Eiswerder*** und dem Festland hindurch. *Im 19. Jh. entwickelte sich die Insel zu einem wichtigen Militärstandort mit Rüstungsfabriken aus dem nach dem Zweiten Weltkrieg ein Gewerbegebiet mit Industrieanlagen hervorging.*

Vor der ***Spandauer Seebrücke*** mit ihren wuchtigen Pfeilern liegt die ***Insel Kleiner Wall***. Das 88 Meter lange und 45 Meter breite Eiland ist nur auf dem Wasserweg zu erreichen und im Volksmund besser bekannt als „Liebesinsel". *Im ausgehenden 19. Jh. diente sie militärischen Zwecken und wurde von den Soldaten wohl auch als „Liebesnest" genutzt. Dies führte zum Spitznamen des inzwischen geschlossenen legendären Lokals „Zur Liebesinsel".*

Wenige hundert Meter weiter liegen hinter der ***Wasserstadtbrücke*** die ***Insel Großer Wall*** und die ***Wasserstraßenkreuzung Haveleck***. Von rechts trifft der aus dem ehemaligen Hohenzollernkanal hervorgegangene ***Berlin-Spandauer-Schifffahrtskanal*** auf die Havel und ein Wegweiser zeigt an, dass es 18,5 km bis Berlin-Mitte sind.

Wer hier eine Übernachtungsmöglichkeit sucht, biegt in den Kanal ab. Mitglieder des DKV (Deutscher Kanu Verband) können dann hinter der Fußgängerbrücke *Saatwinkler Steg* rechts in den Nebenkanal ***„Alter Berlin-Spandauer Schifffahrtskanal"*** abbiegen und finden nach 500 Metern die *DKV-Station* des *„Kanuclub Zugvogel Berlin".* Auf dem ***Berlin-Spandauer-Schifffahrtskanal*** erreicht man nach gut zwei Kilometern den einfachen, aber für Berlin preiswerten *Hotel & City Camping Nord,* im Sommer sogar mit kleinem Biergarten am Wasser.

Für die Fortsetzung der Tour lassen wir jedoch den Kanal rechts liegen und wählen halbrechts die Durchfahrt in den ***Tegeler See***, eine seeartige Ausbuchtung der ***Havel***. Mit einer Länge von gut vier Kilometern und einer Fläche von 400 Hektar ist er nach dem Müggelsee der zweitgrößte See Berlins. Den besonderen Reiz machen die sieben, nur auf dem Wasserweg (per Fähre oder eigenem Boot) zu erreichenden, Inseln im südlichen Teil aus. Da die Durchfahrt zwischen den ***Inseln Valentinswerder, Maienwerder, Baumwerder und Scharfenberg*** verboten ist, setzen wir die Tour entlang des östlichen Seeufers fort. Zwischen der ***Insel Maienwerder*** und der ***Kleinen Malche*** (Laichschongebiet, Einfahrtverbot) paddeln wir hindurch. ***Maienwerder*** ist die südlichste der sieben Inseln im Tegeler See.

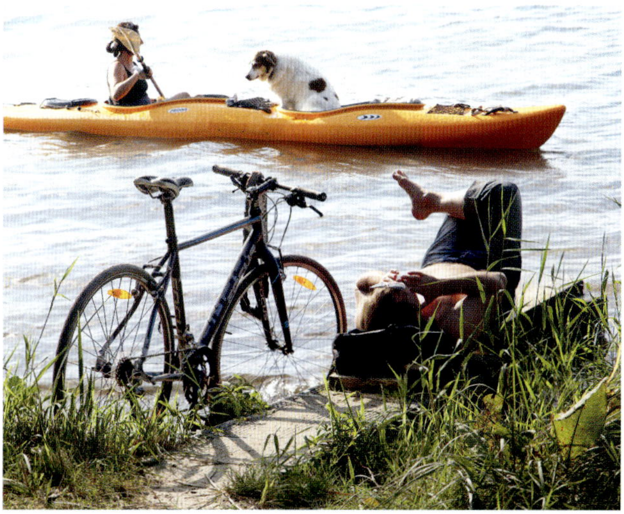

24 km

Das 440 Meter lange und bis zu 220 m breite Eiland beherbergt eine Kleingartenkolonie – Besucher sind allerdings nicht gerne gesehen.

Gegenüber von ***Maienwerder*** folgt am Festlandufer ein Wassersportverein auf den nächsten, zwischen den Segel- und Angel-Booten versteckt sich der Anleger der ***Fähre***, die zwischen ***Saatwinkel, Valentinswerder*** und ***Tegelort*** verkehrt. Wir steuern die Boote zwischen Festland und den Inseln gen Norden und passieren als nächstes die ***Insel Baumwerder***. *Sie wurde 1777 wie auch die benachbarte* ***Insel Scharfenberg*** *von der Familie von Humboldt erworben, 1867 kaufte der Botaniker Carl August Bolle die Inseln.* Da Baumwerder ausschließlich der Trinkwassergewinnung dient, darf die Insel nicht betreten werden.

Am Ende der Bootsanleger liegt rechts am Festlandufer der reizvolle Sandstrand der *Badestelle* **Saatwinkel**. Falls der Magen knurrt, kann man sich nebenan beim *Imbiss „Seeblick"* mit Bock-, Bratwurst oder Pizza verköstigen.

Die nächste *Badestelle* liegt Luftlinie nur 800 Meter entfernt. Da Schilder die direkte Durchfahrt zwischen ***Reiswerder*** und dem Festland verbieten, lenken wir die Bootsspitze links um die Insel herum und stehen auf der Inselrückseite vor der Wahl, ob wir den breiten, von alten Eichen eingerahmten Badestrand am Festland ansteuern oder dem Eiland einen Besuch abstatten.

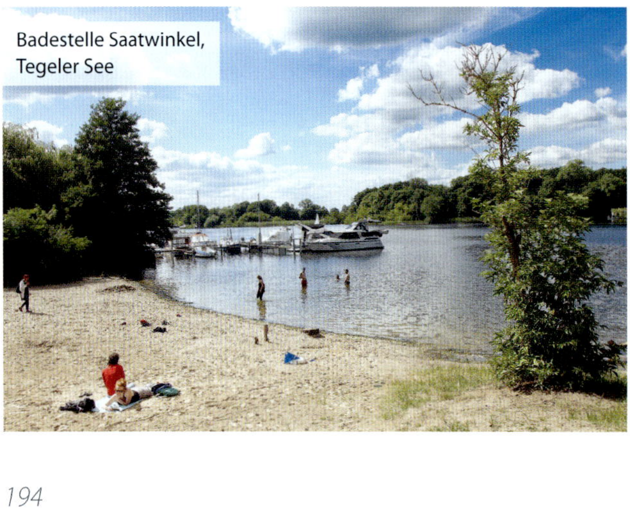

Badestelle Saatwinkel, Tegeler See

Zwischen Badestelle und Insel verkehrt im Sommer eine Fähre und ein Stück hinter dem Fähranleger finden wir einen Steg für den Landgang. *Die Insel Reiswerder ist an den Verein der „Naturfreunde Baumwerder-Reiswerder 1914 e.V." verpachtet, dessen Mitglieder die Insel als Sommersitz oder Wochenendflucht nutzen.* Vom Anleger sind es nur wenige Schritte bis zur *„Inselbaude"*, die kleine Gerichte und ihr eigenes Bier serviert, und dem Festplatz der Insel mit dem „Rathaus", in dem die Insulaner ihre Sitzungen abhalten. Besucher sind gern gesehen, aber nicht als Badegäste. Die kleine Badestelle ist Vereinsmitgliedern vorbehalten.

Am Horizont tauchen nun die Häuser an der *Greenwichpromenade* in **Tegel** auf. Bei der Weiterfahrt halten wir Abstand zur ausgetonnten Wasserskistrecke und passieren bald die Einfahrt in den ***Borsighafen***. *Hier, weit außerhalb des Zentrums, auf dem Gelände der Tegeler Borsigwerke, entstand 1922 das erste Berliner Hochhaus. 1827 von August Borsig gegründet, entwickelte sich die Firma schnell zu Europas größtem Lokomotivenhersteller. Der Turm wurde in den 1970er Jahren renoviert und dient heute als Bürogebäude, die Werkhallen wurden zur Einkaufspassage umgebaut.*

Ein Stück weiter finden wir mit der großen Freitreppe am Südende der ***Greenwichpromenade*** einen guten Ort, um die Tour zu beenden. Die breiten Stufen sind aufgrund der Hinterlassenschaften zahlreicher Wasservögel zwar rutschig, sonst aber perfekt zum Aussteigen. Wer nach der Fahrt Hunger verspürt, findet direkt an den Treppen den *Biergarten „SeeGarten Tegel"* oder ein paar Schritte weiter das wegen seiner leckeren Fischgerichte vielgelobte *Restaurant „Fisherman's"*. Auch der *U-Bahnhof Tegel* ist nah, sodass man mit Bahn und Bus schnell zum Ausgangspunkt in Wannsee zurückkehren kann.

Treptower Spree – Landwehrkanal

Das blaue Band der Hauptstadt

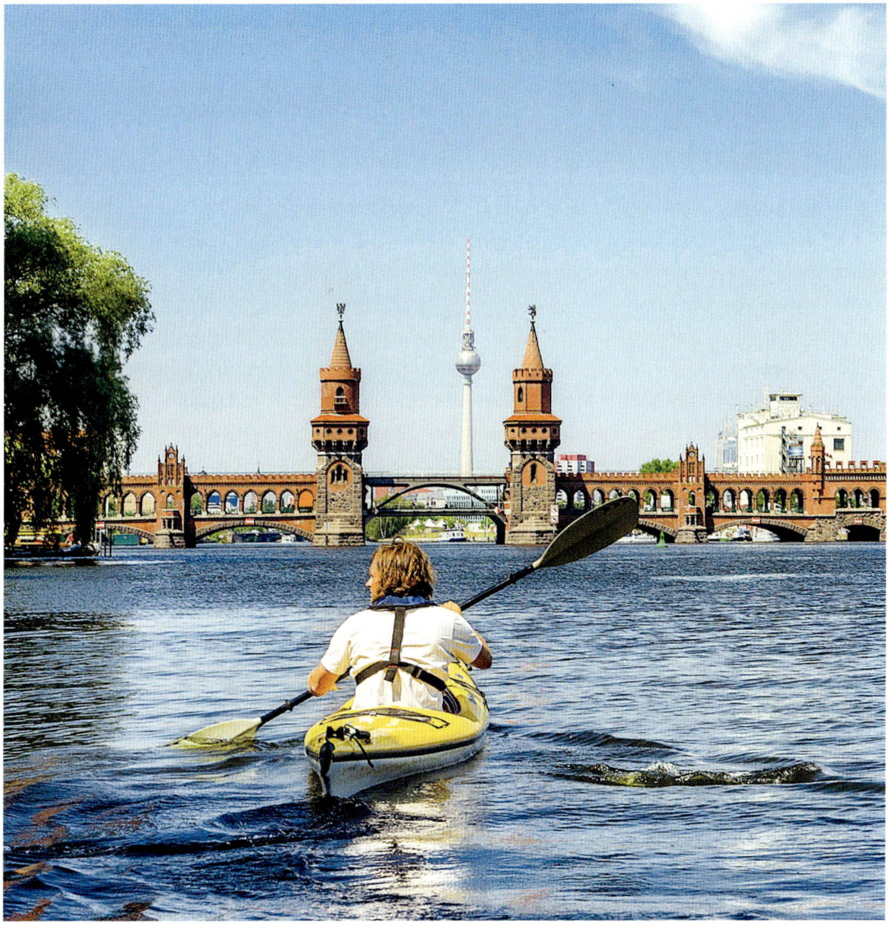

Tour 17

25 km

Infos Tour 17 – Treptower Spree-Landwehrkanal

Aktivitäten	Natur	Kultur	Baden	Hindernisse
★★★★	★☆☆☆	★★★★	☆☆☆☆	★☆☆☆

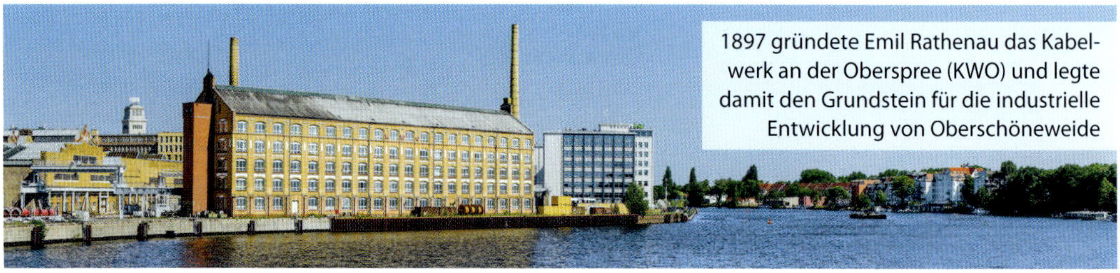

1897 gründete Emil Rathenau das Kabelwerk an der Oberspree (KWO) und legte damit den Grundstein für die industrielle Entwicklung von Oberschöneweide

Charakter der Tour

Diese Tagesfahrt bietet ein Kanuerlebnis der besonderen Art, denn es steht einmal nicht die Naturidylle im Vordergrund, sondern das Entdecken der Metropole Berlin vom Wasser aus – eine Perspektive, die kein Stadtrundgang bieten kann.

Ausgehend von alten Industriegebäuden in Schöneweide führt die Tour vorbei am Treptower Park, einem der traditionsreichsten Ausflugsgebiete der Berliner, und dann auf dem Landwehrkanal entlang Kreuzberger Altbauten. Vorbei am quirligen Potsdamer Platz, der mit einer einzigartigen Melange aus Kunst, Unterhaltung, Shopping und Weltstadtflair täglich bis zu 100.000 Besucher anlockt, geht es durch Tiergarten bis direkt vor das Regierungsviertel.

Wichtige Adressen **Wasserschutzpolizei Treptow**, Tel. (030) 46 64 98 33 60. **Schleusen Landwehrkanal**: *Oberschleuse in Kreuzberg*, Tel. (030) 612 32 92; *Unterschleuse in Tiergarten*, Tel. (030) 312 52 33.

Befahrungsregelung Paddeln auf der Spree im Bereich der historischen Innenstadt und dem Regierungsviertel ist untersagt. Fluss-Km 20,7-14,1. Von der Oberbaumbrücke bis zum Kanzleramtssteg.

Alle wichtigen Infos & Regeln zum Wassersport für Berlin: www.berlin.de/polizei/dienststellen/landespolizeidirektion/direktion-einsatz-verkehr/wasserschutzpolizei/aktuelle-informationen

Länge & Dauer der Tour 25 km, Tagestour

2 Schleusen Je eine Schleuse am Beginn bzw. Ende des Landwehrkanals, Schleusenzeiten: 01.04.-31.10. von 11.15 - 20.45, im Winter kein Betrieb!

Anreise Stadtautobahn A 100 bis Grenzallee, weiter auf der A 113 bis Ausfahrt 5 (Adlershof), dann auf Ernst-Ruska-Ufer, Köpenicker Str., Glienicker Weg, Spindlersfelder Str. Vor der blauen Bogenbrücke rechts abfahren und unten links abbiegen auf die Oberspreestr. bis zur Ostritzer Str., in diese rechts rein, erreicht man am Ende den Bruno-Bürgel-Weg.

Einsetzstelle In **Niederschöneweide,** Bruno-Bürgel-Weg 142/144, gegenüber der Firmenzufahrt von KBB Kollektorbau führt ein kleiner Weg etwa 50 m durch den Wald zu einem flachen Uferabschnitt.

Aussetzstelle Flaches, südliches Spreeufer in **Berlin-Charlottenburg** auf Höhe der Pascalstr./Clara-von-Simson-Str.. Aufgrund der umliegenden Bürogebäude/Institute/Uni ist die Parksituation unter der Woche allerdings sehr angespannt.

Zurück zum Pkw 2 km Fußweg zum S-Bahnhof Tiergarten, dort S9 (Richtung Flughafen BER) bis Baumschulenweg, umsteigen in S47 (Richtung

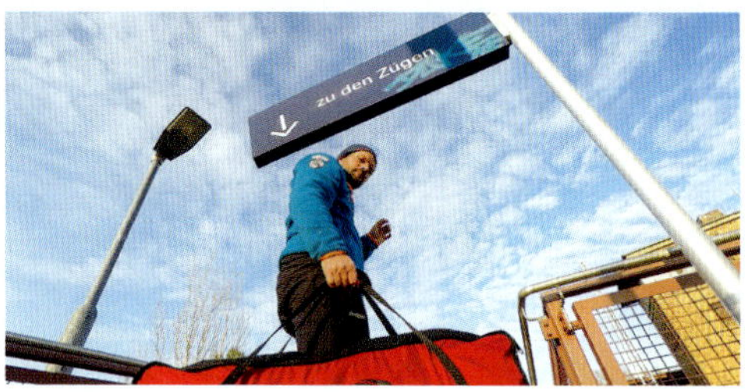

25 km

Spindlersfeld) bis S-Bahnhof Oberspree, von dort 900 m zu Fuß. Fahrtzeit ca. 0:55 h.

Tipps für weitere Tagestouren

1. Von Niederschöneweide Richtung Köpenick.
2. Von Niederschöneweide über die Dahme zur Schmöckwitzer Brücke & zurück (↔ 25 km).

Karten & Literatur-Tipps

*KANU KOMPAKT **„Berlin"**, Tourenführer mit topogr. Wasserwanderkarten* sowie ***„SUP-Guide Berlin & Umland"***, beide Thomas Kettler Verlag.

„Kurztrip Berlin" *mit Faltkarte,* ***„Berlin"*** *(Sehenswürdigkeiten, Kultur, Szene, Ausflüge,* Trescher Verlag.

Reise Know-How Reiseführer ***„Berlin mit Potsdam"*** *mit Stadtplan und kostenloser Web-App.*

Stadtmagazin „TipBerlin".

Michael Müller Reiseführer ***„Berlin – 33 Stadtabenteuer zum Selbsterleben"*** und ***„Berlin MM-City"***.

„Wandern in Berlin" *(Auf den schönsten Wegen durch die Stadt),* ***„Kreuzberg – Keine Atempause"*** *(25 Porträts - Bewohner Kreuzbergs erzählen),* ***„Der Mond ist ein Berliner"*** *(Wunderliches aus dem Hauptstadt-Kaff),* ***„Neulich in Berlin"*** *(Kurioses aus dem Hauptstadt-Kaff),* edition q be.bra Verlag.

„Ich bin kein Berliner" *Ein Reiseführer für faule Touristen, Wladimir Kaminer, Goldmann Verlag.*

„77 versteckte Orte in Berlin" *(Kultur erleben, Berlin abseits der vertrauten Pfade) und* ***„Lieblingsplätze Berlin nachhaltig"***, beide GMEINER-Verlag.

Kriminalromane ***„Kreuzberger Leichen"*** (Kommissar Hartenfels), *Dieter Hombach,* ***„Berlin.Macht.Männer."***, *Maren Friedlaender,* beide GMEINER-Verlag.

Kanuvermieter

12435 Berlin, Treptower Park
Rent a Boat (keine Reservierung)
An der Abteibrücke
Tel. 0176-66 33 77 84
www.rent-a-boat-berlin.com

12435 Berlin, Insel der Jugend
Kanuliebe
(Vermietung, geführte Touren, SUP)
Alt-Treptow 6, Tel. 0170-489 26 80
www.kanuliebe.de

10997 Berlin, Kreuzberg
Bootsverleih-Kreuzberg
(hinterm Restaurant Freischwimmer, auch SUP, Bootstouren geplant)
Vor dem Schlesischen Tor 2
Tel. 0157-39 40 10 86
www.bootsverleih-kreuzberg.com

Geführte Touren

10961 Berlin
Landwehrkanal, Urbanhafen
KayakBerlinTours (online buchen)
Carl Herz Ufer 9
gegenüber Café A.Horn
Tel. 0179-124 29 24
www.kajakberlintours.de

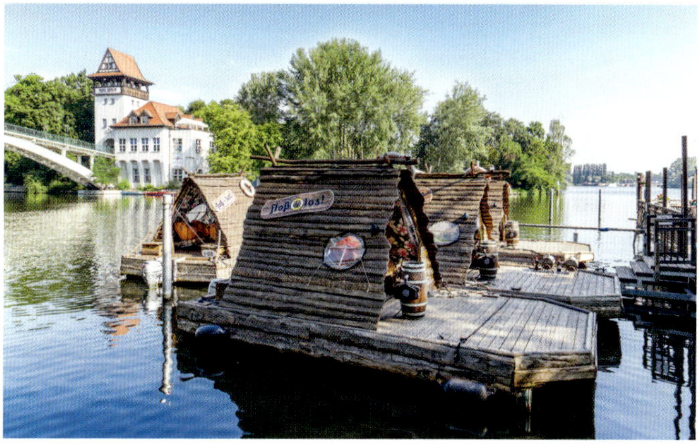

Übernachtung in Wassernähe

12459 Berlin, Oberschöneweide
Köpenicker Kanusportclub
(Zelt + Vereinshaus)
Weiskopffstr. 15, Tel. (030) 535 01 03
www.kkc-berlin.de

10317 Berlin, Rummelsburg
Jugendherberge Berlin Ostkreuz
Marktstr. 9-12, Tel. (030) 200 509 20
www.jugendherbergeberlinost-kreuz.de

10243 Berlin, Friedrichshain
Eastern Comfort Hostelboat & Floating Lounge
Berlins einziges schwimmendes Hostel, Mühlenstraße 73
Tel. (030) 66 76 38 06
www.eastern-comfort.com

10963 Berlin, Kreuzberg
acama Kreuzberg Hotel + Hostel
Tempelhofer Ufer 8-9
Tel. (030) 25 93 04 80
www.acamaberlin.com
Ein-/Ausstieg 400 m entfernt, bei der Bootsanlegestelle für die Stadtrundfahrten (Hallesches-Tor-Brücke). Kanu-Unterstellmöglichkeit in der Tiefgarage.

10559 Berlin, Moabit
Hotel ABION Spreebogen
Berlin Alt-Moabit 99
Tel (030) 39 92 00
www.abion-hotel.de
Keine Anlegemöglichkeit!
Evtl. an der Anlegestelle für die Stadtrundfahrten möglich, Kanuunterbringung erfragen.

Weitere Aktivitäten

Radfahren

Einfach ***mit dem Rad durch Berlin*** radeln (www.visitberlin.de/de/mit-dem-fahrrad-berlin)

Auf dem 160 km langen ***Berliner Mauerradweg*** (ehemalige Grenze zwischen DDR und West-Berlin) einmal rund um Berlin oder auf Teiletappen davon.

Fahrradtour für Streetart-Fans: East Side Gallery entlang der Spree, weiter durch Friedrichshain & Kreuzberg – es gibt zahlreiche Wandbilder zu entdecken.

Berliner Radrouten, die die Innenstadt mit den Außenbereichen Berlins verbinden, und zwar sternförmig vom Schloßplatz aus, verbunden durch ergänzende Tangentialrouten.

Zusätzlich führen ***vier überregionale Radfernwege*** durch Berlin (***Europaradweg R1*** (West) und (Ost), die Radfernwege ***Berlin-Kopenhagen*** und ***Berlin-Usedom*** sowie der ***Havel-Radweg***).

Fahrradvermieter Viele Anbieter für Bike-Sharing in Berlin, einige nur in der Innenstadt: www.berlin.de/tourismus/infos/verkehr/sharing/bikesharing *z.B. www.fahrradstation.com, Nextbike, Call a Bike, Donkey Republic, Wheels (Elektro-Fahrräder ohne Pedale).*

Berlin mit Kindern

www.visitberlin.de/de/berlin-kinder

Zoo Berlin und ***Aquarium.*** Besuch von Deutschlands ältestem Zoo (www.zoo-berlin.de).

FEZ-Berlin: Riesiges ***Aktivitätszentrum*** im ***Waldpark Wuhlheide*** mit Spielplätzen, Schwimmbad, Theater und interaktiven Exponaten (www.fez-berlin.de).

Es gibt zahlreiche ***Kinder- und Puppentheater***, deren Besuch sich lohnt: www.visitberlin.de/de/die-besten-kindertheater-berlin

Jugendtheater GRIPS Theater: www.grips-theater.de

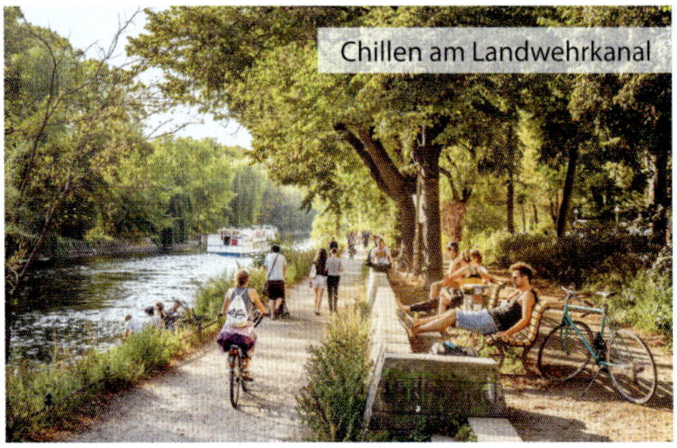
Chillen am Landwehrkanal

Wandern

www.visitberlin.de/de/wandern-berlin-und-umland

Rundgang durch das ***Regierungsviertel***.

Wanderung entlang des ehemaligen ***Mauerstreifens*** bzw. am ***Berliner Mauerweg*** (160 km, ehemalige Grenze zwischen DDR und West-Berlin).

Lounge-Tipp ***Monkey Bar*** im 10. Stock des 25hours Hotels (außerhalb des Zoos, Budapester Str. 40) bei Sonnenuntergang! Kleine Gerichte vom NENI Restaurant, toller Blick über die Stadt & auf den Affenfelsen.

Shoppen & Kulinarik ***Bikini Berlin*** am Zoo (denkmalgeschütztes ehemaliges Industrie- & Geschäftsgebäude, www.bikiniberlin.de), ***Kufürstendamm & Tauentzien***, ***KaDeWe*** (Warenhaus von 1907, tolle Lebensmittelabteilung), ***Unter den Linden***, ***Markthalle Neun*** (historische Markthalle in Kreuzberg mit regionalem Wochenmarkt, *tägl. 12-18, Sa ab 10*), ***Türkenmarkt*** am Maybachufer in Neukölln (*Di+Fr 11-18.30*), ***Thaipark*** im Preußenpark in Wilmersdorf (Deutschlands größter Thai-Streetfood-Markt, *Apr-Okt, Mo-Fr 12-21, Sa+So10-22*, www.thaipark.de).

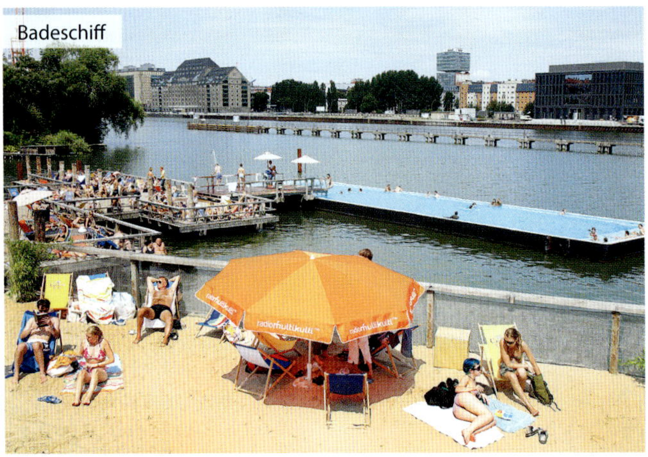
Badeschiff

Baden

Sommerbad Kreuzberg (Freibad an der Prinzenstraße.

Stadtbad Neukölln (Hallenbad und Saunabereich in der Ganghoferstraße, russisch-römische Badeanlage – bei der Eröffnung 1914 eines der schönsten Bäder Europas (denkmalgeschützt).

Badeschiff an der Arena (www.arena.berlin/veranstaltungsort/badeschiff).

Sauna & Spa ***Vabali Spa Berlin*** – Sauna-Oase mitten in Berlin, im balinesischen Stil mit großzügig angelegtem Garten mit hohen Bäumen, Pools und Restaurant (www.vabali.de).

Sehenswürdigkeiten

Treptower Spree Industriearchitektur in Oberschöneweide, Sowjetisches Ehrenmal und Archenhold-Sternwarte (älteste Volkssternwarte Deutschlands mit dem längsten beweglichen Fernrohr der Welt, www.sdtb.de) im Treptower Park, Oberbaumbrücke im märkischen Backsteinstil, Molecule Man – vom Bildhauer Jonathan Borofsky geschaffenes Monumentalkunstwerk, mitten in der Spree zwischen Elsenbrücke und Oberbaumbrücke, „Arena Berlin" (Industriedenkmal und einzigartige Event-Location auf 20.000 qm großem, denkmalgeschütztem Gelände. Einfach durchschlendern, danach leckeres Essen aus der Smoker-Hütte genießen oder im Club der Visionäre bei Elektro-Sound entspannen).

Spree Regierungsviertel *(nicht mit dem Kanu erreichbar)* The Wall Museum East Side Gallery – faszinierende multimediale Ausstellung zur Mauergeschichte in 13 thematischen Räumen, East Side Gallery (Graffiti-Kunstwerke von 118 Künstlern an der Berliner Mauer, in denen der Mauerfall thematisiert wird), Regierungsviertel. Siehe auch Stadtrundgang Seite 206.

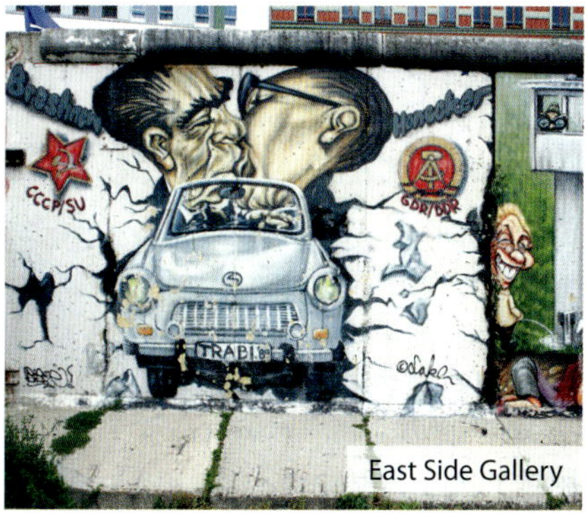

East Side Gallery

Landwehrkanal Deutsches Technikmuseum (www.technik-museum.berlin), Bendlerblock (von hier aus versuchte Oberst Graf von Stauffenberg die NS-Diktatur zu stürzen. Heute Gedenkstätte des Widerstands und zweiter Dienstsitz des Verteidigungsministeriums), Neue Nationalgalerie (www.smb.museum), Potsdamer Platz, Zoologischer Garten (Zoo).

Auskunft & Tourist-Info

Berlin Tourist Info Servicestelle im Hauptbahnhof / Europaplatz, Tel. (030) 25 00 23 33, www.visitberlin.de

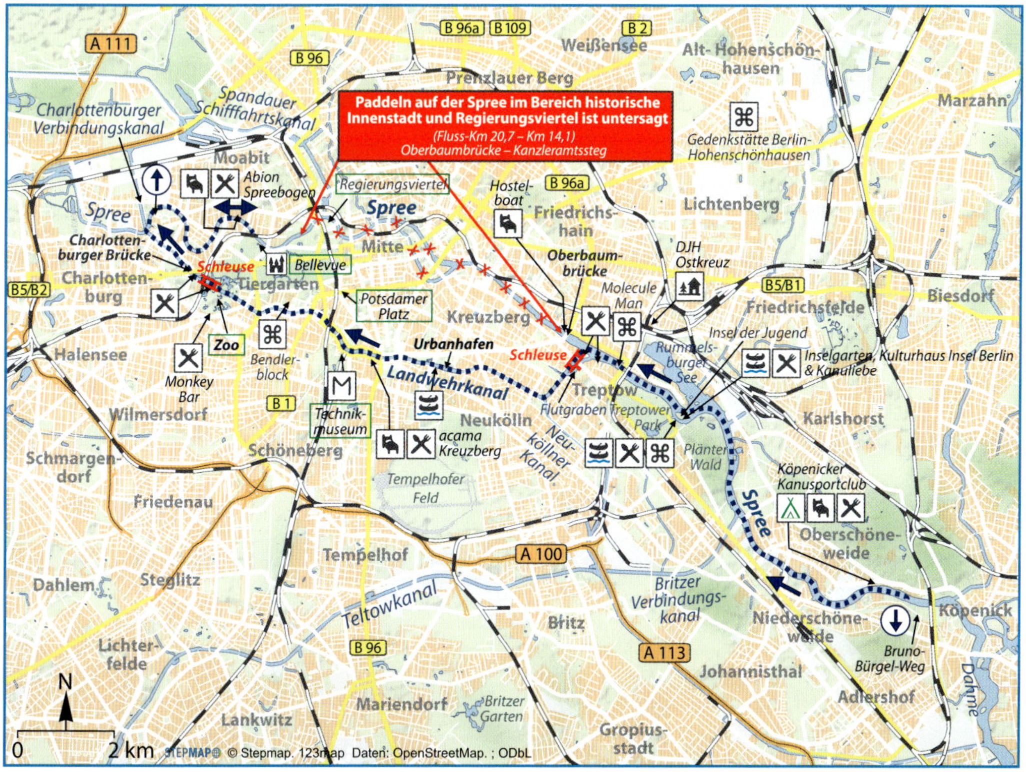

25 km

Treptower Spree-Landwehrkanal

„Berlin, Berlin, ich paddel nach Berlin" kommt es mir in den Sinn, als ich mein Kajak am flachen Spreeufer neben dem Bruno-Bürgel-Weg im Ortsteil **Niederschöneweide** zu Wasser lasse. Am nördlichen Ufer liegt **Oberschöneweide**, wo der *Köpenicker Kanusportclub* sein Gelände hat.

Es ist allerdings schon einige Jahrhunderte her, als sich sattgrüne Wiesen links und rechts der ***Spree*** *ausdehnten und nur noch der Name des Stadtteils erinnert an die „Schöne Weyde", die Kurfürst Joachim II. in einer Reisebeschreibung aus dem 16. Jahrhundert erwähnt.*

Heute wird die breite ***Spree*** von Industrieanlagen, Lagerhallen und Schornsteinen aus gelbem Backstein gesäumt. *Gerade einmal 600 Einwohner zählte die Gemeinde, als Emil Rathenau im ausklingenden 19. Jahrhundert sich für Oberschöneweide als Sitz seiner „Allgemeinen Elektrizitätsgesellschaft (AEG)" entschied. In den folgenden Jahrzehnten entwickelte sich die Region zu einem wichtigen Standort der Elektroindustrie und die Bevölkerungszahl explodierte.*

Auch nach dem Zweiten Weltkrieg blieb Oberschöneweide ein wichtiger Standort für die Betriebe der elektronischen und elektrotechnischen Industrie. Aufgrund ausbleibender Investitionen waren viele Anlagen aber schon Ende der 1970er Jahre überaltert und die Folgen nach der Wiedervereinigung dramatisch.

Ein Großteil der Industriearbeitsplätze ging verloren und 1995 erhielt Oberschöneweide den Status eines Sanierungsgebietes. Seitdem geht es mit dem Stadtteil wieder bergauf. Man setzt auf junge, technologieorientierte Unternehmen und seit 2009 gehen auf dem Campus Wilhelminenhof auf dem ehemaligen AEG-Gelände täglich 6.000 Studierende ein und aus.

Die Strandkörbe vor der *Cafeteria* der technischen Hochschule machen zusammen mit dem *Kranhauscafé* und dem *Café Spreehöfe* eines gleich zu Beginn deutlich: Im Zentrum von Berlin ist man nicht unbedingt auf Paddler angewiesen. Die Einkehrmöglichkeiten sehen zwar einladend aus, sind aber vom Wasser aus oft nicht erreichbar – die hohen Spundwände geben keine Chance zum Ausstieg.

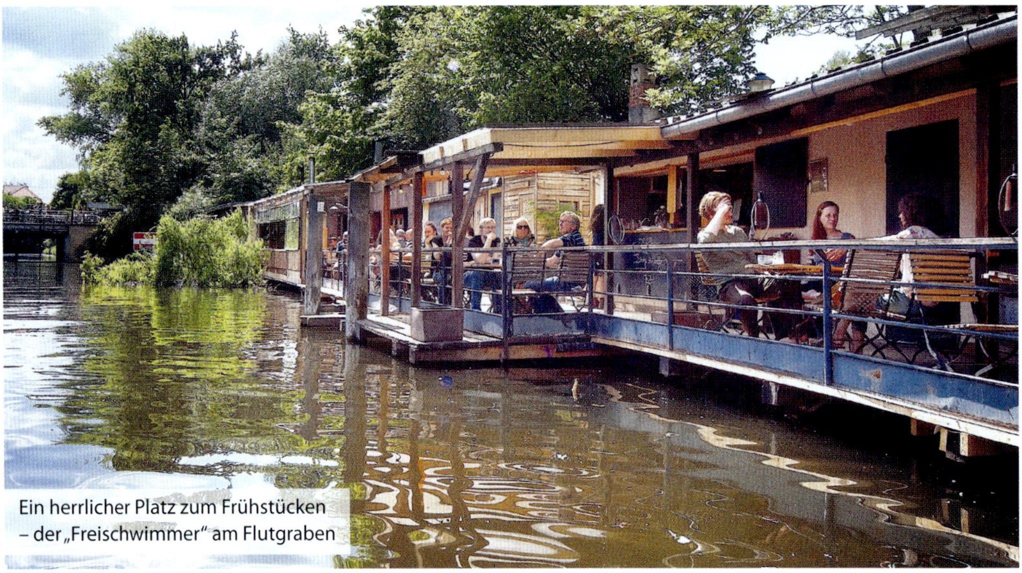

Ein herrlicher Platz zum Frühstücken – der „Freischwimmer" am Flutgraben

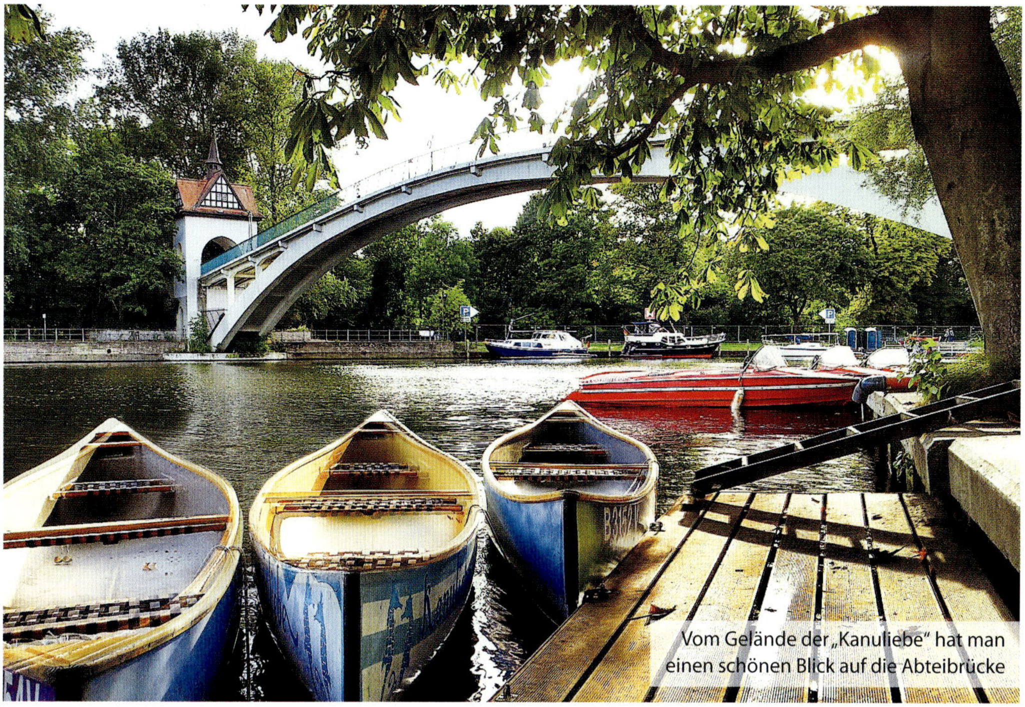

Vom Gelände der „Kanuliebe" hat man einen schönen Blick auf die Abteibrücke

Hinter der Abzweigung des ***Britzer Verbindungskanals*** werden die Ufer grüner und vor den Gartenlauben und Wochenendhäusern dümpeln in der Sonne weiß leuchtende Motorboote. Am linken Ufer zieht der *Plänterwald* vorüber, ein 90 Hektar großes Waldareal mitten in der Stadt. *1969 eröffnete hier der erste DDR-Vergnügungspark „Kulturpark Berlin", der vor der Wende jährlich bis zu 1,5 Millionen Besucher anzog – das 45 Meter hohe Riesenrad war sein Wahrzeichen. 1992 ging der „Spreepark" hieraus hervor, aber seitdem dieser 2001 seine Pforten schloss, liegt das Gelände brach. Die Fahrgeschäfte rotten im Wald vor sich hin, aber es gibt Pläne – die ersten Sanierungsmaßnahmen sollen bis 2024 umgesetzt sein, das Riesenrad soll sich 2026 wieder drehen.*

Nachdem das *Heizkraftwerk Klingenberg* sowie das *Zementwerk Berlin* mit seinen grauen Schloten und Türmen hinter mir liegen, biege ich vor dem ***Rummelsburger See*** nach links ab. Die ***Insel der Jugend***, die voraus die Spree teilt, wird häufig auch als ***Insel Berlin*** bezeichnet, da das Kulturhaus mit dem Biergarten auf der Insel diesen Namen tragen.

Vorbei am *Segelschiffrestaurant Klipper*, das am südlichen Ufer vertäut liegt und von dessen Wasserterrasse man den grandiosen Blick auf die ***Abteibrücke*** genießen kann, paddle ich unter dieser hindurch. *Sie bringt seit 1916 Fußgänger auf die Insel der Jugend und war eine der ersten Stahlverbundbrücken Deutschlands. Anlässlich der Gewerbeausstellung von 1896 wurde ein Restaurant im Stil einer schottischen Klosterruine, einer Abtei, erbaut.*

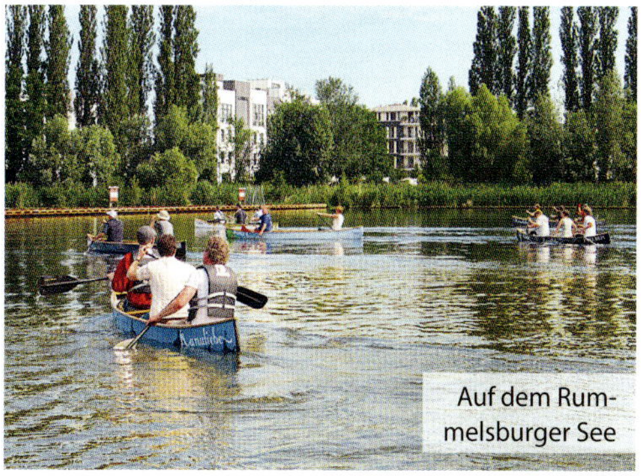

Auf dem Rummelsburger See

Heute ist die traditionsreiche Immobilie am Fuße der Abteibrücke das multifunktionale *Kulturhaus Insel Berlin* mit eigenem *Sommergarten (Gastronomie mit regionalen und nachhaltigen Produkten)* direkt an der Anlegestelle. Bei einem Snack treffen sich Familien, Konzertbesucher, Wochenendausflügler, Wasserwanderer oder Radsportler zum entspannten Miteinander. Die auf der Insel beheimatete *Kanu- & SUP-Vermietung „Kanuliebe"*, die auch SUP-Yoga und Abendtouren mit beleuchteten SUP-Boards anbietet, hat sicherlich Berlins schönstes Bootshaus und vermietet künstlerisch gestaltete, hochwertige Canadier.

Linker Hand erstreckt sich nun mit dem ***Treptower Park*** ein beliebtes Naherholungsgebiet und da das Ufer flach ist, bereitet der Landgang keine Probleme. Auf den Wiesen räkeln sich die Sonnenanbeter und von der *Bootsvermietung „Rent-a-Boat"* an der Abteibrücke starten die Tret- und Paddelboote zu einer Spritztour um die Insel. Zu den Attraktionen im Treptower Park zählt das *„Zenner"* mit angeschlossener Bio-Eisdiele. Es ist nicht nur eines der ältesten Lokale, sondern mit rund 1.500 Plätzen auch eines der größten in Berlin. Im Juni 2021 wurde der phantastische Bier und Weingarten von neuen Betreibern mit vielen Ideen wiedereröffnet.

Hinter dem Biergarten vermittelt die *Archenhold-Sternwarte* mit Ausstellungen und Führungen viel Wissenswertes rund um unser Sonnensystem und man kann das längste bewegliche Linsenfernrohr der Welt bestaunen. Gleich nebenan erinnert das *Sowjetische Ehrenmal* an die während der Kämpfe um Berlin gefallenen, sowjetischen Soldaten. Bei Kindern beliebt ist der *Weltspielplatz* – ein von Kindern erdachter Spielplatz, der die Kontinente darstellt und z.Zt. noch erweitert wird.

Vorbei am Anleger der Stern + Kreisschifffahrt im ***Hafen Treptow*** *(Hafenräucherei mit Fisch-Imbiss Di-So)*, dann unter der ***Elsenbrücke*** hindurch, erreiche ich die etwa 125 Meter hohen *Treptowers* mit ihren 32 Etagen. Noch eindrucksvoller als die Hochhäuser ist die, mitten in der Spree aufgestellte, überdimensionale und mit Löchern durchsetzte Figurengruppe ***„Molecule Man"*** des amerikanischen Bildhauers Jonathan Borofsky.

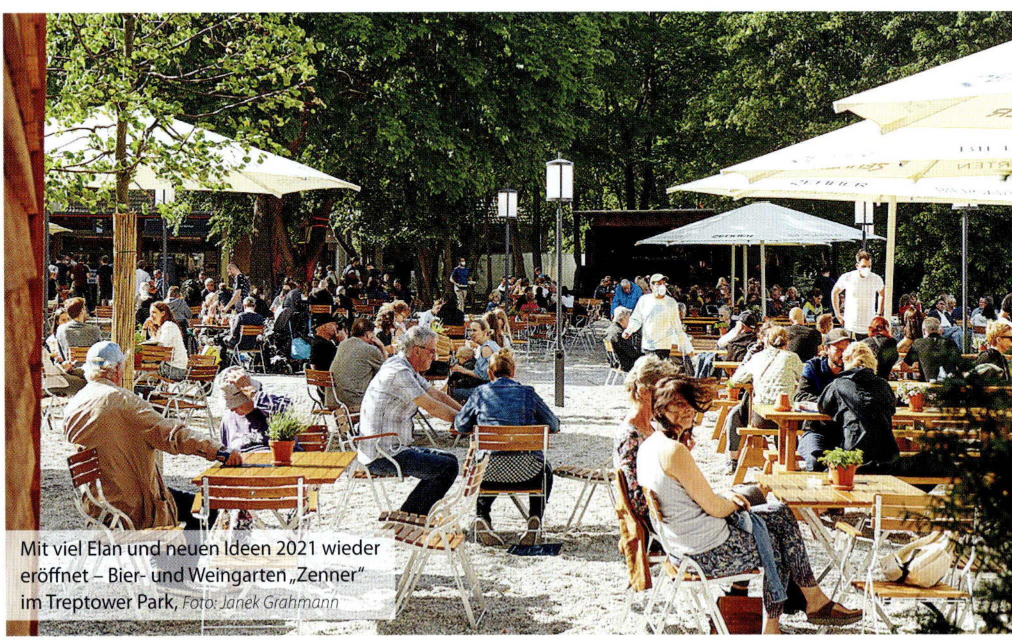

Mit viel Elan und neuen Ideen 2021 wieder eröffnet – Bier- und Weingarten „Zenner" im Treptower Park, *Foto: Janek Grahmann*

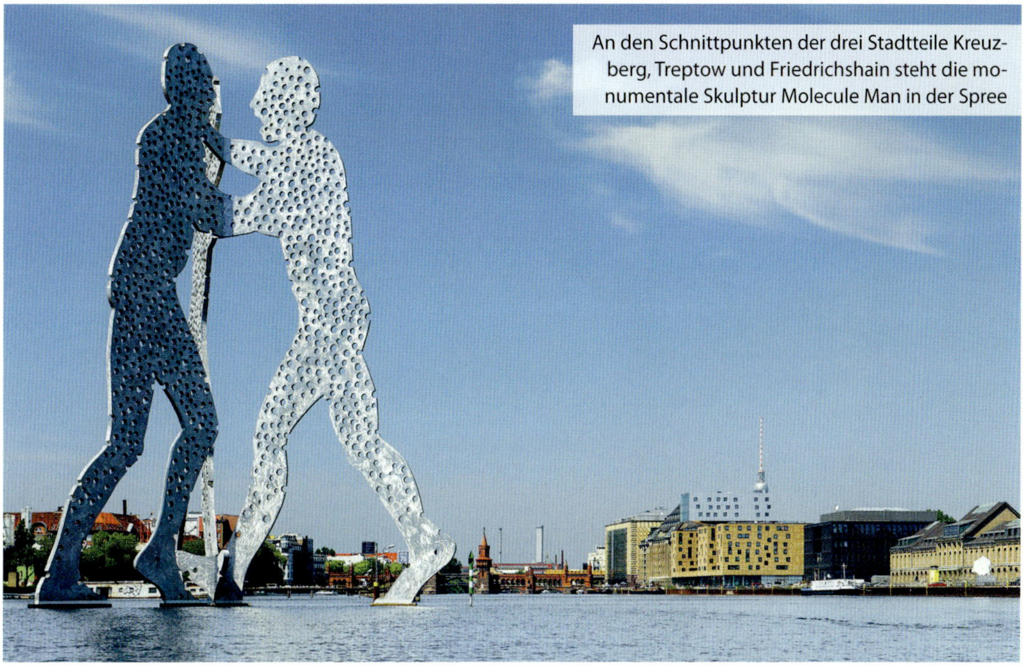

An den Schnittpunkten der drei Stadtteile Kreuzberg, Treptow und Friedrichshain steht die monumentale Skulptur Molecule Man in der Spree

Die nun vor mit liegende ***Oberbaumbrücke*** ist ein eindrucksvolles Beispiel für den märkischen Backsteinstil – ab hier ist die Spree für Kanus tabu. Unmittelbar hinter der Brücke liegt die außergewöhnliche Übernachtungsmöglichkeit *Eastern Comfort Hostelboot mit Floating Lounge* – das schwimmende Hostel.

Ich biege etwa 400 Meter vor der Oberbaumbrücke hinter dem *Restaurantschiff MS Hoppetosse* und dem *Badeschiff*, einem schwimmenden Pool samt Sandstrand und Open-Air-Bar, ganz in der Tradition der Flussschwimmbäder der Jahrhundertwende, nach links ab und erreiche über die ***Oberschleuse*** den ***Landwehrkanal***.

Zuvor könnte man aber auch nach links in den ***Flutgraben*** (Sackgasse) einbiegen, um in dem vor der Brücke rechts gelegenen Lokal *„Freischwimmer"* einen vegetarischen Grillteller oder einen der köstlichen Flammkuchen zu probieren. Die Location mit der über dem Wasser schwebenden idyllischen Holzterrasse oder auch das Kaminzimmer, suchen in Berlin ihresgleichen.

Der Landwehrkanal wurde zwischen 1845 und 1850 angelegt und geht auf ein Stadtplanungskonzept von Peter Joseph Lenné zurück. Heute sind praktisch nur noch Ausflugsdampfer und Freizeitkapitäne auf dem etwa 15 Meter breiten Kanal unterwegs und auf den Grünstreifen oberhalb der schrägen Betonwände tummeln sich sonnenhungrige Großstädter und Touristen.

Etwa einen Kilometer hinter der Schleuse zweigt nach links der ***Neuköllner Kanal*** ab, den wir aber ignorieren und nach rechts abbiegen. Zur Linken wird der ***Landwehrkanal*** nun vom *Maybachufer* begleitet, das jeden Dienstag und Freitag zur Bühne für den zweitgrößten Berliner Wochenmarkt wird. Bei den Berlinern einfach nur *„Türkenmarkt"* genannt, verbreitet er einen Hauch von orientalischem Basar auf der Bezirksgrenze von **Neukölln** und **Kreuzberg**.

Von der Terrasse der schönsten Hafenbar Berlins, der *„Ankerklause"* an der ***Kottbusser Brücke***, wird mir von hoch über dem Wasser kräftig zugewunken. Die tolle Lage ist bei dem

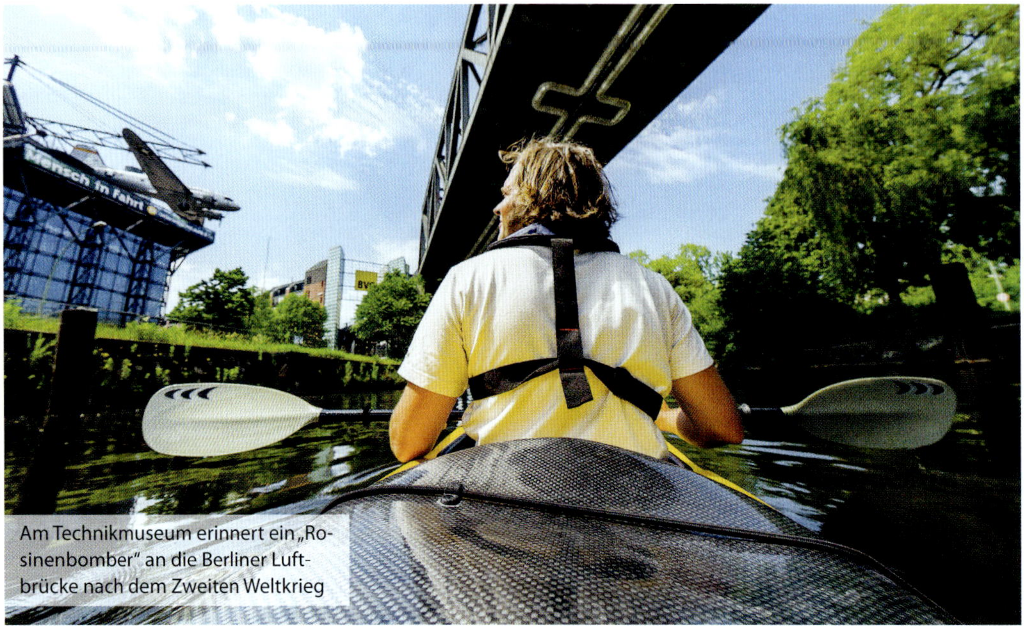

Am Technikmuseum erinnert ein „Rosinenbomber" an die Berliner Luftbrücke nach dem Zweiten Weltkrieg

bunt gemischten und entspannten Publikum ebenso beliebt wie die riesige Frühstückskarte und die gut bestückte Jukebox.

Bald machen die Ufer etwas Platz für den ***Urbanhafen***, der aber schon lange kein Hafen mehr ist. Die flachen Wiesen entlang des Beckens bieten sehr gute Möglichkeiten zum Anlegen, z. B. für den Besuch des 31 Meter langen *Zweimaster-Restaurantschiffes „Van Loon"* von dessen Sonnendeck oder Wasserterrasse man in gemütlichen Liegestühlen flätzend das Treiben auf dem Wasser genießen kann. Auch starten von hier die geführten Touren des Veranstalters *KayakBerlinTours*.

Rund 200 Meter weiter liegt vis à vis des *Sommerbads Kreuzberg* das malerische *Alte Zollhaus* direkt am Ufer. *Ende des 19. Jahrhunderts war es ein Quartier und Depot für die Straßensanierung, danach Zahlkontrollstelle für Dampfer und Spree-Zillen auf dem Landwehrkanal und heute ist es ein feines Restaurant mit Landhausatmosphäre.*

Am rechten Ufer begleitet mich ab hier die durch das gleichnamige GRIPS-Theater-Musical bekannt gewordene (U-Bahn)LINIE 1, einst von Siemens als erste Hochbahn Berlins gebaut, bis zum *Deutschen Technikmuseum*, über dem ein Rosinenbomber vom Typ Douglas C-47 B schwebt. *Auf dem Gelände des Anhalter Güter- und Postbahnhofs angesiedelt, werden die etwa 25.000 qm Ausstellungsfläche jährlich von rund 600.000 Menschen besucht.*

Das Ufer wird nun wieder etwas flacher und rechter Hand erreichen die südlichen Ausläufer des *Potsdamer Platzes* den Kanal. *Er verkörpert wie kaum ein anderer Ort in Berlin den Quantensprung von der geteilten Stadt zur Metropole mit Weltruf. In nur einem Jahrzehnt entstand aus einer brachliegenden Fläche im Schatten der Berliner Mauer ein vitales Großstadtzentrum, das mit seiner Mischung aus Kunst, Unterhaltung und Shopping täglich 100.000 Menschen anzieht und somit an seinen Ruf der 1920/30 er Jahre anschließt, als der Potsdamer Platz einer der belebtesten Plätze Europas war.* Vom Wasser aus bekommt man von diesem Trubel allerdings nicht viel mit.

Rechts vor der ***Bendlerbrücke*** fällt der Blick auf das markante *Shell-Haus*, mit den um die Ecke gezogenen Fenstern. *Es wurde 1931* *als eines der ersten Stahlskelett-Hochhäuser Berlins gebaut.* Hinter der Bendlerbrücke informiert am rechten Ufer die *Gedenkstätte Deutscher Widerstand* über den Widerstand gegen den Nationalsozialismus. *Im sogenannten* ***Bendlerblock****, wo heute der Verteidigungsminister seinen zweiten Amtssitz hat, wurden am 20. Juli 1944 die Offiziere des Deutschen Widerstands um Graf von Stauffenberg nach dem missglückten Attentat auf Hitler hingerichtet.*

Nun ist **Berlin-Tiergarten** erreicht, seit 2001 ein Ortsteil im Bezirk Mitte, und das Ziel der Tagestour nicht mehr weit. Am linken Ufer stößt das Gelände des *Zoologischen Gartens* ans Wasser, rechts genießen Sonnenhungrige am Tiergartenufer die wärmenden Strahlen. Zusammen mit einem Ausflugsdampfer fahre ich in die ***Unterschleuse*** ein, an der direkt der beliebte Treffpunkt *Schleusenkrug* liegt, und lasse mich anschließend von der Welle des Dampfers am *Restaurantschiff Capt'n Schillow* vorbeiziehen, das vor der ***Charlottenburger Brücke*** mit ***Charlottenburger Tor*** vertäut ist. Rechts im Schleusenkanal liegen schnuckelige Hausboote am grünen Ufer.

Das eindrucksvolle historische Charlottenburger Tor ist der verbleibende Rest der von 1904 bis 1909 errichteten massiven Gewölbebrücke. Die heutige Stahlbetonkonstruktion ist 27 Meter lang und bietet mit seiner Breite von 75 Metern Platz für sechs Fahrspuren samt Radwegen und Bürgersteigen.

Entlang des grünen Salz- und Einsteinufers in **Charlottenburg**, gelange ich zur Wasserstraßenkreuzung von ***Landwehrkanal, Spree*** und ***Charlottenburger Verbindungskanal***. Hier halte ich mich rechts und paddle spreeaufwärts vorbei an modernen Bürogebäuden, Hochhäusern sowie einladenden Cafés, Gaststätten und Restaurantschiffen, deren Besuch ich mangels Anlegemöglichkeit für nach der Tour aufhebe.

Zu guter Letzt werfe ich noch einen Blick auf *Schloss Bellevue* – vom Wasser aus bekomme ich allerdings nur die äußere, gelbe Mauer zu Gesicht, dann kehre ich um, denn ab hier ist die Spree für Kanus gesperrt. Zum flachen Ufer in der ersten Spreeschleife geht es zurück, wo schon mein Auto wartet, das ich hier vor Tourbeginn geparkt habe.

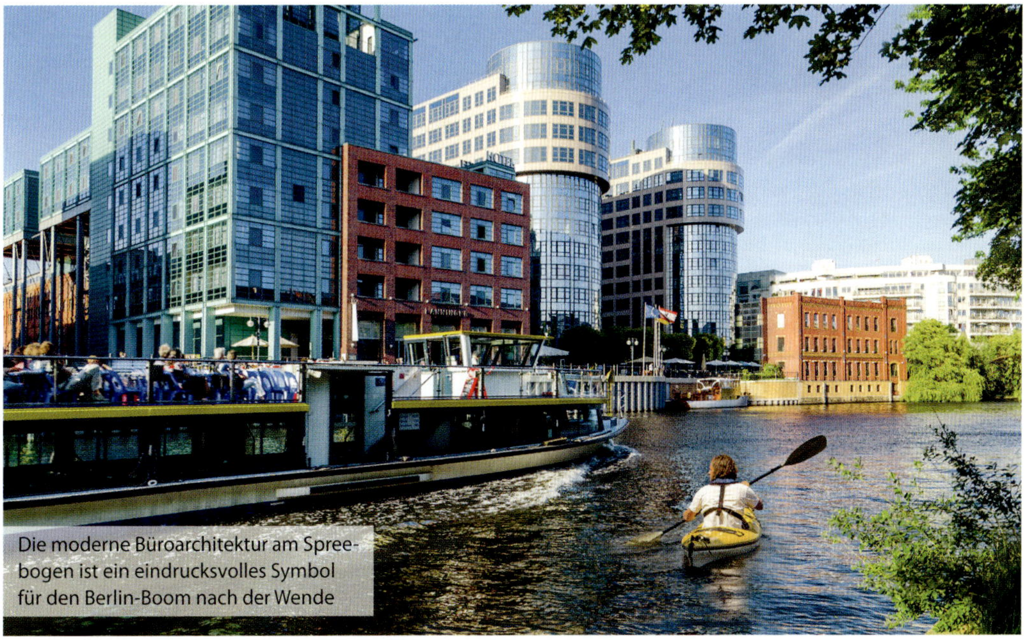

Die moderne Büroarchitektur am Spreebogen ist ein eindrucksvolles Symbol für den Berlin-Boom nach der Wende

25 km

Stadtrundgang Berlin

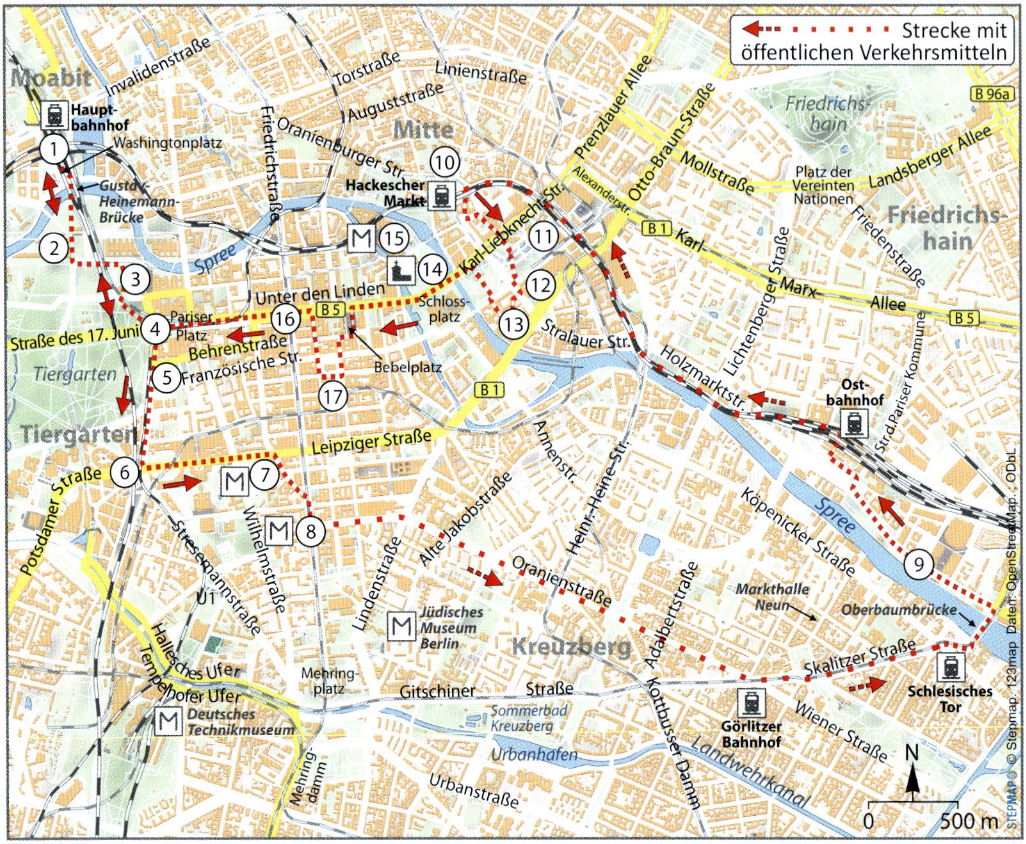

Ein guter Ausgangspunkt für den Stadtrundgang durch die historische Mitte Berlins ist der beeindruckende **Hauptbahnhof (1)**, *seines Zeichen der größte Kreuzungsbahnhof Europas, der 2006 nach elf Jahren Bauzeit anstelle des einstigen Lehrter Bahnhofs eröffnet wurde.*

Wir verlassen den Bahnhof durch den südlichen Ausgang am *Washingtonplatz*, wo durch die gläserne Fassade schon die Reichstagskuppel hinter dem DB-Logo zu erkennen ist. Über die Fußgängerampel erreichen wir die *Gustav-Heinemann-Brücke*, rechts glitzert in der Ferne die Bronzeskulptur der Viktoria auf der Siegessäule in der Sonne. Direkt hinter der Brücke über die Spree erhebt sich rechter Hand das **Bundeskanzleramt (2)** mit den Büros von Bundeskanzler:in und Staatsminister:innen sowie dem Kabinettsaal und den Konferenzräumen.

Ein paar Schritte nach links bringen uns zum **Reichstag (3)**, seit 1990 Sitz des Deutschen Bundestages und ein wahrer Besuchermagnet. Hauptattraktion ist die gläserne Kuppel, die Besichtigung ist allerdings nur nach Voranmeldung unter www.bundestag.de >Besuch möglich.

An der rechten Gebäudeecke überqueren wir die *Scheidemannstraße* und gelangen über den *Simsonweg*, einer Fußgängerallee, zum **Brandenburger Tor (4)** am *Pariser Platz. Bis zur Wiedervereinigung markierte das wichtigste Wahrzeichen Deutschlands die Grenze zwischen Ost- und Westberlin und damit die Grenze zwischen den Staaten des Warschauer Paktes und der NATO. Das klassizistische Sandsteintor wurde von 1788 bis 1791 auf Geheiß König Friedrich Wilhelm II. erbaut, weil er einen krönenden Abschluss für die Prachtstraße Unter den Linden suchte.*

Von der Rückseite des Brandenburger Tors laufen wir weiter nach Süden bis zum **Holocaust-Mahnmal (5)** „Denkmal für die ermordeten Juden Europas". *In einem unterirdischen Museum unter den 2711 Stelen des Mahnmals dokumentiert der „Ort der Information" die Verfolgung und Vernichtung der europäischen Juden.*

Weiter geradeaus führt die *Eberstraße* zum **Potsdamer Platz (6)**, der wie wohl kaum ein anderer Ort die Dynamik Berlins nach dem Mauerfall symbolisiert. *In nur einem Jahrzehnt entstand hier auf einer Brachfläche – in den 1920er Jahren war hier einer der verkehrsreichsten Plätze Europas – ein modernes Zentrum mit Weltstadtflair. Am nördlichen Ende des Platzes erhebt sich der nach seinem Architekten benannte „Kollhoff-Tower". Der Panoramapunkt in der 24. und 25. Etage bietet eine Aussichtsplattform, Ausstellung und ein Café mit Sonnenterrasse – und dazu Berlin aus der Vogelperspektive.*

Wir kehren den Hochhäusern den Rücken und folgen der *Leipziger Straße* nach Osten bis zum **Museum für Kommunikation (7)**, seines Zeichen das erste Postmuseum der Welt. Die Dauerausstellung widmet sich der Geschichte und der Zukunft der Informationstechnik.

Hinter dem repräsentativen Bau biegen wir rechts in die *Mauerstraße* ein und erreichen den legendären **Checkpoint Charlie (8)**, der zusammen mit der Glienicker Brücke der bekannteste Grenzübergang zwischen West- und Ostberlin war. Die ehemaligen Schlagbäume und Wachposten sind längst durch Nachbauten ersetzt, was dem Besucherandrang aber keinen Abbruch tut. Im benachbarten **Mauermuseum** kann man die originalen Gegenstände bestaunen, die zur Flucht über, unter und durch die Berliner Mauer dienten.

Die nächste Station des Stadtrundgangs erreicht man am bequemsten per Bus und Bahn. Dazu nimmt man vom Checkpoint Charlie den Metrobus M29 bis zum U-Bahnhof Görlitzer Bahnhof und fährt weiter mit der U1 zum **Schlesischen Tor.** Am Ausgang folgt man den Bahnschienen bis zum Spreeufer und läuft über die **Oberbaumbrücke** zur **East Side Gallery (9)**, wo über 100 Künstler die Berliner Mauer nach der Grenzöffnung im Frühjahr 1990 bemalten. Die „längste Mauer-Galerie der Welt" steht unter Denkmalschutz und 2009 wurden die zwischenzeitlich unkenntlich gewordenen Motive von den Künstlern weitgehend originalgetreu neu gemalt.

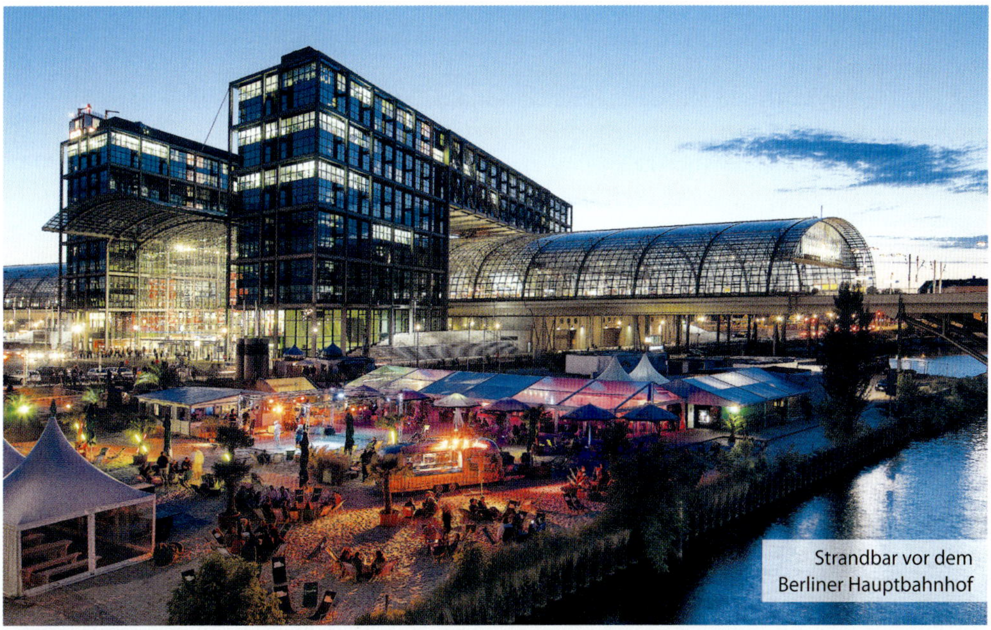

Strandbar vor dem Berliner Hauptbahnhof

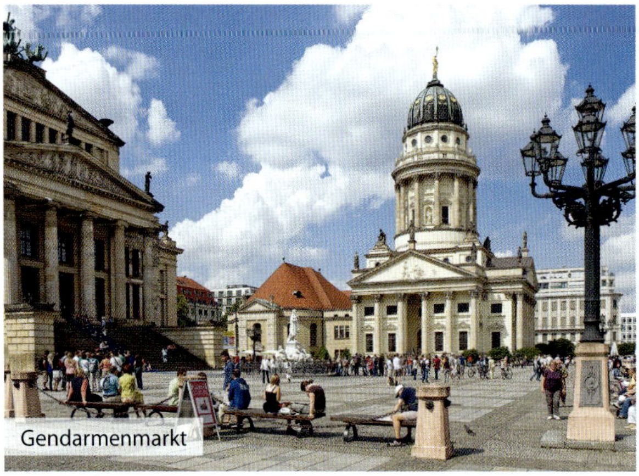

Gendarmenmarkt

Am Ende der Mauer kann man weiter geradeaus Richtung Fernsehturm laufen, oder man steigt am Ostbahnhof auf Gleis 11 in die S-Bahn und fährt zwei Stationen bis zum **Hackeschen Markt**. Der Platz vor dem Bahnhof ist gefüllt mit Sitzgelegenheiten diverser Cafés, dahinter liegen zwischen *Rosenthaler Straße* und *Sophienstraße* die **Hackeschen Höfe (10),** acht miteinander verbundene Höfe, die 1906 als Wohn- und Gewerbehof eröffnet wurden und heute Läden, Galerien und Restaurants beherbergen.

Vom *Hackeschen Markt* geht es unter den Bahnschienen hindurch zum **Alexanderplatz (11)** mit der **Marienkirche** und dem bekannten **Fernsehturm**. *Der „Alex", wie der einstige Parade- und Exerzierplatz im Volksmund genannt wird, erhielt seinen Namen anlässlich eines Besuchs von Zar Alexander im Jahre 1805.* Am südlichen Ende leuchten die Ziegelsteine des **Roten Rathaus (12)** in der Sonne. *Das Gebäude wurde zwischen 1861 und 1869 erbaut und ist Sitz des Regierenden Bürgermeisters.* Südwestlich schließt sich das **Nikolaiviertel (13)**, der historische Kern Berlins, an. Die dominierende **Nikolaikirche** ist das älteste in Berlin erhaltene Bauwerk. Am Spreeufer entlang laufen wir nach Norden bis zur *Liebknechtbrücke*. Auf dem *Schlossplatz* stand einst der 1976 eröffnete Palast der Republik. 1990 wurde das Gebäude wegen Asbestverseuchung geschlossen und nach intensiven Diskussionen 2006 abgerissen. Inzwischen wurde hier das preußische **Stadtschloss** unter dem neuen Namen „Humboldt-Forum" wieder aufgebaut.

Gegenüber erhebt sich der imposante **Berliner Dom (14)**, der zwischen 1894 bis 1905 nach Vorbildern der italienischen Hochrenaissance und des Barocks erbaut wurde. Mit dem Dom ist auch die auf einer Spreeinsel gelegene **Museumsinsel (15)** erreicht, die seit 1999 zum UNESCO-Weltkulturerbe gehört und mit **Ägyptischem Museum, Alter Nationalgalerie** und **Pergamonmuseum** gleich eine ganze Reihe hochkarätiger Museen zu bieten hat.

Die *Schlossbrücke* führt uns auf die Prachtstraße **Unter den Linden (16)**. Hinter der **Staatsoper** laufen wir nach links über den *Bebelplatz*, wenden uns dann nach rechts und laufen gleich die erste Möglichkeit wieder links, um zum **Gendarmenmarkt (17)** zu kommen. Als „schönster Platz der Stadt" bezeichnet, liegt er in der historischen Mitte Berlins und wird flankiert vom **Deutschen Dom, Französischen Dom** und dem **Konzerthaus.** Letzteres wurde von 1817 bis 1821 nach Schinkel-Plänen auf den Grundmauern des abgebrannten Nationaltheaters errichtet.

Vom *Gendarmenmarkt* kehren wir zurück auf den Prachtboulevard *Unter den Linden* und gelangen, nach links laufend, wieder zum **Brandenburger Tor**. Von hier sind es nur ein paar Schritte auf dem bekannten Weg am **Reichstag** vorbei zum Startpunkt am **Hauptbahnhof**.

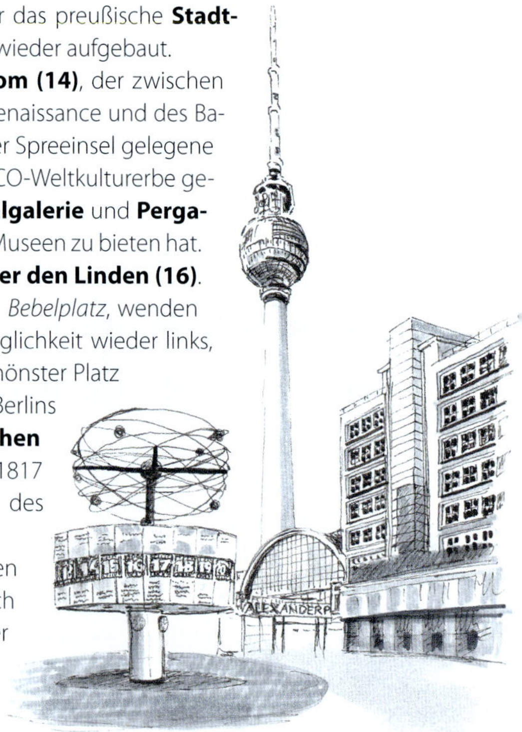

Alexanderplatz mit Weltuhr und Fernsehturm

Löcknitz - Müggelspreerunde

Neu Venedig und die Müggelberge

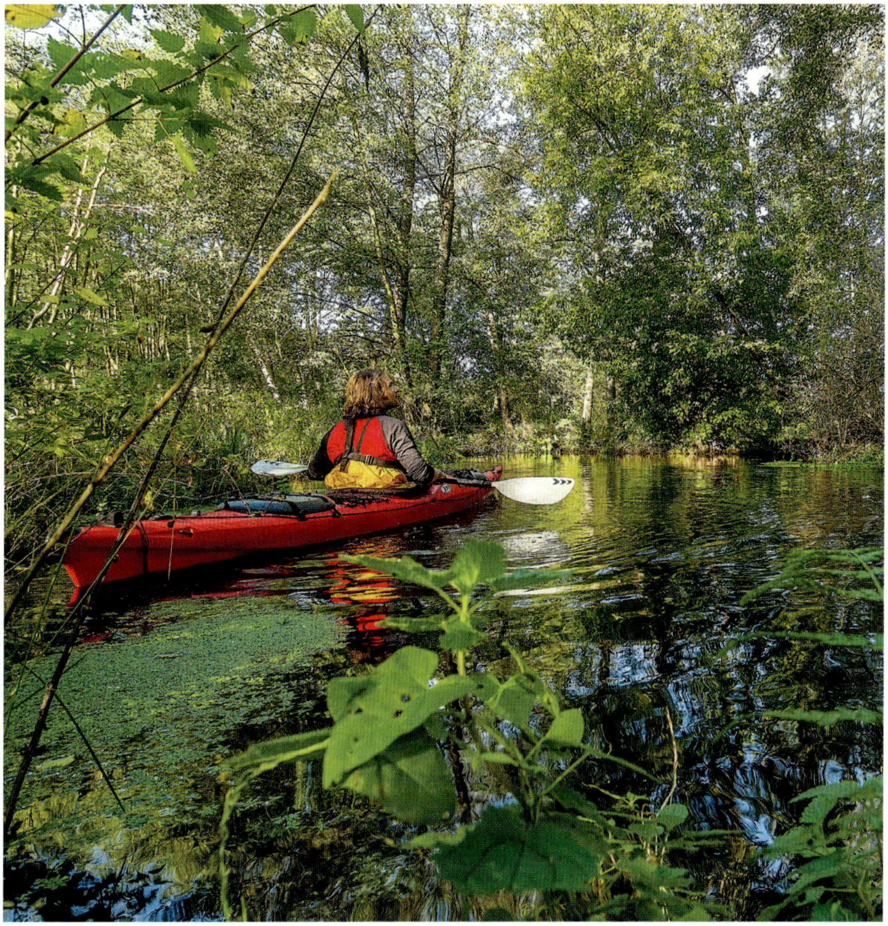

Tour 18

Infos Tour 18 – Löcknitz - Müggelspreerunde

Aktivitäten	Natur	Kultur	Baden	Hindernisse
★★★☆	★★★☆	★★★☆	★★★☆	★☆☆☆

Charakter der Tour

Diese abwechslungsreiche Rundfahrt vor den Toren Berlins eignet sich für ein erlebnisreiches Wochenende. Ausgangspunkt ist die wildromantische Löcknitz. Über Erkner erreicht man den Dämeritzsee und auf der sich anschließenden Müggelspree lohnt der Abstecher nach Neu Venedig, eine charmante Wochenendhaussiedlung inmitten eines Labyrinths aus zahlreichen Kanälen.

Anschließend geht es über den Müggelsee, seines Zeichens der größte See Berlins, nach Köpenick mit seiner malerischen Altstadt und dem legendären Rathaus. Mit der Dahme, dem Langen See, dem Seddinsee sowie dem Gosener Graben schließt sich der Kreis und man gelangt zurück nach Erkner.

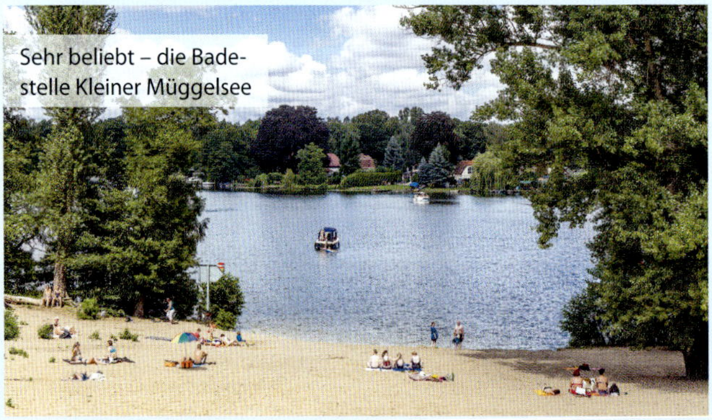

Sehr beliebt – die Badestelle Kleiner Müggelsee

Entlang der Strecke laden viele Bademöglichkeiten zur Abkühlung ein und für das leibliche Wohl sorgen viele Biergärten am Ufer. Und wem das alles noch nicht reicht, der kann dank der guten Anbindung nach der Kanutour problemlos mit der S-Bahn oder dem Regionalzug noch in die City fahren.

Befahrungsregelung Oberhalb der hier beschriebenen Einsetzstelle an der Straßenbrücke am Bahnhof Fangschleuse ist die Löcknitz ganzjährig für die Befahrung gesperrt.

Länge & Dauer der Tour 43 km, 2 Tage

keine Umtragestellen

Anreise Autobahn A 10 bis Ausfahrt 6 (Erkner) und weiter Richtung Bahnhof Fangschleuse.

Einsetzstelle Brücke über die Löcknitz an der Landstraße L 23, ca. 400 m nördlich des **Bahnhofs Fangschleuse**.

Aussetzstelle Öffentlicher Anleger in **Erkner** (Friedrichstr. 1).

Zurück zum Pkw Mit dem Regionalexpress von Bhf. Erkner in 4 Min. nach Fangschleuse. Alternativ mit dem Bus (20 Min.), www.vbb.de / www.bahn.de

Etappenvorschlag

1. Tag Fangschleuse – Köpenick (24 km)
2. Tag Grünau – Erkner (19 km)

Tipps für Tagestouren

1. Auf der Müggelspree von Hangelsberg nach Erkner (ca. 27 km).
2. Von Erkner über Löcknitz, Werlsee und Peetzsee zum Möllensee und zurück (ca. 24 km).
3. Von Erkner über Flakensee, Kalksee und Mühlenfließ zum Stienitzsee und zurück (ca. 24 km).
4. Rundtour ab Erkner über Seddinsee, Zeuthener See, Großer Zug, Krossinsee; über Oder-Spree-Kanal & Seddinsee zurück nach Erkner (ca. 30 km).
5. Erkner – Neu Venedig & zurück (ca. 10 km).

Karten & Literatur-Tipps

KANU KOMPAKT „Berlin", Tourenführer mit topogr. Wasserwanderkarten sowie *SUP-Guide „Berlin & Umland"*, beide Thomas Kettler Verlag.

„Glücksorte in Berlin: Fahr hin & werd glücklich", sowie *„Grüne Glücksorte in Berlin: Geh raus & blüh auf"*, beide Droste Verlag.

Ein Lexikon **„Berliner populäre Irrtümer“**, *Volker Wieprecht, Robert Skuppin* sowie **„Das Buch für Berlinhasser“**, fast eine Liebeserklärung, *Falko Rademacher*, beide be.bra Verlag.

Berlin Kompakt **„Berlins geheime Gewässer: Die 50 schönsten Plätze an verborgenen Ufern“** sowie **„Geheime Gärten in Berlin“**, beide Jaron Verlag.

„Der Teufelssee als mystischer Ort: Auf Fontanes Spuren“, *17 Sagen und Geschichten vom Köpenicker Teufelssee in den Müggelbergen* und **„Der Tote im Luisenhain“**: Ein Köpenick-Krimi, beide *Ernst-Michael Schwarz*, Anthea Verlag.

„Der Teufel von Köpenick“: Doku-Krimi aus dem Berlin der Hitlerzeit, *Horst Bosetzky*, Jaron Verlag.

„Der Hauptmann von Köpenick“, *Carl Zuckmayer*, Fischer Taschenbuch Verlag.

Übernachtung in Wassernähe

15537 Erkner
Kanu-Club Erkner *(zelten)*
Zur Buhne 15
Svend Melle: 0173-619 49 21
www.kc-erkner.de

15569 Woltersdorf
Campingplatz Flakensee
Fangschleusenstr. 40
Tel. (03362) 88 83 57
www.campingplatz-flakensee.de

12589 Berlin Hessenwinkel
DämeritzSeehotel
Kanalstr. 38/39 *(am Dämeritzsee)*
Tel. (030) 616 74 40
www.daemeritzseehotel.de

12587 Berlin Friedrichshagen
MüggelSeepension
Josef-Nawrocki-Str. 12
Tel. (030) 64 09 03 26
www.mueggelseepension.de

Hotel Spree-idyll
Müggelseedamm 70
Tel. (030) 641 94 00
www.hotel-spree-idyll.berlin

12557 Berlin Köpenick
Gästehaus Flussbad Gartenstraße
Gartenstr. 46-48 (Fischerkietz)
Tel. (030) 65 88 00 94
www.hotel-pension-berlin.eu

Neohostel Berlin (liegt nicht direkt am Wasser. Anlegen beim Restaurant „Schifferstube“, bitte höflich anfragen, und mit dem Bootswagen 50 m zum Hostel schieben), Grünauer Str. 192
Tel. (030) 509 30 15 50
www.neohostel.com

12559 Berlin Müggelheim
Zeltplatz „Kuhle Wampe“
(am See Große Krampe)
Straße zur Krampenburg
Tel. 0179-439 09 98
www.zeltplatz-kuhle-wampe.de

12527 Berlin Schmöckwitz
Waldhotel am See
(am Zeuthener See)
Schmöckwitzer Damm 1 G
Tel. (030) 67 50 40
www.waldhotelamsee.de

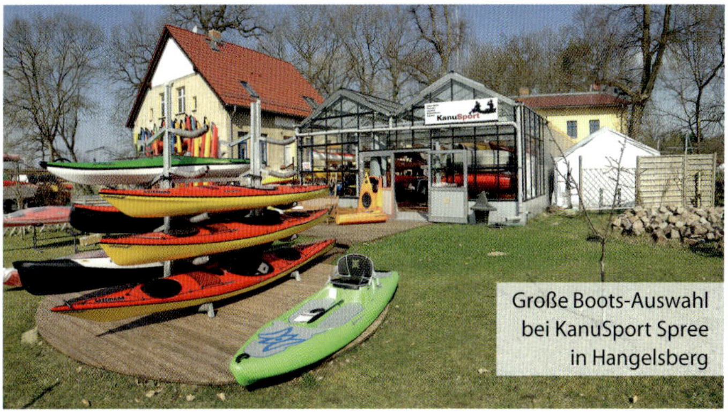

Große Boots-Auswahl bei KanuSport Spree in Hangelsberg

Kanuvermieter (meist auch SUP-Vermietung)

12555 Berlin Köpenick
Meckis Kanu, Boot & SUPverleih
(nur am Wochenende)
Friedrichshagener Str. 3
Tel. (030) 71 55 99 71
www.bootsverleih-koepenick.de

12587 Berlin Friedrichshagen
Bootsverleih Spreepoint
Müggelseedamm 70
Tel. (030) 641 12 91
www.bootsverleih-spreepoint.de

12559 Berlin Müggelheim
Bootsverleih Grünheide
(am Kleinen Müggelsee)
Neuhelgoländer Weg 7
Online Reservierungsformular
Tel. 0151-10 07 57 96
www.bootsverleih-gruenheide.de

SUP'n Kanu (am Langer See)
Zum Schmetterlingshorst 2
Tel. 0176-61 63 41 98
www.sup-kanu.de

15537 Grünheide
OT Hangelsberg
KSS KanuSport Spree
Bahnhofstraße 1
Tel. (033632) 67 97 14
www.kanu-spree.de

15537 Gosen-Neu Zittau
Spreeboard
Am Spreebord 119
Tel. 0176-83 68 86 88
www.spreeboard.de

Weitere Aktivitäten

Wandern und Radtouren

Auf gut ausgebauten Wegen ***rund um den Müggelsee*** (15 km) mit Abstecher über den Naturlehrpfad zum sagenumwobenen ***Teufelsseemoor*** und ***durch die Müggelberge*** zum 30 Meter hohen ***Müggelturm*** mit Berlins schönster Aussicht (www.müggelturm.berlin).

Wanderung im ***Löcknitztal*** (18 km, Leistikowweg – Löcknitztalweg – Müggel Spree Weg).

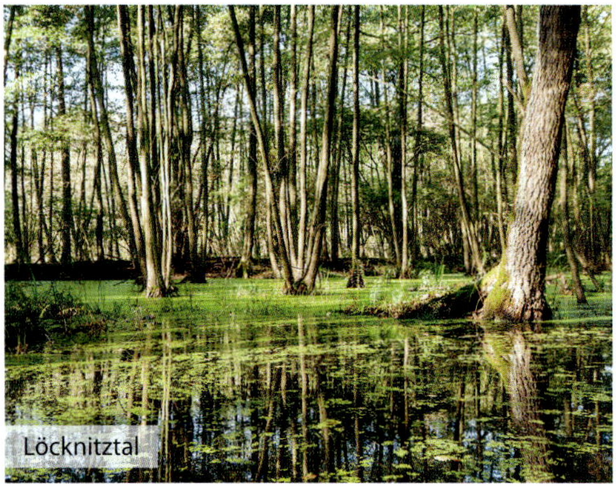

Löcknitztal

Gerhart Hauptmann-Literaturpfad in Erkner (5 km).

Rundwanderung um den Möllensee, mit herrlichen versteckten Badestellen (8,5 km, 2-3 h).

Fahrradvermieter (auch E-Bikes) in **12587 Berlin Friedrichshagen:** *Fahrrad im Kietz (Mo Ruhetag)*, Bölschestr. 20, Tel. 0172-529 56 99, www.fahrradimkietz.de

Klettern ***Kletterwald Grünheide*** am Nordstrand des Werlsees (1.000 Meter Kletterstrecke in bis zu 18 Metern Höhe, www.kletterwald-gruenheide.de).

Segeln und Surfen auf dem Müggelsee.

Ausflugsfahrten mit den Schiffen der Weißen Flotte.

Baden in den ***Frei-/Strandbädern*** Friedrichshagen, Grünau und Müggelsee.

Museumspark Rüdersdorf (7 km von Erkner entfernt). Das rund 17 Hektar große ***Freilicht-Industriemuseum*** dokumentiert die Gewinnung und Verarbeitung von Kalkstein aus den Rüdersdorfer Kalkbergen und bietet Einblicke in die bewegte Industriegeschichte (www.museumspark.de).

Sehenswürdigkeiten

Erkner Gerhart-Hauptmann-Museum in der Villa Lassen (über Leben und Werk des Literaturnobelpreisträgers, *Di-So 11-17*, www.hauptmannmuseum.de), Heimatmuseum.

Rahnsdorf Denkmalgeschütztes Fischerdorf rund um die Dorfkirche, Neu Venedig (malerisches Wasserlabyrinth mit Wochenendhäusern auf schönen Wassergrundstücken), Fischräucherei, handbetriebene Fähre „Paule III".

Friedrichshagen Museum im Alten Wasserwerk Friedrichshagen (1893 in Betrieb genommen, *kostenlose 2-stünd. Führung: Di 10, Fr 13 und 1. Sa im Monat 10 Uhr*, Müggelseedamm 307), Bölschestraße („Ku`damm des Ostens": beliebte Einkaufs- und Bummelmeile).

Köpenick Historische Altstadt mit kleinen Gassen und nostalgischen Fachwerkhäusern, Rathaus in märkischer Backsteingotik, Schloss Köpenick (1647-85), historischer Fischerkietz (dessen Geschichte bis ins 13. Jahrhundert zurückreicht, Bereich Straßen „Kietz" und „Gartenstraße").

Grünau Friedenskirche, Regattastrecke der Olympischen Spiele im Jahr 1936 (älteste Sportstätte Berlins).

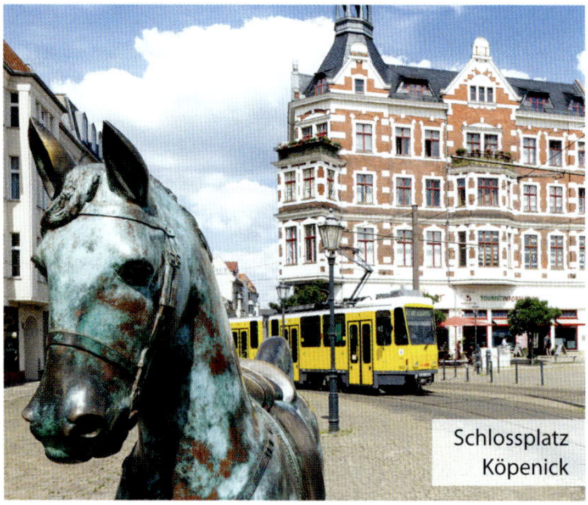

Schlossplatz Köpenick

Auskunft & Tourist-Info

Tourismusverein Berlin Treptow-Köpenick, Alt-Köpenick 31-33 (Am Schloßplatz), 12555 Berlin, Tel. (030) 65 48 43 48, www.tkt-berlin.de

Löcknitz - Müggelspreerunde

Die Brücke der Landstraße zwischen **Grünheide** und **Bahnhof Fangschleuse** ist der frühestmögliche Einstiegspunkt für die Fahrt auf der idyllischen ***Löcknitz***, denn oberhalb ist der Flusslauf aus Naturschutzgründen gesperrt. Auf dem Waldparkplatz neben der Brücke kann ich das Auto für die Dauer der Tour gut zurücklassen und es sind nur wenige hundert Meter bis zum Bahnhof, um nach der Tour bequem zum Auto zurück zu kommen. Zwischen der Fußgänger- und der Straßenbrücke lasse ich das Kajak über ein paar Stufen hinab ins Wasser und es kann losgehen.

Schon nach den ersten Paddelschlägen verzaubert mich die ***Löcknitz***, deren romantisches Tal einst das Flussbett eines eiszeitlichen Wasserlaufes war, mit einer herrlichen Auenwaldlandschaft. Das Wasser ist nicht besonders tief und schlängelt sich zwischen dichtgedrängt stehenden Baumstämmen hin und her. Durch die grünen Kronen schimmert die Sonne und inmitten einer solchen „Wildnis" bleiben auch umgestürzte Bäume nicht aus. Hier und da reicht es, sich tief in den Sitz zu ducken, um sich unter dem Hindernis hindurch zu zwängen, einmal aber muss ich doch an Land und das Kajak über das Ufer ziehen.

Hinter einer abermals recht flachen Brücke ziehen die Grundstücke von **Fangschleuse** vorüber, die bis ans Wasser reichen. Die Autobahn rückt näher und vor ihr, an der T-Kreuzung, paddle ich nach rechts unter der grünen Bogenbrücke hindurch. Die Ufer sind nun begradigt und große Motoryachten dümpeln vor den Wassergrundstücken.

An der folgenden Gabelung zweigt rechts der Kanal zum ***Werl-***, ***Peetz***- und ***Möllensee*** ab. Hier wende ich mich nach links und paddle unter der Autobahnbrücke der A 10 hindurch. Sofort wird es wieder ruhiger und knapp drei Kilometer weiter ist der ***Flakensee*** erreicht, ein See mit zwei kleinen sandigen Badestellen, die erstaunlicherweise sogar an warmen Sommernachmittagen nicht überfüllt sind.

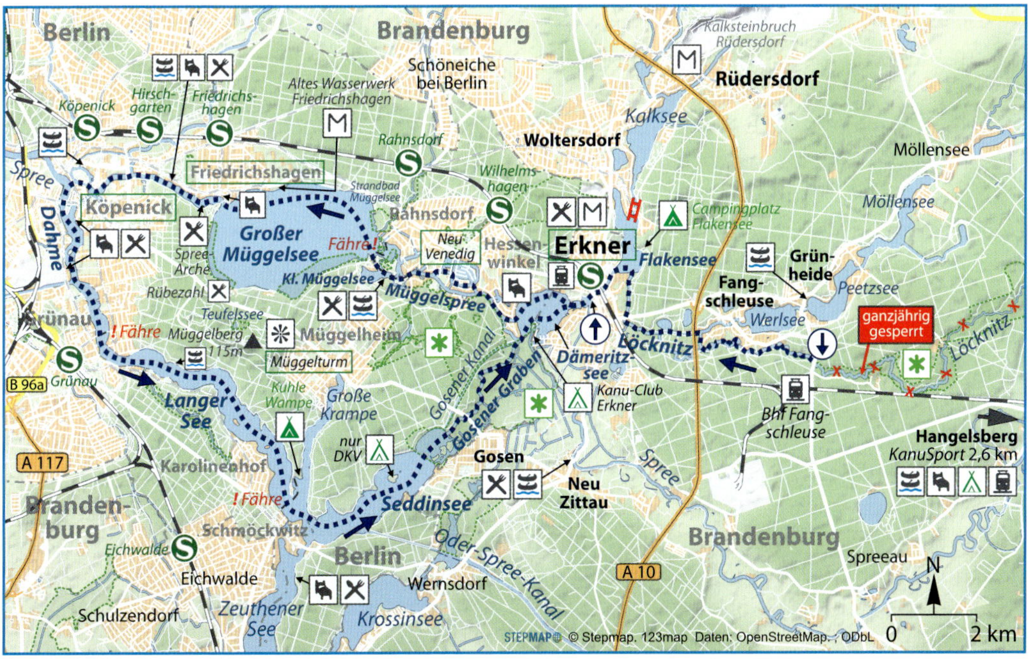

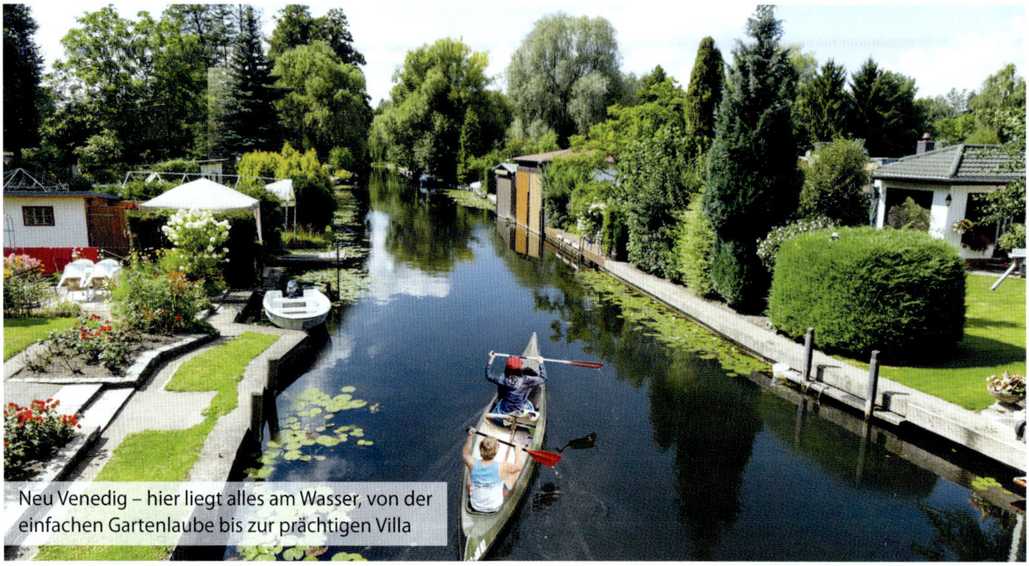
Neu Venedig – hier liegt alles am Wasser, von der einfachen Gartenlaube bis zur prächtigen Villa

Im ***Flakensee*** paddle ich am Südufer nach Westen und gelange automatisch auf den Abfluss der ***Müggelspree***, die mich ins Zentrum von **Erkner** bringt. Die erste Brücke, die *Baekeland-Brücke, erinnert mit ihrem Namen an Leo Hendrik Baekeland, der 1905 einen Kunststoff auf der Basis von Phenolharz entwickelte. Ab 1910 stellte die Bakelite GmbH in Erkner als erster Betrieb der Welt die unterschiedlichsten Kunststoffteile in industrieller Fertigung her. Eine Ausstellung im Dachgeschoss des* ***Heimatmuseums*** *informiert über die Entwicklung der chemischen Kunststoffproduktion in der Stadt.*

Hinter drei weiteren Brücken öffnet sich der ***Dämeritzsee*** vor mir und wenige Meter nach links markiert die „Gelbe Welle" den *öffentlichen Anleger* von **Erkner**. Von hier ist es nur ein kurzer Spaziergang entlang der Hauptstraße bis zum *Gerhart-Hauptmann-Museum in der Villa Lassen, die der bedeutende Dichter und Dramatiker mit seiner Familie von 1885 bis 1889 bewohnte.*

Zurück auf dem ***Dämeritzsee*** folge ich, vorbei an der kleinen, chilligen *Badebar Erkner*, dem nördlichen Ufer entlang schöner Wassergrundstücke, eindrucksvoller Villen. Die Badewasserqualität des Sees, der zu einem Teil auf Berliner Stadtgebiet und zur anderen Hälfte in Brandenburg liegt, wird als „ausgezeichnet" bewertet. 500 Meter hinter dem *„Dämeritz-Seehotel"* mit seinem hübschen Wassergrundstück weist ein Schild unübersehbar auf den Abzweig in die nach rechts abzweigende ***Müggelspree*** hin, in die ich einbiege.

Der erste abgehende Kanal führt in den kleinen, langgestreckten ***Hubertussee,*** der zweite in das lagunenartige Labyrinth von **Neu Venedig**, *das 1926 dem Sumpf abgetrotzt wurde. Fünf Kanäle verzweigen sich in einem kleinen Delta, an denen von der einfachen Gartenlaube bis zur prächtigen Villa mit Bootsschuppen für die luxuriöse Motoryacht alles zu finden ist. Nach dem Zweiten Weltkrieg fanden ausgebombte Familien hier ein neues Zuhause,*

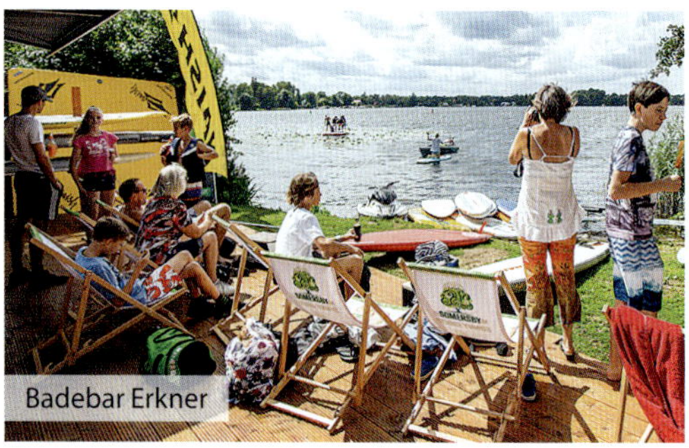
Badebar Erkner

später hatten viele DDR-Künstler, -Sportler, -Intelektuelle und SED-Funktionäre ihre „Datsche".

So unüberschaubar ist das „Labyrinth" nun aber doch nicht, als dass ich nicht wieder herausfinden würde und so gelange ich am Ende zurück auf die ***Müggelspree***. Hinter dem ***Schilfwall***, einer kleinen Insel im Flusslauf, kündigt der Kirchturm am rechten Ufer **Rahnsdorf** an. *Rahnsdorf, das sich hufeisenförmig um die Kirche, ein Backsteinbau von 1888, gruppiert, hat als altes Fischerdorf Tradition* und so ist es nicht nur für Paddler ein Glück, dass der einzige Fischer des Mügelsees, Herr Thamm, in unmittelbarer Nähe zum *Anlegesteg* einen *Fischverkauf* betreibt. Unbedingt probieren: kleine Barschfilets in dünner, knuspriger Panade mit einer pikanten Knoblauchsoße! An dieser Stelle gibt es auch Berlins einzige mit „Muskelkraft" betriebene Fähre (Linie 24) – *Ruderfähre Paule III*. Auf Zuruf können bis zu acht Personen zur Anlegestelle „Spreewiesen" übergesetzt werden *(im Sommer Sa+So)*.

Gut gestärkt geht es nun, vorbei am *Hotel-Restaurant „Neu-Helgoland"*, an die Überquerung des ***Großen Müggelsees***, mit rund siebeneinhalb Quadratkilometern der größte See Berlins. An seinem Südufer dehnen sich die bis zu 115 Meter hohen *Müggelberge* aus.

Obwohl der Wind nur verhalten bläst, ist das Wasser kabbelig und die rasch vorbeiflitzenden Motorboote verstärken den Wellengang noch. Die direkte Durchfahrt über den See in Richtung Müggelspree ist ausgetonnt, trotzdem sollte man lieber in Ufernähe bleiben und bei höheren Wellen besser ganz auf die Querung verzichten. Auf jeden Fall ist ein Kajak für diese Querung die bessere Wahl als ein offener Kanadier.

Vor **Friedrichshagen** liegt am Ufer ein Zeugnis der Industriegeschichte und ein Flächendenkmal von europäischem Rang – das ***Alte Wasserwerk Friedrichshagen***. *Im Jahre 1893 in Betrieb genommen, war es damals das modernste und größte Europas. Heute bekommt der Besucher in dem für Berlin einmaligen Museum Informationen zur Geschichte der Wasserversorgung und Stadtentwässerung Berlins. Einmalig ist die im Originalzustand erhaltene Maschinenhalle mit drei Schöpfmaschinen aus dem Jahr der Inbetriebnahme.*

Am nordwestlichen Ufer verlässt die ***Müggelspree*** den Großen Müggelsee. Eine weithin sichtbare Landmarke bildet der weiße Aussichtsturm der Wasserrettung am *Seebad Friedrichshagen*. Zwischen den Liegestühlen der *Hafenbar* am rechten Ufer und dem *Restaurant Ehrlich* paddelt man über den vier Meter tiefer gelegenen ***Spreetunnel Friedrichshagen***. *Dieser Fußgängertunnel verbindet Friedrichshagen mit der Kämmereiheide östlich von Köpenick und wurde 1926/27 im Stil der Neuen Sachlichkeit gebaut. Er war der erste Eisenbeton-Tunnel in Deutschland, der mit Hilfe von Druckluft in Senkkasten-Bauweise ins Erdreich getrieben wurde.*

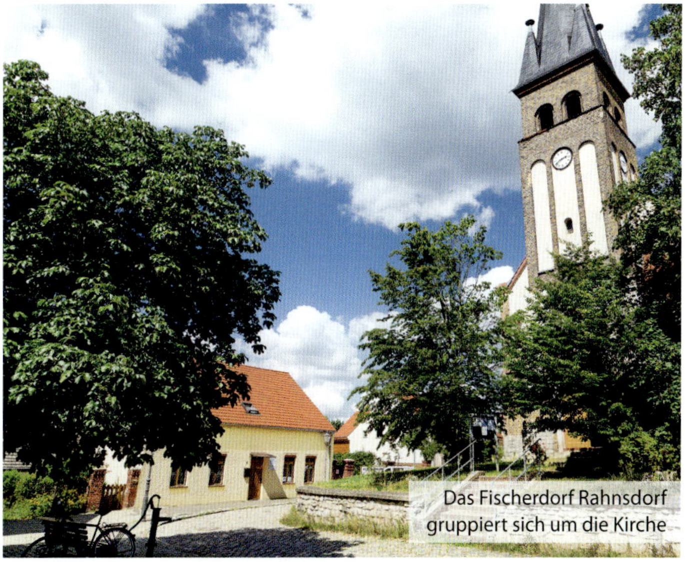

Das Fischerdorf Rahnsdorf gruppiert sich um die Kirche

43 km

Entlang des rechten Ufers reihen sich nun die Restaurants und Biergärten dicht an dicht. Das markante Gebäude der *ehemaligen Brauerei „Berliner Bürger Bräu"*, bis zur Schließung 2010 die älteste Brauerei der Stadt, deren brauner Ziegelschornstein mit dem „BBB" nicht zu übersehen ist, markiert den südlichen Endpunkt der beliebten Einkaufs-, Bummel- und Flaniermeile *Bölschestraße*.

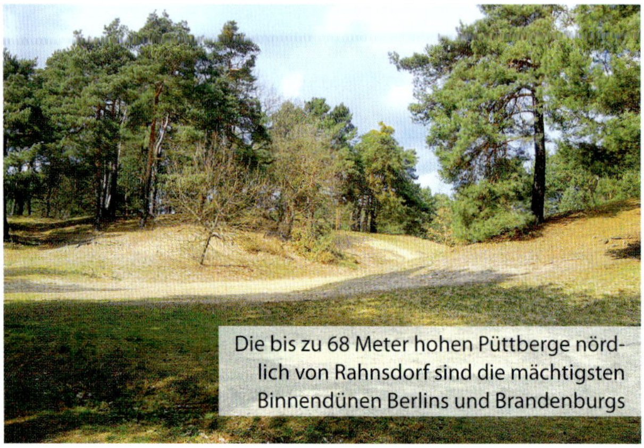

Die bis zu 68 Meter hohen Püttberge nördlich von Rahnsdorf sind die mächtigsten Binnendünen Berlins und Brandenburgs

Wenige Paddelschläge weiter liegt in der nächsten größeren Bucht auf der linken Seite die *SpreeArche* vor Anker. Auf der Speisekarte stehen mediterrane Fischgerichte und deutsche Küche sowie frischer Räucherfisch aus der hauseigenen Räucherei. Und wer nicht auf eigenem Kiel unterwegs ist, kann sich mit dem motorisierten Floß übersetzen zu lassen *(Mo Ruhetag, Di-Fr 17-22, Sa+So, ab 12)*.

Am rechten Ufer folgt ein Wassersportverein auf den nächsten, auf der linken Seite dagegen hat die Natur das Kommando und immer wieder entdecke ich freie Stellen, an denen man gut für eine Rast anlegen könnte.

Mit dem *Bistro Evelin* an der *Salvador-Allende-Brücke* ist dann endgültig das Stadtgebiet von **Köpenick** erreicht. Entlang der Ufer warten einige Biergärten auf durstige Kehlen und voraus prägt der Rathausturm die Silhouette der Altstadt.

Vorher komme ich aber noch an eine Kreuzung mehrerer Wasserläufe. Nach rechts schlägt die ***Alte Spree*** einen Bogen um die ***Baumgarteninsel***, die früher den ansässigen Wäschereien als Bleich- und Trockenplatz diente. Heute ist sie eine der vielen Berliner Kleingartenanlagen, die allerdings nur mit dem Boot zu erreichen ist.

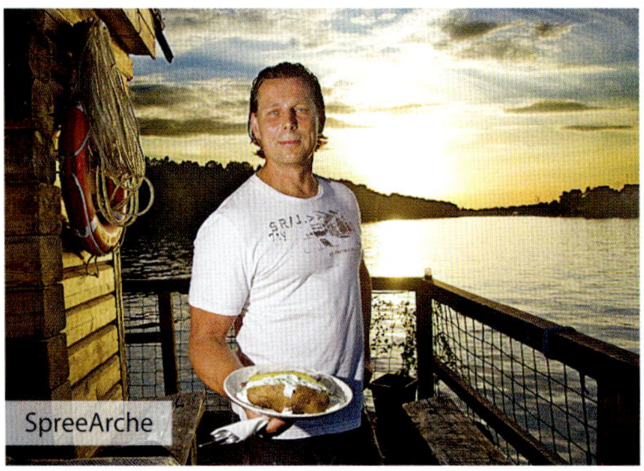

SpreeArche

Geradeaus gelange ich zur *Dammbrücke*, hinter der sich die ***Spree*** nach rechts in Richtung Berlin richtet und von links die ***Dahme*** mündet. Auf dieser paddle ich nun am linken Ufer nach Süden weiter und passiere das berühmte ***Köpenicker Rathaus***, *welches zwischen 1901 und 1905 im Stil der märkischen Backsteingotik errichtet wurde. Berühmt wurde es am 16. Oktober 1906, als der arbeitslose Schuster Wilhelm Voigt sich mit einer vom Trödler erstandenen schmucken Uniform verkleidete und dann nacheinander das Rathaus besetzte, den Bürgermeister verhaften und die Stadtkasse beschlagnahmen ließ. Eine Statue des armenischen Bildhauers Spartak Babajan vor dem Rathaus zeigt das Konterfei des „Hauptmanns", der Carl Zuckmayer als Vorlage für seinen berühmten Roman diente.*

Hinter der nächsten Brücke leuchtet die weiße Schlossfassade des Köpenicker Schlosses in der Nachmittagssonne. *Das prächtige Bauwerk des holländischen Barocks wurde von 1677 bis 1685 nach Plänen des niederländischen Architekten Rutger van Langevelt erbaut.*

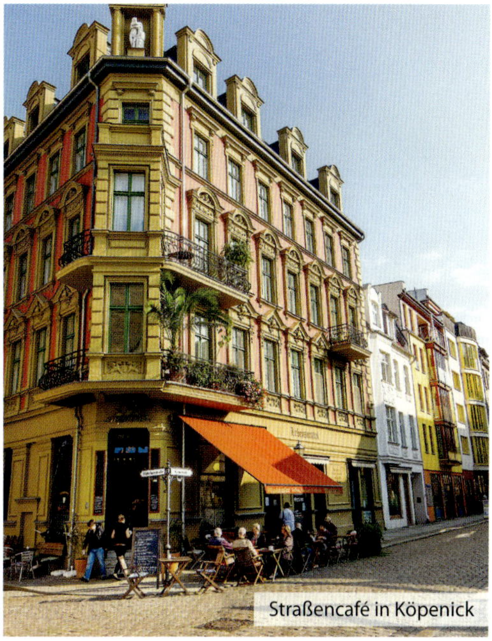

Straßencafé in Köpenick

Gleich nach der Schlossinsel liegt am linken Ufer im ***Fischerkietz*** das nette *Gästehaus Flussbad Gartenstraße* mit seinem *Restaurant Krokodil* am kleinen und ältesten noch betriebenen Berliner Flussbad.

Die ***Dahme*** ist nun zwischen 200 und 300 Meter breit und bald nachdem ich die ***Rohrwallinsel*** hinter mir gelassen habe, zweigt nach rechts der ***Teltowkanal*** ab. Etwa einen Kilometer weiter knickt die ***Dahme*** nach Osten ab. Vor dem Südufer des ***Langen Sees*** bietet die Regattastrecke in **Grünau** sechs Bahnen für Ruder- und Kanuwettbewerbe. *Sie war Austragungsort der Olympischen Spiele 1936. Aufgrund des regen Schiffsverkehrs und der Strömung der Dahme entspricht die Strecke heute aber nicht mehr den strengen Regularien internationaler Wettkämpfe.*

Am Ende der Regattastrecke grüßen von rechts die Strandkörbe des *Strandbads* **Grünau**, *das 1908 als erstes Familienbad Berlins seine Pforten öffnete.* Das ehemalige Restaurant *Schmetterlingshorst (Kanu & SUP Vermieter)* am gegenüberliegenden Nordufer bietet neben einem kleinen Imbiss den Zugang *(1,6 km Fußweg)* zum 30 Meter hohen *Müggelturm* mit einem guten Überblick über die ***Müggelberge*** und die angrenzenden Wasserflächen.

Vorbei an den Häusern von **Karolinenhof** führt der ***Lange See*** nun nach Südwesten bis zu einer großen Wasserstraßenkreuzung. Die ***Dahme*** schwenkt nach rechts und führt über den Zeuthener See nach Königs Wusterhausen, nach links zweigt die ***Große Krampe*** *(Zeltplatz Kuhle Wampe)* ab und voraus öffnet sich der fast vier Kilometer lange und bis zu einem Kilometer breite ***Seddinsee***, über den ich die Rückfahrt nach Erkner antrete.

Früher gab es auf der kleinen Insel ***Seddinwall*** eine besonders idyllische Übernachtungsmöglichkeit für DKV-Kanuten, die aber 2020 für immer geschlossen wurde. Die Insel wird der natürlichen Entwicklung überlassen, ihr Baumbestand ist von großer Bedeutung für den Biotop- und Artenschutz sowie landschaftsprägend und daher erhaltenswert. Die ausladenden Bäumen und Sträucher regen die Fantasie an und lassen an *die Geschichte vom Fischer Kanis denken, die Theodor Fontane in seinen „Wanderungen durch die Mark Brandenburg" zu schön zu beschreiben weiß. Fischer Kanis, der in der Nähe des Ortes Gosen eine Fähre unterhielt, schaffte, eifersüchtig wie er war, beim Einmarsch von Napoleons Soldaten nach*

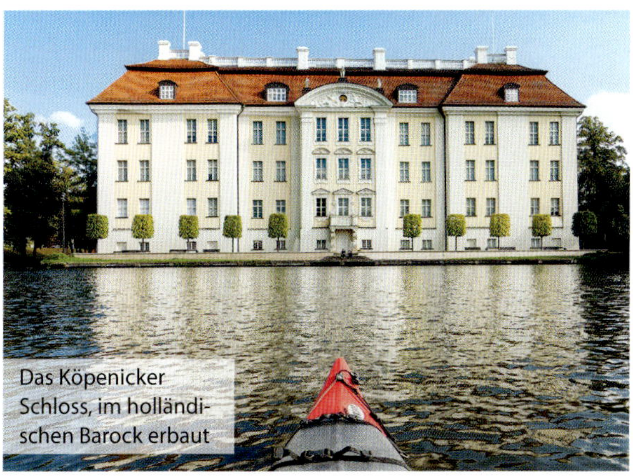

Das Köpenicker Schloss, im holländischen Barock erbaut

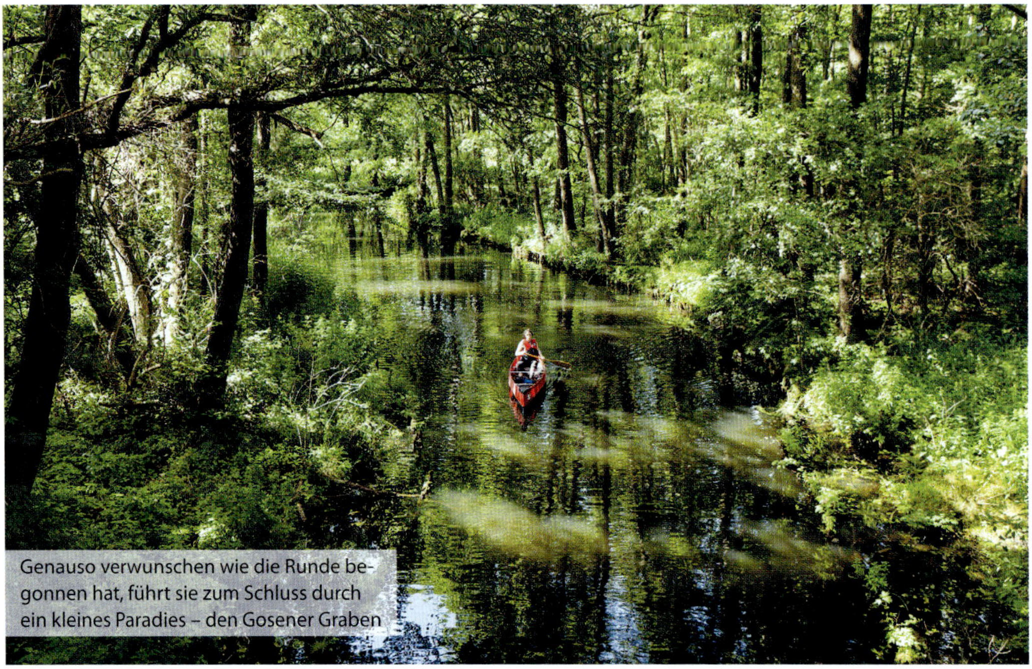

Genauso verwunschen wie die Runde begonnen hat, führt sie zum Schluss durch ein kleines Paradies – den Gosener Graben

Köpenick im Jahre 1806, seine schöne Frau Hanne auf die einsame Insel um sie vor den „wilden" Besatzern zu schützen. Es gefiel ihm aber so gut dort, dass er auch nach Abzug der Besatzer blieb und auch als seine Frau längst gestorben war. Als er aber im Oktober 1850 weder auf dem Markt noch zum Gottesdienst erschien, fuhren die Schmöckwitzer Fischer auf die Insel und fanden ihn tot vor seinem Haus auf einem Schilfbündel sitzen. 1899 fiel die Insel an den Landwirt Hermann Kersten, der die Insel urban machte und Hunderte von Bäumen und Sträucher pflanzte. Noch heute finden sich dort wilde Obstbäume, Ebereschen und Kastanien. Das alte Wohnhaus baute er zum Landhaus aus und 1905 bekommt er gar die Erlaubnis Bier auszuschenken. Bei den Umbauarbeiten stößt er auf eine archäologische Sensation. Eine vorgeschichtliche Koch- und Wohngrube fördert uralte ornamentale Tongefäße und Bernstein so groß wie eine Streichholzschachtel zutage. Die Funde sind 4.000 Jahre alte Zeugen der Steinzeit. In Berliner Zeitungen beworben, wird „Robins Eiland", wie die Insel damals hieß, zu einem beliebten Ausflugsziel der Berliner. 1950 pachtete der Kanuverband der DDR die Insel und richtete einen naturnahen Wasserwanderrast- und Zeltplatz ein.

Im Nordosten führen zwei Wasserwege aus dem Seddinsee. Während die Motorbootfahrer über den ***Gosener Kanal*** in Richtung Däméritzsee fahren, steuere ich die Bootsspitze etwas weiter nach rechts und verschwinde im fast vier Kilometer langen, wildromantischen ***Gosener Graben***, der parallel zum Gosener Kanal fließt. Wem der Amazonas zu weit ist, der ist hier richtig. Muss sich dann allerdings auch mit den zahlreichen Stechmücken, die sich auf dem von einem dichten Blätterdach überwölbten Wasserlauf wohlfühlen, arrangieren.

Fast zu schnell taucht vor mir der ***Dämeritzsee*** auf und ich nehme Kurs auf **Erkner**, wo ich am bereits bekannten öffentlichen Steg die Tour beende. Der Spaziergang zum Bahnhof nimmt nicht einmal zehn Minuten in Anspruch und von dort ist es mit dem Nahverkehrszug nur eine Station zurück zum **Bahnhof Fangschleuse**.

Märkische Umfahrt auf Spree und Dahme

Ein Rundkurs der Superlative zwischen Spreewald und Berlin

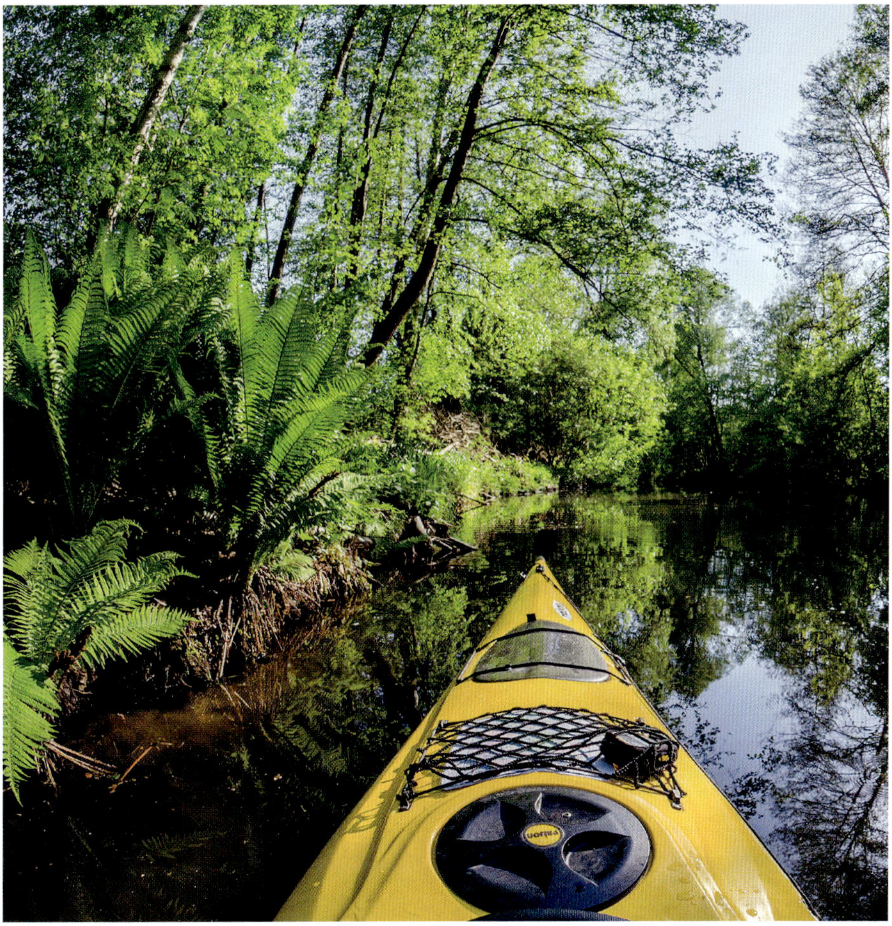

Tour 19

Infos Tour 19 – Märkische Umfahrt auf Spree und Dahme

Aktivitäten	Natur	Kultur	Baden	Hindernisse
★★	★★★★	★★	★★★	★★

178 km

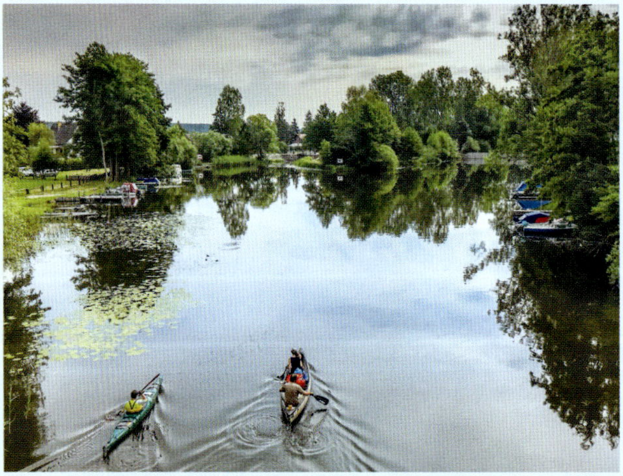

Charakter der Tour
Auch nördlich des beliebten Spreewalds bleibt die Spree ein lohnenswertes Wasserwanderrevier. Zusammen mit dem Oder-Spree-Kanal und der seenreichen Dahme im Naturpark Dahme-Heideseen lässt sich so südöstlich von Berlin eine einmalige Rundtour paddeln, die in Deutschland ihresgleichen sucht und mit einer abwechslungsreichen Fluss- und Seenlandschaft begeistert. Sicher eine der schönsten 10-14 Tagestouren Deutschlands!

Auf den Seen rund um Erkner in der unmittelbaren Nähe zu Berlin ist, vor allem an Wochenenden, mit regem Motorboot- und Segelverkehr zu rechnen. Ansonsten überwiegen aber Ruhe und Idylle, stellenweise finden sich sogar absolut einsame Abschnitte. Unterwegs sind Schleusen zu passieren. An einigen ist ein Schleusenwärter anwesend, andere Schleusungen erfolgen im Selbstbetrieb oder nach Knopfdruck automatisch. Hin und wieder muss ein Wehr allerdings umtragen werden. Dann erleichtern Bootswagen oder -schleppen das Umsetzen. Allerdings sind diese Hilfseinrichtungen oft so schwer, dass fast immer mindestens zwei Personen notwendig sind, um sie zu bewegen. Ein eigener Bootswagen ist daher eine gute Idee.

Tourrichtung: Die Beschreibung der Märkischen Umfahrt erfolgt von Beeskow aus entgegen dem Uhrzeigersinn, d.h. auf der Spree flussabwärts gen Berlin und dann auf der Dahme gegen die Fließrichtung zurück. Im Normalfall stellt das kein Problem dar, denn die Fließgeschwindigkeit der Dahme ist so gering, dass man sie ohne großen Kraftaufwand bewältigt. In Ausnahmesituationen aber, wenn die Dahme sehr viel Wasser führt, kann die Strömung allerdings (zu) stark werden.

Befahrungsregelung Abgesehen von einigen für die Befahrung gesperrten Altarmen sind auf der beschriebenen Strecke keine Einschränkungen bekannt. Oberhalb von Märkisch Buchholz ist die Befahrung der Dahme ganzjährig verboten.

Länge & Dauer der Tour ca. 178 km, 5-10 Tage

Umtragestellen: 9 Schleusen, 4 Wehre Beeskow: automatische **Schleuse** nach Anforderung (Knopfdruck). Neubrück: **SB-Schleuse** am Wergensee. Drahendorf: **Wehr**. Fürstenwalde: **Stadtschleuse** und **Wehr** Große Tränke (jeweils Bootsschleppe); Königs Wusterhausen: **Schleuse** Neue Mühle. Prieros: **Schleuse**. Hermsdorf: **Schleuse**. Märkisch Buchholz: **2 Wehre** in kurzem Abstand. Leibsch: **Doppelschleusenanlage** (SB), Alt Schadow: **Schleuse**. Kossenblatt: automatische **SB-Schleuse**. Ein eigener **Bootswagen** ist hilfreich.

Anreise Auf der A12 Richtung Frankfurt (Oder)/Warschau bis Abfahrt 5 (Fürstenwalde-Ost), dann auf der B 168 nach Beeskow.

Ein- & Aussetzstelle

Da es sich um eine Rundtour handelt, lässt sich die Tour praktisch an jedem Wasserwanderrastplatz entlang der Spree-Dahme-Runde beginnen.

Gut geeignet ist der Spreepark in **Beeskow** (Bertholdplatz 6), denn hier gibt es einen Bahnanschluß, einen Kanuvermieter und einen großen Parkplatz.

Auch KanuSport Spree in **Hangelsberg** bietet sich u.a. wegen der Kanuvermietung und der guten Anbindung ans öffentliche Verkehrsnetz an.

Etappenvorschlag sportliche Tour

1. Tag Beeskow – Fürstenwalde (42 km)
2. Tag Fürstenwalde – Jägerbude (33 km)
3. Tag Jägerbude – Prieros (40 km)
4. Tag Prieros – Werder (37 km)
5. Tag Werder – Beeskow (26 km)

Etappenvorschlag gemütliche Urlaubstour

1. Tag Beeskow – Neubrück (18 km)
2. Tag Neubrück – Berkenbrück (18 km)
3. Tag Berkenbrück – Hangelsberg (20,5 km)
4. Tag Hangelsberg – Jägerbude (18 km)
5. Tag Jägerbude – Königs Wusterhausen (23 km)
6. Tag Königs Wusterhausen – Prieros (16,5 km)
7. Tag Prieros – Märkisch Buchholz (14,5 km)
8. Tag Märkisch Buchholz – Werder (22 km)
9. Tag Werder – Trebatsch (14 km)
10. Tag Trebatsch – Beeskow (12,5 km)

Tipps für Tagestouren

1. Müggelspree Hangelsberg – Erkner (27 km).
2. „Kleine Umfahrt Zeuthen": Rundtour von Eichwalde – Zeuthener See – Großer Zug – Krossinsee – Oder-Spree-Kanal – Seddinsee (ca. 13 km).
3. Rundtour von Leibsch über Puhlstrom und Randkanal zum Köthener See, dort über den Dahme-Umflutkanal zurück nach Leibsch (ca. 15 km).

Karten & Literatur-Tipps

KANU KOMPAKT „Märkische Umfahrt", *Tourenführer mit topografischen Wasserwanderkarten*, ***SUP-Guide „Berlin & Umland"***, Thomas Kettler Verlag.

„Wanderungen durch die Mark Brandenburg", *Theodor Fontane*, Aufbau Verlag.

„Nacht im Kopf", Kriminalroman rund um Europas größtes Werk für Elektroautos in Brandenburg, *Christoph Heiden*, GMEINER-Verlag.

178 km

Kanuvermieter (oft auch SUP-Vermietung)

15848 Beeskow
Albatros Outdoor
Bertholdplatz 6 (Spreepark)
Tel. (033675) 72 89 61
oder 0151-41 82 33 81
www.albatros-outdoor.de

15537 Grünheide OT Hangelsberg
KSS KanuSport Spree
Bahnhofstraße 1
Tel. (033632) 67 97 14
www.kanu-spree.de

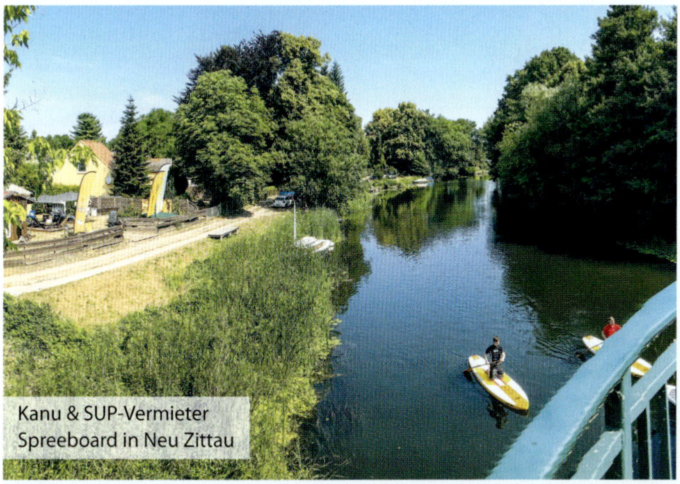

Kanu & SUP-Vermieter Spreeboard in Neu Zittau

15517 Fürstenwalde
Bootsverleih Fürstenwalde
Uferstr. 25, Tel. 0152-53 10 76 88
www.bootsverleih-fuerstenwalde.de

15537 Gosen-Neu Zittau
Spreeboard, Am Spreebord 119
Tel. 0176-83 68 86 88
www.spreeboard.de

15711 Königs Wusterhausen
Bootsverleih Königsboot
Schloßstr. 5, Tel. 0152-26 16 88 97
www.koenigsboot.de

15748 Märkisch Buchholz
Kanusport Dahmeland
Eisenbahnstr. 12
Tel. 0172-319 62 53
www.kanusport-dahmeland.de

12559 Berlin Müggelheim
SUP'n Kanu (am Langer See)
Zum Schmetterlingshorst 2
Tel. 0176-61 63 41 98
www.sup-kanu.de

Übernachtung in Wassernähe

Entlang der Spree-Dahme-Umfahrt gibt es Übernachtungsmöglichkeiten vom einfachen Biwakplatz bis zum Luxushotel. Da hier so viele Anbieter genannt werden, verzichten wir aus Platzgründen auf die genaue Adresse.

178 km

Beeskow
Spreepark (Camping+FeWo)
Tel. (03366) 52 06 40
www.spreepark-beeskow.de

Kanusportverein Beeskow „Spree"
www.kanuverein-beeskow.de

Bootshaus Am Spreeufer (Zimmer)
Tel. (03366) 261 95
www.bootshaus.de

Radinkendorf
Zimmer & FeWo Storchennest (kein Frühstück) Tel. (03366) 15 35 47
www.p-g-storchennest.de

Raßmannsdorf (Neubrück)
Alwine, Landhaus an den Spreewiesen (200 m vom Wasser)
Tel. (033672) 72 82 27
www.landhaus-alwine.de

Neubrück (Rietz-Neuendorf)
Wasserwanderrastplatz (Biwak)

Drahendorf/Briesen (Mark)
Forsthaus an der Spree (Zelten)
Tel. 0162-256 11 93 oder
0172-397 57 36, www.jot-we-de.de

Berkenbrück
Landgasthof Spreetal
Tel. (033634) 691 69
www.landgasthof-spreetal.de

Wasserwanderrastplatz der Gemeinde (Bistro Strandidyll nebenan)

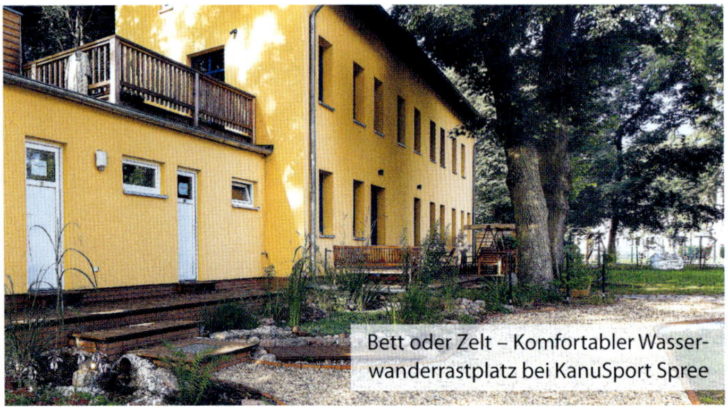
Bett oder Zelt – Komfortabler Wasserwanderrastplatz bei KanuSport Spree

Fürstenwalde
Haus am Spreebogen
Tel. (03361) 59 63 40
www.haus-am-spreebogen.de

Ruderclub (Zelt + Bootshaus)
Tel. (033634) 691 65 od. (03361) 20 21
www.rcf-ev.de

Hangelsberg
KanuSport Spree (Zelt + Zimmer)
Tel. (033632) 67 97 14
www.kanu-spree.de

Mönchwinkel
Wasserwanderrastplatz
(kein Trinkwasser, Dixi-Klo)

Neu Zittau/Erkner
Jägerbude
Camping & Pension & Restaurant
Tel. (03362) 88 80 84
www.lela24.de

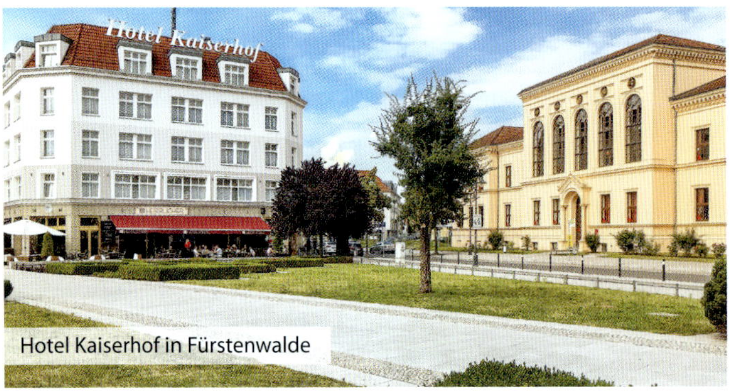

Hotel Kaiserhof in Fürstenwalde

Flakensee/Woltersdorf
Campingplatz Flakensee
Tel. (03362) 88 83 57
www.campingplatz-flakensee.de

Erkner Dämeritzsee Südufer
Kanu-Club-Erkner
www.kc-erkner.de

Ruderverein Wasserfreunde Erkner
(Zelt + Luma-Lager)
Tel. (03362) 32 59
www.rv-wasserfreunde-erkner.de

Dämeritzsee Nordufer
DämeritzSeehotel
Tel. (030) 616 74 40
www.daemeritzseehotel.de

Schmöckwitz (Zeuthener See)
Zeltplatz Freizeitsportverein Zeuthener See (keine WoMos/Busse)
Tel. 0172-385 27 34
www.fsv-zeuthener-see.de

Waldhotel am See
Tel. (030) 67 50 40
www.waldhotelamsee.de

Zeuthen (Zeuthener See)
Gino Pension (mit Trattoria)
Tel. (03375) 520 67 51
www.gino-pension.de

Seehotel Zeuthen
Tel. (033762) 890
www.seehotel-zeuthen.de

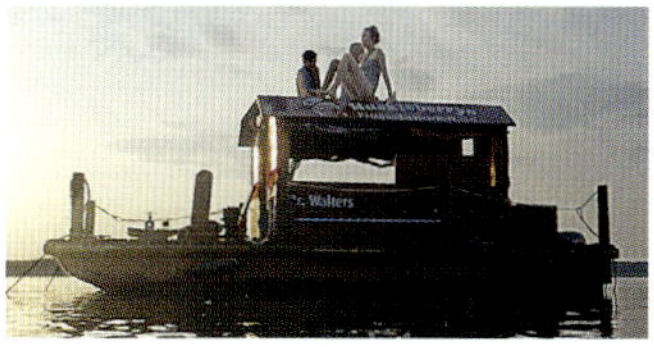

Königs Wusterhausen OT Neue Mühle
Pension Königs Wusterhausen
Tel. (03375) 20 48 12
www.pensionkw.de

Senzig (Krüpelsee)
Seebrücke Senzig
Eine Umgestaltung ist in Planung

Lankensee (Zernsdorf)
Campingplatz Lankensee D69
Tel. (03375) 29 50 69
www.camping-lankensee.de

Kablow
Ferienhof Herzfeld
(Zelt, FeWo, Fe-Haus am Krüpelsee)
Tel. (03375) 29 29 39
www.ferienhof-herzfeld.de

Friedrichsbauhof (Gussow)
Kuddels Gastwirtschaft (Zelten)
Tel. (033768) 507 40
www.kuddels-gastwirtschaft.de

Dolgenbrodt
Gasthaus Kober
Tel. (033767) 30 84 30
www.gasthaus-kober.de

Prieros
Cellino Garni Hotel & Gästehaus
Anlegemöglichkeiten in 150 m Entfernung an der Dahme
Tel. 0172-384 65 96
www.radpause-prieros.de

Prieroser Mühle (Prieros)
Camping am Mühlenfließ
Tel. (033768) 508 99
www.prieros-camping.de

Streganzer See (Prieros)
Hotel Waldhaus Prieros
Tel. (033768) 99 90
www.hotel-waldhaus-prieros.de

Gräbendorf (15754 Heidesee)
Camping D66 am Schmöldesee mit Wasserwanderrastplatz
Tel. (033768) 502 53
www.campingplatzd66.de

Märkisch Buchholz
Garni Landhotel
Tel. (033765) 849 06
www.landhotel-mb.de

Wasserwanderrastplatz Märkisch Buchholz (kostenpfl., mit Sanitär)
Tel. 0151-15 14 45 19

Köthen
Jugendherberge Köthener See
(Zelt + Zimmer)
Tel. (033765) 805 55
www.jh-koethener-see.de

Leibsch (Unterspreewald)
Pension am Spreeufer
Tel. (035473) 315
www.pension-am-spreeufer.de

Neuendorf am See (Unterspreewald)
Wasserwanderrastplatz der Gemeinde (kostenpfl., mit Sanitär)
nebenan Sa+So Biergarten

Hohenbrück (Neuendorfer See, südliches Ende)
Waldcamp „Seeblick"
Tel. (035473) 694
www.waldcampseeblick.de

Alt Schadow (Neuendorfer See)
Campingpark Halbinsel Raatsch
Tel. (035473) 600
www.halbinsel-raatsch.de

Spreewald Camping Nord
Tel. (035473) 621
www.spreewaldcamping-nord.de

Werder (Unterspreewald)
Spreewaldhotel Matschke
Tel. (033677) 14 91 11
www.spreewaldhotel-werder.de

Wasserwanderrastplatz
(kein Trinkwasser, Dixi-Klo, Achtung keine Gaskocher / offenes Feuer erlaubt wegen Waldbrandgefahr)

Kossenblatt (OT von Tauche)
Wasserwanderrastplatz
(kein Trinkwasser, Dixi-Klo)

Trebatsch (OT von Tauche)
Ferienhof Zipfel
(Zimmer, Zelten, Kanu - & Fahrradvermitung an Gäste)
Tel. (033674) 50 18
www.ferienhof-zipfel.de

Pension Pawlak
Tel. 0152-23 12 40 94

Wasserwanderrastplatz
(kein Trinkwasser, Dixi-Klo)

Glowe (Friedland)
Eiscafé & FeWo Glower Eck
Tel. (033676) 53 12
www.eiscafe-glower-eck.de

Campingverein Glower See
Tel. (033676) 262
www.glowecamping.de

Kummerow (Friedland)
Wasserwanderrastplatz
(kein Trinkwasser, Dixi-Klo)

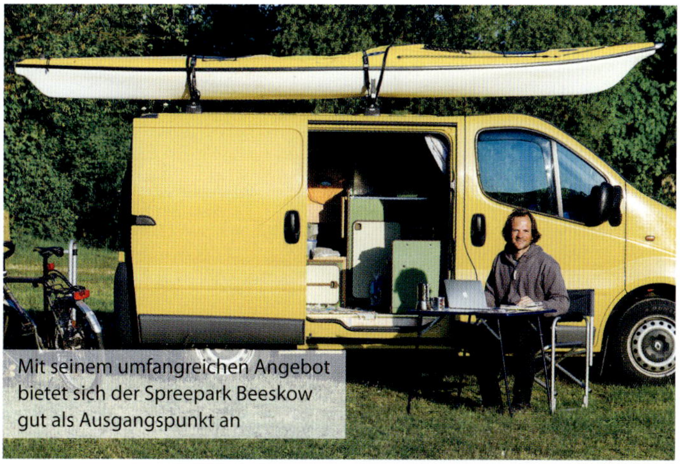

Mit seinem umfangreichen Angebot bietet sich der Spreepark Beeskow gut als Ausgangspunkt an

178 km

Weitere Aktivitäten

Radfahren

Radtour auf dem ***Hofjagdweg*** – ein 68 Kilometer langer Radweg von Königs Wusterhausen durch den Naturpark Dahme-Heideseen bis zum Spreewald.

Mehrtagestouren auf ***Dahme-*** (123 km) oder ***Spreeradweg*** (410 km).

Märkische Schlössertour (197 km).

Tour Brandenburg (mit 1.111 Kilometern der längste Radfernweg Deutschlands).

Fahrradvermieter (meist auch E-Bikes)

Beeskow: *Albatros Outdoor*, Tel. (033675) 72 89 61 oder 0151-41 82 33 81, www.albatros-outdoor.de

Fürstenwalde: *Radprofis am Bahnhof*, Tel. (03361) 320 19, www.radprofis-am-bahnhof.de

Fahrrad-Füchse, Tel. (03361) 30 83 49, www.fahrrad-fuechse.de

Königs Wusterhausen: *Fahrrad König*, Tel. (03375) 29 58 18, www.fahrrad-koenig.de

Ranzinger-Fahrradservice, Tel. (03375) 29 39 09

Prieros: *Cellino Gästehaus*, Tel. 0172-384 65 96, www.radpause-prieros.de

Familie Knop, Tel. (33768) 507 72 & 0151-65 16 04 13, www.ferienwohnung-heidesee.de

Am Schmöldesee *Campingplatz D66*, Tel. (033768) 502 53, www.campingplatzd66.de

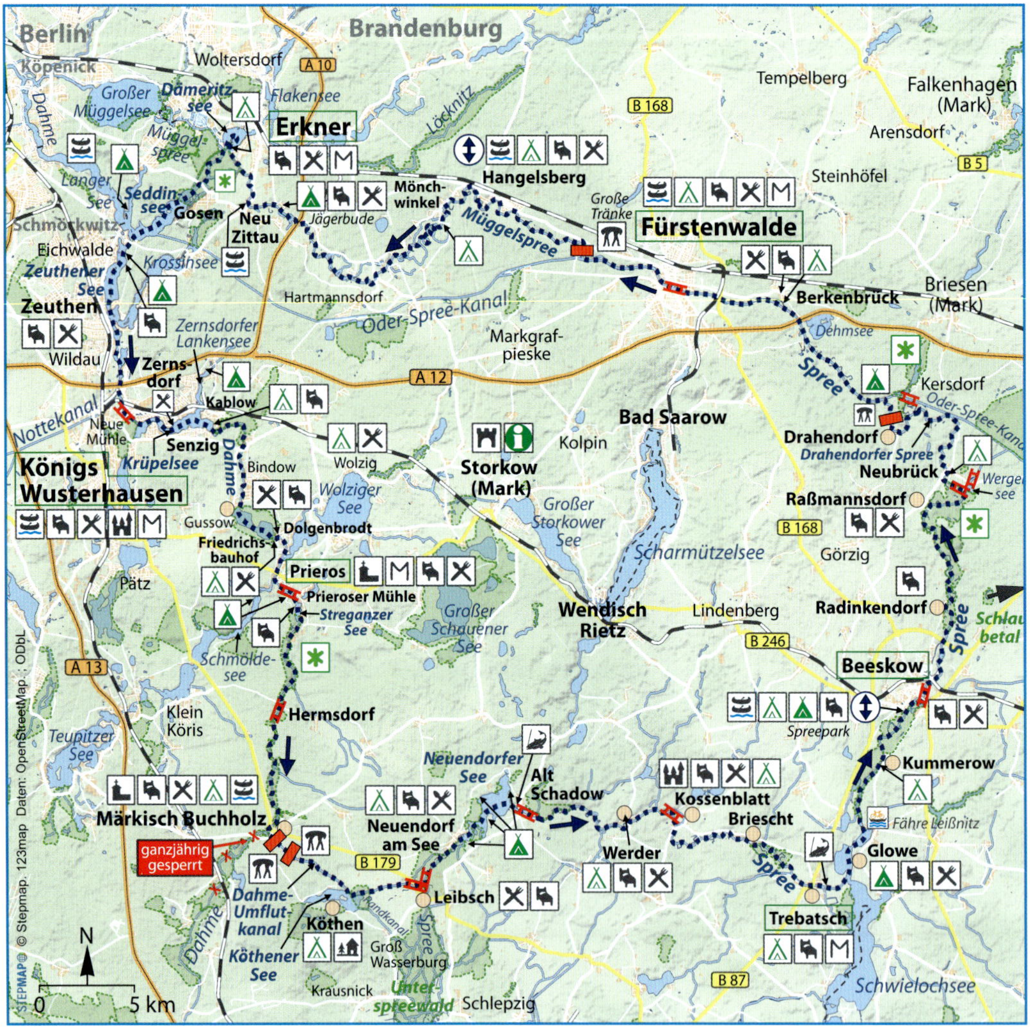

Wandern
In den ***Krausnicker Bergen*** zwischen Groß Wasserburg und Köthen.

Auf dem 25 km langen ***Schlaubetal-Wanderweg*** im nahen Schlaubetal (www.schlaubetal-naturpark.de).

Mehrtagestouren auf dem ***66-Seen-Wanderweg*** (führt auf 400 km durch ganz Brandenburg).

Klettern ***Kletterwald Bad Saarow***, acht Parcours, über 100 Kletterelemente (Tel. (033631) 40 48 31, www.kletterwald-badsaarow.de).

Draisinenfahrt Vom Bahnhof **Mittenwalde** (Ostbahnhof), www.draisinenbahn.de

Baden & Wellness ***Erlebnis Resort Tropical Islands***, große tropische Bade- und Urlaubswelt bei **Krausnick,** www.tropical-islands.de

SaarowTherme, Thermalsolebad, Sauna in **Bad Saarow**, tgl. 9-21, www.bad-saarow.de

Lohnender Ausflug ***Museumspark Rüdersdorf*** *(Geschichte des Kalkbergbaus in der Region nordöstlich von Erkner, tgl. 10-18,* www.museumspark.de).

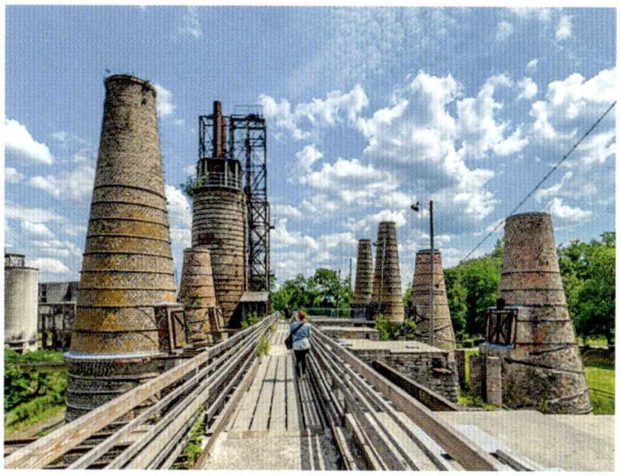

Schachtofenbatterie im Museumspark Rüdersdorf
Foto: ©Museumspark Rüdersdorf / Marc Vorwerk

178 km

Sehenswürdigkeiten

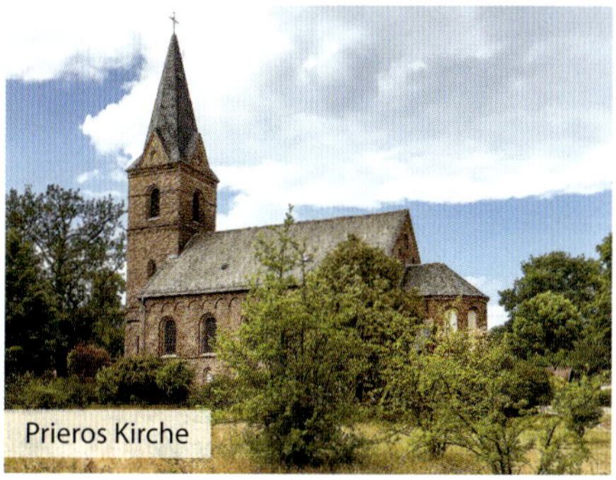

Prieros Kirche

Beeskow Gut erhaltene Stadtmauer (1450 fertiggestellt) mit sechs Türmen, vierschiffige gotische Hallenkirche St. Marien, Burg Beeskow mit Regionalmuseum, Schäfereimuseum.

Fürstenwalde Spätgotisches Rathaus am Marktplatz, Dom St. Marien (dreischiffige Kathedrale mit 68 Meter hohem Turm), Stadtmuseum in der ehemaligen Domschule, Heimattiergarten.

Erkner Gerhart-Hauptmann-Museum Villa Lassen (Leben und Werk des Literaturnobelpreisträgers, *Di-So 11-17*, www.hauptmannmuseum.de), Heimatmuseum.

Königs Wusterhausen Renaissance-Jagdschloss mit benachbarten Kavalierhäusern (1703-1706), Kreuzkirche (1697), Sender- und Funktechnikmuseum auf dem Funkerberg, Erholungsgebiet Tiergarten (ehemaliges Jagdrevier).

Prieros Heimathaus (Museum), Kirche mit Barockaltar und Wandmalereien, Biogarten (Schaugarten im Ortsteil Prieroser Mühle), Infopunkt Naturpark Dahme-Heideseen in der Alten Schule (Tel. (033768) 96 90, www.dahme-heideseen-naturpark.de).

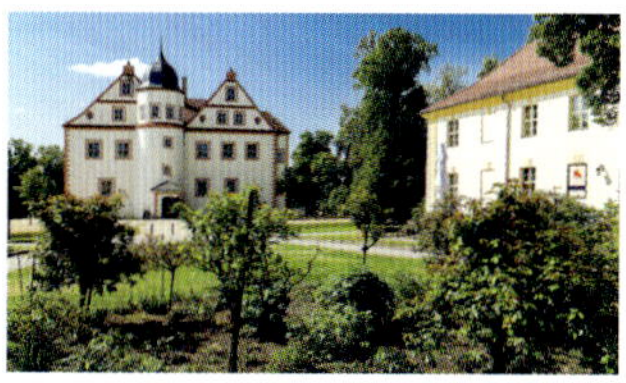

Burg Storkow (Mark) Hier befindet sich das Besucherzentrum (BIZ) des Naturparks Dahme-Heideseen. Die Ausstellung „Mensch und Natur – eine Zeitreise" präsentiert die Natur- und Kulturgeschichte der Region.

Trebatsch Ludwig-Leichhardt-Museum (Australienforscher 1813-1848).

Auskunft & Tourist-Infos Stadtinformation Beeskow Berliner Str. 30, 15848 Beeskow, Tel. (03366) 42 20

Tourist-Info Fürstenwalde Mühlenstraße 1, Tel. (03361) 76 06 00, www.fuerstenwalde-tourismus.de

Tourismusverband Seenland Oder-Spree Ulmenstraße 15, 15526 Bad Saarow, Tel. (033631) 86 81 00, www.seenland-os.de

Tourismusverband Dahme-Seen Bahnhofsvorplatz 5, 15711 Königs Wusterhausen, Tel. (03375) 25 20 25, www.dahme-seen.de

Tourist-Info Schwielochsee OT Goyatz, Am Bahnhof 27, Tel. (035478) 17 90 90, www.teg-lds.de

Märkische Umfahrt auf Spree und Dahme

178 km

Der ***Spreepark*** in **Beeskow** ist ein moderner, gut ausgestatteter *Wasserwanderrast- und Wohnmobilstellplatz* mit *Flussfreibad* direkt an der ***Spree***. Wer ohne eigenes Boot anreist, mietet sich eins bei der *Kanuvermietung* von *Albatros Outdoor Natur- und AktivReisen*.

Der Spreepark liegt direkt vor den Toren der 8.300-Einwohner Stadt und vorbei am *Luckauer Torturm, einem von sechs verbliebenen Backsteintürmen der gut erhaltenen mittelalterlichen Stadtmauer, kann man gemütlich zum Marktplatz schlendern, der von hübsch restaurierten Ackerbürgerhäusern gesäumt wird. Nebenan erhebt sich die mächtige St. Marienkirche, eine der größten Kirchen der Backsteingotik in der Mark Brandenburg und auch die Spreeinsel mit der Burg ist nicht weit. Sie sicherte einst den Spreeübergang der alten Handelsstraße zwischen Leipzig und Frankfurt / Oder.*

Ihr trutziger Bergfried zieht nach den ersten Paddelschlägen auf der ***Spree*** Richtung Norden vorüber. Vorbei am Restaurant „Trattoria Venezia" geht es am linken Ufer in die ***Schleuse***, in der nach Anforderung (Knopfdruck) geschleust werden kann. Alternativ ist links am Steg eine ***Umtragung möglich***.

Ein paar Schlote in einem kleinen Industriegebiet markieren den nördlichen Stadtrand, dann übernimmt die Natur das Kommando und auf Höhe der *Pension „Storchennest"* in **Radinkendorf** ziehen, dem Klischee gerecht werdend, am blauen Himmel Störche in Keilformation über mich hinweg. Erlen säumen nun das Ufer und im Schilfgürtel markiert der Drosselrohrsänger mit lautem und rauem Gesang sein Revier. Hier wähnt man sich wahrhaftig in einer abgeschiedenen Naturlandschaft.

Schließlich werden die Ufer flacher und geben den Blick in die Umgebung und auf ein paar gelangweilte Rotbunte frei. Rechter Hand breitet sich auf einem Moränenhügel das schöne *Waldgebiet Totalreservat Schwarzberge und Spreeniederung* mit dem *Großen* und *Kleinen Schwarzberg* aus. *Seit 1961 stehen die rund 100 Meter hohen flächigen Berggipfel*

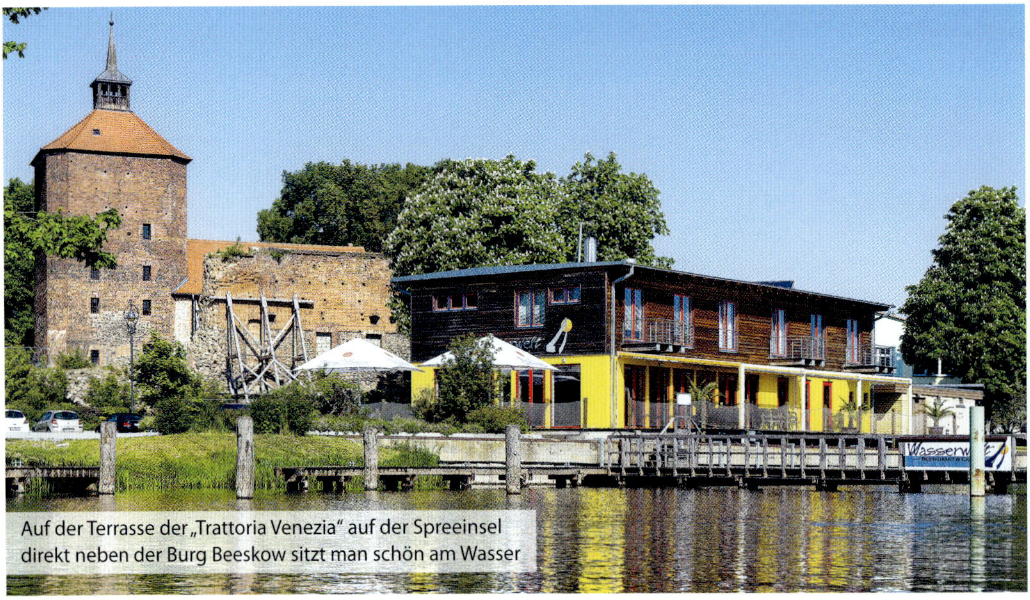

Auf der Terrasse der „Trattoria Venezia" auf der Spreeinsel direkt neben der Burg Beeskow sitzt man schön am Wasser

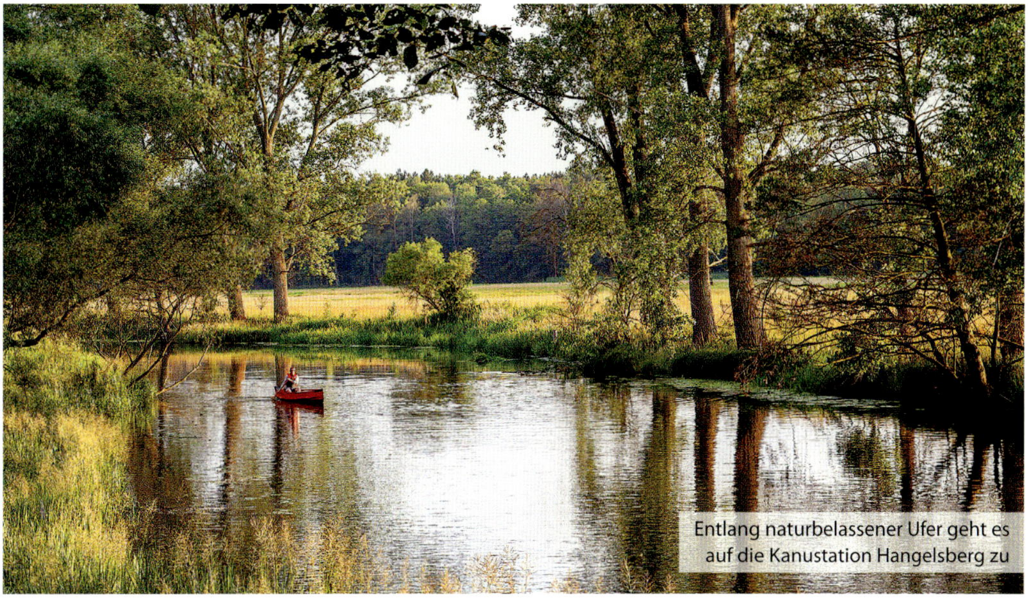

Entlang naturbelassener Ufer geht es auf die Kanustation Hangelsberg zu

unter Naturschutz und bis zu 300 Jahre alte Traubeneichen sind hier zu bestaunen.

Wir kommen an der Brücke von **Raßmannsdorf** vorbei, wo in 200 Meter Entfernung das sympathische *Alwine – Landhaus in den Spreewiesen* mit leckerem Essen, Wellness-Bereich und Garten-Pool im Sommer auf Übernachtungsgäste wartet. Über die ***SB-Schleuse Neubrück*** links vor dem kleinen ***Wergensee*** erreiche ich die ***Drahendorfer Spree*** und bald darauf lädt in **Neubrück** ein schöner *Wasserwanderrastplatz* am rechten Ufer ein. Das gemütliche *Eiscafé* mit seiner Terrasse hoch über dem Ufer kommt bei den hochsommerlichen Temperaturen wie gerufen.

Mit den nächsten Kurven nähert sich die ***Drahendorfer Spree*** dem ***Oder-Spree-Kanal*** bis auf wenige Meter und die dort aufgestellten Hinweisschilder für die Schifffahrt scheinen zum Greifen nahe. Bis ich die Mündung in den Kanal erreiche, schlägt der Fluss aber noch so manchen Haken. Hier bin ich nun im Bereich des *Naturschutzgebietes Rehagen*, wo vereinzelt der in der Roten Liste als „stark gefährdet" geführte Hirschkäfer vorkommt. Aber auch Kranich, Biber und Fischotter kann man beobachten. An den Ufern gibt es den Wasserhahnenfuß und die Sumpfschwertlilie, die in ihrem Bestand zwar nicht gefährdet, aber als besonders geschützt eingestuft sind.

Drahendorf, der kleinste Ortsteil der **Gemeinde Rietz-Neuendorf**, liegt schnell hinter mir, bevor dann das hübsch anzuschauende ***Nadelwehr*** meinen Weg versperrt. Die Stahl-Lore von früher ist glücklicherweise durch eine leichtere Lore ersetzt worden, sodass die ***Portage*** kein Problem darstellt.

Direkt gegenüber der Einmündung in die ***Fürstenwalder Spree*** liegt das traditionsreiche *„Forsthaus an der Spree". Früher ein Objekt der DDR-Staatssicherheit, stellte sich nach der politischen Wende heraus, dass ehemalige Terroristen der RAF 1980 das damals „Forsthaus an der Flut" genannte, historische Gebäude als Anlaufpunkt nutzten. Hier bekamen die „Aussteiger" ihre neue Identität als DDR-Bürger. Und noch einem schillernden Gast gewährte das Ministerium für Staatssicherheit im Forsthaus Unterkunft: dem meistgesuchten Rechts-Terroristen Westdeutschlands, Odfried Hepp, der sein Wissen über die rechtsextreme Szene der Bundesrepublik mit dem MfS teilte.*

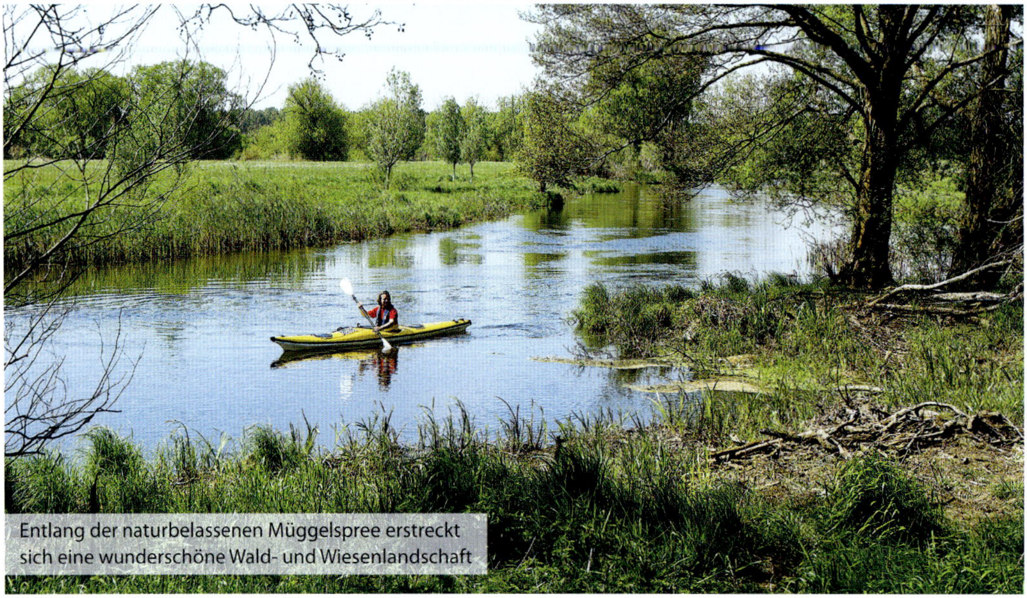

Entlang der naturbelassenen Müggelspree erstreckt sich eine wunderschöne Wald- und Wiesenlandschaft

Heute werden unter dem Namen *„JotWeDe"* bereits Übernachtungen auf dem naturnahen Zeltplatz und im Bungalow angeboten. Die engagierten, jungen Leute wollen umfangreich sanieren und umbauen, u.a. sind ein Baumhaushotel, Glamping-Zelte sowie ein Waldrestaurant geplant.

Die folgende Strecke auf der schnurgeraden, breiten Wasserstraße bildet naturgemäß nicht gerade den Höhepunkt der Tour, wenngleich die befestigten Ufer immer wieder auch von Sumpfpflanzen überwuchert werden. In manchen Altarmen findet man herrliche Rastmöglichkeiten an sandigen Anlegestellen. Vor der Autobahnbrücke der A 12 führt ein kurzes Kanalstück auf den ***Dehmsee***, wo auf der Insel Fischwerder Kormorane, Seeadler und Blesshühner ihre Brutgebiete haben.

Nach etwa acht Kilometern bietet in einem Altarm der *Wasserwanderrastplatz Berkenbrück* mit *Flussfreibad* und *Bistro Strandidyll* nebenan eine willkommene Gelegenheit zur Rast oder Übernachtung. Wer ein komfortableres Nachtquartier bevorzugt, findet im 300 Meter entfernten *„Landgasthof Spreetal"* ein Bett. Die gutbürgerliche, raffinierte Küche im Gasthof kann einen hungrigen Paddler schon schwach machen. Das Kanu kann im dazugehörigen Strandidyll abgestellt werden.

Die einstige Bischofsstadt **Fürstenwalde** ist nun nicht mehr weit und überdies habe ich an der ***Schleuse*** Glück. Zusammen mit einem Frachtkahn darf ich einfahren (ansonsten gibt es am rechten Ufer auch eine ***Bootschleppe***), bevor mir die freundlichen *Fürstenwalder Ruderer* Unterkunft gewähren. Vom Vereinsgelände sind es nur wenige Schritte in die *Innenstadt mit dem Dom St. Marien, der mit seinem fast 70 Meter hohen Turm seit 1470 das Wahrzeichen der Stadt darstellt und nach seiner fast vollständigen Zerstörung Ende des Zweiten Weltkrieges wieder aufgebaut wurde.*

Am nächsten Morgen stehen dann noch einmal knapp fünf Kilometer Kanalpaddelei bis zum ***Wehr Große Tränke*** auf dem Programm. Die Eisen-Lore an der Umtragestelle ist zwar massiv und schwer, lässt sich mit etwas Kraftaufwand aber auch von Solopaddlern bewegen.

Aus der üppigen Ufervegetation der 30 Meter breiten nun ***Müggelspree*** genannten Spree grüßt ein Kuckuck. Sie darf hier in ihrem ursprünglichen Flussbett bis zum Dämeritzsee fließen. Hinter eine Reihe von Pappeln und Birken säumen Wiesen das Ufer. Eine erstaunlich flotte Strömung trägt mich mit leichten Schwüngen zur sympathischen *Kanustation KanuSport Spree* in **Hangelsberg**. Ob Zelt, Matratzenlager oder stimmungsvolle Ferienwohnung, der abendliche Blick von der hölzernen Terrasse auf die Spree ist nach einem anstrengenden Paddeltag ein Genuss und wer den Kocher kalt lassen möchte, kann im nahen *Gasthaus „Zum Forsthof"* einkehren. Ein tolles Domizil sowohl für Tagestouren aber auch Mehrtagestouren, schon aufgrund der idealen Bahnanbindung. Für Kanuten ohne eigenes Boot auch ein guter Startpunkt für die Märkische Umfahrt – es gibt eine große Auswahl an Mietkanus.

Die nächsten 18 Kilometer bis zur Autobahnbrücke der A10 sind ein stilles Vergnügen auf der mäandernden ***Müggelspree***. Die Ufer sind flach und geben nicht nur den Blick in die Landschaft frei, sondern bieten auch zahlreiche idyllische Pausenplätze. Wer keinen Proviant dabei hat, findet eine Möglichkeit zur Einkehr im *Restaurant* am *Campingplatz Jägerbude*, direkt hinter der Autobahnbrücke. Von hier sind es, vorbei an **Neu Zittau** *(Kanu- und SUP-Vermieter Spreeboard)*, noch etwa sieben Kilometer bis nach Erkner.

178 km

Der Fluss wird breiter und die Ufer sumpfiger. Erstaunlich, dass es so nahe an Berlin so still sein kann. Unmittelbar vor Zufluss der Müggelspree in den ***Dämeritzsee*** liegen rechts der *Kanu-Club Erkner* und der *Ruderverein Wasserfreunde Erkner*, die beide Wasserwanderern Quartier sowohl im Zelt, als auch Luftmatratzenlager in ihren Vereinsräumen bieten. Am gegenüberliegenden Nordostufer liegt die Stadt **Erkner** und nach der Ruhe und Einsamkeit der vorangegangenen Kilometer gleicht der rege Motorbootverkehr einem Kulturschock. Vom *öffentlichen Anleger* des Städtchens ist es nur ein kurzer Spaziergang entlang der Hauptstraße bis zum *Gerhart-Hauptmann-Museum in der Villa Lassen, die der bedeutende Dichter und Dramatiker mit seiner Familie von 1885 bis 1889 bewohnte.*

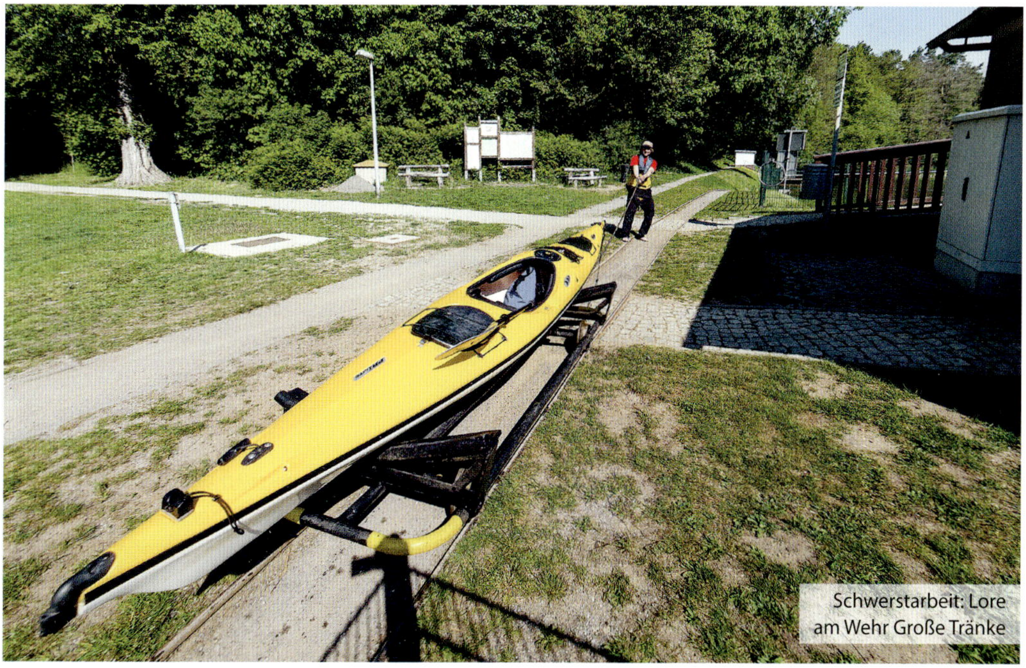

Schwerstarbeit: Lore am Wehr Große Tränke

178 km

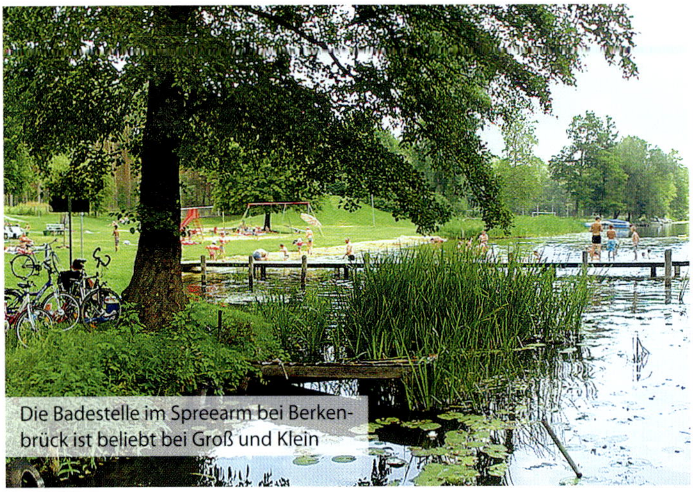

Die Badestelle im Spreearm bei Berkenbrück ist beliebt bei Groß und Klein

Allein 652 Farn- und Blütenpflanzen, seltene Fischarten, Brutvögel wie Wachtelkönig, Kranich, Eisvogel und Trauerseeschwalbe und sogar der Fischotter sind hier vertreten.

Auf dem ***Seddinsee*** herrscht zumindest an Sommerwochenenden buntes Treiben und alles, was schwimmen kann, ist auf dem Wasser unterwegs. Vorbei an der Insel ***Seddinwall*** *(siehe dazu Seite 217)*, erreiche ich die Wasserstraßenkreuzung bei **Berlin-Schmöckwitz**.

Hinter dem *Gasthaus „Strandlust"*, einem 1872 in Holland gebautem Kaffeekahn, das heute als Ausflugslokal mit toller Terrasse am Wasser und leckeren Fischgerichten zur Pause einlädt, lenke ich die Bootsspitze nach Südwesten. Unter der Straßenbrücke hindurch bin ich nun auf dem ***Zeuthener See***, einer seeartigen Verbreiterung der Dahme, den ich in seiner gesamten Länge in Ufernähe durchpaddle. Am linken Ufer bietet sich nach dem öffentlichen *Strandbad Schmöckwitz* der *Zeltplatz des Freizeitsportvereins* oder das *Waldhotel am See* zum Übernachtungsstopp an.

Das auf einer in den See ragenden Landzunge gelegene **Rauchfangswerder,** ehemaliges Fischerdorf und südlichster Ort von Berlin, im Blick, komme ich zum Seeende.

In seinen „Wanderungen durch die Mark Brandenburg" beschrieb Fontane eine Fahrt mit dem Segelboot „Sphinx" zu den „Quellgebieten der wendischen Spree" als würde es sich um eine Expedition ins Amazonasgebiet handeln. Dort erzählt er auch von Hankels Ablage, einer Villenkolonie am Südende des Zeuthener Sees, wo der Fischer Friedrich Hankel an der früheren Verladestelle für Holz, die den Menschen auch als Ort der Begegnung diente, Ausschankrechte erhielt. Fontane beschreibt den Ort, der

Für die direkte Fortsetzung der Tour halte ich mich gleich nach der Einmündung links und finde, um eine kleine Landzunge herum, links vom ***Gosener Kanal*** die Einfahrt in den idyllischen ***Gosener Graben***, dessen Ufer von Bruchwald umgeben ist. Er ist für Motorboote gesperrt und abgesehen von den zahlreichen Mücken ist die Idylle perfekt. Adlerfarn leuchtet sattgrün im Gegenlicht, die hohen Bäume hüllen mich in einen schattigen Tunnel und fast zu schnell ist hinter der viel befahrenen Brücke, die Neu Zittau mit Köpenick verbindet, der ***Seddinsee*** erreicht.

Über die Fahrrinne zwischen den ***Inseln Dommelwall*** und ***Nixenwall*** kann man nach **Gosen** gelangen, entweder zum *Bootsverleih Gosen*, der an heißen Tagen immer eine Erfrischung bereithält oder ein Stück weiter zum *Anleger* des Ortes. Hier enden die ***Gosener Wiesen***, mit 402 Hektar Berlins größtes Naturschutzgebiet. *Wahrscheinlich ist den meisten die Größe gar nicht bewusst, sind doch die Feuchtwiesen und Bruchwälder weitgehend unzugänglich und dürfen, wie auch die vorgelagerten Inseln, weder betreten noch darf zwischen ihnen gefahren werden (abgesehen von der Fahrrinne zwischen den Inseln Dommelwall und Nixenwall). Das Naturschutzgebiet zeichnet sich durch eine große Artenvielfalt aus.*

bei Seglern ungemein beliebt war, als einen der reizvollsten Plätze in der Umgebung von Berlin.

Ich halte mich rechts und auf Höhe von ***„Hankels Ablage"*** in **Zeuthen** verengt sich die ***Dahme*** nun wieder auf Flussbreite, bevor wir gut einen Kilometer weiter an dem am rechten Ufer liegenden *Seehotel Zeuthen (z.Zt. geschlossen, Neueröffnung unklar)*, vorbeipaddeln.

Kurz nachdem die Autobahnbrücke die ***Dahme*** überspannt hat, lasse ich den abzweigenden ***Nottekanal***, auf dem man in die Stadt und zum Schloss **Königs Wusterhausen** gelangen könnte, rechts liegen und bald darauf empfangen mich hübsche Wassergrundstücke mit ihren akkurat gemähten Rasenflächen. Etwa 500 Meter hinter der ***Schleuse Neue Mühle*** öffnet sich rechter Hand der ***Krimnicksee***, auf dem einige Wasserskifahrer ihr Können zeigen. Zur Linken liegt am Nordufer das kleine *Strandbad* **Neue Mühle** mit einer großen Liegewiese und dem *Strandbadcafé*. Mit einem weiten Schlenker geht es in den ***Krüpelsee***. Am Südufer streckt sich uns in die *Seebrücke* **Senzig** entgegen – immerhin größte deutsche Seebrücke an einem Binnensee, soll sie zukünftig aus ihrem Dornröschenschlaf erweckt werden, ein touristisches Zentrum mit Ferienhäusern an Land und auf dem Wasser sowie eine schwimmende Gaststätte sind geplant. *Die Senziger Seebrücke, ist ein Relikt des ehemaligen Kalksandsteinwerkes Senzig und diente einst als Verladebrücke, um die gebrannten Ziegel per Lastkahn über die Dahme-Wasserstraße nach Berlin zu transportieren.*

178 km

Zur Einkehr lohnt das gegenüberliegende Ufer in **Zernsdorf**. Am von weitem schon sichtbaren Hausbootanleger kann man bei *Paulines Hafencafé* bei köstlichem Kuchen oder raffinierten herzhaften Gerichten herrlich am Wasser sitzen.

Auf dem ***Krüpelsee*** geht es weiter gen Osten, wo sich am Ende nach Norden der ***Zernsdorfer Lankensee*** öffnet, an dessen Nordufer der *Campingplatz D69* die Möglichkeit zur Übernachtung bietet. Einzelpaddler sind beim *„Ferienhof Herzfeld"* am Ostufer des Krüpelsees in der kleinen Ortschaft **Kablow** willkommen. Der Platz liegt am Ausfluss der Dahme aus dem Krüpelsee, erkennbar am kleinen Hafen mit dem blauen Kran.

Nun gibt sich die ***Dahme*** wieder als Fluss zu erkennen und fließt in einem weiten Bogen über **Bindow** zum *Eiscafé* an der *Badestelle* in **Gussow**. Vor mir liegt jetzt der romantische ***Dolgensee*** *(Naturschutzgebiet)*, dessen grüne Ufer von hochgewachsenen Erlen bestanden sind. Ich folge der Fahrwasserbetonnung, vorbei an der kleinen hufeisenförmigen Insel, bis zum Abfluss der ***Dahme*** beim Dörfchen **Dolgenbrodt**, *dessen Gründung auf eine Furt an dieser Stelle zurückgeht.*

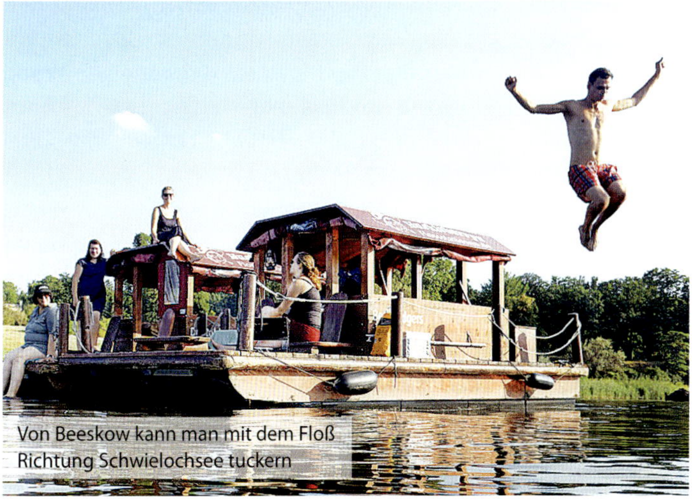

Von Beeskow kann man mit dem Floß Richtung Schwielochsee tuckern

„Kuddels Gastwirtschaft" am rechten Ufer in **Friedrichsbauhof** mit hauseigenem Bootsanleger, tollem Gartenlokal und der gemütlichen Gaststube ist für Wasserwanderer prima geeignet – hier darf man

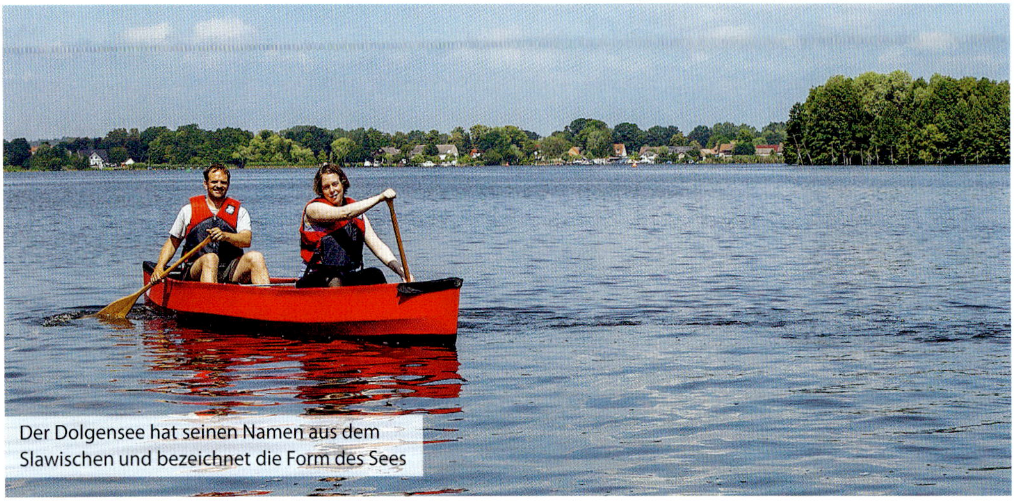

Der Dolgensee hat seinen Namen aus dem Slawischen und bezeichnet die Form des Sees

auch zelten; neben Kuchen und Himbeereis, Gulasch mit tschechischen Semmelknödeln oder knusprig gebratenem Fisch gibt es auch frisch gezapftes böhmisches Bier. Zusammen mit dem gegenüber gelegenen *Restaurant „Fährhaus"* sollte nun keiner mehr hungrig das letzte Stück bis **Prieros** zurücklegen müssen.

Trotz seiner beschaulichen Größe hat das 1.000 Einwohner zählende **Prieros** mit dem *Heimathaus* und dem *Infopunkt* des Naturparks Dahme-Heideseen sowie dem *Biogarten (biologischer Schau- und Lehrgarten)* im Ortsteil **Prieroser Mühle** einiges zu bieten. Das harmonische Nebeneinander von Gewässern, Wiesen und ausgedehnten Wäldern übt eine besondere Anziehungskraft aus. Ein Bett findet man im *Hotel Cellino* *(anlegen bei Wassersport Vollandt, auch Kanuvermietung)* und etwas weiter kann neben der ***Schleuse*** beim sympathischen *Camping Am Mühlenfließ*, unter schattigen Birken gezeltet werden. Noch ein Stück weiter liegt das etwas hochpreisigere *Hotel Waldhaus Prieros* idyllisch und ruhig direkt am ***Streganzer See.***

Hinter der Schleuse wird es deutlich ruhiger, die Natur wird immer ursprünglicher und es stehen mehr Angler entlang des noch etwa 50 Meter breiten Flusses, als Motorboote auf dem Wasser unterwegs sind. Nur bei hohem Wasserstand wird die Gegenströmung der hier von Süd nach Nord durch den 595 Quadratkilometer großen *Naturpark Dahme-Heideseen* fließenden ***Dahme***, merkbar. Hinter dem ***Streganzer See*** bin ich ganz allein auf dem Wasser und genieße den Blick in die Erlenbrüche und Feuchtwiesen. Riesige Waldgebiete dehnen sich nun zu beiden Seiten des Ufers aus und auf den ehemaligen Truppenübungsplätzen rund um **Hermsdorf** blüht im Frühherbst die Heide.

Über die ***Schleuse Hermsdorfer Mühle*** geht es nun das letzte Stück nach **Märkisch Buchholz**, der kleinsten Stadt Brandenburgs. Hier unterhält die Gemeinde einen vorbildlichen Wasserwanderrastplatz und so sitze ich wenig später frisch geduscht unter einer hohen Kastanie im idyllischen Biergarten des Backsteinhofes von *„Herrmann`s Marktwirtschaft"*.

Der nächste Tag beginnt mit etwas Arbeit. Vorbei geht es zunächst an der von rechts zufließenden Dahme, die ab hier für eine Befahrung ganzjährig gesperrt ist. Mein Weg führt nun über den ***Dahme-Umflutkanal*** weiter. Gleich erreiche ich das imposante ***Kaskaden-Wehr*** von Märkisch Buchholz, das zwar mit einer Bootsschleppe samt elektrischer Seilwinde ausgestattet, aber die Bedienungsanleitung so kompliziert ist, dass ich den eigenen Bootswagen vorziehe und nach der Umtragung gar nicht erst verstaue, denn das nächste ***Wehr*** wartet in nicht einmal einem Kilometer Entfernung.

Anschließend bringt mich der von einer hohen Böschung eingefasste Kanal zu einer Stippvisite auf den ***Köthener See***. Unter Naturliebhabern ist er ein Geheimtipp, gibt es doch hier eine der größten Fischreiherkolonien Europas. Wegen der am Südufer in **Köthen** gelegenen *Jugendherberge*, wo auch gezeltet werden kann, ist der See oft Ziel jugendlicher Wasserwanderer. Über den im Südufer abzweigenden ***Randkanal*** könnte man, vorbei am Wasserwanderrastplatz Groß Wasserburg, weiter in den Unterspreewald gelangen.

Ich wende mich aber am Nordufer des ***Köthener Sees*** nach links und folge weiter dem Kanal. Unter der Straßenbrücke in **Leibsch** parken die ersten Spreewaldkähne und oberhalb des Ufers gibt es einen überdachten Pausenplatz. Die erste ***Schleuse*** der ***Doppelschleuse Leibsch*** hat die Aufgabe mich auf das Niveau des aus dem Unterspreewald kommenden Puhlstroms zu heben, die ***zweite Schleuse*** bringt mich auf das Niveau der Spree in Richtung Beeskow.

Hinter der Schleusengruppe Leibsch habe ich nun seit Märkisch Buchholz auf dem Dahme-Stück mit neun Kilometern „gegen die Strömung" diesen Part hinter mir gelassen und seichte Strömung schiebt mich nach Nordosten auf den ***Neuendorfer See*** zu, an dessen buchtenreichen Ufern einige *Campingplätze* zu finden sind. Der Spreeabfluss befindet sich gut einen Kilometer hinter der ***Halbinsel Raatsch*** am Ostufer und die Einfahrt wird von weit in den See hineinreichenden Fischreusen flankiert.

178 km

Hinter der ***Schleuse*** von **Alt Schadow**, leckeren Räucherfisch gibt es bei der *Spreewaldfischerei Richter (Di-Fr 9-12+13-18, Sa 9-12)*, bleibt die Spree nun bis zum Schwielowsee ein Fluss. Die bewaldeten Hügel steigen sanft an und immer wieder zweigen kleine Nebenarme ab, in denen sich Graureiher und Schwäne wohlfühlen. Eineinhalb Kilometer vor **Werder** kommt von rechts die ***Pretschener Spree*** aus dem Spreewald hinzugeflossen, deren Befahrung im Frühjahr möglich ist.

Vorbei an dem ruhig gelegenen *Wasserwanderrastplatz* von **Werder** und dem *Spreewaldhotel Matschke* im Ort, kündigt sich **Kossenblatt** durch die ***SB-Automatik-Schleuse*** an. Nur 500 Meter weiter könnte man nach links in einen schönen Altarm paddeln, um einen Blick auf *Schloss Kossenblatt, ein ehemaliges königlich-preußisches Residenzschloss zu werfen. Theodor Fontane weiß von dem Lieblingsschloss des Soldatenkönigs Friedrich Wilhelm I. zu berichten: „Es ist ein imposantes Nichts, eine würdevolle Leere – die Dimensionen eines Schlosses und die Nüchternheit einer Kaserne".*

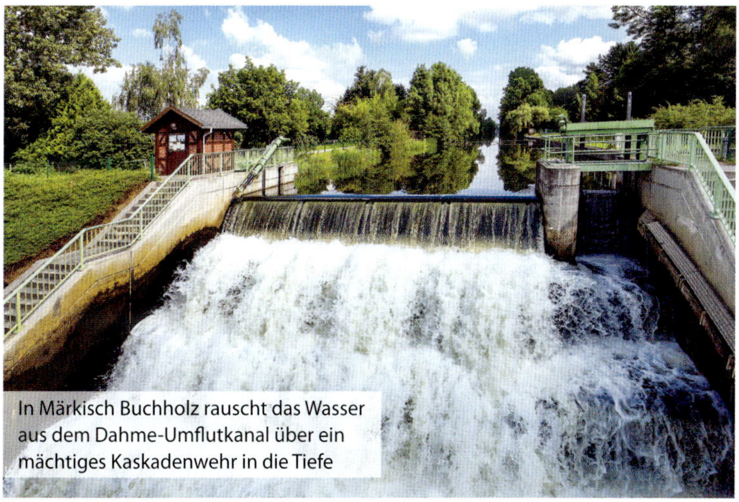

In Märkisch Buchholz rauscht das Wasser aus dem Dahme-Umflutkanal über ein mächtiges Kaskadenwehr in die Tiefe

Weiter auf dem Spreelauf liegt rechts vor der Straßenbrücke der *Wasserwanderrastplatz Kossenblatt.*

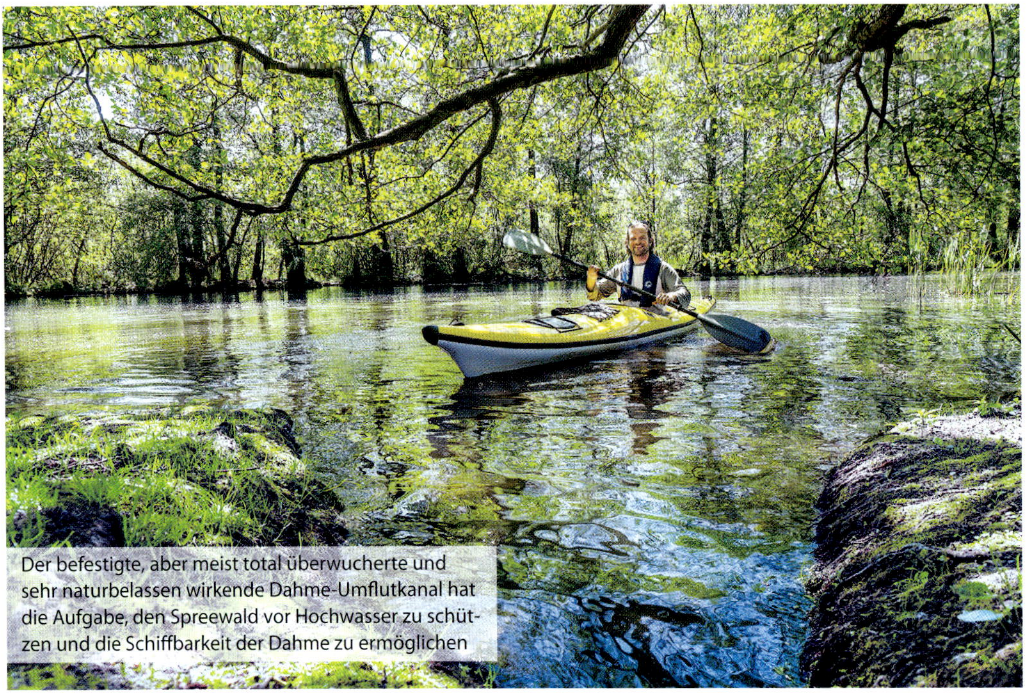

Der befestigte, aber meist total überwucherte und sehr naturbelassen wirkende Dahme-Umflutkanal hat die Aufgabe, den Spreewald vor Hochwasser zu schützen und die Schiffbarkeit der Dahme zu ermöglichen

Die hölzerne Zugbrücke von **Brietscht,** vor der sich ein *Rastplatz* befindet, wurde nach historischem Vorbild errichtet. 150 Meter davor kann man am sandigen Ufer links aussetzen, um die denkmalgeschützte *Alte Försterei* zu besuchen *(an manchen Tagen Imbiss dort). Ehemals Königliche Försterei, dann Preußische Staatsförsterei und schließlich Brandenburgische Försterei, dient der Forsthof heute als Ort der Kunst und Kultur. Regelmäßig finden Konzerte, Livemusik im Biergarten, Filmvorführungen, Theaterinszenierungen, Ausstellungen und Lesungen statt. Eine original Pariser Bar bringt etwas Flair einer Metropole auf das Brandenburger Land (www.alte-foersterei-briescht.de).*

Vorbei an der stillgelegten Schleusenkammer von **Trebatsch**, die unaufhaltsam von der Natur zurückerobert wird, geht es zum *Wasserwanderrastplatz* am rechten Ufer. *Alte Burgwallreste und der slawische Name erinnern daran, dass Trebatsch einst eine slawische Kult- und Wohnstätte war. In der Ortsmitte des kleinen Dorfes freut sich das Ludwig-Leichhardt-Museum, das dem aus Trebatsch stammenden berühmten Australienforscher gewidmet ist, über einen Besuch.*

Bald hinter der Straßenbrücke verzweigt sich der Wasserlauf. Während die ***Alte Spree*** rechts zum riesigen ***Schwielochsee*** führt, bringt mich links die ***Neue Spree,*** vorbei an der am linken Ufer liegenden *Fischerei Sabrodt* mit leckeren Fischbrötchen, zum nördlichsten Ende des ***Schwielochsees***. Hier halte ich mich links und paddle in **Glowe** vorbei am *Eiscafé* und *Camping Glower See*, der auch Wasserwanderer freundlich willkommen heißt. Neben mir tuckert der Fischer über den See und leert seine Reusen. Auf dem nächsten See, dem nur einen Kilometer langen ***Leißnitzsee***, verbindet eine Fähre die beiden Ufer und ein Imbiss lockt zur Einkehr. Noch eine gute Rastmöglichkeit findet man vier Kilometer weiter am *WWR* in **Kummerow**. Auf den letzten drei Kilometern zeigt sich die Spree noch einmal einsam und urig. Dann dringt fröhliches Kreischen der Kinder vom Spreepark in **Beeskow** zu mir herüber, an dessen Steg ich wenig später die erlebnisreiche Rundfahrt beende.

Die Dahmeseen

Vom Märkischen Meer ins Schenkenländchen

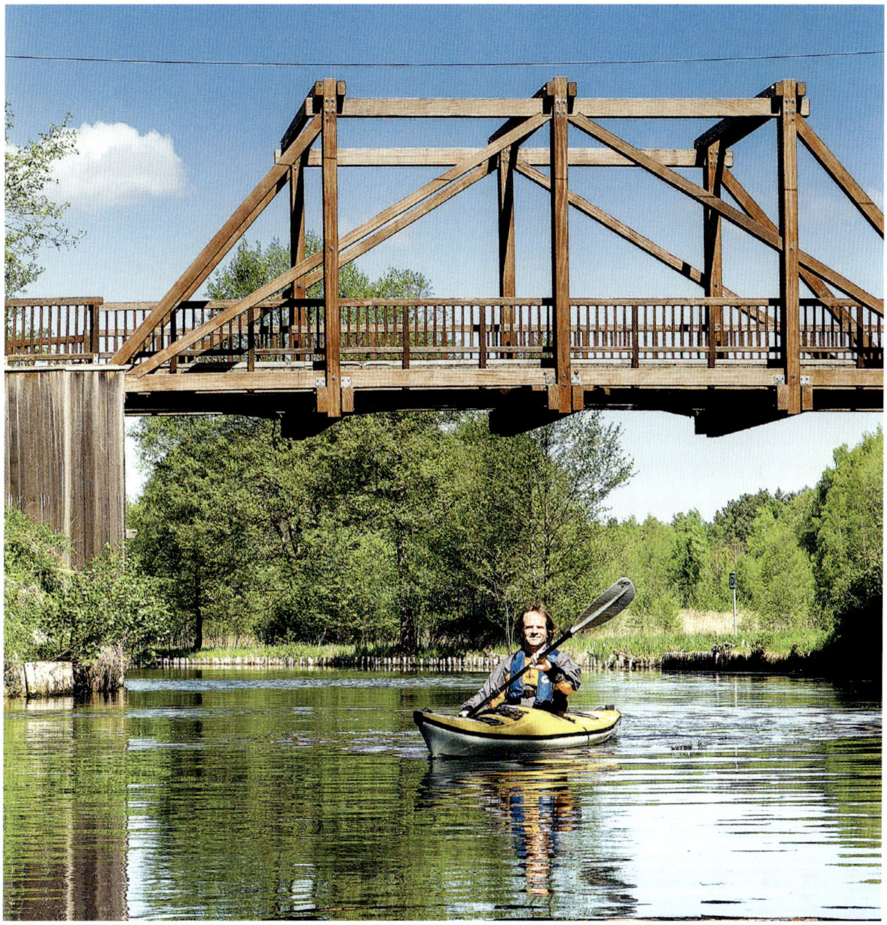

Tour 20

45 km

Infos Tour 20 – Die Dahmeseen

Aktivitäten	Natur	Kultur	Baden	Hindernisse
★★★☆	★★★☆	★★☆☆	★★★☆	★☆☆☆

Charakter der Tour

Die Dahmeseen, nur etwa 30 km vor den südöstlichen Toren Berlins gelegen, sind ein einzigartiges Wassersportrevier. Prägend für den 1998 gegründeten Naturpark Dahme-Heideseen sind die über 100 Seen inmitten ausgedehnter Laub- und Nadelwälder. Ausgehend von Wendisch Rietz am Scharmützelsee, dem Theodor Fontane aufgrund seiner Größe den Namen „Märkisches Meer" verlieh, geht es über Storkow, eine der ältesten Städte der Mark bis nach Teupitz südlich von Königs Wusterhausen.

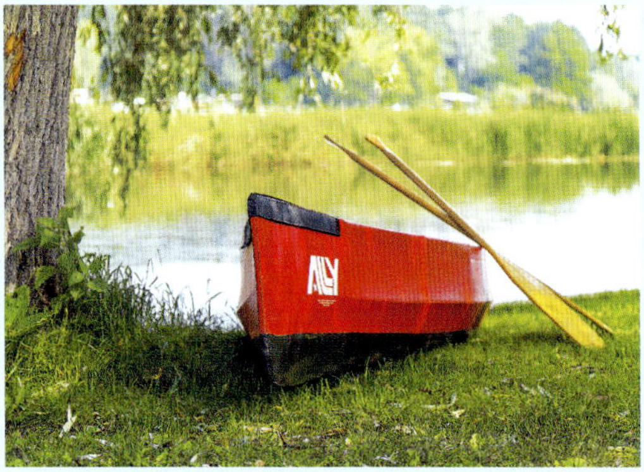

Länge & Dauer der Tour 45 km, 3 Tage

3 Schleusen Alle automatische SB-Schleusen. Wendisch Rietz, Storkow und Kummersdorf.

Anreise Auf der Autobahn A 12 Richtung Frankfurt (Oder)/Warschau bis Ausfahrt 3 (Storkow). Weiter über Storkow nach Wendisch Rietz.

Einsetzstelle Campingplatz in **Wendisch Rietz** (Schwarzhorner Weg).

Wer hier nicht übernachtet, findet eine weitere gute Einstiegsstelle an der Uferpromenade südlich von Hafen und Schleuse (Seestraße).

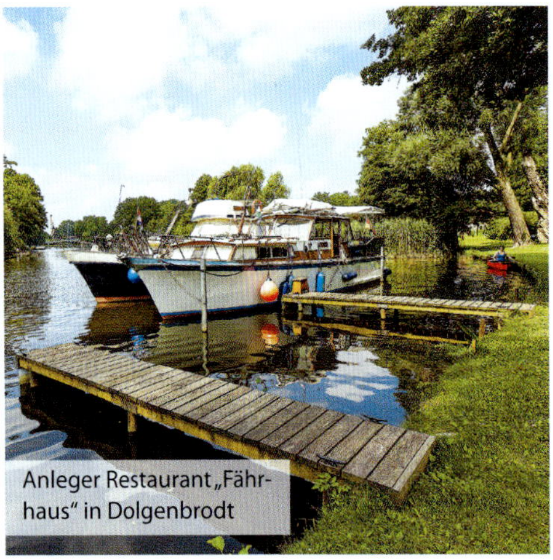

Anleger Restaurant „Fährhaus" in Dolgenbrodt

Aussetzstelle In **Teupitz** 350 Meter südlich vom „Tuptzer Hafen" befindet sich ein kleiner, öffentlicher Anlegesteg mit Betonrampe für Sportbootfahrer. Kleiner Parkplatz (Gutzmannstr. 7).

Zurück zum Pkw Mit dem Bus von Teupitz nach Königs Wusterhausen und von dort mit der Bahn nach Wendisch Rietz. Fahrpläne: www.vbb.de

Etappenvorschlag

1. Tag Wendisch Rietz – Wolziger See (18 km)
2. Tag Wolziger See – Hölzerner See (14 km)
3. Tag Hölzerner See – Teupitz (13 km)

Tipps für Tagestouren

Als Basislager für Tagestouren in alle Richtungen bietet sich Prieros im „Wasserkreuz" zwischen Dahme, Teupitzer und Storkower Seen an.

Karten & Literatur-Tipps

KANU KOMPAKT ***„Märkische Umfahrt"*** und ***„Spreewald"****, Tourenführer mit topografischen Wasserwanderkarten* sowie ***SUP-Guide „Berlin & Umland"***, alle drei Thomas Kettler Verlag.

Große Rad- & Wanderkarte ***„Naturpark Dahme-Heideseen":*** *Ausflüge zwischen Märkisch Buchholz, Teupitz, Königs Wusterhausen und Storkow (Mark)*, 1:35.000, Dr. Barthel Verlag.

Reiseführer ***„Paul-Gerhardt-Weg":*** *Natur und Kultur zwischen Berlin und Spreewald*, Trescher Verlag.

„Wanderungen durch die Mark Brandenburg"*, Theodor Fontane*, Aufbau Verlag.

Übernachtung in Wassernähe

15864 Wendisch Rietz
Campingplatz Schwarzhorn
(Zelt, Bungalow)
Schwarzhorner Weg
Tel. (033679) 401
www.campingplatz-schwarzhorn.de

Dahmsdorf, Gr. Storkower See (15526 Reichenwalde)
Campingplatz Dahmsdorf
Storkower Weg 10
Tel. (033679) 225
www.campingplatzdahmsdorf.de

15859 Storkow
Seehotel Karlslust
Karlsluster Straße 25
Tel. (033678) 64 20
www.seehotel-karlslust.de

Wolzig (15754 Heidesee)
Wasserwanderrastplatz des Heimatvereins Wolzig
Imbiss, Sanitär, Badestelle
Blossiner Weg 1
www.heimatverein-wolzig.de

Friedrichsbauhof (Gussow, 15754 Heidesee)
Kuddels Gastwirtschaft (Zelten)
Dahmestr. 25
Tel. (033768) 507 40
www.kuddels-gastwirtschaft.de

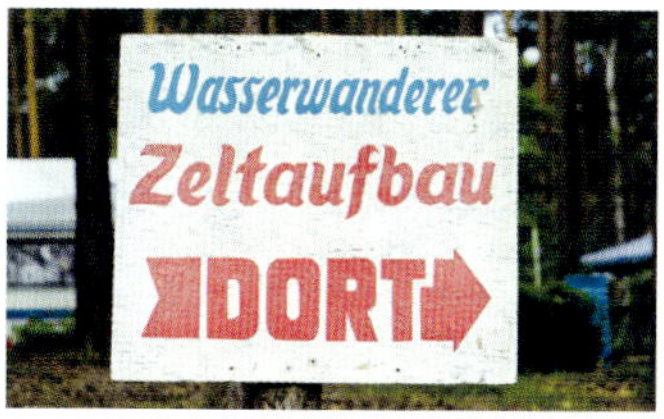

Dolgenbrodt (15754 Heidesee)
Gasthaus Kober
An der Dorfaue 5
Tel. (033767) 30 84 30
www.gasthaus-kober.de

Prieros (15754 Heidesee)
Cellino Garni Hotel & Gästehaus
Anlegemöglichkeiten in 150 m Entfernung an der Dahme
Storkower Allee 4
Tel. 0172-384 65 96
www.radpause-prieros.de

Prieroser Mühle (Prieros)
Camping am Mühlenfließ
Tel. (033768) 508 99
Zur Alten Försterei 4
www.prieros-camping.de

Streganzer See (Prieros)
Hotel Waldhaus Prieros
Am Waldhaus 1
Tel. (033768) 99 90
www.hotel-waldhaus-prieros.de

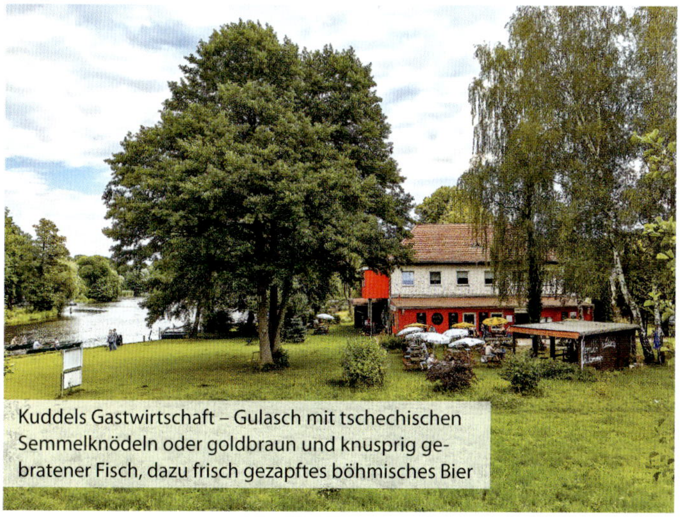
Kuddels Gastwirtschaft – Gulasch mit tschechischen Semmelknödeln oder goldbraun und knusprig gebratener Fisch, dazu frisch gezapftes böhmisches Bier

Gräbendorf (15754 Heidesee)
Camping D66 am Schmöldesee
Urlauberstraße 1
Tel. (033768) 502 53
www.campingplatzd66.de

KIEZ Hölzerner See
(Biwak & Bett im Kinder- & Jugenderholungszentrum, auch für Alleinreisende und Familien)
Weg zum Hölzernen See 1
Tel. (033763) 205 24
www.hoelzerner-see.de

Campingplatz Hölzerner See
(auch Campingfässer)
Weg zum Hölzernen See 1
Tel. (033763) 229 22
www.mecklenburg-tourist.de

15746 Klein Köris
Ruderverein Sparta
(Zelt, Bootshaus, Finnhütte)
Tel. 0173-741 57 57
www.rv-sparta.de

DJH Jugendherberge Köriser See
(Zimmer & Zelt)
Am Kleinköriser See 5
Tel. (033766) 627 30
www.jh-koeriser-see.de

Pension Fontanehaus
Chausseestraße 19
Tel. (033766) 627 21
www.fontanehaus.de

15746 Groß Köris
Hotel & Restaurant Seeschlösschen
Berliner Straße 41
Tel. (033766) 625 16
www.seeschloesschen-koeris.de

15755 Teupitz OT Egsdorf
Campingplatz Schweriner See D 59
Weg zum großen Fenster 1
Tel. 0174-340 67 47
www.camping-gross-koeris.de

15755 Teupitz OT Neuendorf
Relax Campingplatz D170
(Zelt & Bungalow, Kanu & SUP)
Chausseestraße
Tel. 0160-711 71 10
www.relaxcamping.de

45 km

45 km

Kanuvermieter

Bad Saarow (Scharmützelsee)
YAAS Yacht Akademie
Station West (Zentrale)
Parkallee 2, Tel. (033631) 634 00
www.yaasamsee.de

Wendisch Rietz (Scharmützelsee)
Surf & Fun
Strandstr. 10, Tel. (33677) 807 00
www.surf-and-fun.com

Seesportclub Wendisch Rietz
Beeskower Chaussee 18
Tel. 0176-35 28 89 01
www.seesportclub-wendischrietz.de

Blossin (am Wolziger See)
Wassersport-Center Blossin
Waldweg 10, Tel. (033767) 757 11
www.blossin.de

Prieros (an der Dahme)
Wassersport Vollandt
Prieroser Dorfaue 12
Tel. (033768) 506 57
www.wassersport-vollandt.de

Gräbendorf (Hölzerner See)
Kanustation KIEZ Hölzerner See
Weg zum Hölzernen See 1
Tel. (033763) 205 24
www.hoelzerner-see.de

Groß Köris (Zemminsee)
Bootsvermietung am Zemminsee
(auch Fahrrad-Vermietung)
Berliner Str. 41A
Tel. 0173-574 91 10
www.bootsvermietung-zemminsee.de

Kanuvermietung & Geführte Touren

Storkow (Großer Storkower See)
Wolfs Touren beim CVJM-Camp
(auch Liefer- & Abholservice, Kurse, Radtouren, Wanderungen)
Wolfswinkel 39
Tel. 0171-677 11 98
www.wolfstouren.de

Teupitz OT Egsdorf (Teupitzer See)
outdoorVAGABUNDEN
(auch Familienkanutouren, Kurse)
Chausseestr. 8
Tel. (033766) 21 42 86
und 01520-853 16 52
www.outdoorvagabunden.de

Weitere Aktivitäten

Paddeln Rundtour über den ***Scharmützelsee.***
Auf der Dahme bis nach Berlin oder in den Spreewald.
Tagestour über ***Glubig- und Springsee***.

Radfahren
Mehrere ausgewiesene ***Radwege rund um Storkow***.
Radtouren in alle Richtungen: nach Westen ins ***Baruther Urstromtal***, zum ***Schlaubetal*** im Osten, in den ***Spreewald*** im Süden.
Durch die ***Rauener und Dubrower Berge*** mit abwechslungsreichen Aufstiegen und weiten Ausblicken.
Auf dem ***DahmeRadweg*** 123 km von der Quelle (Schöna-Kolpien) bis zur Mündung (Köpenick).
Radtour auf dem ***Hofjagdweg*** 68 km von Königs Wusterhausen durch den Naturpark Dahme-Heideseen zum Spreewald.

Fahrradvermieter (einige auch E-Bikes)
Burg Storkow: *Tourist-Info „Storkower StadtRäder"* (E-Bikes), Tel. (033678) 731 08, www.storkow-mark.de
Königs Wusterhausen: *Fahrrad König*, Tel. (03375) 29 58 18, www.fahrrad-koenig.de
Ranzinger-Fahrradservice, Tel. (03375) 29 39 09
Prieros: *Cellino Gästehaus,* Tel. 0172-384 65 96, www.radpause-prieros.de
Familie Knop, Tel. (33768) 507 72 & 0151-65 16 04 13, www.ferienwohnung-heidesee.de
Am Schmöldesee: *Campingplatz D66*, Tel. (033768) 502 53, www.campingplatzd66.de

Wandern
Entlang des ***Westufers des Scharmützelsees*** (von Wendisch Rietz nach Bad Saarow, ca. 15 km).
Rundweg um den ***Klein Köriser See*** (15 km, Markierung: grüner Punkt, www.schenkenland-tourist.de).
Auf dem ***Fontanewanderweg*** (Teupitz-Egsdorf – Neubrück/Klein Köris, 17 km, Markierung roter Balken).
Von Bad Saarow in die ***Rauener Berge*** und zum ***Aussichtsturm Rauener Berge*** *(1,- €, Drehkreuz-Einwurf)*.
Tages- oder Mehrtagestouren auf dem ***Paul-Gerhardt-Weg*** (140 km von Berlin nach Lübben).

Segeln und Surfen
Auf dem Storkower See und dem Scharmützelsee.

Baden, Sauna & Wellness
Satama Sauna Resort & Spa in **Wendisch Rietz,** *Mo-So 9-23*, www.satama-saunapark.de
SaarowTherme, Thermalsolebad, Sauna in **Bad Saarow**, *tgl. 9-21*, www.bad-saarow.de

Klettern ***Kletterwald Bad Saarow***, acht Parcours, über 100 Kletterelemente, Tel. (033631) 40 48 31, www.kletterwald-badsaarow.de

Kinder ***Irrlandia*** in **Storkow** MitMachPark mit Labyrinthen, Irrgärten, Klettern, Rutschen, www.irrlandia.de

Dahme-Schifffahrt ***10-Seen-Fahrt*** zwischen Teupitz und Prieros, www.dahme-schifffahrt.de

Ballonfahrt Ballon Adventures, Tel. 0172-380 41 77, www.ballontour.de

Sehenswürdigkeiten

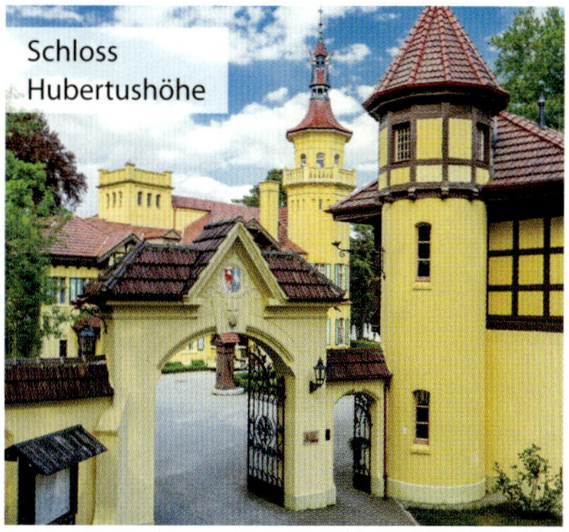

Storkow Altstadt, historische Gassen, Marktplatz mit Friedenseiche und hundertjährigen Linden, Burg Storkow (12. Jh.) mit Burgcafé & Naturpark-Ausstellung (Besucherzentrum Naturpark Dahme-Heideseen, www.dahme-heideseen-naturpark.de), neugotische Kirche (1845), Schleuse mit hölzerner Zugbrücke, Schloss Hubertushöhe (um 1900), 36 m hohe Binnendüne Waltersberge, Fischerei-Erlebnishof Köllnitz mit Fischereimuseum in der Naturlandschaft Gr. Schauener Seenkette (www.koellnitz.de).

Prieros Heimathaus, Kirche mit Barockaltar und Wandmalereien, Infopunkt Naturpark Dahme-Heideseen in der Alten Schule (Tel. (033768) 96 90), Biogarten (Schaugarten in Prieroser Mühle).

Klein Köris Freilichtmuseum Germanische Siedlung (1. So im Monat 10-16.30, www.germanische-siedlung-klein-koeris.de).

Teupitz Marktplatz, historische Gebäude in der Stadt, Heilig-Geist-Kirche von 1346 (Backsteinkirche), historisches Rathaus, Fontane-Park an der Seebrücke, Schloss Teupitz auf einer Halbinsel im Teupitzer See (privat).

Baruth-Glashütte *(17 km südl. von Teupitz)* Museum mit Glasmanufaktur im Museumsdorf Baruther Glashütte, (*Di-So, 10-17*, Tel. (033704) 980 90, www.museumsdorf-glashuette.de).

45 km

Auskunft & Tourist-Infos

Tourist-Info Wendisch Rietz Kleine Promenade 1, Tel. (033679) 648 40, www.scharmuetzelsee.de

Tourist-Info Burg Storkow Schloßstraße 6, Tel. (033678) 731 08, www.storkow-mark.de

Tourismusverband Dahme-Seen Bahnhofsvorplatz 5, 15711 Königs Wusterhausen, Tel. (03375) 25 20 25, www.dahme-seen.de

Tourismusverband Seenland Oder-Spree (Bad Saarow) Tel. (033631) 86 81 00, www.seenland-os.de

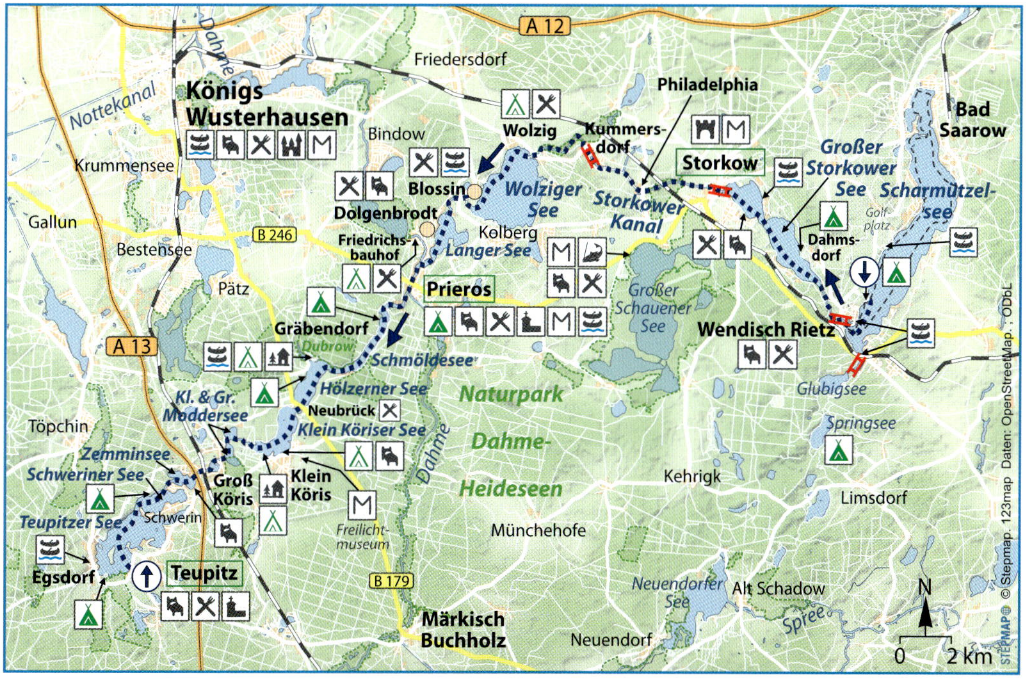

Die Dahmeseen

Noch 1881 zitierte Theodor Fontane während seiner Osterfahrt in das Land Beeskow-Spree seinen Kutscher: „Is das eine Gegend! In Saarow is nichts, das kenn ich und hier in Pieskow is gar nichts". Diese Eindrücke gehörten aber bald der Vergangenheit an, denn nachdem die Berliner Landesbank 1905 die beiden Gutsdörfer Saarow und Pieskow erwarb, entstand am Nordufer des Scharmützelsees eine noble Villenkolonie und gut betuchte Berliner entdeckten das Naturidyll als beliebte Sommerfrische. 1914 wurde das erste Moorbad eröffnet und 1923 bekam der Ort den Titel „Bad" verliehen. Nach der Wende knüpfte ***Bad Saarow*** *an die alte Tradition an und heute lockt Brandenburgs jüngster Kurort mit der „SaarowTherme", einem der modernsten Thermalsolebäder Deutschlands, zahlreichen Hotels sowie vielen Sport- und Gesundheitseinrichtungen und bietet seinen Gästen ein abwechslungsreiches Kulturprogramm mit Konzerten, Ausstellungen und Lesungen.*

Beschaulicher geht es in **Wendisch Rietz** etwa zwölf Kilometer südlich von Bad Saarow am Südufer des ***Scharmützelsees*** zu, auch wenn die betrieblichen Ferieneinrichtungen und das Jugenderholungszentrum aus DDR-Zeiten inzwischen einer Marina und einem modernen Saunapark gewichen sind.

Der freundliche *Campingplatz Schwarzhorn* ist ein guter Ausgangspunkt für Rundfahrten auf dem Scharmützelsee und hinter der ***Schleuse Neue Mühle,*** im südlichsten Zipfel des Sees, eröffnen sich herrliche Abstecher auf die idyllische ***Glubigseenkette***.

Für die Tour über die Dahmeseen zu den Teupitzer Gewässern starte ich von der Badestelle des Campingplatzes und paddle etwa einen Kilometer nach Süden. Ein paar Motor-

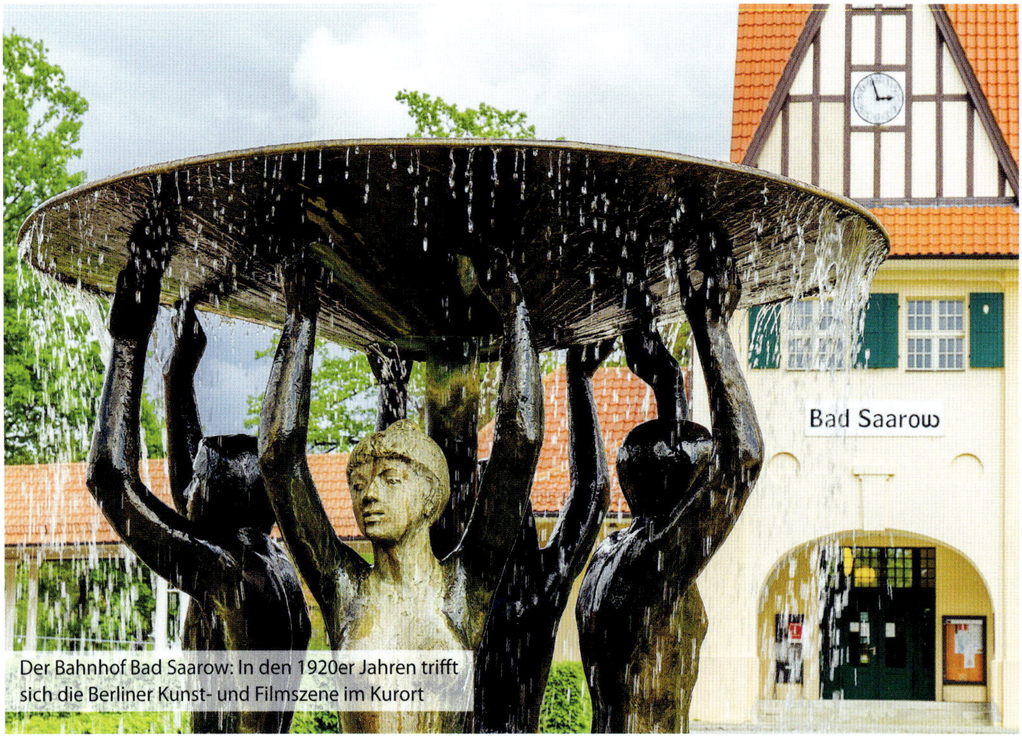

Der Bahnhof Bad Saarow: In den 1920er Jahren trifft sich die Berliner Kunst- und Filmszene im Kurort

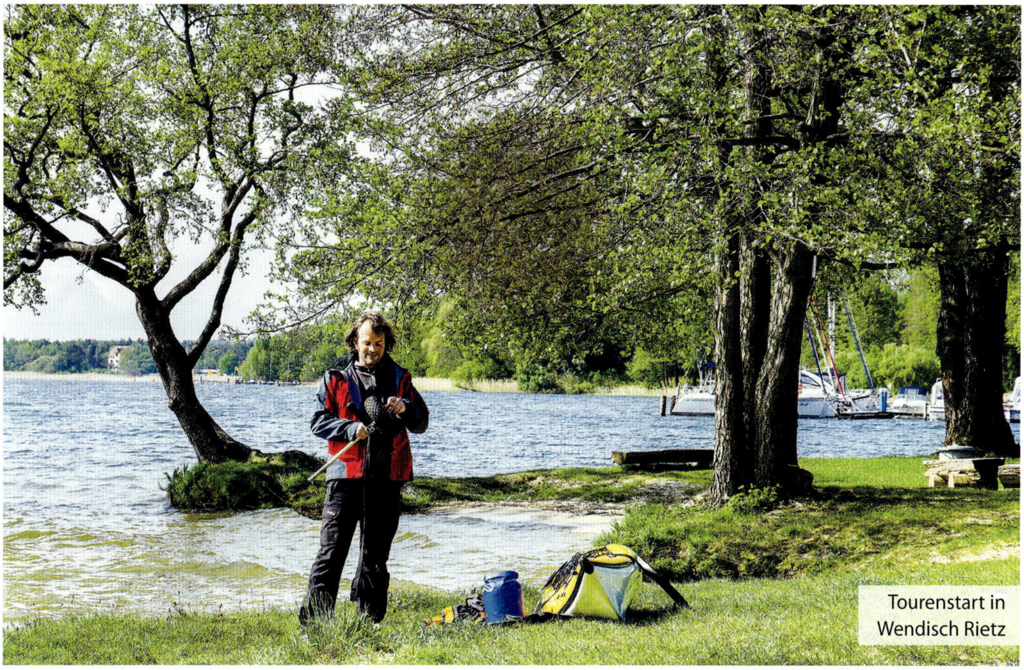

Tourenstart in Wendisch Rietz

boote liegen am Schilfgürtel vor Anker, dann verlasse ich Brandenburgs zweitgrößten See. Vor mir liegt die ***Schleuse Wendisch Rietz***, die mit einer komfortablen Selbstbedienungsautomatik ausgestattet ist. Ich habe nichts weiter zu tun, als am blauen Hebel zu ziehen, um die Schleusung anzufordern. Danach gilt es nur noch die Hinweise auf der Textanzeige zu beachten und schon finde ich mich auf dem Kanal wieder, der den Scharmützelsee mit dem Storkower See verbindet.

Hinter den Holzpfosten, die die Ufer vor dem Wellenschlag der Motorboote schützen, erheben sich ein paar Bäume, dann öffnet sich hinter einem Schilfgürtel der langgestreckte ***Große Storkower See***. Am rechten Ufer zieht eine prächtige Reetdachkate die Blicke auf sich, am linken Ufer ist der Turm von *Schloss Hubertushöhe* zu erkennen. *Um 1900 wurde es vom Geheimen Königlichen Kommerzienrat Büxenstern erbaut, dessen Druckerei Geld für die Deutsche Reichsbank druckte. International bekannt wurde es durch ein dortiges Treffen des damaligen Bundeskanzlers Gerhard Schröder mit dem französischen Staatspräsidenten Jacques Chirac. Als Hotel-Restaurant verfügte es nicht nur über luxuriöse Suiten, sondern konnte mit seiner Küche 2008 auch einen Michelinstern erobern. Zur Zeit steht es nur für Hochzeiten und Veranstaltungen zur Verfügung.*

In den Sommermonaten ist jedoch der fünf Hektar große, malerische Schlosspark mit altem Baumbestand und die Fischerkate am Schlosshafen mit Imbiss öffentlich zugänglich. Der Park soll zu einem Kunst- und Literaturpark mit Kunsthalle umgestaltet werden.

Ohne Eile mache ich mich an die Überquerung des ***Sees*** und genieße den herrlichen Frühsommertag. Nach etwa drei Kilometern verjüngt sich der ***Große Storkower See***, dann ragt am linken Ufer der Steg vom *Seehotel Karlslust* in den See. Die Liegestühle auf der schönen Gartenterrasse sehen einfach zu einladend aus, um nur daran vorbeizupaddeln. Der Blick auf den See, dessen Form in der slawischen Siedlungszeit auch zu dem Namen Dolgensee geführt hat, ist herrlich.

45 km

Vom Hotel paddle ich am linken Ufer weiter nach Norden und biege dann hinter dem Bistro an dem kleinen *Sandstrand* nach links in den ***Storkower Kanal*** ein, wo hinter der flachen Holzzugbrücke schon die ***Schleuse Storkow*** wartet. Gut anlegen, um die Stadt zu besichtigen, kann man links am Stadtanleger zwischen Brücke und Schleuse. **Storkow**, seines Zeichens eine der ältesten Städte Brandenburgs, ist in jedem Fall einen Landgang wert. *Hauptattraktion neben der neugotischen Kirche von 1845 und dem schönen Marktplatz ist die Storkower Burg, die, nach schweren Zerstörungen im Dreißigjährigen Krieg, als kleines Renaissanceschloß wieder aufgebaut wurde und 2009 pünktlich zum 800-jährigen Stadtjubiläum in neuem Glanz erstrahlte.*

Heute sind neben dem sanierten Fachwerkbau das backsteinerne Brauhaus, welches das Burgcafé und die Erlebnisausstellung „Mensch und Natur – Eine Zeitreise" beherbergt, der Palais mit einem großen Veranstaltungssaal sowie die Burgmauer mit ihren Stützpfeilern erhalten.

Ein Überbleibsel der Eiszeit ist die östlich des Städtchens gelegene ***Binnendüne Waltersberge***. Überwiegend mit Kiefern und seltenen Steppenpflanzen bewachsen und mit 33 Metern Höhe den Storkower See überragend, ist sie eine der größten Binnendünen Deutschlands und bietet einen fantastischen Rundumblick.

Der zwar recht gerade, aber nicht zu eintönige ***Storkower Kanal*** führt mich nun nach Westen und knapp einen Kilometer nachdem die Eisenbahnbrücke gequert hat, laden am linken Ufer im Straßendorf **Philadelphia** Sitzbänke unter schattigen Bäumen zu einer Rast ein. *Eine schöne Anekdote gibt es zum Namen des Dörfchens: Der Preußen-König Friedrich II. rief zur Besiedlung der leidlich trockengelegten Luchstriche Kolonisten aus Friesland, Hol-*

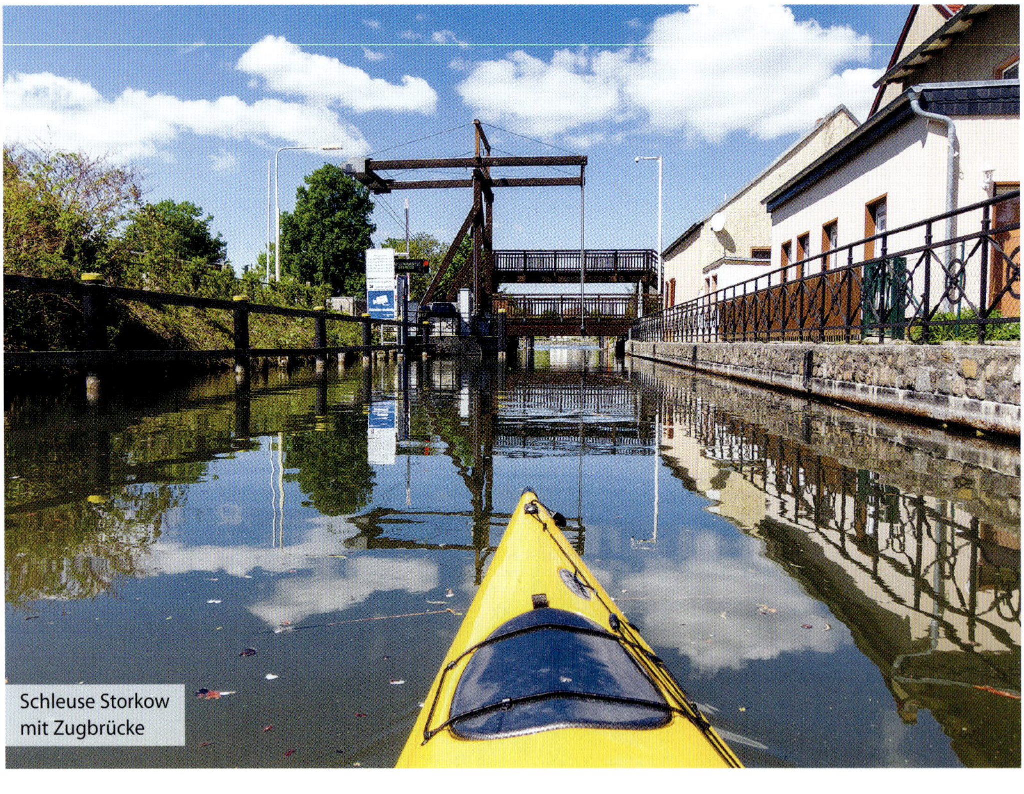

Schleuse Storkow mit Zugbrücke

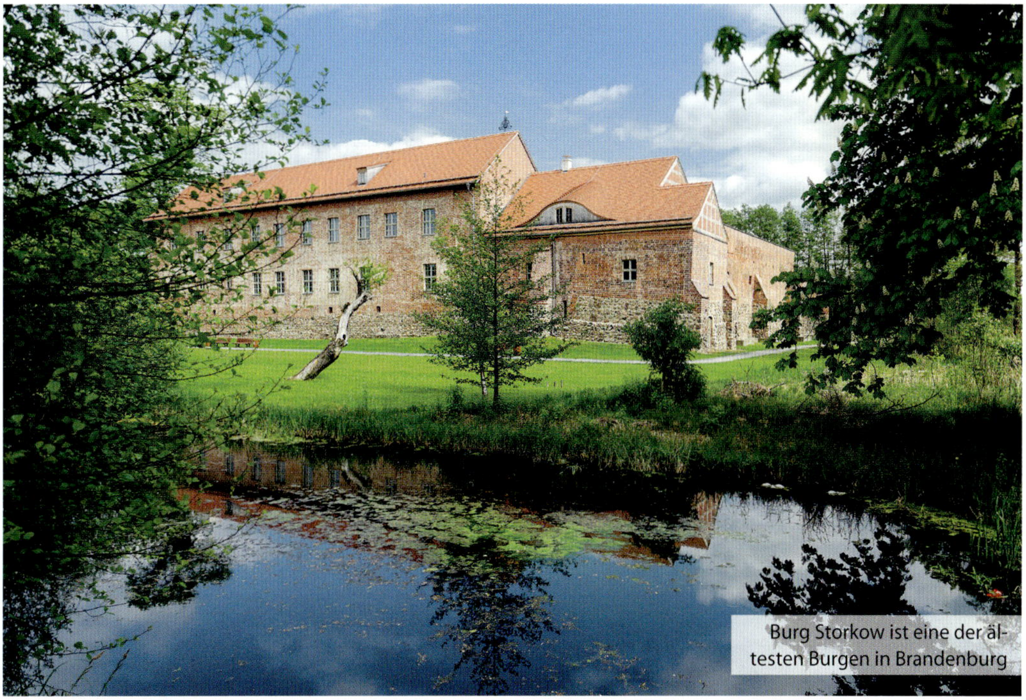

Burg Storkow ist eine der ältesten Burgen in Brandenburg

land, Sachsen und Franken ins Land. Eines der Kolonistendörfer, nahe bei dem Gestüt Stutgarten, nannte man noch 1713, in Anlehnung eines angeschlossenen Schafstalls im Volk den „Hammelstall". Das gefiel den Kolonisten wenig und so baten sie den König „alleruntertänigst" um einen neuen Namen. Da dieser Wunsch mit keinerlei Kosten verbunden war, wurde er ihnen gerne gewährt. „Sie wohnen nun in einer neuen Welt", dachte der König, „geben wir ihnen also einen Namen von drüben, der ja wahrscheinlich in hiesiger niedriger Gegend noch gar nicht existiert!" und an den Rand des Bittschreibens notierte er in großen Buchstaben: „Philadelphia!"

Nun sind es noch knapp drei Kilometer bis zur ***Schleuse*** **Kummersdorf** mit *denkmalgeschütztem Schleusenwärterhäuschen aus dem 18. Jahrhundert und unter Naturschutz stehendem Maulbeerbaum – einst wurde auch hier Seidenraupenzucht betrieben.*

Nur noch ein kurzes Stück auf dem im 18. Jahrhundert gebauten Kanal, dann geht es beim Ort **Wolzig** auf den ***Wolziger See*** hinaus. Direkt nach der Einmündung des Kanals in den Wolziger See paddle ich am Ufer nach rechts, den *Wasserwanderrastplatz* des Heimatvereins an der *Badestelle (Imbiss)* passierend.

Den Ausgang aus dem See finde ich am südwestlichen Ufer bei **Blossin.** Vorher komme ich aber noch an dem am Westufer gelegenen *Wassersport-Center Blossin* mit dem schönen *Hafencafé „Palstek" vorbei.* Gleich daneben liegt der kleine Hafen mit Steg der *Fischerei Am Wolziger See,* wo es frischen Fisch, Räucherfisch und leckere Fischbrötchen gibt *(9-17 Uhr, Tel. (033767) 804 56)*. Auf dem Nachbargrundstück lockt das *Restaurant „Zur Fischerhütte"* mit frisch gebratenem Fisch.

Am Seeausgang geht es dann über eine knapp zwei Kilometer lange, kanalartige Verbindung in den See ***Langer See***, der am Ende in die ***Dahme-Wasserstraße*** mündet. Hier biege ich links ab und erreiche gleich **Prieros**. Da ich den kleinen, gemütlichen Ort schon auf

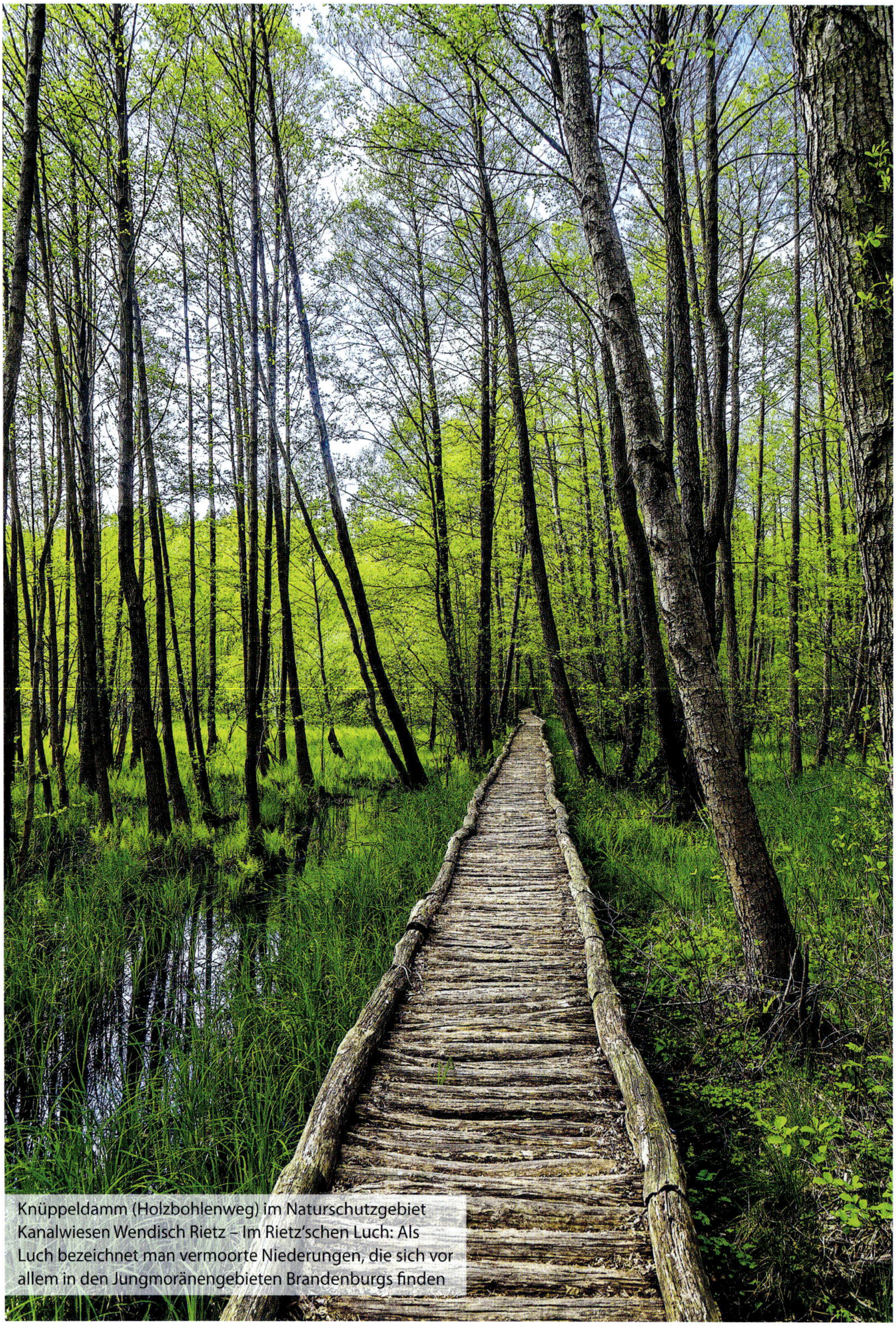

Knüppeldamm (Holzbohlenweg) im Naturschutzgebiet Kanalwiesen Wendisch Rietz – Im Rietz'schen Luch: Als Luch bezeichnet man vermoorte Niederungen, die sich vor allem in den Jungmoränengebieten Brandenburgs finden

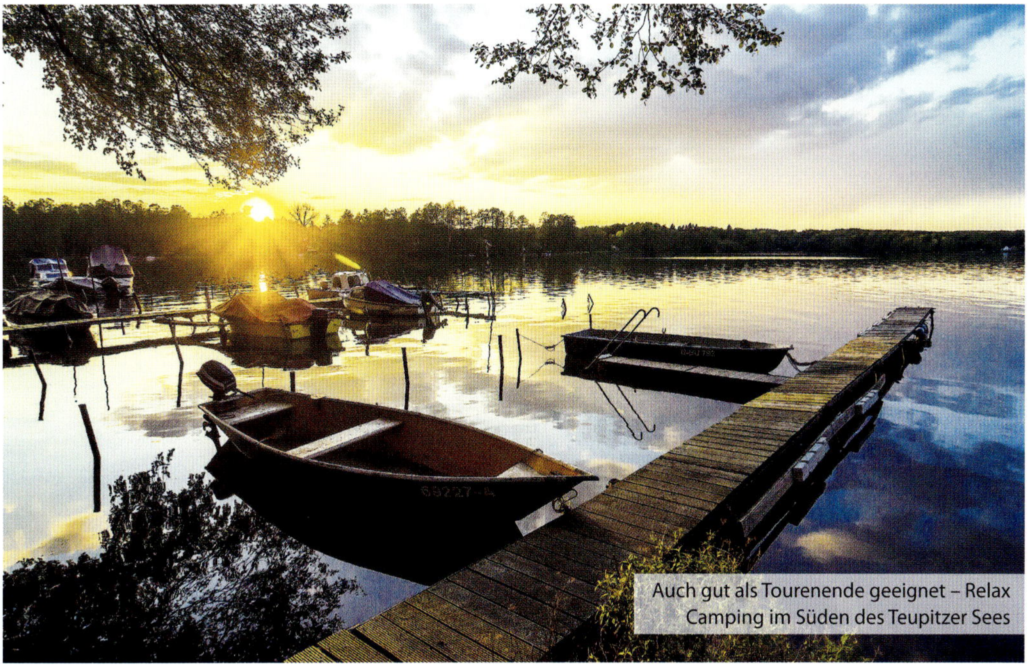

Auch gut als Tourenende geeignet – Relax Camping im Süden des Teupitzer Sees

der „Märkischen Umfahrt" (Tour 19) ausgiebig erkundet habe, paddle ich weiter und biege hinter der Straßenbrücke gegenüber vom Hafen nach rechts auf den ***Schmöldesee*** ab. Der langgestreckte, schmale See entpuppt sich als Naturparadies und am Ufer laden einige schöne Stellen zum Baden ein. Man sollte allerdings beachten, dass ab Waldbrandstufe III nicht mehr am Ufer angelegt werden darf. Vor dem gemütlichen und paddlerfreundlichen *Naturcampingplatz D66* dümpelt am rechten Ufer eine ganze Flotte von Hausbooten.

Da, wo der ***Schmöldesee*** in den breiter werdenden ***Hölzernen See*** übergeht und dabei nach Süden abknickt, liegt rechts in einer weit geöffneten Bucht das *Kinder- und Jugenderholungszentrum KIEZ*, das auch Familien und Alleinreisenden zur Übernachtung offensteht. Das 16 Hektar große Gelände mit rund 600 Betten wird alljährlich von 20.000 Kindern und Jugendlichen besucht. Mitglieder des Deutschen Kanuverbandes erhalten auf die ohnehin günstigen Übernachtungspreise einen Rabatt von 20 Prozent. Hierbei ist die Nutzung von Sport-und Spielflächen, Stränden, der Tischtennishalle, den Sanitäranlagen, kostenfreies Duschen, Müllentsorgung, Bootsliegeplatz und PKW- Stellplatz inklusive. Durch die verschiedenen beheizten Unterkünfte eignet sich die DKV-Kanustation als Ausgangsbasis für Kanutouren auch in den kälteren Monaten. Sogar eine überaus günstige Vollverpflegung kann hinzugebucht werden. Die *Anlegestelle* befindet sich beim Zeichen „Gelbe Welle" links neben dem Badestrand.

Hinter dem Areal dehnt sich die ***Dubrow***, das größte Naturschutzgebiet im Landkreis Dahme-Spreewald aus. *Wie in Fontanes „Wanderungen durch die Mark Brandenburg" beschrieben, ging die Anziehungskraft der Dubrow, was im slawischen „Eiche" bedeutet, von der Graureiherkolonie aus, die zur größten der Mark zählte.*

Um den ganzen ***Hölzernen See*** herum entdecke ich zahlreiche Pausenstellen, bis mich vor der Straßenbrücke am südlichen Ende noch mal ein Biergarten, die „Anglerklause" in **Neubrück** lockt *(Di Ruhetag)*.

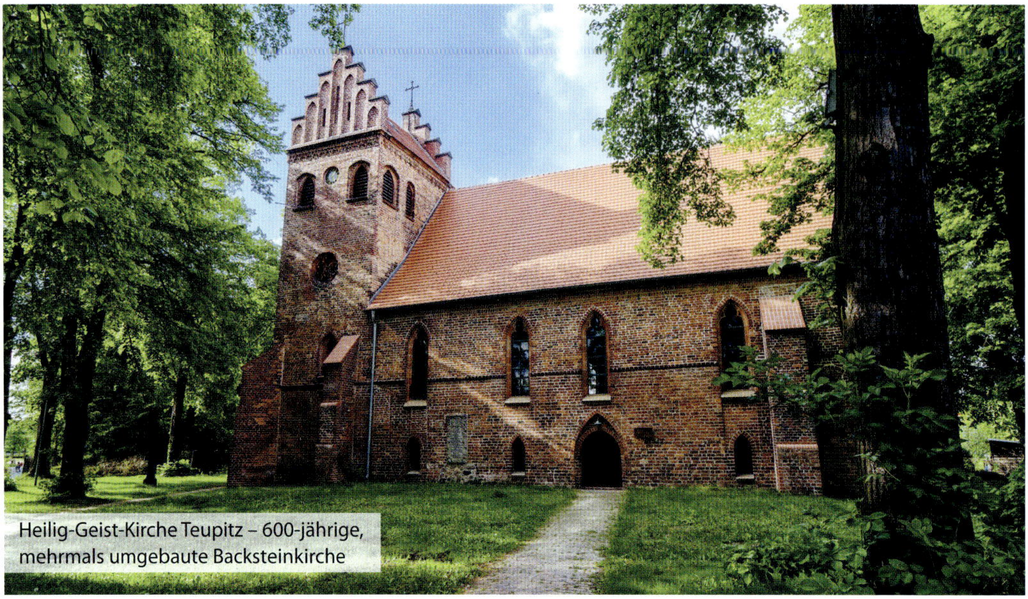

Heilig-Geist-Kirche Teupitz – 600-jährige, mehrmals umgebaute Backsteinkirche

45 km

Gleich hinter der Brücke paddle ich auf dem ***Klein Köriser See*** entlang des linken Ufers gen Süden und komme nach **Klein Köris** *(Jugendherberge mit Zeltplatz)*, das mit seinem *Freilichtmuseum „Germanische Siedlung"* eine Besonderheit aufweist.

Durch Zufall entdeckte man im Jahre 1976 bei Erdarbeiten Spuren eines untergegangenen Dorfes, das auf das 2.-5. Jahrhundert datiert wird. Heute kann das Museumsdorf von April bis Oktober an jedem ersten Sonntag im Monat besucht werden. Während der Öffnungszeit finden überdies Führungen statt.

Der See hat sich inzwischen zum ***Moddergraben*** verjüngt, der mich auf den ***Moddersee*** entlässt. Ich folge den in kurzem Abstand gesteckten roten und grünen Bojen in einer Rechtskurve unter der flachen Klappbrücke hindurch in den ***Schulzensee*** und passiere bei **Groß Köris** erst die Eisenbahn-, dann die Straßen- und schließlich die Autobahnbrücke, um in den ***Zemminsee*** zu gelangen. Die Ufer sind hier überwiegend in Privatbesitz und über den ***Schweriner See*** gelange ich durch eine enge Durchfahrt in den ***Teupitzer See,*** mit seinen drei kleinen Inseln, dessen Ufer von Wald geprägt ist. Im Südosten des Sees finde ich 350 m südlich vom Hafen **Teupitz** einen öffentlichen Anlegesteg, wo ich die Tour gut beenden kann. Wer hier übernachten möchte, für den bietet sich der *Relax Camping* in der Südspitze des Sees prima als Tourenende an.

Im 14. Jahrhundert hatte die Ritterfamilie der Schenken von Landsberg auf der Wasserburg ihren Sitz, daher trägt die Gegend südlich von Märkisch Buchholz noch heute den Namen Schenkenländchen. In dem ehemaligen Ackerbürgerstädtchen lohnt ein Blick auf die Reste der Wasserburg, sowie der Besuch der auf einer Halbinsel im See gelegenen Heilig-Geist-Kirche, einem gotischen Backsteinbau aus dem 13. Jahrhundert. Von ihr, die im Laufe der Zeit immer wieder überbaut wurde, sind Teile einer Feldsteinkapelle aus dem 14. Jahrhundert erhalten. Im Juli und August finden hier allwöchentlich Konzerte statt. Auf dem ungewöhnlichen, dreieckigen Marktplatz stehen, von alten Lindenbäumen gesäumt, Häuser aus dem 18. Jahrhundert. Direkt dahinter befindet sich die Dampferanlegestelle, von wo die Schiffe nach Prieros oder zu anderen Orten in der Umgebung ablegen.

Der Unterspreewald

Durch das wildromantische Herz des Biosphärenreservats

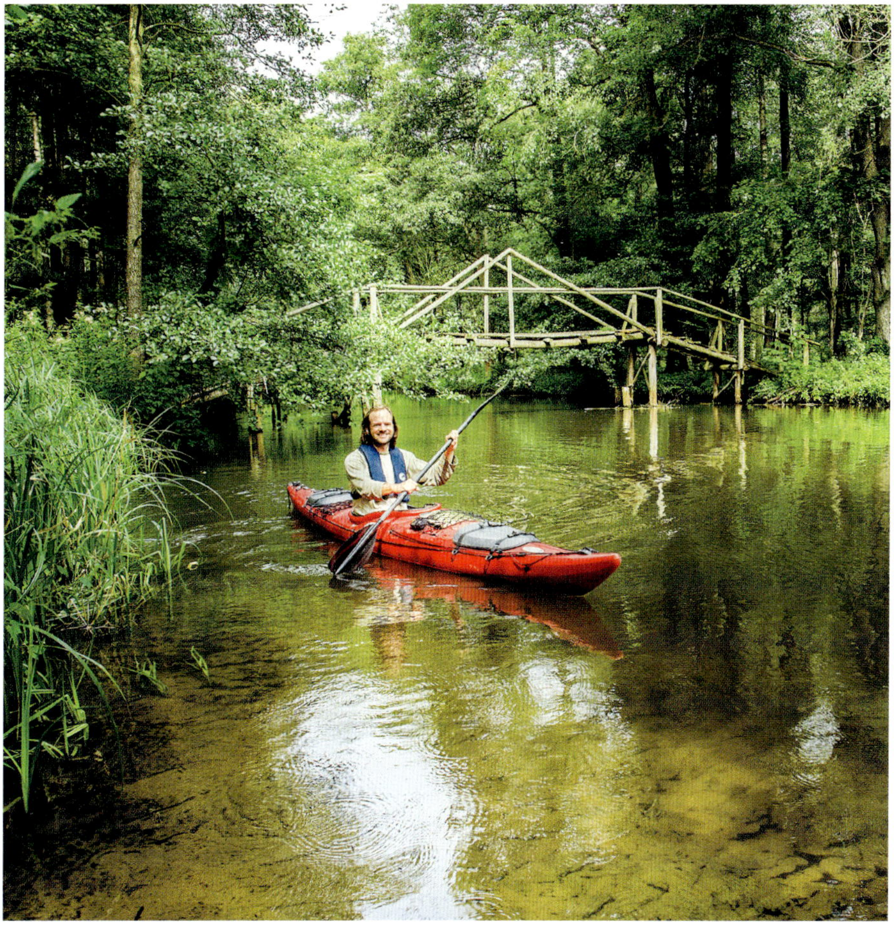

Tour 21

Infos Tour 21 – Der Unterspreewald

Aktivitäten	Natur	Kultur	Baden	Hindernisse
★★★☆	★★★☆	★★☆☆	★☆☆☆	★☆☆☆

28 km

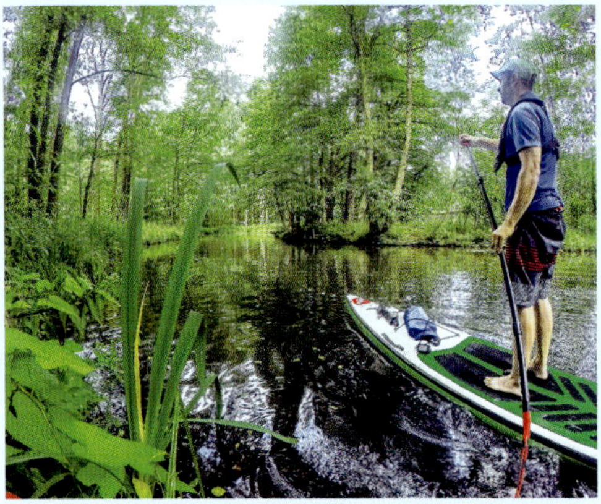

Charakter der Tour
Der Unterspreewald ist flächenmäßig kleiner und weniger erschlossen als der Oberspreewald. Der grüne Dschungel gibt sich hier nicht ganz so dicht. Das Labyrinth der Fließe ist weniger fein verzweigt und zwischen den einzelnen Gasthäusern liegen etwas größere Entfernungen. Dafür begeistert die ursprüngliche Natur und auch wenn es in Schlepzig einen Kahnhafen gibt, ist man vom Massentourismus wie in Lehde weit entfernt. Das letzte Drittel der Tour verläuft auf der Hauptspree entgegen der Fließrichtung, was je nach Wasserstand mehr oder weniger leicht fällt.

Befahrungsregelung Einige Fließe dürfen nur zu bestimmten Zeiten befahren werden, für andere gilt ein ganzjähriges Befahrungsverbot. Die Regelungen sind auf Hinweisschildern vor Ort deutlich sichtbar.

Länge & Dauer der Tour 28 km, 2 Tage

7 Schleusen Spittelarche, Lehnigksberg, Hartmannsdorf, Oberer Puhlstrom, Unterer Puhlstrom, Neu Lübbenau, Zerniasfließ.

Schleusengroschen Im Sommer bessern häufig Kinder an beliebten Abschnitten ihr Taschengeld als Schleusenwärter auf. Unterstützen Sie diesen Brauch und führen Sie ausreichend Kleingeld griffbereit im Kanu mit, um sie nach getaner Arbeit und Aufsagen eines Schleusenspruchs zu entlohnen!

Anreise A 13 bis Ausfahrt 7 (Freiwalde), dann weiter auf B 115 bis Lübben. Oder von Süden Ausfahrt 8 (Duben) und auf der B 87 nach Lübben.

Einsetzstelle An der SpreeLagune bzw. beim Spreewald-Camping **Lübben** (Am Burglehn 10).

Aussetzstelle Kahnhafen **Schlepzig** (Dorfstr. 53 b).

Zurück zum Pkw Gute Busverbindung zwischen Schlepzig und Lübben, www.vbb-fahrinfo.de

Oder mit dem Rad auf einem Abschnitt des Gurkenradwegs zwischen Spree, Seen und Teichen.

Etappenvorschlag

1. Tag Lübben – Petkampsberg (10 km)

2. Tag Petkampsberg – Schlepzig (18 km)

Tipps für Tagesrundtouren

1. Lübben – Lübbenau – Lehde – Lübben (ca. 26 km).
2. Schlepzig – Leibsch – Köthener See – Schlepzig (ca. 25 km).

Karten & Literatur-Tipps

KANU KOMPAKT *„Spreewald"* Kanutouren- & Reiseführer mit topografischen Wasserwanderkarten, *Michael Hennemann*, Thomas Kettler Verlag.

Trescher-Reiseführer: *„Lausitz: Unterwegs zwischen Spreewald & Zittauer Gebirge"* und *„Spreewald: Natur und Kultur zwischen Cottbus und Lübben"*.

„Lieblingsplätze Spreewald", GMEINER-Verlag.

Erlebnisset: *Rad-, Wander- & Gewässerkarte* 1:35.000 *mit Reiseführer Spreewald*, Verlag Grünes Herz.

Große Wander- & Radwanderkarte *„Spreewald mit Märkischer Heidelandschaft", inkl. Gurkenradweg*, 1:35.000, Verlag Dr. Barthel.

Spreewald-Krimis *„Vermisst", „Verfehlt", Christiane Dieckerhoff*, Aufbau Taschenbuch.

Übernachtung in Wassernähe

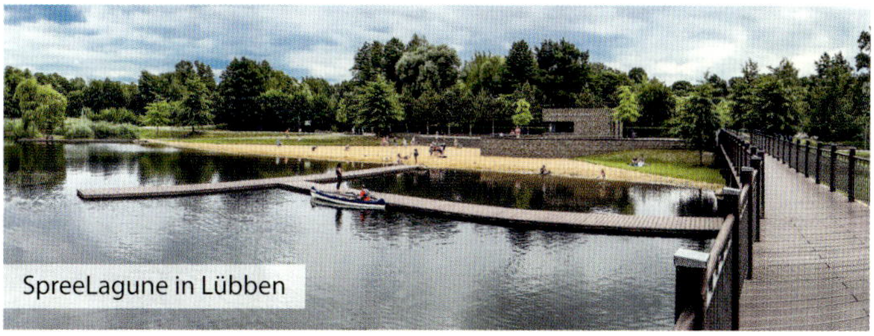
SpreeLagune in Lübben

15907 Lübben
Spreewald-Camping Lübben
Am Burglehn
Tel. (03546) 70 53
www.spreewald-camping-luebben.de

Jugendherberge Lübben
Zum Wendenfürsten 8
Tel. (03546) 30 46
www.jh-luebben.de

Hotel Spreeblick
Gubener Str. 53
Tel. (03546) 23 20
www.hotel-spreeblick.de

Spreewaldhotel Stephanshof
Lehnigksberger Weg 1
Tel. (03546) 272 10
www.hotel-stephanshof.de

Gasthaus Lehnigksberg
Lehnigksberg 1
Tel. (03546) 22 93 03
www.lehnigksberg.de

15910 Krausnick-Groß Wasserburg
Biwakplatz Groß Wasserburg
Dorfstraße / L 71
Tel. 0172-990 91 91
www.campenimspreewald.de

Köthen (15748 Märkisch Buchholz)
Jugendherberge Köthener See
mit Zeltplatz
Dorfstr. 20, Tel. (033765) 805 55
www.jh-koethener-see.de

Leibsch (15910 Unterspreewald)
Pension am Spreeufer
Leibscher Hauptstraße 8
Tel. (035473) 315, 0160-956 451 50
www.pensionamspreeufer.de

Neu Lübbenau (15910 Unterspreewald)
WWR & Ferienhaus Ploch
(Biwak, Zimmer, FeWo)
Lübbener Str. 11
Tel. (035473) 774
www.spreewald-ferienhausploch.de

15910 Schlepzig
Gasthaus Petkampsberg
(Biwak + Zimmer)
Petkampsberg 1, Tel. (035472) 247
www.gasthaus-im-spreewald.de

Spreewaldresort Seinerzeit
Dorfstr. 53/56, Tel. (035472) 66 20
www.seinerzeit.de

Hotel Müggenburg
Grüne Wiese 11, Tel. (035472) 66 00
www.hotel-mueggenburg-spreewald.de

Gasthof zum Unterspreewald
Dorfstr. 41, Tel. (035472) 279
www.spreewaldkuenzel.de

Pension Spreewald-Landhaus
Dorfstraße 19a
Tel. 0174-213 14 50
www.spreewald-landhaus.de

28 km

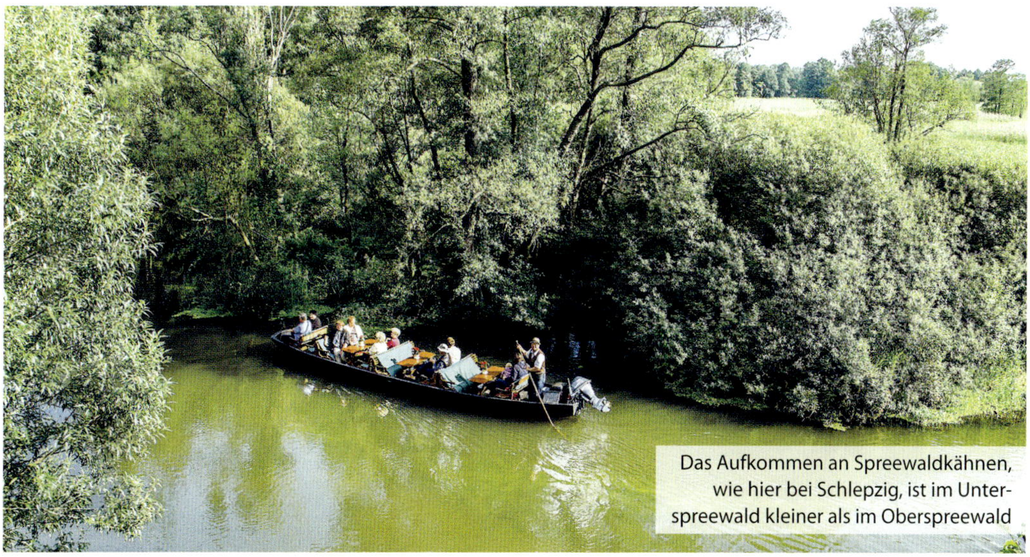
Das Aufkommen an Spreewaldkähnen, wie hier bei Schlepzig, ist im Unterspreewald kleiner als im Oberspreewald

Kanuvermieter

15907 Lübben

Spreewald-Camping Lübben
Am Burglehn, Tel. (03546) 70 53
www.spreewald-camping-luebben.de

Boots- & Radverleih Gebauer
Lindenstr. 18, Tel. (03546) 71 94
www.spreewald-bootsverleih.de

Bootsverleih Keutel
Friedrich-Ludwig-Jahn-Str. 37
Tel. (03546) 82 02
www.paddelbootverleih-keutel.de

28 km

Hotel Stephanshof
Lehnigksberger Weg 1
Tel. (03546) 272 10
www.hotel-stephanshof.de

Spreekajak
(mobiler Vermieter, auch SUP ab 2022)
Lehnigksberger Weg 103
Tel. 01522-716 93 50
www.spreekajak.de

15910 Schlepzig

Rad- & Bootsverleih Schiela
Dorfstr. 45, Tel. (035472) 447
www.bootsverleih-schlepzig.de

Beim Kahnfährmann
Dorfstr. 71, Tel. (035472) 483
www.spreewald-schlepzig.de

Bootsverleih Gromsch
Dorfstr. 62, Tel. 0173-577 14 94
www.paddeln-spreewald.de

Bootsverleih A. Krüger
Dorfstr. 67, Tel. 0175-805 05 92
und 0152-56 88 43 74
www.spreewaldkrueger.de

Kahnhafen am Weidendom
Dorfstr. 53, Tel. (03546) 22 58 20
und 0172-267 92 88
www.kahnfahrtenimspreewald.de

15748 Märkisch Buchholz

Kanusport Dahmeland
(liefern Boote auch an)
Eisenbahnstr. 12
Tel. 0172-319 62 53
www.kanusport-dahmeland.de

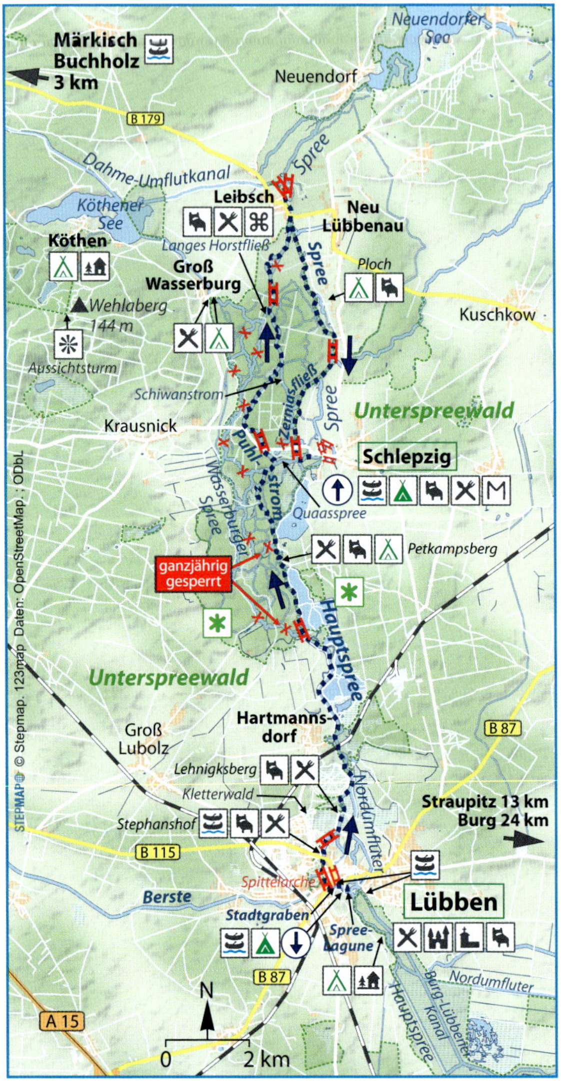

Vermietung & Geführte Touren

15748 Teupitz-Egsdorf

outdoorVAGABUNDEN
(Kanuschule, zertifizierter BV Kanu-Lehrer)
Chausseestr. 8
Tel. 0152-08 53 16 52 oder (033766) 21 42 86
www.outdoorvagabunden.de

15848 Beeskow

Albatros Outdoor, Natur- und AktivReisen
Bertholdplatz 6
Tel. 0151-41 82 33 81 oder (033675) 72 89 61
www.albatros-outdoor.de

Weitere Aktivitäten

Paddeln

Von Schlepzig über ***Leibsch*** auf den ***Dahme-Umflutkanal***, weiter auf der ***Dahme-Wasserstraße*** über Märkisch Buchholz und Königs Wusterhausen in die ***Berliner Gewässer*** (bei Prieros ***Abstecher auf Teupitzer und Storkower Gewässer*** möglich).

Von Schlepzig über die Schleusengruppe Leibsch ***zum Schwielochsee*** und weiter ***über Spree und Müggelspree nach Berlin***.

Von Lübben ***in den Oberspreewald***.

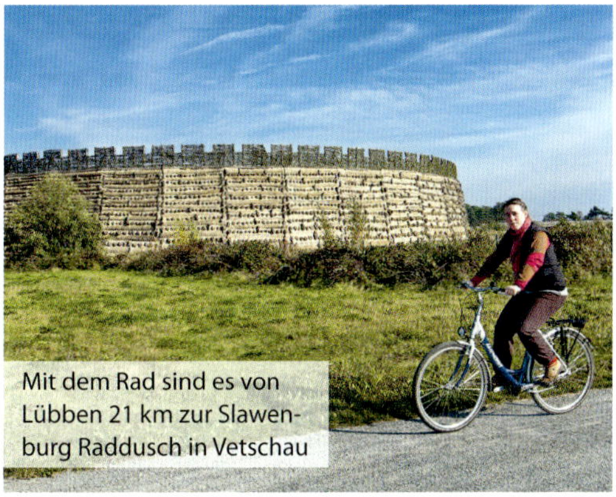

Mit dem Rad sind es von Lübben 21 km zur Slawenburg Raddusch in Vetschau

Radfahren

Auf dem ***Gurkenradweg*** (Rundtour, ca. 250 km) quer durch den Spreewald.

Kranich-Tour (ca. 200 km) vorbei an bedeutenden Kranichsammel- und -rastplätzen auf dem ***Niederlausitzer Landrücken*** südlich des Spreewaldes.

Von Lübben ***ins Naturschutzgebiet Barzlin*** (20 km).

Fahrradrundtour Lübben – Schlepzig – Lübben (30 km).

Große Rundtour Lübben – Lehde – Burg – Straupitz – Lübben (60 km).

Von Lübben an den ***Schwielochsee*** und über Schlepzig zurück nach Lübben (70 km).

Fahrradvermieter

Lübben: *Zweiradcenter Lehmann,* Bahnhofstr. 22, Tel. (03546) 73 74, www.lehmann-bike.de

Spreewaldhotel Stephanshof, Lehnigksberger Weg 1, Tel. (03546) 272 10, www.hotel-stephanshof.de

Boots- & Zweiradverleih Gebauer, Lindenstr. 18, Tel. (03546) 71 94, www.spreewald-bootsverleih.de

Schlepzig: *Rad- & Bootsverleih Schiela*, Dorfstr. 45, Tel. (035472) 447, www.bootsverleih-schlepzig.de

Am Spreewaldfliess, Dorfstr. 70, Tel. (035472) 65 42 43, www.am-spreewaldfliess.de

Wandern

Auf dem ***Europawanderweg E10*** durch den Spreewald.

Naturerlebnispfad mit Wissensquiz auf der ***Schlossinsel in Lübben*** (5 km).

Wanderung von Lübben ***ins NSG Barzlin*** (20 km).

Naturlehrpfad Buchenhain südlich von Schlepzig.

Von Groß Wasserburg durch die ***Krausnicker Berge*** und zum ***Aussichtsturm auf dem Wehlaberg*** (144 m).

Tagesetappe auf dem ***Paul-Gerhardt-Weg*** (140 km von Berlin nach Lübben).

Naturkundliche Führungen ***Wanderungen, Rad- & Kanutouren*** mit Rangern des Biosphärenreservats Spreewald, Naturwacht Schlepzig in der Alten Mühle Schlepzig, Tel. (035472) 52 30, www.spreewald-biosphaerenreservat.de

Baden, Sauna & Wellness

Naturbadestelle SpreeLagune in **Lübben**.

Erlebnis Resort Tropical Islands, tropische Bade- & Urlaubswelt bei **Krausnick**, www.tropical-islands.de

SaarowTherme, Thermalsolebad und Sauna in **Bad Saarow**, *tgl. 9-21*, www.bad-saarow.de

Klettern ***Kletterwald Lübben,*** Tel. 0153-005 17 27, Hartmannsdorfer Str. 27c, www.kletterwald-luebben.de

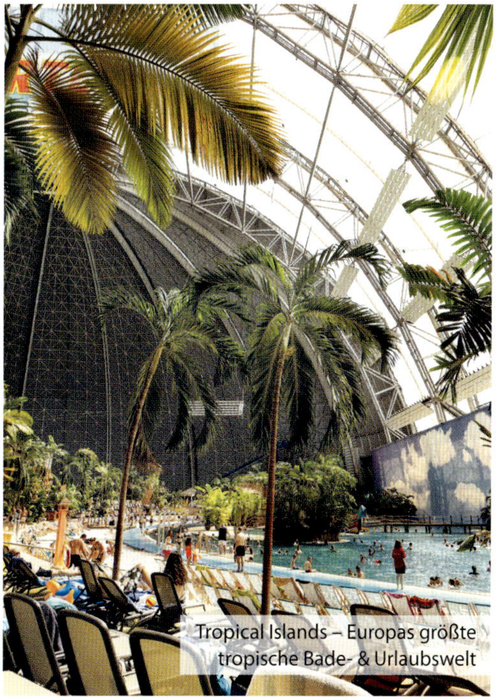

Tropical Islands – Europas größte tropische Bade- & Urlaubswelt

28 km

Sehenswürdigkeiten

Lübben Schlossinsel mit Kahnfährhafen, Stadt- und Regionalmuseum (Ernst-von-Houwald-Damm 14, Tel. (03546) 18 74 78, www.museum-luebben.de) im Schloss mit Renaissancegiebel von 1682, Paul-Gerhardt-Kirche (dreischiffiges, spätgotisches Backstein-Hallenlanghaus, erbaut 1494-1550), Reste der mittelalterlichen Stadtmauer mit Trutzer und Speckturm, Burglehn (archäologischer Rundwall der slawischen Königsburg aus dem 11./12. Jahrhundert).

28 km

Lübbener Feste Spreewaldfest in Lübben (immer am 3. Septemberwochenende), Lübbener Kahnnächte (Juni - September), www.luebben.de

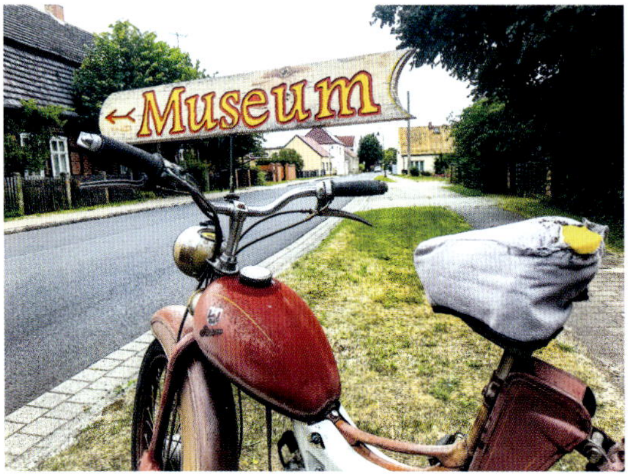

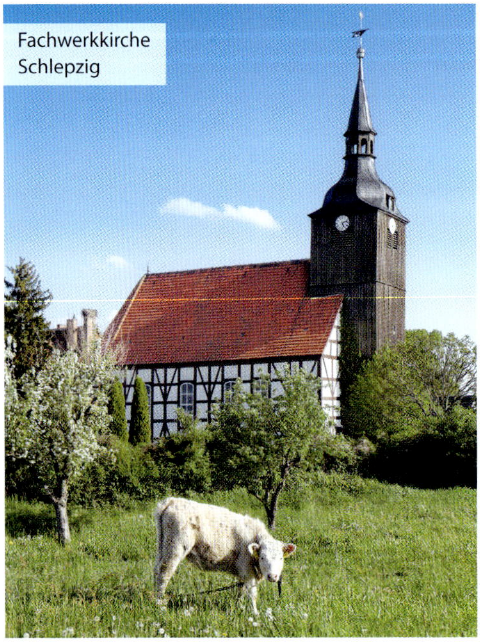

Fachwerkkirche Schlepzig

Schlepzig Alte Mühle Schlepzig mit der Ausstellung „Unter Wasser unterwegs" und dem Infozentrum des Biosphärenreservats Spreewald (Dorfstr. 52, Tel. (035472) 65 63 21, www.spreewald-biosphaerenreservat.de), dreistöckige historische Getreidemühle von 1740, Fachwerkkirche (1782), Bauernmuseum Schlepzig (Dorfstr. 26, Tel. (035472) 225, www.bauernmuseum-schlepzig.de), Weidendom "Arena Salix", www.schlepzig.de

Schlepzig Kulinarisch

Spreewodd-Distillers, Roggen-Whiskey-Destillerie & Hof-Café, Tel. (035472) 65 91 42, *Nov-Mär Do-So, Apr-Okt Mo-So 10-17 (Feiert. geöffnet)*, www.spreewood-distillers.com

Spreewälder Privatbrauerei 1788, Brauereiführung & Verkostung auf Anfrage, www.seinerzeit.de/brauerei

Restaurant „Feine Küche" oder gediegene Gemütlichkeit im ***„Brauhaus" mit Biergarten***, danach in die ***„Absack-Bar"*** alles im Spreewaldresort „Seinerzeit", www.seinerzeit.de

Auskunft & Tourist-Infos

Spreewald-Service Lübben Ernst-von-Houwald-Damm 15, Tel. (03546) 30 90, www.luebben.de

Tourist-Info Unterspreewald Dorfstr. 26, Schlepzig, Tel. (035472) 640 25, www.schlepzig.de

Tourismusverband Spreewald in Vetschau Tel. (035433) 722 99, www.spreewald.de

Tourist-Info Märkische Heide OT Groß Leuthen, Schlossstraße 13 a, Tel. (035471) 851 13, www.maerkische-heide.de

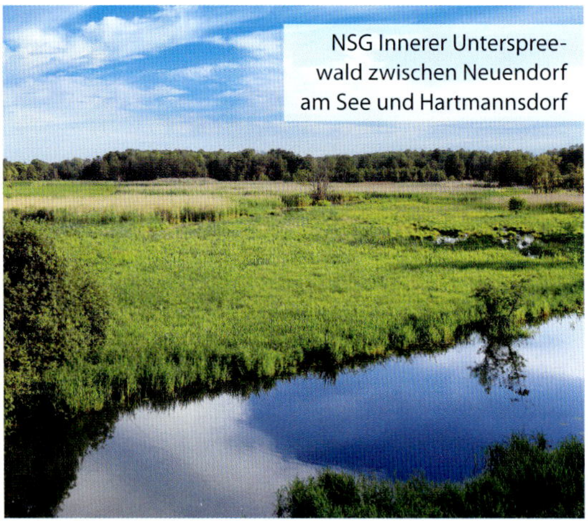

NSG Innerer Unterspreewald zwischen Neuendorf am See und Hartmannsdorf

Der Unterspreewald

Der *Spreewald-Campingplatz* in **Lübben** ist gut auf Paddler eingestellt. Ich kann den Campingbus auf einer Wiese unmittelbar neben dem Wasser abstellen und bekomme einen Schlüssel für das Tor im Zaun zur Einsetzstelle. Am Abend ist es nur ein kurzer Spaziergang über zwei Bänke, so werden die Holzbrücken im Spreewald genannt, ins Lübbener Stadtzentrum. *Die Kreisstadt des Landkreises Dahme-Spreewald erhielt bereits um 1210 die Stadtrechte, da aber weite Teile der Altstadt im Zweiten Weltkrieg zerstört wurden, sind nur noch wenige historische Sehenswürdigkeiten erhalten. Einen Eindruck von der mittelalterlichen Stadt vermitteln die Reste der Stadtmauer aus dem 14. Jahrhundert an der Hauptspree mit Trutzer und Hexenturm, zu den weiteren Sehenswürdigkeiten zählen die spätgotische Paul-Gerhardt-Kirche und das Schloss mit seinem schönen Renaissancegiebel, heute Sitz des Stadt- und Regionalmuseums.*

Am nächsten Morgen setzte ich das Kajak hinter dem Tor in den schmalen Graben direkt neben dem *Kahnhafen* und paddle für wenige Meter nach links. Ein Wegweiser lotst mich rechts um die ***Liebesinsel*** herum in den ***Stadtgraben.*** Nach gut einem halben Kilometer ist die ***Schleuse Spittelarche*** erreicht. Stieleichen, Rotbuchen, Ahorn, Erlen und Eschen säumen die Ufer und hinter der Schleusenkammer wartet das Fließ ***Berste*** auf mich.

Ich biege nach rechts auf diesen Spreenebenfluss ab und folge ihm auf seinen letzten Metern bis zur Mündung in die ***Hauptspree***.

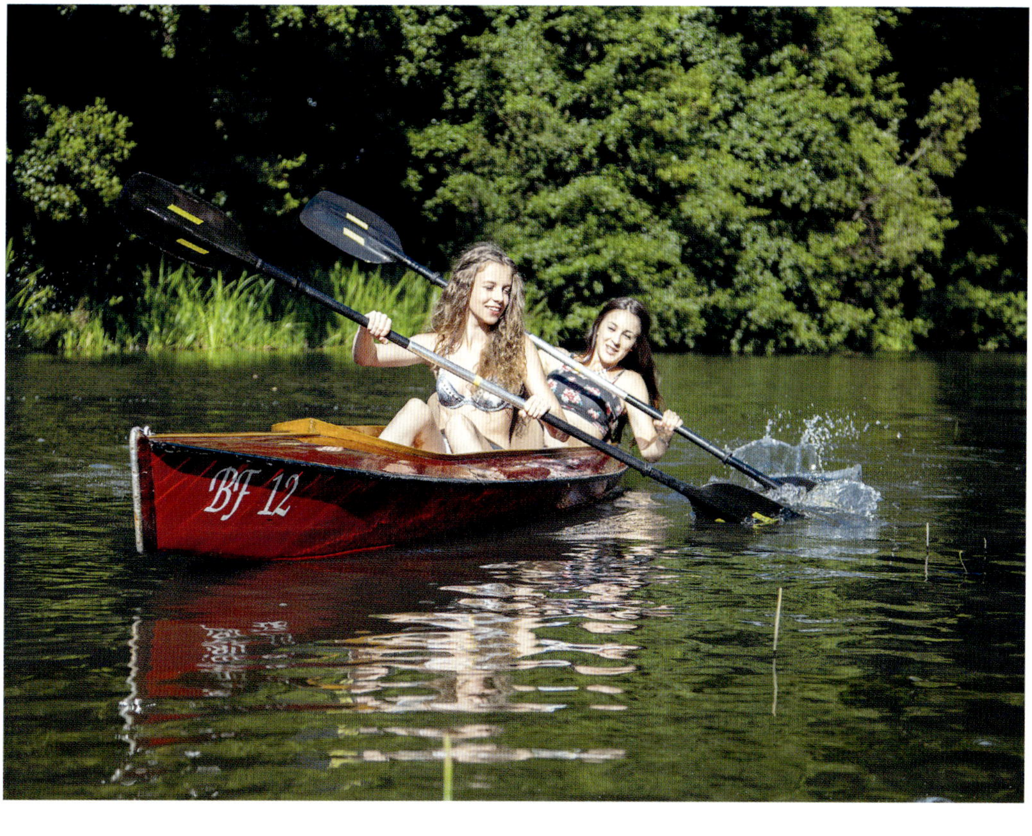

Hinter der Brücke der Bundesstraße 115 liegt am linken Ufer das *„Spreewaldhotel Stephanshof"*, das auch *Kanus* und *Fahrräder* vermietet. Die Kähne der Anwohner dümpeln im Wasser und am linken Ufer ziehen erst Häuser, dann eine Kleingartenanlage vorüber. Ein kleiner Imbiss samt Getränkeautomat für Wassersportler kündigt die ***Schleuse Lehnigksberg*** an und zusammen mit einem Kahn bleibt nur wenig Platz zwischen den engen Wänden. Ich lasse den obligatorischen Schleusengroschen in das bereitstehende Körbchen fallen und verabschiede mich von Lübben.

Ein paar Paddelschläge später übergibt die ***Berste*** ihr Wasser an die ***Spree*** und eine leichte Strömung schiebt mich gen Norden. Die Stadt bleibt zurück und schnell wird es ruhig und idyllisch auf dem Wasser. Schon glitzert voraus das leuchtendblaue Gefieder eines Eisvogels.

Die nächste Brücke über die Spree wurde ursprünglich für die Spreewaldbahn errichtet, die bis 1970 zwischen Lübben und Cottbus verkehrte. Heute dient die einstige Bahntrasse als Rad- und Wanderweg und direkt neben der Brücke lädt das *„Gasthaus Lehnigksberg"* zu einer Rast in der gemütlichen Gaststube oder zur Übernachtung ein.

Gut 500 Meter weiter verbreitert der aus südöstlicher Richtung dazustoßende ***Nordumfluter*** die Spree beträchtlich. Die Strömung ist erstaunlich flott und um einiges stärker als im Oberspreewald.

Von rechts ertönt Stimmengewirr zahlreicher Radler, die von den Bäumen am Ufer versteckt werden. Auf beiden Seiten der Spree laden schöne flache Stellen zu einer Pause ein. Ein paar Graureiher beäugen uns von ihrem sicheren Sitzplatz auf einem überhängenden Ast. Knapp fünf einsame Kilometer hinter der Mündung des Nordumfluters in die Hauptspree ist das ***Hartmannsdorfer Wehr*** mit der ***Schleuse Hartmannsdorf*** erreicht. Zur Einfahrt in die Schleusenkammer hält man sich links.

Hinter dem Wehr wird die Spree wieder schmaler. Die zahlreichen Fischräuchertonnen am Ufer weisen auf die Angelleidenschaft der Gartenlauben-Bewohner hin. Kein Wunder – eine Aneinanderreihung von Fischteichen liegt zwischen Lübben und Schlepzig links und rechts der Spree. Seit geraumer Zeit paddeln wir entlang des *Naturschutzgebietes Biebersdorfer Wiesen*, einem ehemaligen Hutungswäldchen. Diese Feuchtbiotope bieten einer Vielzahl von Wasserinsekten und Vögeln einen idealen Lebensraum.

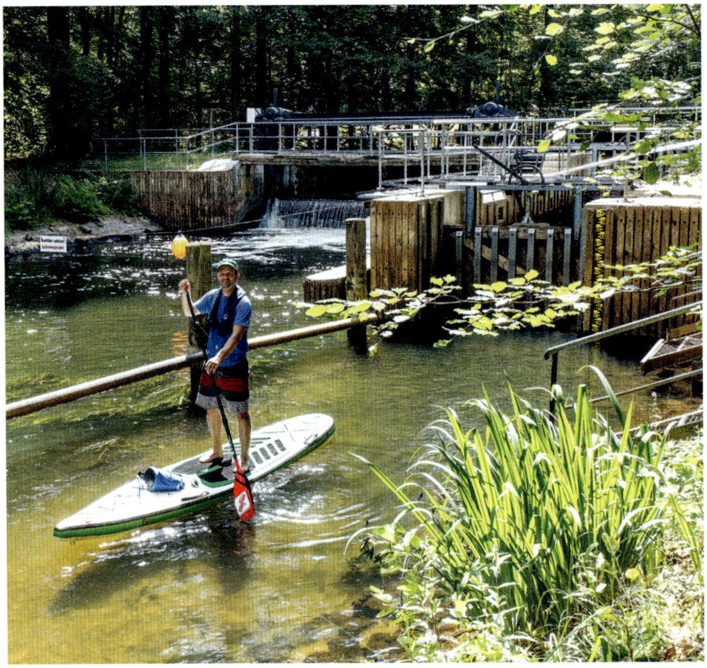

Kurz darauf lockt, ebenfalls auf der rechten Flussseite, das beliebte *„Gasthaus Petkampsberg"* mit seiner preiswerten Küche. Wer möchte, kann hier sogar sein Zelt für eine Nacht aufschlagen oder günstig im Zimmer übernachten. *Der Name Petkampsberg ist slawischen Ursprungs und archäologische Funde weisen auf einen frühgeschichtlichen Ringwall hin, der an dem furtähnlichem Spreeübergang errichtet wurde.*

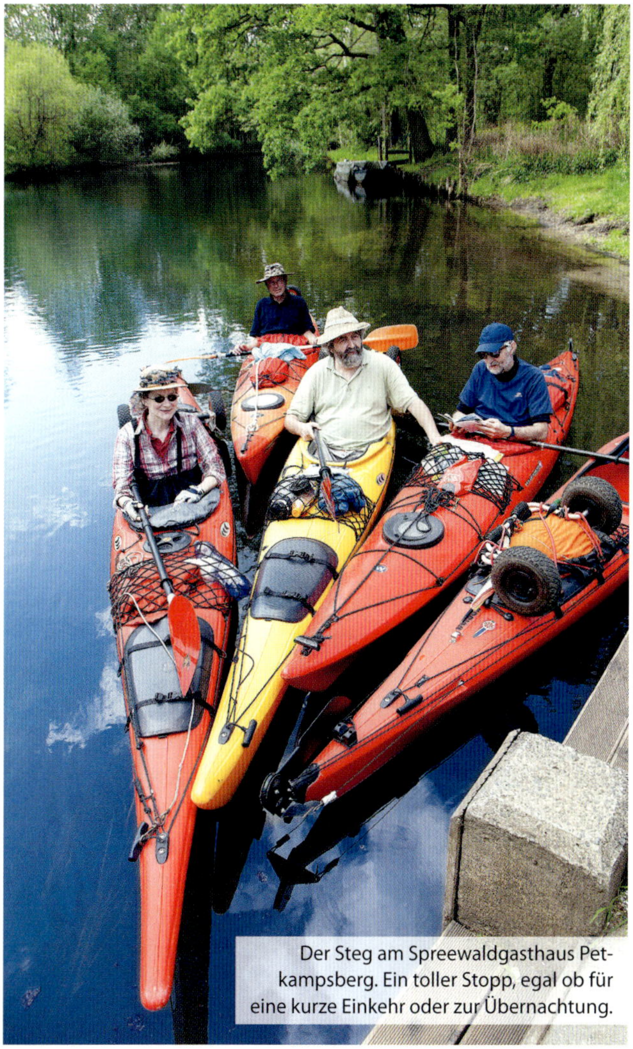

Der Steg am Spreewaldgasthaus Petkampsberg. Ein toller Stopp, egal ob für eine kurze Einkehr oder zur Übernachtung.

Langsam ersetzt Mischwald die Wiesen entlang der Ufer und kurz hinter dem Gasthaus zweigt nach links die ***Wasserburger Spree*** ab. Da sie durch die Kernzone des Biosphärenreservats führt, ist sie *ganzjährig gesperrt*.

Einen Kilometer weiter kehre ich der Spree den Rücken und werde auf dem ***Puhlstrom*** von einem Schwan im schönsten Waldgebiet des Unterspreewaldes empfangen. Es ist absolut ruhig. Nur das Plätschern des Paddels sowie das sanfte Rauschen der Blätter in den Baumkronen sind zu hören. An den folgenden Gabelungen halte ich mich jeweils rechts und bleibe auf dem ***Puhlstrom***. *Viele der abzweigenden, schmalen Fließe sind gesperrt.*

Nach etwa drei Kilometern auf dem ***Puhlstrom*** zweigt nach rechts die ***Quaasspree*** ab, die in knapp eineinhalb Kilometern nach Schlepzig führen würde. Der Unterspreewald ist aber viel zu faszinierend, um die Tour schon zu beenden und so folge ich weiter dem Puhlstrom. Die ***Schleuse Oberes Puhlstromwehr*** ist z.Zt. (2021) defekt und muss umgetragen werden. Der Wald bleibt romantisch und rechts liegt das *Naturschutzgebiet Buchenhain*, ein erlenbestandener Sumpf, in dem Kranich, Kuckuck und Bussard nisten. Auf einer Lichtung steht die *Schutzhütte „Mollenhauers Hütte"*. *Sie wurde 2004 anlässlich der 1.000-Jahr-Feier Schlepzigs an eben jener Stelle neu errichtet, an der bis in die 1920er Jahre die Muldenhauer ihrem Handwerk nachgingen und aus Erlen- und Pappelstämmen Backmulden zum Teigkneten, Futtertröge, Gefäße und Holzschuhe herstellten.*

An einem Jägerhochsitz zweigt der ***Schiwanstrom*** ab, der wieder die Möglichkeit böte, die Tour zu verkürzen und auf direktem Weg nach Schlepzig zu paddeln. Knapp 1,5 Kilometer weiter biegt nach links das ***Lange Horstfließ*** ab. Es ist die Verbindung über ***Pfahlspree*** und ***Wasserburger Spree*** nach **Groß Wasserburg** *(WWR mit WC / Dusche und Traditionsgaststät-*

te „Zum Unterspreewald") und zwei Kilometer weiter auf dem ***Randkanal*** zum ***Köthener See***, der eine der größten Fischreiherkolonien Europas beherbergt und als Geheimtipp unter Naturliebhabern gilt.

Ich bleibe dem Puhlstrom aber weiter treu und genieße die letzten Kilometer dieses einmaligen Mischwaldes aus Eichen, Erlen und Buchen. Die ***Schleuse Unterer Puhlstrom*** bildet die nördliche Grenze der Kernzone des Biosphärenreservats und dahinter endet der Wald schlagartig. Nun bilden weite Wiesen die Ufer und hoch am Himmel ziehen Greifvögel ihre Kreise. Kurz nach der Schleuse teilt sich der ***Puhlstrom*** in zwei Arme. Die *Befahrung des Durchstichs* mit einer Stufe *ist untersagt*, daher fahren wir links auf dem ***Altarm.***
Bald mündet der ***Puhlstrom*** in die ***Spree***, doch bevor ich gegen die Strömung nach Schlepzig paddle, steht noch ein Abstecher nach **Leibsch** an. Das 260-Einwohner-Dorf ist das nördliche Tor zum Spreewald. Kurz hinter der Straßenbrücke lege ich an der Terrasse des *Gasthauses Spreeblick* an, um mich bei Spreewälder Hausmannskost für den Rückweg zu stärken. Je nach Kondition lohnt ein Abstecher (↔ ca. 1 km) zur eindrucksvollen ***Doppelschleuse Leibsch***, wo auf dem Gelände neben der Ostschleuse die historischen Schleusentore als technisches Denkmal zu sehen sind. *Der Vorgänger der mächtigen Doppelwehranlage wurde 1909-1911 zur Regulierung des Wasserstands der Spree errichtet und der Dahme-Umflutkanal angelegt, der von großer Bedeutung für die Versorgung Berlins mit landwirtschaftlichen Produkten aus dem Spreewald war. Noch zu Beginn der 1930er Jahre wurde hier Gemüse für den Verkauf auf Berliner Märkten auf die Spreewaldkähne geladen.*

Von **Leibsch** geht es auf der ***Spree*** entgegen der Fließrichtung nach Süden. Die Spree ist etwa 10-15 Meter breit und hat sich verhältnismäßig tief in die umliegenden Wiesen eingeschnitten. Am linken Ufer weist ein halbierter, senkrecht aufgestellter Kahn auf den *Wasserwanderrastplatz* am *„Ferienhaus Ploch"* hin, danach geht es etwa einen Kilometer durch weites Weideland über das sich nur vereinzelt Bäume erheben.

Gut 500 Meter hinter der ***Schleuse Neu Lübbenau*** verlasse ich die ***Hauptspree*** und biege nach rechts auf das ***Zerniasfließ*** ab, das noch einmal mit einem dichten Erlenwald begeistert. An der ***Zerniasschleuse*** sind ein letztes Mal die Hebel an den Schleusentoren zu betätigen. Reicht der Wasserstand aus, so ist auch die etwa 90 cm breite Bootsgasse zwischen Wehr und Schleuse geöffnet.

Ein kurzer Abstecher zu Fuß führt zum an der ***Quaasspree*** gelegenen *Vogelbeobachtungsturm Wussegk* am *Naturlehrpfad Buchenhain*, von wo sich ein schöner Ausblick auf die umliegende Landschaft bietet und man die vorbeistakenden Kähne beobachten kann.

Zurück auf dem Wasser steuere ich das Kanu nach links auf die ***Quaasspree*** und beende die Tour wenige Paddelschläge später am *Kahnhafen & Wasserwanderrastplatz* von **Schlepzig**. *Schlepzig blickt auf eine über 1.000-jährige Geschichte zurück und ist damit die älteste Gemeinde im Lübbener Raum. In den vergangenen Jahrhunderten brachten mehrere Mühlen dem kleinen Ort am nördlichen Spreewaldrand einen beschaulichen Wohlstand und heute lockt der Ort, der zu den schönsten im Unterspreewald zählt, mit zahlreichen Gasthäusern, einem Bauernmuseum sowie dem Infozentrum des Biosphärenreservats. Besonders sehenswert ist das Bauernmuseum in der Dorfstraße. Das historische Bauerngehöft wurde 1960 unter Denkmalschutz gestellt, dient seit 1985 als Heimatmuseum und dokumentiert anschaulich, wie die Menschen im Spreewald früher gelebt und gearbeitet haben. Auch wer sich für Technik begeistert, kommt auf seine Kosten: Gezeigt werden uralte Holzpflüge ebenso wie Mähdrescher und eine umfangreiche Traktorensammlung.*

Der Oberspreewald

Alles im grünen Bereich

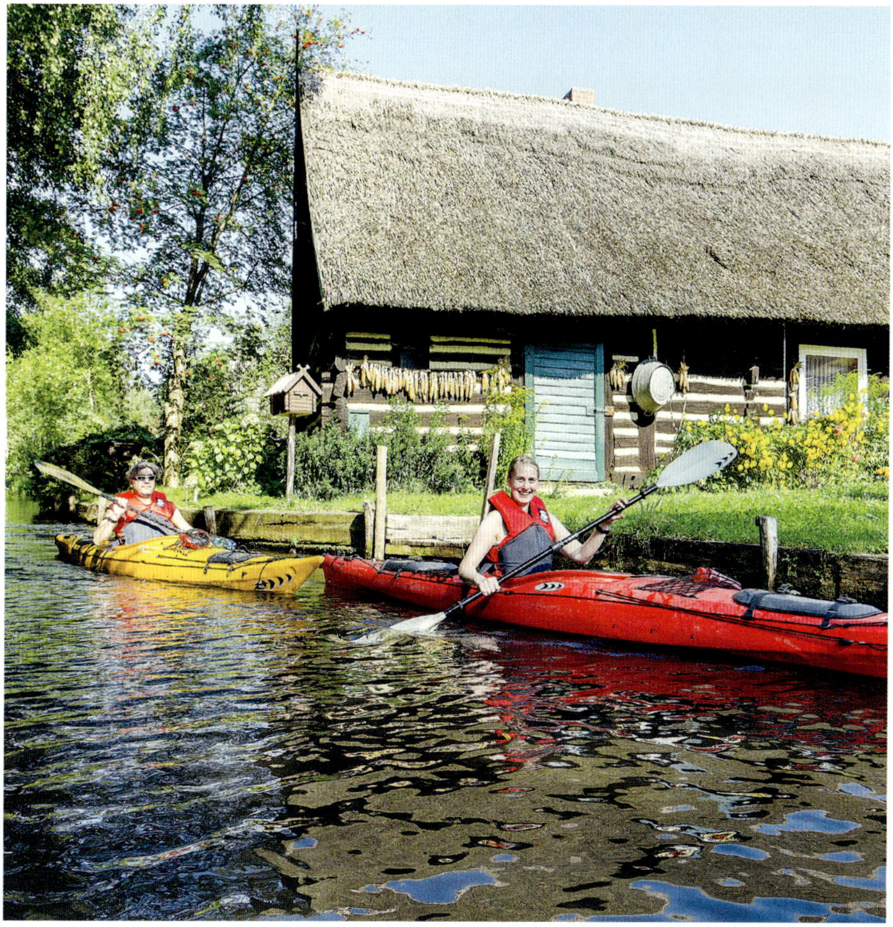

Tour 22

Infos Tour 22 – Der Oberspreewald

Aktivitäten	Natur	Kultur	Baden	Hindernisse
★★★	★★★	★★★	★★	★★

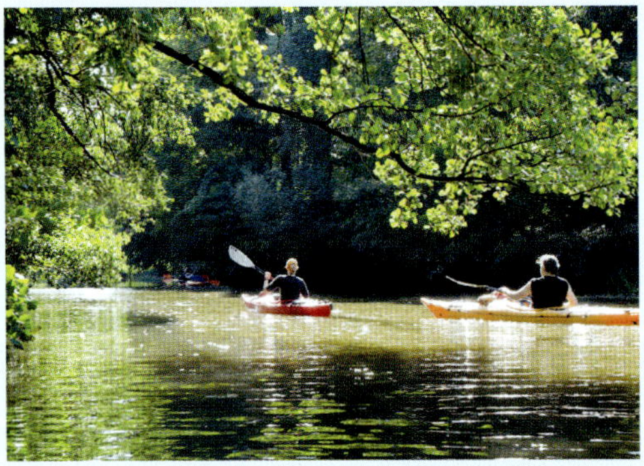

36 km

Charakter der Tour
Das dichte Netz der Fließe und Kanäle zwischen Burg und Lübbenau ist nicht nur ein einzigartiges Paddelrevier, sondern auch ein beliebtes Reiseziel denn der Oberspreewald ist touristisch sehr gut erschlossen. Die bierseligen Rundfahrten mit den Spreewaldkähnen starten vom großen Kahnhafen in Lübbenau und nehmen dann, begleitet von Gesang und den folkloristischen Anekdoten des Fährmanns, Kurs auf Lehde. Wer im Sommer unterwegs ist, tut gut daran früh aufzustehen, um die Natur in Ruhe zu genießen, bevor der Rummel beginnt und sich die Kähne in den engen Ortslagen stauen. Noch schöner wird die Kanutour durch den Oberspreewald am Frühlingsanfang (dann hält sich auch die Mückenplage in Grenzen) oder gegen Ende Herbst, wenn es auf den Fließen noch bzw. wieder ruhiger zugeht.

Befahrungsregelung Einige Fließe dürfen nur in eine Richtung befahren werden, einige nur zu bestimmten Zeiten und für andere z.B. im Biosphärenreservat gilt ein ganzjähriges Befahrungsverbot. Die jeweilige Regelung ist meist auf Hinweisschildern vor Ort deutlich angezeigt. Auch die Befahrungsverbote sind vor Ort ausgeschildert.

Schleusensperrung: Wegen Sanierungsmaßnahmen müssen einzelne Schleusen immer mal für längere Zeiträume gesperrt werden. Ein Umtragen ist meist, aber nicht immer, möglich. Aktuelle Informationen zu Sperrungen und Einschränkungen finden Sie hier: www.lbv.brandenburg.de/sp_sperr.htm

Länge & Dauer der Tour 36 km, 2 Tage

3 Umtragestellen Behelfsstau bei km 9 an der Neuen Spree, Rollenbahn an der Schleuse Schneidemühle und an der Kossoaschleuse.

9 Schleusen alle Selbstbedienung
Scheidungschleuse, Jankschleuse, Leiper Schleuse, Wotschofskaschleuse, Huschepuschschleuse 51, Schleuse Dubkow-Mühle, Schleuse Gabler, Gewitterschleuse, Bastianschleuse.

Schleusengroschen Im Sommer bessern häufig Kinder an beliebten Abschnitten ihr Taschengeld als Schleusenwärter auf. Unterstützen Sie diesen Brauch und führen Sie ausreichend Kleingeld griffbereit im Kanu mit, um sie nach getaner Arbeit und Aufsagen eines Schleusenspruchs zu entlohnen!

Anreise Spreewaldautobahn A 15 *(verbindet Dreieck Spreewald der A 13 mit Forst (Lausitz) an der polnischen Grenze)* bis Ausfahrt 3 (Vetschau), durch Vetschau und auf der Landstraße weiter nach Burg.

Einsetzstelle Am Spreehafen am nördlichen Ortsende von **Burg** (Am Hafen 1). Großer kostenpflichtiger Parkplatz (3 €/Tag) an der Aussetzstelle.

Aussetzstelle Straßenbrücke am Südumfluter in **Burg** (Hauptstraße 1).

Zurück zum Pkw Kurzer Fußweg von ca. 15 Minuten auf der Hauptstraße durch Burg.

Etappenvorschlag
1. Tag Burg – Lübbenau (19 km)
2. Tag Lübbenau – Burg (17 km)

Tipps für Tagestouren

1. Auf der Spree von Cottbus nach Burg *(einige Sohlschwellen)*, zurück mit dem Bus / 2. Pkw (ca. 25 km).
2. Kleine Kauper-Rundfahrt von Burg-Kauper (Hafen Waldschlösschen) über Burg-Lübbener Kanal, Kälber-Graben und Kleine Spree oder Stilles Fließ (ca. 5 km).
3. Gr. Kauper-Rundtour: Burg-Kauper (Hafen Waldschlösschen) über Burg-Lübbener Kanal, Leiper Graben, Großes Fließ, Storchengraben (ca. 10 km).
4. Von Burg auf Leineweberfließ und Südumfluter zur Gewitterschleuse und auf Kleinem Leineweberfließ zurück (ca. 10 km).
5. Vom Kleinen Spreewaldhafen in Burg-Kauper über Neue Spree, Ostgraben und Hauptspree nach Leipe. Weiter über Leiper Graben, Großes Fließ, Weidengraben und Neue Spree (ca. 20 km).
6. Von Burg-Kauper (Bootshaus Rehnus) über Burg-Lübbener Kanal & Großes Fließ in den Hochwald, weiter über Nordfließ, Großes Fließ, Weidengraben, Nahkegraben, Stilles Fließ (ca. 20 km).

Karten & Literatur-Tipps

KANU KOMPAKT „Spreewald" Tourenführer mit topograf. Wasserwanderkarten, Th. Kettler Verlag.

3 Reiseführer Natur und Kultur im Trescher Verlag: *„Spreewald", „Paul-Gerhardt-Weg", „Lausitz: Unterwegs zwischen Spreewald & Zittauer Gebirge".*

„Lieblingsplätze Spreewald", GMEINER-Verlag.

„52 kleine & große Eskapaden Fläming, Niederlausitz und Spreewald", DuMont Reiseverlag.

Erlebnisset: *Rad-, Wander- & Gewässerkarte* 1:35.000 *mit Reiseführer Spreewald*, Verlag Grünes Herz.

Große Wander- & Radwanderkarte *„Spreewald mit Märkischer Heidelandschaft", inkl. Gurkenradweg,* 1:35.000, Verlag Dr. Barthel.

„Theodor Fontane – In den Spreewald: Mit der Postkutsche von Berlin nach Lübbenau im August 1859", Michael Lange, Regia Verlag.

Kriminalromane *„Spreewaldtod", „Spreewaldgrab", „Spreewaldrache", „Spreewaldwölfe", Ein-Fall-für-Klaudia-Wagner,* Ullstein Taschenbuch.

„Spreewaldkrimi" Nr. 5-10, Heimat-Verlag Lübben.

36 km

Kanuvermieter

03096 Burg

Bootshaus am Leineweber
Hauptstraße 1
Tel. (035603) 600 96
www.spreewald-paddeln.de

Biberhof
Nordweg 49
Tel. (035603) 75 32 32
www.biberhof-spreewald.de

Spreehafen Burg
Am Hafen 1
Tel. (035603) 758 00
www.spreehafen-burg.de

zwischen Burg & Burg-Kolonie

SpreewaldHaus & Bootsverleih Hitzer
Ringchaussee 146
Tel. (035603) 875
www.spreewaldhaus-bootsverleih.de

Burg-Kolonie

Bootsverleih Duschka
Naundorfer Straße 11
Tel. (035603) 609 97
www.bootsverleih-duschka.de

Bootshaus Conrad
Schwarze Ecke 1, Tel. (035603) 341
www.bootshaus-conrad.de

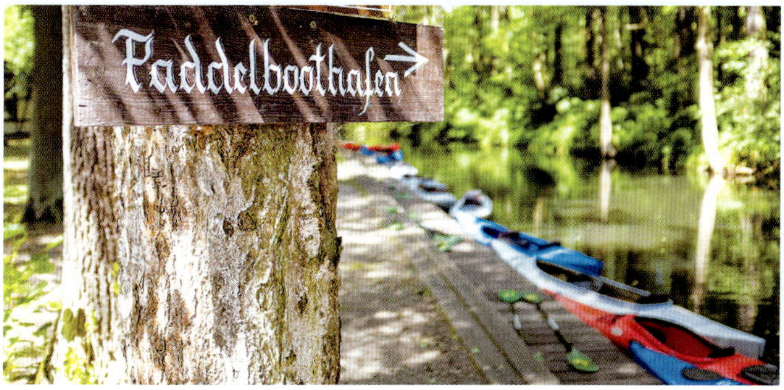

Burg-Kauper

Hafen Waldschlößchen
Waldschlösschenstraße 29 c
Tel. (035603) 536
www.spreewaldhafen-online.de

Bootshaus Rehnus
Waldschlößchenstr. 39
Tel. (035603) 366
www.bootshaus-rehnus.de

Spreewaldschuppen
Waldschlößchenstr. 54
Tel. (035603) 608 46
www.spreewaldschuppen.de

Kleiner Spreewaldhafen
Waldschlößchenstraße 3
Tel. (035603) 613 00
www.kleinerspreewaldhafen.de

Bootsverleih Zur Alten Aalreuse
Waldschlößchenstraße 17
Tel. (035603) 606 26
www.kahnfahrten-online.de

Spreewaldkanu (auch SUP-Boards)
an der Pohlenzschänke
Tel. 0176-31 48 74 56
www.spreewaldkanu.de

Fortsetzung **Kanuvermieter**

Lehde (03222 Lübbenau)
Bootsverleih An der Dolzke
An der Dolzke 4
Tel. (03542) 888 86
www.anderdolzke.de

Bootsverleih Dolzke-Insel
An der Dolzke 8
Tel. (03542) 40 59 88
www.spreewaldboote.de

Bludnik (auch Gasthaus, 2 Zimmer)
An der Giglitza 4a, Tel. (03542) 887 92 36 und 0162-877 57 99
www.bludnik.de

Bootsverleih Gerlach
An der Giglitza 3 *(auch Fahrräder)*
Tel. (03542) 939 87 63
www.gerlach-spreewald.de

Leipe (03222 Lübbenau)
Jürgens Freizeithof
Leiper Dorfstraße 39
Tel. 0172-465 68 07

Familie Konzack (auch SUPs)
Leiper Dorfstraße 48, Tel. (03542) 435 59 und 0171-482 29 72
www.ferienwohnungen-spree-wald.de

Spreewaldhof Leipe
Leiper Dorfstr. 2
Tel. (03542) 28 05
www.spreewaldhof-leipe.de

03222 Lübbenau
Bootsverleih Richter mit Kanu-Bike-Hostel
Dammstraße 76a
Tel. (03542) 37 64
www.bootsverleih-richter.de

Bootsverleih Franke
Dammstraße 72
Tel. (03542) 27 22
www.bootsverleih-franke.de

Bootshaus Kaupen
Kaupen 1
Tel. (03542) 27 50
www.bootshaus-kaupen.de

Bootsverleih am Mühlenwehr
Färbergasse 1-2
Tel. (03542) 477 66
www.paddelbootverleih.de

Bootsverleih Hannemann
Am Wasser 1
Tel. (03542) 36 47
www.bootsverleih-hannemann.de

Natur-Camping „Am Schlosspark"
Schloßbezirk 20
Tel. (03542) 35 33
www.spreewaldcamping.de

Bootsverleih Petrick
Schloßbezirk 22
Tel. (03542) 36 20
www.bootsverleihpetrick.de

15748 Märkisch Buchholz
Kanusport Dahmeland
(liefern Boote auch an)
Eisenbahnstr. 12
Tel. 0172-319 62 53
www.kanusport-dahmeland.de

Vermietung & Geführte Touren

15748 Teupitz-Egsdorf
outdoorVAGABUNDEN
Chausseestr. 8
Tel. 0152-08 53 16 52 oder (033766) 21 42 86
www.outdoorvagabunden.de

15848 Beeskow
Albatros Outdoor, AktivReisen
Bertholdplatz 6
Tel. 0151-41 82 33 81 oder (033675) 72 89 61
www.albatros-outdoor.de

Naturkundlich geführte Touren

mit Rangern der Naturwacht *(auch Wanderungen und Radtouren)*
Naturwacht Lübbenau: Tel. (03542) 892 10, Burg: Tel. (035603) 75 01 46
www.naturwacht.de >Natur erleben >Veranstaltungskalender >Regionen >Spreewald

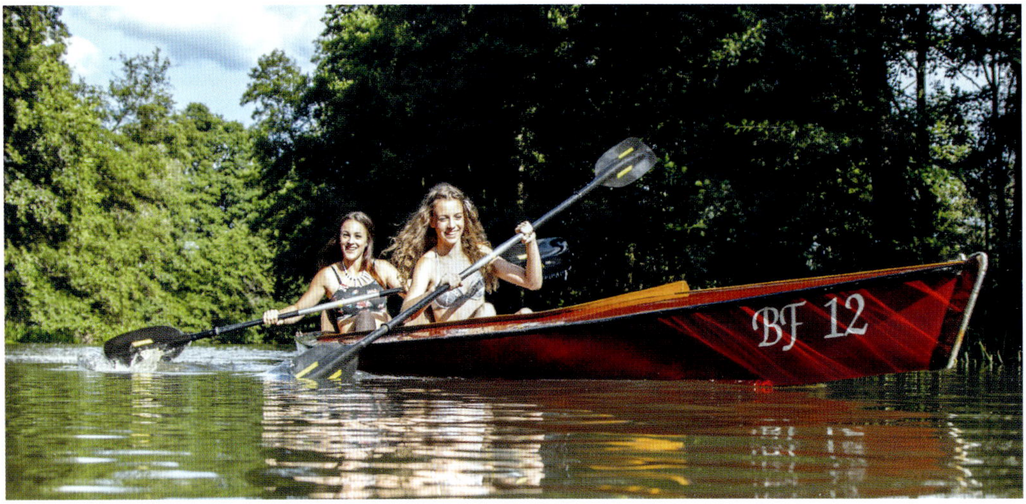

Übernachtung in Wassernähe

03096 Burg
Jugendherberge Burg
Jugendherbergsweg 8
Tel. (035603) 225
www.jh-burg.de

Gasthaus & Pension Hafeneck
Am Hafen 7, Tel. (035603) 278
www.hafeneck.com

Kneipp- und Erlebniscamping
Vetschauer Str. 1a
Tel. (035603) 75 09 66
www.caravan-kurcamping.de

Haus Stenzinger-Cely
Mühlspreeweg 3, Tel. (035603) 407
www.haus-stenzinger.de

Zwischen Burg & Burg-Kolonie
Bleiche Resort & Spa
(hochpreisig, sehr gute Küche)
Bleichestr. 16, Tel. (035603) 620
www.bleiche.de

Spreewaldhaus
(FeWo & Bootsvermietung)
Ringchaussee 146
Tel. (035603) 875
www.spreewald-haus.de

Burg-Kolonie
Kolonieschänke (Bio-Hotel)
Ringchaussee 136
Tel. (035603) 68 50
www.kolonieschaenke.de

Hotel Fiedermannhof
Erste Kolonie 13
Tel. (035603) 759 60
www.fiedermannhof.de

Hotel am Spreebogen
Ringchaussee 140
Tel. (035603) 68 00
www.hotel-am-spreebogen.de

Bordmanns Scheune
Erste Kolonie 5
Tel. (035603) 257
www.bordmanns-scheune.com

Camping „Zelten am Ostgraben"
Schwarze Ecke 32
Tel. (035603) 187 73
www.camping-im-spreewald.de

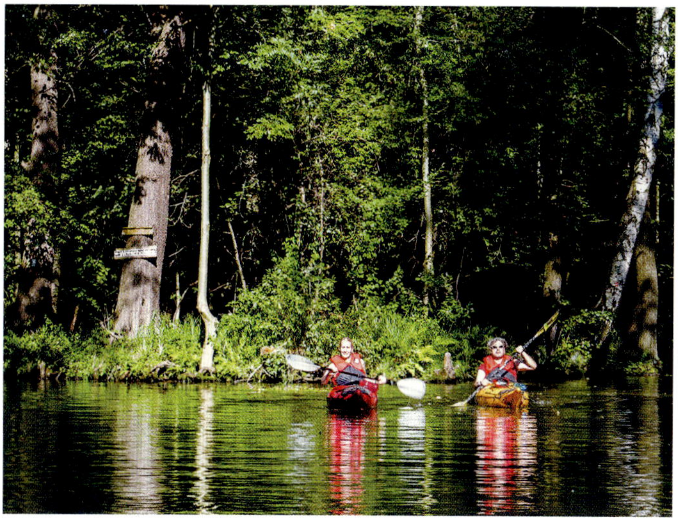

Zwischen Burg-Kolonie & Burg-Kauper
Steffis Hafenstübchen
Waldschlößchenstr. 29b
Tel. (035603) 611 49
www.spreewald-steffi.de

Waldhotel Eiche
Eicheweg, Tel. (035603) 670 00
www.waldhotel-eiche.de

Burg-Kauper
Pension Erlkönig
Erlkönigweg 3, Tel. (035603) 387
www.gasthaus-erlkoenig.de

Landgasthof & Biwak „Zur Wildbahn"
Wildbahnweg 20, Tel. (035603) 293
www.zurwildbahn.de

Leipe (03226 Lübbenau)
Spreewaldhotel Leipe
Leiper Dorfstr. 29, Tel. (03542) 22 34
www.spreewaldhotel.de

Spreewaldhof Leipe
(auch Camping und Schäferwagen)
Leiper Dorfstr. 2, Tel. (03542) 28 05
www.spreewaldhof-leipe.de

Jürgens Freizeithof
Leiper Dorfstr. 39, Tel. (03542) 468 80 und 0172-465 68 07

Gasthaus Dubkow-Mühle
Dubkow Mühle 1
Tel. (03542) 22 97
www.dubkow-muehle.de

Lehde (03222 Lübbenau)
Hotelanlage Starick
An der Dolzke 6
Tel. (03542) 899 90
www.spreewald.com

Pension „Haus An der Dolzke"
An der Dolzke 4
Tel. (03542) 888 86 12
www.anderdolzke.de

Logierhaus Lehde
(mind. 2 Übernachtungen)
Dorfstr. 1, Tel. (03542) 27 82
www.zumhecht.com

03222 Lübbenau
Bootsverleih Richter/Kajaksports Kanu-Bike-Hostel
Dammstraße 75
Tel. (03542) 37 64
www.bootsverleih-richter.de

Pension „Am Holzgraben"
Dammstraße 72
Tel. (03542) 22 21
www.holzgraben.de

Spreewald-Natur-Camping
„Am Schlosspark"
Schlossbezirk 20
Tel. (03542) 35 33
www.spreewaldcamping.de

Hotel Schloss Lübbenau
Schlossbezirk 6
Tel. (03542) 87 30
www.schloss-luebbenau.de

Weitere Aktivitäten

Paddeln

Vier ***markierte Wasserwanderstrecken*** im Oberspreewald zwischen 10 km und 23 km Länge ab Lübbenau.

Von Lübbenau nach Lübben, weiter in den Unterspreewald und zum Schwielochsee, von dort über Dahme oder Spree ***bis nach Berlin***.

Radfahren

Rundtour von Burg über Leipe (ca. 20 km).

Lübbenauer Gurkenradtour **–** Rundtour ab Lübbenau vorbei an der Slawenburg Raddusch (ca. 30 km).

Burg – Vetschau – Lübbenau und zurück (ca. 50 km).

Auf dem ***Gurkenradweg*** (Rundtour, ca. 250 km) quer durch den Spreewald.

Kranich-Tour (ca. 200 km) vorbei an bedeutenden Kranichsammel- und -rastplätzen auf dem ***Niederlausitzer Landrücken*** südlich des Spreewaldes.

Fahrradvermieter (z.T. auch E-Bikes)

Burg: *Fahrradvermietung Möschk*, Hauptstr. 8, Tel. (035603) 391, www.spreewaelder-fahrraeder.de

Die Radler-Scheune, Ringchaussee 155, Tel. (035603) 133 61, www.spreewald.radler-scheune.de

Spreehafen Burg, Am Hafen 1, Tel. (035603) 758 00, www.spreehafen-burg.de

Lehde: *Bludnik*, An der Giglitza 4a, Tel. (03542) 887 92 36 und 0162-877 57 99, www.bludnik.de

Bootsverleih Gerlach, An der Giglitza 3, Tel. (03542) 939 87 63, www.gerlach-spreewald.de

Leipe: *Jürgens Freizeithof*, Leiper Dorfstraße 39, Tel. 0172-465 68 07

Spreewaldhof Leipe, Leiper Dorfstr. 2, Tel. (03542) 28 05, www.spreewaldhof-leipe.de

Lübbenau: *Fahrrad Goyn*, Bahnhofstr. 30, Tel. (03542) 22 71, www.fahrrad-goyn.de

Zweirad- & Gartentechnik M. Kretschmann, Poststr. 16, Tel. (03542) 34 33, www.spreewald-power.de

Fahrrad Metzdorf, Laden: Ehm-Welk-Straße 32, Tel. (03542) 466 47, Verleihstation Dammstr. 10: Tel. (03542) 889 84 66, Verleihstation am Bahnhof: Tel. (03542) 88 99 77, www.fahrradverleih-spreewald.de

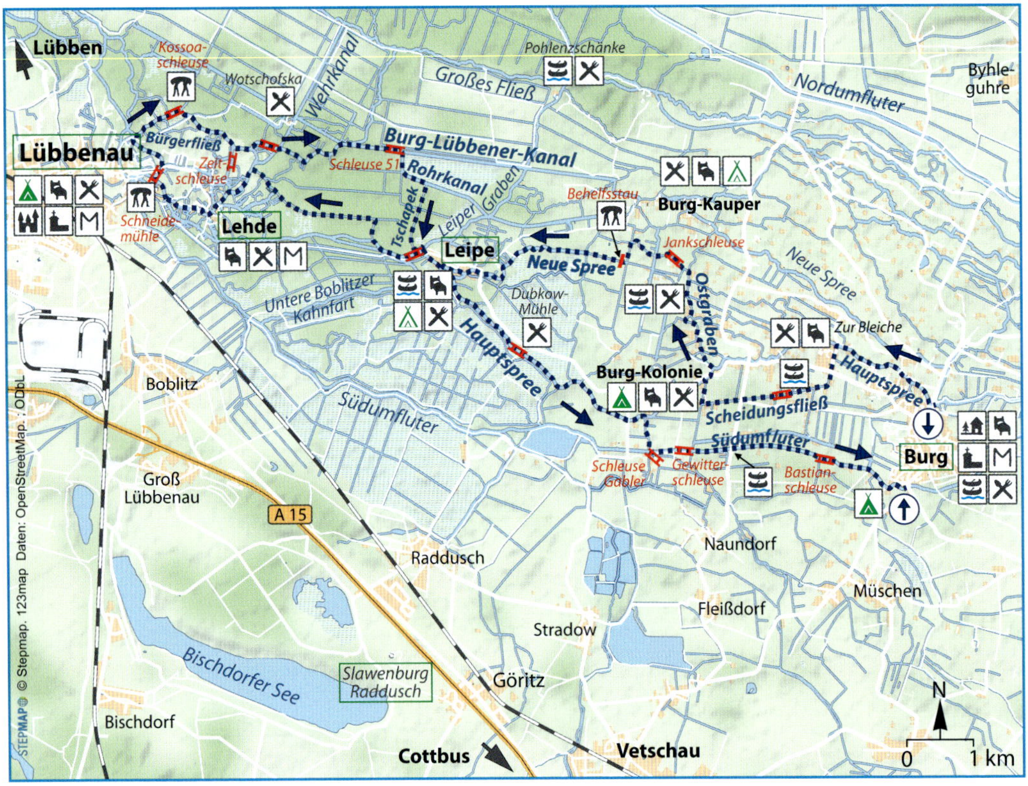

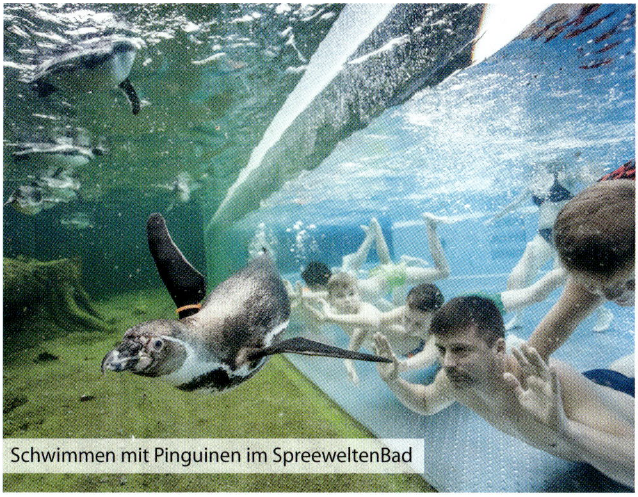
Schwimmen mit Pinguinen im SpreeweltenBad

Wandern ***Geführte Touren***
www.burgimspreewald.de >Bewegen >Wandern
Fitnesspfad von Lübbenau zur „Wotschofska" (8 km).
Rundwanderung von Lübbenau nach Lehde und zurück (4 km).
Spazierweg von Lehde nach Leipe (6,5 km).
Fontaneweg von Burg-Kauper mit Informationstafeln (Markierung: Fontane-Karrikatur,10 km).
Kolonistenweg mit ***Sagenpfad*** in Burg (6 km).
Auf dem ***Europawanderweg E10*** durch den Spreewald.

Naturkundliche Führungen
Wanderungen, Rad- & Kanutouren mit Rangern des Biosphärenreservats Spreewald,
Naturwacht Lübbenau, Tel. (03542) 892 10
Naturwacht Burg, Tel. (035603) 75 01 46
www.spreewald-biosphaerenreservat.de

Baden, Sauna & Wellness
Spreewald Therme in **Burg**
SoleBad mit Thermalwasser, Inhalationsräume, SaunaGarten (*tgl. 9-22, Fr bis 24,* www.spreewald-therme.de).
SpreeweltenBad in **Lübbenau**
Schwimmen mit Pinguinen, Saunawelt mit 14 Themensaunen (*tgl. 10-22, Fr+Sa bis 23,* www.spreewelten.de).
Landtherme & Spa Bleiche in **Burg**
(hochpreisig, aber sehr schön. Im Resort auch gutes Restaurant, www.bleiche.de).

Barfusspark Burg – die Wohlfühloase für Ihre Füße, www.barfusspark-burg.de

Kinder
Irrgarten Spreewaldhof Lukas in **Burg** (Willischzaweg 42, Tel. (035603) 867, www.spreewaldhof-lukas.de).
Fahrt mit dem ***Erlebnis- und Forscherkahn „Nautilust"*** in **Lübbenau** (www.nautilust.net).

Slawenburg Raddusch bei **Vetschau** (*tgl. 10-18,* www.slawenburg-raddusch.de).

Weißstorch-Infozentrum in **Vetschau** (*Di-Sa 10-16,* www.storchennest.de) ebenfalls dort sehenswert sind die ***Altstadt***, die Wendisch-Deutsche Doppelkirche, das Schloss Vetschau und die nördlich gelegene Stradower Teichlandschaft.

Stadtrundgang Cottbus – Kulturelles Zentrum der Niederlausitz (Stadtrundgang Seite 274).
Unser Tipp: ***Cottbuser Architekturpfad*** – spannende Geschichten zu alten und neueren Gebäuden, www.cottbus-tourismus.de >Cottbus entdecken.

36 km

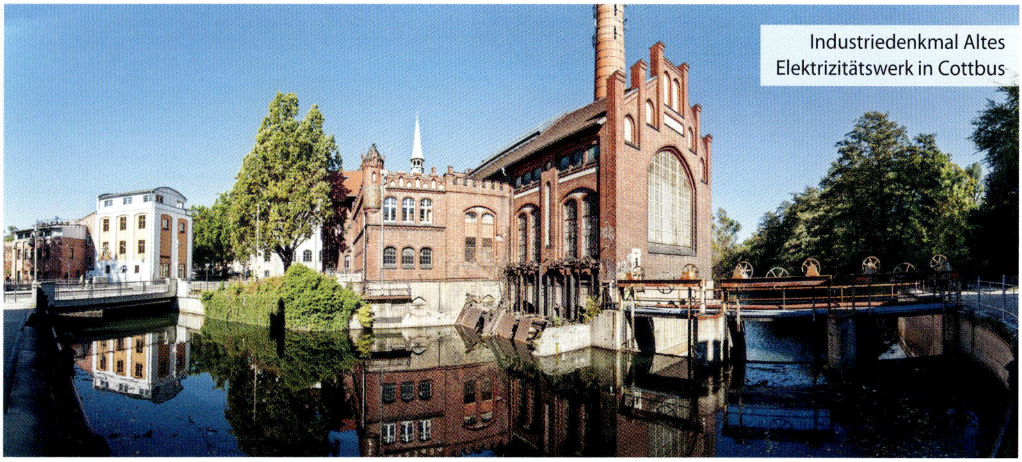
Industriedenkmal Altes Elektrizitätswerk in Cottbus

Sehenswürdigkeiten

Burg Heimatstube (Regionalgeschichte), Pfarrkirche (1799-1804), Kur- & Sagenpark (Erholungsareal mit thematischen Gärten), Bismarckturm (27 m hoher Aussichtsturm auf dem Schlossberg, einer ur- und frühgeschichtlichten Wallanlage), Weidendom „Arena Salix“ (ökologisches Baumdenkmal aus geflochtenen Weidenruten), Infozentrum Schlossberghof (Ausstellung Natur & Kultur Biosphärenreservat), Arznei- & Gewürzpflanzengarten (4 Hektar großer Kräutergarten), Schau-Handwerkshof (*Do-Sa 10-17*, www.kunst-handwerk-burg.de), Spreewälder Sagennacht an Pfingsten (Aufführungen der Legenden um den Wendenkönig und andere Sagengestalten aus dem Spreewald).

Leipe Heimatstube (Leben im Spreewald, Spreewaldtrachten und Fotoausstellung), Spreewaldhof (Netz- und Reusenstrickerlehrgänge, Kunstgalerie und Keramik-Werkstatt).

Lehde Freilandmuseum (drei typisch sorbisch/wendische Spreewaldhöfe), Bauernhaus- und Gurkenmuseum (Ausstellungen zum Thema Gurken sowie dem bäuerlichen Leben im Spreewald), Spreewaldaquarium (über 20 einheimische Fischarten).

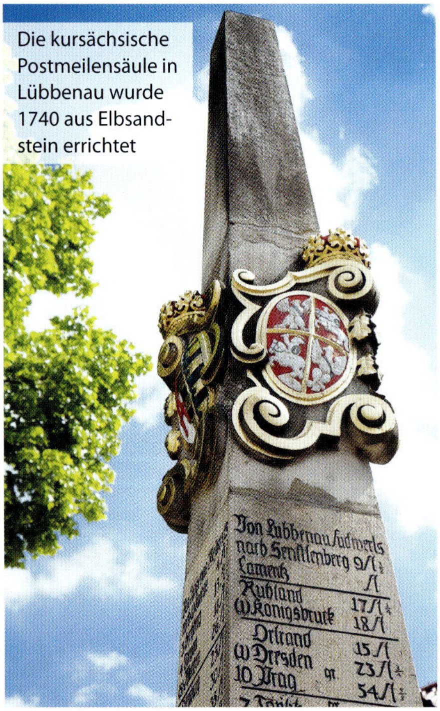
Die kursächsische Postmeilensäule in Lübbenau wurde 1740 aus Elbsandstein errichtet

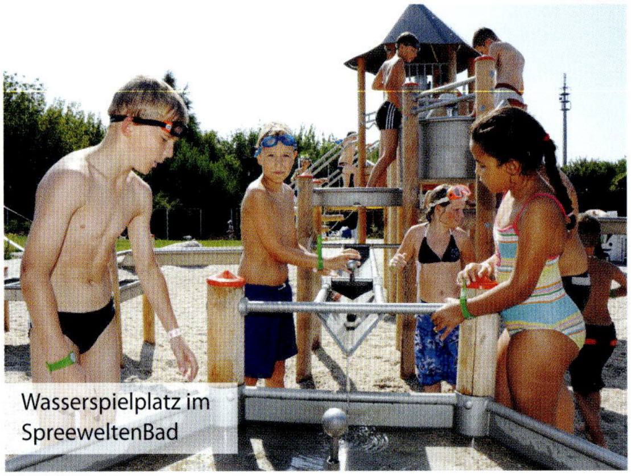
Wasserspielplatz im SpreeweltenBad

Lübbenau Marktplatz mit zweigeschossigen Bürgerhäusern (18./19. Jh.), Sagenbrunnen mit Figuren aus der Sagen- und Mythenwelt des Spreewalds, St. Nikolaikirche (1738-1741), Schloss (1817-1839) mit Orangerie und Schlosspark, kursächsische Postmeilensäule (1740), Spreewald-Museum (Stadt- und Regionalgeschichte im 1850 erbauten Ziegelsteintorhaus), Info-Zentrum Biosphärenreservat („Haus für Mensch und Natur“, Ausstellung zur Entstehung der Kulturlandschaft im Spreewald).

Auskunft & Tourist-Infos

Tourist-Info Burg Haus des Gastes, Am Hafen 6, Tel. (035603) 75 01 60, www.BurgimSpreewald.de

Spreewald-Tourist-Info Lübbenau Ehm-Welk-Str. 15, Tel. (03542) 88 70 40, www.luebbenau-spreewald.com

Tourist-Info Vetschau in der Schlossremise, Schlossstr. 10, Tel. (035433) 777 55, www.vetschau.de

Tourismusverband Spreewald Lindenstr. 1, 03226 Vetschau, Tel. (035433) 722 99, www.spreewald.de

Tourist-Info Oberspreewald Kirchstraße 11, 15913 Straupitz, Tel. (035475) 809 77, www.teg-lds.de

Spreewald-Info *privates Portal*, Bahnhofstr. 15, 03096 Burg, Tel. (035603) 75 95 60, www.spreewald-info.de

CottbusService Berliner Platz 6, 03046 Cottbus, Tel. (0355) 754 20, www.cottbus-tourismus.de

Der Oberspreewald

Früh am Morgen hält sich der Trubel am *Burger Kahnhafen* noch in Grenzen und wir können unsere Boote problemlos die wenigen Meter vom kleinen Parkplatz über die Hafenpromenade zum Steg tragen.

Bevor wir ablegen, fahre ich das Auto auf den großen Parkplatz am Südumfluter (3,- €/Tag), wo wir am nächsten Tag die Tour beenden wollen. Der kurze Fußweg zurück zum Einstieg führt über die Hauptstraße vorbei an der schlichten *Dorfkirche* von **Burg**. *Sie wurde von 1799 bis 1804 als Ersatz für die Fachwerkkirche gebaut, welche 1766 einem Brand zum Opfer fiel. Auch der Innenraum ist einfach und im klassizistischen Stil gehalten.*

Vom *Spreehafen,* wir setzen direkt hinter dem ***Wehr Burger Mühle*** unterhalb der Treppenstufen ein, bringen uns die ersten Paddelschläge auf der ***Hauptspree*** zunächst am *Haus Stenzinger-Cely* mit seiner schönen, zum Wasser hin gelegenen Veranda, dann am Sportplatz und der *Jugendherberge (mit Zeltplatz)* vorbei Richtung Nordwesten.

Direkt hinter der nächsten Brücke kehren wir der Hauptspree den Rücken und biegen nach links auf das ***Scheidungsfließ*** ab. Es entpuppt sich als schnurgerader, aber doch recht idyllischer Kanal, auf dem Paddler unter sich sind, da der Großteil der Kähne auf der Hauptspree bleiben. Am rechten Ufer weckt das sehr noble *Hotel „Zur Bleiche"* den Wunsch auf einen Wellness-Aufenthalt nach der Paddeltour oder zumindest einen Besuch des Gourmets-Restaurants. Hinter einer flachen Brücke beschreibt das Fließ einen Rechtsknick und führt dann vorbei am *Spreewaldhaus*, einem der schönsten Höfe im Spreewald. In den denkmalgeschützten Gebäuden sind stilvolle und romantische Ferienwohnungen untergebracht, die sich ganz hervorragend als Basisstation für einen Spreewaldurlaub anbieten. Auf dem weitläufigen Wassergrundstück befindet sich überdies die *Kanu- und Fahrradvermietung Hitzer*.

36 km

An der ***Scheidungsschleuse***, der ersten SB-Schleuse dieser Tour, die ich nach den

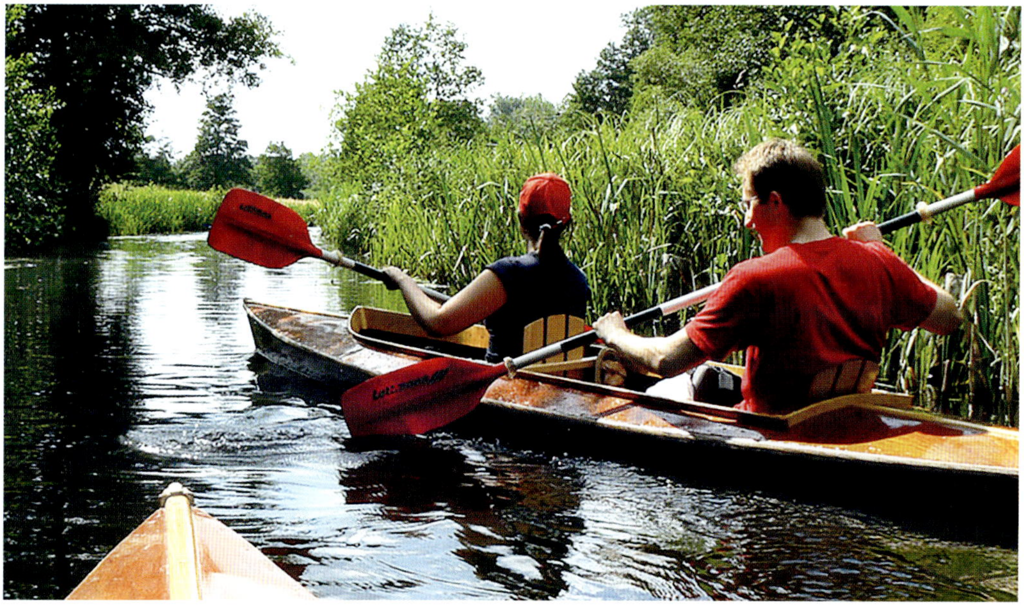

ersten drei Kilometern erreiche, bin ich erstaunt darüber, wie leicht sich die schweren Falltore bedienen lassen.

Am Ende des ***Scheidungsfließ***es biegen wir nach rechts auf den ***Ostgraben***, der uns am *Hotel „Fiedermannhof"* für eine kurze Stippvisite zurück auf die ***Hauptspree*** führt. *Der heute als Hotel genutzte Hof wurde 1779 als eines der ersten Koloniegüter in Burg gegründet. Von der Geschichte zeugen noch die alte Scheune und historische Gerätschaften.*

Auf der ***Hauptspree*** geht es etwa 200 Meter gegen die leichte Strömung, bevor wir nach links wieder in den ***Ostgraben*** einbiegen. Ein lohnender Abstecher bietet sich, wenn man noch nicht abbiegt, sondern etwa 250 Meter weiter paddelt. Unweit des *Bootshauses Conrad* liegt im Burger Ortsteil **Kolonie** rechts der *Schau-Handwerkshof (Do-Sa 10-17). In einem Stall-Wirtschaftsgebäude aus dem Jahre 1760 erarbeiten und verkaufen Künstler und Handwerker aus den Bereichen Filz, Glasgestaltung und Keramik, Malerei, Metall und Holz ihre Kreationen. In dem angeschlossenen Hofcafé & Restaurant gibt es auf der Streuobstwiesen-Terrasse leckere Gerichte und frischen Kuchen .*

36 km

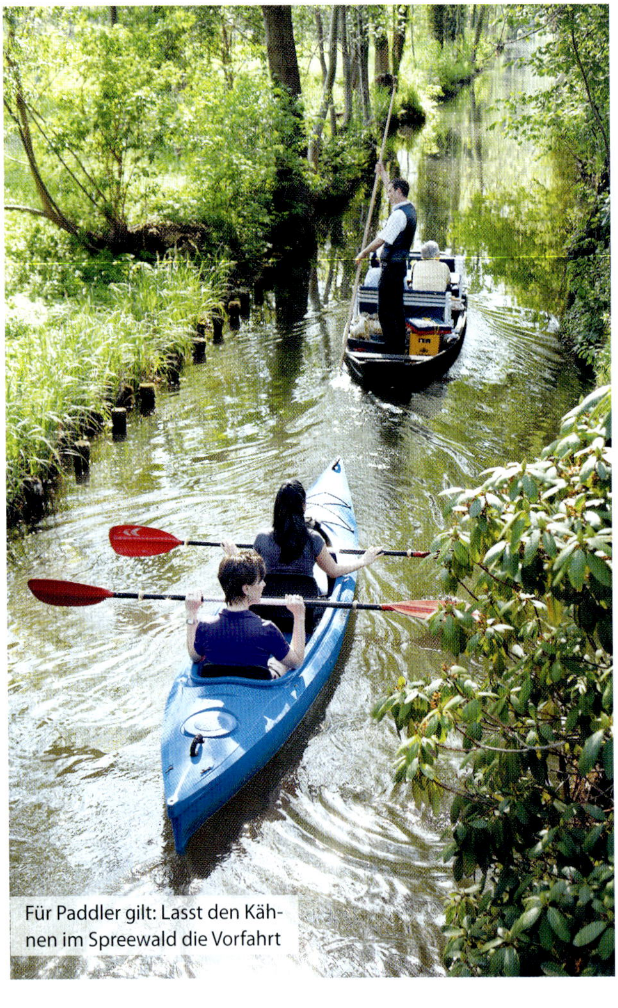

Für Paddler gilt: Lasst den Kähnen im Spreewald die Vorfahrt

Zurück auf dem ***Ostgraben*** bleiben wir diesem auch an den folgenden Abzweigungen treu. Bald liegt am rechten Ufer der *Campingplatz „Zelten am Ostgraben"* mit seinem komfortablen Steg. Ein Spielplatz und das Volleyballfeld machen den Platz zu einem idealen Tagesziel auch für Familien. Bei schlechtem Wetter steht dem Urlauber eine gut ausgestattete Selbstversorgerküche und ein vorbildlicher Aufenthaltsraum mit Kachelofen zur Verfügung.

An der folgenden Gabelung lenken wir die Bootsspitze nach rechts, bleiben auf dem ***Ostgraben*** und passieren den rustikalen *Landgasthof „Zur Wildbahn"*. Dieser lockt mit gemütlichen Zimmern, einer großen Terrasse direkt am Fließ und auf der Speisekarte stehen regionale Gerichte *(Di Ruhetag)*. Überdies kann man nach vorheriger Anmeldung sein Zelt auf dem *Biwakplatz (10,- €/ Pers.)* auf der Wiese direkt am Ostgraben aufschlagen. An den Wochenenden gibt es über das normale Restaurant-Angebot hinaus für den „kleinen Hunger" einen Imbiss, der Soljanka, Quark mit Lausitzer Leinöl, Spreewälder Gurkenteller mit Schmalzstulle oder „Plinse" mit Apfelmus oder Zucker und Zimt anbietet.

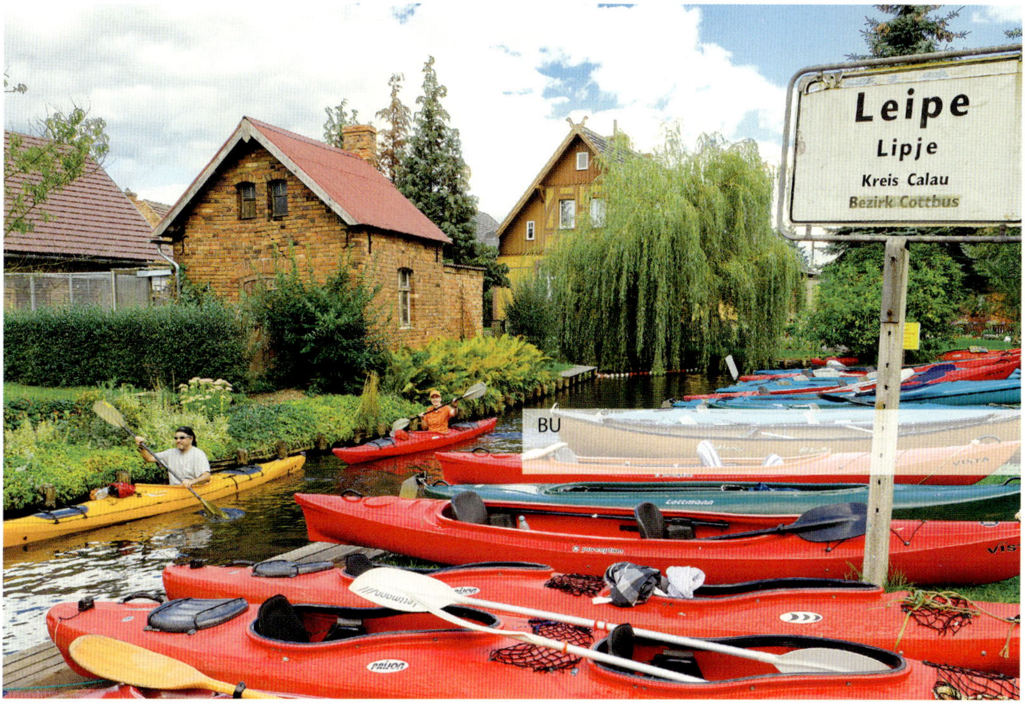

36 km

Früher bot nur wenige Meter weiter auch der „Erlkönig" leckere regionale Küche – inzwischen kann man hier nur noch übernachten (kein WiFi), dafür aber mit malerischem Blick auf das Gewässer frühstücken.

Wo Ausflugslokale so dicht beieinanderliegen, sind die Touristen nicht weit und in diesem Abschnitt ist mit erhöhtem Kahnaufkommen zu rechnen. Der ***Ostgraben*** ist hier so eng, dass an ein Überholen nicht zu denken ist und so lassen wir uns langsam hinter dem Kahn hertreiben ohne den Kapitän beim Staken zu behindern.

Etwa 500 Meter hinter dem „Erlkönig" biegen wir nach links in die ***Neue Spree*** ein und erreichen bald die ***Jankschleuse***. Wieder dürfen wir selber Hand anlegen und kurz dahinter geht es quer über die schnurgerade, von Nord nach Süd verlaufende ***Große Wildbahn*** und weiter auf der sich leicht dahinschlängelnden ***Großen Rinzena***.

An der T-Kreuzung am Ende halten wir uns links und folgen für etwa 300 Meter dem ***Buschgraben.*** An der Kreuzung mit der ***Neuen Spree*** paddeln wir auf dieser nach rechts und passieren die Reste einer ***Pfahlreihe***. Es handelt sich dabei um einen Behelfsstau, der helfen soll, den Mindestwasserstand im Spreewald zu sichern. Die ***Neue Spree*** spannt bald ein dichtes Dach aus Erlen über uns aus. Wir genießen die Ruhe und lassen uns von der sanften Strömung langsam vorwärts treiben – mehr Einsamkeit und Idylle mitten im Oberspreewald geht wohl nicht.

An der ersten größeren Gabelung halten wir uns rechts. Nächste Etappe ist das nur etwa 150 Einwohner zählende Spreewalddörfchen **Leipe**. *Es liegt auf einer 800 Meter langen und 400 Meter breiten Sandbank und wird vollständig von der Spree und dem Leiper Graben umschlossen. Für lange Zeit in seiner Geschichte war es nur per Spreewaldkahn zu erreichen, seit 1936 führt ein idyllischer, birkengesäumter Fußweg, der heute ein Abschnitt des Europawanderwegs „E 10" ist, von Lübbenau nach Leipe. Seit 1969 kann man zwar auch per Auto anrei-*

sen, der reizvollere Anblick bietet sich aber noch immer vom Wasser aus. Der historische Ort ist in einer typischen Rundbebauung angelegt, bei der die Giebel der Stall- und Wohngebäude in Richtung Spree zeigen. Heute spielt natürlich der Tourismus eine wichtige Rolle im Erwerbsleben des Dorfes, aber auch Fischerei, Gemüseanbau und die Viehwirtschaft lassen sich, z.T. noch in ihren ursprünglichen Formen finden. Unmerklich sind wir von der ***Neuen Spree*** auf das ***Leiper Dorffließ*** gelangt. Besonders ins Auge fallen die hölzernen Fischkästen links und rechts, in denen die gefangenen Fische am Spreeufer aufbewahrt werden.

36 km

Den Auftakt zum Reigen der vielfältigen Einkehrmöglichkeiten macht das altehrwürdige *„Spreewaldhotel Leipe“*, dessen Urahne bereits Mitte des 19. Jahrhunderts als Gasthaus für die Ortsbewohner diente.

Nach einer kleinen Holzbrücke folgt als nächstes das *Gasthaus „Froschkönig“*, wo man u.a. auch die für hier typischen Schmorgurken mit Hack serviert bekommt. Am linken Ufer gibt es eine große Wiese, auf der die Boote für den Besuch abgelegt werden können. An heißen Sommer-Sonntagen kann es schwierig werden, einen freien „Bootsparkplatz“ zu ergattern. Das ist aber nicht weiter schlimm, denn in **Leipe** reihen sich die Einkehrmöglichkeiten aneinander wie Perlen auf einer Kette. Hinter dem „Froschkönig“ geht es nach rechts auf den ***Hauptlauf der Spree***. Wem der Appetit nicht nach herzhaftem Schmalzbrot oder sauren Gurken steht, wird im *Café Zur Spreewälderin* fündig. Legendär die „Spreewälder Hefeplinse“ mit brauner Butter und Zucker. Die Hausmannskost ist durchweg günstig.

Die letzte Möglichkeit zur Stärkung in Leipe bietet der *„Spreewaldhof“*. Hier lockt das *„Fischerstübchen“* mit einer Veranda und Terrasse direkt am Wasser. Zubereitet werden in der Küche allerlei spreewaldtypische Gerichte von Quark mit Leinöl und selbstgemachter Grützwurst bis zu zahlreichen Variationen von Fisch und Wild. Wer nur einen kurzen Stopp einlegen will – in der Sommersaison bietet der Hofimbiss wechselnde Eintöpfe und selbstgebackenen Kuchen.

Direkt gegenüber vom „Spreewaldhof“ rauscht die Spree über ein Wehr, das über die ***Leiper Schleuse*** in Selbstbedienung ganz am linken Ufer umgangen wird.

Auf dem nächsten Kilometer folgen wir, begleitet von zahlreichen Kähnen und Paddelbooten, dem Hauptlauf der Spree und halten uns an den folgenden Abzweigen immer rechts. An der breiteren Gabelung hinter dem Abzweig des Durchstichkanals kehren wir der Hauptspree den Rücken und fahren nach rechts auf das ***Eschenfließ***. Sieht man vom lebhaften Vogelgezwitscher ab, geht es hier wieder ruhiger zu. Ein Buntspecht, der auf einem Baumstumpf ganz nahe am Ufer sitzt, beäugt uns neugierig. Das Eschenfließ führt nun nach Nordwesten und mündet, nachdem mehrere Fließe abzweigten, in den ***Lehder Graben***.

Wir lenken die Bootsspitzen nach links und finden uns mitten in **Lehde** wieder, *dem beliebten historischen Dorf das Theodor Fontane einst mit Venedig verglich. Der über 700-jährige Ort steht unter Denkmalschutz und setzt sich aus einem vielteiligen Mosaik zusammen, das von den Wasserarmen der Spree umspielt wird.*

Malerische Fußgängerbrücken, im Spreewald übrigens „Bänke“ genannt, verbinden die einzelnen Inseln, die hölzernen Blockhäuser mit ihren schilfgedeckten Dächern und den sorbischen Schlangensymbolen am Giebel spiegeln sich im Wasser. Tagsüber geht es in Lehde praktisch nie beschaulich zu. Ein Touristenkahn nach dem anderen schiebt sich durch die schmalen Fließe – das Verkehrsaufkommen ist so dicht, dass es für Paddler zu bestimmten Zeiten auf Lehder Graben, Venediggraben, Lehder Fließ ***Einbahnregelungen*** oder evtl. ***Fahrverbote*** gibt.

An einer hafenähnlichen Erweiterung zeigt linker Hand das *Freilandmuseum Lehde* drei

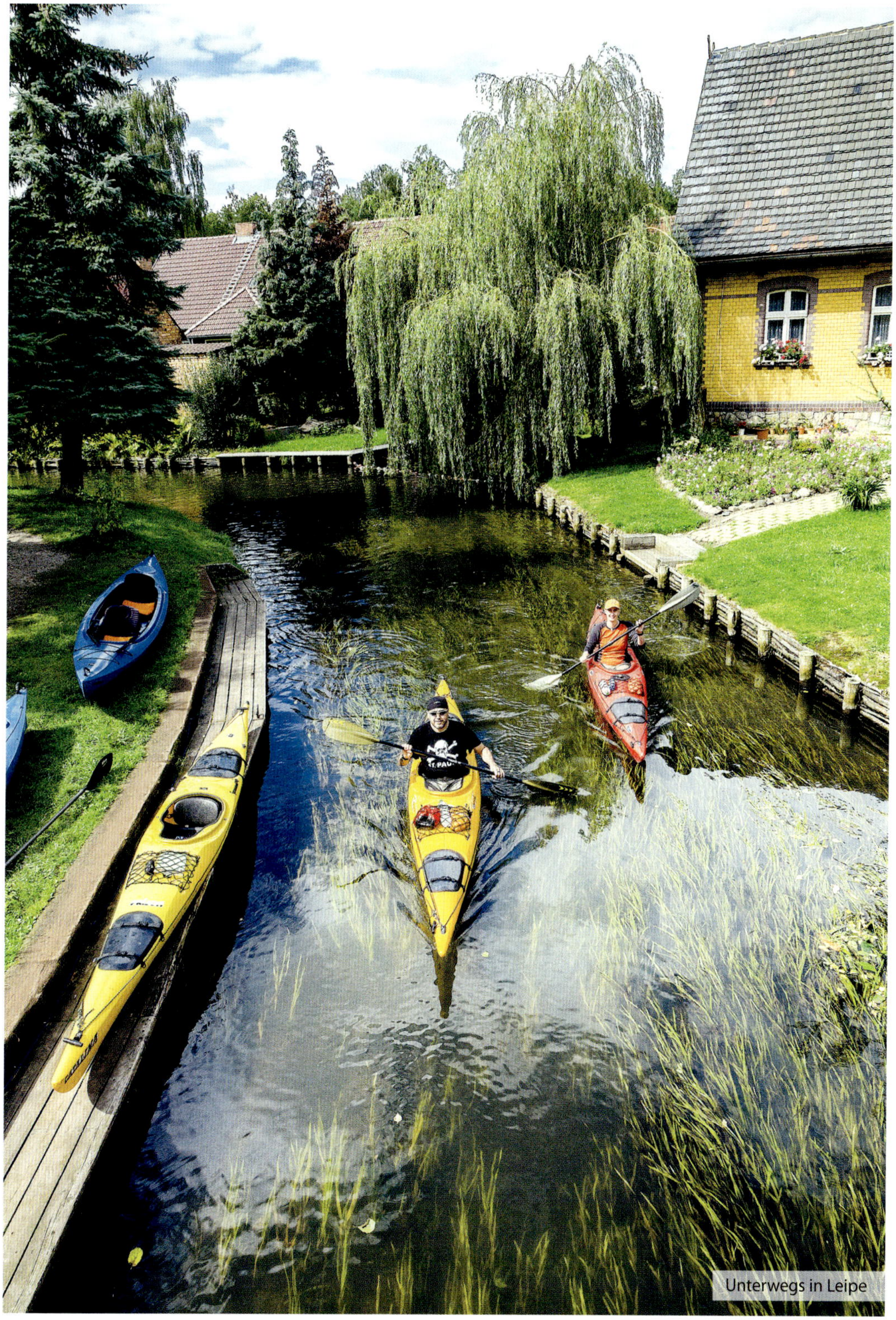

Unterwegs in Leipe

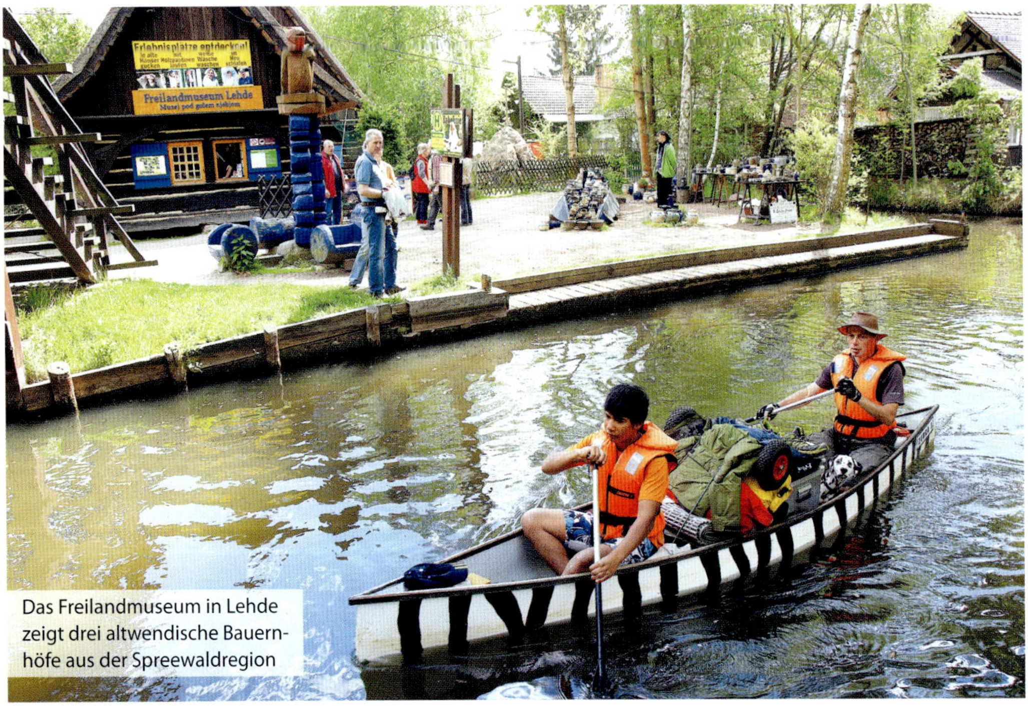

Das Freilandmuseum in Lehde zeigt drei altwendische Bauernhöfe aus der Spreewaldregion

traditionelle, altwendische Bauernhöfe in Blockbauweise aus den unterschiedlichen Regionen des Spreewalds. *Neben verschiedenen Trachten dokumentieren Exponate, wie die Menschen im Spreewald in der Vergangenheit gewohnt, gelebt und gearbeitet haben und informieren über Pflanzen und Tiere sowie typisches Handwerk. Der Hof Lehde zeigt einen sogenannten Haufenhof von 1957 mit großem Wohn-Stall-Haus, einem Backhaus mit einem aus Ziegeln und Lehm gemauerten Ofen sowie einem Schweinestall. Abgerundet wird die Hofanlage durch die älteste Kahnbauerei des Dorfes von 1884, die noch bis 1990 von der Kahnbauer-Familie Koal genutzt wurde.*

Direkt gegenüber vom Eingang zum Freilandmuseum liegt das *Gasthaus „Zum Fröhlichen Hecht"*, das gerne von den Kahnkapitänen angesteuert wird. *Um wieviel ruhiger wird es wohl um 1640 zugegangen sein, als es das einzige Wirtshaus im Ort war? Seinen heutigen Namen verdankt das Gasthaus dem Görlitzer Kunstprofessor Woite, der um 1880 hier seine Freizeit verbrachte und dem es vor allem der junge Hecht in Spreewaldsoße angetan hatte. Woite war es auch, der den Wirt auf die Idee brachte, Werbeprospekte zu verschicken und die Spreewaldlandschaft als Künstlermotiv anzupreisen. Mit Erfolg, denn in der Folgezeit zog es viele Künstler in den Spreewald, die auch in Lehde nächtigten.*

Hinter der Brücke, die Gasthaus „Zum Fröhlichen Hecht" und Freilandmuseum verbindet, biegen wir nach rechts in den ***Lehder Graben*** und brauchen nicht einmal 500 Meter bis zur nächsten Rastmöglichkeit paddeln.

Das *„Café Venedig"*, ein schilfgedecktes, gemütliches Traditionsgasthaus auf einer Insel am Dorfeingang, wird wegen des großen Bier- und Cafégartens direkt am Wasser ebenfalls gerne von den Kahnkapitänen angesteuert. Wer hier zur Spreewälder Fisch- und Wildküche einkehrt, sollte den Blick ins gemütlich eingerichtete Kaminzimmer mit seiner 100 Jahre alten Postkarten- und Schmetterlingsammlung nicht verpassen.

Das gemütliche *Gasthaus Kaupen Nr. 6* in einem alten Bauernhaus aus dem 19. Jh. in **Kaupen** lockt mit großem Sommergarten direkt am Wasser. Auf der Speisekarte stehen traditionelle Spreewälder Gerichte wie „Lausitzer Sonntagssuppe", „Große Grieben" (Ragout vom Schwein), „Blinde Fische" (Spreewälder Fischsoße) oder Tafelspitz. Eine Spezialität des Hauses sind die hausgemachten Senf-Variationen, die in der benachbarten, kleinen Familienmanufaktur nach alten Rezepten aus naturbelassenen Zutaten hergestellt werden.

Bald ist die Kreuzung von ***Hauptspree*** und ***Südumfluter*** erreicht. Die Einfahrt in den *Kahnhafen* **Lübbenau** gegenüber ist für Paddler gesperrt und wir biegen scharf nach rechts ab, wo wir die parallel zur ***Schleuse*** verlaufende ***Rollenbahn*** finden, mit der wir die Boote leicht ins ***Lehder Fließ*** umsetzen.

Direkt hinter der nächsten Brücke beginnt am linken Ufer der weitläufige, paddlerfreundliche *Spreewald-Natur-Camping „Am Schlosspark"*, nur 10 Fußminuten von der Altstadt entfernt. Der rückseitige Ausgang führt in den *Schlosspark, welcher ab 1820 im englischen Landschaftsstil angelegt wurde und dessen Pläne auf Peter Joseph Lenné zurückgehen. Das klassizistische Schloss wurde zwischen 1817 und 1839 an Stelle der ehemaligen Wasserburg errichtet.* Es beherbergt heute ein Hotel und bietet viele Möglichkeiten, um den Paddeltag stilvoll ausklingen zu lassen. Im Schloss selbst laden Restaurant, Jagdstube und Schlossterrasse zu regionalen Spezialitäten, internationalen Köstlichkeiten und vielfältigen Menüs zu gehobenen Preisen, gegenüber lockt die Brasserie-Küche der Orangerie mit richtig gutem Essen zu bezahlbaren Preisen.

Am nächsten Morgen starten wir nach einem einfachen, aber leckeren Frühstück im Back-Shop des Campingplatzes von einem der zahlreichen Stege und paddeln zunächst mit der Strömung auf dem ***Lehder Fließ***. Hinter der Fußgängerbrücke folgen wir dem Schild nach rechts auf das ***Bürgerfließ*** und von jetzt an geht es für den Rest der Etappe meist gegen die, allerdings nur leichte, Strömung. Leise plätschern die Paddel beim Eintauchen und zeichnen dann vorsichtig ein Wellenmuster auf die Wasseroberfläche über der die Libellen hin und her schwirren.

An der ***Kossoaschleuse*** hat noch keiner der jungen „Schleusenwärter" Stellung bezogen, doch statt selbst zu schleusen, lenken wir unsere Kajaks lieber ans linke Ufer, wo eine komfortable ***Rollenbahn*** hilft, das ***Wehr*** leicht und ohne großen Aufwand zu umtragen. Kurz darauf paddeln wir nach rechts unter einer Holzbrücke durch und bleiben weiterhin auf dem ***Bürgerfließ***. Den Abzweig Zeitzfließ zur Zeitzschleuse lassen wir rechts liegen und schieben uns gemütlich über die ruhige Wasseroberfläche, in der sich die weiß leuchtenden Birkenstämme spiegeln. Am Ufer bringt die Morgensonne den feingliedrigen Adlerfarn zum Leuchten. An der folgenden Gabelung halten wir uns links und erreichen bald darauf die ***Wotschofskaschleuse***.

Direkt hinter ihr kreuzt der ***Wehrkanal*** das ***Bürgerfließ***. In diesen biegen wir nach links, um nach etwa 500 Metern an der traditionsreichen *Gaststätte „Wotschofska"* vorbeizufahren oder für eine Rast anzulegen. *Die in Blockbauweise errichtete Wotschofska versteckt sich*

36 km

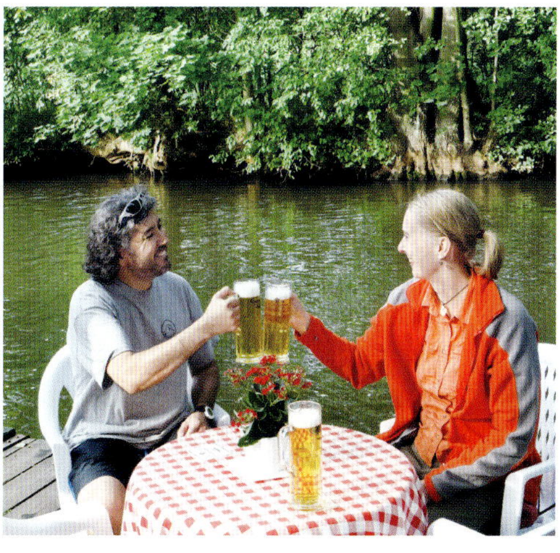

in den Tiefen der Fließe und ist eines der ältesten Ausflugslokale im Spreewald. Der Name leitet sich vom wendischen „wotso" ab und bedeutet soviel wie „Erleninsel im Sumpf". Da die Insel schon immer schwer zugänglich war, wurde sie in Kriegszeiten als Zufluchtsort für die Bewohner des Spreewaldes genutzt. Von feindlichen Truppen wurde sie nie betreten. Um den Tourismus anzukurbeln, genehmigte die Stadt Lübbenau 1894 den Bau einer Gaststätte, die bis 1911 ausschließlich über den Wasserweg zu erreichen war. Der erste Autobesuch 1929 war nur dank einer außergewöhnlich dicken Eisdecke möglich und bis heute ist die Wotschofska für Besucher nur auf dem Wasser, zu Fuß oder per Rad zu erreichen. Wer nur eine kurze Rast einlegen möchte, kann sich im SB-Restaurant versorgen.

36 km

Von der „Wotschofska" geht es nur wenige Meter auf dem ***Wehrkanal*** weiter, dann biegt man nach rechts auf den ***Burg-Lübbener-Kanal***, der nach der nächsten Kreuzung (mit dem Bürgerfließ) so gerade ist, dass wir das

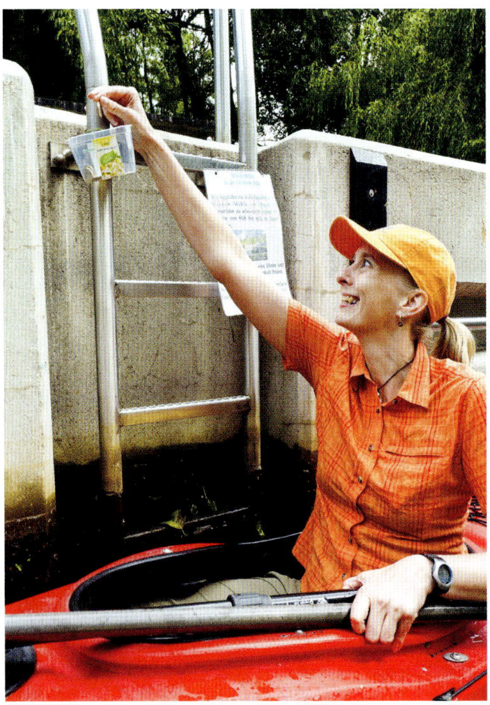

nächste Zwischenziel, das ***Wehr*** und die ***Huschepuschschleuse Nr. 51***, schon lange im voraus sehen. Nach der Schleusung biegen wir direkt nach rechts in den ***Rohrkanal*** und folgen ihm auf gut 700 Metern.

An der nächsten Möglichkeit wenden wir uns nach rechts und folgen der ***Tschapek*** zurück nach **Leipe**, wo wir direkt am *„Spreewaldhof"* die ***Hauptspree*** erreichen und die vom Vortag bekannte Strecke in entgegengesetzte Richtung durch das Dorf in Angriff nehmen.

An der Kreuzung mit dem ***Leiper Dorffließ*** und Abzweig zum „Froschkönig" bleiben auf der ***Hauptspree*** und fahren weiter geradeaus. Wie schon die meiste Zeit heute, arbeiten wir gegen eine leichte Strömung, denn die Hauptfließrichtung im Oberspreewald verläuft von Ost nach West – und wir paddeln von West nach Ost.

Trotzdem erreichen wir ohne große Anstrengung die ***Schleuse*** an der *Gaststätte Dubkow-Muehle. Die ursprüngliche Mahl- und Ölmühle, stand seit 1702 an der Hauptspree. Schon bald entdeckte der Müller die Gastronomie für sich, erhielt zunächst aber nur ein beschränktes Schankrecht. 1737 durfte dann auch Branntwein ausgeschenkt werden – die Geburtsstunde der Gastronomie in der Dubkow-Mühle. Nach einem Brand 1791 wurde die ehemalige Wassermühle in Fachwerkbauweise wieder aufgebaut und 1870 zur Gaststätte ausgebaut. Im Jahre 1919 stelle man den Mahlbetrieb komplett ein. 1923 wird das Wasserrad abgebaut, der frei gewordene Raum dient zukünftig Übernachtungsgästen.* Heute ist die Wirtschaft ein beliebtes Ausflugsziel bei Wanderern, Radlern und Paddlern.

Wir fahren in die Schleusenkammer und entrichten den obligatorischen „Schleusengroschen". Kinder und Jugendliche bessern als Schleusen-Hilfe das Taschengeld auf. Dies hat im Spreewald Tradition und der „freiwillige" kleine Obolus sollte nicht als lästig angesehen werden.

Nachdem wir uns von den „Schleusenwärtern" verabschiedet haben, folgen wir weiter der ***Hauptspree*** und ignorieren die Abzweige ***Untere Radduscher Kahnfahrt*** nach rechts sowie ***Buschgraben*** und ***Stauensfließ*** nach links. Gut zwei Kilometer hinter der „Dubkow-Muehle" ist es dann aber soweit. Wir sagen der Hauptspree „Adieu" und folgen der ***Unteren Stradower Kahnfahrt*** nach rechts. Sie mündet gegenüber der ***Schleuse Gabler*** in den ***Südumfluter***, auf dem wir uns nach links wenden. Wie anders nun das Landschaftsbild – statt Wald erstrecken sich jetzt Wiesen, Weiden und Äcker entlang der Ufer.

Die ***Gewitterschleuse*** ist die vorletzte Schleuse der Tour. Vorbei am *Bootsverleih Duschka* hinter der nächsten Straßenbrücke, erreichen wir mit der ***Bastianschleuse*** das letzte Hindernis der Tour. Gut einen Kilometer hinter ihr empfiehlt sich für alle, die noch eine Nacht in **Burg** verbringen wollen, der sehr gepflegte und freundliche *Kneipp- und Erlebnis-Camping* am rechten Ufer.

Wer die Paddeltour ohne Übernachtung beenden will, paddelt noch 500 Meter weiter bis zur Brücke am ***Südumfluter*** am südlichen Ortsende von Burg.

Direkt vor der Brücke findet sich am linken Ufer eine freie Stelle zwischen den geparkten Kähnen und man braucht Boote und Gepäck nicht einmal 100 Meter weit bis zum großen Parkplatz tragen, wo unser Auto bereits wartet. Sollte hier kein Platz zum Anlegen sein, kann man auch noch 100 m weiter paddeln und dann bei den Treppenstufen des *Bootshauses Am Leineweber* komfortabel aussteigen (bitte nicht vergessen vorher zu fragen).

36 km

Von Burg lohnt noch der Abstecher (2,5 km nördlich vom Südumfluter) zum *Bismarckturm* auf dem *Schlossberg*.

Sorben und Wenden

Die Sorben und Wenden sind die Nachfahren der slawischen Stämme, die während der großen Völkerwanderung im 6. Jahrhundert die von den Germanen weitgehend verlassenen Gebiete zwischen der Oder im Osten, dem Erz- und Fichtelgebirge im Süden, der Saale im Westen und einer Linie auf Höhe von Frankfurt/Oder im Norden besiedelten.

Ab dem 12. Jahrhundert wurden gezielt deutsche Handwerker, Bauern und Kaufleute aus dem Rheinland, Franken und Sachsen in der Lausitz angesiedelt und das zunächst friedliche Nebeneinander wurde spätestens im 14. Jahrhundert durch die gezielte Diskriminierung der Slawen abgelöst. Der Ausschluss aus den Zünften und das Verbot der Sprache zeigten Wirkung und nur die Sorben und Wenden in der Lausitz schafften es dank relativer Abgeschiedenheit ihre Sprache und Kultur zu erhalten.

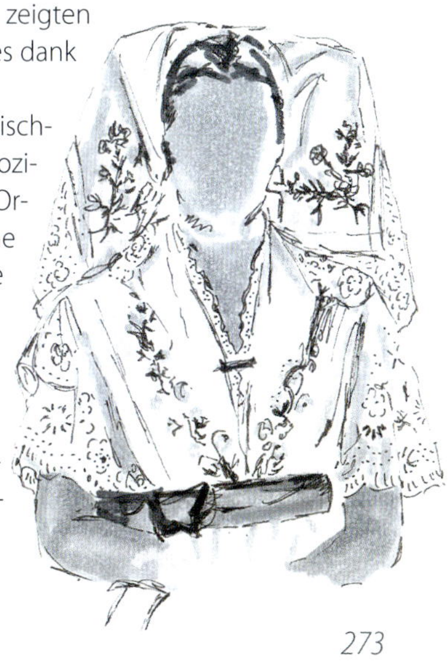

Ab dem 17. Jahrhundert begannen die Sorben langsam ein politisch-kulturelles Selbstbewusstsein zu entwickeln, welches im Nationalsozialismus ein jähes Ende fand, denn 1937 wurden alle sorbischen Organisationen und der öffentliche Gebrauch der sorbischen Sprache verboten. In der DDR-Verfassung wurden die Sorben als nationale Minderheit anerkannt und erhielten einen gewissen Schutz.

Gegenwärtig leben noch etwa 40.000 Menschen in der sächsischen Oberlausitz und 20.000 in der brandenburgischen Niederlausitz, die sich zur durch die Verfassung geschützten sorbischen Minderheit zählen und es werden große Anstrengungen unternommen, die Kultur zu bewahren, z.B. durch Unterricht in der Grundschule sowie Radio- und TV-Sendungen.

Stadtrundgang Cottbus

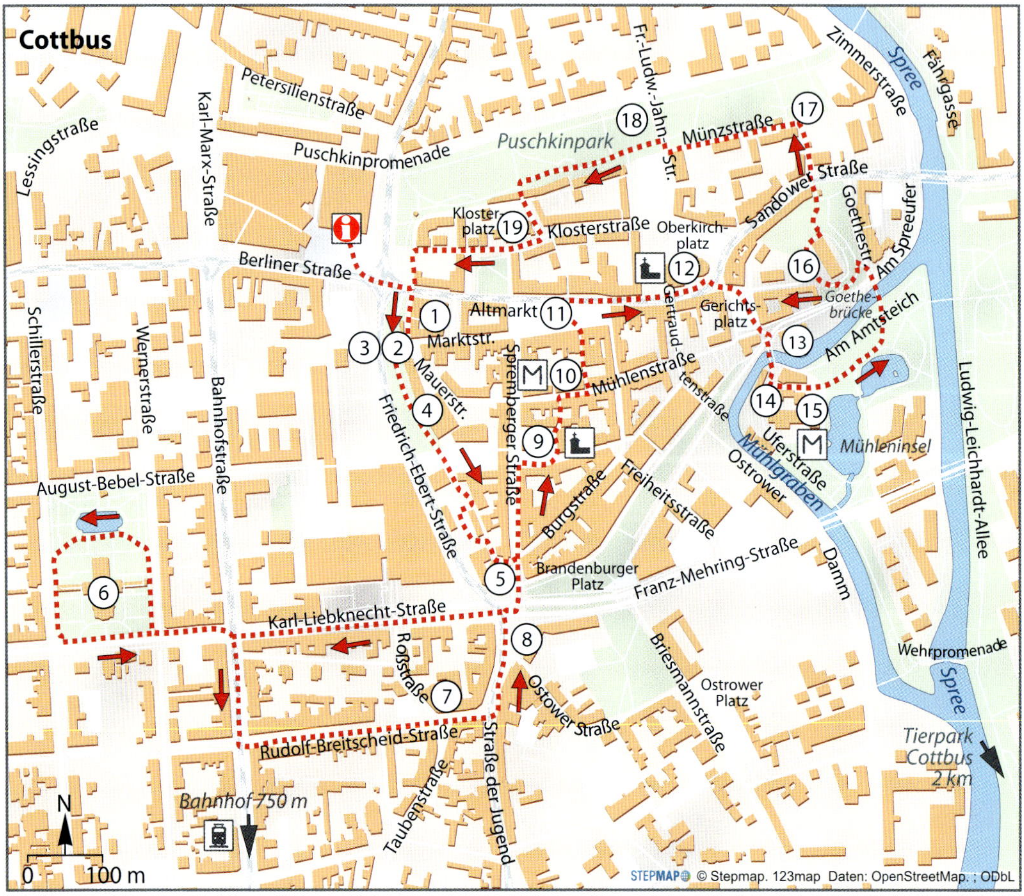

Die größte Stadt der Lausitz blickt auf eine 850-jährige Geschichte zurück und lockt mit einem vielfältigen, historischen Stadtzentrum. Ausgangspunkt für den Stadtrundgang ist die **Stadthalle**. Mit dem Rücken zur **Tourist-Info** laufen wir schräg nach links über den Vorplatz bis zum **Neuen Rathaus (1)** von 1934 - 1936 an der Ecke *Berliner Straße/Mauerstraße*. Der **„Weg des Ruhmes"** davor ehrt mit den im Gehweg eingelassenen Plaketten Cottbusser Sportler, die olympische oder paralympische Medaillen gewonnen haben.

Die *Mauerstraße* bringt uns vom Rathaus zum **Stadttor Lindenpforte (2)**, *das erst 1879 durch den Durchbruch des alten Mauerturms entstand, damit man den Markt in der Neustadt schneller von der Altstadt aus erreichen konnte*. Das **Postkutscher-Denkmal (3)** nebenan erinnert seit 2005 an das „Markenzeichen" der Stadt und ist ein Werk des Künstlers Christian Uhlig aus Angermünde.

Wir wechseln durch das Tor auf die andere Seite der mittelalterlichen **Stadtmauer (4)**, die mit ihren Türmen, Toren und Wiekhäusern den Grundriss der historischen Altstadt erahnen lässt und erreichen vorbei am Stadtbrunnen den **Spremberger Turm (5)** aus dem 13. Jahrhundert. Zusammen mit Bastei und Torhaus bildete er das südliche Stadttor. Im Jahre 2000 erhielt die Plattform einen verglasten Besucherzugang, sodass das Wahrzeichen der Stadt nun bestiegen werden kann und einen fantastischen Blick über die Dächer der Altstadt bietet.

Vom Spremberger Turm aus folgen wir der *Karl-Liebknecht-Straße* nach rechts zum **Staatstheater (6)** im Spätjugendstil, *das 1908 nach nur 16 Monaten Bauzeit eröffnet wurde*. Ebenfalls um die Jahrhundertwende wurde der angrenzende einstige Viehmarkt und Exerzierplatz mit repräsentativen Bürgerhäusern umbaut. Sowohl Theater wie auch der *Schillerplatz* sind Ausdruck des wirtschaftlichen Wohlstands der Cottbuser Bürger um 1900 infolge einer florierenden Textilindustrie.

Vom Theater laufen wir ein kurzes Stück auf der *Karl-Liebknecht-Straße* zurück, biegen dann nach rechts in die *Bahnhofstraße* und anschließend die zweite links ab. In der *Rudolf-Breitscheid-Straße* Nummer 78 leuchtet die weiße Fassade des **Weltspiegel (7)**, *ein Filmtheater, das am 4. Oktober 1911 seine Pforten öffnete. Nach über 100 Jahren wurde das historische Filmtheater liebevoll saniert und um weitere Kinosäle mit modernster 3D-Digitalprojektion ergänzt.*

Nun geht es nach links, wo sich zwischen modernen Bankenfassaden die gelb-weiße Front des **Breitscheid-Hauses (8)** versteckt, *in dem der preußische König Friedrich II. während seiner Durchreise im Siebenjährigen Krieg übernachtet haben soll.*

Unter Aufsicht des Spremberger Turms beginnt die *Fußgängerzone* und bringt uns zur weiß leuchtenden **Schlosskirche (9)** von 1714 mit einem neogotischen Turm von 1870. Hinter der Kirche suchen wir das schmale *Katharinengässchen*, das uns zum **Wendischen Museum (10)** führt. *Seit 1994 informiert es in 16 Ausstellungsräumen über slawische Geschichte und sorbische Kultur.*

36 km

Vor dem Museum folgen wir der *Mühlenstraße* für ein kurzes Stück nach rechts und nehmen gleich die nächste Gasse links, um auf den **Altmarkt (11)** zu kommen. Linker Hand ist in der über 400 Jahre alten **Löwenapotheke** mit historischer Inneneinrichtung das Brandenburgische Apothekenmuseum untergebracht. *Der Altmarkt war einst der wichtige Handelsplatz. Die ursprünglichen Fachwerkhäuser wurden später durch Bürgerhäuser im sächsischen Barock sowie klassizistische Traufenhäuser aus dem 18. und 19. Jahrhundert verdrängt,* die heute ein nettes Ambiente für zahlreiche Cafés oder Restaurants bilden, in denen man gerne verweilt.

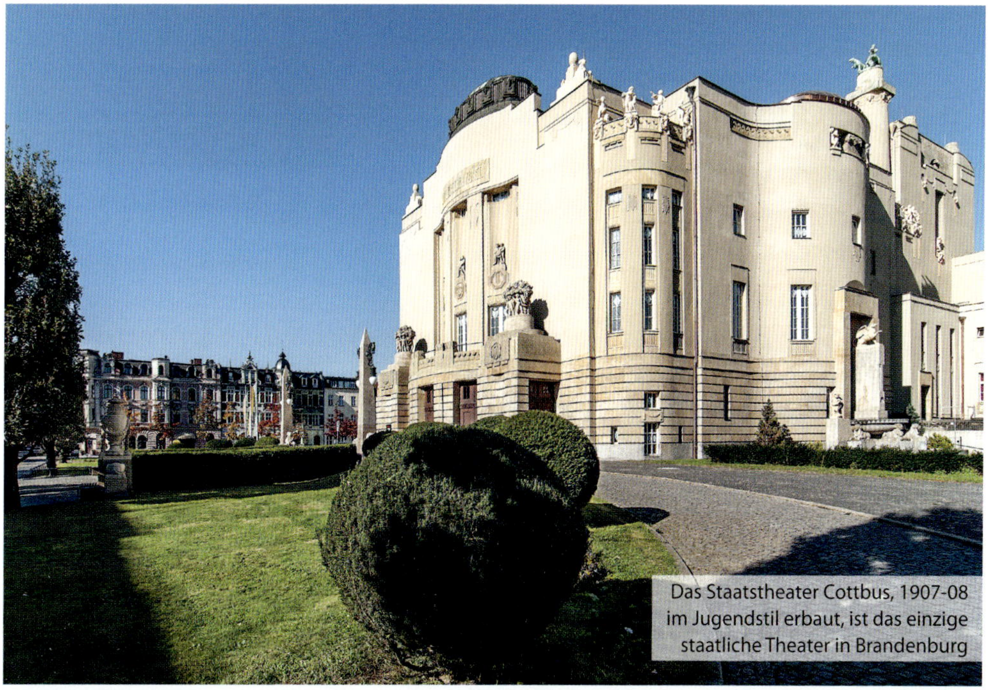

Das Staatstheater Cottbus, 1907-08 im Jugendstil erbaut, ist das einzige staatliche Theater in Brandenburg

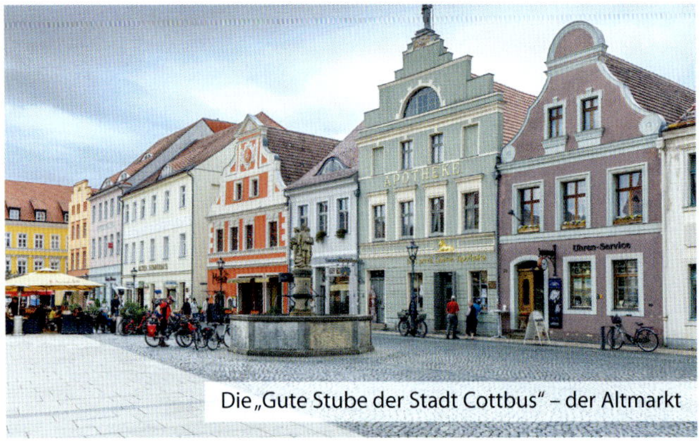

Die „Gute Stube der Stadt Cottbus" – der Altmarkt

Nach der Pause geht es in östliche Richtung über den Platz, unübersehbarer Wegweiser ist der markante, 55 Meter hohe Turm der **Oberkirche St. Nikolai (12).** *Der spätgotische, dreischifffige Backsteinbau aus dem 14. Jahrhundert gilt als größte Kirche der Niederlausitz. Im Innenraum beeindrucken Sterngewölbe, Kanzel und der Hochaltar von 1664.*

36 km

Südlich an der Kirche entlang biegen wir auf der gegenüberliegenden Straßenseite rechts in die *Gerichtsstraße*, überqueren den *Gerichtsplatz* und gelangen über die Spreebrücke auf die *Mühleninsel*. Nach dem sechsten Brand war die Geschichte der Stadtmühle entgültig besiegelt und von 1901-1903 wurde anstelle der Mühle das erste **Elektrizitätswerk (13)** im Stil der neugotischen Industriearchitektur (heute Industriedenkmal mit Wohnungen und Büros) errichtet. Gegenüber steht die denkmalgeschützte **Wilhelmsmühle**.

Die **Loh- und Weißgerberhäuser (14)**, ebenfalls gegenüber am *Mühlengraben*, gelten als die ältesten erhaltenen Gebäude in Cottbus. Davor wenden wir uns nach links und folgen der Straße *Amtsteich* in Richtung Osten. Rechter Hand liegt das **Kunstmuseum im Dieselkraftwerk (15)**. *Das Kraftwerk wurde als zweite Stromversorgung 1927/28 errichtet und beherbergt seit 2008 das Museum für bildende Kunst. Das abwechslungsreiche Ausstellungsprogramm widmet sich auf einer Fläche von 1.200 Quadratmetern der zeitgenössischen Kunst.*

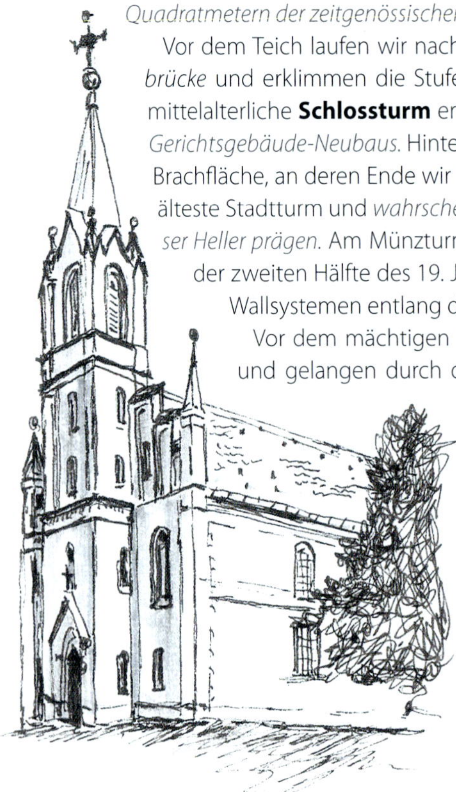

Vor dem Teich laufen wir nach links durch den **Park**, überqueren die *Spree* auf der *Goethebrücke* und erklimmen die Stufen des **Schlossbergs (16)**, auf dem sich der 46 Meter hohe mittelalterliche **Schlossturm** erhebt. *Seine neugotische Turmhaube bekam er 1877 im Zuge des Gerichtsgebäude-Neubaus.* Hinter der Pforte bringt uns die *Magazinstraße* nach rechts zu einer Brachfläche, an deren Ende wir links in die *Münzstraße* einbiegen. Der **Münzturm (17)** ist der älteste Stadtturm und *wahrscheinlich ließen die Herren von Cottbus hier schon 1483 den Cottbusser Heller prägen.* Am Münzturm erreichen wir durch ein Tor den **Puschkinpark (18)**, der in der zweiten Hälfte des 19. Jahrhunderts als Bürgerpromenade auf den alten Graben- und Wallsystemen entlang der Stadtmauer entstand.

Vor dem mächtigen Bürokomplex mit spiegelnder Fassade verlassen wir den Park und gelangen durch das Klostertor auf den *Klosterplatz*. Hinter der **Klosterkirche (19)** mit dem gotischen Innengewölbe, die an das ehemalige Franziskanerkloster aus dem 13. und 14. Jahrhundert erinnert, halten wir uns rechts und kommen auf der *Klosterstraße* zurück zum Ausgangspunkt **(Stadthalle)**.

Tourist-Info: ***CottbusService****, Mo-Fr 10-17, Sa 10-13*, Tel. (0355) 754 20, Berliner Pl. 6 (Stadthalle), www.cottbus-tourismus.de

Für Kinder: ***Tierpark Cottbus,*** Tel. (0355) 355 53 60, Kiekebuscher Str. 5, www.tierparkcottbus.de

Planetarium „Juri Gagarin", www.planetarium-cottbus.de

Spreewald

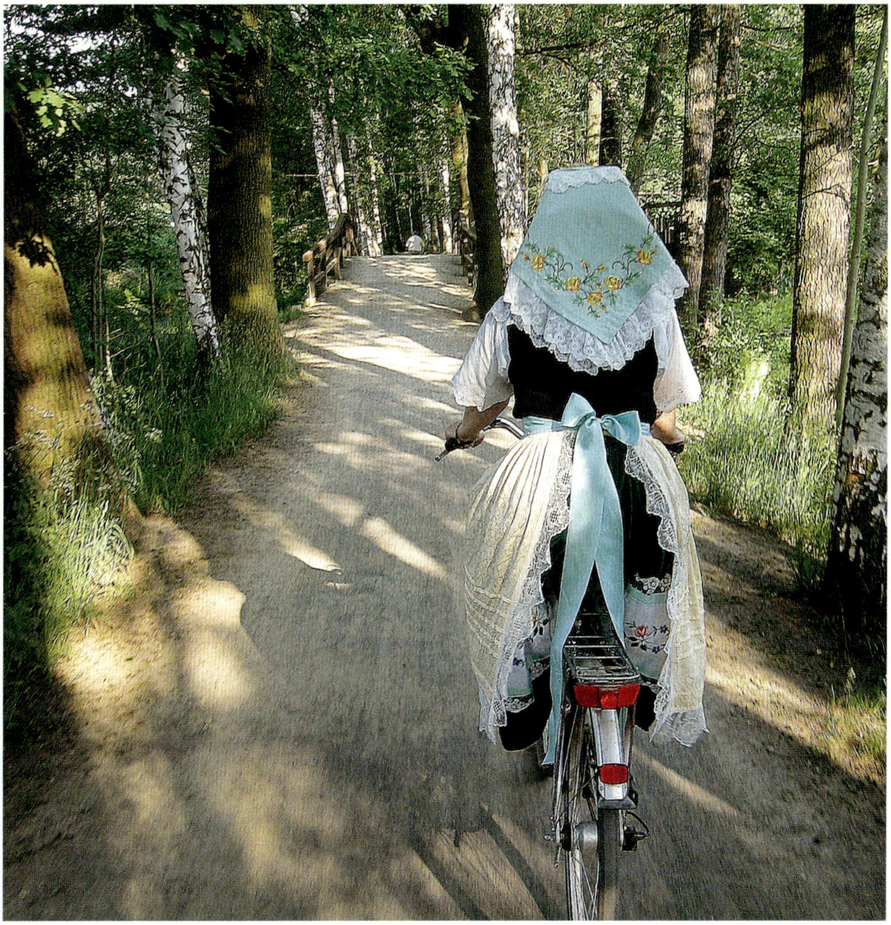

aktiv

Die Region

Im Südosten Brandenburgs, wenige Kilometer westlich von Cottbus und etwa 100 Kilometer südöstlich von Berlin, fächert sich die Spree in ihrem Mittellauf zu einem einzigartigen Binnendelta auf. **Zwischen Burg** im Süden **und Leibsch** im Norden erstreckt sich das 475 Quadratkilometer große **Biosphärenreservat Spreewald** auf einer Länge von ca. 55 Kilometern bei einer maximalen Breite von 15 Kilometern.

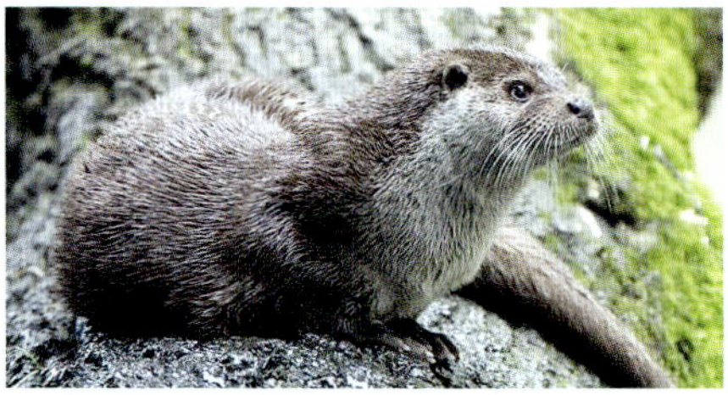

Unzählige Wasserläufe verleihen der Landschaft ihr unverwechselbares Äußeres und Wald macht über ein Viertel der Fläche des Biosphärenreservates aus. Die abwechslungsreiche Landschaft ist Heimat für eine **artenreiche Flora** und **Fauna** mit 18.000 Tier- und Pflanzenarten, darunter zahlreiche vom Aussterben bedrohte Arten wie **Schwarzstorch, Fischotter** und verschiedene **Orchideen**.

Der erste Eindruck aber täuscht: Der Spreewald ist kein unberührter Urwald, sondern Generationen von Bauern schufen mit ihrer mühevollen Arbeit das kleinteilige Puzzle aus Wiesen, Äckern und Wald, welches heute den besonderen Reiz des Spreewalds ausmacht.

Die Entstehung der Landschaft

Wie die Landschaftsgeschichte im gesamten Brandenburg, entstanden auch die **Spreewaldfließe** durch das Wirken der gewaltigen Eismassen und dem Schmelzwasser der Gletscher während der letzten Eiszeit. Am Ende der **Weichseleiszeit** vor gut 10.000 Jahren floss in der Region zwischen den heutigen Orten Straupitz, Vetschau, Lübben und Burg das Schmelzwasser der Gletscher durch das **Baruther Urstromtal** gen Westen und verästelte sich durch das geringe Gefälle

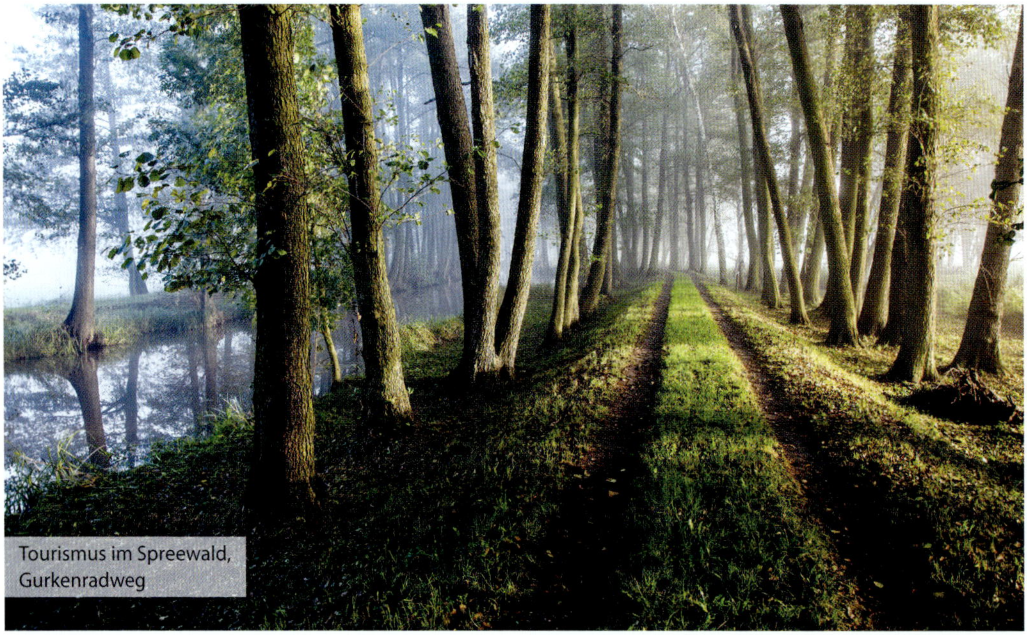

Tourismus im Spreewald, Gurkenradweg

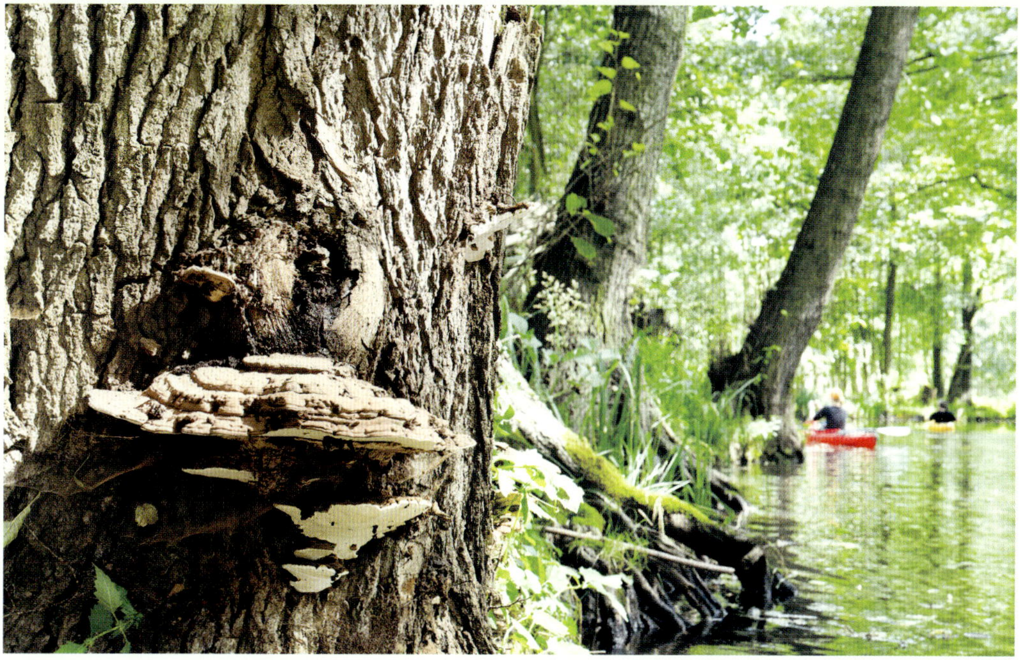

in ein weitverzweigtes Delta, das sich ständig veränderte. Einzelne Arme entstanden neu, andere versandeten. Nachdem das Eis endgültig abgetaut war, begannen im Gebiet des heutigen **Oberspreewaldes** erste Gehölze wie Birken, Weiden und Kiefern zu wachsen und zwangen durch ihr Wurzelwerk zumindest die Hauptwasserläufe in festere Bahnen.

Der **Unterspreewald** nördlich von Lübben entstand in einem späteren Stadium der Eiszeit, als sich die Gletscher weiter zurückgezogen hatten. Da die Gebiete nördlich des ursprünglichen Eisrandes tiefer lagen, suchte sich das Schmelzwasser einen Weg nach Norden und legte die Grundlage für den heutigen Unterspreewald.

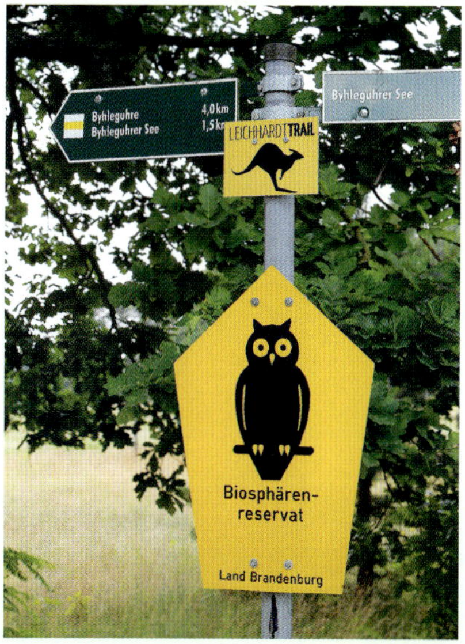

Die höher gelegenen Inseln zwischen den Fließen werden im Spreewald **Kaupen** genannt (abgeleitet vom niedersorbischen „Kaupa" = „Haufen" oder „Erhebung") und boten verhältnismäßig guten Schutz vor Hochwasser, so dass sich hier die ersten „Spreewälder" niederließen – die typischen Streusiedlungen entstanden.

Im 6. Jahrhundert n. Chr. wanderten die **Wenden/Sorben** aus der Region des heutigen Weißrusslands in den Spreewald ein und trotzten der Moorlandschaft mühsam Äcker und Weiden ab. Im Mittelalter begann man mit der Waldrodung, um Weideflächen zu gewinnen und bereits im 18. Jahrhundert war der Urwald im Oberspreewald zu zwei Dritteln verschwunden. Lediglich der **Hochwald** im Besitz des Königs blieb unberührt und bildet heute die **Kernzone** des Biosphärenreservats.

Das UNESCO-Biosphärenreservat Spreewald

Das Biosphärenreservat Spreewald wurde zusammen mit einer ganzen Reihe weiterer Großschutzgebiete in der allerletzten Sitzung des Ministerrates der DDR ausgewiesen. Insgesamt entstanden im Rahmen des Nationalparkprogramms am 12. September 1990 fünf Nationalparke, sechs Biosphärenreservate und drei Naturparke.

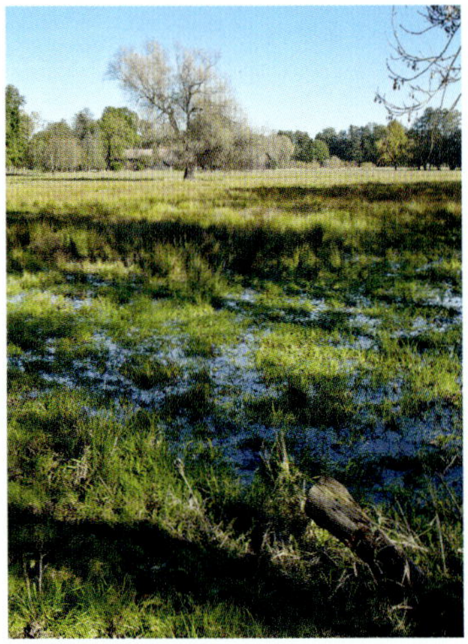

Seit dem 1. Oktober 1990 ist die Region unter Schutz gestellt, im März des darauffolgenden Jahres das Biosphärenreservat Spreewald international durch die UNESCO anerkannt.

Lebensräume im Spreewald

Als naturnahe **Auenlandschaft** wird der Spreewald insbesondere von seinem Wasserhaushalt geprägt und zu den charakteristischen Lebensräumen zählen neben Bruch- und Auwäldern auch Moore, Röhrichte sowie naturnahe Feucht- und Nasswiesen.

Ursprünglich war **Erlenbruchwald** weit über den gesamten Spreewald verbreitet, da er besonders mit dem hohen Grundwasserstand und der zeitlich begrenzten Überflutung im Frühjahr und Herbst gut zurecht kommt. Insbesondere im 20. Jahrhundert wurden die Erträge in der Landwirtschaft durch verschiedene Entwässerungsmaßnahmen gesteigert und als Folge des sinkenden Grundwasserspiegels verdrängten Erlen-Eschen-Wälder die zuvor nassen Bruchwälder.

Heute dominieren Erlen-Eschen-Wälder die inneren Abschnitte von Unter-und Oberspreewald. Sie liefern sehr gutes Holz und werden unter ökologischen Gesichtspunkten bewirtschaftet, d.h. es werden nur einzelne Bäume oder kleine Gruppen entnommen.

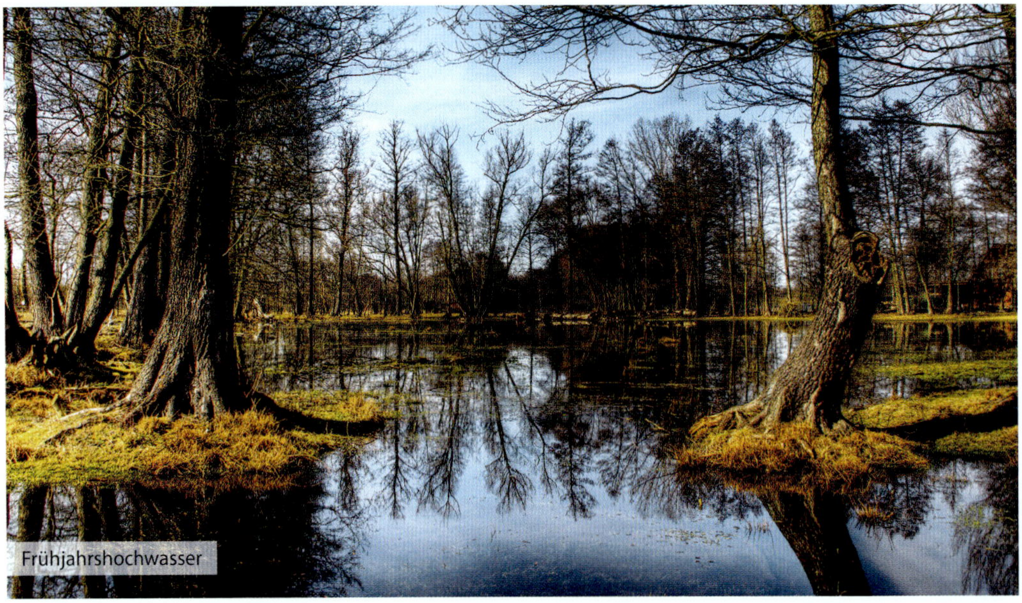

Frühjahrshochwasser

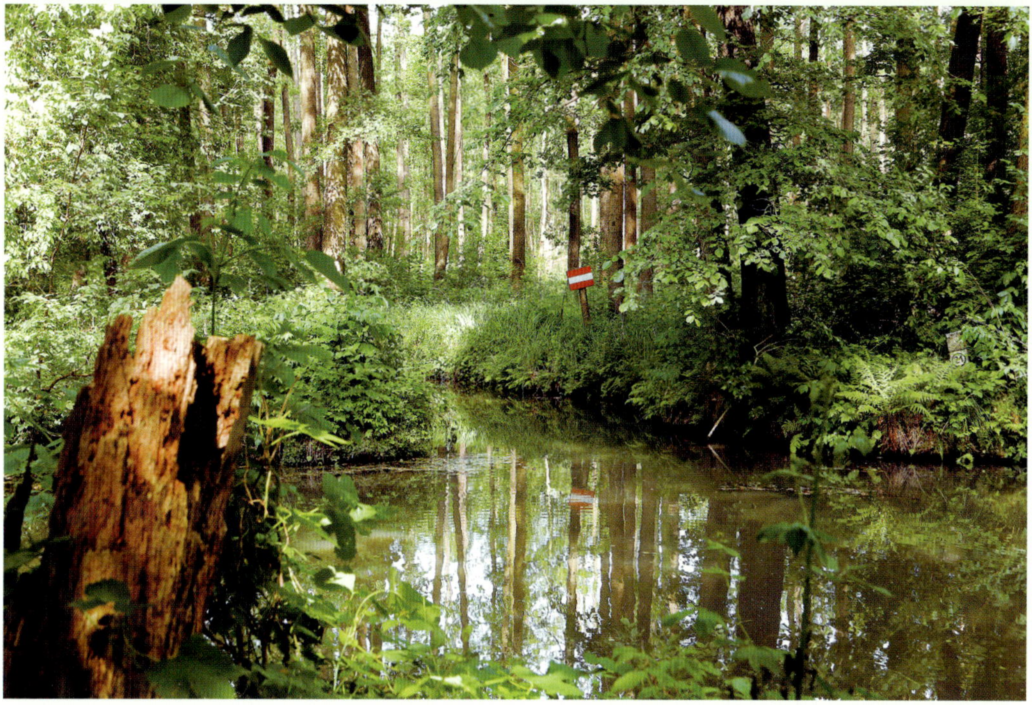

Der sonst für Deutschland so typische Buchenwald ist im Spreewald nur selten zu finden, häufiger sind **Eichenwälder**, die je nach Standort mit **Hainbuche, Linde, Buche, Ulme, Birke** oder **Kiefer** gemischt sind. Die Eichenmischwälder waren früher auf den höher gelegenen, trockeneren Flächen verbreitet, wurden aber vor allem im Oberspreewald großflächig abgeholzt und als Grünland genutzt. Heute sind Eichenmischwälder vorwiegend im Unterspreewald zu finden. Besonders zu beeindrucken wissen sie im Frühjahr, wenn in der reichhaltigen Krautschicht **Gelbe Anemone, Scharbockskraut** und **Maiglöckchen** blühen. Neben den Wäldern bestimmen die Fließgewässer das Landschaftsbild im Spreewald und bilden mit ihren Uferzonen einen wichtigen Lebensraum für viele, z.T. seltene und gefährdete Tier- und Pflanzenarten.

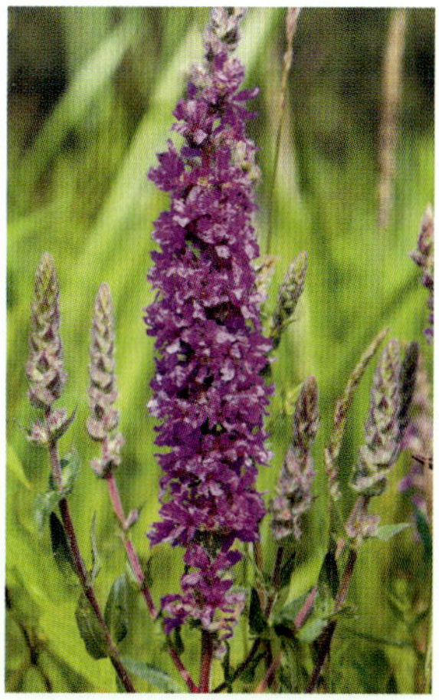

Da die **Wasserläufe** schon seit langer Zeit durch den Menschen an seine Bedürfnisse angepasst und umgebaut wurden, lässt sich heute kaum noch ein Unterschied zwischen Kanälen und natürlich entstandenen Fließgewässern ausmachen, sodass man im Spreewald besser von **„Fließen"** spricht. Die Spreewaldfließe sind verhältnismäßig arm an Wasserpflanzen, da die dichten Laubkronen kaum Licht durchlassen. **Wasserhahnenfuß, Seerosen** und **Wasserlinsen** sind daher nur an breiteren Fließen mit unbeschatteten Flächen zu finden.

„Echte" durch Regenwasser gespeiste Torfmoosmoore mit **Sonnentau, Moosbeere** und **Wollgras** gibt es nur in den Spreewald-Randlagen. Häufiger anzutreffen sind grundwasserabhängige **Niedermoore** mit **Erlenwäldern** sowie **Seggen-** oder **Nasswiesen**.

Grünland entstand im Spreewald immer dort, wo Wald großflächig abgeholzt wurde, und nimmt heute weite Teile des Spreewalds ein. An feuchteren Standorten entstanden artenreiche **Großseggenwiesen**, an den stärker entwässerten Stellen waren ursprünglich nährstoffarme, artenreiche Feuchtwiesen zu finden, die durch die Intensivierung der Landwirtschaft allerdings sehr selten geworden sind. Vor allem ab den 1970er Jahren entstanden durch massive Eingriffe in den Wasserhaushalt ausgedehnte artenarme **Intensivgrasländer**.

Neben Wäldern und Grünland nehmen **Äcker** eine große Fläche ein. Sie werden meist extensiv genutzt und nur wenig gedüngt. Angebaut werden hauptsächlich **Kartoffeln, Spargel, Lein (Flachs), Roggen** und **Klee**.

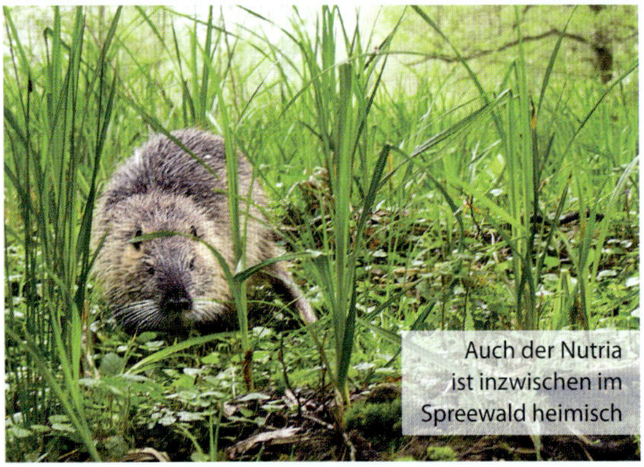

Auch der Nutria ist inzwischen im Spreewald heimisch

Flora und Fauna

Der Spreewald begeistert seine Besucher nicht nur durch das engverzahnte Nebeneinander von **Wald und Wasser**, sondern auch mit seiner vielfältigen **Tier- und Pflanzenwelt**. Mit Ausdauer und etwas Glück lassen sich sogar seltene Arten entdecken, die an andere Stelle längst nicht mehr zu finden sind. So stehen knapp 600 der im Spreewald vorkommenden Farn- und Blütenpflanzen auf der Roten Liste der vom Aussterben bedrohten oder gefährdeten Arten. **See-** und **Fischadler, Schwarz-** und **Weißstorch, Eisvogel, Wiedehopf** und **Kranich** sind einige Beispiele für die im Spreewald heimischen Tierarten, die in Deutschland und Europa besonders geschützt werden.

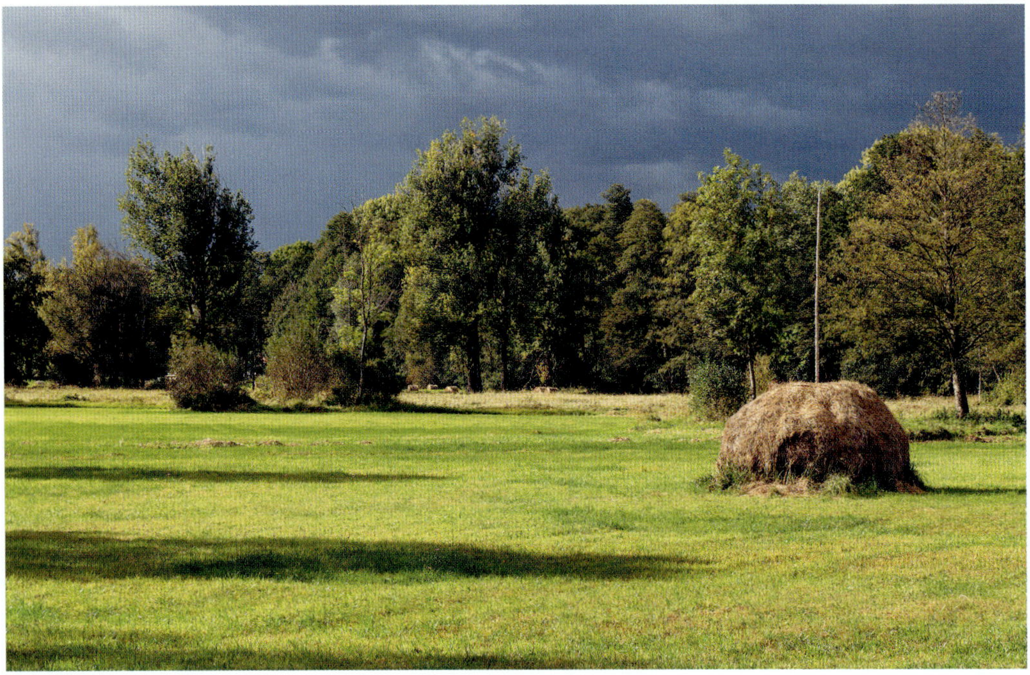

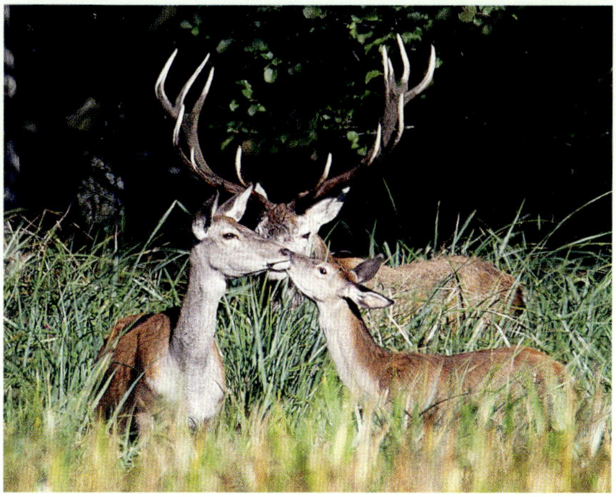

Fischotter sind in den Fließgewässern des gesamten Spreewalds anzutreffen. Der **Biber** war seit dem 19. Jahrhundert an der Spree praktisch ausgestorben und wurde 2004 nördlich von Lübben erstmals wieder entdeckt.

In den Wäldern leben **Wildschweine, Rehe, Rothirsche, Füchse** und **Dachse**. Die Hohlräume in alten Bäumen dienen als Unterschlupf für **Fledermäuse** wie **Braunes Langohr, Breitflügelfledermaus** und **Abendsegler**.

Frösche und **Lurche** fühlen sich auf den ausgedehnten Feuchtwiesen im Spreewald besonders wohl, was vor allem im Frühjahr deutlich zu hören ist. Dann stimmen **Rotbauchunken, Kröten** und **Grasfrösche** anläßlich des Laichens ein vielstimmiges Konzert an. Zu dieser Zeit tauchen auch blühende **Sumpfdotterblumen** und **Hahnenfuß** die Wiesen in leuchtendes Gelb.

Die Gewässervielfalt aus Fließen, Seen und Tümpeln bildet die Grundlage für den Fischreichtum im Spreewald. Am weitesten verbreitet sind **Aal, Schleie, Hecht, Zander, Plötze** und **Rotfeder**.

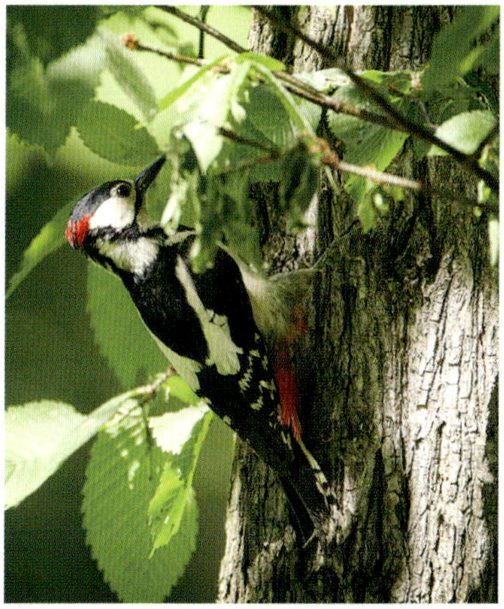

Da **abgestorbene Bäume** dank einer naturnahen Bewirtschaftung im Wald verbleiben dürfen, finden **Käfer, Wespen** und andere totholzliebende **Insekten** ideale Bedingungen vor. Auch die verschiedenen **Spechtarten** sowie der **Wendehals** brüten in alten Bäumen und Totholz.

Das kleinteilige Mosaik vieler verschiedener Standorte nebeneinander gefällt auch **Wildbienen**, **Schmetterlingen** und **Heuschrecken**. Farbenprächtige **Libellen**, die im Sommer über die Wasseroberfläche schwirren, sind für Paddler, neben den unvermeidlichen **Mückenschwärmen**, sicherlich die am häufigsten anzutreffenden Insekten. Bislang wurden 42 verschiedene Libellenarten im Biosphärenreservat gezählt.

In den Ortschaften der Spreewaldregion brüten insgesamt über 100 **Weißstorchpaare**. Neben Adebar als dem herausragenden Vertreter der Vogelwelt brüten auch der viel seltenere **Schwarzstorch** sowie **Kraniche**, **See-** und **Fischadler** in den Waldgebieten. Die spreewäldischen Feuchtwiesen sind Heimat für die verschiedensten Wasservögel und in den letzten Jahren haben sich **Singschwan, Knäk-, Schell-, Reiher-** und **Löffelente** neu angesiedelt.

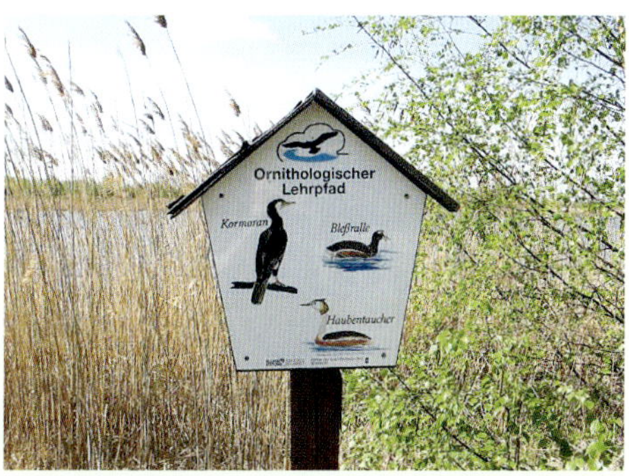

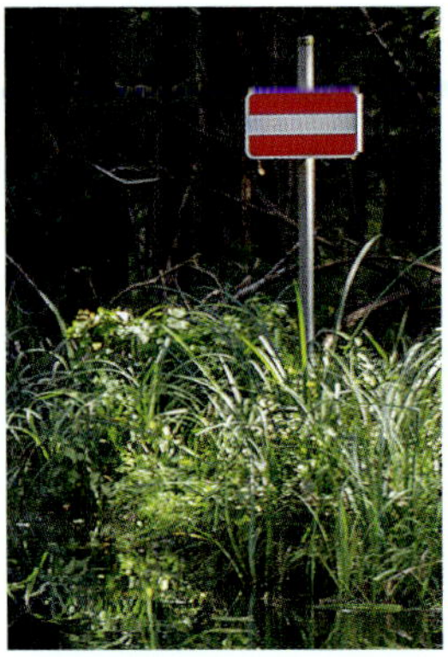

Schutzzonen

Das Biosphärenreservat soll die über Jahrhunderte von Menschenhand geformte Kulturlandschaft und ihren Artenreichtum erhalten. Entsprechend den internationalen Richtlinien ist das **Biosphärenreservat in vier Zonen** unterteilt:

- **Zone I:** Die **Kernzone** genießt den höchsten Schutzstatus. Hier findet kein Eingriff durch den Menschen statt und die Natur ist ihrer natürlichen Dynamik überlassen. In begrenztem Umfang dient die Kernzone der Forschung, ansonsten ist das **Betreten** aber **verboten**.
- **Zone II:** Diese **Pflegezone** soll die Kernzone gegenüber Einflüssen von außen abschirmen. Bei der Nutzung hat der Naturschutz Vorrang – die **markierten Wasser- und Wanderwege dürfen nicht verlassen werden**.
- **Zone III:** In der **Entwicklungszone** soll das über Jahrhunderte gewachsene Landschaftsbild durch eine **nachhaltige Bewirtschaftung** bewahrt werden.
- **Zone IV:** Die **Regenerierungszone** umfasst vor allem Gebiete, die durch intensive Bewirtschaftung der vergangenen Jahrzehnte geschädigt wurden. Diese Standorte sollen durch gezielte Eingriffe **ökologisch aufgewertet** und langfristig in die Zonen II und III umgewandelt werden.

Wichtige Adressen um den Spreewald

Gute Anlaufstellen für Wissenswertes rund um Landschaft und Natur des Spreewalds sind die *Informationszentren des Biosphärenreservats* mit *Naturwachtstützpunkt* in **Burg**, **Lübbenau** und **Schlepzig.** Neben Tipps, Broschüren, Tourenvorschlägen werden auch Führungen mit Rangern der Naturwacht angeboten: www.spreewald-biosphaerenreservat.de

Website der *Nationalen Naturlandschaften Brandenburgs*: www.natur-schau-spiel.com

Besucherzentren Biosphärenreservat

Haus für Mensch und Natur Lübbenau, *Apr-Okt Di-So 10-17, Nov-Mär Di-Fr 10-15*
Schulstr. 9, 03222 Lübbenau,
Tel. (03542) 892 10,
Naturwacht Tel. (03542) 87 91 68

Schlossberghof Burg
Mai-Sep Mo-Fr 10-15, Sa+So 10-17
Okt-Apr Mo-Fr 10-15, Byhleguhrer Str. 17, 03096 Burg (Spreewald),
Tel. (035603) 69 10,
Naturwacht Tel. (035603) 75 01 46

Alte Mühle Schlepzig, *geöffnet: Nur nach vorheriger Anmeldung!*
Dorfstr. 52, 15910 Schlepzig
Tel. (035472) 65 63 21,
Naturwacht Tel. (035472) 52 30

Auskunft & Tourist-Infos

Tourist-Info Unterspreewald
Dorfstraße 26, 15910 Schlepzig
Tel. (035472) 640 25
www.schlepzig.de

Spreewald-Service Lübben
Ernst-von-Houwald-Damm 15
Tel. (03546) 30 90
www.spreewaldstadt-luebben.de

Spreewald-Touristinformation Lübbenau, Ehm-Welk-Straße 15, 03222 Lübbenau
Tel. (03542) 88 70 40
www.luebbenau-spreewald.com

Tourist-Info Burg, Am Hafen 6
03096 Burg (Spreewald)
Tel. (035603) 75 01 60
www.BurgimSpreewald.de

Tourismusverband Spreewald
Lindenstraße 1, 03226 Vetschau
Tel. (035433) 722 99
www.spreewald.de

TEG Tourismus-Entwicklungsgesellschaft Lieberose/Oberspreewald in Goyatz
Am Bahnhof 27
15913 Schwielochsee OT Goyatz
Tel. (035478) 17 90 90
www.TEG-LDS.de

Tourist-Info Oberspreewald,
Kirchstr. 11, 15913 Straupitz
Tel. (035475) 809 77
www.TEG-LDS.de

Hilfreiche Links

www.spreewald-info.de
www.spreewald-urlaub.de

Kähne, Küche und Kultur

Der Spreewaldkahn

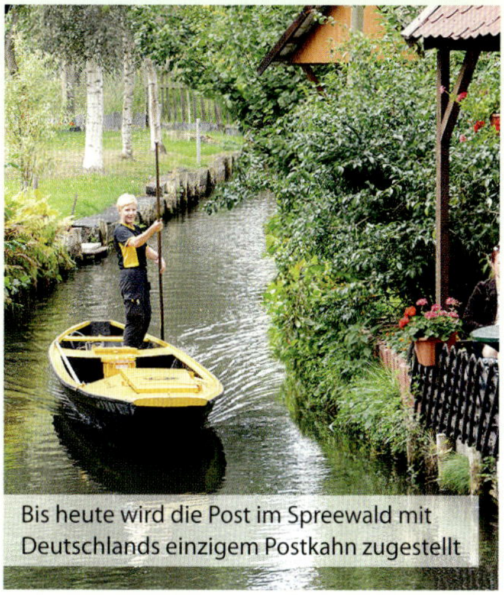

Bis heute wird die Post im Spreewald mit Deutschlands einzigem Postkahn zugestellt

Traditionelles Fortbewegungsmittel im Spreewald ist der Kahn. Er geht auf einen Einbaum zurück, der durch das Aushöhlen eines Baumstammes mit einer Rundaxt gefertigt wurde und noch bis Mitte des 19. Jahrhunderts in Gebrauch war. Die bis heute verwendeten Nachfahren der Urform werden aus Kiefern- oder Lärchenholzbrettern hergestellt und sind maximal 9,50 Meter lang und 1,90 Meter breit.

Der **Spreewaldkahn** ist als „Landungsboot" konstruiert, d.h. er ist vorne breiter als hinten, sodass die Bauern einfach mit dem Bug auf das Ufer fahren konnten, um den Kahn dann leicht zu be- und entladen. Aufgrund der geringen Wassertiefe im Spreewald ist der Boden eines Spreewaldkahns flach und kiellos. Mit einer etwa vier Meter langen Stange, dem sogenannten „Rudel" stakt der Fährmann durch die engen Fließe.

Natürlich macht die Zeit auch vor dem Spreewald nicht halt und mit dem Bau des Straßennetzes hat der Kahn seine Bedeutung für den Transport von Vieh, Gemüse und Heu in der Landwirtschaft weitgehend verloren. Er lebt hauptsächlich als Touristenattraktion fort und nahezu jeder Ort im Spreewald verfügt über einen eigenen Kahnhafen.

Einzelne Gehöfte in der Gegend um Lehde und Leipe sind bis heute aber nicht mit dem Straßennetz verbunden und so kommt die Post – zumindest von April bis Oktober – noch immer per Kahn und auch Feuerwehr und Müllabfuhr verfügen über eigene Kähne, um die Bevölkerung auf dem Wasserweg zu versorgen.

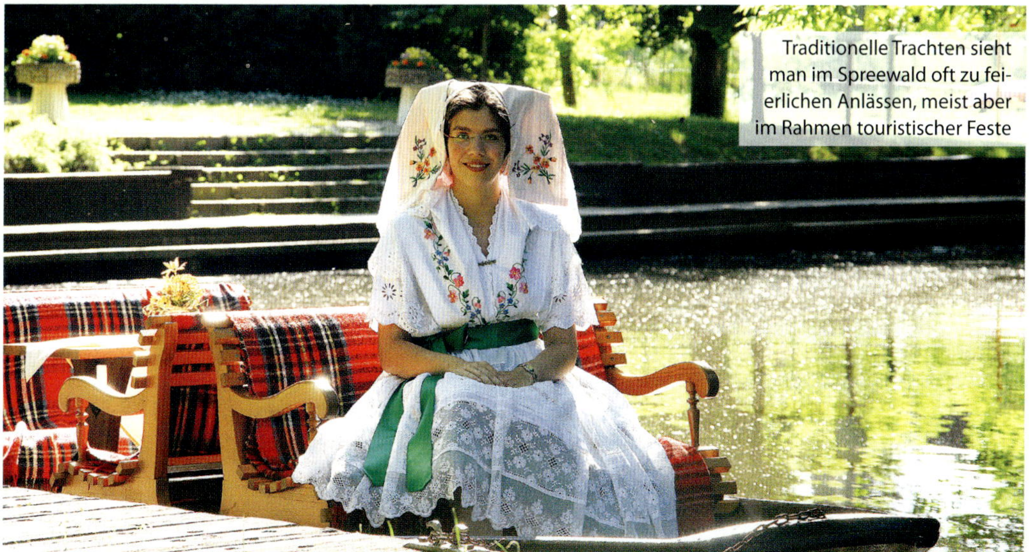

Traditionelle Trachten sieht man im Spreewald oft zu feierlichen Anlässen, meist aber im Rahmen touristischer Feste

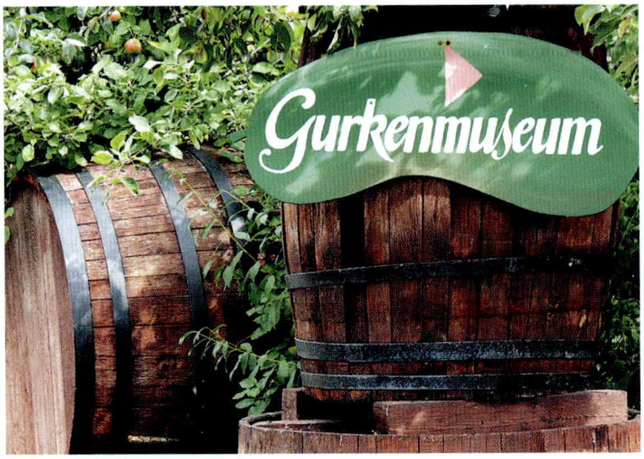

Spreewaldküche

Das bekannteste Produkt aus dem Spreewald ist sicherlich die **Gurke**, die von den slawischen Siedlern mitgebracht wurde und im feucht-warmen Spreewald ideale Bedingungen vorfand.

Seit 1999 ist die **Spreewaldgurke** durch ein EU-Siegel geschützt, das unter anderem vorschreibt, dass die Rohware zu mindestens 70 Prozent direkt aus dem Wirtschaftsraum Spreewald stammen muss. Das genaue Rezept bleibt zwar das Geheimnis der Hersteller, aber unter anderem sorgen frischer Dill und Zwiebeln, Kräuter und Meerrettich für den abgerundet sauer-würzigen Geschmack.

Bei einer Tour mit Kanu, Fahrrad oder zu Fuß laden am Wegesrand zahlreiche urige Gaststätten und Ausflugslokale zur Rast ein. Die Küche im Spreewald verwendet traditionell die Zutaten, die der eigene Hof hergab. **Pellkartoffeln, Quark** und **Leinöl** sind ein Beispiel für ein solch einfaches, aber schmackhaftes Gericht, das auf keiner Speisekarte im Spreewald fehlen darf. Seltener, aber nicht weniger lecker, werden dagegen **Schmorgurken** mit **Dill & Speck** angeboten. Auch typisch sind **marinierter Hering, Senf, Meerrettich, Gurkensalat.**

Als Nachtisch oder Süßspeise bekommt man fast überall **Hefeplinsen** – Eierkuchen mit Hefe in der Pfanne goldbraun gebacken, serviert mit Apfelmus oder Zimtzucker. Seltener gibt es **Mohnpielen** ein Dessert aus Mohn, Milch und Brötchen.

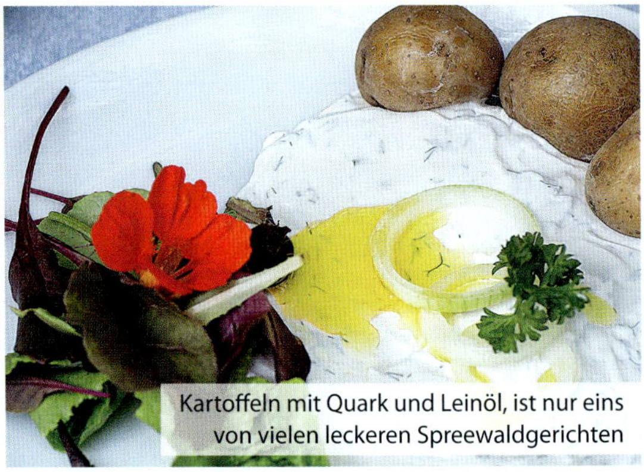
Kartoffeln mit Quark und Leinöl, ist nur eins von vielen leckeren Spreewaldgerichten

„Spreewald – das Kochbuch“, *Zu Tisch im Spreewald - gestern und heute* und **„Spreewald kulinarisch“** *Rezepte und Gasthäuser*, beide Bücher *Peter Becker und Peter Franke*, Edition Limosa.

Spreewälder Un-Kraut-Laden, *Mo-Fr 14-18, Sa 10-18*, Burger Str. 1, 03096 Werben (Spreewald), Tel. (035603) 660, www.hotel-stern-werben.de

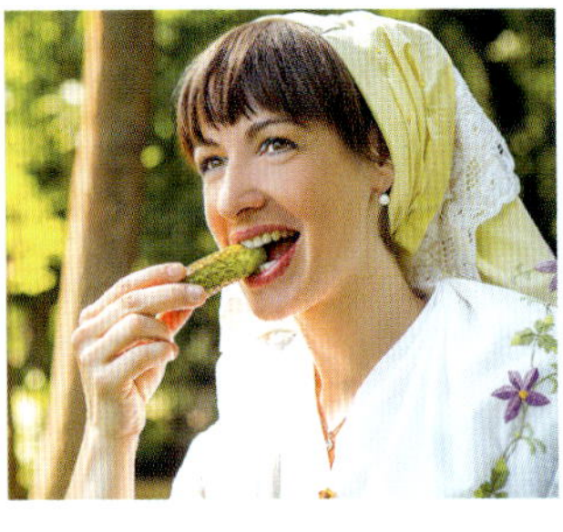

Feste im Spreewald

Zampern (Heischegang vor der Fastnacht) und ***Zapust*** (sorbisch / wendische ***Fastnacht***), Jan-Mär in den **Spreewalddörfern**.

Spreewälder Sagennacht an Pfingsten in **Burg**.

Heimat- & Trachtenfest am letzten Augustwochenende in **Burg**.

Spreewaldfest in **Lübben**, 3. Septemberwochenende.

Peitzer Fischerfest, 2. Augustwochenende in **Peitz**.

Museen

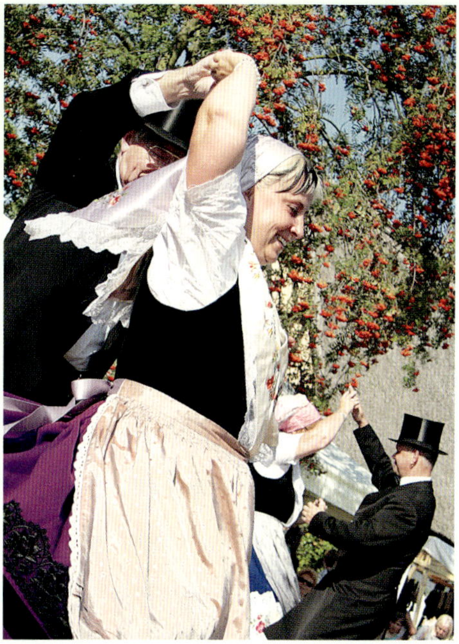

- **Spreewald-Museum Lübbenau** (Geschichte d. Spreewaldregion), *Apr-Okt Di-So 10-18, Nov-Mär Di-So 12-16*, Am Topfmarkt, Tel. (03542) 24 72, www.museum.kreis-osl.de
- **Gurkenmuseum** in der Hotelanlage Starick in **Lehde**, mit kleinem Bauernmarkt mit regionalen Produkten, An der Dolzke 4 A, www.spreewald-starick.de/gurkenmuseum
- **Freilandmuseum Lehde** (drei originale, altsorbische Höfe aus dem gesamten Spreewald) *Apr-Sep tgl. 10-18, Okt 10-17*, An der Giglitza Tel. (03542) 24 7, www.spreewald-lehde.de
- **Heimatstube Burg** (historische Dokumente, Fotografien, wendische Trachten) *Apr-Okt Mi-So 13-17, Nov-Mär Mi-Fr 12-16* Am Hafen 1, Tel. (035603) 757 29
- **Stadt- & Regionalmuseum im Schloss Lübben** (Ur- und Frühgeschichte der Region), *Apr-Okt Di-So 10-17, Nov-Mär Mi-Fr 10-16, Sa/So 13-17* Ernst-von-Houwald-Damm 14, Tel. (03546) 18 74 78, www.museum-luebben.de
- **Slawenburg Raddusch** (Burgwall & Archäologie in der Niederlausitz), *Apr-Okt tgl. 10-18, Nov-Mär 10-16*, Zur Slawenburg 1, 03226 Vetschau, Tel. (035433) 555 22, www.slawenburg-raddusch.de
- **Bauernmuseum mit Agrartechnik Schlepzig** (Landwirtschaft im Spreewald), *Apr-Okt Mi-So 10-16, Nov-Mär Di-Fr10-16*, Dorfstraße 26, Tel. (035472) 225, www.bauernmuseum-schlepzig.de
- **Eisenhütten- und Fischereimuseum Peitz** (Technik und Binnenfischerei mit Hochofen- und Gießereihalle), *Apr-Okt Mo-Do+Sa,So 10-17, Fr Ruhetag, Nov-Mär Mo-Do 10-16, Sa+So 13-16* Hüttenwerk 1, 03185 Peitz, Tel. (035601) 344 17 www.peitzer-huettenwerk.de und www.fischereimuseum.de

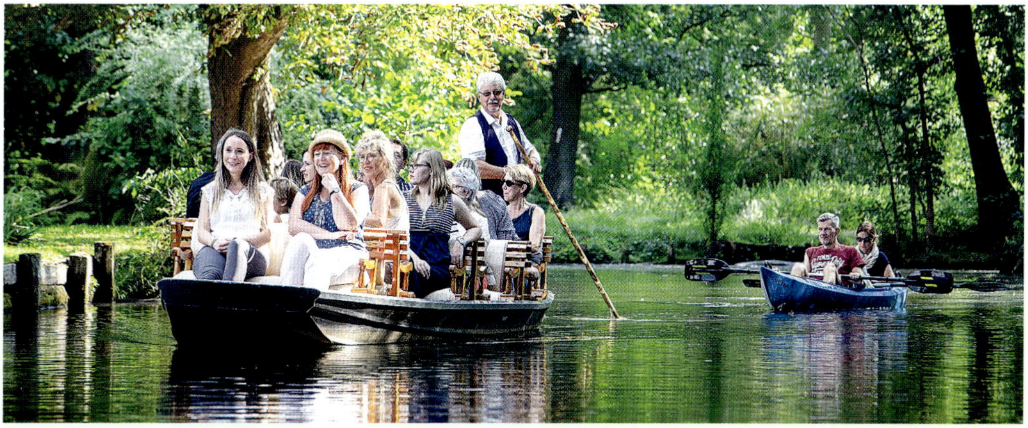

Radtouren & Wanderungen im Spreewald

1 - Radtour durch den Unterspreewald
60 km, Schlepzig – Köthen – Leibsch – Neuendorfer See/Alt-Schadow – Schlepzig

2 - Radtour entlang der Hauptspree
32 km, Lübben – Lübbenau – Lübben

3 - Wanderung um den Byhleguhrer See
13 km, Straupitz – Byhleguhrer See – Straupitz

4 - Wanderung Burg-Kauper (Fontaneweg)
12 km, Burg-Kolonie – Burg-Kauper – Burg-Kolonie

5 - Radtour nach Raddusch, Leipe, Lehde
34 km, Lübbenau – Slawenburg Raddusch (Vetschau) – Leipe – Lehde – Lübbenau

6 - Radtour nach Briesen
21 km, Burg – Briesen – Werben – Burg

7 - Wanderung um die Peitzer Fischteiche
14 km, Peitz – Kraftwerk Jänschwalde – Teichland – Maust – Peitz

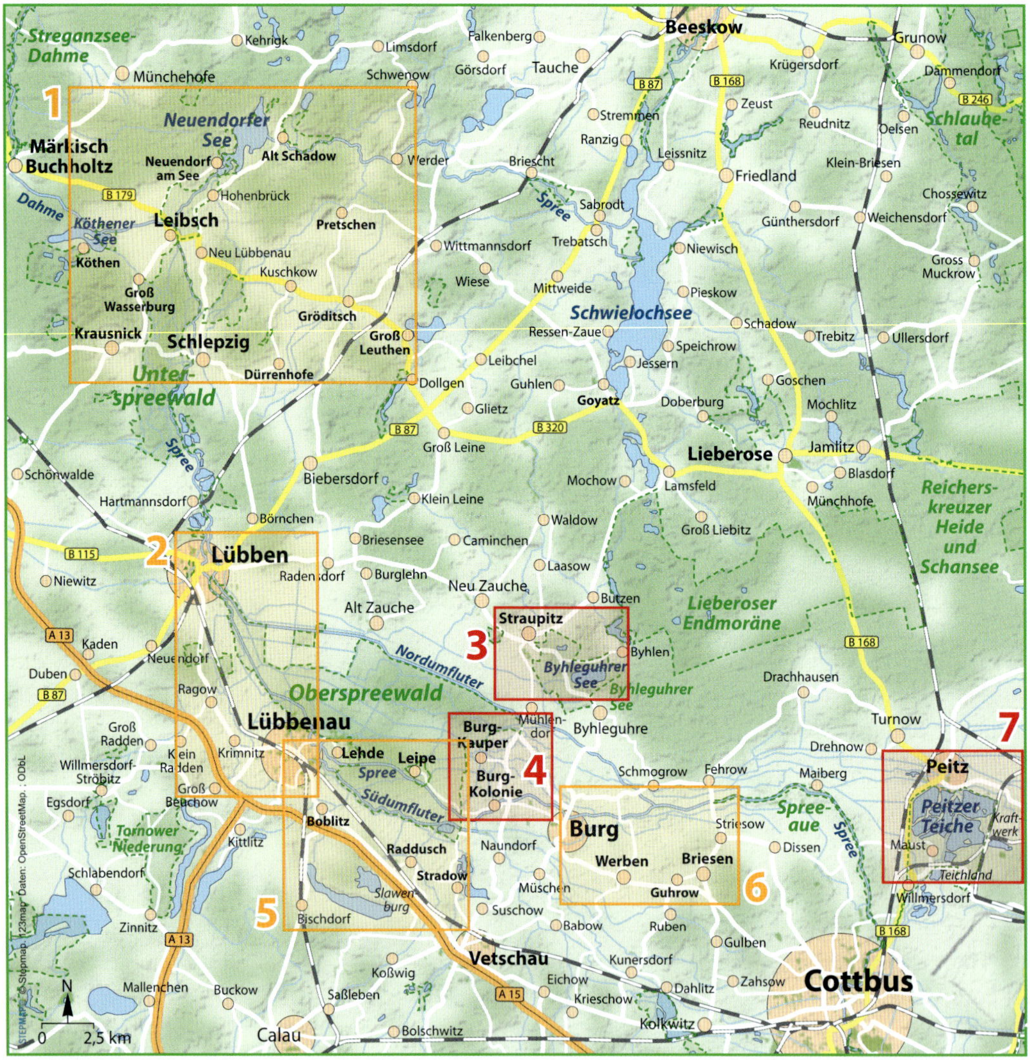

Spreewald Tour 1 – Radtour durch den Unterspreewald

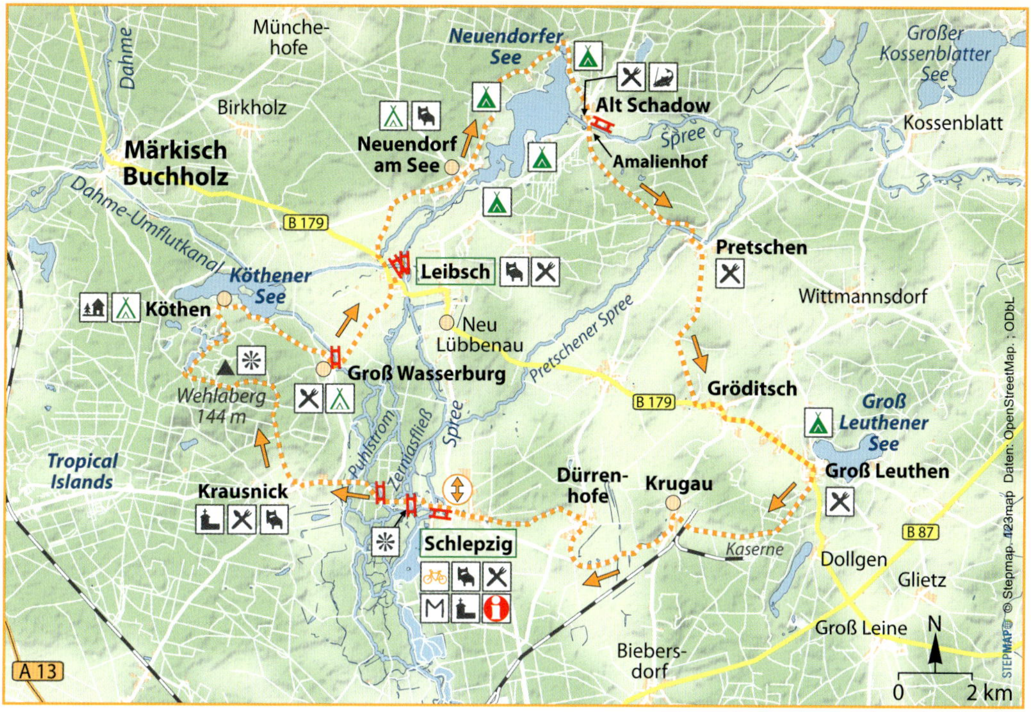

Charakter: Diese Rundtour durch den Unterspreewald folgt einer Schleife des Gurkenradwegs. Sie führt von Schlepzig in die Krausnicker Berge und weiter entlang der Heideseen nach Köthen und über Groß Wasserburg zur historischen Schleusenanlage in Leibsch. Anschließend geht es rund um den Neuendorfer See und auf einsamen Straßen durch ruhige Orte mit schmuckem Fachwerk und kleinen Dorfkirchen zurück nach Schlepzig.

60 km

Anspruch: 60 Kilometer. Die ausgedehnte Tagestour folgt praktisch durchgehend befestigten Wegen oder asphaltierten Straßen. Abgesehen von einem kräftigen Anstieg auf Wald- und Feldwegen im ersten Abschnitt ist das Höhenprofil eben. Die Orientierung stellt keine Probleme dar, die Strecke ist ab Krausnick durchgehend mit den Symbolen des Gurkenradwegs markiert.

Route: Schlepzig – Krausnick – Köthen – Groß Wasserburg – Leibsch – Neuendorf am See – Alt Schadow – Groß Leuthen – Schlepzig.

Start-/Endpunkt: Ortsmitte Schlepzig.

Karte: *Rad-, Wander- und Gewässerkarte Unterspreewald,* 1:35.000, Verlag Grünes Herz.

Fahrradvermieter: *Fahrrad- & Bootsverleih Heike Schiela,* Dorfstr. 45,15910 Schlepzig, Tel. (035472) 447, www.bootsverleih-schlepzig.de

Übernachten: *Pensionen* in Schlepzig, Leibsch, Neuendorf am See und Pretschen. *Jugendherberge mit Zeltplatz* in Köthen. *Campinplätze* am Neuendorfer See und in Groß Leuthen. *Wasserwanderrastplätze (Biwak)* in Groß Wasserburg und Neuendorf am See.

Tourist-Info Unterspreewald Schlepzig: Dorfstr. 26, Tel. (035472) 640 25, www.schlepzig.de

„Alles im grünen Bereich"

Die Rundtour durch den Unterspreewald beginnt in **Schlepzig**, wo man das Auto gut in der Alten Lübbener Straße unweit von *Tourist-Info* und *Museum* abstellen kann. Anschließend radeln wir auf der Dorfstraße nach links in Richtung Ortsmitte. Auf Höhe der kleinen, hübschen Fachwerkkirche von 1782 lassen wir uns von der in einer scharfen Rechtskurve abknickenden Vorfahrt nicht beirren, sondern fahren weiter geradeaus, erst über die *Kleine Spree* und dann über die *Hauptspree*. Am Spree-Wehr sind zwei der einst drei historischen Wassermühlen erhalten. In der ehemaligen *Ölmühle Schlepzig* informiert eine *Ausstellung* über die *Natur des Biosphärenreservats*, in der Getreidemühle von 1740 kann man im Sommer die historische Mühlentechnik besichtigen. Nebenan kann man ins *Brauhaus der Spreewälder Privatbrauerei 1788* einkehren oder gegenüber im idyllischen *Hofgarten* der *STORK CLUB Whiskey-Destillerie* herrlich sitzen und sich mit kleinen Leckereien stärken.

Die Schilder in Richtung Krausnick/Kahnhafen sind nicht zu übersehen. Am *Kahnhafen Schlepzig* beschreibt die Straße eine Rechtskurve und führt dann auf einer Brücke über das *Zerniasfließ*.

Hier lohnt ein Abstecher an der Schleuse vorbei zum kleinen *Aussichtsturm* mit schönem Ausblick über die Fließe und angrenzende Wiesen.

Zurück im Sattel schnurren die Reifen über den Asphalt und am Straßenrand wechseln sich Wald und Fließe ab. Nachdem *Schiwanstrom, Puhlstrom* und *Krausnicker Strom* überquert sind, trifft man im Scheitelpunkt auf die Kurve einer breiteren Straße und fährt geradeaus weiter nach **Krausnick** mit seiner *schönen, im Fachwerkstil 1726 erbauten Dorfkirche. Diese ist für ihren ungewöhnlichen, in Form eines griechischen Kreuzes angelegten Grundriss bekannt.*

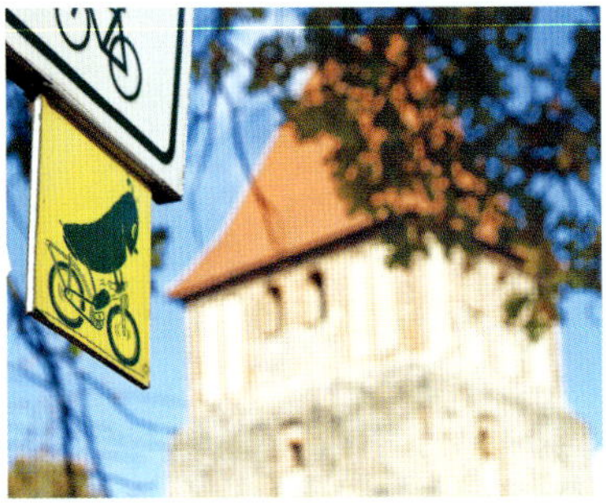

Wir folgen der Hauptstraße durch den Ort bis zum Abzweig der Köthenerstraße, hier trifft die Route auf den ***Gurkenradweg*** – jetzt übernimmt das ***Symbol „radelnde Gurke"*** die Führung.

Der folgende Streckenabschnitt zwischen **Krausnick** und **Köthen** stellt auf dieser Tour die absolute Ausnahme dar und klettert auf Feld- und Waldwegen den 144 Meter hohen *Wehlaberg* hinauf, der von einem 28 Meter hohen *Aussichtsturm* gekrönt wird. *Die Mühe wird mit einem Panoramaausblick über die Märkische Heide und die beeindruckende ehemalige Cargo-Lifter-Halle belohnt, die heute das Tropical Islands Resort, Europas größte tropische Urlaubswelt beherbergt.*

Vom Gipfel der **Krausnicker Berge** sausen wir bergab, vorbei an drei idyllischen Heideseen, nach **Köthen**. Das kleine Dorf zählt zwar nicht einmal 100 Einwohner, hat aber eine *Jugendherberge mit Zeltplatz* sowie eine schöne Badewiese am Südufer des *Köthener Sees*. Nach der im Sommer willkommenen Abkühlung führt eine asphaltierte Straße nach **Groß Wasserburg**. In der Ortsmitte hält man sich am *Gartenlokal „Zum Unterspreewald"* links, passiert die *Schleuse* und den *Wasserwanderrastplatz* und folgt der breiten Straße, die von jungen Bäumen gesäumt wird.

Vorbei an weiten Feldern wird **Leibsch** erreicht und nachdem wir die Hauptstraße überquert haben, radeln wir am Spielplatz vorbei zur beeindruckenden *Doppelwehranlage* am Abzweig des *Dahme-Umflutkanals* von der *Spree*. Hinter der zweiten Schleusenbrücke sind die historischen Schleusentore zu besichtigen, die weitere Tour folgt allerdings dem Weg zwischen den beiden

Schleusen, d.h. man fährt über die erste Schleusenbrücke, biegt dann aber vor der zweiten Schleuse links ab und folgt dem Spreeufer 500 Meter bis zur Straße. Hier halten wir uns rechts und werden von einem Ortsschild erneut in **Leibsch** willkommen geheißen. An der ersten Möglichkeit lenken wir die Räder auf die Neuendorfer Straße nach rechts.

Nun strampeln wir auf der einsamen Straße nach **Neuendorf am See**. Die Hauptstraße führt geradewegs durch den Ort und auch danach geht es auf einer ruhigen, durchgehend asphaltierten Straße durch Kiefernwald, vorbei an zwei *Campingplätzen,* um den *Neuendorfer See* herum nach **Alt Schadow.** An der Gabelung hinter dem zweiten Campingplatz am Ostufer des Sees hält man sich rechts und folgt dem Wegweiser in Richtung Pretschen. Leckeren Räucherfisch gibt es am Dorfanger bei der *Spreewaldfischerei Richter* (Lindenstr. 29, Di-Fr 9-12+13-18, Sa 9-12).

Nachdem wir dann auf der Brücke über die Spree das *historische Nadelwehr* bewundert haben, verlassen wir beim Alt Schadower Ortsteil **Amalienhof** die breite Straße nach links und radeln durch den Kiefernforst immer geradeaus nach **Pretschen**. Vorbei am *Hofladen* auf dem historischen *Gutshof Pretschen* und dem *Gasthaus „Döring"* (die *Landbäckerei* findet man in der Stichstraße rechts *Alter Kuschkower Weg*, die Straße nach links führt nach Beeskow), geht es geradeaus Richtung Süden nach **Gröditsch**, wo wir am Ende der Straße links abbiegen. Auf der Hauptstraße geht es durch den Ort, dann auf dem parallel verlaufenden Radweg weiter.

Aufgepasst heißt es dann im nächsten Ort **Groß Leuthen**. Hier muss man nach der Rechstkurve von der Hauptsraße halb rechts abbiegen und der asphaltierten Straße zur *Spreewaldkaserne* folgen, vor der wir uns rechts halten. Der Radweg an der nächsten Straße bringt uns dann nach **Krugau**, wo wir an der Kreuzung bei der *Backsteinkirche* links fahren und an der folgenden Gabelung uns rechts halten. Nun führt eine einsame Straße durch weite Felder, auf denen Luzerne lila blühen, und in der Ferne sich die ehemalige Cargo-Lifter-Halle mit dem Tropical Islands über den Horizont hebt. Am Ende einer Wohnsiedlung erreicht man einen unbefestigten Sandweg, der zurück nach **Schlepzig** führt, wo wir noch das sehenswerte *Bauernmuseum* besuchen wollen.

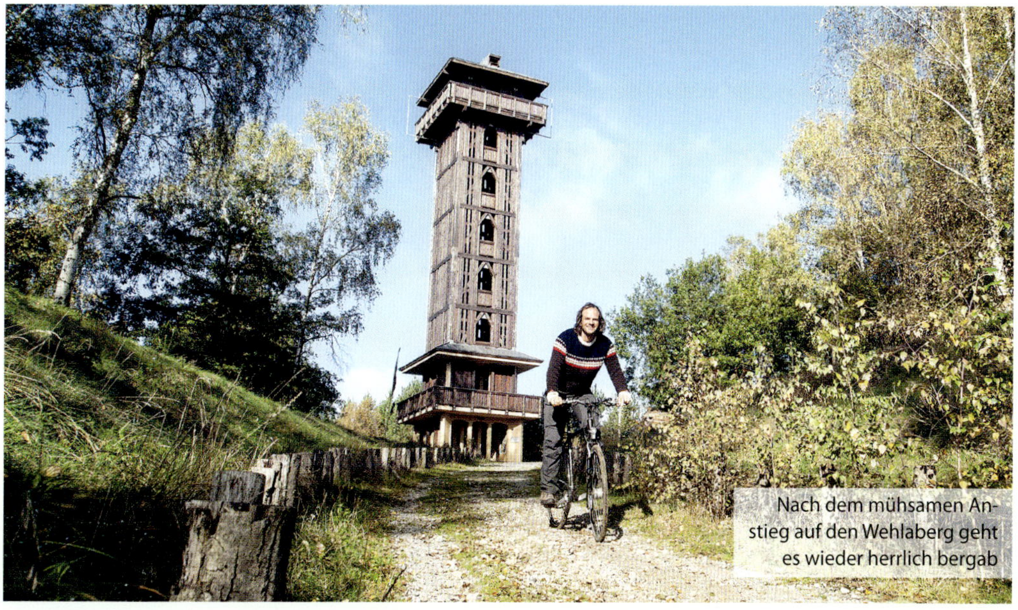

Nach dem mühsamen Anstieg auf den Wehlaberg geht es wieder herrlich bergab

Spreewald Tour 2 – Radtour entlang der Hauptspree

32 km

Charakter: Diese abwechslungsreiche Rundtour führt in weiten Teilen fernab des Straßenverkehrs entlang der Hauptspree von Lübben nach Lübbenau und durch das Naturschutzgebiet Barzlin zurück. Aufgrund der kurzen Streckenlänge bleibt genug Zeit für die Sehenswürdigkeiten in den beiden touristischen Zentren des Spreewalds.

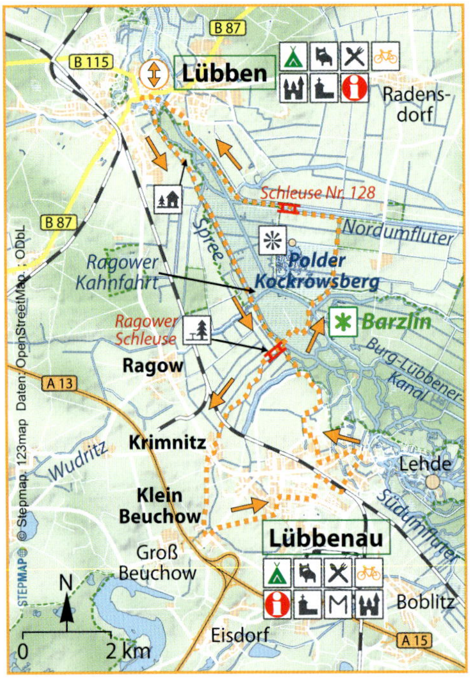

Anspruch: 32 Kilometer. Problemlose, hindernisfreie Strecke auf gut asphaltierten Deichen entlang von Hauptspree und schönen Fließen.

Route: Lübben – Lübbenau – Lübben.

Start-/Endpunkt: Schlossinsel Lübben.

Karte: *Rad-, Wander- & Gewässerkarte Unterspreewald mit Gurkenradweg,* 1:35.000, Grünes Herz.

Fahrradvermieter:

Lübben: *Zweiradcenter Lehmann*, Bahnhofstr. 22, Tel. (03546) 73 74, www.lehmann-bike.de

Boots- & Zweiradverleih Gebauer, Lindenstr. 18, Tel. (03546) 71 94, www.spreewald-bootsverleih.de

Lübbenau: *Fahrrad Metzdorf*, Ehm-Welk-Str. 32, Tel. (03542) 466 47, www.fahrradverleih-spreewald.de

Fahrrad Goyn, Bahnhofsstr. 30, Tel. (03542) 22 71, www.fahrrad-goyn.de

Zweirad & Gartentechnik Kretschmann, Poststr. 16, Tel. (03542) 34 33, www.spreewald-power.de

Übernachten: Von *Campingplatz* bis *Luxushotel* sowohl in Lübben als auch Lübbenau.

Infos: *Spreewald-Service Lübben,* Ernst-von-Houwald-Damm 15, 15907 Lübben, Tel. (03546) 30 90, www.spreewaldstadt-luebben.de

Spreewald-Tourist-Info Lübbenau, Ehm-Welk-Straße 15, 03222 Lübbenau, Tel. (03542) 88 70 40, www.luebbenau-spreewald.com

„Zwischen Ober- und Unterspreewald"

Lübben *erhielt die Stadtrechte bereits im Jahre 1210 und war seit dem 15. Jahrhundert die Hauptstadt der Markgrafschaft Niederlausitz. Heute zählt die Kreisstadt des Landkreises Dahme-Spree um die 15.000 Einwohner und durch die Lage zwischen Ober- und Unterspreewald spielt der Tourismus eine wichtige Rolle im Wirtschaftsleben der Stadt.*

Da weite Teile der Lübbener Altstadt im Zweiten Weltkrieg zerstört wurden, sind nur noch wenige historische Sehenswürdigkeiten erhalten. Ein beeindruckendes Bild von der mittelalterlichen Stadt vermitteln die Reste der Stadtmauer aus dem 14. Jahrhundert an der Hauptspree mit Trutzer und Hexenturm. Mitten im Zentrum erhebt sich die nach dem Lübbener Pfarrer und Kirchenliederdichter Paul Gerhardt benannte spätgotische Kirche mit sehenswerter Innenausstattung, darunter Altar und Taufbecken von 1609.

Von der Kirche sind es nur ein paar Schritte zum Schloss, dessen Anfänge auf eine 1368 erbaute Wasserburg zurückgehen. Der beeindruckende Renaissancegiebel stammt aus dem Jahre 1682 und heute ist das Schloss Sitz eines modernen Stadt- und Regionalmuseums.

Über eine Brücke erreicht man Lübbens touristisches Herz, die Schlossinsel, gelegen zwischen Burg-Lübbener-Kanal und Hauptspree, mit Tourist-Info, Kahnfährhafen und schön angelegten Spazierwegen.

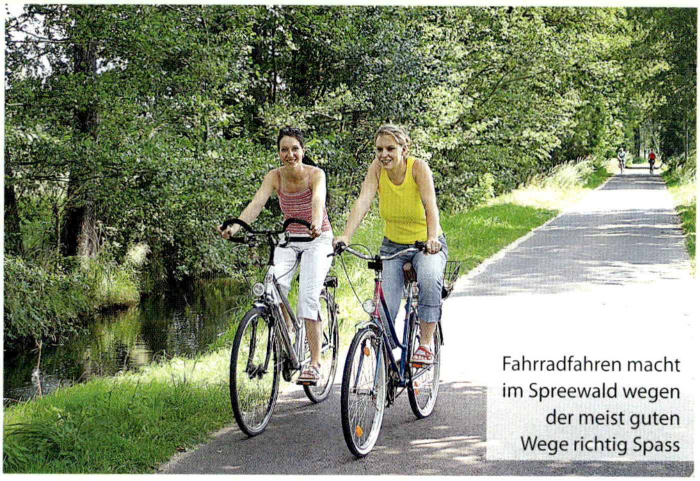

Fahrradfahren macht im Spreewald wegen der meist guten Wege richtig Spass

Auf der **Schlossinsel** starten wir unsere Tour. Bei *„Gurken Paule"* halten wir uns rechts und steuern die Räder ums Gebäude der *Tourist-Info* herum, radeln am Wasser weiter vorbei am *Minigolf* und passieren die lange Brücke hinüber zur *SpreeLagune*. Hier halten wir uns links und treffen auf den ***Spreeradweg***. Ohne Steigungen rollt man anschließend über die asphaltierte Deichkrone immer an der ***Hauptspree*** entlang nach Südosten und kann den Blick über das weite, flache Land schweifen lassen.

Nach etwa sieben Kilometern markiert die Brücke über die *Ragower Kahnfahrt* eine erste Zwischenstation, dann geben sich die Radler kurz hinter der Schleuse **Ragow** an einem gemütlichen *Rastplatz* ein Stelldichein.

Der Wegweiser nach **Krimnitz** zeigt den weiteren Streckenverlauf an und kurz nach den Bahnschienen bringt uns eine Links-Rechts-Kombination zur breiten *Lübbener Straße*, die wir überqueren. Unter der Aufsicht eines Storchennests wenden wir uns 100 Meter weiter nach links und folgen der ruhigen, einsamen Straße durch Wiesen bis **Klein Beuchow**. Im Ort fährt man zweimal links und für eine kurze Strecke auf der *Luckauer Straße*. In der Kurve nach etwa 200 Metern zweigt ein von Bäumen gesäumter Weg nach rechts von der breiten Straße ab und bringt uns in eine Wohnsiedlung am Ortsrand von **Lübbenau**.

Man fährt durch die Plattenbauten bis zur Kreuzung mit der *Otto-Grotewohl-Straße* und biegt nach rechts in diese ein. Am Kreisverkehr vor dem Discounter geht es geradeaus weiter. Die Straße heißt nun *Straße der Jugend* und führt vorbei am *Einkaufszentrum Kolosseum* zum *Spreewaldhaus*. Vor dem großen Supermarkt steuern wir die Räder nach links, folgen der *Straße des Friedens* bis zu den Bahnschienen und ruckeln anschließend über Kopfsteinpflaster nach rechts bis zum *Bahnhof*, wo ein *Fußgängertunnel* unter den Gleisen hindurchführt.

Auf der anderen Seite setzt man die Tour gegenüber vom Haupteingang des Bahnhofs auf der *Poststraße* fort, die zum *Marktplatz* im Zentrum von **Lübbenau** führt.

Theodor Fontane bezeichnete Lübbenau bei seiner Reise im Jahr 1859 als „Spreewald-Hauptstadt". Über 150 Jahre später ist die einstige Ackerbürgerstadt, obwohl nicht einmal Kreisstadt, eines der wichtigen touristischen Zentren im Spreewald. Jahr für Jahr kommen etwa eine Million Touristen

in das 15.000-Einwohner-Städtchen und tummeln sich am großen Kahnhafen, von wo im Sommer täglich eine ganze Flotte von Spreewaldkähnen zu Rundfahrten über die umliegenden Fließe ausschwärmt. Nur wenige Meter vom Hafen entfernt erhebt sich am Marktplatz die Kirche St. Nikolai als attraktives Beispiel der Dresdner Barockbaukunst mit einer prachtvollen, barocken Innenausstattung aus dem 18. Jahrhundert. Rundherum finden sich Bürgerhäuser des 18. und 19. Jahrhunderts mit kunstvollen Verzierungen und Fachwerkhäuser mit Walmdächern.

An die Altstadt schließt sich die Schlossinsel an, die von Spree, Südumfluter und Lehder Fließ umgeben wird. Sie bildet den ältesten Teil der Stadt Lübbenau und der Schlosspark lädt mit seinem alten Baumbestand aus Rotbuchen, Tulpenbäumen, Sumpfeichen und Sumpfzypressen zu Spaziergängen ein. Auf einer kleinen Anhöhe erhebt sich das Schloss, das um 1820 anstelle einer vollständig abgetragenen Renaissanceanlage entstand und heute ein 4-Sterne-Hotel beherbergt.

Für die Rückfahrt gen Lübben fährt man vom *Marktplatz* an der *Tourist-Info* vorbei auf die *Karl-Marx-Straße* und auf dieser immer geradeaus. Die nächste Attraktion am Wegesrand, das *Spreewald Museum Lübbenau* am *Topfmarkt*, ist nicht zu verfehlen. *Es residiert in einem um 1850 erbauten Ziegelsteintorhaus und diente in seiner ereignisreichen Geschichte schon als Rathaus, Polizeiwache und Gericht. Es bietet auf kleinem Raum einen umfassenden Einblick in die Vergangenheit von Stadt und Region.*

Zurück in der Gegenwart folgt man der *Karl-Marx-Straße* noch etwa einen Kilometer, hält sich an der Gabelung bei der Postdistanzsäule rechts und biegt am Ende der *Töpferstraße* nach rechts in die *Gartenstraße*, die Markierungen ***„radelnde Gurke"*** des ***Gurkenradwegs*** zeigen den Weg zurück nach Lübben zuverlässig an.

Die Strecke ist zunächst asphaltiert und geht dann in einen geschlämmten Schotterweg über, der ebenfalls problemlos zu befahren ist. An dem vom Hinweg bekannten Rastplatz an der **Ragower** *Schleuse* überqueren wir dieses Mal die *Hauptspree* und steuern auf den **Barzlin** zu, eine flache Insel, die sich etwa einen Meter über die Niederung zwischen der Hauptspree und dem Burg-Lübbener-Kanal erhebt und bereits vor 3.000 Jahren besiedelt war, wie Ausgrabungen ergeben haben.

Nachdem die malerische Holzbrücke an der Schleuse hinter uns liegt, lohnt ein kurzer Abstecher zum *Aussichtsturm* auf den *Polder Kockrowsberg*. *Das etwa 200 Hektar große Feuchtgebiet bietet mit seinem Mosaik aus Röhrichten, offenen Wasserflächen und Feuchtwiesen einen vielfältigen Lebensraum für die Vogelwelt und so lassen sich im Sommer mit etwas Glück Weiß- oder sogar seltene Schwarzstörche sowie See- und Fischadler beobachten. Im Herbst und Winter nutzen riesige Schwärme von Gänsen und Kranichen die Flächen als Schlafplatz.*

Bald rollen die Reifen wieder über festen Untergrund gen Norden und an der T-Kreuzung bei dem Trafohäuschen schwenkt man nach links und radelt am Südufer des *Nordumfluters* zur **Schleuse Nr. 128**. Davor wechselt die Route auf das gegenüberliegende Ufer und wir haben die Wahl zwischen zwei Streckenverläufen. Entweder fährt man geradeaus weiter oder wendet sich nach links und folgt weiter dem Deich, wo der Weg zwar unbefestigt, aber gut zu fahren ist.

Bald taucht voraus der weiße Kirchturm der *Lübbener Kirche* am Horizont auf und in der Deichsiedlung am Ortsrand von **Lübben**, vereinen sich die beiden Wegvarianten wieder. Die *Dammstraße* läutet den Etappen-Endspurt ein. Wir fahren zunächst nach links über die Brücke am *Wehr Neue Schleuse*. Kurz darauf führt eine zweite Holzbrücke zurück auf die **Schlossinsel**.

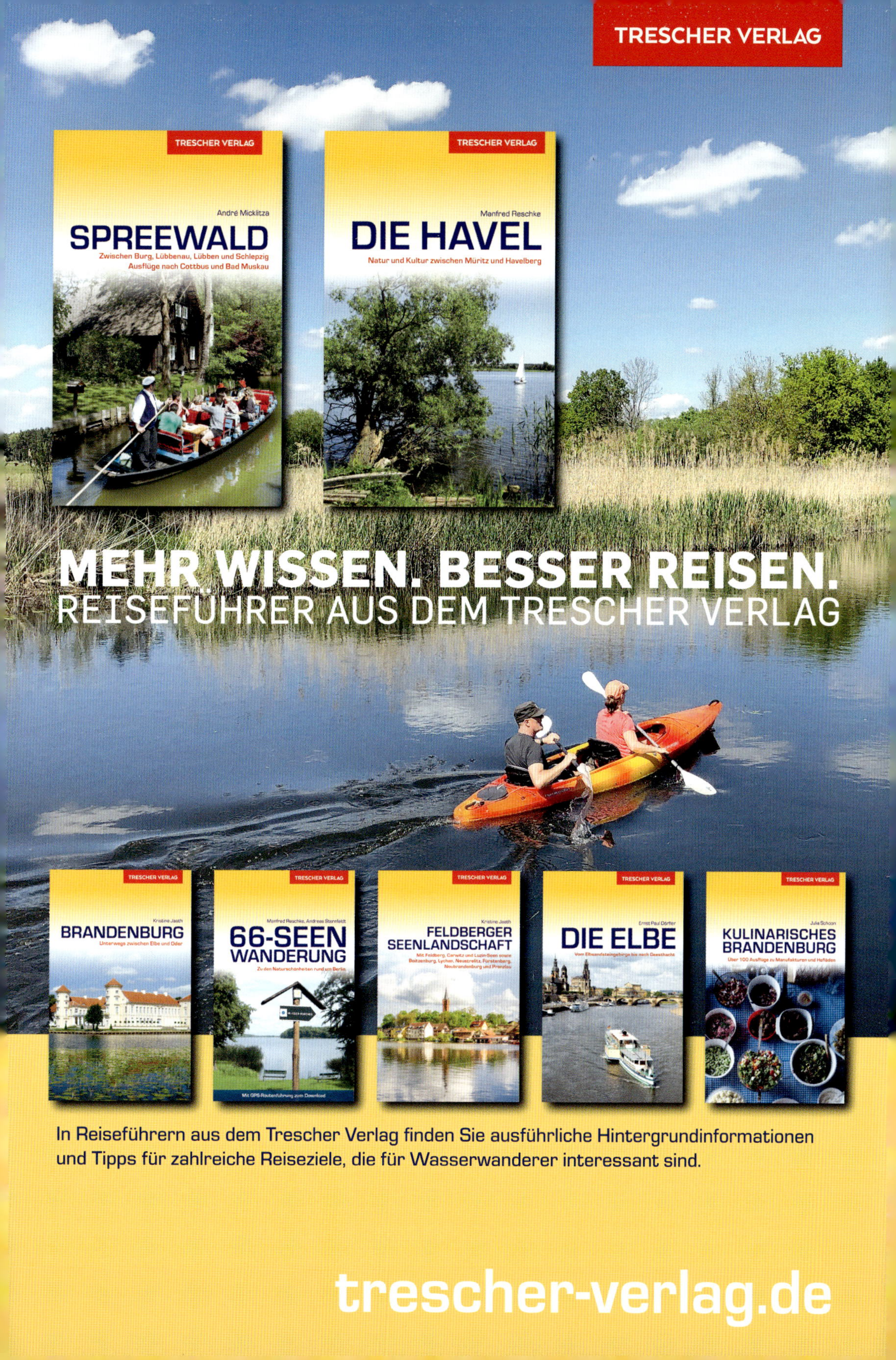
TRESCHER VERLAG
André Micklitza
SPREEWALD
Zwischen Burg, Lübbenau, Lübben und Schlepzig
Ausflüge nach Cottbus und Bad Muskau
Manfred Reschke
DIE HAVEL
Natur und Kultur zwischen Müritz und Havelberg
MEHR WISSEN. BESSER REISEN.
REISEFÜHRER AUS DEM TRESCHER VERLAG
BRANDENBURG
66-SEEN WANDERUNG
FELDBERGER SEENLANDSCHAFT
DIE ELBE
KULINARISCHES BRANDENBURG
In Reiseführern aus dem Trescher Verlag finden Sie ausführliche Hintergrundinformationen und Tipps für zahlreiche Reiseziele, die für Wasserwanderer interessant sind.
trescher-verlag.de

Spreewald Tour 3 – Wanderung um den Byhleguhrer See

13 km

Charakter: Abwechslungsreiche, ruhige Rundtour durch Wiesen am Spreewaldrand einmal rund um den Byhleguhrer See.

Anspruch: 13 Kilometer. Einfache, ausgedehnte Wanderung auf guten Wegen. Entlang des Byhleguhrer Sees einige unbefestigte und matschige Abschnitte, daher ist die Strecke für Radfahrer nur eingeschränkt zu empfehlen. Eine Einkehrmöglichkeit am Südufer des Byhleguhrer Sees.

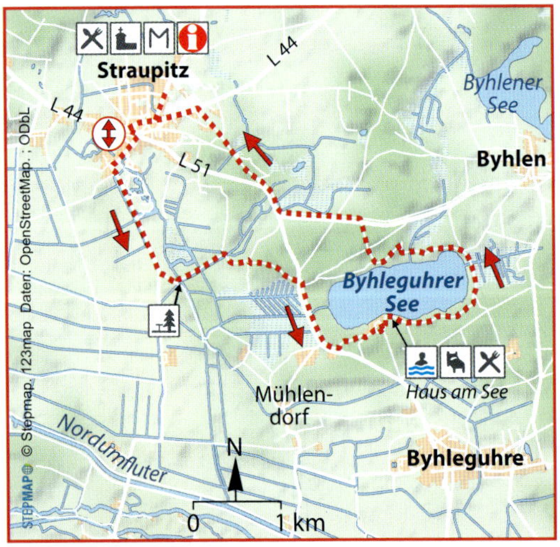

Route: Straupitz – Byhleguhrer See – Straupitz.

Start-/Endpunkt: Parkplatz an der Schinkelkirche in Straupitz.

Karte: *Freizeitkarte Spreewald Burg mit Oberspreewald und Spree von Cottbus,* 1:25.000, AD-Team GbR (wwwad-team.de).

Übernachten: *Pensionen* in Straupitz.
„Das Haus am See" am Byhleguhrer See (einfache Herbergszimmer, Bungalows, Restaurant) www.dashausamsee.de

Tourist-Info Straupitz: Kirchstraße 11
15913 Straupitz, Tel. (035475) 809 77
www.teg-lds.de

„Uralte Eichen und ein verträumter Badesee"

Gut zehn Kilometer nördlich von Burg liegt am nordöstlichen Spreewaldrand das Haufendorf **Straupitz**, das seine Gäste mit schönen Bauernhäusern aus Klinkersteinen und Häusern aus der Gründerzeit empfängt. *Die alles überragende Sehenswürdigkeit ist die zwischen 1828 und 1832 nach Plänen des Architekten Karl Friedrich Schinkel errichtete Kirche. Mit ihren dreistöckigen, quadratischen, 40 Meter hohen weiß leuchtenden Doppeltürmen, gilt sie als Meisterwerk des Klassizismus und stellt die bedeutendste Dorfkirche im gesamten Spreewald dar.* Der Parkplatz nebenan ist ein guter Ausgangspunkt für die Wanderung rund um den Byhleguhrer See.

Die ersten Schritte führen auf der *Kirchstraße* in südwestliche Richtung zwischen den beiden Obelisken hindurch zur *Tourist-Info*. Wenige Meter weiter wartet vor dem kleinen *Kahnhafen* der 1798 erbaute *Kornspeicher*. *Er wurde bis 1992 genutzt und beherbergt nun ein Museum zur Dorfgeschichte mit Schautöpferei sowie ein gemütliches Café.* Anschließend führt die *Kirchstraße* in einer Linkskurve um das einstige *Straupitzer Schloss* herum. Das klassizistische Gebäude dient heute als Grundschule und der ehemalige Schlosspark zur Linken wird bald von weiten, nassen Wiesen abgelöst.

Die asphaltierte Straße verläuft schnurgerade in südöstliche Richtung und die flache Landschaft zu beiden Seiten wird durch einzelne Baumreihen und weidende Rotbunte aufgelockert. An der Gabelung, knapp zwei Kilometer nach dem Start in Straupitz, führt die ***Markierung grüner Kreis*** auf weißem Grund für den ***„Rundwanderweg Straupitz"*** nach links von der asphaltierten Straße herunter. Gut 200 Meter weiter hält man sich vor dem großen Rastplatz links und erreicht über einen sehr nassen Feldweg die T-Kreuzung an einer Lichtung im *Byttnahain*, den Resten eines Stieleichen-Hutewaldes mit sehr alten Eichen.

Hier laufen wir, wie an der folgenden Gabelung auch, nach rechts und freuen uns an dem federnden Waldweg. Nachdem eine Straße überquert ist, bringt uns eine schmale, holprige Asphaltpiste, die zunächst parallel zur Straße verläuft, ans Südufer des **Byhleguhrer Sees**. Hier lädt *„Das Haus am See"* mit einer schönen Seeterrasse zu Hefeplinsen oder anderen kleinen Köstlichkeiten ein und die *Badestelle* kommt im Sommer wie gerufen.

Nach der Pause geht es direkt am Seeufer weiter und wir steigen über einige Treppenstufen hinauf auf einen Damm. Nach einer kurzen Strecke mit weitem Blick über den See führen ein paar Stufen zum Ufer zurück und ein schmaler Pfad schlängelt sich durch eine sehr nasse Wiese am Ostufer entlang des Byhleguhrer Sees.

Am Nordostzipfel des Sees wartet dann ein trockenerer Waldweg, der sich hinter einer weiten Lichtung gabelt. Hier biegt man in den Waldweg nach rechts ein und steht bald an einer Straße.

Auf der gegenüberliegenden Seite wenden wir uns nach links. Der Wanderweg folgt der Straße zunächst in kleinem Abstand, entfernt sich dann aber und führt in nordwestliche Richtung zurück nach **Straupitz** und entlässt uns am einstigen *Spreewaldbahnhof* der *Spreewaldbahn „Bimmelguste", die von Cottbus über Burg, Straupitz und weitere kleinere Orte im Oberspreewald nach Lübben fuhr. Bis 1968 schrittweise aufgegeben, ist sie bis heute eine der bekanntesten Schmalspurbahnen Deutschlands. Im Freigelände hat der umtriebige Eisenbahnverein ein paar Waggons zusammengetragen. Das kleine Museum öffnet von Mai bis Oktober jeden ersten Samstag zwischen 11 und 15 Uhr seine Pforten* (www.ig-spreewaldbahn.de).

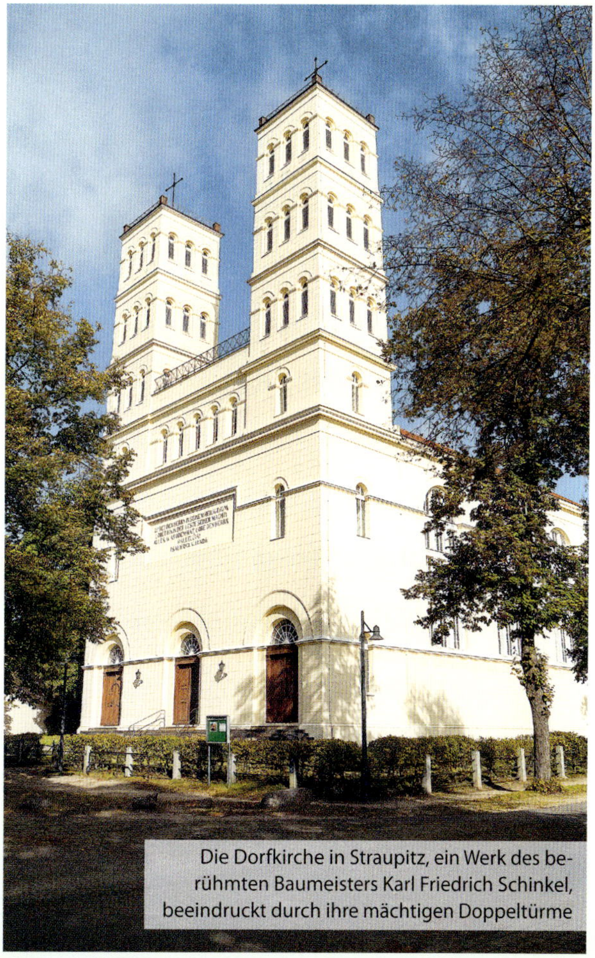

Die Dorfkirche in Straupitz, ein Werk des berühmten Baumeisters Karl Friedrich Schinkel, beeindruckt durch ihre mächtigen Doppeltürme

Bevor man auf der *Bahnhofstraße* zurück zum Ausgangspunkt an der **Schinkelkirche** zurückkehrt, lohnt sich noch der Abstecher in die *Lassower Straße* zur alten *Holländermühle, die 1810 anstelle der Bockwindmühle von 1640 errichtet wurde. Nach umfangreicher Restaurierung ist die Öl-, Säge- und Kornmühle heute ein beeindruckendes technisches Denkmal.* Nach dem Rundgang kann man sich im Café stärken und warmes, frisch gepresstes Leinöl probieren.

Spreewald Tour 4 – Wanderung um Burg-Kauper

12 km

Charakter: Diese Rundwanderung um den Ortsteil Burg-Kauper begeistert mit viel Natur und gewährt mit altehrwürdigen Spreewaldhöfen, weiten Wiesen und stillen Fließen einen eindrucksvollen Einblick in den Spreewald.

Anspruch: 12 Kilometer. Einfache Wanderung oder Radtour ohne Steigungen, größtenteils auf wenig befahrenen, asphaltierten Nebenstraßen, vereinzelt auch befestigte Wald- und Wiesen-Wege. Unterwegs laden mehrere Gasthäuser zu einer Rast mit traditioneller Spreewaldküche ein.

Route: Burg-Kolonie – Burg-Kauper – Burg-Kolonie.

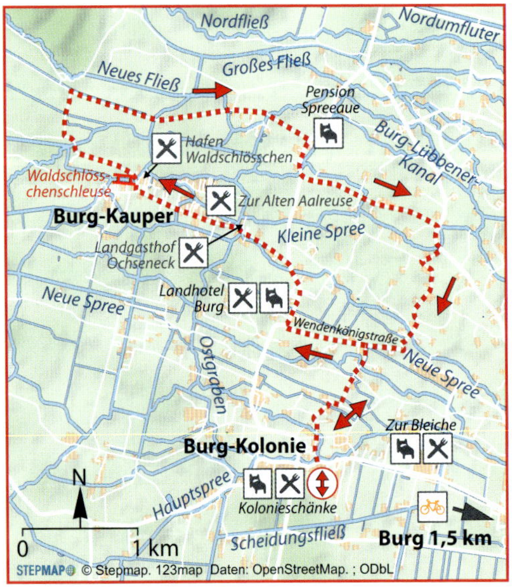

Karte: *Freizeitkarte Spreewald Burg mit Oberspreewald, Spree von Cottbus,* 1:25.000, AD-Team.

Fahrradvermieter:
Burg: *Fahrradvermietung Möschk,* Hauptstr. 8, Tel. (035603) 391, www.spreewaelder-fahrraeder.de

Radler-Scheune, Ringchaussee 155, Tel. (035603) 133 61, www.spreewald.radler-scheune.de

Spreehafen Burg, Am Hafen 1, Tel. (035603) 758 00 www.spreehafen-burg.de

Start-/Endpunkt: Brücke gegenüber Kolonieschänke in Burg-Kauper (Ringchaussee 136)

Übernachten: *Pensionen, Hotels, Campingplatz* in Burg. *Pension & Hotels* in Burg-Kolonie.

Tourist-Info Burg: Am Hafen 6, 03096 Burg, Tel. (035603) 75 01 60, www.BurgimSpreewald.de

„Auf dem Fontane-Weg rund um Burg-Kauper"

Die kleine *Fußgänger-Holzbrücke* gegenüber dem *Bio-Hotel* ***Kolonieschänke*** in der *Ringchaussee* in **Burg-Kolonie** ist Ausgangspunkt dieser Rundwanderung, die durchgehend mit einem ***grünen Querbalken markiert*** ist. Der Parkplatz ist allerdings für Hotelgäste reserviert.

Hinter der Brücke informiert eine *Hinweistafel über das Leben von Theodor Fontane und seine Reise in den Spreewald, denn auf seinen „Wanderungen durch die Mark Brandenburg" unternahm der Dichter 1859 auch eine Kahnpartie durch den Burger Spreewald.* Der Weg (schmale Straße) windet sich an verstreuten, weit auseinanderstehenden Gehöften vorbei. In den Gärten stehen Treibhäuser und auf den Feldern wachsen Kürbisse und anderes Gemüse.

Knapp eineinhalb Kilometer nach dem Start biegt man links in die *Wendenkönigstraße* und hält sich an der nächsten Möglichkeit rechts. Wir sind nun wieder auf der *Ringchaussee*, quasi die Dorfstraße der Streusiedlung, welche die weit auseinanderliegenden Spreewaldhöfe miteinander verbindet und biegen etwa 200 m hinter dem *Landhotel Burg (Streichelzoo)* links in die *Waldschlösschenstraße*.

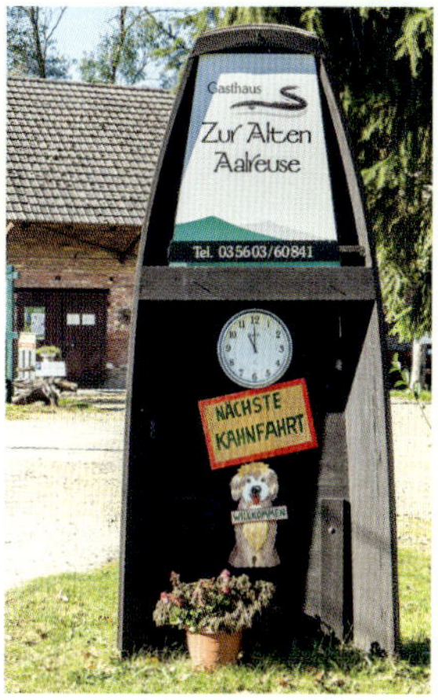

Auf dem nächsten Abschnitt in **Burg-Kauper** zeigt der Spreewald sein touristisches Gesicht und in kurzem Abstand wechseln *Gasthäuser, Kahnabfahrtstellen* und *Souvenirstände*. Den Auftakt macht der *„Landgasthof Ochseneck"*, dann folgt der *„Kleine Spreewaldhafen"* und das *Gasthaus „Zur Alten Aalreuse"*.

Hinter *„Steffis Hafenbistro"* und dem *Hafen Waldschlösschen* hält man sich rechts und kann nach wenigen Schritten von der Brücke über die *Waldschlösschenschleuse* den Paddlern und Spreewaldkähnen beim Schleusen zugucken.

Mit der Waldschlösschenschleuse bleibt auch der Touristenrummel zurück. Ein idyllischer, nicht asphaltierter Weg führt durch Wiesen, Wald und über Fließe. Nach einer kleinen Sitzgruppe zum Rasten wird der Weg schmaler und mündet am Ende in den *Polenzweg*, auf dem man nach links gehend das *Traditionsgasthaus „Pohlenzschänke"* erreichen könnte.

Die Markierungen für den ***Fontaneweg*** weisen aber nach rechts und die Straße führt von Bäumen gesäumt durch weite, von Fließen durchsetzte Wiesen, in die sich vereinzelt alte Bauernhäuser einfügen. Am Ende des Polenzweges ist an der *Pension Spreeaue* einmal mehr die Ringchaussee erreicht und man folgt ihr für eine kurze Strecke nach rechts, biegt aber direkt hinter der Brücke über den *Burg-Lübbbener-Kanal* nach links auf die Straße *Am Fischerfließ* ab.

Nach knapp eineinhalb Kilometern wandern wir ein letztes Mal auf dieser Tour auf der *Ringchaussee* nach rechts, kehren ihr aber gleich darauf den Rücken und folgen dem Wegweiser zur *Töpferei Piezonka* nach rechts in den *Weidenweg*. An der Gabelung hinter dem kleinen *Rastplatz* geht es vor der Töpferei links ab und am Ende ist die *Wendenkönigstraße* erreicht. Hier laufen wir zunächst nach rechts, um nach etwa 100 Metern zurück auf den *Birkenweg* zu gelangen und wandern die vom Hinweg bekannte Strecke zurück zur ***Kolonieschänke***.

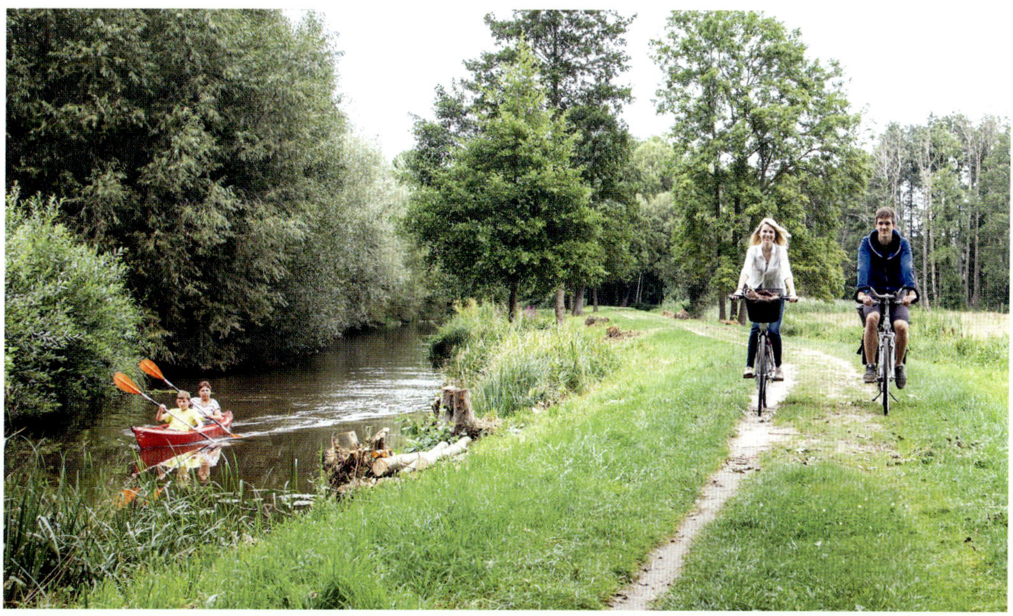

Spreewald Tour 5 – Radtour nach Raddusch, Leipe & Lehde

34 km

Charakter: Meist fernab vom Straßenverkehr verknüpft die Radtour eine ganze Reihe beliebter Reiseziele im Spreewald von der „Spreewaldhauptstadt" Lübbenau über die Slawenburg Raddusch bis hin zu den Dörfern Leipe und Lehde.

Anspruch: 34 Kilometer. Einfache Radrundtour auf ruhigen Nebenstraßen im ersten und idyllischen Waldwegen im zweiten Abschnitt. Unterwegs zahlreiche Sehenswürdigkeiten und viele Einkehrmöglichkeiten.

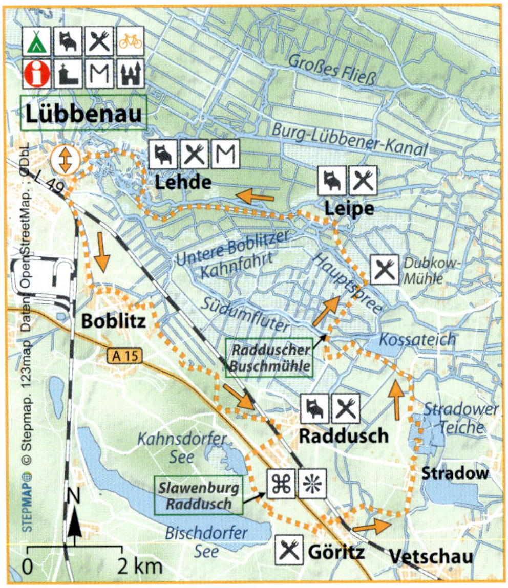

Route: Lübbenau – Raddusch – Leipe – Lehde – Lübbenau.

Start-/Endpunkt: Marktplatz in Lübbenau.

Karte: *Freizeitkarte „Spreewald" Burg mit Oberspreewald & Spree von Cottbus,* 1:25.000, AD-Team.

Fahrradvermieter:

Lübbenau: *Fahrrad Goyn,* Bahnhofstr. 30, Tel. (03542) 22 71, www.fahrrad-goyn.de

Zweirad & Gartentechnik Kretschmann, Poststr. 16, Tel. (03542) 34 33, www.spreewald-power.de

Übernachten: Von *Camping* bis *Luxushotel* gibt es alles in Lübbenau. *Pensionen* in allen Orten.

Infos: *Spreewald-Touristinformation Lübbenau,* Ehm-Welk-Str. 15, Tel. (03542) 88 70 40, www.luebbenau-spreewald.com

„Eine Slawenburg und idyllische Spreewalddörfer"

Die Tour beginnt auf dem lebhaften *Marktplatz* im Zentrum von **Lübbenau**. Wir kehren *Sagenbrunnen* und *Kirche* den Rücken und steuern auf den *Hafen* zu. Vor dem *Mühlenwehr* biegen wir rechts ab und finden uns mitten in der Flaniermeile am großen *Kahnhafen* von Lübbenau wieder. Unzählige Restaurants buhlen um die Gunst der Touristen und die Verkaufsstände bieten Souvenirs und das wohl bekanntestes Produkt von den Feldern der Region an: Eingelegte Gurken in allen Variationen und Geschmacksrichtungen von Knoblauch über Pfeffer bis Curry oder Dill.

Das Gedränge bleibt schnell zurück und am Ende der *Dammstraße* biegt man vor den Bahnschienen links auf die *Bahnhofstraße / Boblitzer Chaussee*. Nun ist Vorsicht geboten, denn direkt nach dem ersten Bahnübergang muss die Straßenseite gewechselt werden, was bei regem Verkehr nicht ganz ungefährlich ist. Anschließend setzen wir die Tour auf dem *Radweg* zwischen der Landstraße und der Bahnlinie fort.

Am Ortsbeginn von **Boblitz** folgt man den Markierungen für den Wanderweg nach links und radelt auf der *Rosenstraße* durch den Ort. An der Kreuzung mit der *Boblitzer Schulstraße* thront in luftiger Höhe ein Storchennest. *Seit 1942 verzeichnet die Dorfchronik ein Storchenpaar als Sommergast. Es residiert zwar nicht mehr wie einst auf dem Strohdach einer Scheune, sondern auf einem Betonmast, aber Meister Adebar fühlt sich wohl im Spreewald mit seinen vielen Fließgewäs-*

sern, der extensiven Landwirtschaft und dem abwechslungsreichen Mosaik an unterschiedlichen Lebensräumen. Kein Wunder also, dass das Biosphärenreservat mit seinen etwa 100 Brutpaaren zu den Regionen mit den meisten Weißstörchen in Deutschland zählt.

Auch wenn die Gemeinde seit 1995 einen kleinen *Naturkahnhafen* ihr Eigen nennt, geht es in **Boblitz** um einiges ruhiger zu als in Lübbenau oder Lübben. Vor dem *Kahnhafen* lenkt man das Rad nach rechts und findet sich bald auf einem ruhigen *Radweg* durch den Wald wieder, nur der Verkehrslärm der nahen Autobahn trübt etwas die Idylle.

Nächste Station ist **Raddusch**. Hier biegt man vor den Bahnschienen nach rechts ab und erreicht durch eine Autobahnunterführung den *Kahnsdorfer See*. Nach links wendend, ist bald der Parkplatz an der **Slawenburg Raddusch** erreicht. *Im 9. und 10. Jahrhundert waren etwa 40 solcher wehrhaften Holzkonstruktionen über die gesamte Niederlausitz verteilt. Zusätzlich durch einen umlaufenden Graben gesichert, diente die Burg der Bevölkerung aus der näheren Umgebung bei feindlichen Angriffen als Rückzugsstätte. Die aufwändig und nahezu originalgetreu rekonstruierte Slawenburg vermittelt ein anschauliches Bild, wie die Menschen vor über 1.000 Jahren in der Niederlausitz gelebt haben. Eine moderne Ausstellung informiert über etwa 12.000 Jahre Siedlungsgeschichte und vom Burgwall bietet sich ein unvergesslicher Panoramablick auf die Lausitzer Landschaft.*

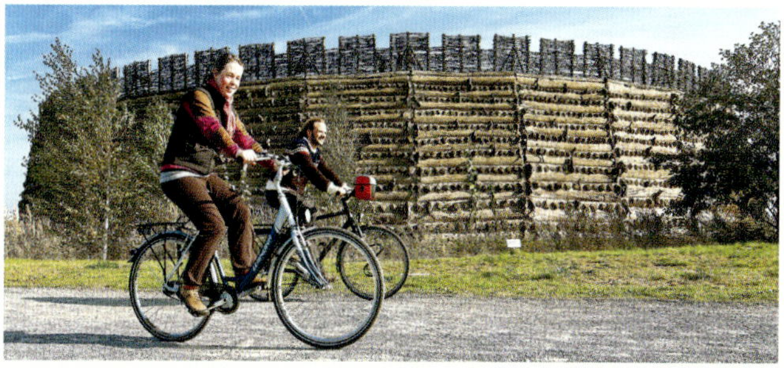

Nach der Zeitreise unterqueren wir die Autobahn erneut, um nach **Göritz** zu gelangen. Direkt hinter den Bahnschienen lockt der *GöritzerGemüseGarten (Mo-Fr 8-17, Sa 9-15, www.die-spreewaldbauern.de)*. Im *Hofladen* kann man Gemüse vom Erzeuger kaufen, ein toller Tipp ist vor allem die *Bauernküche*, wo man sich mit deftiger Spreewälder Hausmannskost zur sehr günstigen Preisen für die Weiterfahrt stärken kann. Geheimtipp – der täglich frisch gebackene Blechkuchen.

Auf der weiteren Strecke zeigen jetzt die Markierungen des ***Gurkenradwegs (Symbol: Radelnde Gurke)*** den Weg an und führen uns zunächst durch **Stradow** und entlang der *Stradower Teiche*, südlich am *Kossateich* vorbei zur *Radduscher Buschmühle (Mühlenbäckerei und Museum, www.radduscher-buschmuehle.de)* am *Südumfluter* und weiter zum *Gasthaus Dubkow-Mühle*.

Direkt dahinter fahren wir auf der Straße nach links und weiter in das 200 Einwohner zählende Spreewalddorf **Leipe**. *Es wirkt zwar immer noch ruhig, trotzdem fällt es schwer sich vorzustellen, dass das 1315 erstmals erwähnte Dorf vor nicht einmal 50 Jahren eine Straßenverbindung bekam und noch bis 1968 wirklich alles, vom Traktor über Vieh bis hin zu Möbeln, mühsam per Kahn nach Leipe transportiert werden musste.*

Ein Fußweg verbindet Leipe seit 1936 mit Lübbenau. Ihm folgen wir jetzt entlang eines kleinen Fließes nach **Lehde**. Eine Brücke bringt uns direkt ins Herz des Spreewald-Bilderbuchdorfes mit seinen historischen Blockhäusern, kunstvoll verzierten Fenstern und bunten Bauerngärten. Beschaulich geht es hier aber nur früh am Morgen und spät am Abend zu. Sobald der erste Kahn eintrifft, ist es mit der Ruhe vorbei – tagsüber stauen sich die Kähne auf den Fließen. Für die Rückfahrt nach **Lübbenau** halten wir uns vor dem *Gasthaus „Zum Fröhlichen Hecht"* links und strampeln, vorbei an *Campingplatz*, *Schloss* und *Hafen*, zurück zum *Marktplatz*.

Spreewald Tour 6 – Radrundtour Burg – Briesen – Burg

21 km

Charakter: Vom sagenumwobenen Schlossberg am nördlichen Ortsrand von Burg führt der Rundkurs auf dem Deich des Nordumfluters entlang weiter Felder und Wiesen bis ins beschauliche Briesen. Von der gotischen Backsteinkirche geht es auf ruhigen Nebenstraßen über Werben zurück zum Bismarckturm.

Anspruch: 21 Kilometer. Anfängertaugliche, leicht zu fahrende Rad- oder Skatingtour mit flachem Relief. Die Wegbeschaffenheit ist durchgehend gut, lediglich einige Holzbrücken trüben den Fahrspaß kurzzeitig.

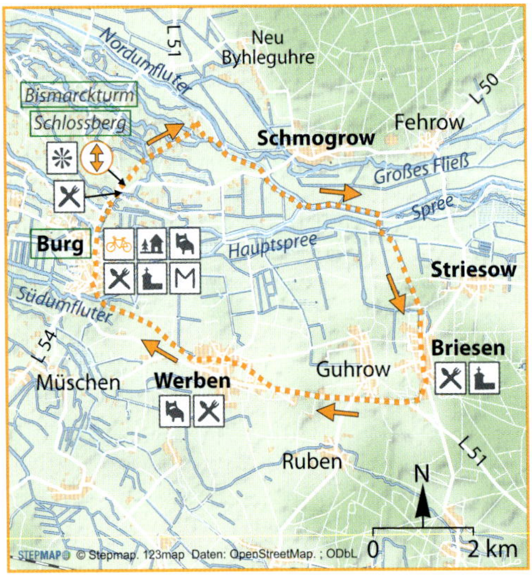

Route: Burg – Briesen – Werben – Burg.

Karte: *Freizeitkarte Spreewald Burg; Oberspreewald; Spree von Cottbus,* 1:25.000, AD-Team GbR.

Fahrradvermieter:

Burg: *Fahrradvermietung Möschk,* Hauptstr. 8, Tel. (035603) 391, www.spreewaelder-fahrraeder.de

Radler-Scheune, Ringchaussee 155, Tel. (035603) 133 61, www.spreewald.radler-scheune.de

Spreehafen Burg, Am Hafen 1, Tel. (035603) 758 00, www.spreehafen-burg.de

Start-/Endpunkt: Bismarck-Turm am nördlichen Ortsrand von Burg.

Übernachten: *Pensionen, Hotels und Campingplatz* in Burg.

Tourist-Info Burg: Am Hafen 6, Tel. (035603) 75 01 60, www.BurgimSpreewald.de

„Rundkurs Burg-Briesen"

Von der Aussichtsplattform des *Bismarckturms* nördlich von **Burg** bietet sich ein herrlicher Blick über die vielfältige Landschaft des Spreewalds und an klaren Tagen reicht die Sicht bis Lübbenau, Peitz und Straupitz. *Errichtet wurde der etwa 30 Meter hohe Turm auf dem Schlossberg, am nördlichen Ortsrand von Burg. Dieser bronzezeitliche Burgwall ist eine 320 Meter lange und 220 Meter breite Anhöhe und erste Pläne für einen Aussichtsturm existierten bereits um 1900. Baubeginn war 1915 und erst 1917 wurde das Bauwerk nach Plänen von Bruno Möhring fertiggestellt.*

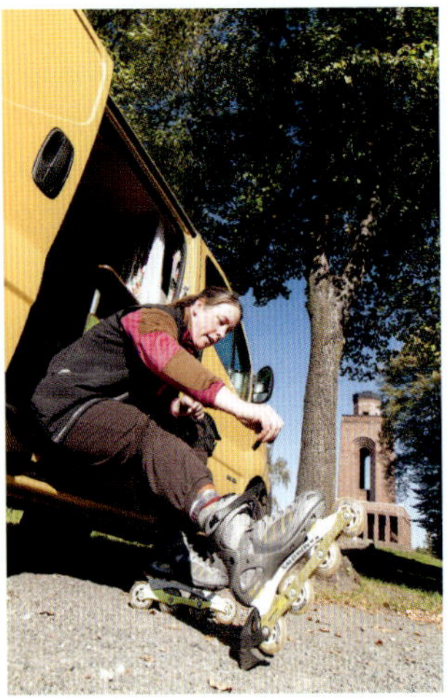

Am Parkplatz vor dem Bismarckturm schnüren wir die Inlineskates und sausen auf dem Damm der ehemaligen *Spreewaldbahn* am Turm vorbei gen Norden. Ohne Probleme rollen wir über den glatten Asphalt, lediglich die vielen kleinen Holzbrücken über die zahlreichen Fließe erfordern erhöhte Aufmerksamkeit.

Der einstige Bahndamm entlässt uns auf den Deich am *Nordumfluter* und ein leichter Rückenwind lässt uns kerzengerade in Richtung Osten dahinflitzen. Etwa einen Kilometer nachdem wir die Straße nach **Schmogrow** überquert haben, rollen wir über die Brücke am *Wehr* ans Nordufer des Kanals. Noch einmal gut einen Kilometer weiter, geht es über die nächste Brücke wieder zurück ans andere Ufer. Nun kehren wir dem *Nordumfluter* den Rücken, folgen der Straße in südliche Richtung durch Wald und Wiesen und erreichen schließlich **Briesen**.

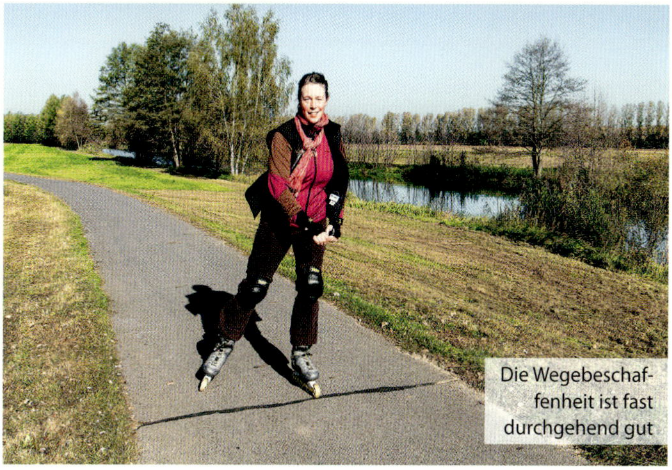

Die Wegebeschaffenheit ist fast durchgehend gut

Der Radweg in dem Ort, der erstmals 1346 als „Brezine" erwähnt wurde, ruckelt uns mit seinem Betonsteinpflaster zwar etwas durch, aber das bleibt auf dieser Tour die absolute Ausnahme und die beschauliche, wehrhafte *Backsteinkirche* entschädigt für die Unannehmlichkeiten. *Besonders der Innenraum mit seinen Wandmalereien von 1486 sowie dem prunkvollen Altar von 1701 haben es uns angetan.*

Am südlichen Ortsende biegt man hinter der *Gaststätte Alter Spreewaldbahnhof* rechts ab und folgt dem Radweg entlang einer etwas stärker befahrenen Straße bis **Werben**. Dort angekommen, halten wir uns rechts und rollen vorbei am *Sportplatz* durch den Ort. *Der wohl bekannteste Sohn des kleinen Ortes ist der 1853 hier geborene wendische Dichter Mato Kosyk, der als Klassiker der niedersorbischen Literatur gilt und mit seinem epischen Hauptwerk „Wendische Hochzeit" dem einstigen Leben und Arbeiten der Spreewälder ein Denkmal gesetzt hat.*

Nun geht es ruhig und autofrei zurück nach **Burg**. Hinter einer Brücke über den *Südumfluter* ist das südliche Ende von **Burg-Dorf** erreicht. *Dieser älteste Ortsteil von Burg wurde bereits in einer Verkaufsurkunde vom 29. September 1315 als „Villa Bork" erwähnt, doch die Geschichte reicht noch weiter zurück, denn schon um 600 n. Chr. ließen sich hier die Sorben nieder. Sie betrieben zunächst hauptsächlich Fischfang, den sie in Eimern aus Buchenborke, „Borker" genannt, zum Markt nach Cottbus transportierten und so dem Ort zu seinem niedersorbischen Namen Borkowy verhalfen.*

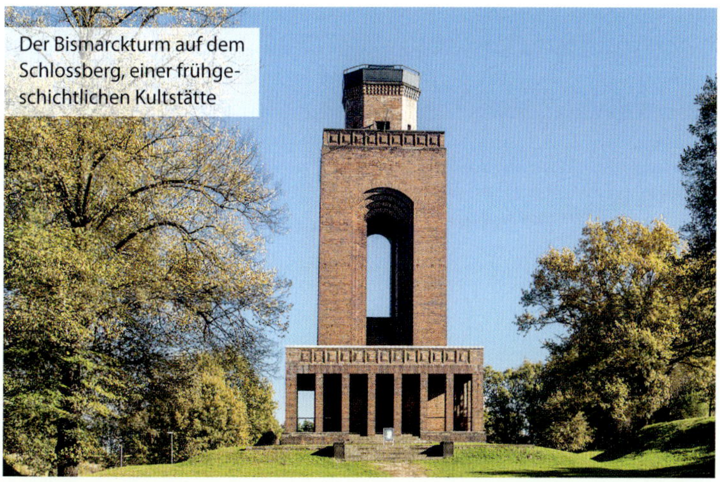

Der Bismarckturm auf dem Schlossberg, einer frühgeschichtlichen Kultstätte

Wir biegen an der *Hauptstraße* nach rechts und gelangen, vorbei an der *Dorfkirche* und dem *Spreehafen Burg,* zu einem Radweg, der uns parallel zur Straße zurück zum *Bismarckturm (Einkehr in der Bismarckschänke, tgl. 10-19)* bringt.

Spreewald Tour 7 – Wanderung um die Peitzer Fischteiche

14 km

Charakter: Abwechslungsreiche Wanderung durch die größte zusammenhängende Teichlandschaft Deutschlands. Neben schöner Natur und vielen Wasservögeln gibt es das Eisenhütten- und Fischereimuseum in Peitz zu entdecken. Die Landschaft wird vom beeindruckenden Braunkohlekraftwerk Jänschwalde am Ostufer des Neuendorfer Teiches dominiert.

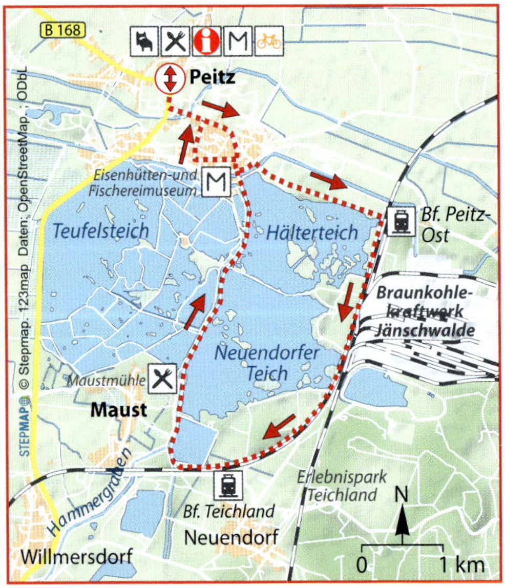

Anspruch: 14 Kilometer. Leichte Wanderung mit ebenem Höhenprofil. Gute Wegbeschaffenheit (überwiegend asphaltiert), auch fürs Fahrrad geeignet.

Route: Peitz – Jänschwalde – Maustmühle – Peitz.

Start-/Endpunkt: Marktplatz in Peitz.

Karte: Pharus-Plan *„Cottbus, Forst, Tagebaurevier, Peitzer Teiche, Spree und Neiße“*, 1:40.000.

Fahrradvermietung:

Peitz: *Radsportservice Nagel,* Gubener Str. 17 a, Tel. (035601) 89 22 66, www.radlralph.de

Übernachten: *Hotels* und *Pensionen* in Peitz.

Kinder: Der „Erlebnispark Teichland“ südlich der Fischteiche ist ein beliebtes Ausflugsziel für Familien (www.erlebnispark-teichland.de).

Tourist-Info Peitzer Land: Markt 1, 03185 Peitz, Tel. (035601) 81 50, www.tourismus.peitz.de

„Technik- und Seen-Tour Peitz“

Der *Marktplatz* der Kleinstadt **Peitz** ist schön anzuschauen. Hinter der gelb in der Sonne leuchtenden Rathausfassade erhebt sich der Turm der *Backsteinkirche* und nebenan laden *Cafés* und *Restaurants* zum Verweilen und Betrachten der herausgeputzten Bürgerhäuser aus dem 18. und 19. Jahrhundert ein. *Das Rathaus entstand zwischen 1797 und 1804, der neugotische Tudorschaugiebel kam allerdings erst 1863 dazu, nachdem die Pfarrkirche nach Plänen Friedrich August Stülers errichtet worden war.*

Mit dem historischen Ortskern im Rücken beginnen wir die Wanderung nach rechts und laufen auf der *Hauptstraße (B 168)* nach Süden. Rechter Hand erhebt sich der mächtige *Festungsturm* mit seinen bis zu sechs Meter dicken Mauern über eine Kleingartenkolonie. *Nach langwierigen Auseinandersetzungen kam Peitz 1462 unter die Herrschaft des brandenburgischen Kurfürsten, war allerdings zunächst vollständig von böhmischem, später sächsischem Hoheitsgebiet umgeben. Die strategische Situation dieser brandenburgischen Enklave war heikel und so wurde die Stadt in der Mitte des 16. Jahrhunderts zur Festung ausgebaut. Mit dem Siebenjährigen Krieg (1756-1763) verlor die inzwischen in die Jahre gekomme Festung an Bedeutung und im Jahre 1767 erteilte Friedrich der Große den Befehl zur Schleifung.* Als einziges, allerdings imposantes Relikt ist der Festungsturm erhalten geblieben. Er beherbergt heute ein kleines Heimatmuseum und von oben eröffnet sich ein schöner Blick auf die Peitzer Teichlandschaft.

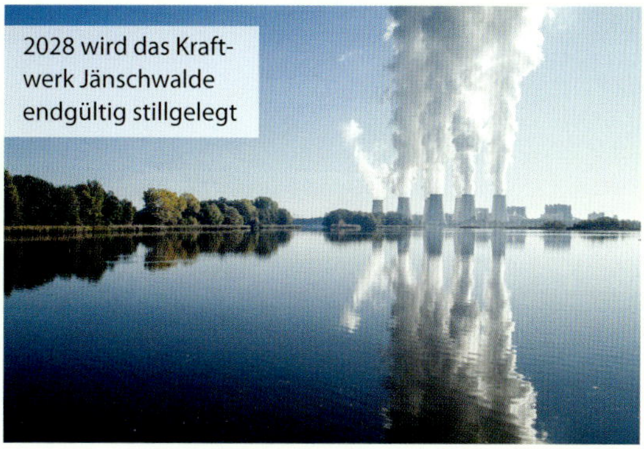
2028 wird das Kraftwerk Jänschwalde endgültig stillgelegt

Gegenüber vom Turm läuft man links in die *Dammzollstraße* und erreicht den *Hälterteich*, wo am gegenüberliegenden Ufer das mächtige *Braunkohlekraftwerk Jänschwalde* seine dicken Dampfwolken in den Himmel pustet. *Die Peitzer Teiche entstanden im Zusammenhang mit dem Festungsbau Mitte des 16. Jahrhunderts. Um sich besser gegen Angreifer verteidigen zu können, wurden Dämme aufgeschüttet und durch Umleitung des Spreewassers aus Cottbus über den Hammergraben das Umland geflutet. Die entstandenen Teiche wurden von Beginn an aber auch für den Fischfang genutzt und machten vor allem den „Peitzer Karpfen" als Delikatesse berühmt.* Heute hat die Teichlandschaft nicht nur eine ökonomische Bedeutung, sondern ist zudem bedeutendes Brutgebiet seltener Wasservögel und Raststation auf dem jährlichen Vogelzug.

Wir laufen auf der *Kraftwerkstraße* nach links weiter, halten uns an der folgenden Kreuzung rechts und lassen uns von der *Alten Bahnhofstraße* zum *Bahnhof* **Peitz-Ost** direkt vor das *Kraftwerk Jänschwalde* bringen. *Das Braunkohlekraftwerk Jänschwalde wurde von 1976 bis 1988 durch den VEB Bau- und Montagekombinat Kohle und Energie errichtet und nach der Wende bis Mitte der 1990er umfangreich modernisiert. Mit einer installierten Leistung von 3.000 Megawatt handelt es sich um das größte Braunkohlekraftwerk Deutschlands und die produzierte Strommenge reicht aus, um den Bedarf von etwa fünf Millionen Menschen zu decken. Die für die Verstromung benötigte Braunkohle stammt aus den nahegelegenen Tagebauten Jänschwalde und Cottbus-Nord.*

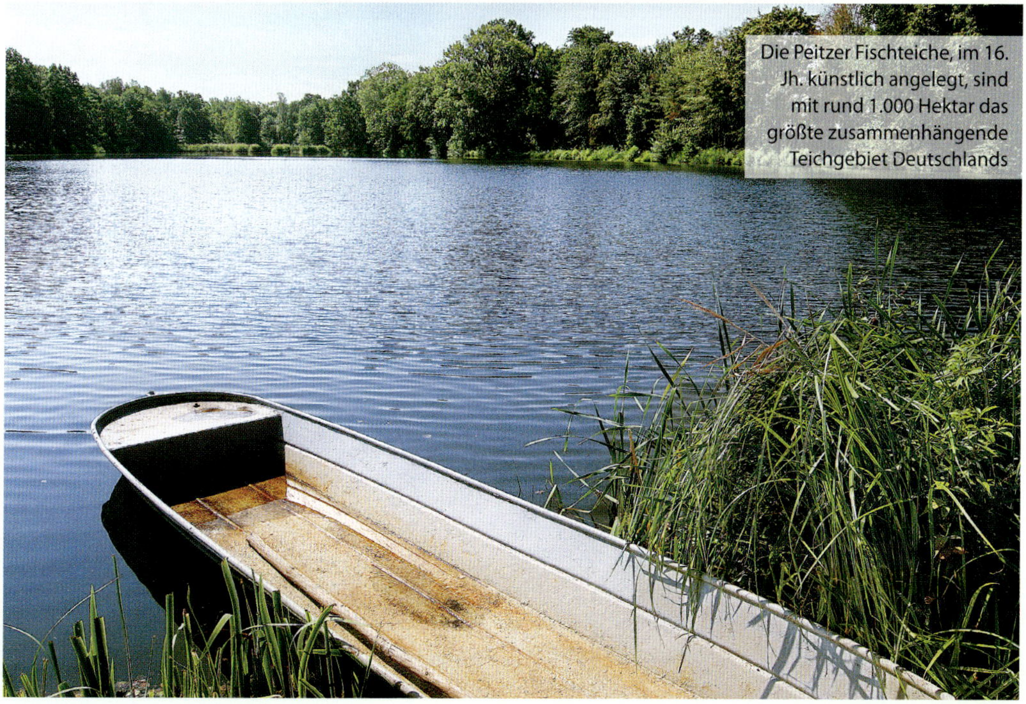
Die Peitzer Fischteiche, im 16. Jh. künstlich angelegt, sind mit rund 1.000 Hektar das größte zusammenhängende Teichgebiet Deutschlands

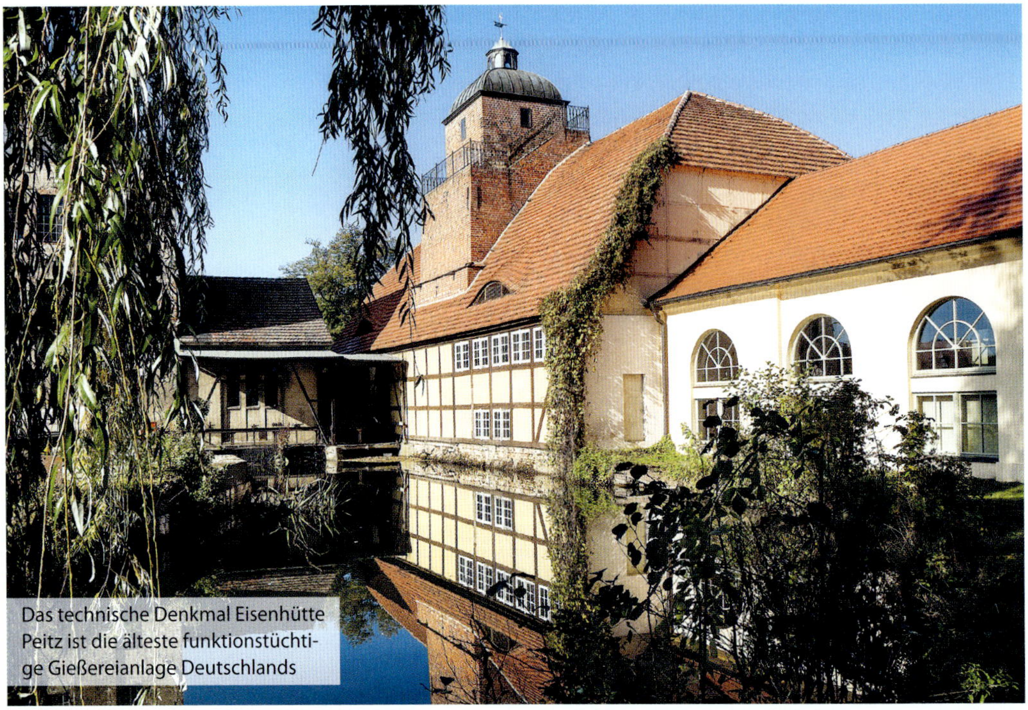

Das technische Denkmal Eisenhütte Peitz ist die älteste funktionstüchtige Gießereianlage Deutschlands

Wir folgen der Straße an den Schienen entlang nach Süden. Für einen freien Blick über die weite Wasserfläche und das vielstimmige Geschnatter und Geflatter der unzähligen Schwäne und Enten lohnt sich ein Abstecher zum Ufer des *Neuendorfer Teichs*. Dazu biegt man auf Höhe des Bürohochhauses nach rechts auf den Damm, der weit in den See hineinragt.

Zurück auf der Straße, folgt man weiterhin den Schienen und bleibt ihnen auch nach der Straßengabelung am Bahnübergang treu und hält sich rechts. Zwischen den Schienen auf der einen Seite und dem See auf der anderen, schwenkt die Straße nun nach Westen. Am *Bahnhof* **Teichland** öffnet sich zur rechten eine weite Wiesenfläche. Wir folgen den Schienen noch etwa 850 Meter, dann knickt der Weg nach rechts und bringt uns auf einem Waldweg zur *„Maustmühle"*. Das beliebte Ausflugsrestaurant liegt idyllisch am Seeufer und lockt mit gemütlichen Strandkörben. Etwas skurril mutet die Szene allerdings schon an, denn am gegenüberliegenden Ufer spiegeln sich die mächtigen Kraftwerksschlote im spiegelglatten Wasser.

Nach der Pause machen wir uns entlang des Radwegs am Seeufer auf den Rückweg. Am Wegesrand informieren 15 Tafeln des *Peitzer Teichlehrpfades* über die Geschichte der Teichanlage, die Fischzucht sowie Flora und Fauna des Gebiets.

Am Ende wartet als letzte Attraktion der Tour das *Eisenhütten- und Fischereimuseum*. *Das erste Peitzer Hüttenwerk entstand zeitgleich mit dem Bau der Festung und bis 1858 wurde der heimische Raseneisenstein verhüttet, um Kanonenrohre und -kugeln sowie Haushaltsgegenstände und Glocken herzustellen. Herzstück des Museums ist die alte Hochofenhalle mit der Ofenanlage.* In einem Seitenflügel untergebracht ist das *Fischereimuseum* mit zahlreichen Exponaten zu Geschichte und Tradition der Fischerei. Nach dem Museumsbesuch laufen wir die bekannte Strecke auf der *Dammzollstraße* zurück zum *Marktplatz* im Zentrum von **Peitz**.

Literatur-Tipps für Brandenburg & Berlin

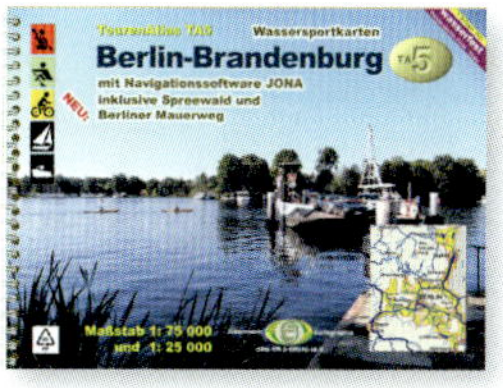

Empfohlene Wasserwander-Karte für alle Touren in diesem Buch

Wassersportkarten TourenAtlas TA5 Berlin-Brandenburg inkl. Spreewald und Berliner Mauerweg, 1:75.000 und 1: 25.000, *wasserfest,* Jübermann Verlag.

An Brandenburg anschließendes Kartenmaterial: ***Wassersportkarten TourenAtlas TA6 Mecklenburg-Vorpommern mit Ostseeküste einschl. Bodden,*** 1:75.000 und 1: 25.000, *wasserfest,* Jübermann Verlag.

Buch-Tipps Kanu & Outdoor-Praxis

„Outdoor-Handbuch": Alles zum Erleben und Überleben in der Wildnis zu jeder Jahreszeit, ***„Kanu Handbuch":*** Der Praxis Ratgeber für Anfänger und Fortgeschrittene, beide *Rainer-Höh,* Reise Know-How.

„Kanuwandern", *Reiner Mareik* und ***„Solo im Kanu",*** *Falk Bruder,* beide Conrad Stein Verlag.

„STECHPADDEL FAHRSCHULE", *Dieter Raffler & Franz Riegel,* Thomas Kettler Verlag.

„Wege aufs Wasser" *Leitfaden für Paddler,* Broschüre vom BVKanu, zu beziehen über Thomas Kettler Verlag.

Kanu- & SUP-Reiseführer in der Region aus dem Thomas Kettler Verlag

KANU KOMPAKT – Kombination aus Kanutourenführer, Reiseführer & topografischen Wasserwanderkarten: ***„Spreewald", „Märkische Umfahrt", „Mecklenburgische Kleinseen 1 & 2", „Peene", „Müritz-Elde-Wasserstraße", „Berlin", „Potsdam, Werder, Spandau".***

SUP-Guide ***„Berlin & Umland"*** + *die besten Einkehr-Tipps.*

KANU KOMPASS ***„Mecklenburg-Vorpomern",*** *20 Kanutouren.*

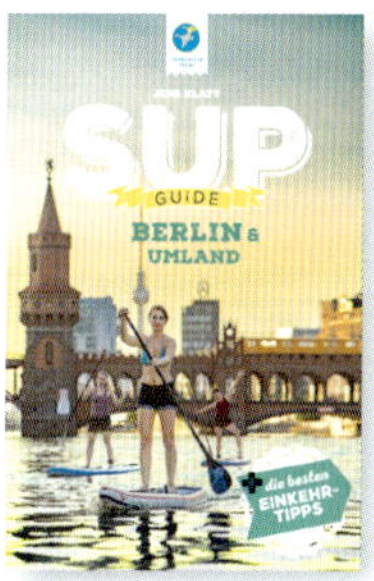

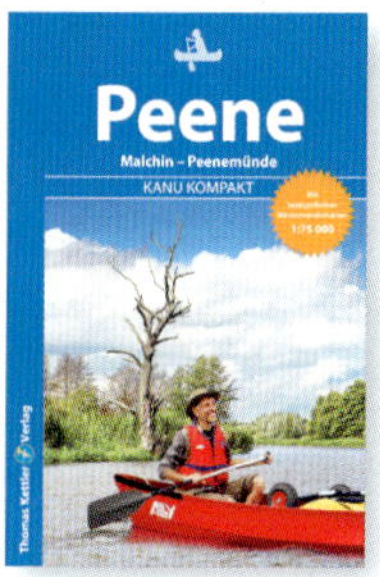

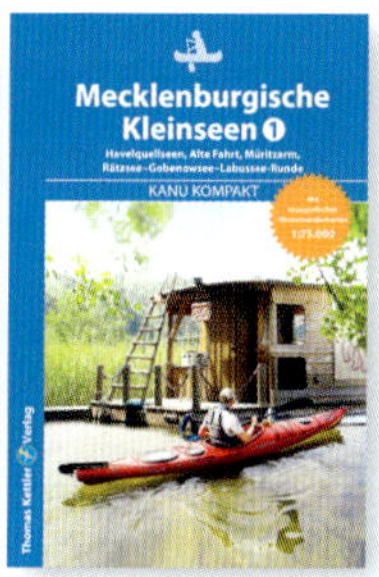

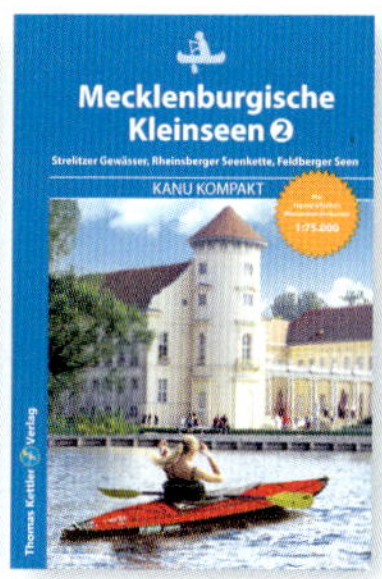

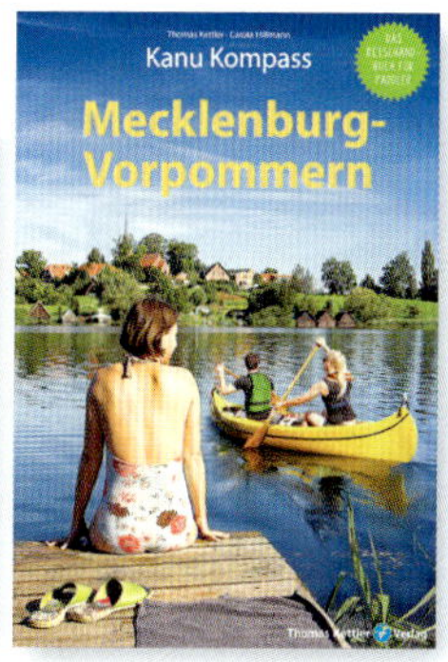

Reiseführer Brandenburg & Berlin

Reiseführer (Natur & Kultur) aus dem Trescher Verlag: ***„Die Havel"*** *Natur- & Kultur zwischen Müritz & Havelberg,* ***„Brandenburg"*** *Unterwegs zwischen Elbe und Oder,* ***„Barnim, Uckermark"*** *Unterwegs im Nordosten Brandenburgs,* ***„Lausitz"*** *Unterwegs zwischen Spreewald und Zittauer Gebirge",* ***„Oderbruch*** *- östliches Brandenburg",* ***„Spreewald", „Berlin", „Kulinarisches Brandenburg"*** *Über 100 Ausflüge zu Manufakturen und Hofläden.*

Reiseführer für nachhaltiges Reisen vom via reise verlag: ***„Ganz Brandenburg: 76 Ausflüge in die Mark"*** *Die schönsten Orte und Sehenswürdigkeiten,* ***„Hofladenführer Brandenburg"*** *Regional & nachhaltig einkaufen,* ***„55 faszinierende Ausflugsziele rund um Berlin die man in 99 Minuten erreichen kann".***

Reiseführer von Terra Press (Wandertouren. Stadtrundgänge. Naturerlebnisse. Kulturtipps): ***„Prignitz. Ein Wegbegleiter"*** *(z.Zt. vergriffen),* ***„Uckermark. Ein Wegbegleiter", „Havelland. Ein Wegbegleiter", „Obere Havel. Ein Wegbegleiter", „Barnim. Ein Wegbegleiter", „Seenland Ruppin. Ein Wegbegleiter".***

Emons Verlag Reiseführer: ***„111 Orte in Brandenburg, die uns Geschichte erzählen", „111 Orte in Berlin die Geschichte erzählen", „111 Orte in Brandenburg, die man gesehen haben muss", „111 Orte für Kinder in Potsdam und Brandenburg, die man gesehen haben muss" „Berlin. Unterwegs mit deinen Lieblingsmenschen"*** *Lass uns Berlin erobern!* sowie diverse Kriminalromane, die in der Region handeln.

pmv Peter Meyer Verlag: ***„77 schönste Orte rund um Berlin“:*** *Ausflüge zu Schlössern, Seen & Sehenswürdigkeiten*, ***„77 beste Plätze Berlin“:*** *Streifzüge, Sehenswertes & Museen. Mit 250 Adressen zum Entspannen & Vergnügen*, ***„Berlin & Umgebung mit Kindern“***: *Familienführer für Ausflüge in Berlin & drumrum.*

„Gebrauchsanweisung für Potsdam & Brandenburg“, *heiterkritische Hommage,* Piper Taschenbuch.

DuMont Reise-Taschenbuch Reiseführer ***„Brandenburg“*** *mit Autorentipps und vielen Touren.* DuMont Kunst Reiseführer ***„Brandenburg“*** und ***„Berlin“*** *(antiquarisch).*

Bücher zu Lieblingsplätzen und Badeseen

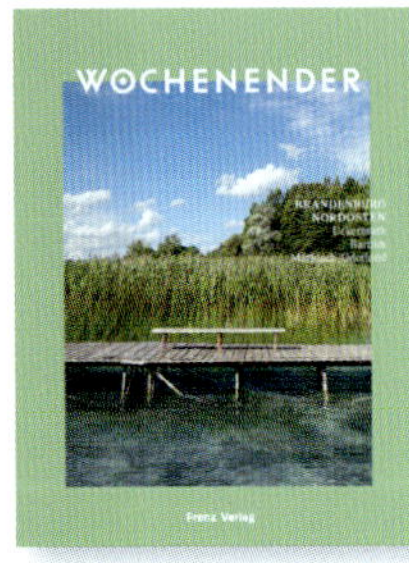

WOCHENENDER: „Brandenburg Nordosten: *Uckermark, Barnim, Märkisch-Oderland“, schön gestaltetes Buch mit charmanten Fotos, gute Tipps zum Ausspannen, Einkehren, regional Einkaufen und Übernachten,* Frenz Verlag.

„TAKE ME TO THE LAKES - Berlin Edition“, *einzigartiger Reiseführer für Berlin & Brandenburg mit 50 ausgewählten Seen in und um Berlin, 140 besondere Badestellen, 9 Wochenendunterkünfte am Wasser,* The Gentle Temper Verlag.

„TAKE ME TO THE LAKES - Weekender Edition Berlin“ *die 50 schönsten Unterkünfte in Wassernähe in Berlin, Brandenburg und Mecklenburg-Vorpommern und über 100 Badestellen an Seen, Küsten und Flüssen,* The Gentle Temper Verlag.

„Sehnsuchtsorte in Brandenburg“: *Refugien für den kleinen Urlaub, mit Hofläden & Manufakturen*, sowie ***„WILDBERLIN“:*** *50 grüne Sehnsuchtsorte in der Hauptstadt,* beide bebra verlag.

„Rund um Berlin“ *Janz weit draußen, Lieblingsplätze zum Entdecken,* GMEINER-Verlag.

„52 kleine & große Eskapaden in und um Berlin: *Ab nach draußen! (DuMont Eskapaden),* DuMont Reiseverlag.

„Baden in und um Berlin“ - *Die schönsten Badestellen in Berlin und Brandenburg,* Trescher-Reiseführer.

„Ab ans Wasser“: *Die schönsten Badeseen rund um Berlin,* via reise verlag.

„Grüne Glücksorte in Berlin“ *Geh raus und blüh auf,* ***„Glücksorte in Berlin“*** *Fahr hin und werd glücklich,* ***„Glücksorte in Potsdam“*** *Fahr hin und werd glücklich*, alle Droste Verlag.

Für Kleine und Große

„Die versunkene Stadt“, *Auf den Spuren märkischer Sagen & Märchen,* ***Brigitte Kassin,*** Klaus Becker Verlag.

„Spukgeschichten aus Berlin & Brandenburg“ und ***„Grimms Märchen aus Berlin & Brandenburg“,*** Steffen Verlag .

Wander- & Rad-Reiseführer Brandenburg

„Milch & Moos“ *Vom Wandern und guten Essen. Brandenburg, Tagestouren & Wochenendausflüge*, Edition Terra.

„Waldpfade Berlin“, *ein Erlebnisführer für den Wald in und um Berlin, Tassilo Wengel,* Bruckmann Verlag.

Wander- & Radreiseführer aus dem be.bra Verlag: ***„Unterwegs in Brandenburg“:*** *Einzigartige Wege zum Spazieren und Wandern,* ***„Brandenburg mit dem Rad“:*** *Die schönsten Touren für Kulturliebhaber,* ***„Siehdichum“:*** *Annäherungen an eine brandenburgische Landschaft,* ***„Berlin am Wasser“:*** *Die schönsten Wanderungen an Flüssen, Seen und Kanälen,* ***„Wandern in Berlin“:*** *Auf den schönsten Wegen durch die Stadt,* ***„Durch Berlin mit dem Rad“:*** *Die besten Ausflüge durch die Stadt.*

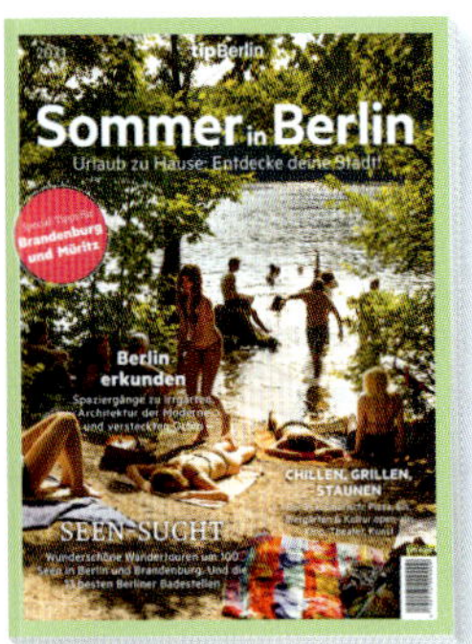

Reiseführer Trescher Verlag: ***„66-Seen-Wanderung“,*** *Zu den Naturschönheiten rund um Berlin,* ***„Radtouren in Brandenburg: Die 30 schönsten Routen“.***

Bildband

„50 sagenhafte Naturdenkmale in Berlin und Brandenburg“, *Moore – Bäume – Findlinge – Wiesen – Gewässer*, Steffen Verlag.

Zeitschriften / Magazine

tipBerlin: ***„Brandenburg 2021/2022“***: *900 Empfehlungen für Ausflüge und Abenteuer,* ***„Sommer in Berlin 2021: Urlaub zu Hause: Entdecke deine Stadt!“.***

Tagesspiegel unterwegs: ***„Brandenburg 2021“,*** *Wandern, Baden, Radfahren, Paddeln, Genießen.*

Wichtige Adressen & Links für Paddler

Der **Deutsche Kanuverband (DKV)** bietet Hilfe und Beratung bei allen Fragen rund ums Paddeln, nennt Kanuanbieter, gibt Infos zu Flusssperrungen, bietet Ausbildungskurse an und ermöglicht das Treffen mit Gleichgesinnten. Außerdem können Wanderpaddler in den zahlreichen DKV-Kanustationen entlang der Gewässer preisgünstig übernachten, kurz: eine Mitgliedschaft lohnt sich!

DKV-Bundesgeschäftsstelle, Bertaallee 8, 47055 Duisburg, Tel. (0203) 99 75 90, www.kanu.de

Landes Kanu-Verband Brandenburg, Am Luftschiffhafen 2, 14471 Potsdam, Tel. (0331) 90 11 81, www.kanu-brandenburg.de

Landes-Kanu-Verband Berlin, Eisenhammerweg 22 A, 13507 Berlin, Tel. (030) 897 443 40 www.kanuverbandberlin.de

Beim **Bundesverband Kanu (BVKanu)** erhalten Sie Adressen von Kanu-Vermietern, die Mitglied im BVKanu sind. Diese garantieren Qualität, qualifizierte und geschulte Mitarbeiter, Sicherheit und fachkundige Einweisung sowie einen Einsatz für den Naturschutz im Kanutourismuss. Zusätzlich haben viele BVKanu-Mitglieder das Qualitätssiegel QMW Kanu für besonders gute Qualität & Sicherheit.

BVKanu, c/o BVWW, Gunther-Plüschow-Str. 8, 50829 Köln, Tel. (0221) 59 57 10, www.bvkanu.de

Wettervorhersagen und Niederschlagsradar www.wetter.com

Pegelstände für Brandenburg https://lfu.brandenburg.de/lfu/de/aufgaben/wasser/fliessgewaesser-und-seen/quantitative-gewaesserkunde/pegelportal/#

Schleusenbetriebszeiten & -erreichbarkeit www.elwis.de >Sportschifffahrt >Schleuseninformationen

Gewässersperrungen & aktuelle Meldungen www.lbv.brandenburg.de/sp_sperr.htm

Landes-Kanu-Verband Brandenburg e.V. www.kanu-brandenburg.de >Wandersport >Befahrungsregeln

Paddel-Zeitschriften

Gewässerbeschreibungen, Boot-Tests, aktuelle Termine aus der Paddlerszene findet man in den beiden Zeitschriften **KajakMagazin** (www.kajak-magazin.com) und **KanuMagazin** (www.kanumagazin.de).

Brandenburg & Berlin im Internet

www.reiseland-brandenburg.de *Viele Reiseinformationen der Tourismus-Marketing Brandenburg GmbH (TMB).*

www.landurlaub-brandenburg.de *Verband zur Förderung des ländlichen Raumes Region Brandenburg-Berlin e.V.*

www.havelland-tourismus.de *Umfangreiche Website des Tourismusverband Havelland e.V.*

www.seenland-oderspree.de *Umfangreiche Website des Seenland Oder-Spree e.V.*

www.visitberlin.de *Berlins offizielles Reiseportal*

www.potsdamtourismus.de *Potsdam Marketing und Service*

www.vbb.de *Verkehrsverbund Berlin-Brandenburg (VBB), Fahrpläne und Infos online*

Kultur & Veranstaltungen in Berlin

www.zitty.de und www.tip-berlin.de *Viele Tipps online von den beiden bekanntesten Berliner Stadtmagazinen*

Über den Autor

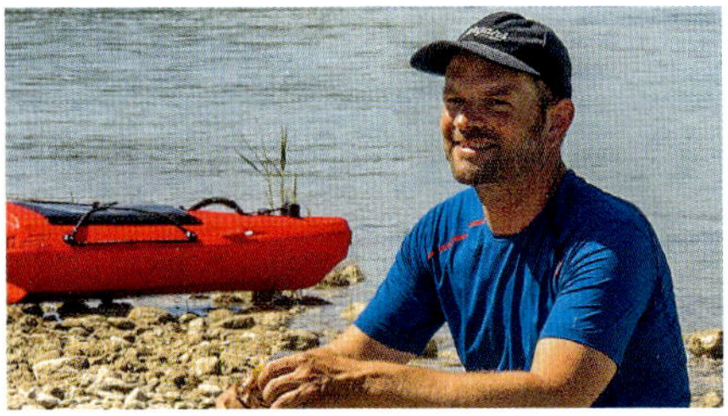

Michael Hennemann
ist ausgebildeter fototechnischer Assistent und begeisterter Reisender und Kanusportler.
Als Autor und Fotograf ist er seit vielen Jahren auf Reise-, Outdoor- und vor allem Kanuthemen spezialisiert.

Mehr über seine Arbeit finden Sie im Internet unter:
www.michael-hennemann.de

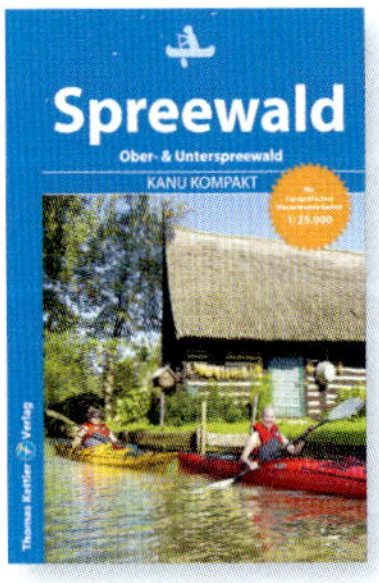

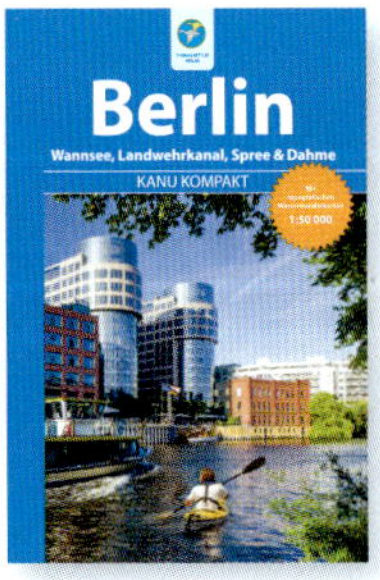

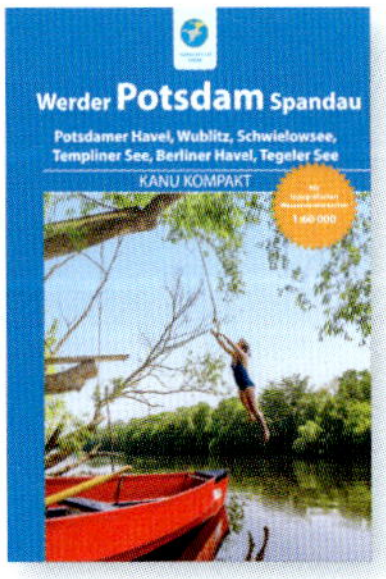

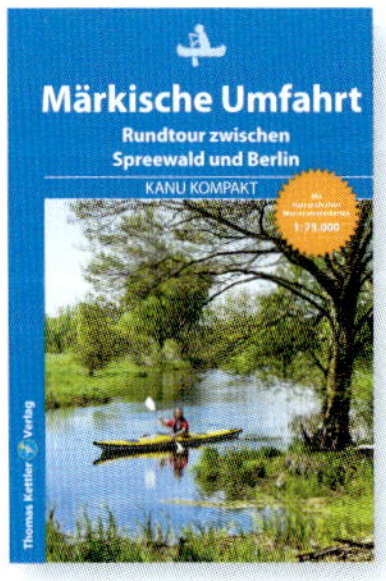

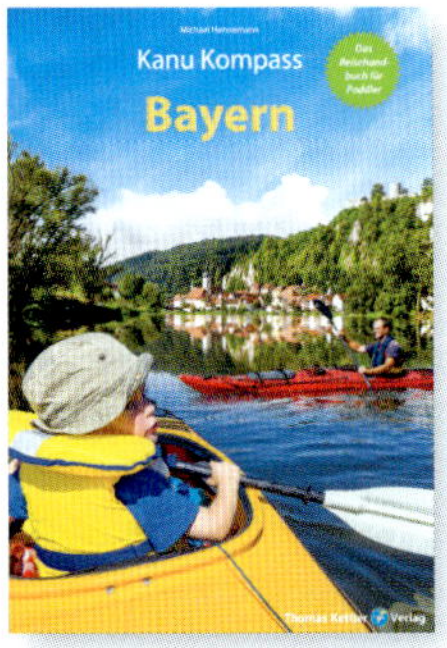

Danke an...

Der Autor bedankt sich bei den Firmen **Prijon** und **Bergans** für die freundliche Unterstützung.

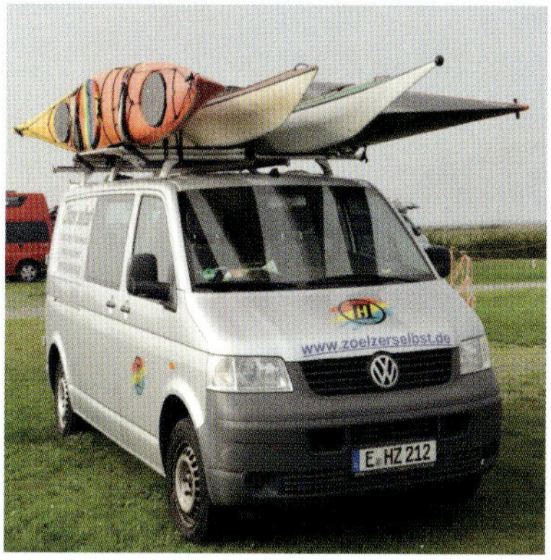

Der Zölzer-Kanu-Dachträger

Seit 50 Jahren der Qualitätsträger aus Meisterhand. Sehr leicht bei hoher Traglast, da komplett aus Aluminium. Holmlängen in der Länge frei wählbar. Holme oben und unten Einschieberille. Umfangreiches Zubehör für den sicheren Bootstransport und 4 Ladehilfen. Für jedes Fahrzeug eine Lösung, auch für Wohnmobile. Zubehör auch für alle Thule-Holme lieferbar. Katalog kostenlos.

www.zoelzer.de

Heinz Zölzer GmbH
Kupferdreher Str. 196
D-45257 Essen

Tel: 0201 / 48 78 15
Fax: 0201 / 48 27 80
Email: info@zoelzer.de

Kajaks | Kanus | Schlauchboote | Faltboote | Stand Up Paddle Boards | Freizeit | Outdoor

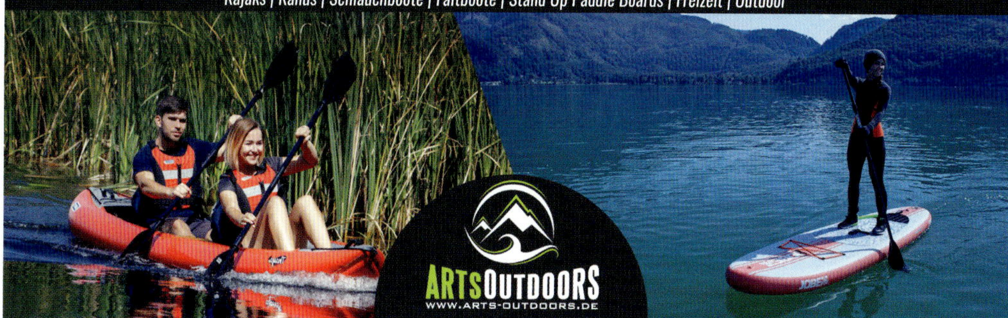

ARTS-Outdoors | Am Seewasem 2 | 35216 Biedenkopf | www.arts-outdoors.de

Faltboote | Hybrid-Kajaks | Packrafts | Paddel | Zubehör

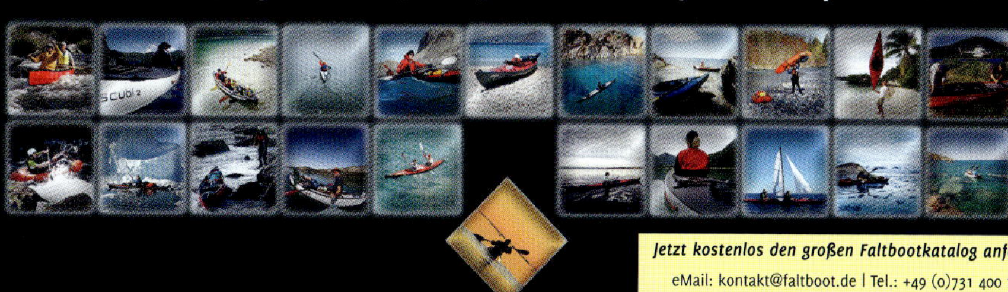

Jetzt kostenlos den großen Faltbootkatalog anfordern!
eMail: kontakt@faltboot.de | Tel.: +49 (0)731 400 76 75

Finde genau DEIN Boot!

Über 70 Fachhändler, Testmöglichkeiten, viele weitere portable Boote und Informationen findest Du auf

FALTBOOT.DE

Register

Binnenschifffahrtszeichen

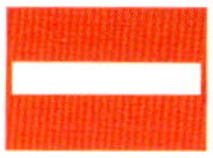
Durchfahrt verboten

Gesperrte Wasserfläche

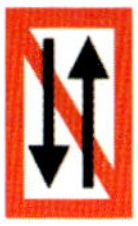
Begegnungs- und Überholverbot

Überholverbot allgemein

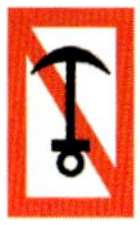
Ankerverbot

Stillliegeverbot

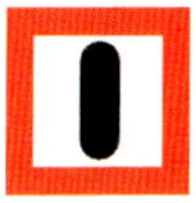
Vorsicht

Festmachverbot

Wellenschlag vermeiden

Fahrverbot für Fahrzeuge mit Motor

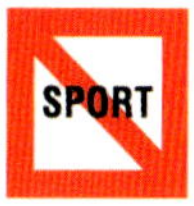

Fahrverbot für Sportboote*

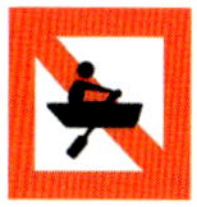
Fahrverbot für Fahrzeuge ohne Motor oder Segel

Geschwindigkeit nicht überschreiten

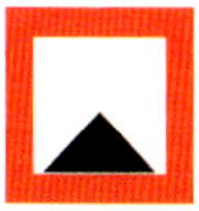
Begrenzte Fahrwassertiefe

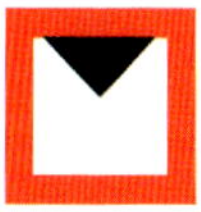
Begrenzte Höhe über Wasserspiegel

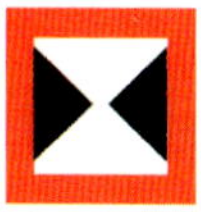
Begrenzte Breite

Fahrwassereinengung rechtes Ufer

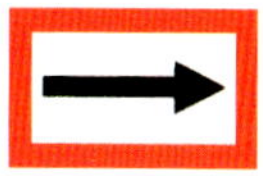
Gebotene Fahrtrichtung

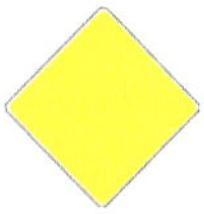
Empfohlene Durchfahrt

Empfohlene Durchfahrt zwischen 2 Schildern

Fahrtrichtungsempfehlung

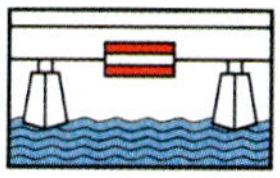
Durchfahrt unter Brücke verboten

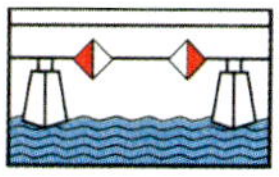
Durchfahrt nur zwischen Schildern

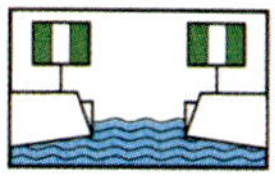
Wehr Durchfahrt frei

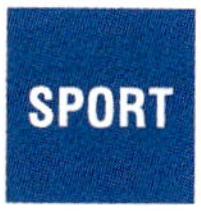

Fahrerlaubnis Sportboote (z.B. Schleuse)

Wasserskistrecke

Hochspannungsleitung kreuzt

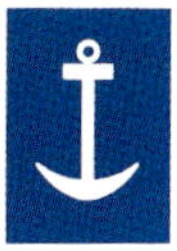
Ankererlaubnis

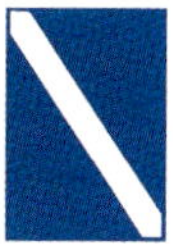
Ende von Einschränkungen

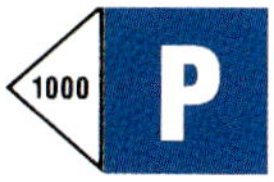

Erlaubnis zum Stillliegen auf 1.000 m

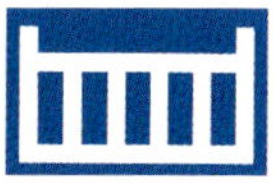
Hinweis auf ein Wehr

nicht frei fahrende Fähre (z.B. Seilfähre)

Wichtige Schallsignale in der Binnenschifffahrt

–	Achtung
•	ich richte meinen Kurs nach Steuerbord
• •	ich richte meinen Kurs nach Backbord
• • •	meine Maschine geht rückwärts
• • • •	ich bin manövrierunfähig
• • • • • •	Gefahr eines Zusammenstoßes *(mehr als fünf kurze Töne)*
– •	ich wende über Steuerbord
– • •	ich wende über Backbord
– – –	ich will überqueren
– – – – –	Notsignal *(wiederholt lange Töne)*

• *kurzer Signalton* – *langer Signalton* *Steuerbord (rechts, grün)* *Backbord (links, rot)*

Tourenübersicht

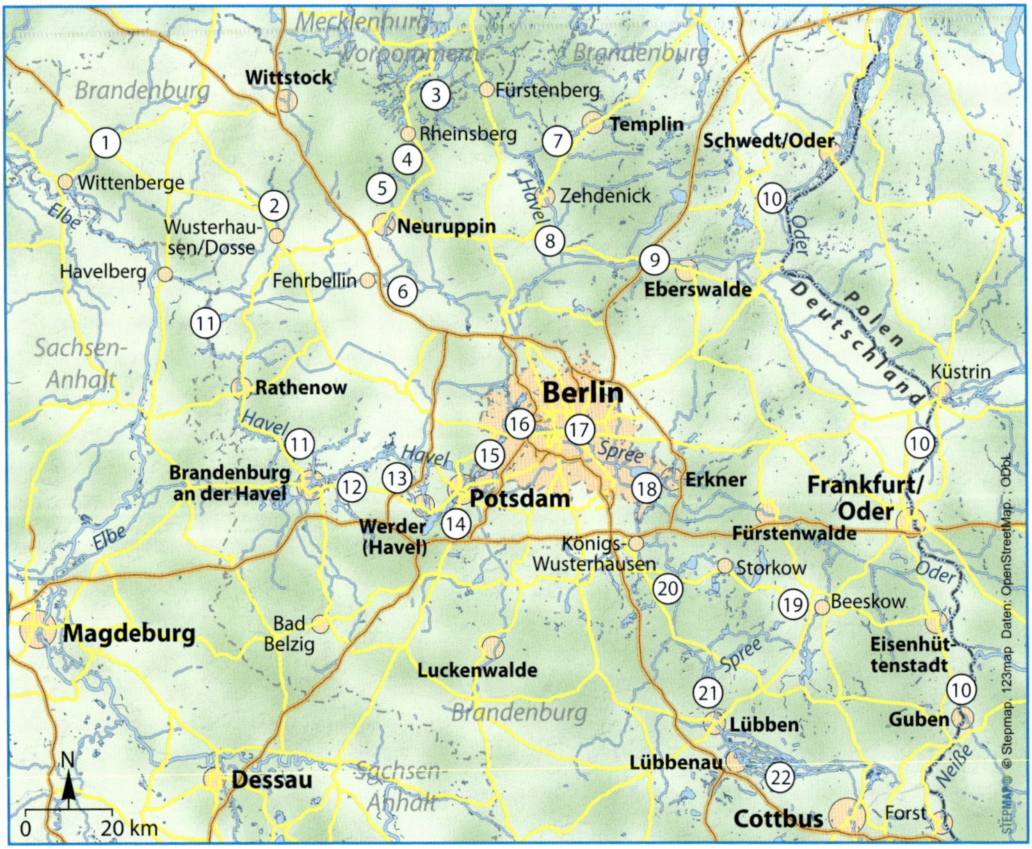

Stadtrundgänge